国家社科基金
后期资助项目

宋元明清易学史
视野下的先天学研究

Study on the Theories of Priori in the View of
Yi-ology from the Song Dynasty to the Qing Dynasty

赵中国 著

中国社会科学出版社

图书在版编目（CIP）数据

宋元明清易学史视野下的先天学研究／赵中国著 . —北京：中国社会科学出版社，2021.6
ISBN 978 – 7 – 5203 – 7923 – 6

Ⅰ.①宋… Ⅱ.①赵… Ⅲ.①象数之学—研究—中国—宋元时期 ②象数之学—研究—中国—明清时代 Ⅳ.①B2

中国版本图书馆 CIP 数据核字（2021）第 030334 号

出 版 人	赵剑英
责任编辑	韩国茹
责任校对	张爱华
责任印制	王 超

出 版	中国社会科学出版社
社 址	北京鼓楼西大街甲 158 号
邮 编	100720
网 址	http://www.csspw.cn
发 行 部	010 – 84083685
门 市 部	010 – 84029450
经 销	新华书店及其他书店
印 刷	北京君升印刷有限公司
装 订	廊坊市广阳区广增装订厂
版 次	2021 年 6 月第 1 版
印 次	2021 年 6 月第 1 次印刷
开 本	710×1000 1/16
印 张	44.5
插 页	2
字 数	798 千字
定 价	239.00 元

凡购买中国社会科学出版社图书，如有质量问题请与本社营销中心联系调换
电话：010 – 84083683
版权所有　侵权必究

国家社科基金后期资助项目
出版说明

　　后期资助项目是国家社科基金设立的一类重要项目，旨在鼓励广大社科研究者潜心治学，支持基础研究多出优秀成果。它是经过严格评审，从接近完成的科研成果中遴选立项的。为扩大后期资助项目的影响，更好地推动学术发展，促进成果转化，全国哲学社会科学工作办公室按照"统一设计、统一标识、统一版式、形成系列"的总体要求，组织出版国家社科基金后期资助项目成果。

全国哲学社会科学工作办公室

本书易图出处汇总表

图号与图名	出处
图1-1 乾坤二卦为易之门万物之祖图	朱震：《汉上易传·卦图》卷上，文渊阁《四库全书》本
图1-2 乾坤相索三交变六卦不反对图	朱震：《汉上易传·卦图》卷上，文渊阁《四库全书》本
图1-3 乾卦一阴下生反对变六卦图	朱震：《汉上易传·卦图》卷上，文渊阁《四库全书》本
图1-4 六十四卦相生图（一）	本图部分参考了朱伯崑先生制作的《六十四卦相生图》，《六十四卦相生图》的整体内容可参考朱震《汉上易传·卦图》卷上，或参考朱伯崑《易学哲学史》第二册，昆仑出版社2005年版，第57—58页
图1-5 太极第一	刘牧：《易数钩隐图》卷上，文渊阁《四库全书》本
图1-6 太极生两仪第二	刘牧：《易数钩隐图》卷上，文渊阁《四库全书》本
图1-7 天地数十有五第四	刘牧：《易数钩隐图》卷上，文渊阁《四库全书》本
图1-8 天地之数第十四	刘牧：《易数钩隐图》卷上，文渊阁《四库全书》本
图1-9 两仪生四象第九	刘牧：《易数钩隐图》卷上，文渊阁《四库全书》本
图1-10 四象生八卦第十	刘牧：《易数钩隐图》卷上，文渊阁《四库全书》本

续表

图号与图名	出处
图3-1 伏羲八卦次序图	朱熹:《周易本义·图目》,文渊阁《四库全书》本
图3-2 伏羲六十四卦次序图	朱熹:《周易本义·图目》,文渊阁《四库全书》本。原图基础上稍有变化
图3-3 经世衍易图	黄宗羲原著,全祖望补修:《百源学案》下,《宋元学案》卷十,中华书局2007年版,第414页
图3-4 伏羲八卦方位图	朱熹:《周易本义·图目》,文渊阁《四库全书》本
图3-5 伏羲六十四卦方位图	朱熹:《周易本义·图目》,文渊阁《四库全书》本
图3-6 高怀民所作图	高怀民:《宋元明易学史》,广西师范大学出版社2007年版,第87页
图3-7 圆数图	参考李申先生自画《圆一积六图》并有改动,见李申《易图考》,北京大学出版社2001年版,第173页。)
图3-8 方数图Ⅰ	参考李申先生自画《方一积八图》并有改动,见李申《易图考》,第173页。)
图3-9 方数图Ⅱ	参考李申先生自画《方四积十二图》并有改动,见李申《易图考》,第173页。)
图3-10 文王八卦方位图	朱熹:《周易本义·图目》,文渊阁《四库全书》本
图3-11 太极图	周敦颐:《周元公集》卷一,文渊阁《四库全书》本
图3-12 气图	司马光:《潜虚》,文渊阁《四库全书》本
图3-13 体图	司马光:《潜虚》,文渊阁《四库全书》本
图3-14 性图	司马光:《潜虚》,《四部丛刊》(三编)本
图3-15 名图	司马光:《潜虚》,文渊阁《四库全书》本
图3-16 行图、变图、解图	司马光:《潜虚》,文渊阁《四库全书》本
图7-1 先天图	保巴:《易源奥义》,文渊阁《四库全书》本
图7-2 中天图	保巴:《易源奥义》,文渊阁《四库全书》本
图7-3 后天图	保巴:《易源奥义》,文渊阁《四库全书》本
图7-4 根干支图	保巴:《易源奥义》,文渊阁《四库全书》本

续表

图号与图名	出处
图7-5　龙图天地未合之数图	张理：《易象图说内篇》卷上，文渊阁《四库全书》本
图7-6　龙图天地已合之位图	张理：《易象图说内篇》卷上，文渊阁《四库全书》本
图7-7　龙图天地生成之数图	张理：《易象图说内篇》卷上，文渊阁《四库全书》本
图7-8　洛书天地交午之数图	张理：《易象图说内篇》卷上，文渊阁《四库全书》本
图7-9　洛书纵横十五之象图	张理：《易象图说内篇》卷上，文渊阁《四库全书》本
图7-10　天地设位图	张理：《易象图说内篇》卷中，文渊阁《四库全书》本
图7-11　乾坤成列图	张理：《易象图说内篇》卷中，文渊阁《四库全书》本
图7-12　八卦成列图	张理：《易象图说内篇》卷中，文渊阁《四库全书》本
图7-13　先天八卦对待之图	张理：《易象图说内篇》卷中，文渊阁《四库全书》本
图7-14　后天八卦流行之图	张理：《易象图说内篇》卷中，文渊阁《四库全书》本
图7-15　先后天八卦德合之图	张理：《易象图说内篇》卷中，文渊阁《四库全书》本
图7-16　六十四卦循环之图	张理：《易象图说内篇》卷中，文渊阁《四库全书》本
图7-17　六十四卦因重之图	张理：《易象图说内篇》卷中，文渊阁《四库全书》本
图7-18　太极之图	张理：《易象图说外篇》卷上，文渊阁《四库全书》本
图7-19　三才之图	张理：《易象图说外篇》卷上，文渊阁《四库全书》本
图7-20　五气之图	张理：《易象图说外篇》卷上，文渊阁《四库全书》本

续表

图号与图名	出处
图 7-21　七始之图	张理：《易象图说外篇》卷上，文渊阁《四库全书》本
图 7-22　九宫之图	张理：《易象图说外篇》卷上，文渊阁《四库全书》本
图 7-23　河洛十五生成之象之图	张理：《易象图说外篇》卷上，文渊阁《四库全书》本
图 7-24　四象八卦六位之图	张理：《易象图说外篇》卷中，文渊阁《四库全书》本
图 7-25　四象八卦六节之图	张理：《易象图说外篇》卷中，文渊阁《四库全书》本
图 7-26　四象八卦六体之图	张理：《易象图说外篇》卷中，文渊阁《四库全书》本
图 7-27　四象八卦六脉之图	张理：《易象图说外篇》卷中，文渊阁《四库全书》本
图 7-28　四象八卦六经之图	张理：《易象图说外篇》卷中，文渊阁《四库全书》本
图 7-29　四象八卦六律之图	张理：《易象图说外篇》卷中，文渊阁《四库全书》本
图 7-30　四象八卦六典之图	张理：《易象图说外篇》卷中，文渊阁《四库全书》本
图 7-31　四象八卦六师之图	张理：《易象图说外篇》卷中，文渊阁《四库全书》本
图 7-32　先天则河图	李简：《钦定四库全书荟要·学易记》，吉林出版集团有限责任公司 2005 年版，第 12 页
图 7-33　后天则洛书	李简：《钦定四库全书荟要·学易记》，第 12 页
图 7-34　先天衍河图万物数图	李简：《钦定四库全书荟要·学易记》，第 17 页
图 7-35　洪迈《六十四卦生自两仪图》	李简：《钦定四库全书荟要·学易记》，第 16 页
图 7-36　易有太极图	王申子：《钦定四库全书荟要·大易辑说》，吉林出版集团有限责任公司 2005 年版，第 7 页
图 7-37　是生两仪图	王申子：《钦定四库全书荟要·大易辑说》，第 8 页

续表

图号与图名	出处
图7-38　两仪生四象图	王申子：《钦定四库全书荟要·大易辑说》，第9页
图7-39　四象生八卦图	王申子：《钦定四库全书荟要·大易辑说》，第9页
图7-40　演极图	王申子：《钦定四库全书荟要·大易辑说》，第17页
图7-41　演极后图	王申子：《钦定四库全书荟要·大易辑说》，第17页
图7-42　后天位卦图	王申子：《钦定四库全书荟要·大易辑说》，第20页
图7-43　地承天气图	俞琰：《易外别传》，《道藏》第二十册，文物出版社、上海书店、天津古籍出版社1988年版，第314页
图7-44　月受日光图	俞琰：《易外别传》，《道藏》第二十册，第315页
图7-45　先天卦乾上坤下图	俞琰：《易外别传》，《道藏》第二十册，第315页
图7-46　后天卦离南坎北图	俞琰：《易外别传》，《道藏》第二十册，第315页
图7-47　先天六十四卦直图	俞琰：《易外别传》，《道藏》第二十册，第314页
图7-48　乾坤交变十二卦循环升降图	俞琰：《易外别传》，《道藏》第二十册，第316页
图7-49　坎离交变十二卦循环升降图	俞琰：《易外别传》，《道藏》第二十册，第316页
图8-1　来氏太极图	来知德：《周易集注》卷首上，文渊阁《四库全书》本
图8-2　太极生两仪图	来知德：《周易集注》卷首上，文渊阁《四库全书》本
图8-3　四象图	来知德：《周易集注》卷首上，文渊阁《四库全书》本
图8-4　八卦图	来知德：《周易集注》卷首上，文渊阁《四库全书》本
图8-5　古太极图	章潢：《图书编》卷一，文渊阁《四库全书》本
图8-6　后天八卦方图	章潢：《图书编》卷二，文渊阁《四库全书》本
图8-7　先天画卦图	章潢：《图书编》卷二，文渊阁《四库全书》本
图8-8　太极先后天总图	章潢：《图书编》卷二，文渊阁《四库全书》本
图8-9　河洛卦位合图	胡居仁：《易像钞》卷二，文渊阁《四库全书》本

6　宋元明清易学史视野下的先天学研究

续表

图号与图名	出处
图10-1　河图	胡煦著，程林点校：《周易函书约存》卷首上《原图约》，《周易函书》第一册，中华书局2008年版，第14页
图10-2　洛书	胡煦：《周易函书约存》卷首上《原图约》，《周易函书》第一册，第15页
图10-3　伏羲初画先天小圆图	胡煦：《周易函书约存》卷首上《原图约》，《周易函书》第一册，第19页
图10-4　伏羲初画先天大圆图	胡煦：《周易函书约存》卷首上《原图约》，《周易函书》第一册，第20页
图10-5　文王开为八卦图	胡煦：《周易函书约存》卷首上《原图约》，《周易函书》第一册，第19页
图10-6　文王开为六十四卦图	胡煦：《周易函书约存》卷首上《原图约》，《周易函书》第一册，第20页
图10-7　缝卦顺步图	胡煦：《周易函书约存》卷首上《原图约》，《周易函书》第一册，第36页
图10-8　缝卦逆步图	胡煦：《周易函书约存》卷首上《原图约》，《周易函书》第一册，第36页
图10-9　循环太极图	胡煦：《周易函书约存》卷首上《原图约》，《周易函书》第一册，第33页
图10-10　循环太极图配河图	胡煦：《附编四·召对录·乾清宫召对始末》，《周易函书》第四册，第1443页
图10-11　循环太极图配洛书	胡煦：《附编四·召对录·乾清宫召对始末》，《周易函书》第四册，第1444页
图12-1　圣人则河图画卦图	江永著，徐瑞整理：《河洛精蕴》，巴蜀书社2008年版，第6页
图12-2　圣人则洛书列卦图	江永：《河洛精蕴》，第7页
图13-1　先天八卦本数图	杭辛斋：《易楔》卷四，《杭氏易学七种》，九州出版社2005年版，第91页

目　　录

总　论 ……………………………………………………………（1）
 第一节　先天学的内涵与论域 …………………………………（1）
  一　先天学的内涵 …………………………………………（1）
  二　先天学的三个论域 ……………………………………（5）
 第二节　先天学的产生与发展 …………………………………（6）
  一　邵雍创建了先天学 ……………………………………（6）
  二　朱熹促成先天学成为易学的一个重要组成部分 ……（7）
  三　宋代之后先天学发展史中的重要人物：张理、王龙溪、
    章潢、胡煦 ……………………………………………（11）
 第三节　先天学的易学史与哲学史意义及其存在的问题 ………（15）
  一　先天学的易学史意义 …………………………………（15）
  二　先天学的哲学史意义 …………………………………（17）
  三　先天学存在的理论问题 ………………………………（27）
 第四节　本书上下篇的论述角度 ………………………………（40）

上篇　北宋儒学复兴视野下的邵雍先天学研究

上篇绪论 …………………………………………………………（45）
 第一节　易学之于传统儒学的意义 ……………………………（46）
 第二节　佛教对儒学的挑战以及儒家的应对 …………………（54）
  一　佛教对儒学的挑战 ……………………………………（54）
  二　北宋五子以前儒家对佛教挑战的应对 ………………（62）
 第三节　北宋儒学复兴中的邵雍 ………………………………（74）
  一　北宋儒学复兴的思想主题 ……………………………（74）
  二　北宋儒学复兴中的邵雍 ………………………………（76）

第一章　北宋早期易学发展及其儒学意义 (85)
第一节　北宋早期象数易学之传承 (85)
一　从陈抟到种放、穆修、李之才和邵雍的传承 (85)
二　李之才易学概述 (91)
三　刘牧易学概述 (94)
第二节　北宋早期诸儒易学研究 (99)
一　范仲淹易学概述 (100)
二　胡瑗易学概述 (105)
三　欧阳修易学概述 (109)
四　李觏易学概述 (113)
第三节　在儒学复兴视野下对北宋早期易学的反思 (118)

第二章　邵雍先天学本体论研究 (124)
第一节　邵雍先天学本体论的内涵 (125)
一　本体为道 (126)
二　太极神用 (129)
三　本体为心 (138)
第二节　先天与后天 (143)
一　《先天图》《后天图》并列时所蕴含的"先天后天"意义 (143)
二　本体论中的"先天后天"概念 (146)
第三节　邵雍先天学本体论与同时代本体论的比较 (148)
一　邵雍先天学本体论与程颐理本论的比较 (149)
二　邵雍先天学本体论与张载气本论的比较 (157)
三　邵雍先天学本体论与王安石、苏轼道本论的比较 (161)
第四节　邵雍心本论与陆王心学的差异 (173)
一　陆九渊心学概述 (174)
二　王阳明心学概述 (176)
三　邵雍心本论与陆王心学的差异之处 (179)

第三章　邵雍先天学象数哲学研究 (182)
第一节　邵雍先天学象数哲学的特质 (182)
一　传统象数易学特征概述 (183)
二　邵雍先天学象数哲学的"理数"特征 (185)

第二节　邵雍先天学象数哲学内容 ……………………………（188）
　　一　邵雍先天学象数哲学的象数学基础 ……………………（188）
　　二　邵雍先天学象数哲学的展开之一：自然哲学 …………（213）
　　三　邵雍先天学象数哲学的展开之二：历史哲学 …………（220）
第三节　邵雍先天学象数哲学与同时代儒者象数易学的比较 ……（238）
　　一　邵雍先天学象数哲学与周敦颐易学的比较 ……………（239）
　　二　邵雍先天学象数哲学与司马光易学的比较 ……………（244）
第四节　对邵雍先天学象数哲学的反思 …………………………（254）
　　一　邵雍先天学象数哲学在邵雍哲学中的地位 ……………（254）
　　二　邵雍先天学象数哲学对传统易学的继承和发展 ………（256）
　　三　邵雍先天学象数哲学的基本方法：象思维 ……………（262）

第四章　邵雍先天学人生哲学研究 ………………………………（272）
第一节　邵雍先天学人生哲学的旨归：天人合一 ………………（273）
第二节　邵雍先天学人生哲学的修养方法 ………………………（277）
　　一　观察天人　修心践形 ……………………………………（277）
　　二　以物观物　消解我执 ……………………………………（281）
　　三　至诚呈现　处身为学 ……………………………………（284）
　　四　尽道于民　循理自然 ……………………………………（289）
第三节　邵雍先天学人生哲学的境界 ……………………………（292）
　　一　先天之意　难以名状 ……………………………………（293）
　　二　天地之境　闲静安乐 ……………………………………（295）
　　三　天人之交　氤氲天和 ……………………………………（299）
第四节　邵雍修养理论与张载、程颐修养观之比较 ……………（302）
　　一　邵雍修养理论与张载修养观的比较 ……………………（302）
　　二　邵雍修养理论与程颐修养观的比较 ……………………（308）
第五节　邵雍境界论与程颢境界论的比较 ………………………（313）
　　一　程颢境界论概述 …………………………………………（314）
　　二　邵雍境界论与程颢境界论的比较 ………………………（318）

第五章　邵雍先天学对于北宋儒学复兴的贡献 …………………（322）
第一节　邵雍先天学本体论对于北宋儒学复兴的贡献 …………（323）
第二节　邵雍先天学象数哲学对于北宋儒学复兴的贡献 ………（328）
第三节　邵雍先天学人生哲学对于北宋儒学复兴的贡献 ………（332）

上篇结语　易学对于北宋儒学复兴的贡献 (335)

下篇　先天学在宋元明清的传播和发展

下篇绪论 (345)
　　一　先天学与图书学、太极图学的交融 (346)
　　二　先天学的多向度发展 (348)
　　三　先天学的挫折 (350)
　　四　先天学地位的最终稳固 (351)

第六章　先天学在宋代的传播和发展 (353)
第一节　邵雍后学概述 (353)
　　一　邵雍后学概述 (354)
　　二　对邵雍本体论的再理解 (355)
第二节　朱熹对邵雍及其先天学的定位和诠释 (361)
　　一　朱熹对邵雍及其易学的定位 (361)
　　二　朱熹对邵雍易学的诠释 (365)
　　三　对朱熹诠释的反思 (371)

第七章　元代易学家对先天学的发挥 (376)
第一节　保巴的《先天图》《中天图》《后天图》 (377)
　　一　《先天图》 (377)
　　二　《中天图》 (379)
　　三　《后天图》 (380)
　　四　《根干支图》 (381)
　　五　保巴易图学体现了邵雍先天学的太极衍化观念 (382)
第二节　张理对先天学论域的拓展 (383)
　　一　图书学：图书系列五图及其意义 (384)
　　二　先天学：卦画发展系列易图及其意义 (392)
　　三　太极图学：象数系列六图及其意义 (402)
　　四　先天大用之学：《四象八卦图》的大用 (407)
　　五　张理初步拓展了先天学论域 (416)
第三节　李简对先天学的过度诠释 (417)
　　一　《先天则河图》 (417)

二　《后天则洛书》 …………………………………………（418）
　　三　《先天衍河图万物数图》 ……………………………（419）
　　四　对李简先天学诠释的评价 ……………………………（422）
第四节　王申子对先天学的阐发 ………………………………（423）
　　一　《易有太极图》《是生两仪图》《两仪生四象图》
　　　　《四象生八卦图》 ……………………………………（423）
　　二　《演极图》与《演极后图》 …………………………（430）
　　三　后天八卦图与洛书 ……………………………………（431）
　　四　太极观 …………………………………………………（434）
第五节　俞琰在道教视野下对先天学的发挥 …………………（436）
　　一　先天学蕴含了"心—身"结构的人身观念 …………（436）
　　二　先天学蕴含了内丹修炼之法 …………………………（438）
　　三　先天学蕴含了气之呼吸动静观念 ……………………（440）
　　四　先天学蕴含了阴阳升降的观念 ………………………（441）
　　五　先天学蕴含了水火升降的观念 ………………………（442）
　　六　先天学蕴含了恍惚氤氲的观念 ………………………（443）
　　七　如何看待俞琰对于先天学的道教引申 ………………（443）

第八章　明代易学家对先天学论域的拓展 ………………………（445）
第一节　王龙溪在心学视野下对先天学的诠释 ………………（446）
　　一　先天后天之说 …………………………………………（446）
　　二　天根月窟之说 …………………………………………（448）
　　三　对王龙溪诠释的思考 …………………………………（451）
第二节　来知德立足太极之学对先天学的吸收与批评 ………（452）
　　一　来知德学术根柢是太极之学 …………………………（454）
　　二　来知德易象学转化吸收先天学部分易图 ……………（458）
　　三　邵雍人生哲学精神对来知德有巨大影响 ……………（463）
　　四　来知德批评先天学的"先天""后天"观念 ………（464）
第三节　章潢天人一贯视野下的先天学诠释 …………………（466）
　　一　太极为生化之源的太极观 ……………………………（466）
　　二　章潢的先天学 …………………………………………（473）
　　三　章潢的后天学 …………………………………………（485）
　　四　章潢贯通太极、先天、后天的易学视野 ……………（490）
　　五　章潢先天学视野中的心性之学 ………………………（493）

六　章潢在先天学发展史中的地位 …………………………（501）
　第四节　钱一本《易像钞》的易图编排和太极观 ……………（504）
　　一　《易像钞》的易图编排 ………………………………（505）
　　二　钱一本《易像钞》的太极观 …………………………（508）

第九章　明末清初著名学者对先天学的批评 …………………（511）
　第一节　王夫之对邵雍的批评 …………………………………（511）
　第二节　黄宗羲对邵雍的批评 …………………………………（515）
　第三节　黄宗炎对邵雍的批评 …………………………………（519）
　第四节　毛奇龄对邵雍的批评 …………………………………（526）
　第五节　胡渭对邵雍的批评 ……………………………………（527）
　第六节　李塨对邵雍的批评 ……………………………………（532）
　第七节　对著名学者批评的反思 ………………………………（535）

第十章　清代易学家胡煦对先天学的诠释和弘扬 ……………（540）
　第一节　胡煦太极本体论研究 …………………………………（541）
　　一　太极之本体义 …………………………………………（541）
　　二　太极之发用义 …………………………………………（545）
　　三　太极本体论论域中的理、心、气 ……………………（551）
　　四　胡煦太极本体论的哲学史意义 ………………………（555）
　第二节　贯通河图洛书、先天四图、《易经》卦爻和《易传》的
　　　　　易图学 ………………………………………………（557）
　　一　胡煦对传统易学诠释的困惑及其所激发的问题意识 …（559）
　　二　图书之义 ………………………………………………（561）
　　三　胡煦的先天图学和后天图学 …………………………（570）
　　四　先天图与《周易》的一致性 …………………………（584）
　　五　贯通河图洛书、先天四图、《易经》卦爻和《易传》的
　　　　大易学视野 ……………………………………………（587）
　　六　体贴天道、图书、先天图而创制《循环太极图》 …（591）
　第三节　立足先天图对"观象之法"的创新与发展 …………（604）
　　一　立足先天图释"遘""邻""婚"三字 ……………（604）
　　二　以月体纳甲说释"西南、东北""先甲后甲"
　　　　"先庚后庚""月几望" ………………………………（607）
　　三　胡煦"观象之法"创新与发展的易学观基础 ………（613）

第四节　胡煦易学哲学在先天学发展史中具有重要地位 ………… (615)

第十一章　清代李光地与《周易折中》对先天学的弘扬 ……………… (619)
　第一节　李光地对先天学的诠释 ………………………………… (620)
　　一　河图与先天图后天图 …………………………………… (622)
　　二　"先天卦位之为作《易》之本" ………………………… (624)
　　三　后天之说"大且至正" ………………………………… (626)
　　四　先天、后天卦位"其义一也" …………………………… (631)
　　五　"图象皆心学也" ………………………………………… (634)
　第二节　《周易折中》对邵雍先天学的弘扬 …………………… (637)

第十二章　清代江永图书学视域下的先天学诠释 ……………………… (644)
　第一节　《河洛精蕴》内蕴的易学逻辑 ………………………… (644)
　第二节　"则河图以画卦"与"则洛书以列卦" ……………… (646)
　　一　"则河图以画卦""则洛书以列卦" …………………… (647)
　　二　"河图又为后天之本" …………………………………… (649)
　　三　对朱熹从河图洛书推衍出八卦之方法的批评 ………… (651)
　　四　对江永方法的评价 ……………………………………… (653)
　第三节　江永对先天图后天图内蕴义理的阐发 ………………… (655)
　　一　与先天八卦之数不同的"八卦之数" ………………… (655)
　　二　"后天八卦未必始于文王" …………………………… (658)
　　三　后天图中"阳居终始" ………………………………… (659)
　　四　后天图中乾坤亦有大用 ………………………………… (660)
　第四节　对明末清初批评先天学之主张的反批评 ……………… (661)
　　一　坚信"加一倍法"而反对黄宗羲四象说 ……………… (661)
　　二　主张画卦是渐次而生而反对数字四象说 ……………… (662)
　第五节　对江永先天学诠释的评价 ……………………………… (663)

第十三章　作为尾声的清末民初易学家杭辛斋的先天学诠释 ………… (666)
　第一节　杭辛斋的邵雍先天学诠释 ……………………………… (667)
　　一　"先天八卦，不始于邵子" …………………………… (667)
　　二　邵子绘出先天诸图 ……………………………………… (669)
　　三　先天之数乃邵子之自得 ………………………………… (670)

四 "后天八卦，为人用之卦" ………………………………（672）
　　五 先天后天"体中有用，用中有体" ……………………（673）
第二节　杭辛斋的邵雍先天学评价 ……………………………（675）
　　一 宋代易学"首推邵氏" …………………………………（675）
　　二 为先天学辩护 …………………………………………（676）
第三节　杭辛斋的先天学诠释已属先天学发展史的尾声 ………（678）

参考文献 …………………………………………………………（681）

后　记 ……………………………………………………………（692）

总　　论

　　本书分为三个部分："总论"，"上篇：北宋儒学复兴视野下的邵雍先天学研究"，"下篇：先天学在宋元明清的传播和发展"。"总论"部分用较为宏观且简要的方式讨论先天学的内涵与论域、先天学的产生与发展、先天学的易学史与哲学史意义、本书上下篇的论述角度。"上篇"部分着眼于详细呈现和讨论邵雍先天学这一基础任务，但这一任务的完成并不是孤立的，而是放在北宋儒学复兴这一时代背景之下的。"下篇"部分着眼于阐发邵雍先天学产生之后在宋元明清易学哲学史中所产生的主要学术影响，相关的阐发没有面面俱到、人人俱到，但会尽量把重要的影响结果呈现出来。经过这三个部分的讨论撰写，希冀能够较为准确地把握邵雍先天学、邵雍先天学的学术史影响、邵雍先天学的易学史和哲学史意义。

第一节　先天学的内涵与论域

一　先天学的内涵

　　本书所研究的基本对象是先天学。先天学为邵雍所创建，故又称为邵雍先天学。邵雍先天学是这样一种哲学体系：它探究宇宙存在之本体，天地万物发生发展之变化运行规律，并呈现出依凭对于宇宙存在本体之体贴、天地万物变化运行规律之认知而获得的安乐人生境界。当然，在我们如此描述先天学的时候，相关学者们皆可知北宋五子其他四人之哲学或亦可获得类似规定。而这并非其他原因，乃源于五位大儒的思想深度、所要处理的根本的哲学问题本有相同或相通之处。否则，又何以被统称为"北宋五子"？但除去具体的重要概念与观念有所异之外，邵雍先天学与其他四位大儒最大的不同之处在于：邵雍以先天指称宇宙本体，以先天诸图等象数学符号为主要理论工具表示天地万物变化运行之理，从而造就了与周敦颐太极之学或乾元与诚之学（诚本论）①、张载之气学、二程之理学不同的哲学形态。

言及此，更有两点需要阐明。第一，邵雍先天学是达致宇宙本体之思之深度的哲学。第二，邵雍先天学与北宋五子其他四人之哲学皆可谓是某种形态的存在之学。阐明第一点，是为了全面理解和把握邵雍哲学，而避免只用"数学"的角度来评定邵雍先天学，因为这一角度会导致一定程度的对邵雍及其先天学的片面化理解。阐明第二点，是为了展现，北宋儒学复兴以来的有哲学体系创建的大儒们，其哲学体系大多是穷究宇宙存在规律、包蕴天人之学的思想体系，而在包蕴天人之学的存在之学的视野中理解与把握大儒们的哲学体系，会有通透之感。

就第一点而言，从最简要的邵雍自己的表述，"太极一也，不动；生二，二则神也。神生数，数生象，象生器"②，"太极不动，性也，发则神，神则数，数则象，象则器。器之变复归于神也"③，即可发现端倪。因为据此可见邵雍对于宇宙存在之理解包括"太极—神—数—象—器"五个逻辑环节，据此五个逻辑环节当可知，其不但有对应太极衍化概念序列中"数—象"环节的"数学"，而且有对应"太极—神"环节的本体论部分。④ 因为其思想体系中蕴含着对客观存在的本体论理解，而这一理解作为精神世界的一部分必然会呈现在其言行之中，所以，邵雍吟咏体贴先天本体之意的诗在其诗集《伊川击壤集》中随处可见，比如"物理窥开后，人情照破时。且无形可见，只有意能知"⑤，"平生喜饮酒，饮酒喜轻醇。不喜大段醉，只便微带醺。融怡如再少，和煦似初春。亦恐难名状，两仪仍未分"⑥，"冬至子之半，天心无改移。一阳初起处，万物未生时。玄酒味方淡，大音声正希。此

---

① 我们认为，周敦颐《太极图》及《太极图说》与《通书》所表现的哲学思想是有差异的，《太极图》及《太极图说》之哲学可称为太极之学，《通书》之哲学可称为乾元与诚之学（诚本论）。
② 邵雍著，卫绍生校注：《观物外篇下》，《皇极经世书》卷十四，中州古籍出版社2007年版，第522页。中州古籍本《皇极经世书》是卫绍生先生以《四库全书》本《皇极经世书》为底本，并参校多种图书点校完成，以下凡引《皇极经世书》除非特别注明，皆用此"中州古籍"本，但与《道藏》本有出入且影响文义者，会注明《道藏》本相关内容。
③ 邵雍：《观物外篇下》，《皇极经世书》卷十四，第522页。
④ 在本书正文的相关部分，会有详细阐发。
⑤ 邵雍著，郭彧、于天宝点校：《伊川击壤集》卷之十一《笑年老逢春诗》，《邵雍全集》第四册，上海古籍出版社2016年版，第206页。
⑥ 邵雍：《伊川击壤集》卷之十九《喜饮吟》，《邵雍全集》第四册，第390页。

言如不信,更请问庖牺"①,"恍惚阴阳初变化,氤氲天地乍回旋。中间些子好光景,安得工夫入语言"②,"阴阳初感处,天地未分时。言语既难到,丹青何处施"③。如果我们认识不到邵雍哲学具有先天本体之论域与意蕴,④那么,我们无从知道邵雍何以能写出"且无形可见,只有意能知","亦恐难名状,两仪仍未分","一阳初起处,万物未生时","阴阳初感处,天地未分时"等诗句,更不知道这些诗句是在描述什么境界。所以我们说,邵雍先天学的确是达致本体之思之深度的哲学。关键是我们要正面面对它、呈现它。

就第二点而言,我们认为,前所提及的"存在之学"本质上即是具有天人之学内涵的(宇宙)存在之学。在此需注意,(宇宙)存在之学并不必加一"(宇宙)",而即可称之为存在之学,本书在此处之后即如此,而在此加一"(宇宙)",是为了和欧洲哲学传统中表现为立足纯粹概念进行先验推演的存在论相区别。彼以"是"(或"在")为核心概念,并以"是"之内涵以及如何"是起来"为核心问题,从而建构其义理宏深的存在论,此则以宇宙存在之本质以及宇宙如何存在与运行为核心问题,从而建构出具有天人之学内蕴的存在之学。经此说明,强调我们并无攀龙附凤之意图,而确实反映了相关论域的中国古代哲学家的客观视域。事实上,北宋五子之学皆是某种形态的存在之学。站在具有天人之学意蕴的存在之学的视野中,我们会对北宋五子之学有更为通透的把握。

就周敦颐而言,以《太极图说》为代表作的前期周敦颐学术可谓是太极之学形态的存在之学,宇宙的存在根源是"无极而太极",依凭太极动静而有阴阳五行与万物化生,人乃其中"得其秀而最灵"者,此为一种太极衍化的宇宙论,在这种宇宙场域中,就人道而言,"圣人定之以中正仁义,而主静,立人极焉"⑤。但"人极"如何以天道为基础这一问题,《太极图说》并没有解决。以《通书》为代表作的后期周敦颐学术可谓是乾元与诚之学形态的存在之学,就宇宙而言,存在的本质是乾元,存在的变化运行是乾道,单就人而言,圣人之本为诚,但在周敦颐的视野中,天人本一,所以乾元乾道即是诚,如此,存在和价值合而为一,这相对前期思想是一个巨大进步。就

---

① 邵雍:《伊川击壤集》卷之十八《冬至吟》,《邵雍全集》第四册,第380页。
② 邵雍:《伊川击壤集》卷之十二《恍惚吟》,《邵雍全集》第四册,第231页。
③ 邵雍:《伊川击壤集》卷之十一《笺年老逢春诗》,《邵雍全集》第四册,第207页。
④ 在本书第四章"邵雍先天学人生哲学研究"的相关部分,我们会详细讨论邵雍对"先天之意"的体贴和呈现。
⑤ 周敦颐著,陈克明点校:《太极图说》,《周敦颐集》卷一,中华书局1990年版,第6页。

张载而言，其学是气学形态的天人之学，但其气学是内蕴"性—气"结构的气学。在张载解释宇宙之存在基础的时候，其核心概念自然是气，但在张载对价值世界之解释中，他突出了气之虚神之性，并以之作为价值基础。所以我们看到，虽然张载思想的确是气学，但二程评价张载之学之道是"清虚一大"①，而并非归结为"气"。事实上，"清虚一大"，正主要是就气之虚神之性而言的。与之相应，学者修养之核心正是要"知礼成性"。就二程而言，他们的学术是理学形态的存在之学，但其理学是内蕴"理—气"结构的理学。在此视域中，天地万物皆有理有气，气是存在基础，理是存在根据。而此存在根据不但包含规律之义，而且包含价值之义。儒者的修养工夫的确包含了多种条目，但本质之处正在于穷理、证理、呈现天理，或一言以蔽之：进入天理流行的仁学生活世界。

而就本书的研究对象邵雍先天学而言，其可谓是太极象数学形态的存在之学。在太极象数学的视域中，太极是宇宙存在之本体，象数与万物是太极本体之衍化。此结论通过前文所论及的邵雍太极之语正可见到。所以欲通透了知邵雍之学，须知其不但有对应太极衍化概念序列中"数—象"环节的"数学"，而且有对应"太极—神"环节的本体论部分。而事实上，先天学之为"先天"，正主要是指太极本体或曰先天本体而言，所以，"数学"固然是先天学的一个重要组成部分，但实非先天学的核心部分。邵雍之自负，不只是其"数学"，更在于其含蕴本体意蕴与境界的"先天学"。至此，我们可说邵雍的思想深度，实在并没有停留在"数"的层面，而已深及宇宙存在之本原的本体层面。而邵雍的哲学视域，正是探究宇宙存在本质及其运行规律的存在之学。这一认知非常重要，它对于准确进入邵雍先天学视域和客观评价邵雍先天学意义具有基础性的作用。但在传统学术史中，多数学者常以"数学"论邵雍及其先天学，少有学者明确认识到邵雍的先天本体观念，此之于邵雍先天学毕竟为憾事，而王阳明高足王龙溪直截说出："先天之学，天机也，邵子得先天而后立象数，而后世以象数为先天之学者，非也。"② 实乃真知邵子者。

---

① 二程评论张载说："立清虚一大为万物之源，恐未安，须兼清浊虚实乃可言神。道体物不遗，不应有方所。"（程颢、程颐著，王孝鱼点校：《河南程氏遗书》卷第二上，《二程集》，中华书局1981年版，第21页。）又说："'形而上者谓之道，形而下者谓之器。'若如或者以清虚一大为天道，则乃以器言而非道也。"（程颢、程颐：《河南程氏遗书》卷第十一，《二程集》，第118页。）

② 吴震编校整理：《南游会纪》，《王畿集》卷七，凤凰出版社2007年版，第154—155页。

二 先天学的三个论域

在了解了先天学的内涵之后,我们平心面对邵雍先天学的整体,可以把其划分为三个论域:邵雍先天学本体论、邵雍先天学象数哲学,以及邵雍先天学人生哲学。

就先天学本体论而言,在邵雍哲学中,根据不同的语境,本体被称为道、太极与神、心、先天等,但本体的多个称谓只是语境不同而导致的结果。在邵雍哲学中,本体的实质即是宇宙万事万物的存在根据和生化根据,是天人之本质。当具有存在根据之意义的时候,本体即"一",所以邵雍说"太极一也"①;当具有生化根据之意义的时候,本体即"神",所以邵雍说"太极不动,性也,发则神"②。本体具有"一"之特征和"神"之特征并行不悖,是宇宙存在之一体两面。不"一",则本体或为二或为多,为二为多则已经属于具有具体特征的存在物而非本体;不"神",则本体无生发之"用"而不堪称本体。理解至此,方可认识到邵雍对天地生化根源的穷究与理论表达。而更妙者在于邵雍又把本体解释为心,"心为太极,又曰道为太极"③,"身生天地后,心在天地前。天地自我出,自余何足言"④,如此,客观本体获得主观性,或者说太极本体既有客观的一面,又有主观的一面,如此,本体之客观融通主观的理路保证了天人贯通、天人合一的必然性。认知至此,方可见邵雍之言"学不际天人,不足以谓之学"⑤ 有其丰富意蕴矣。

就邵雍先天学象数哲学而言,它包括象数哲学原理以及自然哲学与历史哲学。象数哲学原理对数和象本身的规律性和系统性进行讨论,它的核心内容是"一分为二"法以及据此而构造的《伏羲八卦横图》《伏羲八卦圆图》《伏羲六十四卦横图》《伏羲六十四卦圆图》先天四图,以及天地之数和圆方之数。立足于象数学原理,对天地万物进行解释,是自然哲学;对人类社会历史进行解释,是历史哲学。学者们常所提及的元会运世、皇帝王霸之说,即属于此部分。在邵雍先天学视域中,象数哲学属于"物理之学",它的逻辑基础是本体在事物中的衍化,对应宇宙存在环节中的"数—象"部分,呈现出邵雍对于天地万物运行之理的穷究与理论表达。

就邵雍先天学人生哲学而言,乃其学术的重要意义和归宿。他穷究宇宙

---

① 邵雍:《观物外篇下》,《皇极经世书》卷十四,第522页。
② 邵雍:《观物外篇下》,《皇极经世书》卷十四,第522页。
③ 邵雍:《观物外篇下》,《皇极经世书》卷十四,第522页。
④ 邵雍:《伊川击壤集》卷之十九《自余吟》,《邵雍全集》第四册,第393页。
⑤ 邵雍:《观物外篇下》,《皇极经世书》卷十四,第531页。

存在之本体，而有先天学本体论之视域，他考察天地万物运行之理，而有先天学象数哲学之视域，而在很大程度上，此两者是为了产生实际的人生哲学效用，是以他说："得天理者，不独润身，亦能润心；不独润心，至于性命亦润"①，"君子之学，以润身为本；其治人应物，皆余事也"②，又说："学不至于乐，不可谓之学。"③ 就其理论实质结构而言，邵雍人生哲学的主要旨归是天人合一，是关于在人之生命中呈现本体与天理的学问。如何在生命中呈现本体与天理是修养方法，它包括"观察天人，修心践形"，"以物观物，消解我执"，"至诚呈现，处身为学"，"尽道于民，循理自然"四个层面。在生命中呈现本体与天理的过程与状态是境界论，它包括"先天之意，难以名状"，"天地之境，闲静安乐"，"天人之交，氤氲天和"三个方面。邵雍人生哲学是邵雍先天学的一个重要组成部分，它起于哲思，润于身心，表现在现实之中，呈现出温厚、坦夷、豁达、豪放的人生气象和风范。我们在后文中会提及，现代著名哲学史家、哲学家冯友兰先生以邵雍能入道学发展史，和周敦颐并列为"道学的前驱"，一个重要的原因正在于其学能够提高精神境界。

最后需要指出，依据邵雍的思路与逻辑，依据他关于太极衍化的简练表达，可知三个论域是完全统一于邵雍达致本体之思深度的宇宙理解之中的，所以，邵雍先天学的三个论域是作为先天学这个整体的三个部分而存在的，它们并不是截然分开的。认识至此，则可知先天学庞大而不支离，则可知先天学之深刻而系统的哲学品格，则或可谓知邵子之心矣。

第二节 先天学的产生与发展

一 邵雍创建了先天学

邵雍学术有一定的传承，在本书第一章"北宋早期易学发展及其儒学意义"的相关部分我们可以看到，他三十岁左右学于共城令李之才，而根据历史记载和学者考证，李之才之前的传授系统是陈抟—种放—穆修—李之才。这凸显了邵雍学术有一定的道教背景。《宋元学案》又如此描述邵雍的师承：

---

① 邵雍：《观物外篇下》，《皇极经世书》卷十四，第529页。
② 邵雍：《观物外篇下》，《皇极经世书》卷十四，第529页。
③ 邵雍：《观物外篇下》，《皇极经世书》卷十四，第531页。

"时北海李之才摄共城令,授以《图》、《书》先天象数之学。先生探赜索隐,妙悟神契,多所自得。"① 其后黄百家案语:"周、程、张、邵五子并时而生,又皆知交相好,聚奎之占,可谓奇验,而康节独以《图》、《书》象数之学显。考其初,《先天卦图》传自陈抟,抟以授种放,放授穆修,修授李之才,之才以授先生。顾先生之教虽受于之才,其学实本于自得。"② 这两种说法虽然指出了邵雍学术在于"自得",但是把图书之学加于邵雍,又把"先天象数之学"置于这个学脉师承传授之中。事实上,邵雍先天学和图书之学没有多大关系,而李之才易学也并无先天观念,种放和穆修没有易学作品流传下来,陈抟易学究竟是什么样的面貌和内容,学界争议非常大。但我们完全可以超越这些形式上的因素,强调邵雍创建了先天学。这是因为,先天学不只是某一个或几个卦图,而是一个力探宇宙本体、包蕴天人的哲学体系,它表现着"太极—神—数—象—器"的宇宙存在之逻辑,它包含着本体论、象数哲学和人生哲学三个论域,它以先天学本体论为学者提供生命安立的终极基础,以象数哲学表现把握天人之理追求"不惑"的理性努力,以人生哲学表达证入先天境界的自由安乐。所以先天学确与一般的易学学说不同,而实乃邵雍创建。遑论邵雍先天学的一些关键性易学思想在"陈抟—种放—穆修—李之才"的学术传承中并没有记载,而即使未来考古考证有了新的发现可以证明邵雍的某些易图元素的确有其渊源,但我们说,作为一个力探宇宙本体、包蕴天人的哲学体系,先天学也确是邵雍创建的。

二 朱熹促成先天学成为易学的一个重要组成部分

先天学为邵雍所创建,但如果没有大儒朱熹的极力推崇,先天学在易学发展史中占据重要地位、邵雍在儒学发展史中占有一席之地,都是无法想象的。邵雍生前,虽有声名在外,但对于其学,与之交往的大儒们都不以为然,如二程说:"尧夫之学,先从理上推意言象数,言天下之理,须出于四者,推到理处,曰:'我得此大者,则万事由我,无有不定。'然未必有术,要之亦难以治天下国家。其为人则直是无礼不恭,惟是侮玩,虽天理亦为之侮玩。"③ 张载又和大程子讨论他:"伯淳言:'邵尧夫病革,且言试与观化一遭。'子厚言:'观化他人便观得自家,自家又如何观得化?尝观尧夫诗

---

① 黄宗羲原著,全祖望补修:《百源学案上》,《宋元学案》卷九,中华书局2007年版,第366页。
② 黄宗羲原著,全祖望补修:《百源学案上》,《宋元学案》卷九,第367页。
③ 程颢、程颐:《河南程氏遗书》卷第二上,《二程集》,第45页。

意，才做得识道理，却于儒术未见所得。'"① 二程又评价说："尧夫豪杰之士，根本不帖帖地。伯淳尝戏以乱世之奸雄中，道学之有所得者，然无礼不恭极甚。又尝戒以不仁，己犹不认，以为人不曾来学。"② 此处一句"人不曾来学"已经显示出其弟子稀少。若以这种认识和评价，又以二程和张载的地位和影响，邵雍以其生前名声和影响，作为一个名儒进入《宋史·儒林传》没有问题，但能不能进入《宋史·道学传》却是难知之事。

但大儒朱熹以宋代儒学集大成者的地位、以"前期道学的高峰"③ 的地位，非常推崇邵雍及其易学，这就把邵雍从一代名儒提升为一代大儒，而位于周敦颐、张载、程颢、程颐、司马光之列。④ 朱熹对于邵雍之推崇主要在于两个方面，对于邵雍易学具有实质性的积极作用在于一个行为。

两个方面的推崇，一是关于邵雍的易学，一是关于邵雍的胸怀气象。

就邵雍易学而言，因为邵雍伏羲卦图推衍的本质是"加一倍法"，从太极、两仪、四象、八卦以至六十四卦，极具整齐的形式美，表现出自然而然而不牵强的数学逻辑，同时解决了八卦何以产生的易学基础问题，又展现了"画前之易"的易学理论空间，所以邵雍易学极大地影响了朱熹，使朱熹赞不绝口："某看康节《易》了，都看别人底不得"⑤，"然自有《易》以来，只有康节说一个物事如此齐整。如扬子云《太玄》便零星补凑得可笑！"⑥ "至于邵氏先天之说，则有推本伏羲画卦次第生生之妙，乃是易之宗祖，尤不当率尔妄议。"⑦ "'易有太极，是生两仪'者，一理之判，始生一奇一偶，而为一画者二也。'两仪生四象'者，两仪之上各生一奇一偶，而为二画者四也。'四象生八卦'者，四象之上各生一奇一偶，而为三画者八也。爻之所以有奇有偶，卦之所以三画而成者，以此而已。是皆自然流出，不假安排，圣人又已分明说破，亦不待更著言语别立议论而后明也。此乃易学纲领，开卷第一义，然古今未见有识之者。至康节先生，始传先天之学而得其说，且以此为伏羲氏之易也。"⑧ 即此数段，可见朱熹对于邵雍易学的赞美态度。

---

① 程颢、程颐：《河南程氏遗书》卷第十，《二程集》，第112页。
② 程颢、程颐：《河南程氏遗书》卷第二上，《二程集》，第32页。
③ 冯友兰：《中国哲学史新编》（下），人民出版社1999年版，第219页。
④ 朱熹作《六先生画像赞》，六先生为周敦颐、张载、司马光、邵雍和二程。
⑤ 黎靖德编，王星贤点校：《朱子语类》卷第一百，中华书局1986年版，第2545页。
⑥ 黎靖德编：《朱子语类》卷第一百，第2546页。
⑦ 朱熹著，朱杰人等主编：《晦庵先生朱文公文集》卷三十八《答袁机仲》，《朱子全书》第21册，上海古籍出版社、安徽教育出版社2002年版，第1681页。
⑧ 朱熹：《晦庵先生朱文公文集》卷四十五《答虞士朋》，《朱子全书》第22册，第2057页。

就邵雍胸怀气象而言，《朱子语类》中记录了朱熹和学生对话之时对邵雍的欣赏："问：'近日学者有厌拘检，乐舒放，恶精详，喜简便者，皆欲慕邵尧夫之为人。'曰：'邵子这道理，岂易及哉！他腹里有这个学，能包括宇宙，终始古今，如何不做得大？放得下？今人却恃个甚后敢如此！'因诵其诗云：'日月星辰高照耀，皇王帝伯大铺舒。'可谓人豪矣！"① "康节诗云：'冬至子之半，（小注：大雪，子之初气。冬至，子之中气。）天心无改移；一阳初动处，万物未生时。玄酒味方淡，大音声正希。此言如不信，更请问庖羲！'可谓振古豪杰！"② 又在《六先生画像赞·康节先生》中写道："天挺人豪，英迈盖世。驾风鞭霆，历览无际。手探月窟，足蹑天根。闲中今古，醉里乾坤。"③ 即此数段，可见朱熹对于邵雍胸怀气象的欣赏态度。

对于邵雍易学具有实质性的积极作用的一个行为是，朱熹既然认为邵雍先天学是"此乃易学纲领，开卷第一义，然古今未见有识之者。至康节先生，始传先天之学而得其说，且以此为伏羲氏之易也"④，因此，他著《周易本义》，自然把邵雍先天学纳入其中。《周易本义》卷首有九图，其中就包括《伏羲八卦次序图》《伏羲八卦方位图》《伏羲六十四卦次序图》《伏羲六十四卦方位图》四图，按照朱熹的理解，这四图直接属于邵雍先天学；还有《文王八卦次序图》和《文王八卦方位图》，按照朱熹的理解，这两图是根据邵雍后天之学的观念而来的。另外，朱熹又在其与蔡元定合著的《易学启蒙》中专门探讨邵雍先天学。如此一来，凭借朱熹在中国传统文化和传统儒学史中的崇高地位，后人有赞成朱夫子者，固然会据《周易本义》和《易学启蒙》而重视邵雍先天学，后人有反对朱夫子者，也不可能忽视邵雍先天学而不论。所以我们说，邵雍易学经由朱熹的推崇，终成易学中的显学。

但我们在此还需要指出，于邵雍先天学而言，真可谓"推重也，朱夫子；误解也，朱夫子"。这是因为，邵雍先天学在易学史中占据重要的地位，虽然在于朱熹之解释，但朱熹解释之后的先天学和邵雍先天学之本意有了很大出入，这一点也要归因于朱熹。在本书第六章的相关部分，我们会详细展现，朱熹所理解之先天之学和后天之学具有什么内涵，兹不详论。在此只是指出：在邵雍的哲学视野中，所谓先天学是呈现先天本体并由本体论统摄之下而产生的整个学术体系，所以邵雍先天学包括三个部分：先天学本体论、

---

① 黎靖德编：《朱子语类》卷第一百，第2542页。
② 黎靖德编：《朱子语类》卷第七十一，第1793页。
③ 朱熹：《六先生画像赞·康节先生》，《朱子全书》第24册，第4002页。
④ 朱熹：《晦庵先生朱文公文集》卷四十五《答虞士朋》，《朱子全书》第22册，第2057页。

先天学象数哲学、先天学人生哲学。其中先天学本体论是核心部分，是先天学之作为先天学而存在的基础；与之相对应，不见本体只见事物现象的学术即为后天之学。而朱熹忽视了邵雍哲学中先天学本体论的部分，同时把先天学象数哲学中蕴含天地阴阳万物之理、描述八卦六十四卦之形成过程的伏羲卦图视为先天学，把八卦六十四卦形成后以之为基础而展开的种种推论视为后天学，其中包括《周易》。朱熹的这种认知影响甚大，几乎贯穿了其后的易学史。在某种程度上延续至今。我们看到，在著名哲学史家冯友兰先生的《中国哲学史新编》一书中，其所理解的先天学就有朱熹之理解的影子。冯先生说："什么是'先天'，有两种解释。一种解释是伏羲所画的八卦是'先天'，周文王所演的六十四卦是'后天'。这种解释显然讲不通，因为横图和圆图显然与伏羲无关，而且《观物外篇》也都称为'先天'。照另一种解释，'先天'是道学家们所谓'画前有易'。照这个说法，在伏羲画卦以前就有八卦和六十四卦了，就是说在《周易》这部书之前就有一部《周易》了，不过那部《周易》是一部'无字天书'，经过伏羲、文王，它才成为'有字人书'。所谓'天地自然之数'，就是'无字天书'的内容，横图和圆图是'无字天书'的表现，是'有字人书'的内容。这是邵雍的'先天学'的主要思想。"① 据此可见，冯先生首先反对了"伏羲所画的八卦是'先天'，周文王所演的六十四卦是'后天'"，仿佛与朱熹观点不同，但从本质上看，冯先生所提及的"天地自然之数"，正是指天地阴阳万物之理，横图和圆图等伏羲卦图，正是天地阴阳万物之理的符号表现。这与朱熹的看法是一致的。并且冯先生也和朱熹一样忽视了邵雍先天学的本体论意蕴。又比如当代著名易学家朱伯崑先生在其著作《易学哲学史》中说："邵雍认为，以乾坤坎离为四正卦的图式乃伏羲氏所画，故称此类图式为先天图，称其学为先天学；而汉易中以坎离震兑为四正卦的图式，乃文王之易，是伏羲易的推演，称之为后天之学。邵雍对这两类的图式都有解说，但他推崇前者。朱熹在《答袁机仲书》中评论邵雍易学说：'自初未有画时说到六画满处者，邵子所谓先天之学也。卦成之后，各因一义推说，邵子所谓后天之学也。'又说：'据邵氏说，先天者伏羲所画之易也。后天者文王所演之易也。伏羲之易，初无文字，只有一图以寓其象数，而天地万物之理，阴阳终始之变具焉。文王之易即今之《周易》而孔子所为作传者是也。'朱熹此论，大体符合邵氏易学的内容。"② 在这里，朱先生的认知纳入了"乾坤坎离"和"坎

---

① 冯友兰：《中国哲学史新编》（下），第83页。
② 朱伯崑：《易学哲学史》第二册，昆仑出版社2005年版，第128页。

离震兑"等因素，但以伏羲易为先天学、文王易为后天学的观念则与朱熹一致，所以朱先生评论"朱熹此论，大体符合邵氏易学的内容"。在此举冯友兰先生和朱伯崑先生两例，以见朱熹观念之强大影响力。而在朱熹影响力的覆盖之下，邵雍先天学之本意和要论，的的确确有被遮蔽的情况。

三 宋代之后先天学发展史中的重要人物：张理、王龙溪、章潢、胡煦

既因为邵雍先天学自身思想内蕴丰富，包括本体论、象数哲学和人生哲学三大论域，又因为邵雍先天学只是一个处在易学和哲学大背景之中的思想体系，它作为一种思想体系必然要和其他易学思想发生融合的关系，所以，在因为朱熹的推重而成为易学显学之后，先天学的发展史必然会呈现多彩的面貌。这多彩的面貌是由一些易学家和哲学家通过多角度思想解释而绘成的。这些易学家和哲学家中，较为重要的人物有元代张理，明代王龙溪、章潢和清代胡煦。

张理是元代大儒和易学家，在先天学发展史中是一位重要的人物。他的先天学诠释具有两大特点：第一，他把图书学、先天学、太极图学并列起来，并开始探究三者之间的联系，从而形成了视域更加宽阔的大易学视野，之于先天学发展史而言，这是对先天学论域的较为宽阔的拓展；第二，他以图书学、先天学和太极图学为体，以先天大用之学为用，体用兼备，而"体"之"用"正用于仁学生活世界，呈现出象数易学和仁学结合的一种理论形态。就第一点而言，在先天学产生之日起，事实上就面对着如何解释与其他易学论域的关系的问题，而此一问题在朱熹于《周易本义》卷首放置《河图》《洛书》《伏羲八卦次序》《伏羲八卦方位》《伏羲六十四卦次序》《伏羲六十四卦方位》《文王八卦次序》《文王八卦方位》《卦变图》九图之后更加突出。但邵雍没有解决这一问题，这可能在于他并不以此问题为问题。朱熹也没有较为明白地解决这一问题，这在于朱熹认为四圣之《易》各有其义，"然读者亦宜各就本文消息，不可便以孔子之说为文王之说也"[1]。有此认知前提，朱熹在《易学启蒙》中，把《河图》《洛书》和太极、两仪、四象、八卦进行了对比，但是很简略，只是说，"《河图》之虚五与十者，太极也。奇数二十偶数二十者，两仪也。以一、二、三、四为六、七、八、九者，四象也。析四方之合以为乾、坤、离、坎，补四隅之空以为兑、震、巽、艮，八卦也"[2]，"《洛书》而虚其中五，则亦太极也。奇偶各居二

---

[1] 朱熹：《周易本义·易图》，《朱子全书》第1册，第28页。
[2] 朱熹：《易学启蒙》卷之一，《朱子全书》第1册，第215页。

十，则亦两仪也。一、二、三、四而含九、八、七、六，纵横十五而互为七八、九六，则亦四象也。四方之正以为乾、坤、离、坎，四隅之偏以为兑、震、巽、艮，则亦八卦也"①，并且这种方法被称为"拆补之法"，后来受到很多易学家的批评。但邵雍不解决此问题，朱熹没有成功解决此问题，不代表此问题不是易学真问题。而张理敏锐地感知到这个问题，并开始探究和融合图书学、先天学、太极图学。就先天学发展史总体而言，张理的融合是比较初级的，但他作为早期人物，其理论敏锐性理应获得赞扬。就第二点而言，张理似乎是在克服邵雍先天学和仁学价值观紧张的问题。本书会在多处强调，邵雍先天学的基础视域是一种"物理之学"，不但其象数哲学是在这一视域之下体贴出来的天地万物之理，而且其先天太极本体，也是在这一视域之下体贴出来的本体论，此从邵雍先天学本体论基本建构理路，是在宇宙衍化的视野下，从动静入手而追问"一动一静之间者"，即可见到。此一追问方式，必然会得出非动非静而能动能静、非阴非阳而能阴能阳的太极本体思想。但此太极本体在没有特别诠释的情况下又必然缺乏仁学价值意蕴。而在张理的视野中，太极本身就蕴含有价值意义，反映在人心上，此心即是仁心，所以张理说："先天图由一而二，由二而四，由四而八，推而至于百千万亿之无穷，先儒所谓'心为太极'，'具众理而应万事'，孟子所谓'强恕而行'，曾子所谓'恕'，夫子所谓'贯'，其道亦不外乎是矣。"② 如此一来，邵雍先天学中存在的问题，在张理哲学的视域中，根本不会出现。而且，张理的先天大用之学之"用"，正用于仁学生活世界，呈现出象数易学和仁学结合的一种理论形态。这也是张理的一个理论贡献。

王龙溪是王阳明高足，其学是典型的心学。他的先天学解释比较简练，但在邵雍先天学发展史中具有举足轻重的地位。这是因为邵雍先天学本具有心学维度，"先天学，心法也。故图皆自中起，万化万事生乎心也"③，"心为太极"④，但其心学维度随着先天学本体论的被忽视而湮没无闻，而王龙溪依凭自己的卓识，竟霹雳一声说出："先天之学，天机也，邵子得先天而后立象数，而后世以象数为先天之学者，非也。"⑤ 又直截言道："尧夫所谓'丸'即师门所谓良知。"⑥ 如此两句，一者表彰出邵雍之学的先天本体论

---

① 朱熹：《易学启蒙》卷之一，《朱子全书》第 1 册，第 215 页。
② 张理：《易象图说内篇》卷中，文渊阁《四库全书》本。
③ 邵雍：《观物外篇上》，《皇极经世书》卷十三，第 518 页。
④ 邵雍：《观物外篇下》，《皇极经世书》卷十四，第 522 页。
⑤ 吴震编校整理：《南游会纪》，《王畿集》卷七，第 154—155 页。
⑥ 吴震编校整理：《天根月窟说》，《王畿集》卷八，第 186 页。

域，一者呈现出邵雍之学的心学意蕴，真可谓大有功于邵雍哲学。在本书第八章相关部分中，我们会展现王龙溪诠释邵雍之学的具体理路：在核心范畴"良知"的统摄下，通过心意之辩，吸收了邵雍的先天后天之说；通过藏密应神之论，吸收了邵雍的天根月窟之说。兹不详论。唯在此指出，王龙溪以先天为正心之学，后天为诚意之学，基本上继承并发展了邵雍"先天为心，后天为迹"的思想；邵雍之心学维度，毕竟得王龙溪而有所证明。

章潢是明代著名儒者，黄宗羲所著《明儒学案》之"江右王门"下有"征君章本清先生潢"对章潢生平和学术进行介绍。章潢不但是心学大儒，也是易学家。章氏易学内容丰富、思想深刻，其中包括富于体系性并多有新见的先天学诠释。章潢先天学诠释包括 5 个部分：（1）太极观；（2）先天学；（3）后天学；（4）贯通太极、先天、后天的易学视野；（5）先天学视野下的心性之学。它的主要特点在于：第一，具有自觉的义理丰富的太极本体思想，并在此视域之基础上诠释各种重要易图，如此，章潢先天学就避免落入就易图的枝节问题纠缠不休最终忽略本体的陷阱，同时也保证了先天学本质乃反映天道本体的原初之义，须知，邵雍先天学理论结构的逻辑起点正是太极本体；第二，其先天学富于体系性，在太极本体视域的基础上，贯通了古太极图、先天图、后天图，这在先天学发展史中实现了太极图学和先天学的融合；第三，其先天学没有仅仅停留在易图学和义理分析上，而是真正走入了生命之中，进入了心性修养实践之中，这是符合邵雍先天学的原创性精神的，并且是在王龙溪之后，又一次从心学、从人生哲学的角度弘扬了邵雍先天学的心学维度；第四，其先天学多有创见，特别是关于先天为体后天为用，但是体用不分的观念，以及不可由先天图"退乾坤，进六子"而成后天图的观念，都体现了章潢的深思灼见，而这在先天学发展史中实乃鲜见。总之，因为章潢的理论贡献，其先天学诠释在先天学发展史中理应占据重要地位。

胡煦是清初著名易学家，他建构了一个内容丰富、创见颇多的易学哲学体系。其易学哲学就其主要特征和理论贡献而言有两点：第一，胡煦易学以具有深刻内涵的太极本体论为基础；第二，胡煦易学贯通了河图洛书、先天四图、《易经》卦爻和《易传》等易学基本论域。胡煦易学以太极本体论为基础，这犹如邵雍先天学以先天学本体论为基础，而更妙者在于胡煦的太极本体论解决了邵雍先天学和儒家仁学价值观紧张的问题。胡煦之太极本体论不但意蕴丰富，呈现出太极有本体义、发用义两大意义，本体义有太极为万物之所由以生，太极不可以有、无论，太极有发用之能三方面的内涵，发用义有"流行之太极：阴阳动静"以及"在人之太极：性"两方面的内涵，而且胡煦通过突出太极之生生作用，并把它在天人相贯的视野中解释为具有"太和"性质的"生气"，如此，即通过"太和""生气"保证了太极之为儒家仁学之价值基础，并从而保证了人之性善，并以之为基础拓展到仁学生活世界中。"生气者，天之所以为天，人之所由以生，圣人所恃以参赞位育者也。其蕴之于人，则为人心。孟子曰仁人心也，指此生气言也。性即仁也，性字心旁加生，谓心之所由以生也。又心中之生气也，得天地之生气而有其心，以吾心之生气而发诸用，参赞位育皆由此起。故孟子以为人心，邵子曰人从心上起经纶，此之义也。"① 所以，据此逻辑，在胡煦的哲学视域中，太极衍化必然落实于仁学生活世界："阴阳者，太极之动，神化之妙用也。道者，大用之充周各得也。因在方动时，非形气可执，故但言阴阳，此元之亨也。乃利贞之大用，悉出其中，故谓为道。"② "道也者，参赞之妙，位育之能，裁成辅相，曲成范围，皆其妙用也。其事则礼乐刑政而已。"③ 如此，胡煦就保证了太极本体论的仁学价值意蕴，相比于邵雍先天学而言，的确是一个重要发展；胡煦易学贯通了河图洛书、先天四图、《易经》卦爻和《易传》等易学基本论域，可以说是成功地拓展了邵雍先天学论域，完成了与其他易学基本论域的融合。在图书之学和先天学产生之后，试图融合图书、先天、《周易》的易学家代有人出，但逻辑顺畅、思想深刻、体系庞大者，实不多见。而胡煦易学正有此品格。他通过细致的解释，强调河图洛书、先天四图、《易经》和《易传》本为一贯。"图书为天地自然之易。"④ "伏羲四图全仿图书，文王卦爻全宗伏羲，则爻必宗卦，卦必宗先天，先天必宗图书，一以贯之，方为真《易》。"⑤ 最后得出"全部《周易》俱是先天"⑥ 的结论。有此视野和结论，则胡煦易学相对于朱熹的先天学诠释，是一大进步；相对于邵雍先天学，又是先天学论域的一大拓展。总之，遑论其他易学观念，比如学界多知的"体卦主爻说"、胡煦把先天图纳入注《易》资源中，胡煦即凭如上所论建构太极本体论与贯通诸种易学基本论域这两点贡献，已堪称易学大家，同时保证了自己能在先天学发展史中占据一席重要地位。

---

① 胡煦著，程林点校：《周易函书别集》卷十六，《周易函书》第三册，中华书局 2008 年版，第 1129—1130 页。
② 胡煦：《周易函书约注》卷十三，《周易函书》第二册，第 761 页。
③ 胡煦：《周易函书别集》卷七，《周易函书》第三册，第 978 页。
④ 胡煦：《周易函书别集》卷一，《周易函书》第三册，第 897 页。
⑤ 胡煦：《周易函书别集》卷一，《周易函书》第三册，第 871 页。
⑥ 胡煦：《周易函书别集》卷一，《周易函书》第三册，第 871 页。

在以上四个易学家和哲学家之外,本书还讨论了一些先贤的先天学诠释,相对于前四位,他们并不占据先天学发展史中的关键环节,但他们也从各种角度充实和发展着先天学的义理,是先天学在社会历史中获得传播的必不可少的基础。

第三节 先天学的易学史与哲学史意义及其存在的问题

在此节,我们分别站在易学史和哲学史这两个角度讨论邵雍先天学的意义问题。之所以把二者进行区分,是因为如果依照传统的考察方法,只是站在易学史的角度探讨邵雍先天学的意义,那么,结论依旧会随着考察角度的相同而呈现相类的结果,若如此,则邵雍先天学不只是作为一种易学而更是作为一种哲学的学术形态依旧将会被忽视,而通读本书则会发现,把邵雍先天学不只是作为一种易学,更是作为一种哲学来理解、研究、体贴和呈现,正是本书的研究意义之一。

一 先天学的易学史意义

从先天学产生之日起,邵雍先天学就常常被视作一种"数学"形态的象数易学。而作为一种象数易学,它必然有其易学史之存在价值。主要表现于三点:第一,邵雍先天学和周敦颐太极之学共同把太极衍化观念变成了易学基本观念、基础视域;第二,先天学在传统易学的背景中解决了八卦产生的问题;第三,其超越注经形式,用先天学的象数易学体系,建构了关于天道运行与人类历史发展的一种系统解释。

就第一点而言,在周、邵之学产生以前,太极概念自先秦起一直存在,"易有太极,是生两仪"的表述也自先秦以来一直存在,但是,易学视域更加重视乾坤阴阳,唯周、邵之学即乾坤阴阳而进一步追问作为易学逻辑起点的天道生化之源,"无极而太极。太极动而生阳,动极而静;静而生阴,静极复动。一动一静,互为其根。分阴分阳,两仪立焉。阳变阴合,而生水火木金土。五气顺布,四时行焉"[1],"太极一也,不动。生二,二则神也。神生数,数生象,象生器"[2],"太极不动,性也。发则神,神则数,数则象,

---

[1] 周敦颐:《太极图说》,《周敦颐集》卷一,第3—4页。
[2] 邵雍:《观物外篇下》,《皇极经世书》卷十四,第522页。

象则器，器之变复归于神也"①，从而展示并突出了太极不但作为易学逻辑起点而且作为宇宙之本体的地位和意义，且配合易图更加形象地加以呈现。这种太极本体衍化观念，在经过大儒朱熹对周、邵之学的进一步诠释和推崇之后，几乎成为后世易学的基本观念和基础视域。遑论其他，一览本书"下篇"所介绍的相关易学家的思想，即可感受到这一点。

就第二点而言，数十年以来，因为考古学和出土文物方面取得的巨大突破，我们知道了八卦的来源是数字卦，但在此之前的两千多年间，根据《易传》的说法，我们只知道伏羲画八卦，八卦相重而有六十四卦。但问题在于，伏羲如何画出八卦呢？这是一个重要的易学问题、经学问题。而根据邵雍先天学之"加一倍法"，非常简练明晰地呈现了八卦的产生过程，并且这一过程表现出太极本体衍化的思想。因为邵雍这一简明而顺畅的解释，朱熹对之赞不绝口："所问《先天图》曲折，细详图意，若自乾一横排至坤八，此则全是自然。"②"《易》之精微，在那'两仪生四象，四象生八卦'，八卦生六十四卦，万物万化皆从这里流出。"③"某看康节《易》了，都看别人底不得。他说'太极生两仪，两仪生四象'，又都无玄妙，只是从来更无人识。"④"然自有《易》以来，只有康节说一个物事如此齐整。"⑤虽然在其后的易学史中有不少学者提出异议，但作为一种简洁且富于推理规则的解释，邵雍先天学的确是成功的。

就第三点而言，自战国时代以来，在卜筮之易被超越之后，哲学易成为中国传统社会的基本易学视域，而哲学易是有其认知任务的，它不应该只是局限在注经事业上，而即便很多易学家对于易学的体贴和阐发主要通过注经形式，但其易学之真实内蕴依然是真实的天人之学。这就带来一个问题：如果某个易学家直探龙珠，有了深沉的天人之思，其以易学哲学的各种元素为资源，通过积极的思想体系建构，来直接表达其天人之思，这不是更能推动作为中国传统文化之核心的天人之学的繁荣和发展吗？事实上，邵雍正是做了这样成绩斐然的工作。其先天学象数哲学，在探究象数学原理的基础上，以阴阳刚柔四象而论天地万物之理，以元会运世而论世界发展之理，以皇帝王霸而论社会政治之理，从而建构出关于天道运行与人类历史发展的一种系统解释。如此的系统解释，可以繁荣易学，可以丰富天人之学，可以解哲人

---

① 邵雍：《观物外篇下》，《皇极经世书》卷十四，第522页。
② 黎靖德编：《朱子语类》卷第六十五，第1613页。
③ 黎靖德编：《朱子语类》卷第六十五，第1617页。
④ 黎靖德编：《朱子语类》卷第一百，第2545页。
⑤ 黎靖德编：《朱子语类》卷第一百，第2546页。

之惑从而达到精神的自觉。

二 先天学的哲学史意义

与在易学发展史中看待邵雍先天学的价值和意义较为容易得出明确的结论不同，站在更为宽泛的中国古代哲学史的视野中，把握邵雍先天学的价值和意义，需要比前者更为复杂的分析。考虑到学界的相关研究现状，其间关涉如下三个问题：第一，站在某一学派的特定立场从而影响到邵雍先天学之评价的问题；第二，是否站在邵雍先天学之全部论域的基础上也影响到邵雍先天学之评价的问题；第三，尽量理解邵雍先天学之全部论域，并且没有特殊学派立场，从而较为客观地评价邵雍先天学的哲学史价值。解决了这三个问题，即可清晰地明白邵雍先天学在中国传统哲学史中的地位、价值和意义。

首先进入第一个问题的思想空间。在这一空间中，我们会看到牟宗三和唐君毅两位著名学者、当代大儒对于邵雍及其先天学的评价。

牟宗三先生对邵雍先天学的评价不高。在其研究宋明儒学的著作《心体与性体》一书中，他根本没有专门讨论邵雍。但在此书中，他立足于自己的"道德的形上学"，在评价康德美学时提及了对邵雍学术的评价。他说："美的欣趣诚然可以不接触地接触自然之具体而微妙处（不接触地接触即是不着之欣赏，不关心之观照），然而这不一定就能接上意志决定之有向的目的性。亦如中国术数之路之知几亦可以接触《易经》阴阳造化之妙，但不一定就能接上孔门那道德意识所贯注的穷神知化自亦牵连着阴阳造化，但却不是术数家眼中的阴阳造化。术数家之知几亦可以窥测到神化，但不必是孔门义理中的神化。术数家常只是自然主义与命定主义，而孔门义理则却必须是道德的理想主义。此所以宋、明儒只讲理，不讲数，而邵尧夫不入宋、明儒正宗之故。术数家之知几并不是科学判断，也类乎一种艺术性的观照，智的直觉。所以凡此型心态亦常含有一种洒脱的襟怀，邵尧夫以及道家俱表现这种襟怀，但亦俱缺乏那严整的道德意识与精诚恻怛的仁者襟怀。"[1] 即此短短一段，可见牟先生判定邵雍"不入宋、明儒正宗"，并给出了理由。其核心在于邵雍终究为术数学，其视野虽能"窥测到神化"，但并非"道德的形上学"视野中的神化[2]；质而言之，邵雍及其先天学缺乏"严整的道德意识"。

---

[1] 牟宗三：《心体与性体》（上），上海古籍出版社2007年版，第151—152页。
[2] 牟宗三的这段评定，可以看到朱熹之评价的一些影子。《朱子语类》记录："问：'康节学到"不惑"处否？'曰：'康节又别是一般。圣人知天命以理，他只是以术。然到得术之精处，亦非术之所能尽。然其初只是术耳。'"（黎靖德编：《朱子语类》卷第一百，2542—2543页。）

我们认为，牟宗三先生对于邵雍的评价是有一定道理的。不但邵雍先天学象数学具有明显的"自然主义"或我们所说的"物理之学"的特点，而即就其先天学本体论而言，因为是通过动静角度体贴而出从而也表现出缺乏"严整的道德意识"的特征。所以，统观并认真体贴邵雍先天学之大体，我们强调，因为在学术之入手处或基源处存在"问题"，邵雍并没有把儒之为儒、圣之为圣、仁学之为仁学的那一点"生生"价值之精蕴固定住，并解释为整个统摄天人之哲学体系的基础；所以，邵雍先天学虽然的确内蕴有仁学价值观，在生活中的确表现出一定的大儒风范，但是其仁学之思想见地，和后期周敦颐、张载、二程相比，却也存在不通透不彻底的一些遗憾。牟宗三先生站在其"道德的形上学"的基础上看到了这一点，是准确的。但是，只站在"道德的形上学"的基础上评价邵雍及其先天学，是不是完全的客观和公正呢？如果邵雍之哲学体系及其精神关注点本就没有把仁学价值视作思想体系的理论基点，而我们又据之以作批评之基点是不是存在对邵雍及其先天学的误解呢？

相较于牟宗三先生，唐君毅先生对于邵雍先天学之同情的理解更为详细。其研究宋明儒学的著作《中国哲学原论》（原教篇）一书共二十七章，其中第二章专门讨论"邵康节之易学与心学"。此章不但简论了邵雍的象数之学，而且注意到了邵雍观物之学中人的地位以及观物之道，更难能可贵的是，唐君毅先生系统讨论了邵雍先天学中基础性的概念"道、神、太极、阴阳、与诚及康节之心学"[1]。如此之解释则可谓注意到了邵雍先天学的本体论论域，这相较于很多研究者而言已是很大的进步。总的来说，唐君毅先生对邵雍及其学术之地位的判定是："依上文所述，则康节之学之历史地位，当说在由汉人之即卦言之易学，以上探，而求知易卦之原始；更自成一套易学，以论天文历法音律，而以之代替汉人之易学所为天文历法音律之论；同时将宋初所传之春秋之学、历史之学，与易学，打并归一，而特称易为顺性命之理之书，春秋亦循自然之理而尽性之书。然康节乃以易为春秋之本。其思想在儒道之间，而先求知天；则其本意，在'观乎天地以见圣人'，亦即由知天以知人，而援道以入儒。"[2] 此段之判定，涉及三点：第一，在易学背景中，邵雍易学有超越汉易的地方；第二，在北宋学术背景中，邵雍"以易为春秋之本"，站在易学基础上把"宋初所传之春秋之学、历史之学，与易学，打并归一"；第三，"其思想在儒道之间"。关于前两点，是对邵雍学术

---

[1] 唐君毅：《中国哲学原论》（原教篇），中国社会科学出版社2006年版，第25—28页。
[2] 唐君毅：《中国哲学原论》（原教篇），第18页。

的正面评价,而第三点,已有不以邵雍为醇儒之意。事实上,在《中国哲学原论》(原教篇)第三章的起首一段,唐君毅先生更是明确指出邵雍之学乃"歧出之儒学":"上来所述邵康节之学,若就其始于观物之象数言,则近术数家或阴阳家;就其归在个人之润身以应人接物为余事言,则近道家。唯其所宗,仍在孔子;其所论者,是易学;其思想之主要概念,如太极、诚、神、易、道、性情、道德等,并原白儒家。故亦不能谓其非儒。然以其学与周濂溪、张横渠之学相较,则濂溪横渠,自更为纯儒。……康节之学唯限于观物、玩物,而观易、玩易;虽偶及于中庸之言,实不能真通中庸之率性修道之学以为论。故康节之学终不免为歧出之儒学;而濂溪横渠之学,即不必能至于尽善、尽美,然要更为宋代儒学之正宗,而非康节之所能比者也。"① 如此,则可见唐君毅先生对邵雍学术的最终判定得出了和牟宗三先生一样的结论。而我们依旧说,只站在儒学的基础上评价邵雍及其先天学,是否完全的客观和公正呢?是不是忽视了邵雍先天学在更为宽阔的视域中的意义呢?

以上呈现了牟宗三和唐君毅两位先生恪守儒家立场,对于邵雍先天学的理解和判定。现在,我们进入前面提及的第二个问题"是否站在邵雍先天学之全部论域的基础上也影响到邵雍先天学之评价的问题"所展开的思想空间。在这里,我们会以冯友兰先生和陈来先生的研究为代表。

冯友兰先生在其巨著《中国哲学史新编》一书中,判定周敦颐和邵雍是"道学的前驱"②。冯先生如此判定,是站在对"道学"全面把握的基础上的。冯先生认为:"道学的目的是'穷理尽性(或曰尽心)'。它的方法是'格物致知'。它的入手处是'义利之辨'。"③ 据此而考察邵雍等北宋五子,自然有相应的判定:"道学的主题是讲'理',这是接着玄学讲的"④,"照传统的说法,周惇颐、邵雍是道学的创始人。其实并不尽然。他们还没有接触到道学的主题"⑤,而"程颢说:'吾学虽有所受,天理二字,却是自家体贴出来。'可见讲天理是从程门开始的,'穷理尽性'也是从程门开始的。程氏兄弟是道学的创始人。"⑥ 质言之,"天理或理是道学的一个主要概念,天理的问题是道学的一个主要问题,关于这个问题的讨论或辩驳是道学的主要

---

① 唐君毅:《中国哲学原论》(原教篇),第29页。
② 《中国哲学史新编》第五十一章的章名即为"道学的前驱——周惇颐和邵雍"。[参见冯友兰《中国哲学史新编》(下),第59页。]
③ 冯友兰:《中国哲学史新编》(下),第25页。
④ 冯友兰:《中国哲学史新编》(下),第25页。
⑤ 冯友兰:《中国哲学史新编》(下),第25页。
⑥ 冯友兰:《中国哲学史新编》(下),第25—26页。

内容。这个问题的提出或讨论的兴起都是从二程开始的，所以本书以二程为道学的创始人"①，"不过周惇颐和邵雍也讲了一些关于提高精神境界的道理。所以他们虽然不是道学的创始人，但可以作为道学的前驱"②。这种判定并没有如牟宗三、唐君毅两位先生那样比较关注邵雍是否"醇儒"的问题，可以说视野更为开阔，并且因为邵雍之学能够提高精神境界，而冯先生认为道学的一个重要维度就是精神境界③，所以，赋予了邵雍相应的道学史或哲学史地位。但在具体的邵雍之学的解释中，冯先生除了论及邵雍"以物观物"的认识论和修养方法之外，他注意到主体内容依旧是邵雍的象数易学，所以在《中国哲学史新编》中冯先生主要介绍了《六十四卦圆图》《六十四卦横图》，以及邵雍的世界年谱，并最终如传统说法一样把邵雍认定为"道学中的象数之学的代表人物"④。而唐君毅先生已经注意到了邵雍哲学中的一些基础性概念比如太极、神、道等，冯先生并没有论及。简而言之，冯友兰先生因为注意到邵雍哲学中"以物观物"的修养方法，具有提高精神境界的作用，所以判定邵雍具有"道学的前驱"的地位；注意到并重点阐发了邵雍的象数之学，所以认定邵雍"是道学中的象数之学的代表人物"；而我们在此大胆设问，如果冯先生如唐君毅先生一样注意到邵雍关于太极、神、道等概念的思想，并把它形成一个单独的问题加以讨论，是不是会有另外的一些评价呢？

当代著名哲学史家陈来先生对邵雍也有相关的研究和判定。在《宋明理学》一书中，他在宋明理学的大框架中，定位了邵雍之学。他主张把宋明理学体系分为四派，"气学（张载为代表）、数学（邵雍为代表）、'理学'（程颐、朱熹为代表）、心学（陆九渊、王守仁为代表）"⑤。事实上，这个四派的说法不只是学派划分，它所具有的一个重要意义是其间蕴含着陈先生对于

---

① 冯友兰：《中国哲学史新编》（下），第114页。
② 冯友兰：《中国哲学史新编》（下），第61页。
③ 冯友兰先生说："义利本来是道德的范畴，只有社会的意义，对于真正冲出来的人，他就不仅是道德的范畴，不仅是有社会的意义了。他的精神境界就是彻上彻下、彻内彻外。义利之辨就是'去人欲，存天理'。由此所得的精神境界就是'人欲尽处，天理流行'。"[冯友兰：《中国哲学史新编》（下），第25页。]又说："学圣人之道，也就是学天地之道。""道学家所说的学主要的就是这一点。周惇颐和邵雍所讲的修养的方法，主要的也就是这一点。修养以至于成为圣人，这是道学家的主要目标。怎样修养是道学的主要课题。道学家们认为，道学是一种'义理之学'，但讲义理，为的是修养，讲义理不是为多得知识，而为的是多得一些精神上的享受。用他们的话说，就是多得一点'受用'。"[冯友兰：《中国哲学史新编》（下），第94—95页。]
④ 冯友兰：《中国哲学史新编》（下），第77页。
⑤ 陈来：《宋明理学》（第二版），华东师范大学出版社2004年版，第10页。

宋明理学发展逻辑的理解。

气学—数学—"理学"—心学，历史地、逻辑地展现了宋明理学的逐步深入的发展过程。气学针对隋唐盛行的佛教与道教崇尚虚空的学说，提出虚空即气，气为宇宙的终极实在，以从根本上打击佛老，为儒家学说建立一种宇宙论的论证。数学则进而研究实在的宇宙过程和历史过程的规律性，从而较气学进了一步。但数学致力寻找宇宙、社会演进规律的努力未能摆脱象数学的神秘色彩，"数"最多只能反映宇宙历史演化中兴衰的周期，无法真正揭示世界的规律性。气学与数学的另一问题是，他们在宇宙实体与宇宙规律方面的学说都未能与儒家的核心伦理原则紧密结合起来。"理学"则正是把这些伦理原则上升为宇宙本体和普遍规律，又吸收、结合了气学、数学的一些重要成分，使儒家思想有了更为坚实的本体论基础。然而，"理学"把伦理原则提高为宇宙本体和普遍规律，虽然使古典儒学获得了强有力的本体论基础，但在道德实践上，把伦理原则更多地作为外在的权威，忽视了人作为道德实践主体的能动性。因此，心学反对理学的实践论，认为人的本心作为道德主体，其自身就决定道德法则，突出了道德实践中的主体性原则。气学、数学、"理学"、心学在宋代的历史的展开，显示出了理学发展的内在逻辑。①

即此可见在这一逻辑展开中，邵雍之学一如传统观念而为"数学"派代表。在陈来先生具体的邵雍之学解释中，他从三个角度简要介绍了邵学，其一为"元会运世"，其二为"以物观物"，其三为"阴阳体性"。② 这三个角度中，前两个角度是相关学界的一贯认识，后一个角度主要简介邵雍的阴阳观念和体性观念，而其中提及了邵雍的本体思想，"邵雍也提出了一套宇宙发生与宇宙构成的理论。他以'太极'为宇宙的本体，又称之为'道'。……这是认为，太极或道是宇宙的本源，太极或道是不动的，又是不可见的，乃是一种普遍的形而上实体，也是万物产生的根源"③。需要指出，虽然陈先生关于邵雍之学中本体思想的介绍非常简练，但在现代大陆学界中，陈先生是较早注意到邵雍本体思想并有一定阐说的学者。陈先生更指

---

① 陈来：《宋明理学》（第二版），第10—11页。
② 陈来：《宋明理学》（第二版），第91—99页。
③ 陈来：《宋明理学》（第二版），第91—99页。

出:"与二程相比,邵雍讲的太极、道更多的是作为宇宙的形而上的根据,而并未赋予其伦理法则的品格,这是他在理学后来发展史中不被视为主流的原因之一。"[1] 这一看法,就和牟宗三、唐君毅两位先生的理解呼应了起来。不过,我们依然看到,注意到邵雍之学有本体思想,以及"阴阳体性"之观念,并没有促使陈先生对邵雍有更进一步的评价和定位。

在上文,我们依据两个问题展开的理论空间,探讨了邵雍先天学的哲学史评价问题,其中涉及了牟宗三、唐君毅、冯友兰,以及陈来先生的相关解释。在这些关于邵雍先天学之地位和意义的解释中,牟先生站在"道德的形上学"的立场上,因为邵雍之学缺乏严整的道德意识,所以在其《心体与性体》一书中直接忽略了邵雍。唐先生对邵雍之学有更详细更深入的理解,但和牟先生一样以为邵雍非醇儒,除此之外,他还提及邵雍的易学贡献和历史哲学贡献,再无其他。至于冯友兰先生,没有如牟、唐两位先生坚持是否"醇儒"的立场,但注意到了邵雍之数学、修养方法与精神境界的思想。陈来先生已经注意且简要提及邵雍的本体思想,但依旧从"数学"的角度定位邵雍,不过,在宋明理学发展逻辑之环节中置"数学"于张载气学之后,在某种程度上相比于传统之解释是一个进步。

现在我们回到第三个问题"尽量理解邵雍先天学之全部论域,并且没有特殊学派立场,从而较为客观地评价邵雍先天学的哲学史价值"。在这个问题所打开的视域中,我们强调,邵雍先天学当然包括其"数学",我们在前面已经称之为先天学象数哲学,但不只是"数学",邵雍哲学还有先天学本体论和先天学人生哲学。而就先天学本体论而言,我们不只是如陈来先生那样,注意到邵雍有以太极为本体的思想,如唐君毅先生那样,注意到邵雍先天学中一些重要的概念如道、神、太极、阴阳与诚等,而是结合邵雍著作中所有相关论述包括其诗,作为一个重要的论域来加以认真体贴;就先天学人生哲学而言,我们不只是如唐君毅先生、冯友兰先生和陈来先生那样,注意到邵雍"以物观物"之法及其具有提高精神境界的效果,而是结合邵雍著作中所有相关论述包括其诗,作为另一个重要论域来加以认真体贴;如此,同情理解并认真对待邵雍先天学所蕴含的三个论域,且站在通过反思而达致精神发展与精神自觉,并最终实现安身立命的场域中,来理解邵雍先天学的哲学史意义。

如此,我们说,邵雍先天学具有三方面的积极意义:第一,它是完整的通透的从"一"至"万"皆有完整解释的达致存在之学高度的哲学体系;

---

[1] 陈来:《宋明理学》(第二版),第96—97页。

第二，它是一个追求天地万物之理以达致"不惑"的理论典范；第三，它呈现了一种能够实现安身立命的安乐境界。

就第一个方面而言，它体现了邵雍关于宇宙存在之本质的理性追寻和成果。研习中国古代哲学者皆知，在孔子的视野中，多言人，少言天，所谓"夫子之言性与天道，不可得而闻也"（《论语·公冶长》）。但是，哲人生活在宇宙场景之中，宇宙存在之本质具有何种特征，乃理性之在所不免而欲探究者；儒者以天道为信仰对象，天道又非如基督教之上帝般的人格神，则天道具有何种意蕴应当为人所效法，亦乃人心之在所不免而欲解悟追寻者。有此实情，所以《中庸》开篇即言："天命之谓性，率性之谓道，修道之谓教"；《孟子》又言："尽其心者，知其性也。知其性，则知天矣。存其心，养其性，所以事天也。夭寿不贰，修身以俟之，所以立命也"（《孟子·尽心上》）；《易传》又言："阴阳不测之谓神"，"一阴一阳之谓道"，"立天之道曰阴与阳，立人之道曰仁与义，立地之道曰柔与刚"。即此可见孔子之后，先贤先哲们对于天人本质或曰宇宙存在之本质的关注、穷究，以及体证。但存在之问题追问到极处，即为与具体万物有所异的本体及其与万物之间的关系问题。在不同的语境中，此或为道之内蕴与道器关系，或为"一"之内蕴与"一多"关系。哲思不拓展到存在之学之视域，不深刻到宇宙本体之层面，唯证成一个价值观映照下的生活世界的圆融，固然浑融笃实，但于哲学理论而言终有憾焉，毕竟，道器关系、一多关系，或曰宇宙存在之本体与天地万物之间的关系，是一个真实的哲学问题。以此视角观照邵雍先天学，则可谓邵雍是具有通透的存在之思的哲学家。其存在之思用存在之学的语言来表达，即"太极一也，不动；生二，二则神也。神生数，数生象，象生器"①，"太极不动，性也，发则神，神则数，数则象，象则器。器之变复归于神也"②，这两句简要表述内蕴着关于宇宙存在的五个逻辑环节："太极—神—数—象—器"；其存在之思用象数学的语言来表达，即"太极既分，两仪立矣。阳下交于阴，阴上交于阳，四象生矣。阳交于阴，阴交于阳而生天之四象；刚交于柔，柔交于刚而生地之四象。于是八卦成矣。八卦相错，然后万物生焉。是故一分为二，二分为四，四分为八，八分为十六，十六分为三十二，三十二分为六十四。故曰'分阴分阳，迭用柔刚，故《易》六位而成章'也。十分为百，百分为千，千分为万，犹根之有干，干之有枝，枝

---

① 邵雍：《观物外篇下》，《皇极经世书》卷十四，第 522 页。
② 邵雍：《观物外篇下》，《皇极经世书》卷十四，第 522 页。

之有叶，愈大则愈少，愈细则愈繁，合之斯为一，衍之斯为万"①。但无论是存在之学的语言，还是象数学的语言，皆可见邵雍完整的通透的从"一"至"万"皆有完整解释的哲学体系。即凭此追寻宇宙本体之意蕴、探讨道器关系与一多关系的自觉的存在之思，邵雍先天学当在中国古代哲学发展史中占有一席之位。毕竟，从生活世界自觉、宇宙论自觉，上升到本体论自觉，本就是中国哲学发展的一个重要事件，同时，具有完整的通透的存在之学的哲学家，在中国古代哲学发展史中，固然并非寥若晨星，但亦并非触目皆是。

就第二个方面而言，它体现了邵雍追寻天地万物之理以达致"不惑"的理性努力，并从先天学的角度提供了一种类型方向下的理论典范。人超越一般动物在于人有人性，人性具有丰富的内涵，而其中一个主要内容是理性。理性因为其理解、辨别、学习、决策以及实践等能力促成了人的精神世界的发展与丰富，但理性还有一大特点即人在生存场域之中会产生"惑"。"惑"会导致人心难安，所以，达致"不惑"就成为人尤其是哲人追寻的目标。孔子曰："吾十有五而志于学，三十而立，四十而不惑，五十而知天命，六十而耳顺，七十而从心所欲，不逾矩。"（《论语·为政》）即此可见孔圣人把"不惑"视作人生成长成熟过程中的里程碑事件之一。孔子又说："知者不惑，仁者不忧，勇者不惧。"（《论语·为政》）《中庸》有言："知、仁、勇三者，天下之达德也，所以行之者一也。或生而知之，或学而知之，或困而知之，及其知之，一也。……子曰：'好学近乎知，力行近乎仁，知耻近乎勇。'知斯三者，则知所以修身。知所以修身，则知所以治人。知所以治人，则知所以治天下国家矣。"据这两段可见，作为"不惑"之主体的"知者"，其"知"约略即与"好学"相关的理性求知活动。事实上，也正因为把握了表现为理性知识的万物规律，才有可能治人、治天下，此正所谓"知周乎万物而道济天下"（《周易·系辞上》）。所以即理性与知识之于人生如此重要而言，宋明儒学中存在"理学"一派有其必然，而邵雍虽非理学人物，但因其对"物理"的重视以及自觉阐发，亦呈现出了一种象数哲学形态下的典范。此种理论典范有四种意义：第一，它以宇宙存在之逻辑结构"太极—神—数—象—器"为前提，表现出宇宙存在的"数—象"环节；第二，它是象数学的形式；第三，它囊括天人，既讨论天道运行规律，又铺排世界历史年表；第四，天地万物之理与太极本体一样，构成先天学人生哲学的理论基础，"得天理者，不独润身，亦能润心；不独润心，至于性命亦润"②。当

---

① 邵雍：《观物外篇上》，《皇极经世书》卷十三，第515页。
② 邵雍：《观物外篇下》，《皇极经世书》卷十四，第529页。

然，我们今天站在近现代科学和社会科学的基础上看待邵雍先天学对于天地万物之理的阐发，会发现邵雍的"物理"之学有很多武断处、模糊处、错谬处，但我们须知，无论中西，古代的哲学家们之于具体知识的主张，在我们今天看来，或多或少皆有类似的缺陷，这是时代造成的局限，而其思想中体系更值得重视与学习的是这样一种哲学精神：先哲们为了达致"不惑"而做出的不懈的理性努力。

就第三个方面而言，它呈现了一种实现安身立命的安乐境界。哲学尤其是中国哲学不但是追求智慧之学，而且是追求幸福之学。幸福约略包括两个方面，一是物质生活方面的幸福，它主要属于政治哲学与社会哲学及其实践所当解决者；一是精神生活方面的幸福，它主要属于人生哲学及其践履所当解决者。后者是我们在此要讨论的。精神幸福，或在中国哲学语境中，安乐，一直是先哲们的自觉追求。在中国哲学话语中，此论域的典型概念即"孔颜乐处"。概念的产生可能来源于二程对往昔求学过程的记录："昔受学于周茂叔，每令寻颜子、仲尼乐处，所乐何事。"① 而概念所指的历史故事，却是《论语》所记录的真实事件：一类为孔夫子之自况，"子曰：饭疏食，饮水，曲肱而枕之，乐亦在其中矣。不义而富且贵，于我如浮云"（《论语·述而》），"其为人也，发愤忘食，乐以忘忧，不知老之将至云尔"（《论语·述而》）；一类为孔子对学生颜回的称赞，"贤哉，回也！一箪食，一瓢饮，在陋巷。人不堪其忧，回也不改其乐。贤哉，回也！"（《论语·雍也》）而即孔子之表述，带给我们的问题是，人何以能够在物质非常简陋的生活中实现"人不堪其忧，回也不改其乐"呢？事实上其本质方法即"乐以忘忧"。但接下来的问题在于人何以能"乐"呢？事实上，我们还是可以从孔子对自己人生成长之关键点的回顾中见到一些端倪。孔子曰："吾十有五而志于学，三十而立，四十而不惑，五十而知天命，六十而耳顺，七十而从心所欲，不逾矩。"（《论语·为政》）此经典语句与此处论题相关者，有"不惑"、有"知天命"、有"耳顺"及"从心所欲，不逾矩"等三个关键环节。之所以如此说，是因为人人皆是生活于宇宙和社会场域之中同时有天赋有习气有实践能力的个体，人若实现精神幸福，势必需要理解此场域之本质和规律，势必需要把握吾之个体在此场域中的价值和意义，势必需要以前两者为前提而根据自己的天赋和实践能力来修养自己的言行习气，最终在宇宙和社会场域之中实现自我的价值和意义。而本质上，"理解此场域之本质和规律"，正是穷理以达致"不惑"，"把握吾之个体在此场域中的价值和意义"

---

① 程颢、程颐：《河南程氏遗书》卷第二上，《二程集》，第16页。

正是"知命",在天道信仰视域中即是"知天命","根据自己的天赋和实践能力来修养自己的言行习气,最终在宇宙和社会场域之中实现自我的价值和意义"正是"耳顺"和"从心所欲,不逾矩"所指谓的自由、安乐、幸福。了解到此,我们会发现《周易·说卦传》之"穷理尽性以至于命"的表述亦和孔子之精神相通。了解到此,我们方能深切认知到实现精神幸福必然要求从穷理、知命(或曰立命)、安身等关键环节一路走过。了解到此,我们方能发现邵雍先天学人生哲学之价值和意义。邵雍不但有自觉地穷理以达致"不惑"① 和"知命"② 的意识,如他说"学不际天人,不足以谓之学"③,而且有相应的理论建构,即先天学本体论和先天学象数哲学以切实解决"不惑"和"知命"的问题。而邵雍又有自觉地呈现人生自由安乐之境界的意识,如他说"学不至于乐,不可谓之学"④,同时也有相应的理论建构和修养践履,此即本书前面已提出、上篇当详论者:邵雍人生哲学旨归是天人合一,修养方法包括"观察天人,修心践形"、"以物观物,消解我执"、"至诚呈现,处身为学"、"尽道于民,循理自然"四个层面,境界论则包含"先天之意,难以名状"、"天地之境,闲静安乐"、"天人之交,氤氲天和"三个方面。观此可知,邵雍先天学人生哲学有理论,有方法,有践履,最终达致自由的安乐境界。邵雍在《伊川击壤集·序》中说,"予自壮岁业于儒术,谓人世之乐何尝有万之一二,而谓名教之乐固有万万焉。况观物之乐复有万万者焉。"又言:"《击壤集》,伊川翁自乐之诗也。非唯自乐,又能乐时,与万物之自得也。"⑤ 又在《无名君传》中说:"年十岁,求学于里人,遂尽里人之情,己之涬十去其一二矣。年二十求学今乡人,遂尽乡人之情,

---

① 在现存的邵雍作品的话语中,并没有讨论"不惑",但明确以知天地万物之理为哲人要务,而有此前提,自然能够走向"不惑",否则,何以"安乐"?就前者而言,如邵雍说:"圣人知天地万物之理,而一以贯之。"(邵雍:《皇极经世书》,第517页。)又说:"人谓之不圣,则吾不信也。何哉?……又谓其能以上识天时,下尽地理,中尽物情,通照人事者焉。"(邵雍:《皇极经世书》,第489页。)就后者而言,因为存在这种逻辑,所以虽然邵雍没有在话语间明确提出"不惑",但后人却可以感知到这种意味,是以《朱子语类》中有这样的对话记录:"问:'康节学到"不惑"处否?'曰:'康节又别是一般。圣人知天命以理,他只是以术。然到得术之精处,亦非术之所能尽。然其初只是术耳。'"(黎靖德编:《朱子语类》卷第一百,第2542—2543页。)
② 邵雍之子邵伯温在《邵氏闻见录》中记载:"熙宁十年夏,康节先生感微疾,气日益耗,神日益明,笑谓司马温公曰:'某欲观化一巡,如何?'温公曰:'先生未应至此。'康节先生曰:'死生常事耳。'张横渠先生喜论命,来问疾,因曰:'先生论命否?当推之。'康节先公曰:'若天命则知之,世俗所谓命则不知也。'横渠曰:'先生知天命矣,某尚何言?'"(邵伯温著,康震校注:《邵氏闻见录》,三秦出版社2005年版,第254—255页。)
③ 邵雍:《观物外篇下》,《皇极经世书》卷十四,第531页。
④ 邵雍:《观物外篇下》,《皇极经世书》卷十四,第531页。
⑤ 邵雍:《伊川击壤集·序》,《邵雍全集》第四册,第1页。

己之滓十去其三四矣。年三十求学于国人，遂尽国人之情，己之滓十去其五六矣。年四十求学于古今，遂尽古今之情，己之滓十去其七八矣。五十求学于天地，遂尽天地之情，欲求于己之滓无得而去矣。"①"渣滓"去尽，上下与天地同流。噫，观于北宋五子，周敦颐指点"孔颜乐处"，邵雍吟咏"安乐之诗"，五子之中两位年龄稍长者，给予后学之启发大矣哉！

总而言之，理解了以上三个方面，我们说，如果我们不只是以儒学立场为标准，那么，邵雍先天学是深刻通畅的，是既力探宇宙存在本体，又描述万物运化规律，展示了一副完整的宇宙存在图景的，在此宇宙存在、万物生化的流行场域中，哲人克去己私、顺理践形，则必然会证入超越小我融入天地的安乐自由之境。即此哲学探索和哲学贡献而言，邵雍先天学在中国古代哲学史中应当占有较为重要的一席之位。这是本书对于邵雍先天学的一个主要判定。当然，邵雍先天学虽然深刻而庞大，但并不是完美无瑕的，在下面我们会深入讨论先天学存在的问题。

三　先天学存在的理论问题

综而观之，平心而论，即邵雍先天学内部及其可能带来的思想影响而言，尚存在六个方面的问题。这六个方面的问题是：第一，先天学之先天和儒学之天存在一定紧张；第二，先天学内蕴之价值理念和儒家仁学价值观存在一定紧张；第三，"数学"之机械与天道神妙存在一定紧张；第四，"数学"之宿命与践行天理存在一定紧张；第五，"数学"之繁与天理之约存在一定紧张；第六，先天境界之恬淡与生活世界之有为存在一定紧张。于下分别加以讨论。

第一，先天学之先天和儒学之天存在一定紧张。

邵雍先天学的核心概念是先天，与之对应的是后天，先天后天两个概念常常在一起使用。这就带来一个严重的问题，即暂时不考虑在邵雍哲学视域中先天后天之真实所指，而即考虑在一般思想视域中，先天后天给人之印象，则先天往往指先于天者，后天往往指天地所生者。这种说法，在道家道教是可以有的。因为如果天是指宇宙存在、是指"有"的话，则道家道教更要追求先天"虚""无"之境。所以，先天和道家道教有根本的逻辑联系。《老子》亦曰："有物混成，先天地生。"此是道家道教的一个根本观念。但儒家的信仰对象是天，她必然反对所谓先天、虚无之境者。这种反对不能是

---

① 吕祖谦编：《无名君传》，《宋文鉴》卷一百四十九，吉林出版集团有限责任公司2005年版，第1610—1611页。

情绪式的反对,而应该是理性的哲学的探究及存在本体层面的思想反对。所以,在存在之学的视域下,把天之存在本质理解为具有"生生"特征的"有",而反对有别于"有"的"无",会是反对道家道教先天之境的方法本质。这个方法是正确的,这个方法的理论主张之本质也是正确的。因为,如果"无"是彻底地有别于"有"的,那么"无"无法存在,因为但凡存在即是"有";如果"无"并非彻底地有别于"有",而只是"有"之特殊一态,则其本质还是"有",不堪称为"无"。转化为先天一词来表述,则为:如果"先天"是彻底地有别于"天",那么,"先天"无法存在,因为但凡存在即是"天";如果"先天"并非彻底地有别于"天",而只是"天"之特殊一态,则其本质还是"天",不堪称为"先天"。所以,平心而论,无思潮派别、宗教色彩之争,而仅就探及宇宙存在本质之层面的哲学分析而言,先天一词无法存在,虚无之境无法存在。存在的无法先天,无法虚无,先天、虚无可能只是存在的特殊一态而已。

现在回到邵雍先天学的视域,考察其先天之实指。事实上,邵雍之先天其实是宇宙本体,即"太极一也"的太极。所以邵雍先天学的根本论域,即太极本体论。此乃读完本书第二章"邵雍先天学本体论研究"之后必然会有的结论。甚至,邵雍虽使用先天一词,而很多时候,明确以天为终极存在,如其诗曰:"天学修心,人学修身。身安心乐,乃见天人","身主于人,心主于天。心既不乐,身何由安"。① 又如其在《观物内篇》中赞美作为终极存在的昊天与作为终极人格的圣人:"天之能尽物,则谓之曰昊天;人之能尽民,则谓之曰圣人。谓昊天能异乎万物,则非所以谓之昊天也。谓圣人能异乎万民,则非所以谓之圣人也。"② 又曰:"移昊天生兆物之德而生兆民,则岂不谓至神者乎?移昊天养兆物之功而养兆民,则岂不谓至圣者乎?吾而今而后,知践形为大。非大圣大神之人,岂有不负于天地者乎?"③ 探究与理解至此,还何曾有所谓"先天"者?

但是,问题还需要更进一步的考察,如果邵雍之先天本来即指太极本体,邵雍之学本来即是"天学",邵雍为何还要采用先天与后天这一对容易让人误解的概念呢?我们说,这就是邵雍及其哲学,在理论源头处,有不清晰的地方,从而最终导致了理论体系内蕴着一系列紧张,而先天与后天,恰是其一。我们已知,邵雍师承李挺之,这个师承渊源,一直可以上溯至陈

---

① 邵雍:《伊川击壤集》卷之十八《天人吟》,《邵雍全集》第四册,第363页。
② 邵雍:《观物篇五十三》,《皇极经世书》卷十一,第490页。
③ 邵雍:《观物篇六十二》,《皇极经世书》卷十二,第506页。

抟，所以，这个师承渊源的确是有道教色彩的，邵雍先天学之主体内涵与论域，固然是其个人所体贴与建构，但某些思想因子，很可能也受到了道教的影响，先天后天也可能就是这样的情况。邵雍之于先天一词，已经作了儒学解释的转化，但还有思想剩余。所以，反映在哲学体系中，依然以先天为核心概念，并以先天后天作为学术和人生境界的两种划分。而这一思想剩余，也给邵雍先天学带来一定的麻烦：首先，道教学者可能会重新利用邵雍先天学为道教思想服务，事实上，本书"下篇"会展现，元代学者俞琰正做了该事情；其次，价值观纯正、思想敏锐的大儒们，可能会因为先天后天这一对概念而对邵雍及其先天学加以批判，事实上，明末清初的数位著名学者正做了如此的事情。

第二，先天学内蕴之价值理念和儒家仁学价值观存在一定紧张。

在前面论及牟宗三、唐君毅两位先生的邵雍之学评价的时候，我们已经发现两位先生认为邵雍及其学缺乏精诚的仁学意识，如牟先生说，"但亦俱缺乏那严整的道德意识与精诚恻怛的仁者襟怀"①，唐先生说，"上来所述邵康节之学，若就其始于观物之象数言，则近术数家或阴阳家；就其归在个人之润身以应人接物为余事言，则近道家。唯其所宗，仍在孔子；其所论者，是易学；其思想之主要概念，如太极、诚、神、易、道、性情、道德等，并原自儒家"②，"康节之学唯限于观物、玩物，而观易、玩易；虽偶及于《中庸》之言，实不能真通《中庸》之率性修道之学以为论。故康节之学终不免为歧出之儒学"③，"其思想在儒道之间"④。事实上，即在邵雍生前身后，二程与张载已经有此看法。如二程说："伯淳尝戏以乱世之奸雄中，道学之有所得者，然无礼不恭极甚。又尝戒以不仁，己犹不认，以为人不曾来学。"⑤《河南程氏遗书》中记录大程子和张载的对话，表现出张载认为邵雍于儒术并没有真得，"伯淳言：'邵尧夫病革，且言试与观化一遭。'子厚言：'观化他人便观得自家，自家又如何观得化？尝观尧夫诗意，才做得识道理，却于儒术未见所得。'"⑥ 我们在此认为，即就此点而言，相关大儒们之评价，以及现当代哲学史家们的理解，并无误解。

事实上，在邵雍先天学视域中，仁学价值观的地位和意义，的确存在不

---

① 牟宗三：《心体与性体》（上），第152页。
② 唐君毅：《中国哲学原论》（原教篇），第29页。
③ 唐君毅：《中国哲学原论》（原教篇），第29页。
④ 唐君毅：《中国哲学原论》（原教篇），第18页。
⑤ 程颢、程颐：《河南程氏遗书》卷第二上，《二程集》，第32页。
⑥ 程颢、程颐：《河南程氏遗书》卷第十，《二程集》，第112页。

彻底或不通透的特征，或者说，其先天学内蕴的价值理念与仁学价值观存在一定程度的紧张。这是因为，严格来讲，邵雍先天学象数学是描述万物运行规律的"物理之学"，而邵雍又确是一位大儒，儒者所认同的价值观以仁学为一致性基础，但仁学与"物理之学"在没有经过充分阐释的情况下，两者并不必然即能合一，从而造成思想体系内部的紧张。就表层的价值观而言，可说邵雍属于仁学。比如，他在《观物篇》中反复赞叹孔夫子，其言："人皆知仲尼之为仲尼，不知仲尼之所以为仲尼。不欲知仲尼之所以为仲尼则已，如欲必知仲尼之所以为仲尼，则舍天地将奚之焉？"① 此论如何究知孔子境界；又曰："孔子赞《易》自羲轩而下，序《书》自尧舜而下，删《诗》自文武而下，修《春秋》自桓文而下。自羲轩而下，祖三皇也；自尧舜而下，宗五帝也；自文武而下，子三王也；自桓文而下，孙五伯也。祖三皇，尚贤也；宗五帝，亦尚贤也。三皇尚贤以道，五帝尚贤以德。子三王，尚亲也；孙五伯，亦尚亲也。三王尚亲以功，五伯尚亲以力。呜呼，时之既往亿万千年，时之未来亦亿万千年。仲尼中间生而为人，何祖宗之寡而子孙之多耶？此所以重赞尧舜，至禹则曰：'禹，吾无间然矣。'"② 此论体现了仁学价值观中的皇帝王伯历史观，同时突出了孔子一方面继承了古圣之道统，另一方面在四经发生发展中的重要作用。邵雍甚至表现出了担负道统的强大自信："仲尼后禹千五百余年，今之后仲尼又千五百余年，虽不敢比德仲尼上赞尧舜禹，岂不敢如孟子上赞仲尼乎？"③ 又比如，邵雍还简要有力地说出"已配天地谓之人，唯仁者其可谓之人矣"④ 这样明确主张仁学价值的语句。但问题在于，依据系列四象概念如太阳少阳太阴少阴、太柔少柔太刚少刚、元会运世、皇帝王伯等铺排而构成的邵雍"数学"，本身并不能直接表现出仁学意蕴，或者说，他的仁学价值观很可能并没有扎实地建基于"数学"层面上。

当然，不能只从象数学的角度来展示邵雍哲学和仁学价值观之间存在的紧张，因为邵雍的存在之学不但包括其先天学象数学而且包括其先天学本体论。那么，我们可以追问，即就邵雍的先天学本体论而言，仁学是否直接即其题中之义？事实上，关于这一点，也存在一定的问题。著名哲学史家陈来先生说："与二程相比，邵雍讲的太极、道更多的是作为宇宙的形而上的根据，而并未赋予其伦理法则的品格，这是他在理学后来发展史中不

---

① 邵雍：《观物篇五十五》，《皇极经世书》卷十一，第494页。
② 邵雍：《观物篇五十六》，《皇极经世书》卷十一，第495页。
③ 邵雍：《观物篇五十六》，《皇极经世书》卷十一，第495页。
④ 邵雍：《观物外篇下》，《皇极经世书》卷十四，第528页。

被视为主流的原因之一。"① 陈先生的看法是有道理的。我们进一步详论：因为邵雍的宇宙存在本质之追问（本体追问）是依据动静而展开的，此不但从"太极一也，不动"即可看出，而且可从更详细的更正式的表述②——"人皆知天地之为天地，不知天地之所以为天地。不欲知天地之所以为天地则已，如其必欲知天地之所以为天地，则舍动静将奚之焉？夫一动一静者，天地至妙者欤？夫一动一静之间者，天地人至妙至妙者欤？"③ "天生于动者也，地生于静者也。一动一静交，而天地之道尽之矣。动之始则阳生焉，动之极则阴生焉。一阴一阳交而天之用尽之矣。静之始则柔生焉，静之极则刚生焉。一柔一刚交，而地之用尽之矣。"④——看出。然而我们应当知道，在没有更多解释的情况下，动静首先直接是一对"物理"概念，围绕动静进行描述也首先是"物理之学"。而儒家仁学是价值之学，其包括本体论论域的天人之学必然需要价值解释，而非只是"物理之学"的描述。即此情况而言，我们说，邵雍先天学本体论在其根源处，仁学价值之义亦不明朗。

因为存在虽然主张仁学价值观但对仁学见地尚有一间未透的情况，所以，读邵雍之言语，亦可见其未莹之处。如他说"君子之学，以润身为本。其治人应物，皆余事也"⑤，这就把对于事业的不屑意味表达了出来。但通透的大儒们，仁者爱人，是不会轻视事业的。又观邵雍言性，"任我则情，情则蔽，蔽则昏矣。因物则性，性则神，神则明矣"⑥，"以物观物，性也；以我观物，情也。性公而明，情偏而暗"⑦，这里把"性"理解为无我因物的一种境界，但因物的本质只是因循整部《观物篇》所呈现出来的由系列四象概念建构而成的"物理之学"，并没有明显的善恶价值之义。此从邵雍对于老子和庄子的评价更可看出，"《老子》五千言，大抵皆明物理"⑧，"若庄子者，可谓善通物矣。庄子雄辩，数千年一人而已。如庖丁解牛，曰'踟蹰四顾'。孔子观吕梁之水，曰'蹈水之道无私'，皆至理之言也。庄子气豪，若吕梁之事，言之至者也。《盗跖》，言事之无可奈何者，虽圣人亦莫如之何。《渔父》，言事之不可强者，虽圣人亦不可强。此言有为无为之理，顺理

---

① 陈来：《宋明理学》（第二版），第96—97页。
② 之所以说是"更正式"，是因为以下两句表述出于《观物篇》，而"太极不动"之表述出于《观物外篇》。
③ 邵雍：《观物篇五十五》，《皇极经世书》卷十一，第494页。
④ 邵雍：《观物篇五十一》，《皇极经世书》卷十一，第487页。
⑤ 邵雍：《观物外篇下》，《皇极经世书》卷十四，第529页。
⑥ 邵雍：《观物外篇下》，《皇极经世书》卷十四，第529页。
⑦ 邵雍：《观物外篇下》，《皇极经世书》卷十四，第529页。
⑧ 邵雍：《观物外篇上》，《皇极经世书》卷十三，第520页。

则无为，强则有为也"①。不一而足，乃至邵雍赏花亦只在半开之时，以为盛开之时已不足观矣。此处关键在于"顺理"，但所顺之理之首要意义却非二程所主张的仁学天理，而是自然天理，这个自然天理也当然统摄着"人理"，所以邵雍能明确说出"佛氏弃君臣父子夫妇之道，岂自然之理哉"②这样诸位大儒非常赞同的话，但邵雍是以"物理之学"为基础的视域，是自然天理统摄"人理"或曰仁学价值观，而非醇儒们是以性理为基础的视域，是以仁学天理统摄"物理"。因为客观存在这样的思想状况，所以我们说，虽然邵雍本人在日常生活中，的确呈现出温厚长者的气质，确有大儒之某种风范，但邵雍对于包括事业内涵的仁学价值观，却缺乏坚实有力的透彻天人体用的理论解释。

第三，"数学"之机械与天道神妙存在一定紧张。

"数学"之数因为其数量的确定性特征，必然会造成一定的机械性，而机械性的绝对化是不符合宇宙存在之神妙特征的。但宇宙存在必然神妙是存在的一个本质属性，是无法否定的，因为唯有存在神妙，才能保证生发无限具体的事物。而另一方面则是，若无确定的数量描述，对世界的了知多是定性的、模糊的、不深入的、不准确的。这是了解到宇宙存在的特征，同时又要把握万物之变化运行规律的先哲们必然面对的问题，但这个问题无法消解，因为它和宇宙存在直接关联。《易传》作者们较早认识到了这个问题，并试图从理论上解决这个问题，他们说出两句经典表述"一阴一阳之谓道"，"阴阳不测之谓神"。在这里，"一阴一阳之谓道"表示着一种以阴阳为基本范畴的天道规律体系，它强调了天道具有可以认知可以表示的一面，而"阴阳不测之谓神"则表达了天道尚有难以测知的神妙的另一面。即此可知，《易传》对于此问题的解决方式并非站在一方否定另一方，而是认为"一阴一阳"与"阴阳不测"是一体两面，道与神也是一体两面。我们认为，在两千多年前，《易传》作者们即有此认识是非常深刻和了不起的。但以此认识而观照邵雍先天学，即会发现问题。事实上，邵雍先天学中是有关于神妙之认知的。首先，其先天学本体论之太极本体，本即有神之意义；其次，在《观物篇》中，邵雍亦认为宇宙存在有神之特征，"天之象类，则可得而推，如其神用，则不可得而测也"③，"神亦一而已，乘气而变化，能出入于有无死生之间，无方而不测者也"④，"潜天潜地，不行而至，不为阴阳所摄者，

---

① 邵雍：《观物外篇上》，《皇极经世书》卷十三，第521页。
② 邵雍：《观物外篇上》，《皇极经世书》卷十三，第521页。
③ 邵雍：《观物外篇下》，《皇极经世书》卷十四，第524页。
④ 邵雍：《观物外篇下》，《皇极经世书》卷十四，第528页。

神也"①。但是，依据邵雍之象数学，他据其四象之方法而观照天地、分析万物、编排宇宙发展史，的的确确给人呈现出了一个机械化的世界图景。这是一个矛盾，这个矛盾比《易传》作者们发现的矛盾还要尖锐。这是因为《易传》视域中的阴阳表述工具和邵雍的"数学"表述工具还不一样，阴阳范畴会帮助认知天道，但未必会导致机械化结果，而"数学"之清晰明确的理论主张则必然导致机械化世界图景。这个矛盾本来需要正面面对，本来需要充分的相关言说来消解其中的张力。但邵雍搁置了这个矛盾，讲本体之时，承认神妙，讲天地万物之理之时，又采用导致机械化世界图景的象数学。但是，后世敏锐的大儒们没有搁置这个矛盾，在本书第九章"明末清初著名学者对先天学的批评"的相关部分，我们会看到他们对邵雍的严厉批评。

第四，"数学"之宿命与践行天理存在一定紧张。

以"数学"而论天地万物之理，容易陷入宿命论之中。邵雍在自己的作品之中并不谈生死吉凶命，又据邵雍之子邵伯温记录邵雍去世之时之况，邵雍似亦不谈生死吉凶之命："熙宁十年夏，康节先生感微疾，气日益耗，神日益明，笑谓司马温公曰：'某欲观化一巡，如何？'温公曰：'先生未应至此。'康节先生曰：'死生常事耳。'张横渠先生喜论命，来问疾，因曰：'先生论命否？当推之。'康节先公曰：'若天命则知之，世俗所谓命则不知也。'横渠曰：'先生知天命矣，某尚何言？'"②但据一些先贤的记录，邵雍之"数学"恐怕是可用来"算命"的。《上蔡语录》中记载程门高弟谢良佐闻于大程子之事，"伯淳闻说甚熟，一日因监试无事，以其说推算之，皆合。出谓尧夫曰：'尧夫之数只是加一倍法，以此知《太玄》都不济事。'尧夫惊抚其背曰：'大哥，你怎恁地聪明。'"③此处"推算"指什么，没有明说，但接着又说"皆合"，很可能是指世俗之预测算命之类。这个故事尚只是存留在程门弟子的《语录》中，而即在《河南程氏遗书》中，也表达着关于预测算命的疑问，"问：'邵尧夫能推数，见物寿长短始终，有此理否？'曰：'固有之。'又问：'或言人寿但得一百二十数，是否？'曰：'固是，此亦是大纲数，不必如此。马牛得六十，猫犬得十二，燕雀得六年之类，盖亦有过不及。'又问：'还察形色？还以生下日数推考？'曰：'形色亦可察，须精方验。'"④此处之"见物寿长短始终"，"还以生下日数推考"，"须精

---

① 邵雍：《观物外篇下》，《皇极经世书》卷十四，第528页。
② 邵伯温：《邵氏闻见录》卷二十，第254—255页。
③ 谢良佐：《上蔡语录》卷三，文渊阁《四库全书》本。
④ 程颢、程颐：《河南程氏遗书》卷第十八，《二程集》，第197页。

方验",显然属于预测算命之类。事实上,朱子也提到邵雍"数学"可以推命。《朱子语类》中记录:"'圣人说数,说得简略高远疏阔。易中只有个奇耦之数:天一地二,是自然底数也;"大衍之数",是揲蓍之数也,惟此二者而已。康节却尽归之数,窃恐圣人必不为也。'因言:'或指一树问康节曰:"此树有数可推否?"康节曰:"亦可推也,但须待其动尔。"顷之,一叶落,便从此推去,此树甚年生,甚年当死。凡起数,静则推不得,须动方推得起。'"① 可见,"此树甚年生,甚年当死"明确属预测算命之事。所以我们说,邵雍先天学之象数学,当然不是类于俗世之术数书实乃为了预测而创作,但因其细致入微广论万物,所以大约可以用来预测,不然,则以上的几则记录是解释不了的。当然,邵雍因其先天境界之高度和儒者之风范,他在日常生活中不谈命。但这并不影响他可能会有宿命论的一些观念。关于这一点,我们并不只是推测而已。其子邵伯温在《邵氏闻见录》中记载:"伯温昔侍家庭,请于康节先公曰:'大人至和中,仁宗在御,富公当国,可谓盛矣,乃谢聘不起,何也?'先公曰:'本朝至仁宗,政化之美,人才之盛,朝廷之尊极矣。前或未至,后有不及也。天之所命,非偶然者。吾虽出尚何益?是非尔所知也。'伯温再拜稽首,不知所以问。"② "天之所命,非偶然者",明显属于宿命论话语。而我们更要强调的是,如果受到了宿命论的影响,那么推崇救焚拯溺、见义勇为、积极刚健以追求王道理想大同社会的儒者们又如何展开自己崇德广业之人生呢?所以,这又是邵雍先天学带来的理论紧张,并且这个紧张,带来切实的实践后果,即邵雍一生没有出仕。而后世大儒王夫之明确看到了"数学"之宿命论色彩会带来对儒者之德业追求的消解,对先天学加以了严厉的批评:"至宋之中叶,忽于杳不知岁年之后,无所授受而有所谓先天之学者。……其经营砌列为方圆图者,明与孔子不可为典要之语相背。而推其意之所主,将以何为?如方圆图方位次序之饾饤铺排者,可以崇德邪?可以广业邪?……不过曰,天地万物生杀兴废,有一定之象数,莫能逾于大方至圆之体。充其说,则君可以不仁,臣可以不忠,子可以不尽养,父可以不尽教,端坐以俟祸福之至。……故学易者不辟先天之妄,吾所不知也。"③ 王夫之要力辟"先天之妄",正是因为对于"数学"之宿命论色彩与据天理而力行的儒者价值观之间存在一定紧张感受至深。

---

① 黎靖德编:《朱子语类》卷第六十七,第1649页。
② 邵伯温:《邵氏闻见录》卷十九,第250—251页。
③ 王夫之:《周易内传发例》二,《船山全书》第一册,岳麓书社1996年版,第651页。

第五,"数学"之繁与天理之约存在一定紧张。

关于此方面,首先,我们要看到,邵雍的理之视域是非常自觉的。比如他说:"天使我有,是之谓命。命之在我之谓性,性之在物之谓理。"① "循理则为常,理之外则为异矣。能循天理动者,造化在我。"② "天以理尽,而不可以形尽,浑天之术,以形尽天,可乎?"③ "人而无学,则不能烛理。不能烛理,则固执而不通。"④ "佛氏弃君臣父子夫妇之道,岂自然之理哉?"⑤ 他甚至站在理之视域中,把自己的先天学与普通的术数之学做了区别:"天下之数出于理。违乎理,则入于术。世人以数而入于术,故失于理也。"⑥ "物理之学或有所不通,不可以强通,强通则有我,有我则失理,而入于术矣。"⑦ 事实上,即使是对邵雍有些批评的二程,也认为邵雍之学是"及理"的:"若庄周,大抵寓言,要入它放荡之场。尧夫却皆有理,万事皆出于理,自以为皆有理,故要得纵心妄行总不妨。"⑧ "邵尧夫数法出于李挺之,至尧夫推数方及理。"⑨ 即就朱熹而言,也认为邵雍之"数学"是有其理的。比如他说:"谓如今日戌时,从此推上去,至未有天地之始;从此推下去,至人消物尽之时。盖理在数内,数又在理内。康节是他见得一个盛衰消长之理,故能知之。"⑩《朱子语类》中记录:"广云:'伊川谓,自古言数者,至康节方说到理上。'曰:'是如此。如扬子云亦略见到理上,只是不似康节精。'"⑪《朱子语类》还有一条记录说得更明白:"或问康节数学。曰:'且未须理会数,自是有此理。有生便有死,有盛必有衰。且如一朵花,含蕊时是将开,略放时是正盛,烂熳时是衰谢。又如看人,即其气之盛衰,便可以知其生死。盖其学本于明理,故明道谓其"观天地之运化,然后颓乎其顺,浩然其归"。若曰渠能知未来事,则与世间占覆之术何异?其去道远矣!其知康节者未矣!盖他玩得此理熟了,事物到面前便见,便不待思量。'"⑫

---

① 邵雍:《观物外篇下》,《皇极经世书》卷十四,第528页。
② 邵雍:《观物外篇下》,《皇极经世书》卷十四,第529页。
③ 邵雍:《观物外篇下》,《皇极经世书》卷十四,第524页。
④ 邵雍:《观物外篇上》,《皇极经世书》卷十三,第520页。
⑤ 邵雍:《观物外篇上》,《皇极经世书》卷十三,第521页。
⑥ 邵雍:《观物外篇上》,《皇极经世书》卷十三,第515页。
⑦ 邵雍:《观物外篇下》,《皇极经世书》卷十四,第529页。中州古籍本作"虽通则有我",据《道藏》改。
⑧ 程颢、程颐:《河南程氏遗书》卷第二上,《二程集》,第33页。
⑨ 程颢、程颐:《河南程氏遗书》卷第十八,《二程集》,第197页。
⑩ 黎靖德编:《朱子语类》卷第一百,第2546页。
⑪ 黎靖德编:《朱子语类》卷第一百,第2548页。
⑫ 黎靖德编:《朱子语类》卷第一百,第2546页。

虽然程朱认为邵雍之"数学"及理,但他们对"数学"也确有批评,而除了上文展示的问题之外,此处要讨论的是,在大儒们眼中,理约而数繁,邵雍的繁琐"数学"影响了本应该在儒者精神世界中占据核心地位的简约天理。事实上,对繁琐"数学"的不屑一顾,从《河南程氏遗书》中所记录的著名故事"雷起于起处"中,即可看出。《河南程氏遗书》记录:"邵尧夫谓程子曰:'子虽聪明,然天下之事亦众矣,子能尽知邪?'子曰:'天下之事,某所不知者固多。然尧夫所谓不知者何事?'是时适雷起,尧夫曰:'子知雷起处乎?'子曰:'某知之,尧夫不知也。'尧夫愕然曰:'何谓也?'子曰:'既知之,安用数推也?以其不知,故待推而后知。'尧夫曰:'子以为起于何处?'子曰:'起于起处。'尧夫瞿然称善。"① 在常人看来,程颐有强辩之嫌。但事实上,这个对话反映的深层矛盾是对于世界和人生的不同理解,邵雍表现出"物理之学"的兴趣,追求的是穷究"物理",而程颐之理学虽然以格物穷理为基本修养方法之一,但是其所主张的"穷理"是仁学之理,其中有"物理",但"物理"要统一在仁学天理的基础上,要适可而止而不必尽知,否则,心放于"物理",仁学生活世界如何证入?圣贤人格如何证成?

《河南程氏遗书》所记之事还只是生活交流事件,通过此事件可以表现出程子对"数学"的不在乎。而朱熹则是直接说明自己的主张。《朱子语类》中记录:"康节当时只是穷得天地盈虚消息之理,因以明得此数。要之,天地之理,却自是当知,数亦何必知之!伊川谓'雷自起处起'。何必推知其所起处?惟有孟子见得,曰:'莫非命也,顺受其正。'但有今日,都不须问前面事。但自尽,明日死也不可知,更二三十年在世也不可知。只自修,何必预知之!"② 这里提出的"天地之理",正是统一于仁学天理的天地阴阳消长之理,学者自是要穷要知,但是,没有了这个精神世界的基础,所见所穷只在"物理"之琐细,就变成了舍天理之本而逐"物理"之末了。在《朱子语类》中还有两段记录,明确表明了朱熹认为邵雍之"数"与圣人之"数"有异的态度:"圣人说数说得疏,到康节,说得密了。他也从一阴一阳起头。他却做阴、阳、太、少,乾之四象;刚、柔、太、少,坤之四象,又是那八卦。他说这《易》,将那'元亨利贞'全靠着那数。三百八十四爻管定那许多数,说得太密了。易中只有个奇偶之数是自然底,'大衍之数'却是用以揲蓍底。康节尽归之数,所以二程不肯问他学。若是圣人用数,不

---

① 程颢、程颐:《河南程氏遗书》卷第二十一上,《二程集》,第269—270页。
② 黎靖德编:《朱子语类》卷第一百,第2554页。

过如'大衍之数'便是。他须要先揲蓍以求那数，起那卦，数是怎地起，卦是怎地求。不似康节坐地默想推将去，便道某年某月某日，当有某事。圣人决不怎地！"① "圣人说数，说得简略高远疏阔。易中只有个奇偶之数：天一地二，是自然底数也；'大衍之数'，是揲蓍之数也，惟此二者而已。康节却尽归之数，窃恐圣人必不为也。"② 圣人为什么"必不为""尽归之数"的行为呢？还是因为对"数"的过度追求会影响天理体贴。朱熹甚至批评说，"数学"最终还是影响了邵雍的理之视域，"厚之问：'康节只推到数？'曰：'然。'某问：'须亦窥见理？'曰：'虽窥见理，却不介意了。'"③

事实上，明末清初大儒王夫之把"数学"之繁与天理之约之间的紧张阐发得更加明白。《张子正蒙》之《动物篇》类似于《观物篇》，是讨论天地万物各种变化规律的，王夫之《〈张子正蒙〉注》在《动物篇》篇首写下如此注语："此篇论人物生化之理，神气往来应感之几，以明天人相继之妙，形器相资之用，盖所以发知化之旨，而存神亦寓其间，其言皆体验而得之，非邵子执象数以观物之可比也。"④ 即此可见，在王夫之眼中，"人物生化之理，神气往来应感之几"的确是要论的，但它们是有目的的，"以明天人相继之妙，形器相资之用"，是有本质意义的，"知化"，即"知化"又能"存神"。"存神"之神乃天道神理，如此，在张载和王夫之的视野中，对"动物"的考察即能统一于儒者的天人之学。但邵雍"象数之学"却少了这个基础。更为关键的是，邵雍之学的繁琐。在《动物篇》最后一段"形也，声也，臭也，味也，温凉也，动静也，六者莫不有五行之别，同异之变，皆帝则之必察者欤"之后，王夫之注释道："温凉，体之觉；动静，体之用。五行之神未成乎形者，散寄于声色臭味气体之中，人资以生而为人用；精而察之，条理具，秩叙分焉，帝载之所以信而通也。知天之化，则于六者皆得其所以然之理而精吾义，然亦得其意而利用，天理之当然得矣。若一一分析以配合于法象，则多泥而不通。张子约言之而邵子博辨之，察帝则以用物，以本御末也，观物象以推道，循末以测本也，此格物穷理之异于术数也。"⑤这是认为，生活世界需要物质基础，而建设合理的物质生活需要把握天道规律为我所用，"则于六者皆得其所以然之理而精吾义，然亦得其意而利用"，这里是理所应当的事情，而"天理之当然得矣"。但如果为了"物理"而追

---

① 黎靖德编：《朱子语类》卷第六十七，第1649页。
② 黎靖德编：《朱子语类》卷第六十七，第1649页。
③ 黎靖德编：《朱子语类》卷第一百，第2542页。
④ 王夫之：《〈张子正蒙〉注》，《船山全书》第十二册，第101页。
⑤ 王夫之：《〈张子正蒙〉注》，《船山全书》第十二册，第111页。

求"物理",并且走向繁琐化,这就偏离了天道天理为基石之上的仁学生活世界。所以王夫之论定为"张子约言之而邵子博辨之,察帝则以用物,以本御末也,观物象以推道,循末以测本也,此格物穷理之异于术数也"。张子"约言",穷天理以利用事物,所以是"以本御末";邵子"博辨",没有以天道天理为基础而去追求琐细的"物象""术数"之学,并据此推测神妙之天道天理,又如何能有真见?所以是"循末以测本"。两相比较,对张载之褒、对邵雍之贬溢于言表。综上所论,我们在此指出,邵雍"数学"求"物理"之细,的确和大儒们站在天道天理基础上虽然强调穷理,但此理统一于仁学天理而表现出简约的特征,形成一种紧张。

第六,先天境界之恬淡与生活世界之有为存在一定紧张。

就先天学之名,已可见邵雍有重先天而过于后天的倾向,但生活世界只是一个生活世界,如果因为其哲学体系内蕴的先天后天这一对概念,在考察生活世界之时造成对生活世界理解的不"一",那么,就有可能偏于先天之境而忽略"后天之世界"。这是邵雍先天学之先天后天一对概念必然会造成的理论紧张与实践紧张。我们说,虽然邵雍在其学术的局部,亦指明:"移昊天生兆物之德而生兆民,则岂不谓至神者乎?移昊天养兆物之功而养兆民,则岂不谓至圣者乎?吾而今而后知践形为大,非大圣大神之人,岂有不负于天地者矣?"[1] 表现出"生养兆民"的儒者之经世致用之事业追求,但因为邵雍之学术体系缺乏重视"后天之世界"的充分解释,从而无法强有力地支撑所谓"后天"之事业与生活世界,所以邵雍之先天学作为一种形态的哲学体系固然有其价值,但作为一种本应关注生活世界的儒学形态却的确有未完成之处。理论上存在这种紧张,他自己必然会有相应的表现,大儒们也会察觉得到。就邵雍自身而言,虽然他有大儒之风范,但歌咏与沉浸先天之境是其生活的重要部分:"平生喜饮酒,饮酒喜轻醇。不喜大段醉,只便微带醺。融怡如再少,和煦似初春。亦恐难名状,两仪仍未分。"[2] "冬至子之半,天心无改移。一阳初起处,万物未生时。玄酒味方淡,大音声正希。此言如不信,更请问庖牺。"[3] "恍惚阴阳初变化,氤氲天地乍回旋。中间些子好光景,安得工夫入语言。"[4] "何处是仙乡,仙乡不离房。眼前无冗长,心下有清凉。静处乾坤大,闲中日月长。若能安得分,都胜别思量。"[5] "自从

---

[1] 邵雍:《观物篇六十二》,《皇极经世书》卷十二,第506页。
[2] 邵雍:《伊川击壤集》卷之十九《喜饮吟》,《邵雍全集》第四册,第390页。
[3] 邵雍:《伊川击壤集》卷之十八《冬至吟》,《邵雍全集》第四册,第380页。
[4] 邵雍:《伊川击壤集》卷之十二《恍惚吟》,《邵雍全集》第四册,第231页。
[5] 邵雍:《伊川击壤集》卷之十三《何处是仙乡》,《邵雍全集》第四册,第263页。

三度绝韦编,不读书来十二年。大鼈子中消白日,小车儿上看青天。闲为水竹云山主,静得风花雪月权。俯仰之间俱是乐,任他人道似神仙。"①

就大儒们而言,其对邵雍批评之言辞亦可谓犀利。如二程说:"邵尧夫犹空中楼阁。"② 何谓"空中楼阁"? 正是指不贴近生活没有经世之功而言。因为二程又说:"尧夫之学,先从理上推意言象数,言天下之理,须出于四者,推到理处,曰:'我得此大者,则万事由我,无有不定。'然未必有术,要之亦难以治天下国家。"③ 相较于二程,朱熹说得更加详细透彻。《朱子语类》中记录:"康节本是要出来有为底人,然又不肯深犯手做。凡事直待可做处,方试为之;才觉难,便拽身退,正张子房之流。"④ 又有:"'康节之学,近似释氏,但却又挨傍消息盈虚者言之。'问:'《击壤集序》中"以道观道"等语,是物各付物之意否?'曰:'然。盖自家都不犯手之意。道是指阴阳运行者言之。'又问:'如此,则性与心身都不相管摄,亡者自亡,存者自存否?'曰:'某固言其与佛学相近者,此也。'"⑤ 另有:"因论康节之学,曰:'似老子。只是自要寻个宽闲快活处,人皆害它不得。后来张子房亦是如此。方众人纷拿扰扰时,它自在背处。'"⑥ 这里两说邵子"不犯手"。为何"不犯手"? 和追求先天恬淡之意境完全相关;又说邵子近佛似老,为何近佛似老? 也和重先天之理论基础完全相关。如此一来,朱熹最后说道:"看他只是以术去处得这事恰好无过,如张子房相似,他所以极口称赞子房也。二程谓其粹而不杂。以今观之,亦不可谓不杂。"⑦ 我们在此需要特别说明的是,儒家哲学之理论发展到圆彻,必然强调世界为"一",世界之道亦为"一",体用亦即体即用而体用一如,否则,道为一偏,学道之儒者必然即此以求"一偏之道"而忽略生活世界之建设。这个时候,已经不是纯正的儒家思想了。而邵雍虽然有见于太极本体之"一",但即体即用之"一如",先天即后天、后天即先天,乃至于无所谓先天后天,而只有天理流行之境界与世界,邵雍无论如何是没有达到此一哲学境界的。这一儒学发展史中的重要历史任务,正是由二程完成的。见及此,可以立即明白二程对于邵雍一语之评价背后蕴含的深层的哲学视域差异。二程言:"尧夫尝言:'能物物,则

---

① 邵雍:《伊川击壤集》卷之十二《小车吟》,《邵雍全集》第四册,第237页。
② 程颢、程颐:《河南程氏遗书》卷第七,《二程集》,第97页。
③ 程颢、程颐:《河南程氏遗书》卷第二上,《二程集》,第45页。根据上下文意,本段引文在原有点校基础上重新标点。
④ 黎靖德编:《朱子语类》卷第一百,第2545页。
⑤ 黎靖德编:《朱子语类》卷第一百,第2544页。
⑥ 黎靖德编:《朱子语类》卷第一百,第2544页。
⑦ 黎靖德编:《朱子语类》卷第一百,第2543页。

我为物之人也；不能物物，则我为物之物也。'亦不消如此。人自人，物自物，道理甚分明。"① 此处"能物物"者，追求先天也；此处"亦不消如此。人自人，物自物，道理甚分明"者，追求天理流行也。

以上为邵雍先天学存在的六个方面的问题。在此前，我们表彰出邵雍先天学三个方面的哲学史意义，但我们并不为先哲讳，所以亦尽量客观呈现其哲学体系存在的问题。而无论是积极一面的呈现，还是存在问题一面的讨论，共同的目的是推动哲学精神在新的时代中不断发展和繁荣。

"总论"至此，主体内容已经讨论完毕。下面在作为本书正文的"上篇""下篇"具体展开之前，简要说明上、下篇的论述角度。

第四节 本书上下篇的论述角度

本书上篇为"北宋儒学复兴视野下的邵雍先天学研究"，下篇为"先天学在宋元明清的传播和发展"。在此非常简要地说明一下上下篇的论述角度，以更方便把握本书的内容。

就上篇而言，其主体内容自然是邵雍先天学研究，所以第二章、第三章、第四章分别对应邵雍之学的三个论域：先天学本体论、先天学象数哲学、先天学人生哲学。但是，若只是如此讨论和分析，可能就把理解邵雍先天学的视域局限化了。因为邵雍先天学就其自身而言，固然是以内容丰富的易学哲学体系的面貌而呈现的，所以这是研究的基本任务；但是，放在思想发展史中，它只是北宋儒学复兴之中的一个个体，而这个个体何以产生？其产生有何意义？是需要我们了知其所赖以产生的社会思想文化背景的。有了如此想法，我们的研究就多了两条副线：北宋儒学复兴之于儒学发展史的意义，易学之于北宋儒学复兴的意义。这两条副线或者说问题意识，会贯彻到上篇的书写中。所以，一条主线，两条副线，共同形成了现在的上篇的面貌。

就下篇而言，其主题是展示和讨论先天学产生之后，在宋元明清的传播和发展。但事实上，这只是书写的形式而已，一旦进入真实的研究之中，就会发现其中涉及一些真实问题的解决。这些真实问题约略如下：

朱熹之于邵雍及其先天学的解释和定位至关重要，他是如何解释和定位邵雍先天学的？

---

① 程颢、程颐：《河南程氏遗书》卷第一，《二程集》，第9页。

北宋时期不但产生了先天学，而且出现了图书学、太极图学，在先天学发展的过程中，它和图书学、太极图学之间的交融历程是何种情况？

邵雍先天学包括三个论域，这三个论域的传播和发展情况如何？

邵雍先天学存在数个方面的理论问题，这些问题不但我们能看到，历史上的先哲们更能看到，他们如何评判这些问题？

清朝官方重视程朱理学，在如此的大环境中，邵雍先天学是如何被评价的？

这些问题，是下篇所涉及的重要问题。整个下篇的基本逻辑就是由它们支撑起来的。我们在"下篇绪论"会进一步介绍，而整个下篇，会在"邵雍先天学在宋元明清的传播和发展"的主线下，详细展开和讨论这些问题。

上 篇
北宋儒学复兴视野下的邵雍先天学研究

上篇绪论

　　北宋儒学复兴是在原始儒学和汉唐儒学基础上的发展，是对佛老思想挑战的应对，北宋儒学复兴拓展的问题和论域，奠定了其后将近一千年的中国传统社会中儒学的主流地位，也奠基了后世儒学的主要思想蕴涵。就外部的社会条件而言，北宋儒学复兴的产生是由于唐末和五代十国混乱局面的结束、宋王朝的建立、经济的逐渐繁荣以及当时政府重视文化与文人的政策等诸多条件聚集的产物；就思想本身而言，北宋儒学复兴是儒学面对佛老思想挑战而主动通过理论创新以应对挑战的结果。佛老思想对儒学的挑战，不但表现为试图用"空""无"观念消解儒家价值观和儒者生存世界的实在性，而且表现为试图用"空""无"观念来消解儒家价值观和儒者生存世界得以获得意义的天道观；前者是对儒家人事论域的挑战，后者是对儒家天道论域的挑战。在儒家的视野中，天道是人事的意义基础，人事是天道的呈现。人事的实在性与意义来源于天道，天道作为儒家价值世界和生存世界的根本而存在。佛道二教，尤其是佛教，依靠"万法皆空"和"万物唯心"的思想，消解了传统儒学的神秘天命观及其统摄之下的元气论，而神秘天命观及其统摄之下的元气论是传统儒学的天道观，是传统儒学价值观和儒者生存世界获得意义的基础，没有了实实在在的天道观，就没有实实在在的生存世界，传统儒学价值观也必然没有意义。所以在新的时代复兴儒学，儒者仅仅通过大力宣扬儒家价值观及儒家生存方式并不能够成功应对佛老挑战，还必须从根本上，从天道观的层面上重新建构儒学，通过论证天道的实在性，来论证儒者生存世界的实在性和儒家价值观的实在性及其必然性。这就是北宋儒学复兴的时代课题。

　　《周易》是中国传统社会所崇奉的文化经典五经之首，易学是中国传统文化的重要组成部分，《周易》与中国传统社会中其他经典的显著区别在于它既蕴含着丰富的天道思想，又蕴含着丰富的人事思想，所以在北宋儒学复兴中，如何通过对《周易》的诠释，借助传统经典文化资源，以重构儒学思想体系，对抗佛老，就成为北宋儒者所面临的主要学术使命。北宋易学的盛行也就成为时代的必然。在此过程中，邵雍作为著名的易学家，不但建构了本体论，也建构了象数哲学和人生哲学，而邵雍易学哲学的这三个部分正好覆盖了儒家的天道论域和人事论域，邵雍通过强调本体不离于万物而具有生化万物的无穷妙用，来论证本体的实在性、论证万物存在的实在性、论证儒家价值观的客观存在等，从而应对了佛老空无思想的挑战。邵雍因为在北宋儒学复兴中的贡献，和周敦颐、张载、程颢以及程颐并称为北宋五子。

在本绪论中，我们首先介绍易学之于传统儒学的意义，介绍易学如何构成了儒学的天道论域，如何构成了儒学的人事论域，其次说明佛教对传统思想的挑战，最后介绍北宋儒学复兴中的邵雍。

第一节　易学之于传统儒学的意义

《周易》是中国传统文化的基本经典之一，易学是中国传统文化的重要组成部分，易学在传统文化中的发展历史，也就是两千多年来关于《周易》的诠释史，在对《周易》的不断诠释中，易学不断发展，不断丰富，对儒家精神世界的形成和发展作出了巨大的贡献。

在《易经》产生之时和早期发展阶段，《易经》仅仅作为卜筮之书而存在，它的根本目的在于预测吉凶，它的文化基础是中国人对于天道的信仰，在天道信仰的前提下，传统社会中的中国人通过蓍法叩问天道神意，试图预知事件的吉凶结果，并用以指导自己的现实生活。显然，在早期的易学发展中，《易经》作为卜筮之书，在某种程度上属于原始宗教视野下沟通天人、指导行动的特殊工具。同时，由于在这一时期儒家还没有产生，中华民族人文理性的觉醒还没有到来，因此，此时《易经》和易学仍旧属于原始宗教的领域。

在春秋战国至汉初的漫长时期中，易学发展出现了一个质的飞跃。由于此一时期各种文化要素互相融合，早期《易经》纯粹的卜筮目的得以改变，重德思想的渗入，五行思想的纳入，天文历法思想的被吸收，理性的进一步反思，使原始宗教视野下的天人之书，逐渐转变为哲学视野下的天人之书，《易经》的不断人文化，形成了庞大的系统的易学论域，而对易学论域起着奠基作用的就是《易传》。《易传》不是一人一时的作品，它的产生可能跨越了春秋战国和西汉早中期的漫长历史。需要强调的是，虽然《易传》不是一人一时的作品，虽然它也吸收了一些阴阳五行家和道家的思想，但它的思想倾向主要是儒家，《易传》在儒家的视野下对《易经》进行反思，对天道进行反思，对人类社会进行反思，最终使神秘的卦象符号转化为能够理性解读的卦象结构，使预测吉凶转化为义理阐述，使卜筮文本转化为文化经典。当然，此时和此后，《易经》依旧在社会上某群体或某阶层中发挥着卜筮的作用，但是，《易经》的人文化却成为不可扭转的趋势，而伴随这一趋势的是，《周易》成为以后各个历史时期传统知识分子建构思想世界过程中不可缺少的经典之一。

《易传》所奠基的易学论域，包括两种基本诠释方法和两类基本易学论域，这就是象数诠释方法和义理诠释方法、天道论域和人事论域。两种基本诠释方法和两类基本易学论域的影响极为深远，传统社会中的易学就具体思想而言虽然不断发展和丰富，但是基本上并没有超越这两种基本诠释方法和两类基本易学论域。象数诠释方法立足于《易经》之象数，注重象数之间的推衍，并通过象数推衍来表达诠释者对天道自然的认识。在《易传》的诠释中，比较明显的象数诠释方法包含三种。第一，卦象→物象。这种诠释方法从卦象出发，归结到物象上。比如《说卦传》："乾为马，坤为牛，震为龙，巽为鸡，坎为豕，离为雉，艮为狗，兑为羊。乾为首，坤为腹，震为足，巽为股，坎为耳，离为目，艮为手，兑为口。"这部分内容以八卦为基础，把生活世界中的事物分成八类，并把八卦和八类事物对应起来。这种诠释方法的渊源可能比较古老，可能直接来源于卜筮视野下卦象必须与生活世界的事物相对应和类比的要求。第二，卦象→卦象或新易象。这种诠释方法是在八卦卦象的基础上，通过六爻卦象的不同组合，进行种种推演，来获得其他卦象和新的易象，使得对天道和人事的解释获得更丰富、更圆满的答案。如《说卦传》："乾，天也，故称乎父；坤，地也，故称乎母。震一索而得男，故谓之长男；巽一索而得女，故谓之长女。坎再索而得男，故谓之中男；离再索而得女，故谓之中女。艮三索而得男，故谓之少男；兑三索而得女，故谓之少女。"显然，这一段话是用乾坤的卦象变化，来解释其他六卦，这种卦象推演还局限在八卦卦象内部。又如："帝出乎震，齐乎巽，相见乎离，致役乎坤，说言乎兑，战乎乾，劳乎坎，成言乎艮。万物出乎震，震，东方也。齐乎巽，巽，东南也。……离也者，明也，万物皆相见，南方之卦也。……坤也者，地也，万物皆致养焉，故曰致役乎坤。兑，正秋也，……战乎乾，乾，西北之卦也，……坎者，水也，正北方之卦也，……艮，东北之卦也，……"（《周易·说卦传》）这是从八卦卦象出发，并超越八个基本卦象，纳入八方，形成了一个新易象，这个新易象明显可以被描述为一个易图，这个易图是《易经》所没有的，它是《说卦传》作者对卦象的进一步发挥，是一个新易象。到了宋代，易学家们认为这个易图就是所谓的《文王八卦图》。第三，易数→易数。这种诠释方法从易数开始，以易数结束，而这些易数都蕴含有特殊的意义。如《系辞》言："天一，地二；天三，地四；天五，地六；天七，地八；天九，地十。"又言："天数五，地数五，五位相得，而各有合。天数二十有五，地数三十，凡天地之数五十有五，此所以成变化而行鬼神也。乾之策二百一十有六，坤之策百四十有四，凡三百有六十，当期之日。二篇之策，万有一千五百二十，当万物之数也。"（《周易·系辞上》）这是试图用十个数字，来把握一些自然现象。这种思路，在宋代象数易学家那里获得了极大的发展。以上是《易传》中较为明显的三种象数易学诠释方法。这些易学诠释方法，有的具有占筮的意义，比如前面所论述的第一种方法，有的则是在易学视野下对宇宙和自然的理解，具有宇宙论和自然哲学的意义，比如第二种方法。

义理诠释方法与象数诠释有所区别，它既立足于《易经》之象数，又立足于卦爻辞，并对它们进行种种义理的论说，用来表达诠释者对天道和人事的认识。《易传》中义理诠释方法大致有五种。第一，卦象→义理。这是以卦象或者八卦的基本物象为前提，来进一步论述众多义理。如《大象》中"云雷，屯。君子以经纶"，"山下有泉，蒙。君子以果行育德"，"天地交，泰。后以财成天地之道，辅相天地之宜，以左右民"，等等。都是以六十四卦的卦象为标准，来阐发君子所应该遵守的价值规范和行为准则。第二，卦辞→义理。这种诠释方法从卦辞出发，经过诠释者的发挥，落实到众多义理命题上。如："大哉乾元，万物资始，乃统天。云行雨施，品物流行。大明终始，六位时成，时乘六龙以御天。乾道变化，各正性命，保合太和，乃利贞。首出庶物，万国咸宁。"（《周易·乾·彖》）这是超越卦象直接以"乾为天"观念为前提，对乾元天道的伟大功用加以论述，表达了儒者生命中坚实的天道信仰。又如："元者，善之长也；亨者，嘉之会也；利者，义之和也；贞者，事之干也。君子体仁足以长人，嘉会足以合礼，利物足以和义，贞固足以干事。君子行此四德者，故曰：'乾，元亨利贞。'"（《周易·文言传》）这是把卦辞中的概念纳入儒者价值观中，并对其意义进行阐述，如此一来，卜筮之辞就转化为儒者的价值观思想，《易经》也就成了儒者应该学习和效法的义理之书。第三，卦象+卦辞→义理。这种诠释方法以卦象和卦辞为共同基础，经过诠释者发挥，转化为众多的义理命题。如《否》卦的《小象》中载："'拔茅'，'贞吉'，志在君也。""'大人否亨',不乱群也。""'包羞',位不当也""'有命无咎',志行也。""'大人'之'吉',位正当也。""'否',终则'倾',何可长也。"这六个句子基本上考虑了每一爻在卦象中的位置是否正当,有无相应之爻,与他爻的基本关系等因素,并从这些因素着眼来解释卦辞,显然,这是立足卦象来解释卦辞,同时又因为这种解释具有社会意义,即在位置、关系、态势的角度下,卦象本身已经被人事化,那么作为人事化解释结果的种种义理,又可以作为价值教育的范本,在儒者生命世界中起着教化的作用。第四,易学概念→义理。这种诠释方法并不直接以卦象或卦辞为基础,而是以易学中常见的概念为基础,直接阐发作者的易学观。如《说卦传》中:"昔者圣人之作《易》也,将以顺性命之理,是以立天之道曰阴与阳,立地之道曰柔与刚,立人之道曰仁与义。兼三才而两之,故《易》六画而成卦。分阴分阳,迭用柔刚,故《易》六位而成章。"可见,作者是在阐述他对《易》之产生、蕴涵和功能的观念。第五,卦名→义理。这种诠释方法较为特殊,直接从卦名过渡到卦之义理。如《序卦传》中载:"有天地,然后万物生焉。盈天地之间者唯万物,故受之以《屯》,屯者,盈也。屯者,物之始生也。物生必蒙,故受之以《蒙》。蒙者,蒙也,物之稚也。物稚不可不养也,故受之以《需》。需者,饮食之道也。饮食必有讼,故受之以《讼》。……"《序卦传》对卦象和卦辞都没有解释,而是从卦名直接过渡到义理的总结。

以上是《易传》中所包含的两种诠释方法。总的来说,义理诠释方法有时也涉及象数,象数诠释方法也蕴含着一定的道理,二者不可能截然分离,但义理诠释方法与象数诠释方法最大的不同在于义理诠释方法之目的在于义理,最后也落足在义理,而象数诠释方法从象数开始,到象数结束。需要提及的是,《易传》的主要诠释方法是属于义理诠释,象数诠释方法在《易传》中只占据次要的地位。

《易传》的两类基本易学论域是天道论域和人事论域。天道论域表述了儒者对于天道、宇宙和自然的认识和理解,人事论域表述了儒者对于社会、人生的认识和理解。《易传》的天道论域内容比较丰富,大致可以区分为两个方面:宇宙论或自然哲学和具有本体论意蕴的道论。对于第一个方面来说,《易传》主要构造了一种世界图景:

> 天地定位,山泽通气,雷风相薄,水火不相射。……
> 雷以动之,风以散之,雨以润之,日以烜之,艮以止之,兑以说之,乾以君之,坤以藏之。

帝出乎震，齐乎巽，相见乎离，致役乎坤，说言乎兑，战乎乾，劳乎坎，成言乎艮。万物出乎震，震，东方也。齐乎巽，巽，东南也。齐也者，言万物之絜齐也。离也者，明也，万物皆相见，南方之卦也。……坤也者，地也，万物皆致养焉，故曰致役乎坤。兑，正秋也，万物之所说也，故曰说言乎兑。战乎乾，乾，西北之卦也，言阴阳相薄也。坎者，水也，正北方之卦也，劳卦也，万物之所归也，故曰劳乎坎。艮，东北之卦也，万物之所成终，而所成始也，故曰"成言乎艮"。

神也者，妙万物而为言者也。动万物者莫疾乎雷，桡万物者莫疾乎风，燥万物者莫熯乎火，说万物者莫说乎泽，润万物者莫润乎水，终万物始万物者莫盛乎艮。故水火相逮，雷风不相悖，山泽通气，然后能变化，既成万物也。（《周易·说卦传》）

在这样一种世界图景中，八卦所代表的八种自然现象或力量，即天、地、山、泽、雷、风、水、火，互相对应，互相交感，产生着万物，成长着万物，终始着万物，为万物的产生发展提供条件，提供动力，万物在这一世界图景中生生不息地成长，就是"神"，指向的是宇宙自身的神妙变化。《易传》还进一步对宇宙发生发展的内在机制进行分析，这就是"一阴一阳之谓道"（《周易·系辞上》），"立天之道曰阴与阳"（《周易·说卦传》），正是阴阳两种力量的交感不息，促成了万物的发生发展。这就是《易传》的宇宙论图景。

对于《易传》天道论域的第二个方面来说，《易传》主要强调了乾道作为宇宙的本体而存在："大哉乾元！万物资始，乃统天。云行雨施，品物流形。大明终始，六位时成，时乘六龙以御天。乾道变化，各正性命，保合大和，乃利贞。首出庶物，万国咸宁。"（《周易·乾·彖》）这是认为，乾道是万物生生不息的根本，是大化流行的根据，乾道赋予了万物性命之正，并保证了自然界太和融融和社会安宁祥和的景象。这种对乾道的描述，明显把乾道视为了宇宙的本体，并对宇宙万物存在的依据进行了深入的探究。这种本体虽然不是在严格体用观视野下阐述出来的，但是乾道的确已经有了本体的意蕴，是对天人合一宇宙观的说明。而到了北宋时期，这种本体意蕴进一步通过体用范畴予以了明晰的论证，本体论哲学得以建构。总的来说，《易传》的天道论域既包括宇宙论或自然哲学意义上的天道观，也包括本体论意义上的天道观，如果说宇宙论或自然哲学意义上的天道观表现出一种客观的知识形态，充实着儒家的精神世界的话，那么本体论意义上的天道观，则作为儒者天道信仰的基础而发挥着本体的作用。

《易传》的人事论域以人之德性为核心内容，围绕此核心，主要从三个方面加以论述。第一，强调了人应该效法天道，以德性为本。《易传》说：

> 夫大人者，与天地合其德，与日月合其明，与四时合其序，与鬼神合其吉凶，先天而天弗违，后天而奉天时。天且弗违，而况于人乎？况于鬼神乎？（《周易·文言传》）
>
> 昔者圣人之作《易》也，将以顺性命之理。是以立天之道曰阴与阳，立地之道曰柔与刚，立人之道曰仁与义。（《周易·说卦传》）
>
> 与天地相似，故不违；知周乎万物而道济天下，故不过；旁行而不流，乐天知命，故不忧；安土敦乎仁，故能爱。（《周易·系辞上》）

在传统儒学的视域中，天道信仰是人生的根本，而天道信仰的一项重要内容，就是效法天道，就是"以德配天"，就是"与天地合其德"，天道有阴有阳，人道则有仁有义，天道生生万物，人道则仁爱万物，人道的价值来源，就是天道。第二，直接宣扬儒家价值观。如《文言传》中说："元者，善之长也；亨者，嘉之会也；利者，义之和也；贞者，事之干也。君子体仁足以长人，嘉会足以合礼，利物足以和义，贞固足以干事。君子行此四德者，故曰：'乾，元亨利贞。'"这是结合卦辞进行儒家义理的论说。事实上，《大象传》六十四条，都是直接就卦象而宣扬儒家价值观，如"地势，坤；君子以厚德载物"（《周易·坤·象》），"山下有风，蛊；君子以振民育德"（《周易·蛊·象》），"泽上有地，临；君子以教思无穷，容保民无疆"（《周易·临·象》）。在《易传》看来，卦爻辞和卦象并不是为了占筮，而都蕴含了丰富的义理。第三，把卦或者爻当作一个人事，也即一个人的种种生存境遇，在儒家的视野下对此人事进行分析，最后彰显出体现儒家价值观的处世之方。如《象传》中对卦辞的解释：

> 同人：同人于野。亨。利涉大川。利君子贞。
> 《象》曰：同人，柔得位得中而应乎乾，曰同人。同人曰：同人于野，亨，利涉大川，乾行也。文明以健，中正而应，君子正也。唯君子为能通天下之志。（《周易·同人·象》）

在《象传》作者看来，同人卦的基本状况就是下卦为离，六二爻"得位得中",而又"应乎乾"。所谓"得位"是二爻之位本为阴位,此处正是阴爻,所以"得位";所谓"得中",也就是二爻处于中间位置;所谓"应乎乾",就是六二爻与上卦乾之九五爻阴阳相应。这种状况,就是同人卦的基本态势,而这种态势又具有人事的含义,象征了一个社会事件人际关系的态势。在这种态势下,一个人就应该体现出文明刚健、中正而应的德行,所谓的文明,就是下卦离之德,所谓的刚健,就是上卦乾之德,所谓中正而应就是六二爻的德行,一个人能具有这种种德行,就是"能通天下之志"的君子。可见,《象传》把一卦当作一个社会事件,当作一个人事,分析其间的态势,并开出体现儒家价值观的处世之方。事实上,《易传》中的这种论述方法比比皆是。以上是《易传》的人事论域,它体现出和儒家价值观紧密结合的特点。

以上是对《易传》两种诠释方法和两种基本论域的简要介绍。事实上,象数诠释方法通常和易之天道论域结合在一起,义理诠释方法则和易之人事论域结合在一起。《易传》所包含的这两种基本诠释方法和两类基本易学论域,共同组成并展开了一个宏阔的易学论域。这一易学论域弱化了《易经》的卜筮色彩,把它转化为一个具有丰富哲理义蕴的儒家经典。在这一经典的思想空间中,易道蕴含着天地人三才生成变化之道,描述了宇宙运行变化发展的基本规律。易道既体现了天道之生生,又展现着种种典型的人事模型,成为儒者价值规范和行为准则的基础。可以说,儒者通过学习和诠释《易传》进入《周易》天道的思想空间,一方面能够理解天道之幽微和神妙,另一方面能够学习人事之复杂及其变动,进而在其中贯彻体现儒家所崇尚的生生之德。显然,《易传》的产生是易学史上一个质的飞跃,正是通过《易传》的诠释,才使得《易经》成为儒家的文化经典,因而后世才把《易经》和《易传》统合在一起,作为《周易》,成为儒家五经之首。《周易》的价值主要在于其对天道信仰、天道之自然流行的论证和诠释,进而详细说明和论证了儒家义理的功能和作用。这些功能和作用,在传统社会教化着士人,积极影响着儒者精神世界的形成和发展。所以,《易传》产生和形成后,易学和儒学便紧密地联系了起来。

在汉代,象数易学获得了长足的发展。汉代象数易学可以分为占验派象数易学和注经派象数易学。占验派象数易学虽然还以《周易》之卦象为基础,但是超越了《周易》的文本和《易传》的诠释思路,偏重创造新易象,并使用这些成体系的新易象来窥测天命、天意,以达到占验的目的。如京房复杂的八宫卦体系,搁置《周易》文本,直接按照特定的规则对六十四卦卦象进行排序,并把卦象和天干、地支配合起来,同时在分析卦象时又纳入世应、五行、飞伏、互体等因素，可以说是极尽巧排之能事，但是京房易学的根本目的，却是占验。占验派象数易学的目的就是窥测天命、天意，而这也与汉代占主流地位的神秘天命观、天人感应和阴阳灾异思想相适应。当然，因为占验派象数易学创造的新易象体系纳入了方位、历法等因素，在一定程度上也反映了汉代天道观的科学知识水平，极大地丰富了易学思想系统。如孟喜的卦气说，用卦象来配四时、十二月、二十四节气、七十二候、三百六十五日，本是用来占验，但这套卦象和历法整合的体系，也在一定程度上表现出汉人对天道的了解。

注经派象数易学不同于占验派象数易学的地方在于，它不是为了占验而是为了注释《周易》，与占验派象数易学相同的地方在于它也是对卦象进行种种推衍，创造了很多新的卦象推衍方法。如郑玄的"爻体"说，荀爽的"升降"说，虞翻的"半象"说，都在六十四卦卦象的基础上，推导出层出不穷的卦象。在《周易》中，虽然某些卦象和卦爻辞有一定的联系，但是大部分卦象和卦爻辞之间并没有内在的必然联系，注经派象数易学家为了立足于卦象而解释卦爻辞，不得不对卦象进行繁杂以至牵强附会的推衍。面对注经派象数易学的这种特点，高怀民先生形象地描述道："求解通经文，加于东汉易学家的压力实在太大了，但东汉易风是以'注经'为志，有时候为了解通一句经文，百思不得其解时，只有像郑玄那样绕一个大弯，牵东引西；或如荀爽这样自违其例；或如虞翻那样多创造新象。"① 不过，注经派象数易学有的推衍方法，也体现了汉人对天道、自然的认识，比如郑玄的"爻辰"说整合了乾坤二卦、十二地支、十二月律，荀爽的"升降"说体现了阴阳二气在天地间的流行不息。

总的来说，无论是占验派象数易学家，还是注经派象数易学家，他们都广泛吸收当时的自然知识和宇宙论思想，再结合自己的象数推衍技巧，提出了种种新颖的象数易学内容。他们的目的虽然不同，如占验派象数易学家超越《周易》文本，注重构建占验体系，注经派象数易学家目光还停留在《周易》文本范围内，试图对卦爻辞进行合理的说明，但是他们的象数易学体系本身，在一定意义上都是对天道作了宇宙论形式的理解和表述。因此，如果搁置不论汉代象数易学的繁杂和牵强的话，汉代象数易学对于儒学的显著意义就在于其对天道自然观知识的系统化和丰富化。我们今天生活在现代社会中，极其丰富先进的自然科学知识成为安顿人类生命的基础之一，在汉代社会，象数易学所蕴含的天道自然观知识，就是安顿儒者生命，安顿汉代人生命的基础

---

① 高怀民：《两汉易学史》，广西师范大学出版社2007年版，第138页。

之一，这就是汉代象数易学之于儒学和中国传统文化的一项重要意义。

汉代象数易学虽然对天道自然观知识的发展作出了突出的贡献，但是它本身有明显的弊病，这就是象数推衍方法一旦被教条化，一旦被过度发展和使用，就会呈现出牵强和荒谬的色彩。三国时期著名哲学家王弼不满于汉代象数易学的荒诞繁琐，通过言象意之辨，消解了象数易学诠释方法，重新发扬了义理易学的诠释方法，写成了划时代的名著《周易注》。就《周易注》的具体内容而言，王弼也常常联系儒家思想，如在注释大有卦时说："《大有》，包容之象也。故遏恶扬善，成物之美，顺夫天德，休物之命。"① 又说："居尊以柔，处大以中，无私于物，上下应之。信以发志，故其孚交如也。夫不私于物，物亦公焉；不疑于物，物亦诚焉。既公且信，何难何备。"② 又如在注释益卦时说："得位履尊，为益之主者也。为益之大，莫大于信；为惠之大，莫大于心。因民所利而利之焉，惠而不费，惠心者也。信以惠心，尽物之愿，故不待问而元吉。有孚，惠我德也，以诚惠物，物亦应之，故曰'有孚，惠我德'也。"③ 王弼在这里论诚信，辨公私，主张利民，可见《周易注》并不排斥儒家义理。但是，王弼《周易注》虽然在方法上彰显了《易传》的义理诠释方法，在具体的义理阐释中也常常联系儒家思想，发挥教化士人和儒者的功能，但是由于王弼的思想体系归根结底属于道家玄学的"贵无论"，在本体的层面上并没有突出儒家道论及其价值观，并且这种"贵无"的观念一旦被彻底化，就有消解儒家价值观的危险，所以儒家易学的进一步发展必然要扬弃王弼的"贵无"思想，这一新的局面，到了北宋才得以出现。

第二节　佛教对儒学的挑战以及儒家的应对

一　佛教对儒学的挑战

（一）佛教对儒家天命观和元气论的消解

宋代以前的汉唐时期，儒家对于天道的看法，往往具有不可分离的两个方面的意义，一是天命观，一是元气论。元气论用以解释天地万物发生

---

① 王弼著，楼宇烈校释：《王弼集校释》上册，中华书局1980年版，第290页。
② 王弼：《王弼集校释》上册，第291页。
③ 王弼：《王弼集校释》下册，第430页。

发展的过程，天命则是儒者的最终信仰，两者虽然在现代视野下一个呈现出理性色彩，一个呈现出神秘的宗教色彩，但是它们在传统社会中并不矛盾，而是结合在一起，共同构成了儒家的天道观。传统的天命观和元气论无法为儒家的社会伦理价值观和人生积极入世修养成圣的实践提供绝对必然的理论依据和本体论证。如果人的富贵穷达和福禄寿夭都由命定，如果人生有阴有阳、有善有恶，儒家的内圣和外王如何实现呢？在佛教深邃思辨的挑战下，这种天命观和元气论，都受到了严峻的挑战。

唐代居士李师政在其所撰的《内德论》中，就有对儒家天命观的批驳：

> 命系于业，业起于人，人禀命以穷通，命随业而厚薄，厚薄之命莫非由己，怨天尤上不亦谬乎？……天道无亲疏，人业有盈缩，由斯以推天命，可得除疑惑矣。若夫虞夏商周之典，黄老孔墨之言，道惟施于一生，言罔及于三世，则可惑者有六焉，无辞以通之矣。示为善之利，谓爵赏及名誉。陈为恶之害，明耻辱与刑罚。然逃赏晦名之士，以何为利乎？苟免无耻之夫，不受其害矣，何足以为惩劝哉？可惑者一也；云天与善，降之以百祥，谓神纠淫，加之以六极。然伯牛德行而有疾，天岂恶其为善乎？盗跖凶暴而无殃，神岂善其为恶乎？何祸福之滥及哉？可惑者二也；若云罪随形而并灭，功与身而共朽，善何庆之可论？恶何殃而当戒？若善恶之报，信有而非无也。食山薇而饥死，何处而加之福？脍人肝而寿终，何时而受其祸？何善恶之无报哉？可惑者三也；若云祸福由其祖祢，殃庆延于子孙，考之于前载，不必皆然矣。伯宗羊肸之嗣，绝灭于晋朝。庆父叔牙之后，繁昌于鲁国。岂祖祢之由乎？可惑者四也；若云观善察恶，时有谬于上天，故使降福流灾，遂无均于下土。然天之明命，宁当暗于赏罚乎？曾谓天道不如王者之制乎？可惑者五也；若云祸福非人所召，善恶无报于后，而百王赏善而刑淫，六经褒德而贬过，则为虚劝于不益，妄戒于无损。何贵孔丘之弘教？何咎嬴正之焚书乎？可惑者六也。然则善恶之所感致，祸福之所倚伏，惟限之于一生，不通之以三世，其理局而不弘矣。①

---

① 李师政：《内德论·通命篇》，《广弘明集》卷第十四，上海古籍出版社1991年版，第199页。文中嬴正当为嬴政。

这里罗列了传统天命观给人带来的种种疑惑：第一，天命赏善罚恶，但对于"逃赏晦名"之士无效；第二，传统天命观解释不了人之善恶与祸福不一致的现象；第三，功与罪都只影响一生，那么人为善去恶的动力不足；第四，考察历史，祖先的功罪也并不能延及后世子孙；第五，既然上天观察善恶有误，降灾赐福不均，那么就可能得出天道还不如"王者之制"的结论；第六，既然在传统天命观下，善恶祸福没有一定的标准，那么统治者又何必做赏善惩恶的无用功呢？总而言之，传统天命观站不住脚，解释不了很多社会现象，也不足以为统治者提供"赏善刑淫"的理论根据。正确的命运观不应该是传统天命观，而应该是佛教的业报论，人当下的祸福，都是由前生业之善恶决定的，天命决定人间的一切是无法令人信服的，业报论才能解释天命观视野下混乱的现象。

李师政还只是试图说明儒家天命观存在种种问题，而唐代高僧宗密则不但批判天命观，而且试图消解元气论。他说道：

儒道二教说，人畜等类，皆是虚无大道生成养育，谓道法自然生于元气，元气生天地，天地生万物，故愚智贵贱贫富苦乐，皆禀于天，由于时命，故死后却归天地，复其虚无。然外教宗旨但在乎依身立行，不在究竟身之元由，所说万物不论象外，虽指大道为本，而不备明顺逆起灭染净因缘，故习者不知是权，执之为了。今略举而诘之。所言万物皆从虚无大道而生者，大道即是生死贤愚之本，吉凶祸福之基，基本既其常存，则祸乱凶愚不可除也，福庆贤善不可益也，何用老庄之教耶？又道育虎狼胎桀纣，夭颜冉祸夷齐，何名尊乎？又言万物皆是自然生化非因缘者，则一切无因缘处，悉应生化，谓石应生草，草或生人，人生畜等，又应生无前后，起无早晚，神仙不藉丹药，太平不藉贤良，仁义不藉教习，老庄周孔何用立教为轨则乎？又言皆从元气而生成者，则歘生之神未曾习虑，岂得婴孩便能爱恶骄恣焉？若言歘有自然便能随念爱恶等者，则五德六艺悉能随念而解，何待因缘学习而成？又若生是禀气而歘有，死是气散而歘无，则谁为鬼神乎？且世有鉴达前生追忆往事，则知生前相续，非禀气而歘有，又验鬼神灵知不断，则知死后非气散而歘无，故祭祀求祷，典籍有文，况死而苏者说幽途事，或死后感动妻子，雠报怨恩，今古皆有耶。……且天地之气本无知也，人禀无知之气，安得歘起而有知乎？草木亦皆禀气，何不知乎？又言贫富贵贱贤愚善恶吉凶祸福皆由天命者，则天之赋命奚有贫多富少贱多贵少，乃至祸多福少，苟多少之分在天，天何不平乎？况有无行而贵守行而贱，无德而富有德而贫，逆吉义凶仁夭暴寿，乃至有道者丧无道者兴，既皆由天，天乃兴不道而丧道，何有福善益谦之赏，祸淫害盈之罚焉？又既祸乱反逆皆由天命，则圣人设教，责人不责天，罪物不罪命，是不当也，然则诗刺乱政，书赞王道，礼称安上，乐号移风，岂是奉上天之意，顺造化之心乎？是知专此教者，未能原人。①

宗密把儒家和道家并列在一起加以批判，去除对道家理论的批判不论，而论与儒家相关的批判，可以归纳为以下几点。第一，如果人是从元气而生，那么忽然生出的意识还没有什么生活经历，婴孩儿怎么便表现出种种情绪和个性？第二，如果说这种种情绪和个性生来即有，那么为什么"五德六艺"需要学习？第三，如果生死都是气的变化状态，那么怎么会有鬼神之说呢？第四，元气本无知，为何变成人就有知了呢？草木也禀气而生，为何无知呢？第五，如果天命决定贫贱富贵等，那么为何天命落实在个人身上如此不平均？人群之中善恶祸福为何又不一致？根据自己之分析，宗密认为天命观是不可信的，元气论也是存在很大问题的。而归结到最后，"如来藏"才是法界的根本，作为"不生灭真心"的如来藏和生灭妄想和合，有了"阿赖耶识"，阿赖耶识有"觉不觉二义"，因为不觉，才有"业相"，以此业相而有了"能见之识"和"所见境界"，同时"法执"和"我执"也随之而生，于是六道轮回得以形成，"心神"随自己的业报而入胎"禀气受质"，出生之后才成为完整的人，而人在社会中的贫贱富贵，也都是由自己以前所造的业所决定，因此，元气并不是人之根本，天命也不是人的主宰，它们都可被追溯到"不生灭真心"与"生灭妄想"和合而有的阿赖耶识，因此，儒家的天命观和元气论都是不究竟的，都是不实在，都是阿赖耶识的变现而已。（《原人论·会通本末第四》）在宗密的批判之下，虽然他最后又给儒家一定的地位，说"今将本末会通，乃至儒道亦是"（《原人论·会通本末第四》），但是这种"亦是"，只不过是与佛教之"本"相对而言的"末"，"寡学异执，纷然寄语道流，欲成佛者必须洞明粗细本末，方能弃末归本，返照心源，粗尽细除，灵性显现，无法不达，名法报身，应现无穷，名化身佛"（《原人论·会通本末第四》），学道之人最终还是要

---

① 宗密：《原人论·斥迷执第一》，《大正藏》第45册，第708页。

抛弃儒学皈依佛教，方能得到正果。

天命观和元气论是宋代以前儒家天道观的根本内容，如果消解和否定了天命观和元气论，就动摇了传统儒家价值观的根基。佛教虽然在社会上非常盛行，但是社会层面的盛行可以用相应的社会手段控制，而思想学说的根基一旦被动摇、被消解，那么这一思想学说流派就有被抛弃的危险，隋唐时期儒释道三教并立就是一个实证。所以儒家如果要在佛教的挑战下真正复兴，不仅需要各种外部条件和机会，更重要的是要用儒学理论的创新去应对佛教理论的批评和责难。儒学理论的创新，儒学复兴的成功，这一伟大的历史使命是由北宋中期的北宋五子完成的。在北宋五子之前，唐代的韩愈和李翱等学者已经试图通过理论创新来振兴儒学，但是他们的理论建构并不成功，对此我们在后面还会论及。到了宋代，北宋五子之前，儒学界也有一些著名的儒者举起反佛排佛的大旗，比如欧阳修、石介和李觏，他们如何应对佛教挑战，理论是否成功，我们在后面也会进行反思。但是唐代韩愈、李翱，以及宋代欧阳修、李觏和石介等儒者的反佛，在一定程度上也刺激了佛教理论的进一步发展。这表现在北宋前期，一些佛教高僧开始宣扬三教并立以应对儒家的反佛，三教并立的主张看似只是为了佛教争取生存和发展的空间，但是三教并立的理论基础却是以佛教为根本，以儒家为末枝，佛教还是优越于儒家的，这种判定，更进一步凸显了儒学复兴的紧迫和艰巨，而僧人主张三教并立的理论基础，也进一步突出了传统儒家思想缺陷的究竟所在，这也为后来北宋五子理论建构的成功，提供了指引方向。

（二）北宋前中期佛教界三教并立对儒家的挑战

智圆（976—1022 年）是宋初天台僧侣，他主张三教并立。智圆认为：

> 原夫仲尼之为训也，扬唐虞三王之道，尊仁而尚义，俾复其王而企于帝者也；伯阳之为训也，扬三皇朴略之道而绝圣弃智，俾复其皇而企于结绳者也。矧兹两者，谈性命焉则未极于唯心乎，言报应焉则未臻于三世乎，虽然，而于治天下安国家，不可一日而无之矣，美矣哉！其为域中之教也，明矣！若夫释氏之为训也，指虚空世界也，悉我自心焉，非止言其大极生两仪、玄牝为天地根而已矣；考善恶报应也，悉我自业焉，非止言其上帝无常、天网恢恢而已矣。有以见儒道乎，虽广大悉备，至于济神明研至理者，略指其趣耳。大畅其妙者，则存乎释氏之训欤！其为域外之教也，又已明矣。域内则治乎身矣，谓之外教也，域外则治于心矣，谓之内教也。昔阮孝绪正以内外之

名，为不诬矣。①

智圆认为儒、道、佛三教可以并存，儒、道是治世、治身之必需，可称之为"域中之教"；佛教发现虚空世界皆我自心变现，超越了儒道的元气生成论，发现善恶报应皆我自业，超越了儒家的天命观，因此佛教思想是宇宙间的"至理"，佛教是"治心"的"域外之教"。智圆这种"域内""域外"的分判标准，一方面和三教的适用领域有关，另一方面则和三教的理论深度相关。智圆认为，佛教的理论，才是"至理"，用现在的话来说，才是彻底的真理。

北宋著名居士晁迥（948—1031年）与智圆的观念基本一致。他说：

> 儒教之法，以正身为深切，勿求其名而名自得矣；道教之法，以养生为深切，勿求其功而功自成矣；佛教之法，以复性为深切，勿求其证而证自知矣。是三者，率以无心而然也。②

> 予于三教之书，各取八字统为法要。儒教之书，《毛诗大雅》云："既明且哲，以保其身"；道教之书，老子《道经》云："归根曰静，静曰复命"；释教之书，《涅盘经》云："悟诸法性，成无师觉"。予自视所得，本末符契，因目曰"三和合法门"。（《法藏碎金录》卷十）

> 孔氏之教以忠恕为宗，老氏之教以道德为宗，释氏之教以觉利为宗，举其宏纲尽在此矣，内外同济，阙一不可。（《法藏碎金录》卷九）

这也是认为儒道佛各自有其特点，各自有其存在的空间，三者相辅相成，实可并立。但是晁迥又说：

> 孔氏之教，在乎名器，如释氏之相宗也；老氏之教，在乎虚无，如释氏之空宗也。唯释氏之教，本乎理性而兼该二教之事，方为臻极。然而孔老二教，亦有涉乎理性空有之迹，而不到穷尽理性之说。（《法藏碎金录》卷九）

> 儒家之书，大《易》为首，有象本乎乾坤；道家之书，《老子》

---

① 智圆：《〈四十二章经〉序》，《闲居编》第一，《卍新纂续藏经》第五十六卷，第870页。
② 晁迥：《法藏碎金录》卷一，文渊阁《四库全书》本。

居最，无名始于天地。二家之说率以此为造极矣。若引佛书言之，空生大觉中如海一沤发，又据譬喻，则天地乾坤沙界之一沙也。（《法藏碎金录》卷一）

一切之形，形本无，无而有生，有生则有化灭，有化灭则复归于无也，定矣。一真之性，性本有，有而无象，无象则无化灭，无化灭则常存其有也，定矣。不有之有，名曰"妙有"，不空之空，名曰"真空"，妙有真空，其体一也。（《法藏碎金录》卷一）

西方圣人垂法详悉，有大善利，不可非也，于幻化中明一切空，不执为有，虽贤愚异贯，皆见其空矣，于虚空中立一切法，不落于空，深智之士信知其法妙矣，终使人离空有二边之见，出轮环大苦，其理如此，其能仁也何如哉！不达之人若以世间法比方致诘，何可与之论议哉！（《法藏碎金录》卷一）

可见三教虽可并立，但是儒学只是名器层面的学说，不如佛教理论究竟。在佛教看来，儒家所执为实有的一切事物，本都是幻化，本都是空，儒学虽然有自己的思想体系，但是并没有"穷尽理性"，穷尽理性的是佛教的"真空妙有"。所以三教并立，归结到底，还是佛教独尊。

稍早于北宋五子的高僧契嵩（1007—1072年），在上宋仁宗的《万言书上仁宗皇帝》中更加细致地比较了儒家和佛教的异同：

"夫子之言性与天道，不可得而闻也。"今试较之，亦幸陛下垂之学者。若《中庸》曰"自诚明谓之性，自明诚谓之教"，是岂不与经所谓"实性一相"者似乎？《中庸》但道其诚，未始尽其所以诚也。及乎佛氏演其所以诚者，则所谓弥法界、遍万有，形天地、幽鬼神而常示，而天地鬼神不见所以者。此言其大略耳。……又曰："惟天下至诚能尽其性，能尽其性则能尽人之性，尽人之性则尽物之性"，以至"与天地参耳"。是盖明乎天、地、人、物其性通也，岂不与佛教所谓"万物同一真性"者似乎？《中庸》虽谓其大同，而未发其所以同也，及佛氏推其所以同，则谓万物其本皆一清净，及其染之，遂成人也物也，乃与圣人者差异。此所谓同而异，异而同者也。……其又曰："至诚无息，不息则久，久则征，征则悠远"，以至"悠久所以成物。博厚配地，高明配天，悠久无疆。如此者不见而章，不动而变，无为而成，天地之道可一言而尽矣"。岂不与佛所谓"法界常住，不增不减"者似乎？《中庸》其意尚谦，未逾其天地者也。及佛氏所论法界者，谓其广大灵明而包裹乎十方者也。其谓博厚、高明，岂止与天地相配而已矣？经曰：不知色身，外洎山河大地虚空，咸是妙明真心中物。岂不然乎？而孔子未发之者，盖尊天地而欲行其教也。其所谓悠久所以成物，是亦可求其包含之意耳。其又曰："其为物不贰，则其生物不测。天地之道，博也，厚也，高也，明也，悠也，久也。今夫天，斯昭昭之多，及其无穷也，日月星辰系焉，万物覆焉"，以至"夫地一撮土之多"云云者，是岂不与佛教所谓"世界之始，乃有光明风轮先色界天，其后有安住风轮，成乎天地"者似乎？《中庸》虽尊其所以生，而未见其所以生也。及佛氏谓乎天地山河之所以生者，其本由夫群生心识之所以变，乃生此诸有为之相耳。此儒佛不可相非。又益明矣。①

契嵩从四个方面详细比较了以《中庸》为代表的儒家天道观和佛教相关理论。契嵩认为，《中庸》所言的"诚"，类似佛教的"实性一相"，但是，《中庸》之诚仅着眼于天道，而佛教之诚，则是遍法界万有皆诚；《中庸》主张天、地、人、物其性相通相同，类似佛教"万物同一真性"，但是佛教进一步揭示了"所以同"，则就是万物同一的基础在于同于"清净"之性；《中庸》论至诚为天地之道，类似于佛教"法界常住，不增不减"，但佛教更是超越天地，认为天、地、人、物皆是"妙明真心中物"；《中庸》论天地之生生，类似于佛教的世界生成理论，但是佛教更有"所以生"的理论，这就是万法皆由"心识"所变。契嵩的这种比较，一方面指出儒家天道观和佛教理论有相似之处，另一方面又认为佛教理论超越儒家思想。这种超越，体现在两个方面：第一，佛教的视野更宽阔，儒家最高论到天道，佛教则超越遍法界，万有皆论；第二，儒家只论天地之道的实然，佛教还对天道实然进行"所以然"的追问，这种追问的结果，就是万法同一清净之性，皆从心识变现而来。在契嵩的这种分析和判定之下，他最后的主张虽然是"儒佛不可相非"，但是，佛教优于儒家是很显然的。这一结论，契嵩和上述智圆以及晁迥，都是一致的。

根据以上分析，可见佛教僧人或者立足于"万法皆空"，或者立足于"万法唯心"，一方面消解了传统儒家的天命观和元气论，另一方面建立分判三教的标准，强调了佛教的存在意义，但同时也表现出佛教理论相对于儒学的优越性。如果依据佛教方面的解释和判定，儒学可谓落后，可谓局

---

① 契嵩：《万言书上仁宗皇帝》，《镡津文集》卷第八，《四部丛刊三编·集部》。

限，儒学根本就没有发现宇宙的终极真理，儒家只能在承认佛教真理的前提下，通过在"治世"方面的长处来获得一定的生存空间。这种看法，正统儒者是不能容忍和接受的，在佛教的严重冲击下，富于使命感的儒者必然要挺身而起，从各个方面振兴儒学。事实上，唐代的韩愈、李翱就是这样的儒者，北宋前中期的石介、欧阳修和李觏，也是这样的儒者，但前面我们已经谈到，儒学真正的复兴，在于其理论创新的成功，在于和佛教理论对等层面的理论建构的成功。在一定程度上，就唐代韩愈、李翱以及北宋前中期的石介、欧阳修和李觏而言，他们应对佛教之方和理论创新都存在一定的问题，我们在下面进行详细分析。

二 北宋五子以前儒家对佛教挑战的应对

（一）韩愈、李翱的应对

在《原道》中，韩愈一方面对儒家价值观进行宣扬和论证，一方面对佛老思想进行批判。韩愈主要从三个角度来加以阐述：第一，总结和说明儒家价值观的核心观念："博爱之谓仁，行而宜之之谓义，由是而之焉之谓道，足乎己无待于外之谓德。"同时强调儒家的道、德就是以仁义为内容的道和德，"凡吾所谓道德云者，合仁与义言之也，天下之公言也"，这就和佛老去仁义而言的道、德有了区别。第二，从文化传统和社会层面上论证儒家价值观的正确，批判佛老的荒谬。他说：

> 古之为民者四，今之为民者六。古之教者处其一，今之教者处其三。农之家一，而食粟之家六。工之家一，而用器之家六。贾之家一，而资焉之家六。奈之何民不穷且盗也？古之时，人之害多矣。有圣人者立，然后教之以相生相养之道。为之君，为之师，驱其虫蛇禽兽而处之中土。寒然后为之衣，饥然后为之食。木处而颠，土处而病也，然后为之宫室。为之工以赡其器用，为之贾以通其有无，为之医药以济其夭死，为之葬埋祭祀以长其恩爱，为之礼以次其先后，为之乐以宣其湮郁，为之政以率其怠倦，为之刑以锄其强梗。相欺也，为之符玺、斗斛、权衡以信之。相夺也，为之城郭甲兵以守之。害至而为之备，患生而为之防。今其言曰："圣人不死，大盗不止。剖斗折衡，而民不争。"呜呼！其亦不思而已矣！如古之无圣人，人之类灭久矣。何也？无羽毛鳞介以居寒热也，无爪牙以争食也。是故君者，出令者也；臣者，行君之令而致之民者也；民者，出粟米麻丝、作器皿，通货财以事其上者也。君不出令，则失其所以为君；臣不行君之

令而致之民，则失其所以为臣；民不出粟米麻丝，作器皿，通货财，以事其上，则诛。今其法曰：必弃而君臣，去而父子，禁而相生相养之道，以求其所谓清净，寂灭者。……帝之与王，其号虽殊，其所以为圣一也。夏葛而冬裘，渴饮而饥食，其事虽殊，其所以为智一也。今其言曰："曷不为太古之无事？"是亦责冬之裘者曰："曷不为葛之之易也？"责饥之食者曰："曷不为饮之之易也？"传曰："古之欲明明德于天下者，先治其国；欲治其国者，先齐其家；欲齐其家者，先修其身；欲修其身者，先正其心；欲正其心者，先诚其意。"然则古之所谓正心而诚意者，将以有为也。今也欲治其心，而外天下国家，灭其天常，子焉而不父其父，臣焉而不君其君，民焉而不事其事。孔子之作《春秋》也，诸侯用夷礼，则夷之；进于中国，则中国之。经曰："夷狄之有君，不如诸夏之亡。"《诗》曰："戎狄是膺，荆舒是惩。"今也，举夷狄之法，而加之先王之教之上，几何其不胥而为夷也？①

韩愈首先指出新出现的佛老对社会财富的消耗，再次则突出强调古代圣人依据儒家价值体系和社会政治思想治理社会、推动社会发展的必然性，同时说明佛老社会政治思想对社会的破坏性；最后，进一步说明儒家价值观的丰富内容，同时编排一个儒家的"道统"，以说明儒家学说的源远流长：

夫所谓先王之教者，何也？博爱之谓仁，行而宜之之谓义，由是而之焉之谓道，足乎己无待于外之谓德。其文，《诗》、《书》、《易》、《春秋》；其法，礼、乐、刑、政；其民，士、农、工、贾；其位，君臣、父子、师友、宾主、昆弟、夫妇；其服，麻、丝；其居，宫、室；其食，粟米、果蔬、鱼肉。其为道易明，而其为教易行也。是故以之为己，则顺而祥；以之为人，则爱而公；以之为心，则和而平；以之为天下国家，无所处而不当。是故生则得其情，死则尽其常。郊焉而天神假，庙焉而人鬼飨。曰："斯道也，何道也？"曰："斯吾所谓道也，非向所谓老与佛之道也。尧以是传之舜，舜以是传之禹，禹以是传之汤，汤以是传之文武周公，文武周公传之孔子，孔子传之孟轲；轲之死，不得其传焉。荀与扬也，择焉而不精，语焉而不详。由

---

① 韩愈：《原道》，《朱文公校昌黎先生集》卷之十一，《四部丛刊初编·集部》。

周公而上，上而为君，故其事行；由周公而下，下而为臣，故其说长。"（《原道》，《朱文公校昌黎先生集》卷之十一）

经过这三个角度的论述，韩愈认为，儒家价值观是合理的，具有必然性，而佛老学说都是荒谬的。

韩愈在唐代佛教盛行的状况下，应对佛教的挑战，彰显儒家价值观，表现出一个儒者的时代使命感，也表现出儒者对社会政治和民生的关注。但是韩愈的理论应对是否成功，却值得商榷。在前面我们已经看到，佛教对儒家挑战的关键，是佛教的"万法皆空"和"万法唯心"的思想，消解了传统儒家以天命观和元气论为内容的天道观，而儒家的价值观，以及社会政治思想等观念，都是建立在天道观基础之上的，没有了坚实的天道观，儒家的信仰基础和对宇宙的认识就成了问题，儒家的价值观和对社会政治思想就被动摇了。所以，儒者如果想要真正地振兴儒学，就必须思考如何巩固儒家价值观和社会政治思想的基础的问题。但是我们看到，韩愈的《原道》根本没有触及儒家价值观的天道观基础，韩愈开篇即强调"仁""义"，而对"道"的论述，仅仅是指依"仁""义"而行，如果天道观存在问题，万法皆空，万法唯心，"仁""义"又何以必要，何以必然？又何以成为终极的价值呢？韩愈对"仁""义"的反思只停留在社会实然层面上，通过对社会生产活动过程进行分析强调儒家价值观的必要性，通过对社会历史的描述强调儒家之道的成功，但是，佛教如果把"万法皆空"和"万法唯心"贯彻到底，那么，立足于社会实然层面的任何分析和反驳都可以被消解，这时，儒家价值观还有何必然性呢？这说明，应对佛教挑战，仅仅把理论基础建立在实然的层面上是不够的。但对问题的反思停留在实然层面上是韩愈的特点，韩愈对"性""情"的分析也表现出这一点。韩愈说："性也者，与生俱生也；情也者，接于物而生也。"（《原性》，《朱文公校昌黎先生集》卷之十一）此处对"性"的规定，是人之与生俱来、当下所有者，对"情"的规定，是当下生活中人接触事物所生者，"性"和"情"都是就现实生活的实然状态而进行描述。因为仅仅强调了实然，所以韩愈以"性三品"而反对孟子"性善论"也是必然的结果，因为现实生活中的人群，的确有善人，有恶人，有时善时恶的人。总而言之，韩愈从实然层面上论证儒家价值观，应对佛老挑战，虽有其历史意义，但并不成功。

与韩愈同时的李翱，其所著《复性书》在一定意义上也是试图通过理论建构来振兴儒学。在《复性书》中，李翱围绕着"复性"主要论述了四个方面的问题:第一,强调了"性"是人之成圣的内在根据。第二,分析了性与情的特征与关系,指出情昏性明,但是终究来说,情乃性所生,性必然发之为情。第三,性虽然必然发之为情,但是人不觉则溺于情之昏,人如果想成圣成贤,必须超越情之昏乱,必须"复性"。"复性"的方法包括循序渐进的两个步骤:首先是"斋戒其心"①,即保持心无思无虑,不生昏乱之情的状态,这种状态偏重于"静";其次是超越"斋戒其心"的至诚明照,"动静皆离,寂然不动"(《复性书》中,《李文公集》卷第二),这是保持心之自由明觉,自然感通万物,而不落有无动静的状态。第四,说明了"复性"后的圣人境界,"寂然不动,广大清明,照乎天地,感而遂通天下之故,行止语默,无不处于极也"(《复性书》上,《李文公集》卷第二),"物至之时,其心昭昭然明辨焉而不应于物者,是致知也,是知之至也。知至故意诚,意诚故心正,心正故身修,身修而家齐,家齐而国理,国理而天下平。此所以能参天地者也"(《复性书》中,《李文公集》卷第二)。李翱的《复性书》具有重要的历史意义。在韩愈的理论建构中,虽然宣扬了儒家价值观,但是儒者的修养仅仅是依照道德规范平铺去行,这种道德践履能不能保证任何一个儒者成为圣贤,是很难说的,而且韩愈对性情的分析,也仅仅停留在实然层面上的分类。但是李翱则从强调性是人成圣的内在根据入手,说明通过一定的修养方法,最终成圣成贤,达到与天地参的境界,表现出一个儒者对成圣的根据以及如何凭依此根据而成为现实圣贤的深刻思索。在一定程度上,李翱已经在超越实然层面的视野中对儒学进行反思。但是,李翱的这一理论努力是不是成功的呢?

事实上,在李翱的思想中,并没有严谨地思考、重塑儒家的天道观。李翱通过突出"性",来分析性与情的关系,来呈现人与物的关系:"复性",则妄情自消,人得以成圣成贤;"复性",则其心明照,"物至之时,其心昭昭然明辨焉而不应于物者,是致知也,是知之至也。知至故意诚,意诚故心正,心正故身修,身修而家齐,家齐而国理,国理而天下平。此所以能参天地者也"(《复性书》中,《李文公集》卷第二),这是说"复性"之后人能够"知周万物"。根据这种性与情的关系,以及"性"视野下的人与物的关系,似乎"性"既是人的本体,也是万物的本体,那么如果李翱真的以"性"为核心概念,而不论天道观也是可以的,从理论上来说也是可以自圆其说的,但是,这就有陷入佛教"万法唯心"思想的危

---

① 李翱:《复性书》中,《李文公集》卷第二,《四部丛刊初编·集部》。

险，所以李翱又认为"性者，天之命也"(《复性书》上，《李文公集》卷第二)，这就又说明，李翱并没有认为性就是万物的本体，他还只是从修养论的视野中强调了性的意义，性本身来源于天，李翱还是以天道观为基础来论述性的。那么如此一来，李翱就面临和韩愈一样的问题，需要超越实然的层面，论证儒家天道观的必然性、真理性。那么作为性的根源的天又是什么意义呢？是不是人和万物的本体呢？李翱并没有进一步加以说明，很可能在他的思想中，天还是传统意义上神秘天命观的天，李翱在传统意义下直接承认这一点，所以没必要加以诠释。李翱在《复性书》中还提到"道"，但是"道"在李翱的视域中，比较偏重价值理想和"行"的意义："子思仲尼之孙，得其祖之道，述《中庸》四十七篇，以传于孟轲。轲曰'我四十不动心'，轲之门人达者公孙丑、万章之徒，盖传之矣。遭秦灭书，《中庸》之不焚者一篇存焉。于是此道废缺，其教授者，惟节行文章、章句、威仪、击剑之术相师焉，性命之源，则吾弗能知其所传矣。"(《复性书》上，《李文公集》卷第二)这是把"道"理解为一种价值理想。"率，循也，循其源而反其性者，道也。"(《复性书》中，《李文公集》卷第二)这里的"道"显然是指"复性"的行为和过程，而并不是天地万物的本体。所以总的来说，李翱没有在超越实然层面的视野中，对宇宙的本体加以探索，他只是发掘人之成圣的内在根据，这根据就是性，至于性是不是宇宙的本体，宇宙的本体是什么，他并没有加以深入的探讨。也可以说，他的论域根本就没有涉及这一问题，他只是在传统论域的基础上，突破了"性论"。这也证明，李翱虽然从自己的立场上彰显了人成圣的内在根据，但他的理论创新并不是完整的，他没有在超越实然的层面上论述儒家天道观，他没有自己的本体论，他的理论体系在佛教的挑战之下，依旧是站不住脚的，因为，佛教已经消解了传统儒家的天命观和宇宙论。事实上，李翱"复性说"本身就受到了佛教的影响，《复性书》中对"性"和"心"没有严格厘清，容易落入"万法唯心"的陷阱，而李翱对"觉"和"明照"的多次强调，本身又体现了浓郁的佛教色彩。因此，严格来说，李翱的"性论"是突兀而起，虽然有很大的价值，甚至影响了后来的宋明理学，但它在李翱的整个视域中，是无源之水，无基之屋。所以李翱应对佛教的努力也并不成功，他的理论还需要进一步发展。

(二) 北宋前期石介、欧阳修和李觏的应对

韩愈和李翱，都是从生活实然层面上、从社会政治层面上反佛，这种反佛对佛教界的影响，只是造成了佛教界的某种理论转化，这就是佛教高僧倾向于主张儒佛并立，或者合流，而不必相非，从而来争取统治阶级的

支持，来争取佛教的生存空间。但是，佛教高僧所主张的儒佛并立或合流的理论基础，本质上是用佛教来统摄儒学，以佛学为本，以儒学为末，所以形式上是儒佛并立或合流，事实上是化儒学为佛学，这对儒学依然构成了一种严重的挑战。所以北宋的儒者同样面对振兴儒学对抗佛老的时代任务。下面，我们就对北宋前期著名反佛儒者的思想进行分析。

北宋前期较为著名的反佛儒者，有石介、欧阳修和李觏，三人都从自己的角度分析了佛教在中国的流行状况，也提出了自己的应对之方。石介著有《怪说》，其中，石介认为佛教在中国盛行实属"可怪"之事。石介说：

> 三才位焉，各有常道，反厥常道，则谓之怪矣。夫三光代明，四时代经，天之常道也。日月为薄蚀，五星为彗孛，可怪也。夫五岳安焉，四渎流焉，地之常道也。山为之崩，川为之竭，可怪也。夫君南面臣北面，君臣之道也；父坐子立，父子之道也。而臣抗于君，子敌于父，可怪也。夫中国，圣人之所常治也，四民之所常居也，衣冠之所常聚也，而髡发左衽，不士不农，不工不商，为夷者半中国，可怪也。夫中国，道德之所治也，礼乐之所施也，五常之所被也，而汗漫不经之教行焉，妖诞幻惑之说满焉，可怪也。夫天子七庙，诸侯五庙，大夫三庙，庶人祭于寝，所以不忘孝也，而忘而祖，废而祭，去事远裔之鬼，可怪也。夫法施于民则祀之，以死勤事则祀之，以劳定国则祀之，能御大灾则祀之，能捍大患则祀之，弃殖百谷祀以为稷后土，能平九州祀以为社，帝喾尧舜禹汤文武有功烈于民者，及夫日月星辰民所瞻仰也，山林川谷丘陵民所取财也，非此族也，不在祀典。而老观佛寺遍满天下，可怪也。人君见一日蚀，一星缩，一风雨不调顺，一草木不生殖，则能知其为天地之怪也，乃避寝减膳，彻乐恐惧，责己修德，以禳除焉。彼其灭君臣之道，绝父子之亲，弃道德，悖礼乐，裂五常，迁四民之常居，毁中国之衣冠，去祖宗而祀远裔，汗漫不经之教行，妖诞幻惑之说满，则反不知其为怪，既不能禳除之，又崇奉焉。时又见一狐媚，一鹊噪，一枭鸣，一雉入，则能知其为人之怪也，乃启咒祈祭以厌胜焉，彼其孙其子其父其母，忘而祖宗，去而父母，离而常业，裂而常服，习夷教，祀夷鬼，则反不知其怪，既厌胜之，又尊异焉，愈可怪也。甚矣，中国之多怪也。人不为怪者几少矣。噫！一日蚀，一星缩，则天为之不明，一山崩，一川竭，则地为之不宁。释老之为怪也千有余年矣，中国蠹坏亦千有余年

矣，不知更千余年，释老之为怪也如何，中国之蠹怀也如何，尧舜禹汤文武周公孔子不生吁？①

石介认为，日月五星的运行如果出现异常，属于可怪之事，山川五岳如果崩竭，属于可怪之事，君臣父子之礼如果出现混乱，也是可怪之事，而佛老二教在中国的盛行，和以上可怪之事同类，都是与常道相悖的。在石介眼中，常道包括天地人三才之道，天地运行变化有其客观规律，这是天地之常道，人道之常则就是传统儒家的礼乐文明，佛老的价值规范和行为规范不同于儒家价值观和礼仪，但却在中国盛行，所以是可怪之事。但是，为什么儒家之道德、礼乐、三纲五常就是常道，佛老之价值规范和行为规范就不是常道，石介并没有进一步说明和论证。石介只是认为，中国有中国的传统价值观，有中国的传统制度，有中国的各种礼仪规范，这就是中国的人道之常，凡与此相悖的价值观、制度和礼仪规范，就是怪乱之事，就需要反对，所以石介最后主张："各人其人，各俗其俗，各教其教，各礼其礼，各衣服其衣服，各居庐其居庐，四夷处四夷，中国处中国，各不相乱，如斯而已矣，则中国中国也，四夷四夷也。"② 可见，石介反对佛老，在很大程度上只是发挥了韩愈一部分的观念，石介视儒家价值观为常道，但并没有进一步论证，这一点，还不如韩愈《原道》试图直接论证儒家价值观的必然性。

欧阳修在《本论》中，较为详细地分析了佛教之所以在中国盛行的原因和应对之方：

> 佛法为中国患千余岁，世之卓然不惑而有力者，莫不欲去之。已尝去矣，而复大集，攻之暂破而愈坚，扑之未灭而愈炽，遂至于无可奈何。是果不可去邪？盖亦未知其方也。
>
> 夫医者之于疾也，必推其病之所自来，而治其受病之处。病之中人，乘乎气虚而入焉。则善医者，不攻其疾，而务养其气，气实则病去，此自然之效也。故救天下之患者，亦必推其患之所自来，而治其受患之处。佛为夷狄，去中国最远，而有佛固已久矣。尧、舜、三代之际，王政修明，礼仪之教充于天下，于此之时，虽有佛无由而入。及三代衰，王政阙，礼义废，后二百余年而佛至乎中国。由是言之，

---

① 石介：《怪说》上，《徂徕集》卷五，文渊阁《四库全书》本。
② 石介：《中国论》，《徂徕集》卷十，文渊阁《四库全书》本。

佛所以为吾患者，乘其阙废之时而来，此其受患之本也。补其阙，修其废，使王政明而礼仪充，则虽有佛无所施于吾民矣，此亦自然之势也。

昔尧、舜、三代之为政，设为井田之法，籍天下之人，计其口而皆授之田，凡人之力能胜耕者，莫不有田而耕之，敛以什一，差其征赋，以督其不勤。使天下之人，力皆尽于南亩，而不暇乎其他。然又惧其劳且怠而入于邪僻也，于是为制牲牢酒醴以养其体，弦匏俎豆以悦其耳目。于其不耕休力之时，而教之以礼。故因其田猎而为蒐狩之礼，因其嫁娶而为婚姻之礼，因其死葬而为丧祭之礼，因其饮食群聚而为乡射之礼。非徒以防其乱，又因而教之，使知尊卑长幼，凡人之大伦也。故凡养生送死之道，皆因其欲而为之制。饰之物采而文焉，所以悦之，使其易趣也。顺其情性而节焉，所以防之，使其不过也。然犹惧其未也，又为立学以讲明之。故上自天子之郊，下至乡党，莫不有学，择民之聪明者而习焉，使相告语而诱劝其愚惰。呜呼！何其备也。盖尧、舜、三代之为政如此，其虑民之意甚精，治民之具甚备，防民之术甚周，诱民之道甚笃。行之以勤而被于物者洽，浸之以渐而入于人者深。故民之生也，不用力乎南亩，则从事于礼乐之际，不在其家，则在乎庠序之间。耳闻目见，无非仁义礼乐而趣之，不知其倦。终身不见异物，又奚暇夫外慕哉？故曰虽有佛无由而入者，谓有此具也。

及周之衰，秦并天下，尽去三代之法，而王道中绝。后之有天下者，不能勉强，其为治之具不备，防民之渐不周。佛于此时，乘间而入。千有余岁之间，佛之来者日益众，吾之所为者日益坏。井田最先废，而兼并游惰之奸起，其后所谓蒐狩、婚姻、丧祭、乡射之礼，凡所以教民之具，相次而尽废。然后民之奸者，有暇而为他；其良者，泯然不见礼义之及己。夫奸民有余力，则思为邪僻；良民不见礼义，则莫知所趣。佛于此时，乘其隙，方鼓其雄诞之说而牵之，则民不得不从而归矣。又况王公大人往往倡而驱之曰：佛是真可归依者。然则吾民何疑而不归焉？幸而有一不惑者，方艴然而怒曰：佛何为者，吾将操戈而逐之！又曰：吾将有说以排之！夫千岁之患遍于天下，岂一人一日之可为？民之沈酣入于骨髓，非口舌之可胜。

然则将奈何？曰：莫若修其本以胜之。昔战国之时，杨、墨交乱，孟子患之而专言仁义，故仁义之说胜，则杨、墨之学废。汉之时，百家并兴，董生患之而退修孔氏，故孔氏之道明而百家息。此所谓修其本以胜之之效也。今八尺之夫，被甲荷戟，勇盖三军，然而见佛则拜，闻佛之说则有畏慕之诚者，何也？彼诚壮佼，其中心茫然无所守而然也。一介之士，眇然柔懦，进趋畏怯，然而闻有道佛者则义形于色，非徒不为之屈，又欲驱而绝之者，何也？彼无他焉，学问明而礼义熟，中心有所守以胜之也。然则礼义者，胜佛之本也。今一介之士知礼义者，尚能不为之屈，使天下皆知礼义，则胜之矣。此自然之势也。①

欧阳修认为，佛教之所以能够在中国"为患"千余年，正如病人之所以得病乃是自身气虚而邪入，中国也是因为自身出了问题才导致佛教的盛行，这问题主要就是随着社会政治、经济和文化状况的混乱无序，民之奸猾者开始了"邪僻"之思，而普通人民又因为没有礼仪的教化和熏陶，无所适从，最终必然被佛教夸诞之说所牵引。所以，对症下药，中国就需要首先加强自身社会的政治、经济和文化建设。欧阳修认为具体方法就是：第一，用生产劳动占据普通人民的大部分生活，使其没有时间来心有旁骛；第二，宣扬各种传统礼仪，使人民行之有轨；第三，"立学"以加强普通人民对于礼乐的学习，使人民沉浸在儒家礼乐文化的环境中。欧阳修应对佛教挑战的特点，是从社会层面入手。韩愈看到了社会层面上佛教的危害，一方面宣扬儒家价值观，另一方面试图运用强制手段反佛排佛，欧阳修则试图从加强自身政治、经济和文化建设入手来自然而然地达到排佛的目的，这种从社会层面上观察思考佛教的视角，基本上和韩愈一致，但是韩愈著《原道》，试图通过对儒家价值观的反思来为儒家价值观寻找坚固的基石，这则是欧阳修所无法比拟的，所以，总体来说欧阳修对佛教的挑战并没有超过韩愈。

与欧阳修基本同时的还有大儒李觏，他在当时也积极地反佛，并且李觏在观点上有和欧阳修一致的地方。李觏说：

儒失其守，教化坠于地。凡所以修身正心，养生送死，举无其柄。天下之人若饥渴之于饮食，苟得而已。当是时也，释之徒以其道鼓行之，焉往而不利？无思无为之义晦而心法胜，积善积恶之诚泯而因缘作。空假中则道器之云，戒定慧则明诚之别，至于虞祔练祥，春

---

① 欧阳修著，李逸安点校：《本论》中，《欧阳修全集》卷十七，中华书局2001年版，第288—290页。

秋祭祀之仪不竞，则七日三年，地狱劫化之辩，亦随而进，蕃衍光大，系此之由。①

民之欲善，盖其天性。古之儒者用于世，必有以教导之。民之耳目鼻口心知百体皆有所主，其于异端何暇及哉？后之儒者用于世，则无以教导之，民之耳目鼻口心知百体皆无所主，将舍浮屠何适哉？②

欧阳修认为佛教盛行中国的原因在于中国自身政治、经济和文化建设出现了问题，而李觏认为，一方面，"儒失其守，教化坠于地"；另一方面，老百姓需要物质生活和精神生活，"耳目口鼻心知"需要有所主，这种情况最终导致了佛教乘虚而入。显然，李觏的这种观点和欧阳修的观点基本相同。

韩愈在《原道》中从社会经济和文化的层面说明佛教之害，儒学之利，李觏也发挥了韩愈的这种论证方式，进一步说明了佛教盛行带来的十种害处，以及取缔佛教可以带来的十种好处。李觏说：

缁黄存则其害有十，缁黄去则其利有十。男不知耕而农夫食之，女不知蚕而织妇衣之，其害一也。男则旷，女则怨，上感阴阳，下长淫滥，其害二也。幼不为黄，长不为丁，坐逃繇役，弗给公上，其害三也。俗不患贫而患不施，不患恶而患不斋，民财以殚，国用以耗，其害四也。诱人子弟，以披以削，亲老莫养，家贫莫救，其害五也。不易之田，树艺之圃，大山泽薮，跨据略尽，其害六也。营缮之功，岁月弗已，驱我贫民，夺我农时，其害七也。材木瓦石，兼收并采，市价腾踊，民无室庐，其害八也。门堂之饰，器用之华，刻画丹漆，末作以炽，其害九也。惰农之子，避吏之猾，以佣以役，所至如归，其害十也。

果去之，则男可使耕，而农夫不辍食矣；女可使蚕，而织妇不辍衣矣，其利一也。男则有室，女则有家，和气以臻，风俗以正，其利二也。户有增口，籍有增丁，繇役乃均，民力不困，其利三也。财无所施，食无所斋，民有羡余，国以充实，其利四也。父保其子，兄保其弟，冠焉带焉，没齿弗去，其利五也。土田之直，有助经费，山泽

---

① 李觏：《建昌军景德寺重修大殿并造弥陀阁记》，《李觏集》卷第二十四，中华书局1981年版，第260—261页。
② 李觏：《答黄著作书》，《李觏集》卷第二十八，第322页。

之富，一归衡虞，其利六也。营缮之劳，悉已禁止，不驱贫民，不夺农时，其利七也。良材密石，亦既无用，民得筑盖，官得缮完，其利八也。淫巧之工，无所措手，弃末反本，尽缘南亩，其利九也。宫毁寺坏，不佣不役，惰者猾者，靡所逋逃，其利十也。

去十害而取十利，民人乐业，国家富强，万世之策也，何惮而不为哉？①

韩愈说明佛教之害和儒家之利，是从社会实然层面上加以描述的，李觏这里的论证，和韩愈如出一辙，只不过比韩愈的论说更加详细而已。

总的来说，李觏认为，儒家价值观是"教之本"，"礼职于儒，儒微而礼不宗，故释老夺之。孝子念亲必归于寺观，而宗庙不迹矣。夫祭祀，岂徒自尽其心以交神明而已。盖有君臣、父子、夫妇、亲疏、长幼、贵贱、上下、爵赏、政事之义，是谓教之本也。彼寺观何义哉？呜呼！释老不存，则寺观不屋，非宗庙何适？儒之强则礼可复，虽释老其若我何？"② 但是儒家思想为什么就是"教之本"？为什么相比于佛老就更具有优越性？李觏和石介、欧阳修一样，都只是从社会实然层面上加以说明，而没有进一步的理论拓展。

综上所述，从唐代韩愈和李翱，北宋五子稍前的石介、欧阳修和李觏面对佛教的挑战来看，他们都关注到了佛教从政治、经济和文化上对中国的冲击，他们的应对，也主要是从政治、经济和文化上加以回应，但是严格来说，佛教的冲击主要是文化层面，因为在中国传统社会，佛教界没有自己的政治力量，虽有一定的经济力量，但此种经济力量也是服从于皇权的，统治阶级对佛教的厌恶与喜好，直接影响着佛教的凋敝和繁盛，所以佛教并不能够对中国传统社会的政治和经济构成根本性的冲击，这也是历朝历代都有大儒举起反佛和排佛的旗帜，但是佛教始终盛行，即使暂时被取缔，不久也会复苏的根本原因。佛教对中国传统社会真正的影响，表现在文化上，而这种影响对于儒家来说，则构成了一种理论挑战，那么如何从文化上对佛教的挑战加以应对，才是正统儒者需要解决的根本问题。韩愈一方面试图以行政手段限制佛教的发展，另一方面试图建构新的儒学理论，以应对佛教的挑战。但是韩愈的理论建构，只是立足于实然层面而论证儒家价值观的必然性和必要性，而没有站在天道观的高度上，站在本体

---

① 李觏：《富国策》第五，《李觏集》卷第十六，第141页。
② 李觏：《孝原》，《李觏集》卷第二十二，第246页。

论的高度上论证儒家价值观的必然性和必要性；而李翱对"性"的突出，似乎超越了实然的层面，但是李翱并不是性本论，他的思想依然包含在传统天道观的视野中，但是传统天道观已经被佛教的空观和唯心论所消解，所以李翱的思想最终也停留在实然的层面上，依然无法有效应对佛教挑战。北宋高僧契嵩非常敏锐地发现了韩愈儒学理论的问题，他对韩愈理论建构的努力嘲笑道：

  韩子何其未知，夫善有本而事有要也，规规滞迹不究乎圣人之道奥耶。韩氏其说数端，大率推乎人伦天常与儒治世之法，而欲必破佛乘道教，嗟夫！韩子徒守人伦之近事，而不见乎人生之远理，岂暗内而循外欤？（《非韩上》，《镡津文集》卷第十四）

  韩子议论拘且浅，不及儒之至道可辩。予始见其目曰"原道"，徐视其所谓"仁与义为定名，道与德为虚位"，考其意，正以仁义人事必有，乃曰"仁与义为定名"，道德本无，缘仁处致尔，乃曰"道与德为虚位"，此说特韩子思之不精也。……夫道、德、仁、义，四者乃圣人立教之大端也。其先后次第有义有理，安可改易？虽道德之小者，如道谓才艺，德谓行善，亦道德处其先。彼曰"仁义之道"者，彼且散说，取其语便道或次下耳。自古未始有四者连出而道德处其后也。……道先开通。释曰开通，即《系辞》云"开物成务"，又曰"通天下之志"是也。由开通方得其理，故德次之。得理为善，以思爱惠物，而仁次之。既仁且爱，必裁断合宜，而义又次之。道、德、仁、义，相因而有之，其本末义理如此。（《非韩上》，《镡津文集》卷第十四）

契嵩作为站在儒家对立面的一个僧人，对韩愈的批评可谓一针见血。仁义是价值观，但价值观是有前提有基础的，这一前提和基础，就是"道"。儒者如果要应对佛教理论的挑战，必须要超越实然层面，超越直接宣扬价值观，而从道的高度论证儒学的必要性和必然性。但是，传统儒家的天道观，包含天命观和元气论，已经被佛教的"万法皆空"和"万法唯心"所消解，那么儒家如果想复兴，就必须再开拓出一条新的道路，这条道路就是本体论的进路。儒学本体论把宇宙分成本体和现象两个不相分离但却有区别的层面，本体是形上的，现象是形下的，本体是应然的，现象是实然的，本体即在现象之中发挥着存在根据的作用，现象因为有本体而不是无意义的"无"或"空"。在儒学本体论的视野下，儒者通过证明作为本体之道的必然性和实在性，来论证实然的现象世界的实在性，同时也推论出儒家价值观的实在性和必然性。所以从本体论的高度强调儒家之道对于儒学复兴是至关重要的。此一历史任务就是由北宋五子完成的。

第三节　北宋儒学复兴中的邵雍

北宋五子从各自的角度出发建构的新儒学体系，代表了北宋儒学复兴的完成，代表了应对佛老思想挑战的成功。北宋五子的理论建构之所以能够成功，在于他们都是从本体论的高度，论证儒家之道的实在性，论证儒者生存世界的实在性，论证儒家价值观的实在性，从而既超越了唐代以来大儒只是从形下的实然层面上强调儒家学说的价值和意义，又有效应对了佛老空无思想的挑战。

在本节中，我们首先说明北宋儒学复兴的思想主题，其次对邵雍的生平、著作以及其在北宋儒学复兴中的贡献作一简单介绍，最后对本部分的研究方法、任务和意义进行说明。

一　北宋儒学复兴的思想主题

北宋儒学复兴是中国历史、中国儒学史和中国思想史上的伟大事件，从魏晋以来，中国思想文化界和中国社会开始受到道家道教和佛教的强烈影响和冲击，自汉武帝"罢黜百家，独尊儒术"政策举措所促成的儒学官方意识形态的地位也受到了巨大的挑战。士人们儒释老思想杂糅，佞佛、佞道之风盛行，这一方面导致了佛道二教，尤其是佛教在传统社会经济格局中占有过高的比重，影响了传统社会的正常经济生活，另一方面，严重挑战了儒家的主流地位，强烈刺激了具有维护儒家正统地位意识的儒者的自尊。另外，唐末、五代十国以来，社会道德风气的败坏、社会政治秩序的严重破坏，导致了社会各个方面都是百废待兴，都需要重建。在这种情况下，在宋朝立国以后，社会必然呼唤更适合于社会政治、经济和文化建设的儒学的复兴。

儒学复兴是一项系统的工程。它首先需要儒学理论创新之外的社会条件。就社会条件而言，政治的安定，经济的发展，统治集团对于思想文化发展的重视，都是不可或缺的。北宋建国以来，政治趋于安定，经济逐渐繁荣，再加上统治者对儒者和文士的青睐，也体现了统治集团对思想文化发展的重视。另外，北宋科举制的实行，门阀士族的消亡，使得平民知识分子可以普遍进入政治领域，有了参政空间，有了自我实现的场所，因而知识分子群体意识增加，使命感唤醒，提供了儒学复兴的组织资源。北宋优待知识分子、提拔读书人的政治举措，也促使知识分子普遍关心国家大事，关心应对佛老挑战，关心改变道德风气，关心儒学复兴，所以儒学复兴运动自发地兴盛起来，形成了众多的学派，产生了数位大师，最为著名的就是北宋五子，终于完成了理论创新的儒学复兴使命。

北宋儒学复兴的理论核心是儒学本体论的建构，儒学本体论是本体论意义上的天道观。在儒家的视野中，天道是人事的意义基础，人事是天道的呈现。人事的实在性与意义来源于天道，天道作为儒家价值世界和生存世界的根本和依据而存在，因此，儒学从来就是天人之学。所以以本体论意义上的天道观为基础，北宋儒学所开启的宋明儒学，还表现为另外三个思想主题：心性论、修养论、境界论。心性论主要是关于天道如何贯通、呈现于人之生命的理论。在一些哲学家眼中，性即天道天理，在另外一些哲学家眼中，心即天道天理，但无论是性即天道天理还是心即天道天理，心或者性是天人贯通的关键。修养论是关于在天人一贯的前提下，如何在具体的生命中呈现天道本体的修养方法的理论；境界论则是关于在修养过程中，或证成天人合一后，儒者所呈现的生命气象或圣人境界的理论。另外，虽然北宋儒学的理论核心是本体论意义上的天道观，但在新儒学中，天道从来就不仅仅是形上的本体，而且还涉及天道的实然的大化流行，所以新儒学的天道观，既包括本体论意义的天道观，同时也包括宇宙论意义的天道观，而本体论意义上的天道观是基础，是核心，是北宋儒学获得突破而超越传统儒学的关键，但强调本体论意义上的天道观是核心，并不是说天道就不再涉及宇宙论意义上的大化流行，这是需要注意的。所以，总而言之，以北宋五子思想体系为代表的新儒学莫不涉及四个主题：（1）天道观，核心为本体论意义上的天道观，同时关涉宇宙论意义上的天道观；（2）心性论；（3）修养论；（4）境界论。[①] 这四个主题贯通了天人，以圣

---

① 我们所提出的这四个主题，参考了陈来先生和杜保瑞先生的观点。陈来先生总结宋明理学的特点为：（1）以不同方式为发源于先秦的儒家思想提供了宇宙论、本体论的论证；（2）以儒家的圣人为理想人格，以实现圣人的精神境界为人生的终极目的；（3）以儒家的仁义礼智信为根本道德原理，以不同方式论证儒家的道德原理具有内在的基础，以存天理、去人欲为道德实践的基本原则；（4）为了实现人的精神的全面发展提出并实践各种"为学工夫"即具体的修养方法，这些方法的条目主要来自《四书》及早期道学的讨论，而特别集中于心性的工夫。[参见陈来《宋明理学》（第二版），第11页。] 杜保瑞先生提出诠释宋明儒学的解释框架为："就是一个'以基本哲学问题的四方架构为体系的解释架构'。所谓的'基本哲学问题'即是哲学体系所呈现的核心理论建构问题，就中国哲学而言，这个核心理论必定是在'本体论、宇宙论、功夫论、境界论'四方架构中的某一个基本哲学问题，这是特别定位在探究宇宙人生真相及提出人生指导原理的中国哲学研究时的基本哲学问题。"（参见杜保瑞《北宋儒学·绪论》，台湾商务印书馆2005年版，第7页。）

人之天地境界为理想，又指明了具体的修养方法，可以说涵盖了北宋儒学的基本论域。北宋五子站在本体论的高度，建构了划时代的新儒学，建构了天道观、心性论、修养论和境界论贯通为一的理论体系，通过论证儒家天道本体的实在性，从而论证儒者生存世界的实在性，论证儒家价值观的实在性，最终有效地应对了佛老空无思想的挑战，恢复了儒学在传统社会中的影响，复兴了儒学在传统社会中的主流地位。

二　北宋儒学复兴中的邵雍

北宋儒学复兴是由北宋五子完成的。北宋五子从自己的角度出发，建构了各自的儒学本体论，挺立了儒家价值观，成功地应对了佛老空无思想的挑战。但在中国传统社会中，虽然邵雍和周敦颐、张载、程颢、程颐以及司马光一起被朱熹尊为"北宋六先生"，虽然邵雍和周敦颐、张载、程颢、程颐被后世尊为"北宋五子"，但是关于邵雍的争议比较大。与邵雍基本同时的二程，一方面非常佩服邵雍，说"吾接人多矣，不杂者三，张子厚、邵尧夫、司马君实"①，又说"世之信道笃而不惑异端者，洛之尧夫、秦之子厚而已"②。但是另一方面对邵雍又很有意见，说："其为人则直是无礼不恭，惟是侮玩，虽天理（小注：一作地）亦为之侮玩。如《无名公传》言'问诸天地，天地不对，弄丸余暇，时往时来'之类。"③ 到了南宋时期，邵雍及其易学得到了朱熹的大力推崇，邵雍先天易学也得以光大发扬，但是到了明末清初，著名的大儒王夫之、黄宗羲、黄宗炎、毛奇龄、胡渭以及李塨，对邵雍先天学进行了严厉的批评。那么，邵雍究竟是一个什么样的儒者呢？邵雍的易学哲学具体内容究竟是什么，具有什么学术价值，对于北宋儒学复兴有何意义呢？这是本部分所要解决的主要任务，在此我们先略而论之。

（一）邵雍生平与气象

邵雍（1011—1077年），字尧夫，与周敦颐、张载、程颢、程颐并称北宋五子。祖籍范阳，其曾祖邵令进因避战乱迁徙至衡漳，邵雍之父邵古即出生于此，邵古于邵雍少时又南移至共城，此为邵雍迁河南洛阳前邵家

---

① 程颢、程颐：《河南程氏遗书》卷第二上，《二程集》，第21页。
② 程颢、程颐：《河南程氏遗书》卷第四，《二程集》，第70页。
③ 程颢、程颐：《河南程氏遗书》卷第二上，《二程集》，第45页。

大致之足迹。① 邵雍少时自雄其才，慷慨有立功名济世之志，于书无所不读，治学刻苦异常，又经吴、楚、齐、鲁、梁、晋作四方之游，以增其见识，大其胸怀，于此可想见邵雍少时之风貌。邵雍三十岁左右，共城令李之才闻邵雍好学，主动登门以教之，先授以"物理之学"，后授以"性命之学"，邵雍从学李之才极其谨严，昼夜危坐以思，夜不就席者数年。李之才于1045年辞世，邵雍表其师之墓，曰："求于天下，得闻道之君子李公以师焉。"李之才学于穆修，穆修学于种放，种放学于陈抟，此为邵雍大致之学问渊源。邵雍于1049年移居洛阳，至1077年亦终老于洛阳，其间近三十年，而学问日益纯熟，德性日臻化境，虽一生未曾出仕，唯以著书传道、诗酒优游为务，而声名播于朝野。邵雍于熙宁十年（1077）辞世，朝廷谥曰"康节"。

邵雍行事与气象有以下几个特点。

第一，少时求学刻苦自励。如《宋史》记载："于书无所不读，始为学，即坚苦刻厉，寒不炉，暑不扇，夜不就席者数年。"② 邵雍之子邵伯温记录得更加详细：

> 祖父置家苏门山下，康节独筑室于百源之上。时李成之子挺之，东方大儒也，权共城县令，一见康节心相契，授以《大学》。康节益自克励，三年不设榻，昼夜危坐以思。写《周易》一部，贴屋壁间，日诵数十遍。闻汾州任先生者有《易》学，又往质之。挺之去为河阳

---

① 关于邵氏迁移是一个需要澄清的问题。邵氏家族和以下几个地方有关：1. 河北范阳；2. 河北衡漳；3. 河北共城；4. 河南洛阳，特别需要强调的是，以上的河北河南，是按宋代时期的行政区域划分的。在宋代，现在河南省的黄河以北的区域，基本上属于河北路，河南路是名副其实的黄河以南的一部分区域。以后随着历代政治的变迁，才形成了现在河北省河南省的区域划分。所以，宋代的衡漳，现在一部分在河北，一部分在河南；而宋代的共城，本来是属于河北路的，但现在已经成为河南的辉县。这样一来，我们可以说，以上和邵氏家族紧密相关的四个地点，其中三个是属于宋代的河北，只有洛阳属于宋代的河南，而从现在的行政区域划分来看，倒是其中三个或全部或部分属于河南，只剩下邵雍曾祖居住的范阳完全属于河北。再根据相关史料，我们可以更进一步列出这四个地方与邵氏的关系：1. 河北范阳，邵雍曾祖邵令进因军功而迁于此；2. 河北衡漳，邵雍曾祖邵令进移居于此，邵雍之父邵古出生于此；3. 河北共城，邵古于邵雍年幼之时，迁居于此；4. 河南洛阳，邵雍于38岁迁居于此，邵氏家族终成为河南人。从第三点可以基本判定，邵雍出生于河北衡漳。因为迁移共城之时，邵雍已经年幼，因此可以证明邵雍出生于衡漳而非共城。而根据《邵古墓志铭》，邵雍之父邵古出生于衡漳，因此邵雍不可能出生在范阳。综合以上的论述，可以判定邵雍与上面四个地点的关系：祖籍为范阳，出生于衡漳，成长在共城，影响以及终老在洛阳。

② 脱脱等撰：《列传第一百八十六·道学一》，《宋史》卷四百二十七，第12726页。

司户曹,康节亦从之,寓州学,贫甚,以饮食易油贮灯读书。一日有将校自京师出代者,见康节曰:"谁苦学如秀才者。"以纸百幅、笔十枝为献。康节辞而后受。①

邵雍在求学时期刻苦自励,但在成年之后又表现出了温厚坦夷的气象。

第二,成年臻于化境,气象坦夷、不露圭角。如《宋史》中记载:

雍德气粹然,望之知其贤,然不事表襮,不设防畛,群居燕笑终日,不为甚异。与人言,乐道其善而隐其恶。有就问学则答之,未尝强以语人。人无贵贱少长,一接以诚,故贤者悦其德,不贤者服其化。一时洛中人才特盛,而忠厚之风闻天下。②

雍高明英迈,迥出千古,而坦夷浑厚,不见圭角,是以清而不激,和而不流,人与交久,益尊信之。③

又如邵伯温记录:

康节先公居洛,凡交游年长者拜之,年等者与之为朋友,年少者以子弟待之,未尝少异于人,故得人之欢心。每岁春二月出,四月天渐热即止;八月出,十一月天渐寒即止。……每出,人皆倒屣迎致,虽儿童奴隶皆知尊奉。每到一家,子弟家人争具酒馔,问其所欲,不复呼姓,但名曰:"吾家先生至也。"虽闺门骨肉间事,有未决者,亦求教。康节先公以至诚为之开论,莫不悦服。十余家如康节先公所居安乐窝起屋,以待其来,谓之"行窝"。故康节先公没,乡人挽诗有云:"春风秋月嬉游处,冷落行窝十二家。"④

可见,邵雍气象温润、胸怀坦荡,与人交往无不欢悦。

第三,诗酒人生,风月情怀。邵雍善诗,被时人称为"诗狂",但是邵雍并不是为了作诗而作诗,诗只是邵雍胸间情感的自然流露,邵雍并不累于诗,亦不累于情感,所以邵雍说:"诚为能以物观物,而两不相伤者

---

① 邵伯温:《邵氏闻见录》卷十八,第 225 页。
② 脱脱等撰:《列传第一百八十六·道学一》,《宋史》卷四百二十七,第 12727 页。
③ 脱脱等撰:《列传第一百八十六·道学一》,《宋史》卷四百二十七,第 12728 页。
④ 邵伯温:《邵氏闻见录》卷二十,第 222—223 页。

焉，盖其间情累都忘去尔。所未忘者独有诗在焉，然而虽曰未忘，其实亦若忘之矣。"① 邵雍亦喜饮酒，但邵雍饮酒并不是为了酗酒，而只为在饮酒之中体会天地之氤氲，"酒涵花影满卮红，泻入天和胸臆中。最爱一般情味好，半醺时与太初同"②。邵雍的诗酒人生，本身也是其风月情怀的体现。在邵雍的人生感悟中，一花一草，皆有无边韵味：

> 月到梧桐上，风来杨柳边。院深人复静，此景共谁言。③
> 草色依稀绿，花梢隐约红。一般难道说，如醉在心中。④
> 晚步上阳堤，手携筇竹枝。静随芳草去，闲逐野云归。
> 月出松梢处，风来蘋末时。林间此光景，能有几人知。⑤

对于自己的风月情怀，邵雍自评道：

> 松桂操行，莺花文才。
> 江山气度，风月情怀。
> 借尔面貌，假尔形骸。
> 弄丸余暇，闲往闲来。(小注：丸谓太极)⑥

邵雍先天学，以太极为本体。他一方面在生命中体证太极本体，另一方面表现出浓厚的诗人气质。邵雍是中国传统社会中少有的把哲学与诗恰到好处地结合在一起的大儒。

第四，心胸开阔，富于豪气。邵雍少时即有慷慨济世之志，虽然后来随学之臻于化境而温厚坦夷，但是心胸非常宽阔，其间豪气也从未泯灭。这从邵雍对自己先天学的自认就可以看出。邵雍赋诗道：

> 这般事业人难继，此个工夫世莫传。窥牖知天乃常事，不窥牖见是知天。⑦

---

① 邵雍：《伊川击壤集·序》，《邵雍全集》第四册，第 2 页。
② 邵雍：《伊川击壤集》卷之八《寄亳州秦伯镇兵部》，《邵雍全集》第四册，第 128 页。
③ 邵雍：《伊川击壤集》卷之十二《月到梧桐上吟》，《邵雍全集》第四册，第 228 页。
④ 邵雍：《伊川击壤集》卷之十八《探春吟》，《邵雍全集》第四册，第 386 页。
⑤ 邵雍：《伊川击壤集》卷之十二《晚步吟》，《邵雍全集》第四册，第 237 页。
⑥ 邵雍：《伊川击壤集》卷之十二《自作真赞》，《邵雍全集》第四册，第 242 页。
⑦ 邵雍：《伊川击壤集》卷之十一《两犯吟》，《邵雍全集》第四册，第 225 页。

物理窥开后，人情照破间。敢言天下事，到手又何难。①
千万年之人，千万年之事，千万年之情，千万年之理，唯学之所能，坐而烂观尔。②

在中国传统儒学史中，如果拿邵雍之豪与孟子"虽千万人，吾往矣"的气概相比，可以说是有过之而无不及。朱熹也非常钦佩邵雍的学问与豪气，他在《六先生画像赞》中写道：

天挺人豪，英迈盖世。
驾风鞭霆，历览无际。
手探月窟，足蹑天根。
闲中今古，醉里乾坤。③

朱熹又说："邵子这道理，岂易及哉！他腹里有这个学，能包括宇宙，终始古今，如何不做得大？放得下？今人却恃个甚后敢如此！"又说："'日月星辰高照耀，皇王帝伯大铺舒。'可谓人豪矣！"④从邵雍的自认到朱熹的评价，朱熹真可谓知邵雍者。

最后需要提及一下，后人多以邵雍具有道教气息，这可能是因为相比于通常儒者之谨严，邵雍显得有些放旷。但是，邵雍自己赋诗道：

半百已华颜，如今更皓然。自知为士子，人讶学神仙。
风月难忘酒，云山不著钱。行年六十六，明日又添年。⑤
不佞禅伯，不诹方士。不出户庭，直际天地。⑥
一日去一日，一年添一年。饶教成大器，其那已华颠。
志意虽依旧，聪明不及前。若非心有得，亦恐学神仙。⑦

可见，在当时已经有人以为邵雍"学神仙"，但邵雍"自知为士子"

---

① 邵雍：《伊川击壤集》卷之十九《窥开吟十三首》，《邵雍全集》第四册，第390页。
② 邵雍：《伊川击壤集》卷之十八《观性吟》，《邵雍全集》第四册，第369页。
③ 朱熹：《六先生画像赞·康节先生》，《朱子全书》第24册，第4002页。
④ 黎靖德编：《朱子语类》卷第一百，第2542页。
⑤ 邵雍：《伊川击壤集》卷之十九《岁初》，《邵雍全集》第四册，第388页。
⑥ 邵雍：《伊川击壤集》卷之十四《安乐吟》，《邵雍全集》第四册，第286页。
⑦ 邵雍：《伊川击壤集》卷之十七《岁秒吟》，《邵雍全集》第四册，第358页。

而不佞佛老。邵雍如此自认的根本原因在于"心有得",而所谓的"有得"也就是有得于儒家之天道,体证天道,安于天道,在生命中呈现天道,则自然是"士子",是醇儒,自然不受佛老诱惑,自然能够"不出户庭,直际天地",这也是二程说"某接人多矣,不杂者三人:张子厚、邵尧夫、司马君实"①的根本原因。

(二) 邵雍的著作

邵雍著作有《皇极经世书》《伊川击壤集》《渔樵问对》《无名君传》,以及《洛阳怀古赋》等,其中《皇极经世书》本身包含了《观物内篇》和《观物外篇》。根据现代易学家潘雨廷考证,《道藏》本之《皇极经世》为流传中最古最贴近原貌者。"考明《道藏》收集劫余之古《道藏》在永乐初,此本《皇极经世》之纪时及洪武十六年(1383)当属明初人据古《道藏》本所增,与原著无关,至于通行之《皇极经世》,莫不属于已经伯温之叙述乃经张行成之发展,故与《道藏》本有极大差别。今必据雍原著之《道藏》本,庶可见及《皇极经世》之价值。"②《道藏》本包括十二卷,其中前十卷分上、中、下卷,后二卷分上、下卷。前十卷的基本内容,包括依据"元会运世"理论编制的历史年表,以及《声音唱和图》,其中历史年表占据了前六卷的篇幅,《声音唱和图》占据了第七卷至第十卷的篇幅。后二卷中的《皇极经世第十一之上》和《皇极经世第十一之下》,为通常所谓的《观物内篇》的内容,《皇极经世第十二之上》和《皇极经世第十二之下》的内容,是通常所谓的《观物外篇》内容。《四库全书》收录的《皇极经世书》与《道藏》的《皇极经世》分卷略有差异,《四库全书》共分为十四卷,对应于《道藏》中前六卷的历史年表,《四库全书》同为前六卷;对应于《道藏》中第七、第八、第九、第十卷的《声音唱和图》,《四库全书》同为七、八、九、十卷;但是,对应于《道藏》中第十一卷之上和第十一卷之下的《观物内篇》,《四库全书》分为第十一卷和第十二卷;对应于《道藏》中第十二卷之上和第十二卷之下的《观物外篇》,《四库全书》分为第十三卷和第十四卷。所以,表面上《四库全书》中的《皇极经世书》比《道藏》中的《皇极经世》多出两卷,但实质内容是一样的。还需要强调的是,无论是《道藏》本《皇极经世》还是《四库全书》本《皇极经世书》,在卷名之下还有篇名,即"观物篇"。这说明,邵雍在一定程度上,把整部《皇极经世书》都看作了

---

① 程颢、程颐:《河南程氏遗书》卷第二上,《二程集》,第21页。
② 潘雨廷:《论邵雍与〈皇极经世〉的思想结构》,《周易研究》1994年第4期。

《观物篇》。而通常所谓的《观物内篇》和《观物外篇》,是特指《道藏》本《皇极经世》的第十一卷和第十二卷,《四库全书》本《皇极经世书》的第十一卷与第十二卷、第十三卷与第十四卷。

《皇极经世书》的后四卷,则又分成两个部分,即《观物内篇》和《观物外篇》。据邵雍的弟子张岷记载,《观物内篇》是邵雍先生自著之书,《观物外篇》是门人所记的听讲记录。①《观物内篇》涉及象数比较少,全书共十二节,只是在首尾三节介绍天道时才用象数的模式加以阐发,除去这三节,《内篇》用了绝大部分的篇幅来介绍圣人王道之学。《观物外篇》是邵雍先生传学时对门弟子所讲的,是在先生去世后弟子们汇合记录所成,共两卷。②《观物外篇》在形式上并不成系统,内容上也比较散杂,但其中的义理却颇为丰富,而且多涉及象数,所以张岷说:"《外篇》数详而理显。"(见王植《皇极经世书解》卷九)

《伊川击壤集》是邵雍的诗集,邵雍平素喜诗喜酒,被称为"诗狂"。据邵雍自己说其诗作共有三千首之多,但相当一部分都散落流失,《击壤集》中仅录两千多首。这和邵雍以诗写心、写而不执、任其所之的优游心态相关,但对于研究邵雍的思想来说不能不说是一个损失。《伊川击壤集》,除一部分诗作是哲理诗外,大部分都是表现风月情怀、安乐悠闲的诗作,这对研究邵雍的人生哲学具有重要的意义。

《无名君传》应该是邵雍的自传。程颐曾经说道:"其为人则直是无礼不恭,惟是侮玩,虽天理(小注:一作地)亦为之侮玩。如《无名公传》言'问诸天地,天地不对,弄丸余暇,时往时来'之类。"③程颐所说的《无名公传》,应该即《无名君传》。邵雍在自己的诗作中,也曾以"无名"自状与自励,"小阁清风岂易当,一般情味若羲皇。洛阳有客不知姓,二十年来享此凉"④。"人间事有难区处,人间事有难安堵。有一丈夫不知名,静中只见闲挥麈。"⑤可见,《无名君传》的确是邵雍自作。《无名君传》被南宋吕祖谦所辑的《皇朝文鉴》收录。

---

① 张岷曰:"《观物内篇》,先生所著之书也;《观物外篇》,门弟子所记先生之言也。《内篇》理深而数略,《外篇》数详而理显。学先天者当自《外篇》始。"(王植:《皇极经世书解》卷九,文渊阁《四库全书》本。)
② 邵伯温曰:"先君既捐馆,门弟子记其平生之言,合二卷。虽以次笔授,不能无小失。然足以发明成书者为多,故名之曰《观物外篇》。"(参见王植《皇极经世书解》卷九,文渊阁《四库全书》本。)
③ 程颢、程颐:《河南程氏遗书》卷第二上,《二程集》,第45页。
④ 邵雍:《伊川击壤集》卷之四《天宫小阁纳凉》,《邵雍全集》第四册,第62页。
⑤ 邵雍:《伊川击壤集》卷之十二《偶得吟》,《邵雍全集》第四册,第228页。

《渔樵问对》有人怀疑非邵雍所作，但程颢为邵雍所作《墓志铭》中所记邵雍著作有"有《问》有《观》"① 一句，其中的《观》可能是指《观物篇》，而《问》可能是指《渔樵问对》，但《渔樵问对》中的文句大多散见于邵雍其他著作，不知邵雍为何根据其他作品而拼凑成此章。所以为慎重起见，我们对于邵雍是否亲著《渔樵问对》的问题不持完全肯定或否定的态度。《洛阳怀古赋》可能是邵雍初迁洛阳时所作，邵伯温《邵氏闻见录》第十九卷收录。

另外，潘雨廷先生根据晁以道所著的《易玄星纪谱》，指出邵雍还著有《玄图》。② 金生杨则进一步考证到，《玄图》也即《太玄准易图》。《太玄准易图》已经散佚，而晁以道的《嵩山文集》卷十则载有《康节先生太玄准易图序》，晁以道稍晚于邵雍，他的记录当为正确，可认为是邵雍作品。同时邵雍还著有《正玄》，不过也已经散佚。③ 我们在这里进一步补充，在朱震的《汉上易传》中，载有《太玄准易图》，不过朱震并没有说明是否为邵雍所作，但是依据此图也可以想见邵雍《玄图》之大概。

(三) 邵雍之于北宋儒学复兴

根据以上的论述，就思想而言，北宋儒学复兴所产生的新儒学包括四个基本主题，即天道观、心性论、修养论和境界论，其中天道观主要指本体论意义的天道观，同时关涉宇宙论意义的天道观。而具体到邵雍的理论体系，由于他的理论建构具有极其明显的易学哲学特色，所以邵雍哲学主要包含三个基本组成部分：本体论、象数哲学和人生哲学。

邵雍本体论思想中的本体在不同语境中被称为道、太极与神、心、先天等。当称本体为道时，是着眼于道为天地万物之存在和发展的根据而言；当称本体为太极与神时，是着眼于用太极强调本体相对于事物具体性的超越性，用神强调本体生化万物的妙用；当称本体为心时，是着眼于强调本体不但具有客观性，而且具有主观性，从而保证了终极意义上的天人合一；当称本体为先天时，是着眼于强调形上本体有别于后天之事迹、形迹。邵雍易学哲学中的本体论部分相当于新儒学四个基本主题中的本体论意义上的天道观。

邵雍的象数哲学包括象数哲学原理、自然哲学与历史哲学。象数哲学原理对数和象本身的规律性和系统性进行讨论，主要成果为"一分为二"

---

① 程颢、程颐：《邵尧夫先生墓志铭》，《二程集》，第504页。
② 潘雨廷：《论邵雍与〈皇极经世〉的思想结构》，《周易研究》1994年第4期。
③ 金生杨：《邵雍学术渊源略论》，《中华文化论坛》2007年第1期。

法以及据此而构造的先天四图，同时邵雍还讨论了天地之数与圆方之数。象数哲学中的自然哲学和历史哲学是象数学原理在自然领域和人类社会历史领域运用的具体内容。邵雍象数哲学属于"物理之学"，它的基础在于本体在事物中的呈现。邵雍易学哲学中象数哲学部分，相当于新儒学四个基本主题中的宇宙论意义的天道观，同时还包括了历史哲学部分。

邵雍人生哲学的主要旨归是天人合一，是关于在人之生命中呈现本体的学问。如何在生命中呈现本体是修养方法，具体到邵雍人生哲学，它包括"观察天人，修心践形"，"以物观物，消解我执"，"至诚呈现，处身为学"，"尽道于民，循理自然"四个层面。在生命中呈现本体的过程与状态是境界论，具体到邵雍人生哲学，它包括"先天之意，难以名状"，"天地之境，闲静安乐"，"天人之交，氤氲天和"三个方面。邵雍易学哲学中的人生哲学部分，相当于新儒学四个基本主题中的修养论和境界论。①

邵雍易学哲学的三个部分是有机的整体，本体论是基础，本体在事物中的呈现构成了象数哲学，本体在生命中的呈现构成了人生哲学。在邵雍易学哲学中，本体没有孤悬于事物之外，而是呈现在事物之中，发挥着生化万事万物的作用。天道本体的实在性决定了万事万物的实在性，决定了儒者生存世界的实在性，决定了儒家价值观的实在性，这就应对了佛老空无思想的挑战。在邵雍易学哲学中，象数哲学论说宇宙、铺排历史，通过建构宏大的自然哲学应对了道家道教的自然天道观，通过建构系统的历史哲学宣扬了儒家价值观。在邵雍易学思想系统中，人生哲学部分展现了天人合一，展现了天道本体在儒者生命中的呈现，从而为繁荣儒家人生哲学作出了贡献。总而言之，邵雍从自己的思想进路，建构了宏大的易学哲学体系，为北宋儒学复兴作出了巨大的贡献。

---

① 严格来说，邵雍人生哲学也有其"心性论"，但是在邵雍易学哲学中，心有本体义，所以邵雍对心的论述，已经属于本体论，而邵雍易学哲学中虽然也提到过"性"，但邵雍对"性"的看法是天道之呈现本身，所以对"性"论述较为简略。因此我们不再专门论述邵雍的"心性论"。

第一章 北宋早期易学发展及其儒学意义

北宋儒学的发展和易学紧密相关，儒学复兴不但需要重新诠释儒家的天道观，而且需要重新诠释儒家的人事论域。而作为传统儒学基本思想资源的五经，只有《周易》既包含了丰富的天道思想，也包含了丰富的人道思想。所以儒学复兴必然会选择《周易》作为主要经典依据，北宋五子基本上都是易学家就很好地说明了这一状况。事实上，北宋五子站在本体论的高度通过对《周易》或其他经典的诠释，成功应对了佛老的挑战，那么，北宋五子之前的北宋早期易学发展的具体内容如何呢？这些思想体系能否应对佛老空无思想的挑战呢？我们在本章，首先对北宋早期象数易学的传承及其基本内容进行讨论，这包括对陈抟到种放、穆修、李之才和邵雍之间传承的介绍，以及对李之才象数易学和刘牧象数易学的讨论，其次对北宋早期诸儒易学进行论述，这包括范仲淹、胡瑗、欧阳修和李觏的易学，并于最后在北宋儒学复兴的视野下，对北宋早期易学发展进行反思。

第一节 北宋早期象数易学之传承

目前学界流行的观点是，北宋早期象数易学以陈抟、李之才和刘牧为代表，并且李之才和刘牧的象数易学，以及其他象数易学家的思想观念都可以追溯到陈抟，但是王铁先生最新的考证认为，北宋早期象数易学的传承中，只有陈抟到种放、穆修、李之才和邵雍之间的传承比较可靠，其他传承基本不可信。我们在本节首先就论述从陈抟到邵雍之间的传承，其次则论述李之才和刘牧象数易学的基本内容及其哲学意义。

一 从陈抟到种放、穆修、李之才和邵雍的传承

学界一般认为，邵雍的学术渊源，可以上溯到陈抟。具体而言，邵雍

学于李之才，李之才学于穆修，穆修学于种放，种放学于陈抟。李之才字挺之，穆修字伯长，种放字明逸，他们和陈抟在《宋史》中都有传，其中陈抟和穆修较为著名，陈抟是唐末宋初神仙般的人物，穆修是宋初的古文倡导者之一。学界对邵雍的这一学术渊源的确认，主要依据以下几条记录。第一，邵雍之子邵伯温在《易学辨惑》中专门提到其父学于李之才，李之才学于穆修，穆修学于陈抟，这是陈抟在北方的易学传承，同时陈抟之传承还有南方一支，"明逸亦传其象学，明逸授庐江许坚，坚授范谔昌，由此一枝传于南方也"①。此处的明逸就是种放。不过邵伯温在此处并不认为穆修学于种放，而是直接学于陈抟。第二，北宋晁说之记载："有宋华山希夷先生陈抟图南以易授终南种徵君放明逸，明逸授汝阳穆参军修伯长，而武功苏舜卿子美亦尝从伯长学。伯长授青州李之才挺之，挺之授河南邵康节先生雍尧夫。""有庐江范谔昌者，亦尝受易于种徵君。谔昌授彭城刘牧，而聱隅先生黄晞及陈纯臣之徒，皆由范氏知名者也。"②晁说之认为陈抟的易学传授主要有两系，一是陈抟、种放、穆修、李之才和邵雍，二是陈抟、种放、范谔昌、刘牧。其中第一系不同于邵伯温。第三，两宋之际的著名易学家朱震认为："陈抟以《先天图》传种放，放传穆修，穆修传李之才，之才传邵雍。放以《河图》、《洛书》传李溉，溉传许坚，许坚传范谔昌，谔昌传刘牧。穆修以《太极图》传周敦颐，敦颐传程颢、程颐。是时，张载讲学于二程、邵雍之间。故雍著《皇极经世书》，牧陈天地五十有五之数，敦颐作《通书》，程颐著《易传》，载造《太和》、《参两篇》。"③朱震认为陈抟的易学传授主要有三系，一是《先天图》一系，为陈抟、种放、穆修、李之才、邵雍，二是《河图》《洛书》一系，为种放、李溉、许坚、范谔昌、刘牧，三是《太极图》一系，为穆修、周敦颐、程颢程颐。在朱震看来，无论是象数易学，还是义理易学，都可溯源于陈抟。第四，王偁在《东都事略》中说："初华山陈抟读《易》，以数学授穆修，修授之才，之才授雍，以象学授种放，放授许坚，坚授范谔昌云，坚庐江人也。"④这是认为有两系，"数学"一系，为陈抟、穆修、李之才、邵雍，"象学"一系，为陈抟、种放、许坚、范谔昌。比较明显的是，王偁的记录，是在邵伯温记载基础上的进一步发展，邵伯温认为"南方一支"继承了陈抟的"象学"，王偁于是认为邵雍一系继承了陈抟

---

① 邵伯温：《易学辨惑》，文渊阁《四库全书》本。
② 晁说之：《传易堂记》，《嵩山文集》卷十六，《四部丛刊》本。
③ 脱脱等撰：《列传第一百九十四·儒林五》，《宋史》卷四百三十五，第 12908 页。
④ 王偁：《儒学传》，《东都事略》卷一百三，文渊阁《四库全书》本。

第一章　北宋早期易学发展及其儒学意义

的"数学"。另外，朱震的看法，则是试图把北宋的著名易学家都囊括到陈抟易学传承之中，其可信度值得怀疑。

根据这些记载，学界一般认为，陈抟为宋代易学的先驱，并根据后人的一些易学资料，对陈抟易学进行介绍和研究。比如朱伯崑先生在其《易学哲学史》中就从《先天太极图》《龙图》和《无极图》三个方面，对陈抟象数易学进行了论述。朱先生最后总结道：

> 以上三类图式，可以代表陈抟的象数之学。照王偁关于陈抟易学传授的说法，其以数学传穆修，后传至邵雍，其先天太极图当属于数学；以象学传种放，后传至刘牧，其龙图易当属于象学。但就今传下来的三类图式看，其龙图易，讲天地之数的变化和组合，由此而形成的河洛之学应属于数学。其无极图，讲坎离卦象和五行之象，当属于象学。其先天太极图，既讲八卦之象，又讲阴阳变易的度数，象和数兼而有之。但三类图式的共同点都讲阴阳变易的法则，就这一点说，陈抟的易学可以说是宋代易学哲学的先驱。①

显然，朱伯崑先生根据一部分史料，试图确定陈抟"宋代易学哲学的先驱"的地位。从易学史的角度来看，确定一个时代思潮的源头是很有意义的事情。但是，以上所列举的陈抟易学的传承系统，并不是盖棺论定之说。

王铁先生对于陈抟易学的传承做了新的更加详细的考证。王铁先生说：

> 程颢《邵尧夫先生墓志铭》说："……独先生之学为有传也。先生得之于李挺之，挺之得之于穆伯长，推其源流，远有端绪。今穆、李之言及其行事，概可见矣，而先生淳一不杂，汪洋浩大，乃其所自得者多矣。"程颢说邵雍的学术"远有端绪"，意谓穆修以上还有传承系统，只是省略了，或是不便说。……
>
> 晁说之《传易堂记》说："有宋华山希夷先生陈抟图南以易授终南种徵君放明逸，明逸授汶阳穆参军修伯长，而武功苏舜卿子美亦尝从伯长学。伯长授青州李之才挺之，挺之授河南邵康节先生雍尧夫。""有庐江范谔昌者，亦尝受易于种徵君。谔昌授彭城刘牧，而聱隅先

---

① 朱伯崑：《易学哲学史》第二册，第28页。

生黄晞及陈纯臣之徒,皆由范氏知名者也。"

朱震绍兴初年《上易传表》说:"陈抟以《先天图》传种放,放传穆修,修传李之才,之才传邵雍。放以《河图》、《洛书》传李溉,溉传许坚,坚传范谔昌,谔昌传刘牧。修以《太极图》传周敦颐,敦颐传程颢、程颐。"朱震《周易图》又说,种放的《河图》也是陈抟所传。

郑东卿撰成于绍兴七年的《周易疑难图解》中关于宋代易学的传授有下图:

```
陈抟──种放┬─许坚──李处约──范谔昌──刘牧──吴秘、黄黎献
          ├─穆修──李之才──邵雍──司马光──牛师德──于思纯
          └─周敦实──张载、程颢、程颐
```

陈振孙《直斋书录解题》引范谔昌《证坠简》的自序说,其易学得于溢浦李处约,李得于庐山许坚。

以上数家的记述中,邵伯温说穆修师事陈抟,应非事实。陈抟卒于端拱二年(989),穆修生于太平兴国四年(979,其卒于天圣十年时五十四岁推算而得,见《东都事略》),二人即使有机会相遇,陈抟也不可能授易学于一个十来岁的儿童。至于种放,《宋史》本传说他年轻时就常往来于嵩、华间,也学辟谷之术。《东都事略》还记有他与陈抟交往的事迹。他受学于陈抟,事属可信。种放自咸平五年(1002)以后屡至京师,"每至京师,秦雍生徒多就而受业"(《宋史》本传)。大中祥符元年(1008),种放从真宗东封泰山,穆修就是在真宗东封时被举为经明行修之士,次年进京受试,被赐进士第。穆修登第后待选,及后来被贬遇赦,都有机会寓居京师。晁说之、郑东卿说穆修受学于种放,也可信。

范谔昌所说的李处约,不知是否就是朱震所说的李溉。许坚,于马令《南唐书》入《隐者传》,南唐亡于宋开宝八年(975),许坚在南唐已是有名的隐者,则南唐亡时他至少应在五十岁左右,否则马令不会将他收于《南唐书》。而种放卒于大中祥符八年(1015),年六十,则开宝八年时年仅二十。许坚比种放年长很多,而且行踪主要在江南,他从种放学易一事一般说来是不可能的。范谔昌自己也没有说许坚的易学出自种放。

据度正《周濂溪先生年表》,周敦颐出生于真宗天禧元年(1017),儿童时代居于道州营道县(今湖南道县),至仁宗天圣九年(1031)他十五岁时,才随其母自道州入京,依母舅龙图阁直学士郑

珛。其时，穆修虽尚在开封，即使他真有《太极图》，也不可能授于一个十五岁的少年。第二年夏天，穆修回到蔡州，客死于道中。

所以宋代学术界流传的陈抟传易的系统中，只有陈抟——种放——穆修——李之才——邵雍这一支没有破绽，或许是事实。①

这是目前学界关于陈抟传易系统最为详细的考证，根据这些考证，因为陈抟亡于989年，穆修生于979年，陈抟去世时穆修才十岁，所以陈抟不可能直接传易于穆修。如此一来，邵伯温和王偁关于陈抟易学北方传承的一支的记录，就基本不可信。又因为许坚比种放年长很多，所以许坚也不可能学易于种放。那么如此一来，邵伯温、王偁关于陈抟易学南方传承的一支的记录，以及朱震关于《河图》《洛书》一系的记载，也基本不可信。显然，朱伯崑先生所引用的"宋王偁于《东都事略·儒学传》中说'陈抟读易，以数学授穆修，以象学授种放，放授许坚，坚授范谔昌'"，也难以成立。至于朱震所说的周敦颐受《太极图》于穆修，王铁先生也加以辩驳。因其他传承脉络，基本不可信，陈抟在宋易象学和数学整体传承中究竟具有何种地位，还需要更多的史料，还需要学界进一步的研究。到目前为止，只能确认陈抟在种放、穆修、李之才，到邵雍一系中的地位。事实上，我们可以采取高怀民先生的审慎态度，他在承认陈抟到邵雍的传授系统之后，又说道："此外，宋易中太极图一支，传说也是来自陈抟；河图、洛书也有人说来自陈抟；甚至俞琰的六十四卦直图，也有人说是陈抟所传。这些传说想来都与陈抟隐约神秘的一生有关，无法定其真伪，……但我们可以肯定的是：陈抟这一华山道士，对宋代易学之兴起，必然有着大关系，将他视为开启宋易之运的易学家，当不为过言。"② 本书赞同高怀民先生的看法，也采取这一立场。

综上所述，我们认为陈抟和邵雍应该具有学术的传承关系。但是，陈抟的著作很多都已散佚，而流传的作品又真伪难辨。朱伯崑先生以《先天太极图》《龙图》和《无极图》作为研究陈抟易学的资料，但这些资料都是出自后人之手，陈抟并没有易图存世。王铁先生对陈抟是否作《龙图》考证道：

在淳熙之前，只有郑樵于绍兴年间所纂《通志·艺文略》，著录

---

① 王铁：《宋代易学》，上海古籍出版社2005年版，第30—32页。
② 高怀民：《宋元明易学史》，广西师范大学出版社2007年版，第7页。

有《龙图》一卷，但未注作者名。《通志》著录各书，凡知道作者名的，一般都注明。事实上，北宋中后期人往往有撰作《龙图》、《河图》的，例如庆历年间白云子（不知姓氏）撰《周易元统》十卷，其第五卷就是《龙图》，政和年间有李平西撰《河图》一卷，皆见于元胡一桂《周易本义启蒙翼传》。《通志》所录《龙图》，不知谁人所作。在今存北宋人的文字中，绝不见有关于陈抟《龙图》的记载。倒是有一些理由，可据以判断北宋没有此书：一，元修《宋史·陈抟传》，几乎完全是转录北宋大中祥符九年（1016）修成的太祖、太宗二朝国史中的陈抟传（见《乐全集》卷三三《华山重修云台观记》。）但在这篇传中，只说他有《指玄篇》、《三峰寓言》等著作，而没有提到《龙图》。二，今本《崇文总目》不载此书。《玉海》录《龙图序》引《中兴书目》而不引《崇文总目》，也可证明《崇文总目》确实没有著录此书。三，生当北宋后期的晁说之，出于中原文献世家，于易学象数之书多方搜罗，他在大观元年（1107）所撰的《传易堂记》中，历叙陈抟、种放等人的传授源流后，说："自希夷而来皆未尝有书。"四，邵雍之子邵伯温撰《易学辨惑》，说陈抟易学"止有一图，以寓其阴阳消长之数与卦之变"。根据《易学辨惑》的上下文，此图就是邵雍的《先天图》，而不是五十五数或四十五数的《龙图》。当然邵伯温说《先天图》出自陈抟，也是假托。五，王湜《易学》是北宋后期的著作，其自序说："自希夷先生陈公而下，如穆伯长、李挺之，以至刘长民《钩隐图》之类，兼而思之，罔或遗佚，亦不敢以私智去取。"但书中并不涉及陈抟《龙图》，却说邵雍的《先天图》是传自陈抟。六，两宋之际朱震纂《卦图》，收载北宋象数诸家的图说十分详备，但却以刘牧的《河图》、《洛书》冠于卷首，说是陈抟所传，也并没有《龙图》。

《朱子语类》卷六十七，朱熹说："《龙图》是假书，无所用。"似乎朱熹也看到过这部书。这条语录是刘砺所记。刘砺从学于朱熹，大致在庆元三年（1197）至五年之间。①

王铁先生的考证有理有据，基本上可以确认《龙图》及《龙图序》并非陈抟所作，并且王铁先生进一步认为《龙图》受到了刘牧的影响，他说："实则该书不过是袭取刘牧《易数钩隐图》的部分内容敷衍而成。其

---

① 王铁：《宋代易学》，第28—29页。

说'十为成形,故《洪范》陈五行之用',也是用刘牧说。"① 基于以上的分析,我们认为,《龙图》及《龙图序》很可能是两宋之际的某位易学家在《易数钩隐图》基础上的进一步创作,并且假托陈抟之名以自重其说,在南宋时期,朱熹还能够辨认其为"假书",但斗转星移,以讹传讹,易学界也逐渐接受了《龙图》及其序为陈抟著作。② 另外,根据王铁先生这一段考证,也很难就认定《先天太极图》和《无极图》就出自陈抟之手。所以,一方面考虑到审慎的态度,一方面考虑到本书并非为了专门研究陈抟易学,因此本书不再对陈抟易学进行研究和分析。我们仅强调,从陈抟到种放、穆修、李之才和邵雍的易学传承是可信的。至于陈抟易学究竟是什么内容和内涵,我们不再讨论。

事实上,不但陈抟没有明确的易学作品流传下来,就是种放和穆修也没有易学作品流传下来。穆修流传至今的著作有《穆参军集》,但其中并没有易学作品。不过,李之才的易学思想,通过两宋之际著名易学家朱震的记录,却保存了下来。我们下面就对李之才易学做一概述。

二 李之才易学概述

在朱震的《汉上易传·卦图》中③,记录了李之才的象数易学。李之才象数易学由两组易图构成,一是《变卦反对图》,一是《六十四卦相生图》。变卦反对图包括八个易图,我们对前三个进行论述,以下则依次类推,如图1-1,图1-2,图1-3:

图1-1 乾坤二卦为易之门万物之祖图

---

① 王铁:《宋代易学》,第29—30页。
② 无独有偶,这样的情形也发生在《正易心法》及《正易心法注》上,朱熹生活的时代忽然传出麻衣道者之著《正易心法》,并且陈抟作注,朱熹当时以自己的亲身遭遇揭露了此书的作者,但是这并不妨碍一部分后人依然认为此书是麻衣道者所著,陈抟为之作注。
③ 我们在下面对李之才象数易学的讨论,皆基于朱震《汉上易传》(文渊阁《四库全书》本)的记录。

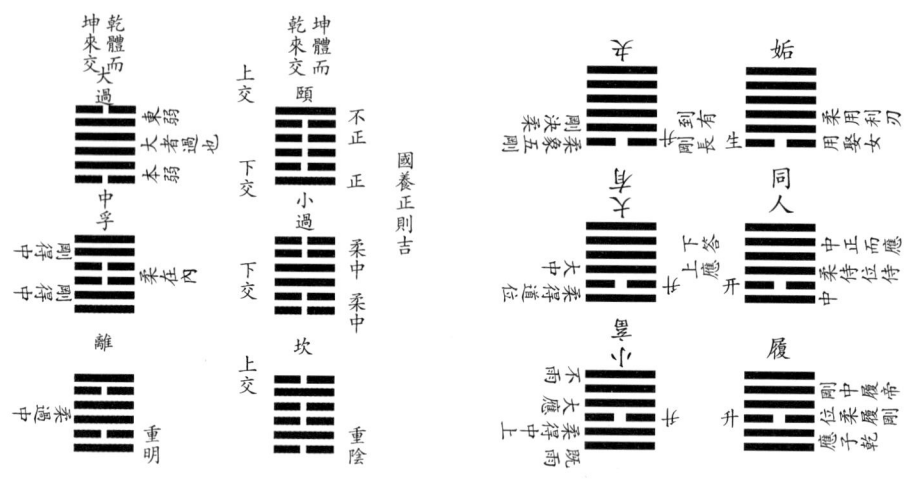

图 1-2　乾坤相索三交变六卦不反对图　　　图 1-3　乾卦一阴下生反对变六卦图

以上三个易图依次分别为《乾坤二卦为易之门万物之祖图》《乾坤相索三交变六卦不反对图》《乾卦一阴下生反对变六卦图》。在李之才的变卦反对图中，基础是图1-1，即《乾坤二卦为易之门万物之祖图》。其他七图皆是乾坤二卦所生，比如图1-2为《乾坤相索三交变六卦不反对图》，是以《说卦》中乾坤相索而生六子的思想为基础有所发展而绘制的，这个易图体现乾坤相交而成六卦的思想，只是《说卦》中六子为三画卦震、巽、坎、艮、兑、离，而这里六卦分别为六画卦颐、小过、坎、大过、中孚、离，它们的卦象特色在于呈现出上下之间中线对称的特点，因为上下中线对称，"反对"过来也是同一卦，所以没有后面六图中的"反对"情况；图1-3是《乾卦一阴下生反对变六卦图》，在此易图中，乾卦的初爻、二爻、三爻依次变为阴爻，象征"一阴下生"，经此三变而成三卦：姤、同人和履。但是把姤颠倒过来看，则为夬，所以姤和夬就互为"反对"卦，同人的反对卦为大有，履的反对卦为小畜。这是李之才"变卦反对图"的前三图。事实上，"变卦反对图"还有五图，即《坤卦一阳下生反对变六卦图》，《乾卦下生二阴，各六变反对，变十二卦图》，《坤卦下生二阳，各六变反对，变十二卦图》，《乾卦下生三阴，各六变反对，变十二卦图》，《坤卦下生三阳，各六变反对，变十二卦图》，但是后五图的推衍规则和第三图的规则一样，本书不再详细论述。我们只是强调，李之才"变卦反对图"的推衍规则都是以乾坤为基础，以乾卦"一阴下生""二阴下生""三阴下生"推导出诸卦象，再加以反对，又推导出同样数目的其他卦象，坤卦"一阳下生""二阳下生""三阳下生"推导出诸卦象，

第一章 北宋早期易学发展及其儒学意义 93

再加以反对，又推导出同样数目的其他卦象。这一系列的卦象推衍过程，主要是体现了诸卦从乾坤而来，乾坤为纯阳纯阴之卦，诸卦为纯阳纯阴相交而生，乾为天、坤为地，万物为天地交感而生的宇宙论思想。

李之才还有《六十四卦相生图》，更是明确体现了乾坤相交，以及阴阳升降的思想。我们在这里列出乾坤以及乾坤一交而生姤、复，姤、复初爻之阴阳分别上升而各生五卦的图式（图1-4）。

乾䷀　　　　　　　坤䷁
复䷗　　　　　　　　　　　　姤䷫
师䷆　谦䷎　豫䷏　比䷇　剥䷖　同人䷌　履䷉　小畜䷈　大有䷍　夬䷪

图1-4　六十四卦相生图（一）

这个图示的意思是，乾坤初交而有复、姤，复初爻之阳依次上升，而有师、谦、豫、比、剥五卦，姤初爻之阴依次上升，而有同人、履、小畜、大有、夬五卦。事实上，乾坤再交生出临、遁两卦，临、遁两卦中的二阳爻、二阴爻依次上升，又各生出十四卦；乾坤三交生出泰、否两卦，泰、否两卦中的三阳爻、三阴爻依次上升，又各生出九卦。如此一来，以乾坤为基础，经过三次交感而生出复、姤、临、遁、泰、否六卦，六卦中的阴阳爻依次上升，而生出其他五十六卦。事实上，《六十四卦相生图》和《变卦反对图》没有根本性的区别，两种易图都强调了乾坤二卦的基础性地位，都强调了乾坤二卦之间交感而生诸卦，以及阴阳爻上升而推衍诸卦的卦象推衍规则，只不过变卦反对图纳入了"反对"的因素，而六十四卦相生图只是直接的交感再加上阴阳爻上升。

以上就是李之才的两种易图。李之才的两种易图都体现出这样一种观念：六十四卦卦象并不是固定的，卦象之间是可以互相变动和转化的，而这种种变动和转化，都是以乾坤为基础的，都是以阴阳爻的上升而展开的，而这种种的推衍，体现了天地交感、阴阳变化的宇宙论思想。李之才对邵雍易学有一定的影响，也在于此。邵雍象数哲学一方面重视数的推衍，这一点可能没有受到李之才的影响；另一方面，邵雍对卦象进行各种排列组合，来表达自己的宇宙论思想，这在一定程度上应该受到了李之才的影响。但需要强调的是，李之才对邵雍易学的影响，也仅在于此。李之才易图形式并没有影响邵雍易图的形式。朱伯崑先生在其《易学哲学史》中说道："邵雍于《观物外篇》说：'阴为阳之母，阳为阴之父。故母孕长男而为复，父生长女而为姤。是以阳起于复，而阴起于姤也。'又说：

'易始于乾坤而交于复姤。盖刚交柔而为复，柔交刚而为姤，自此而变无穷矣。'此当是对李之才的'乾一交而为姤'，'坤一交而为复'的解释。看来，邵雍的六十四卦先天图，来自李氏的六十四卦相生图。"① 我们认为，朱先生此处所引邵雍之语，可能是对李之才《六十四卦相生图》的评论和理解，但是邵雍有这些评论和理解并不一定能够说明《六十四卦先天图》来源于《六十四卦相生图》。李之才《六十四卦相生图》蕴含的观念，是以乾坤两卦为基础，通过阴阳爻升降变化，来推导出其他六十二卦，这一过程蕴含着天地化生万物的宇宙论思想。但是邵雍《六十四卦先天图》，则来自对太极生两仪、四象、八卦以至六十四卦的演绎，邵雍《六十四卦先天图》从最根本的意义上来讲，也并不是以乾坤二卦为基础，而是以太极为基础的。这也是邵雍说"先天图者，环中也"②，"先天学，心法也。故图皆自中起，万化万事生乎心也"③ 的根本原因，在邵雍的视野中，"心为太极"④，所以《六十四卦先天图》以太极为基础，也就是以"心"为基础。由此看来，严格意义上《六十四卦先天图》并不是来自李之才的《六十四卦相生图》。邵雍在对卦象之间种种变动转化的重视上，在对这种种变化的哲学意义的阐发上，毫无疑问是受到了李之才的影响，但这与《六十四卦先天图》来源于《六十四卦相生图》是两个方面的问题，把这两个问题分开来看更加妥当。

三　刘牧易学概述

据当代学者考证，北宋有两位刘牧，⑤ 这里所提的是彭城刘牧，彭城刘牧在景德二年（1005）已经为官，⑥ 生年当比范仲淹还要早。刘牧易学著作有《周易新注》《卦德通论》和《易数钩隐图》，今仅存《易数钩隐图》。刘牧《易数钩隐图》正文有五十五图，主要展现了从太极到天地五十五数发展的图示，两仪、四象和八卦相生的图形表示，以及河图洛书的种种图形。其中从太极到《天地五十五数图》，最能体现刘牧在象数易学视野下的宇宙论思考；两仪、四象和八卦相生的图形，则表示了刘牧对卦

---

① 朱伯崑：《易学哲学史》第二册，第60页。
② 邵雍：《观物外篇上》，《皇极经世书》卷十三，第518页。
③ 邵雍：《观物外篇上》，《皇极经世书》卷十三，第518页。
④ 邵雍：《观物外篇下》，《皇极经世书》卷十四，第522页。
⑤ 参见郭彧《易数钩隐图作者等问题辨》，《周易研究》2003年第2期；郭彧《北宋两刘牧再考》，《周易研究》2006年第1期；王铁《宋代易学》，第35—36页。
⑥ 参见郭彧《北宋两刘牧再考》，《周易研究》2006年第1期。

象来源的思考，我们会在下面加以论述；而河图洛书虽然在易学史中非常重要，但它们所蕴含的宇宙论思想在"天地之数"中已经有所体现，再考虑到本书的目的不是专门研究刘牧易学，所以略而不论。至于刘牧象数易学的详细论述，可以参考朱伯崑、高怀民和林忠军诸位先生的相关专著。

（一）从太极到《天地五十五数图》

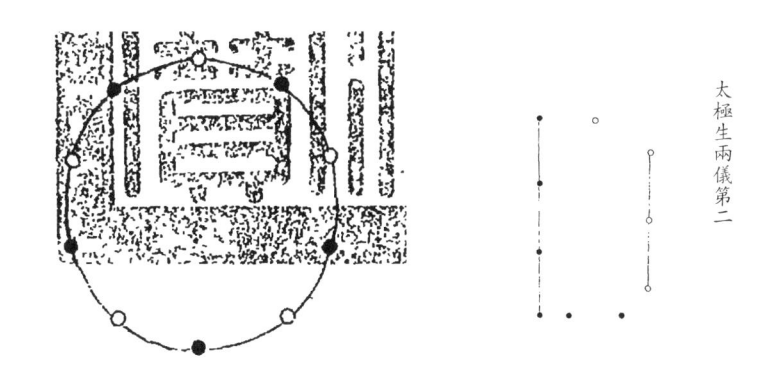

图1-5　太极第一　　　　　　图1-6　太极生两仪第二

图1-5、图1-6两图，分别为《太极第一》和《太极生两仪第二》。刘牧对《太极第一》图解释道："太极无数与象，今以二仪之气混而为一以画之，盖欲明二仪所从也。"[1] 对《太极生两仪第二》图解释道："太极者一气也，天地未分之前，元气混而为一，一气所判是曰两仪。《易》不云乎天地而云两仪者，何也？盖以两仪则二气始分，天地则形象斯著，以其始分两体之仪，故谓之两仪也。何以明其然？略试论之：夫气之上者轻清，气之下者重浊，轻清而圆者天之象也，重浊而方者地之象也，兹乃上下未交之时，但分其仪象耳。若二气交，则天一下而生水，地二上而生火，此则形之始也。五行既备而生动植焉，所谓在天成象，在地成形也。则知两仪乃天地之象，天地乃两仪之体尔。今画天左旋者，取天一天三之位也，画地右动者，取地二地四之位也，分而各其处者，盖明上下未交之象也。"（《易数钩隐图》卷上）这是说太极是天地未分之前的元气，元气分则为两仪，两仪是天之象和地之象，但不能等同于天地，天地是两仪之气相交感之后，有了五行和万物，才能称之为天地。以上是从太极到两仪的过程。

---

[1] 刘牧：《易数钩隐图》卷上，文渊阁《四库全书》本。

事实上，图1-6两仪有四个数字，即天一、地二、天三、地四，根据刘牧的整体思想，这四个数字就是四象生数，而地六、天七、地八、天九则是四象。四象生数和四象是相生的关系，而从四象生数到四象，必须通过一个特殊的数字"天五"，刘牧用《天地数十有五第四》之图来表示四象生数和天五在生数之前的状态，即图1-7：

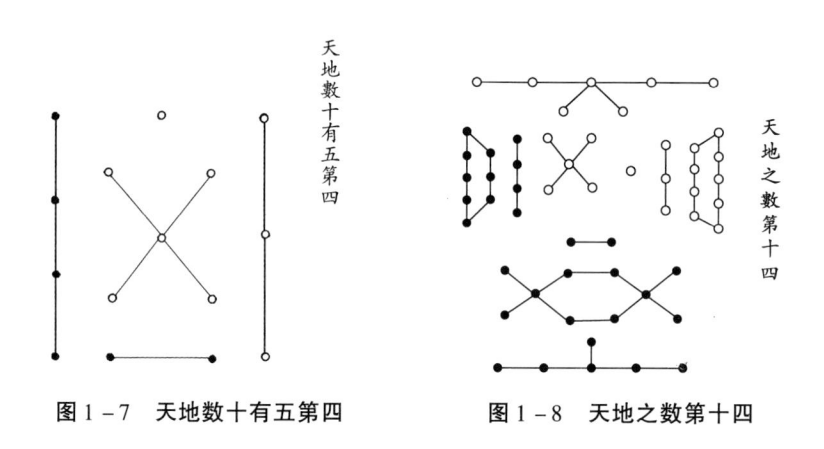

图1-7　天地数十有五第四　　　　图1-8　天地之数第十四

此处的"天地数"严格来说是"天地生数"，也即四象生数和天五。与天地生数相区别的是"天地成数"，也即四象六、七、八、九和天十。在五个"天地生数"中，居于中间的"天五"最为特别。刘牧对"天五"解释道："天一、地二、天三、地四，此四象生数也，至于天五则居中而主乎变化，不知何物也，强名曰中和之气，不知所以然而然也，交接乎天地之气，成就乎五行之质，弥纶错综，无所不周，三才之道既备，退藏于密，寂然无事，兹所谓阴阳不测之谓神者也。经虽云四象生八卦，然须三五之变易，备七八九六之成数，而后能生八卦而定位矣。"（《易数钩隐图》卷上）刘牧认为，"天五"还不同于天一、地二、天三、地四所象征的天地之气，而是"中和之气"，主乎变化，阴阳莫测，对应着《周易》中的"神"，因为有了天五，万物才得以成就，三才之道才得以流行。

在四象生数和天五共同的作用下，天一下生地六，地二上生天七，天三左生地八，地四右生天九，地十应于天五，于是就有《天地之数第十四》之图（见图1-8）。刘牧对其解释道："内十五，天地之用，九六之数也，兼五行之数四十，合而为五十有五，备天地之数也。"（《易数钩隐图》卷上）事实上，天地之数蕴含着宇宙论的意义，刘牧说："若夫独阴独阳者，天地所禀。（天独阳，地独阴。）至于五行之物则各含一阴一阳之炁而生也。所以天一与地六合而生水，地二与天七合而生火，天三与地八

第一章　北宋早期易学发展及其儒学意义　97

合而生木，地四与天九合而生金，天五与地十合而生土，此则五行之质各禀一阴一阳之炁耳。至于动物植物又合五行之炁而生也。今欲明其义，故先布天地独阴独阳之体，次列五行含二炁之末，陈人禀五行之质也。"（《易数钩隐图》卷上）可见，天地之数互相交感，而有五行金木水火土，五行再互相交感，而有动物植物。至此，从太极到两仪，到天地生数，到天地之数，到五行，再到动物植物，一个宇宙发生发展的过程得以系统的表述。

（二）对八卦来源的探索

刘牧还对四象和八卦的来源进行了探索。前面已经显示了《太极生两仪第二》之图，两仪本身已经包含四象生数天一、地二、天三、地四，四象生数在天五的作用下而有四象地六、天七、地八、天九。刘牧说："夫五上驾天一而下生地六，下驾地二而上生天七，右驾天三而左生地八，左驾地四而右生天九，……斯则二仪所生之四象。"（《易数钩隐图》卷上）

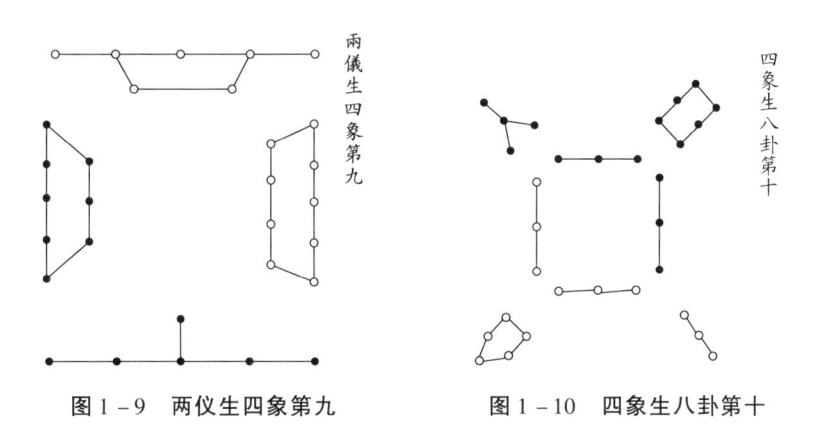

图 1-9　两仪生四象第九　　　图 1-10　四象生八卦第十

四象生八卦的过程则为："五行成数者，水数六，金数九，火数七，木数八也，水居坎而生乾，金居兑而生坤，火居离而生巽，木居震而生艮，己居四正而生乾坤艮巽，共成八卦也。"（《易数钩隐图》卷上）图 1-10 中内圈四个数字分别为四正：坎、离、震、兑，而外圈则为乾、坤、艮、巽。需要强调的是，这里的数字并没有实质的意义，仅仅象征着八卦及其方位。而如果我们头脑中一直有邵雍先天学中乾一、兑二、离三、震四、巽五、坎六、艮七、坤八的观念，就会发现这里的四象生八卦难以理解，因为此图中的数字没有太多规律性，如果说代表乾坤艮巽四卦的数字一个圆点换成阳爻，并列的两个圆点换成阴爻，如此一来圆点和卦象还算符合的话，那么代表坎离震兑四卦的数字都是三个圆点，圆点换成阳爻皆是乾卦,所以并不符合。但是如果认识到八卦严格对应着数字只是邵雍象数哲学中的现象,那么可以说,刘牧的这种象征性排列也是行得通的,这也说明刘牧试图用数字的推衍和排列来为八卦寻找一种来源,而不仅仅是面对《周易》中既定的八卦卦象和六十四卦卦象。

还需要提及的是,刘牧在《易数钩隐图》中还对乾坤二卦以及离坎震兑进行多种图示说明,但这种种说明都是把八卦已成卦象中的阴阳爻分别变换成两个圆点和一个圆点,在此基础上再加以说明,这有倒果为因的嫌疑,并没有创造性地说明八卦之所由来,所以这部分内容我们不再论述。但是我们强调,刘牧这种追寻八卦之来源的问题意识,影响了邵雍。

(三) 刘牧的道器观

在前面已经说明刘牧所理解的太极,就是元气。而太极的演化,就是两仪、四象、五行和万物,在这一宇宙生成过程中,刘牧认为五行之前,因为没有形质,只是"象",所以就是"形而上者谓之道",而从五行开始,因为有了金、木、水、火、土,有了形质,所以就是"形而下者谓之器"。刘牧说:

> 《易》曰:"形而上者谓之道,形而下者谓之器。"则地六而上谓之道,地六而下谓之器也。谓天一地二天三地四止有四象,未著乎形体,故曰"形而上者谓之道"也。天五运乎变化上驾天一,下生地六,水之数也;下驾地二,上生天七,火之数也;右驾天三,左生地八,木之数也;左驾地四,右生天九,金之数也;地十应五而居中,土之数也。此则已著乎形数,故曰"形而下者谓之器"。所谓象之与形者,《易》云"见乃谓之象",《河图》所以示其象也,"形乃谓之器",《洛书》所以陈其形也。"本乎天者亲上,本乎地者亲下",故曰"河以通乾,出天,洛以流坤,吐地",《易》者,韫道与器,所以圣人兼之而作《易》,经云"河出《图》,洛出《书》,圣人则之",斯之谓矣。(《易数钩隐图》卷中)

在刘牧的眼中,天一、地二、天三、地四,只是四象,也即四象生数,还没有经过天五"中和之气"运化为水、火、木、金,从而变成四象成数,即真正的四象,所以天一、地二、天三、地四没有形质,只是"象",这就是形而上者,这就是道。而天一、地二、天三、地四通过天五运化,分别转化为水、火、木、金之数,天五自身结合天十转化为土之数,于是四象生数转化为四象,结合天五天十之土,而成为五行,五行已经有了形质，成为所谓的形而下者，即器。这就是刘牧的道器观。很显然，刘牧道器观是在太极元气论的视野下，以有形无形为分界，无形以前为形上之道，有形之后为形下之器，而所谓的有形，也即五行金木水火土。

在论述李之才易学的时候，我们指出，李之才是通过首先突出乾坤二卦的基础性地位，然后强调乾坤二卦阴阳相交而得出特定卦象，最后通过阴阳爻在特定卦象中的上升，来推导出诸卦，这一围绕卦象的种种推衍，体现了天地之间阴阳变化而生万物的宇宙论思想。而与李之才相区别的是，刘牧则是围绕易数而非卦象，对宇宙的发生发展进行数字推衍，刘牧的易数推衍不仅仅局限在宇宙论的层面上，不仅仅认为数字的各种排列组合体现了宇宙发生发展的规律，甚至认为数字也体现了人的社会属性，比如刘牧说："《易》之为书也广大悉备，有天道焉，有人道焉，有地道焉，兼三才而两之，故六，六者非他也，三才之道也。然则三才之道上中下之位，三才之用舍五行则斯须无以济矣。至于人之生也，外济五行之利，内具五行之性，五行者木火土金水也，木性仁，火性礼，土性信，金性义，水性智，是故圆首方足最灵于天地之间者，蕴是性也。人虽至愚，其于外也日知由五行之用，其于内也或蒙其性而不循五常之教者，可不哀也？"（《易数钩隐图》卷上）显然，刘牧认为，人类一方面在物质生活中利用五行，一方面在精神层面上蕴含有体现为仁、义、礼、智、信五常的五行之性，因此总的来说，人之生命的基础在于五行。这证明，刘牧对易数的推衍，是试图把握统摄天道、地道和人道的易道。事实上，正如李之才对邵雍之影响在于通过排列卦象来表达自己的哲学思想一样，刘牧通过对数字的推衍来说明自己的哲学思想，也影响了邵雍，甚至影响甚大。刘牧在《易传》"天地之数"的基础上，对太极生两仪，两仪生四象，四象生八卦进行解释，而邵雍则用"一分为二"法对太极生两仪，两仪生四象，四象生八卦，以及六十四卦进行解释，邵雍所应用的数字与刘牧不同，所应用的规则与刘牧不同，但是，这种对数字的推衍，这种利用数字推衍来表达从太极到万物的哲学思考，则是一致的。

第二节　北宋早期诸儒易学研究

在北宋早期，就易学界而言，除了以李之才和刘牧为代表的象数易学外，还有诸儒易学。严格来说，李之才和刘牧等也属于儒者，他们的易学也应该属于广义的诸儒易学，但是我们之所以在此单独采用"诸儒易学"的名称，是为了一方面说明诸儒和道士陈抟并无很深的渊源关系，另一方面这里要介绍的诸儒，都具有强烈的入世观念和拯救情怀，他们的易学也都表现出与象数易学迥异的易学思路和内容。北宋早期诸儒易学包括范仲淹易学、胡瑗易学、欧阳修易学和李觏易学。他们的易学都属于义理易学，都以儒家价值观为核心，其中胡瑗、欧阳修和李觏还表现出振兴儒学、对抗佛老的使命感，但是诸儒的易学建构能否完成这一历史使命，则需要我们进一步研究。

一 范仲淹易学概述

范仲淹生于公元989年，活跃于北宋中期的政坛，是北宋著名的政治家、文学家和思想家。与北宋五子相比，范仲淹虽然不是哲学家，但是他有自己的哲学思想；与刘牧、邵雍、程颐相比，范仲淹虽然不是易学家，但他有自己的易学思想，并且范仲淹处在开风气之先的时期，考察范仲淹的易学思想，有助于呈现北宋儒学和易学的发展脉络。范仲淹的易学作品有《易义》《四德说》《易兼三材赋》《天道益谦赋》《乾为金赋》《穷神知化赋》《制器尚象赋》《蒙以养正赋》，以及《水火不相入而相资赋》等，哲学作品则有《尧舜帅天下以仁赋》《体仁足以长人赋》《圣人抱一为天下式赋》《老子犹龙赋》《省试自诚而明谓之性赋》《大礼与天地同节赋》，以及《礼义为器赋》等。范仲淹的《易义》较长，有数千字，是对《周易》各卦的意义提出自己的理解，其他则是短篇小文，是就某一个问题表达自己的看法。从范仲淹易学哲学作品短小精悍的特征来说，范仲淹的确不是专门的易学家，但是，范仲淹有其易学思想，有其哲学认识，更能够识别人才，提携胡瑗和张载等思想家，在他那个时代，不但在政治上做出了贡献，也在思想界起到了开风气的作用。在下面，我们以范仲淹的易学作品为基础，同时结合他的哲学作品，对其易学思想做一梳理和说明。

范仲淹基本上继承了《易传》的易学观。他说：

> 原夫圣人之作《易》也，八卦成文，百代为宪。索隐而神道可极，取象而物形何遁？[①]
>
> 大哉！易以象设，象由意通。兼三才而穷理尽性，重六画而原始

[①] 范能濬编集，薛正兴校点：《范文正公别集》卷第二《乾为金赋》，《范仲淹全集》，凤凰出版社2004年版，第434页。

要终。……此立天之道也,御阴阳而德全。……此立地之道也,自刚柔而功备。……此立人之道也,敦仁义而有伦。既而明三极之端,知八象之谓。存拟议而无爽,周变通而曷既?君子用之而消息,圣人执之而经纬。……上以统百王之业,下以断万物之疑。变动不居,适内外而无滞;广大悉备,包上下而弗遗。至矣哉!无幽不通,唯变所适。准天地而容日月,畜风雷而列山泽,鼓之舞之以尽神,统三才而成《易》。①

这是认为,《周易》一方面蕴含着天地之道,即神道;另一方面通过"取象""明象"来囊括天地万物,来呈现天地之道,来教化黎民百姓。而易道的根本内容就是《周易·说卦》所论述的"立天之道曰阴与阳,立地之道曰柔与刚,立人之道曰仁与义",这是儒者认识天地万物的关键,也是儒者的立身之本。显然,在范仲淹的心目中,《周易》的重要性不言而喻。

范仲淹还说:"《易》有《说卦》,所以明其象而示其教也。"② 这是认为《说卦》通过阐明卦象以达到教化的目的。事实上,在范仲淹的视野中,不但《说卦》如此,就是整部《周易》都是如此。而他自己也创作了《易义》,来"明象以示教"。范仲淹《易义》共对六十四卦之中的二十七卦进行了解释,在这里我们以前三卦为例,考察范仲淹易学的诠释方法和诠释内容。范仲淹说:

《乾》上《乾》下,内外中正,圣人之德位乎天之时也。德,内也;位,外也。九二,君之德;九五,君之位。成德于其内,充位于其外。圣人之德,居乎诚而不迁。有时舍之义,故曰"见龙在田";德昭于中,故曰"利见大人"。"天下文明",君德也。圣人之位,行乎道而不息。有时乘之意,故曰"飞龙在天";位正于上,故曰"利见大人"。"乃位乎天德",于是乎位矣。或者泥于六位之序,止以五为君,曾不思始画八卦,三阳为《乾》,君之象也,岂俟乎五乎?三阴为《坤》,臣之象也,岂俟乎四乎?《震》为长子,岂俟重其卦而始见于长子乎?明夫《乾》,君之象。既重其卦,则有内外之分。九二居乎内,德也;九五居乎外,位也。余爻则从其进退安危之会而言

---

① 范能濬编集:《范文正公别集》卷第三《易兼三材赋》,《范仲淹全集》,第437—438页。
② 范能濬编集:《范文正公文集》卷第八《四德说》,《范仲淹全集》,第161页。

之，非必自下而上次成之也。如卦言六龙，而九三不言龙而言"君子"，盖龙无乘刚之义，则以君子言之。随义而发，非必执六龙之象也。故曰：《易》无体，而圣人之言岂凝滞于斯乎？

《咸》，阴进而阳降，上下交感之时也，与《泰卦》近焉。然则《泰卦》三阴进于上，三阳降于下，极于交而泰矣，故曰"万物通"。《咸卦》阴进而未尽达也，阳降而未尽下也，感而未至于泰矣，故曰"万物生"而忧未通也。"圣人感人心，而天下和平"，是感之无穷而能至乎泰者也。感而不至，其道乃消，故至腾口，薄可知也。

《恒》，阳动阴顺，刚上柔下，上下各得其常之时也。天尊地卑，道之常矣。君处上，臣处下，理之常矣。男在外，女在内，义之常矣。天地、君臣、男女各得其正，常莫大焉。诸卦多以有应为吉，此卦六爻皆应而爻无元吉者，何也？夫吉于应者，相求以济之时也。常者，上下各得其所之时矣。故以"刚柔皆应"为常，而不以获应为吉。是以士之应常也，在于己，不在于人。诸侯之常也，在于政，不在于邻。天子之常也，在于道，不在于权。故曰："圣人久于其道，而天下化成。"尧舜为仁，终身而已矣，其知常也哉！①

根据以上引文，可以发现，范仲淹对每一卦的解释，都是在结合卦名意义的前提下，在考察卦之内外、上下、中正、阴阳、升降、刚柔等易学诠释体例的角度下，对卦象进行分析、理解，并把卦象确定为"某某之时也"，这一个步骤比较重要，"时"为时机、时境，在儒家思想家视野中，就是儒者的生存场景和社会遭际，这就把卦象"人事化"，从而和以探究天道吉凶为目的的解《易》方法有了区别。范仲淹在把卦象理解为"人事化"的卦时的基础上，进一步就特定卦时进行儒家价值观的阐发。我们知道，因为卦时就是儒者的生存世界和社会遭际。在儒者的视域中，事实和价值很难分开，所以范仲淹对卦时的分析，必然蕴含着儒家价值观的阐发。范仲淹在《易义》二十七卦的阐发中，言必称圣贤，反复强调君臣之义、为政之道、君子处世之方，表现出一个大儒坚持三纲五常、弘扬儒家价值观的拳拳之心。

严格来讲，范仲淹的易学诠释渊源有自，他的易学观继承了《易传》的观念，他对卦时的理解继承了王弼的思想，他的解易方法继承了传统的体例。但是，在易学史上，范仲淹还是有重要地位的，因为，在汉代象数

---

① 范能濬编集：《范文正公文集》卷第七《易义》，《范仲淹全集》，第119—120页。

易学、魏晋玄学易和道教易学之后，范仲淹再次传承和弘扬了《易传》的观念，通过诠释《周易》，发扬了儒家义理。范仲淹易学很难说博大精深，但他开启了宋代义理易学的风气、方法和道路，这一点，是范仲淹在宋代易学史上的贡献。

但是，在我们考察范仲淹的易学哲学思想时，也可以发现很多局限。首先，范仲淹对于儒家的伦理价值观只是简单的认同，并从社会需求上来说明儒家价值观的重要性，但是，他并没有证明儒家价值观的必然性。范仲淹说：

> 礼义交举，圣贤是崇。既睹化人之要，爰彰为器之功。……是以化彼邦家，器兹礼义。其美也混而为一，其设也分而为二。助政教而可大，贯古今而不坠。宣尼始问于周史，雅契求新；晋文首定于襄王，允符先利。岂不以为君之柄也，非礼何持？立人之道也，惟义是资。居上而不我遐弃，化下而何莫由斯。有之则安，在倾欹而莫睹；闻而能徙，信用舍以从宜。是知彼器也利乃生民，此器也归诸君子。[①]

显然，从这里我们可以看到，范仲淹视"礼义"为国家不可缺少之"器"，而他对"礼义"重要性的理解，也主要是从社会教化不可缺少的角度加以看待。我们知道，唐代的韩愈有感于佛教盛行，儒家衰微，一方面开启了历史上的古文运动，试图通过"文以载道"的途径，以恢复儒家的影响；另一方面则直接撰写一些思想性较强的文章，试图从理论上即哲学层面上应对佛老思想的挑战。但是韩愈的思想应对，仅仅停留在社会需要的层面上，并没有达到与佛老理论思维平等的高度，来论证儒家价值观的必然性。而我们从范仲淹的作品中，也可以发现某种韩愈的影子，范仲淹宣扬了儒家价值观，但没有从本体论的层面上论证以"礼义"为内容的儒家之价值观有何必要性。其次，由于范仲淹没有从本体论的层面上论证儒家价值观，但是，就传统思想来说，在道家思想中，道、一或者无，本身就既具有本源性的意义，也具有本体性的意义，那么范仲淹由于没有自觉的儒家本体论的建构，而又沉浸在传统思想的影响之中，势必受到道家本体论思想的影响。这一点并非纯粹的猜测，范仲淹思想中有着明显的表现，比如他写的《老子犹龙赋》，发自内心赞美老子"观妙虚极，栖真浑元"，能够"其变不穷""无幽不通"，表

---

① 范能濬编集：《范文正公文集》卷第一《礼义为器赋》，《范仲淹全集》，第16—17页。

现出了强烈的道家思想的影响。① 范仲淹还在其他地方表现出了这种思想倾向，乃至进一步颂扬佛法：

> 老氏有云，圣皇无失。保环中而可久，率天下而守一。盖以一之妙也，冠四大而强名；式之用焉，正万灵而咸秩。莫不冥符妙有，吻合虚无。……上德不德，无为而为。保谷神而不宰，育刍狗以何私？②
>
> 原其不测，识阴阳舒惨之权；察彼无方，得寒暑往来之理。莫不广生之谓化，妙用之谓神。视其体则归于无物，得其理则谓之圣人。……若然则眇觌虚无，遐观妙有。③
>
> 余尝览释教《大藏经》，究诸善之理，见诸佛菩萨施广大慈悲力，启利益方便门。自天地山河，细及昆虫草木，种种善谕，开悟迷途。奈何业结障蔽深高，著恶昧善者多，见性识心者少。故佛佛留训，祖祖垂言，以济群生，以成大愿。所以随函类众圣之诠，总为《大藏》，凡四百八十函，计五千四十八卷，录而记之，俾无流坠。
>
> 余庆历初任知政事，时西虏背惠，侵扰边隅，劳师困民，以殄凶丑。圣人爱民恤士，命余宣抚河东沿边居民将士，途中寓宿保德水谷之传舍，偶于堂檐隙间得故经一卷，名曰《因果识见颂》。其字皆古隶书，乃《藏经》所未录，而世所希闻者也。余颇异之，启轴而观，乃十六国大阿罗汉为摩拏罗多等诵佛说因果识见悟本成佛大法之颂也。一尊七颂，总一百一十二颂。皆直指生死之源，深陈心性之法，开定慧真明之宗，除烦恼障毒之苦。济生戒杀，诱善祛邪。立渐法，序四等功德；说顿教，陈不二法门。分顿渐虽殊，合利钝无异。使群魔三恶不起于心，万法诸缘同皈于善。余一句一叹，一颂一悟，以至卷终，胸臆豁然，顿觉世缘大有所悟。倘非世尊以六通万行圆明慧鉴之圣，则无以至此。方知尘世之中有无边圣法，《大藏》之内有遗落宝文。谨于府州承天寺命僧归依别录藏之。……④

可见，我们站在今天的角度来分析，范仲淹的本体观念倒是倾向于道

---

① 范能濬编集：《范文正公集》卷第一《老子犹龙赋》，《范仲淹全集》，第14—15页。
② 范能濬编集：《范文正公别集》卷第三《圣人抱一为天下式赋》，《范仲淹全集》，第447—448页。
③ 范能濬编集：《范文正公别集》卷第二《穷神知化赋》，《范仲淹全集》，第433页。
④ 范能濬编集：《范文正公别集》卷第四《十六罗汉因果识见颂序》，《范仲淹全集》，第451—452页。

家,虽然他大力宣扬"礼义""体仁""爱民"等儒家价值观,但范仲淹并没有自觉的儒家本体论建构。这可以说是一种思想上的张力,但范仲淹并没有意识到,而是以之为当然,并写下了多篇"赋"来表达自己的这些思想。总之,范仲淹的确不是精深的儒家思想家,范仲淹也没有应对佛老挑战的意识,因此北宋儒学还需要进一步发展。

二 胡瑗易学概述

胡瑗生于公元993年,是著名的宋初三先生之一,其他二人是孙复和石介,他们都有自己的易学作品,胡瑗有《周易口义》,孙复有《易说》64篇,石介有《易口义》10卷,《易解》5卷,但是孙复和石介的易学作品都已经散佚,所以,我们在这里将主要通过研究《周易口义》来展现胡瑗的易学哲学思想。

胡瑗的易学哲学思想主要包括三个方面,第一,易之起源与易道观;第二,易学诠释方法,第三,具体的易学思想。我们在下面分别加以论述。

(一) 易之起源与易道观

关于易之起源,胡瑗是从太极元气论的层面上加以论述的。他说:

> 《易》有太极者,言大易之道始于太极。太极者,是天地未判、混元未分之时,故曰太极。言太极既分,阴阳之气轻而清者为天,重而浊者为地,是太极既分,遂生为天地,谓之两仪。[①]
>
> 夫《易》之所始,始于天地,天地之判,混元廓开,而万物之情皆生于其间。既万物之情皆生于其间,是故圣人仰以观于天文,俯以察于地理,于是画为八卦以类万物之情,以尽天地之道、人事之理,以尽乾坤水火风雷山泽之象,是《易》之卦始于天地者也。(《系辞上》,《周易口义》)
>
> 夫八卦之始本于天地,刚柔二体法于阴阳,刚则为阳爻,柔则为阴位,爻位相错杂,然后以成八卦,推荡于天地之间。若十一月一阳生而推去一阴,五月一阴生而推去一阳,是八卦相推荡于天地之间,所以成于六十四卦也。(《系辞上》,《周易口义》)

胡瑗认为易起源于太极,而所谓的太极,也就是天地未分之前的元气

[①] 胡瑗:《系辞上》,《周易口义》,文渊阁《四库全书》本。

混融的状态，太极分为阴阳二气，才有了天地，才有了阴阳二爻，阴阳二爻互相错杂以成八卦，才能反映万物之情。这是《易》的起源。因为《易》起源于太极，天地也始于太极，所以胡瑗认为易道也就是天地之道。他说：

> 夫天地二气相荡而成八卦之象，相推而成万事之理，又鼓之以震雷离电，滋润以巽风坎雨，使天下之物无不遂其性者，天地之道也。（《系辞上》，《周易口义》）
>
> 夫天地之道，乾刚坤柔，日临月照，春生夏长，秋杀冬藏，使万物绵绵而不绝者，天地生成之仁也，然不知天地生成之用也。……夫大易之道，寂然不见其体，杳然不见其形，以之悦怿生民功业万世，施为德泽则可以衣被万物，是显诸仁也，及夫推究原本，测度云为，不见其迹，是藏诸用也。是大易之与天地鬼神无以异也。（《系辞上》，《周易口义》）

可见，在胡瑗的视野中，八卦之象不仅仅是一种符号，而同时就是八种自然现象，易不仅仅是文本之《易》，同时还是天道的大化流行，总而言之，易道就是天地之道。

（二）易学诠释方法

胡瑗易学是人事易学的典型。胡瑗对《周易》的理解和诠释，是在儒者的人事视域中展开的。对于这一点，胡瑗是自觉的。他在很多地方表达了人事易学诠释进路的倾向，他的术语是"以人事言之"，胡瑗多次提到这一观念，比如：

> 九二之爻是十二月中气之后，正月中气之前，阳气发见地上之时也。田者，稼穑所生而有资宜之地也。以人事言之，则是圣贤君子有中庸之德，发见于世之时也。（《乾》，《周易口义》卷一）
>
> 初六居一卦之下，是民之象，故曰剥床以足。六四处上卦之下，切近于君，故曰剥床以肤。六二居肤、足之间，是上下分辨之际。以人事言之，则是居君民之间，臣之位也。始既剥于民，至此则剥于臣也。（《剥》，《周易口义》卷五）
>
> 《序卦》云升而不已，必困，故受之以困。言升进之道不可过极，过极则穷，困从而至矣。至如天之道升而不已，必至过亢之悔，地之道升而不已，必至龙战之灾。以天地之道至大，尚有困极，况于人

乎？以人事言之，是君子之人不得其位，不逢其时，其道不能行于天下，而身至于穷困。(《困》，《周易口义》卷八)

可见，在人事的视域中阐发《周易》的意蕴，借助《周易》说明阐释人事的意义和价值，是胡瑗所关注的重点。那么，胡瑗是如何从具有卜筮功能的卦爻辞之理解过渡到儒者生存世界的"人事"的诠释呢？这显然需要一系列的诠释方法。胡瑗的《周易口义》从形式上来讲非常整齐、系统，而其中的易学诠释方法也比较鲜明。胡瑗说："凡六十四卦，卦有六爻，一卦之体象其一时，一爻之义象其一人，六爻之道，上下相应而成变通，所以趣就一时者也。至如屯之卦，言天下屯难之时，故其卦体以象其屯。故初六居卦之始，当屯难之时，而盘桓利居正，利建侯，以苏息天下之人。至于六二言女子贞不字，言女子守正，应于九五，虽为初九，九六寇难，然专应于五，不改其节。至于六四，乘马班如，退守其正，待时而行，如此之类，是皆一卦则言其一时，其诸爻各言其一人，以趣就其时也。然则君子之人，凡所动作必从其时，不失其中，故《中庸》曰：'君子而时中'，是言君子之人，动作之间皆从其时也。"(《系辞下》，《周易口义》) 这是胡瑗解卦的根本方法，也就是把一卦当作"一时"，而所谓的"一时"，也就是一个人的社会境遇和状况，简单说来就是一个典型的"人事"，在这"一时"中，一爻就是一个人，六爻整体就成为一个人所处的社会境遇。如此一来，卦象和卦爻辞就从占筮工具过渡到义理易学的基础：人事。卜筮之书也由此转变为人生哲理指南。

事实上，《周易口义》解卦都采用了这种方法，我们随举一例：

九二，包荒用冯河，不遐遗，朋亡，得尚于中行。
《象》曰：包荒，得尚于中行，以光大也。
义曰：九二以刚明之德居中而上应于六五之君，为六五之所任，是君子见用于时，为兴泰之臣也。然而天下虽泰，其间不无荒秽，而九二既以刚居中，则必宽弘广大其心，以包藏其荒垢也，故曰"包荒"。"用冯河"者，"冯河"是暴猛之人也，九二既居重位柄重权，为天子之见任，而能远大其器量，虽此冯河暴猛之人亦能用之，何则？夫良匠无弃材，随其长短大小而皆适其用，况天下之广当泰之时，虽此暴猛之人亦有以用，故曰"用冯河"。"不遐遗"者，遐，远也，遗，弃也，言此九二之君子，荒秽者包藏之，暴猛者能用之，是皆由其广大宽厚之至，故虽遐远者亦不遗弃之也。"朋亡，得尚于中行"者,言九二既以刚明之德见任于六五,而又广大其量以容于物,故必不亲己之所亲,而亲其朋类,如此,所以得尚于中道而行也。《象》曰"以光大也"者,言九二之君子既得尚于中而行,是其道光大而明显也。(《泰》,《周易口义》卷三)

这是胡瑗对《泰》之九二的解释。对于九二来说,六五为君,九二与六五阴阳相应,君臣相得,所以"君子见用于时",这就是九二所处的"时",就是九二的人事。当然,胡瑗没有仅仅停留在把人事清晰化,而是以人事为基础大力宣扬儒家价值观。比如这里认为九二需要"宽弘广大其心,以包藏其荒垢","能远大其器量"以用暴猛之人等,都是立足于九二所处之人事,进行儒家义理的阐发。所以简单说来,胡瑗的义理易学诠释方法,包含两个步骤,第一,把卦象和卦爻辞理解为"时""人事";第二,以"时""人事"为基础,彰显儒家价值观。

(三) 具体易学思想

《周易口义》具体的易学思想,主要包括两个方面,第一,关于天道的论述;第二,关于人事的论述。关于天道,胡瑗虽然强调了道的形上性,但主要是从气论的层面来理解道。胡瑗说:

夫乾之生物,本于一气。其道简略,不言而四时自行,不劳而万物自遂,是自然而然者也。坤以简能者,夫坤之生物,假天之气,其道亦简略,其用省默而已,不假烦劳而物自生,不假施为而物自遂,是自然而然者也。(《系辞上》,《周易口义》)

道者,自然之谓也。以数言之,则谓之一。以体言之,则谓之无。以开物通务言之,则谓之通。以微妙不测言之,则谓之神。以应机变化,则谓之易。总五常言之,则谓之道也。上既言天地之神,大易之道穷变尽神,妙用无方,不可以方隅形体而求之。此又言天地生成之道,夫独阳不能自生,独阴不能自成,是必阴阳相须,然后可以生成万物。……是一阴一阳互相推荡,天覆而地载,日照而月临,所以谓之道也。(《系辞上》,《周易口义》)

言天之道,始于无形而终于有形,皆由道之所生。道者,人可以为之法,由而通之谓之道。前乎天地则混于元气,散乎方隅则潜于象类,浩然而不局于器用,推于天下则无所不通,举而措之则曲尽其变,兹乃道之本也。然始于无形而终于有形也。

器者,是有形之实。言天始于无形而生于有形,故形于下者则为

其器。器者,则为有形之用,但可止一而用之也。故在形之外者,谓之道。在形之内者,谓之器也。(《系辞上》,《周易口义》)

胡瑗对于道的理解,包括三层含义:第一,道是万物生生之本;第二,相对于形下之器有方体而言,道是神妙无穷无方无体的;第三,道就是一元之气。可见,他还是在传统元气论的基础上来理解道的。因为天道的本质是一元之气,所以在胡瑗的视野下,性善也来自气之善,他说:"性者,天所禀之性也。天地之性,寂然不动,不知所以然而然者,天地之性也。然而元善之气受之于人,皆有善性,至明而不昏,至正而不邪,至公而不私,圣人得天地之全,性纯而不杂,刚而不暴,喜则与天下共喜,怒则与天下共怒,以仁爱天下之人,以义宜天下之物,继天下之善性以成就己之性,既成就己之性,又成就万物之性,既成就万物之性,则于天地之性可参矣,是能继天地之善者,人之性也。"(《系辞上》,《周易口义》)既然性善来源于"元善之气",而圣人之为圣人的根据在于得天地之全,那么常人不能得天地之全,必然不能保证性之纯善。显然,胡瑗的性论还有善恶混的倾向。而"元善之气"何以必然"元善",胡瑗也没有详细阐释,而这一步工作,是到了张载才完成的。

关于人事的论述,胡瑗体现了一个儒者强烈的报国情怀和拯救意识,在《周易口义》的每一卦中,胡瑗都心系国家庶民之事,常明君子小人之别,他极力宣扬为君之道、为臣之道、持家之道、君子处世之道、修身之道、朋友交往之道等,可以说,《周易口义》就是一本丰富的儒家思想教科书。但考虑到本书主旨,我们对此就略而不论了。

三 欧阳修易学概述

在本部分的绪论中,我们已经介绍了欧阳修的辟佛思想。而欧阳修的辟佛理念,主要是认为佛教之所以能在中国盛行,关键在于中国自己的礼乐文明衰败,所以给了佛教以可乘之机,因此如果要应对佛教,那么就社会经济层面而言,要创造条件使广大人民安居乐业,就文化生活层面而言,则要讲习礼乐,依靠儒家思想来充实人们的精神生活。这是欧阳修的应对佛教之方。而欧阳修的易学,也贯彻了这一点,在人事的论域中大力宣扬儒家思想,反对与人事无关的易学派别。

欧阳修认为讨论人事,讲习儒家价值观的易学是"文王之易",与"文王之易"相区别的则是"筮占之易"。他说:

六十四卦，自古用焉。夏、商之世，筮占之说略见于书。文王遭纣之乱，有忧天下之心，有虑万世之志，而无所发，以谓卦爻起于奇耦之数，阴阳变易，交错而成文，有君子、小人、进退、动静、刚柔之象，而治乱、盛衰、得失、吉凶之理具焉，因假取以寓其言，而名之曰《易》。至其后世，用以占筮。孔子出于周末，惧文王之志不见于后世，而《易》专为筮占用也，乃作《彖》、《象》，发明卦义，必称圣人、君子、王后以当其事，而常以四方万国、天地万物之大为言，盖明非止于卜筮也，所以推原本意而矫世失，然后文王之志大明，而《易》始列乎六经矣。《易》之沦于卜筮，非止今世也，微孔子，则文王之志没而不见矣。夫六爻之文，占辞也，大衍之数，占法也，自古所用也。文王更其辞而不改其法，故曰大衍非文王之事也。所谓辞者，有君子、小人、进退、动静、刚柔之象，治乱、盛衰、得失、吉凶之理，学者专其辞于筮占，犹见非于孔子，况遗其辞而执其占法，欲以见文王作《易》之意，不亦远乎！凡欲为君子者，学圣人之言；欲为占者，学大衍之数，惟所择之焉耳。①

这一段话在欧阳修易学中占有重要的地位，既包括了欧阳修的易学史观，也表现了欧阳修的易学观。就易学史观而言，欧阳修认为，在易学发展史中，六十四卦是自古就有的，并且夏商时代，还有相应的"筮占之说"。在随后的发展中，文王出于教化天下的目的，一方面"更其辞"，即对以往的占辞进行改编；另一方面称六十四卦和改编后的占辞整体为《易》，以区别夏商时代的卜筮之法。到了春秋时期，孔子看到易学有沦于卜筮的危险，所以继承文王之志，作《彖》《象》以发挥六十四卦之义理，也正因为《易》本身蕴含有丰富的具有教化功能的义理，《易》才成为六经之一。显然，欧阳修总结了先秦时期易学的三个发展阶段，第一，文王之前的卜筮之易时期；第二，文王对原始卜筮之易的系统整理；第三，孔子发扬文王之志，作《彖》《象》，宣扬儒家义理。而在这种易学史观的叙述中，也体现了欧阳修的易学观。他认为，易有占法，即大衍之数，这是自古以来就有的；有卦象，但是作为"君子、小人、进退、动静、刚柔"的卦象，本身就蕴含着"治乱、盛衰、得失、吉凶"之理，这样，欧阳修就没有停留在卦象上，而是着眼于卦象背后的义理；有占辞，文王曾经系统整理过，和卦象一样既能够用于占筮，也能够用于体会其中的义理。这

---

① 欧阳修：《易或问三首》，《欧阳修全集》卷十八，第 301—302 页。

些思想体现了欧阳修一个重要的易学观念,就是易学既可用来卜筮,同时也是体现"圣人之志"的义理易学。欧阳修虽然有这样的看法,但是他没有选择卜筮之易,他也没有选择象数易学,而是自觉地弘扬起儒家的义理易学。如此一来,欧阳修的易学也表现为一种"人事之易"。

欧阳修既然认为"《易》者,文王之作也,其书则六经也,其文则圣人之言也,其事则天地万物、君臣父子夫妇人伦之大端也"①,所以他就卦象和卦辞而大力弘扬儒家的义理。他说:

> 居《屯》之世者,勿用有攸往,众人也;治《屯》之时者,动乎险而经纶之,大人君子也。故曰"利建侯"。②
> 《蒙》者,未知所适之时也,处乎《蒙》者,果于自信其行以育德而已。《蒙》有时而发也,患乎不果于自修,以养其德而待也。③
> 《需》,须也。事有期而时将至也。云已在天,泽将施也。君子之时将及矣,少待之焉。饮食以养其体,宴安和乐以养其志,有待之道也。④

欧阳修把每一卦当作一个"时",即一个人在社会中的生存境遇与遭际,以每一个"时"为基础,站在儒家价值观的高度上考察此"时",分析一个儒者应该如何做才能体现儒家价值观。很显然,通过这种考察、分析和主张,欧阳修的著作也自然而然地彰显了儒家价值观。事实上,在《易童子问》中,欧阳修阐释了四十个易卦,而每一卦都是结合着儒家思想加以论述的。

欧阳修在易学视野下结合儒家价值观阐发人事,忽略了易之筮占和象数,这是欧阳修易学的一个特点。但同时,欧阳修也反对专门探究神秘天命。他在《易或问》中集中论述道:

> 或曰:"《易》曰:'君子顺天休命。'又曰:'自天祐之,吉无不利。'其《系辞》曰:'天垂象,见吉凶,圣人象之。'《易》之为说一本于天乎?其兼于人事乎?"曰:"止于人事而已矣,天不与也,在诸《否》、《泰》。""然则天地鬼神之理可以无乎?"曰:"有而不异

---

① 欧阳修:《易或问三首》,《欧阳修全集》卷十八,第301页。
② 欧阳修:《易童子问》卷一,《欧阳修全集》卷七十六,第1108页。
③ 欧阳修:《易童子问》卷一,《欧阳修全集》卷七十六,第1108页。
④ 欧阳修:《易童子问》卷一,《欧阳修全集》卷七十六,第1108页。

也,在诸《谦》。知此,然后知《易》矣。《泰》之《象》曰:'君子道长,小人道消。'《否》之《象》曰:'小人道长,君子道消。'夫君子进,小人不得不退;小人进,君子不得不退。其势然也。君子盛而小人衰,天下治于泰矣;小人盛而君子衰,天下乱于否矣。否、泰,君子小人进退之间尔,天何与焉?"问者曰:"君子小人所以进退者,其不本于天乎?"曰:"不也。上下交而其志同,故君子进以道;上下不交而其志不通,则小人进以巧。此人事也,天何与焉?"又曰:"《泰》之《象》不云乎'天地交而万物通',《否》之《象》不云乎'天地不交而万物不通'乎?"曰:"所以云者,言天地也。其曰上下之交不交者,言人事也。呜呼!圣人之于《易》也,其意深,其言谨。《谦》之《象》曰:'天道亏盈而益谦,地道变盈而流谦,鬼神害盈而福谦,人道恶盈而好谦。'圣人之于事,知之为知之,不知为不知,所以言出而万世信也。夫日中则昃之,月缺则盈之,天吾不知其心,吾见其亏盈于物者矣。物之盛者变而衰落之,下者顺而流行之,地吾不知其心,吾见其变流于物者矣。贪满者多损,谦卑者多福,鬼神吾不知其心,吾见其祸福之被人者矣。若人则可知其情者也。故天地鬼神不可知其心,而见其迹之在物者,则据其迹曰亏盈,曰变流,曰害福。若人则可知者,故直言其情曰好恶。故曰其意深而言谨也。然会而通之,天地神人无以异也。使其不与于人乎,修吾人事而已;使其有与于人乎,与人之情无以异也,亦修吾人事而已。夫专人事,则天地鬼神之道废;参焉,则人事惑。使人事修则不废天地鬼神之道者,《谦》之《象》详矣。治乱在人而天不与者,《否》、《泰》之《象》详矣。推是而之焉,《易》之道尽矣。"①

欧阳修认为,社会中的现象,比如君子小人之进退变化,在于君子小人之间的力量对比,这是社会本身的客观之势,属于人事,和天道无关。如果说有天道,天道也必然呈现在万物当中,人们不必猜测天道,只需了解万物之表现就可以理解天道,这就是"故天地鬼神不可知其心,而见其迹之在物者"。对于人而言,只需要把握好、处理好自己身临其中的人事,那么就已经算是知天道了,这就是"天地神人无以异",而一味强调天道,则有惑乱人事之弊。由此可见,在欧阳修的视野中,天道主要还是神秘天命观意义上的天道,欧阳修出于强调人之德行,人之能动性,有搁置天道

---

① 欧阳修:《易或问》,《欧阳修全集》卷六十一,第 878—879 页。

勿论的倾向。这种观念表现出欧阳修认为天道和人事之间存在一定的紧张。

以上是欧阳修易学的大略。需要提及的是，欧阳修还认为《易传》之中除了《彖》《象》之外都不是孔子的作品，这种主张在传统社会中是颇为大胆的疑经行为。在今天来看，欧阳修的观点自然有其价值，但因为和本部分主旨无关，所以我们略而不论。

四 李觏易学概述

李觏，字泰伯，生于1009年。是当时著名的大儒，也是当时有名的政治家。李觏具有强烈的拯救民生、保家卫国的爱国情怀，也具有高远的政治抱负。李觏著《周礼致太平论》五十一篇，内容以富国、强兵、教化百姓为务。同时又著《易论十三篇》，在易学视野下从多种角度论述儒者所面临的各种问题和境遇，从而彰显儒家价值观，大力弘扬儒家思想。在这种追求和心态下，李觏的易学自然围绕着"人事"而展开。在这一点上，李觏是非常自觉的：

> 觏尝著《易论十三篇》，援辅嗣之注以解义，盖急乎天下国家之用，毫析幽微，所未暇也。世有治《易》根于刘牧者，其说日不同。……乃删其图而存之者三焉：所谓《河图》也，《洛书》也，《八卦》也。于其序解之中，撮举而是正之。诸所触类，亦复详说。成六论，庶乎人事修而王道明也。①
>
> 若夫释人事而责天道，斯孔子之所罕言。古之龟筮，虽质诸神明，必参以行事。南蒯将乱，而得"黄裳元吉"；穆姜弃位，而遇"元亨利贞"。德之不称，知其无益。后之儒生，非史非巫，而言称运命，矫举经籍，以缘饰邪说，谓存亡得丧，一出自然，其听之者亦已荒矣。《王制》曰："执左道以乱政，杀；假于鬼神时日卜筮以疑众，杀。"为人上者，必以《王制》从事，则易道明而君道成矣。②

可见，在李觏的心目当中，有人事之易和天道之易，但是儒者"急乎天下国家之用"，目的在于"人事修而王道明"，与人事之易相对而言，天道幽微，子所罕言，而论天道，尤其是论"运命"者多无视人之德行，只

---

① 李觏：《删定易图序论》，《李觏集》卷第四，中华书局1981年版，第52页。
② 李觏：《删定易图序论》，《李觏集》卷第四，第66页。

言"存亡得丧,一出自然",简直就是"缘饰邪说",惑乱社会,属于当"杀"之列。显然,李觏出于热忱的救世之心,对天道之易抱有强烈的反对态度。但事实上,虽然李觏注重人事之易,著《易论十三篇》对之进行多方面的阐发,可是人类的思维不可能仅仅局限于社会人事之中,天道之思从来就是人们的一种思想存在维度,所以,李觏又另著《删定易图序论》,作为刘牧之易的反对面,论述自己的天道之易。因此,在下面,我们首先论述李觏的人事之易,然后再讨论他的天道之易。

(一) 李觏的人事之易

李觏人事之易的思想集中体现在其《易论十三篇》中。在此书中,依次论述了为君之道、任官之道、为臣之道、治身与治家之道、遇人之道、顺时之道、交往之道,还有常变之论、祸福之论、卦时之论、易道在人之论,等等。虽然只有简约的十三篇,但包括了传统社会中儒者的社会交往维度、政治维度和天命之思,这都表现出一个儒者在易学视野下对社会、人生和天命的反思,表现出一个儒者站在儒家价值的视野下如何塑造自己的生命和生活。

那么,李觏是如何在易学视野中来表达自己的观念呢?我们以李觏论述为君之道为例:

> 曰:然则请问为君之道。
> 曰:夫用贵莫若恭,用富莫若俭。恭则众归焉,俭则财阜焉。恭俭者,先王之所以保四海也。《损》六五曰:"或益之十朋之龟,弗可违,元吉。"龟可决疑,喻明智也。以柔居尊,而为损道,明智之士,皆乐为用矣。非徒人助,天且福之。故《象》曰:"六五元吉,自上佑也。"恭之得众也如此。《贲》六五曰:"贲于丘园,束帛戋戋,吝,终吉。"丘园谓质素之地也。处得尊位,为饰之主,而每事质素与丘园相似,则费财物束帛乃戋戋众多也,俭之足用也如此。非徒俭于身也,祭祀鬼神尚可菲薄。《既济》九五曰:"东邻杀牛,不如西邻之禴祭,实受其福。"禴,祭之薄者也。谓修德以祭,虽薄而受福也。夫上之利民,以财则不足也,百姓安堵而不败其业,利之大者也。《益》九五曰:"有孚惠心,勿问,元吉。有孚惠我德。"谓因民所利而利之,惠而不费,则不须疑问,必获大吉,而物亦以信惠归于我也。夫溥爱无私,君之德也。反是则非《益》之谓也。《屯》九五曰:"屯其膏,小贞吉,大贞凶。"膏,谓恩惠也。处屯难之时,居尊位之上、不能博施群小,而系应在二,所惠偏狭,于有司之贞则吉,于大人之

贞则凶也。《比》九五曰："显比,王用三驱,失前禽,邑人不诫,吉。"谓为《比》之主,而有应在二,显比者也。不能无私于物,唯贤是于,爱于来而恶于去,用三驱之道者也。伐不加邑,动必讨叛,虽得乎显比之吉,而可以为上之使,非为上之道。故《象》曰："邑人不诫,上使中也。"夫执刚莫如体柔,责人莫如自修,尚力取胜亦已劳矣。《同人》九五曰："同人先号咷而后笑,大师克相遇。"谓不能使物自归,而用其强直,故必大师克之,然后得志也。《困》九五曰："劓刖困于赤绂,乃徐有说,利用祭祀。"赤绂,谓异方之物也。五以刚猛,物所不附,忿物不附,而行威刑,则异方愈不怀矣。而体在中直,能不遂迷,乃徐修德,则得喜悦。履夫尊位,过而能改,以斯祭祀,必受福也。夫以至尊敌至贱,胜之不足为武也。《夬》九五曰："苋陆夬夬,中行无咎。"苋陆,草之柔脆者,谓上六也。夬之时,以君子决除小人,而五尊位,躬自决之,虽其克胜,未足多也。处中而行,足以免咎而已。故《象》曰："中行无咎。"中未光也,夫安非福也,危非祸也,知危而惧,安莫如之。《否》九五曰："休否,大人吉,其亡其亡,系于苞桑。"处君子道消之时,已当尊位,能施否于小人而自戒,其将亡则得苞桑之固也。夫救弊之术,莫大乎通变。然民可于乐成,难于虑始,非断而行之,不足以有为矣。《巽》初六曰："进退,利武人之贞。"谓处令之初,未能服令,故进退也,则宜用武威以整齐之,乃能成命也。《革》上六曰："君子豹变,小人革面。"谓居变之终,变道已成,则小人变面以顺上也。夫治国始于齐家,王化本乎夫妇,百代不易之道也。《家人》九五曰："王假有家,勿恤,吉。"谓居于尊位,而明家道,则下莫不化矣。父父子子,兄兄弟弟,夫夫妇妇,六亲和睦,交相爱乐,而家道正。正家而天下定,故勿恤而吉也。凡此皆为君之道也。[①]

可见,李觏的易学诠释方法,是首先确定立论的主题,比如这里的为君之道,然后在此问题论域中,把各种能与为君之道联系在一起的卦爻辞拿过来,然后进行各种体现儒家价值色彩的思想发挥。李觏的这种易学诠释方法,与其说在解释卦爻辞,还不如说是"引《易》以证己",即为了宣扬自己的观念和主张而引用卦爻辞。这是李觏人事之易的特色,也是李觏强调从人事的角度阐发《周易》所必然决定的。

---

① 李觏:《易论十三篇》,《李觏集》卷第三,第27—29页。

(二) 李觏的天道之易

《易论十三篇》是李觏的人事之易，李觏还著有《删定易图序论》，主要是为了反对刘牧的象数易学，"世有治《易》根于刘牧者，其说日不同。因购牧所为《易图》五十五首，观之则甚复重，假令其说之善，犹不出乎《河图》、《洛书》、《八卦》三者之内，彼五十二皆疣赘也。而况力穿凿以从傀异，考之破碎，鲜可信用。大惧诖误学子，坏隳世教。乃删其图而存之者三焉：所谓《河图》也，《洛书》也，《八卦》也。于其序解之中，撮举而是正之。诸所触类，亦复详说。成六论，庶乎人事修而王道明也"①，在《删定易图序论》中，李觏对刘牧象数易学的主张多有反驳，因为本节的目的所限，我们不再论述李觏关于象数易学的一些主张，只对能够体现李觏天道之思的部分加以阐释。

李觏虽然反对刘牧的象数易学和很多主张，但是李觏的天道之思在一定程度上受到了刘牧的影响或启发。李觏说：

> 究观《系辞》以四十九分而为二，以象两，则是虚一在两仪之前也。下文太极生两仪，则又太极在两仪之前。太极与虚一相当，则一非太极而何也！……又破康伯之注"无不可以无明，必因于有"，以谓太极其气已兆，非"无"之谓。噫！其气虽兆，然比天地之有容体可见，则是无也。……吾以为天地之先，强名太极，其言易有太极，谓有此名曰太极者耳，非谓太极便有形也。如《老子》之言，恍忽中"有物"、"有象"，不可一见有字，便指为实物、实象也。②

> 厥初太极之分，天以阳高于上，地以阴卑于下。天地之气，各亢所处，则五行万物何从而生？故初一则天气降于正北，次二则地气出于西南，次三则天气降于正东，次四则地气出于东南，次五则天气降于中央，次六则地气出于西北，此七则天气降于正西，次八则地气出于东北，次九则天气降于正南。天气虽降，地气虽出，而犹各居一位，未之会合，亦未能生五行矣！譬诸男未冠，女未笄，昏姻之礼未成，则何孕育之有哉？况中央八方，九位既足，而地十未出焉，天地之气诚不备也。由是一与六合于北而生水，二与七合于南而生火，三与八合于东而生木，四与九合于西而生金，加之地十以合五于中而生土，五行生而万物从之矣。二四易位，而一三五如其初者，当所王之

---

① 李觏：《删定易图序论》，《李觏集》卷第四，第 52 页。
② 李觏：《删定易图序论》，《李觏集》卷第四，第 60—61 页。

方也。夫物以阴阳二气之会而后有象，象而后有形。象者，胚胎是也；形者，耳目鼻口手足是也。①

李觏认为，太极为天地之先，与天地有形体可见相对而言，太极是无形无象之气，太极分为两仪，则阳气上而为天，阴气下而为地，天气和地气在八个方向上互相交感、会合，则生五行金木水火土，五行生则有万物。这是李觏在易学视野下的宇宙生成论。事实上，这一宇宙生成论的细节和一些观念可能与刘牧不同，但是从太极到两仪，到五行，到万物的次序，和刘牧是一致的。李觏虽然反对刘牧，但他的宇宙论还是受到了刘牧的影响。

李觏还认为乾之四德，即元亨利贞，体现了天道。他说：

> 大哉乎乾之四德也，而先儒解诂未能显阐，是使天道不大明，君子无所法。若夫元以始物，亨以通物，利以宜物，贞以干物，读《易》者能言之矣。然所以始之、通之、宜之、干之，必有其状。窃尝论之曰：始者，其气也。通者，其形也。宜者，其命也。干者，其性也。走者得之以胎，飞者得之以卵，百谷草木得之以勾萌，此其始也。胎者不殰，卵者不殈，勾者以伸，萌者以出，此其通也。人有衣食，兽有山野，虫豸有陆，鳞介有水，此其宜也。坚者可破而不可软，炎者可灭而不可冷，流者不可使之止，植者不可使之行，此其干也。乾而不元，则物无以始，故女不孕也。元而不亨，则物无以通，故孕不育也。亨而不利，则物失其宜，故当视而盲，当听而聋也。利而不贞，则物不能干，故不孝不忠，为逆为恶也。是故《文言》曰："元者，善之长也；亨者，嘉之会也；利者，义之和也；贞者，事之干也。"唯君子为能法乾之德，而天下治矣。②

这是把元、亨、利、贞分别理解为始物、通物、宜物、干物，而所谓的始，就是万物发生之气；所谓的通，就是万物成长之形，所谓的宜；就是万物所得之命；所谓的干，就是万物所禀之性。这是就乾之四德来看天道，其中包括万物的发生发展，也包括万物之命之性。但是这都是天道呈现的内容，天道到底是什么？李觏并没有解释。李觏又说："命

---

① 李觏：《删定易图序论》，《李觏集》卷第四，第54—55页。
② 李觏：《删定易图序论》，《李觏集》卷第四，第64—65页。

者天之所以使民为善也，性者人之所以明于善也。观其善则见人之性，见其性则知天之命。"① 这是继承了儒家传统的说法，认为人之命之性都来源于天，但是李觏依然没有解释天到底是什么。可能李觏关于天的观念，也是继承了传统的说法，天既具有宇宙论的一面，也有其宗教神秘性的一面，但无论如何，天外在于人的客观性的色彩非常浓烈，正因为如此，李觏在一定程度上反对只论天道而忽视人事。他说："若夫释人事而责天道，斯孔子所罕言。"② 可见，在一定程度上，李觏认为天道和人事有一种紧张。因为李觏对于天道和人事有这样的看法，所以他偏重于人事之易。

第三节　在儒学复兴视野下对北宋早期易学的反思

在前两节，我们分析了李之才、刘牧的象数易学，以及范仲淹、胡瑗、欧阳修和李觏的义理易学，这是从大宋立国到北宋五子之前易学的主要发展，他们的易学有据可查，有文本可以分析，并且具有一定的代表性。而我们之所以选择这几位思想家的易学作为邵雍易学哲学研究的铺垫，一方面是因为邵雍哲学本身的易学特点，另一方面是因为易学和北宋儒学复兴紧密相关。北宋儒学复兴一方面是社会的政治经济状况所决定的，另一方面是儒学在应对佛老思想挑战的情况下开始的。就前者而言，这是外在于思想发展的社会条件，本书搁置不论，就后者而言，儒学复兴承担着理论创新，而此理论创新必须要有足够的高度和深度才能应对佛老尤其是佛教理论的挑战。我们在"绪论"中已经指出，佛教对儒家思想的挑战，主要是消解了传统儒家的天命观和天命观统摄下的元气论，虽然佛教所主张的伦理和行为规范也不同于儒家的伦理价值观，但是传统儒家伦理价值观的基础是天命观和元气论，如果天命观和元气论被消解，被"万法皆空"和"万法唯心"所取代，那么儒家传统的天命观是"空"的，传统天命观统摄下的元气论也是"空"的，既然天命观和元气论都是"空"的，都不具有实在性，那么儒者所生存的世界以致生命、生活本身，都是"空"的，都不具有实在性，自然而然以之为基础的包括三纲五常在内的儒家价值观，也都是"空"的，都不具有实

---

① 李觏：《删定易图序论》，《李觏集》卷第四，第66页。
② 李觏：《删定易图序论》，《李觏集》卷第四，第66页。

在性。可见，佛教对儒家思想的挑战非常严重，她从各个层面构成了对儒家思想的冲击，而根本在于天命观及其元气论，其次在于儒家的价值观和儒者的生活世界。如果用天道观来涵括天命观和元气论，用人事观来涵括儒家的价值观和儒者的生活世界，那么佛教的挑战即包括对儒家天道观的挑战，也包括对儒家人事观的挑战，而根本则是对儒家天道观的挑战。道家道教对儒家的挑战类似于佛教，佛教主张"万法皆空"和"万法唯心"，道家道教则认为儒家天道观来自"无"，如果"无"是儒家天道观的基础，那么儒家天道观及其统摄的人事观，也就不是真实的，不是彻底的，真实的和彻底的只是"无"与"自然"。如此一来，"无"消解了儒家的天道观，和"无"紧密联系在一起的"自然"则消解了儒家的价值观。所以道家道教也构成了对儒家天道观和人事观的挑战。那么，在社会创造了合适的政治和经济条件下，儒学如何通过理论创新来应对佛老挑战，来完成儒学复兴的伟业呢？

事实上，就思想而言，当佛老的挑战明晰化以后，儒者必须从相应的理论层面加以应对，加以理论创新，并通过在社会上讲学加以推广，才可以完成儒学的复兴。而我们今天来看，北宋儒学复兴，事实上就是通过重新诠释传统儒学的天道观，从而论证儒家思想的基础，即形上的天道具有实在性，再以此为基点，推致元气论的实在性，推致儒家价值观和儒者生活世界具有实在性，从而完成新儒学的理论建构，完成儒学复兴。一言以蔽之，新时期的儒学复兴需要论证天道的实在性和人事的实在性。要从学术上、理论上复兴儒学，就必须要重新诠释经典。事实上，五经之中只有《周易》既包蕴了详细的天道内容，也包蕴了详细的人事内容，所以儒学复兴必然会从易学中获得资源和动力。余敦康先生说：

> 宋代易学的发展是和儒学复兴运动紧密联系在一起的。这种儒学复兴运动的主要目的，一方面在于排斥佛老，承接道统，站在理论的高度来论证儒家的仁义礼乐的文化理想，建立一个取代佛老特别是佛教的新儒家哲学，另一方面在于力图从这种哲学中引申出一套经世之学和心性之学，以配合当时的改革事业，培养一批以天下为己任的人才。胡瑗对此作了很好的概括，称之为明体达用之学。因而"明体达用"四个字可以看作是儒学复兴运动的纲领。当时具有不同倾向的思想家围绕着明体达用进行探索，不约而同地都选择了《周易》作为主要的经典依据。易学的繁荣就是由于这种具体的历史动因而促成的。既然明体达用成为当时人们所追求的共同目标，所以人们也就很自然

地把是否做到明体达用树立为评判各派学术得失利弊的共同标准了。就易学而言，由于象数派"多参天象"，在明体方面可以作出贡献，但在达用方面就未免显得欠缺，义理派"全释人事"，可以"急乎天下国家之用"，但对大化流行的道体则研究得不够充分，因而这两派必须互补，走合流的道路。①

余敦康先生从"明体达用"的角度，来揭示北宋儒学复兴选择《周易》作为经典依据的必然性。这里的"明体"，是指从理论的高度来论证儒家的文化理想，具体来说，象数派"多参天象"，在明体方面作出了贡献。这里的"达用"，是指经世之学和心性之学，具体来说，义理派"全释人事"，在达用方面作出了贡献。余先生从"明体"和"达用"的角度来说明北宋易学的贡献，类似于我们要从天道和人事两个方面说明北宋易学的贡献。但是我们强调，这只是表层的类似。我们认为，北宋易学在天道方面的贡献，在于建构新的天道观，在于论证天道的实实在在，从而应对佛老的挑战，而并不是依靠象数易学"多参天象"的旧的进路，就能够保证成功的"明体"。事实上，如果没有新的理论诠释，这种"多参天象"仅仅是在传统宇宙论层面上的思想体系，但传统宇宙论和传统天道观已经被佛老所消解否定，象数易学又如何真正"明体"呢，又如何达到应对佛老的目的呢？北宋易学在人事方面的贡献，也不仅仅在于宣扬儒家的价值观、经世之学和心性之学，而更在于超越人事，从道论的高度论证儒者人事的实实在在。如果义理易学仅仅"全释人事"，仅仅"急乎天下国家之用"，那么在儒者生活世界已经被佛老所消解的情况下，"全释人事"又有什么意义呢，"急乎天下国家之用"又有什么意义呢？所以，余敦康先生从"明体达用"的角度说明北宋儒学复兴何以必然选择《周易》作为经典依据，说明易学在北宋儒学复兴中的贡献，固然非常准确。但是，余先生并没有对如何有效地"明体"，如何有效地"达用"，如何有效地应对佛老进行深度论述。因为这一步工作没有做，那么在余敦康先生眼中，李觏易学在一定程度上可以和邵雍易学或者程颐易学等同而论。但是按照我们的标准，按照是否建构新的道论或者天道观，来衡量北宋五子之前的早期易学，它们固然有其历史意义，有其承续易学发展和儒学发展的意义，为北宋五子成功的儒学建构提供思想资源，是北宋五子之前易学和儒学发展不可缺

---

① 余敦康：《汉宋易学解读》，华夏出版社2006年版，第135页。

少的环节,但是它们的理论缺陷也一览无余。

事实上,就李之才和刘牧的象数易学而言,他们固然"多参天象",但并没有建构新的道论,并没有真正的"明体"。对于李之才而言,他的象数学是以乾坤二卦为前提的种种推衍,而这种种推衍的基础,就是乾为天、坤为地,就是天地之间阴阳二气的交感不息,李之才象数学的这种意蕴决定了他的易学停留在元气论层面,停留在宇宙论层面。但是,元气论、宇宙论在佛教"万法皆空"和"万法唯识"的观念下已被消解,在道家道教"无"与"自然"的观念下已被消解,所以李之才的象数学虽然具有繁荣易学的意义,但是无法承担起儒学发展的任务。

对于刘牧而言,他的象数易学从内容上来说比李之才易学更加丰富,但是刘牧易学的哲学本质,是站在太极元气论的基础上,描绘种种宇宙发生和发展的图示,这些图示虽然繁荣了易学,虽然推动了象数易学在宋代的发展,但是,刘牧的易学,刘牧对天道的理解,依然停留在宇宙论的层面。与李之才相比,刘牧在自己的象数易学中还试图为儒家价值观寻找一种天道上的基础,他说:"《易》之为书也广大悉备,有天道焉,有人道焉,有地道焉,兼三才而两之,故六,六者非他也,三才之道也。然则三才之道上中下之位,三才之用舍五行则斯须无以济矣。至于人之生也,外济五行之利,内具五行之性,五行者木火土金水也,木性仁,火性礼,土性信,金性义,水性智,是故圆首方足最灵于天地之间者,蕴是性也。人虽至愚,其于外也日知由五行之用,其于内也或蒙其性而不循五常之教者,可不哀也?"(《易数钩隐图》卷上)但是五常之性归结为五行之性,而五行只是宇宙论的概念,在佛老思想已经消解了传统儒学元气论和宇宙论实在性的情况下,五行之性又何以具有实在性?仁义礼智信又何以具有实在性呢?所以,李之才和刘牧的象数易学,虽然"多参天象",但是这种"多参天象"具有浓厚的传统天道观的色彩,在新时代,在佛老挑战的时代,这种宇宙论进路的天道观建构,并不能有效地"明体"。

就欧阳修而言,他具有强烈的振兴儒学的担负意识,他著《本论》三篇,正是为了反省佛教在中国繁盛的原因,正是为了在当时的社会中加强儒学建设。但是欧阳修根本没有建构新的天道观的意识。在《易童子问》中,欧阳修对四十卦进行解说,无一处涉及天道,在《易或问》中,欧阳修更是明确地宣扬人事而反对论及天道。在欧阳修的视野中,天道似乎与人事相矛盾,为了避免"阔论"天道而导致人事不修,欧阳修试图把天道观搁置起来,或者拉低到当下的实然的社会层面中,最终用人道来融摄天道。虽然欧阳修大力辟佛,但是他没有意识到人道的基础在于天道,没有形上天道之实在性作为基础，人道的实在性在佛老"空""无"思想的挑战下，是没有必然性的。李觏和欧阳修极其相似。在"绪论"中我们已经谈到李觏也是当时极力辟佛的儒者，但是李觏也是从社会的层面上，从人事的层面上，从实然的层面上，急国家之建设，虑人民之福祉，从而大力宣扬儒家价值观。李觏也没有自觉地建构道论或天道观的意识。我们在前面论述了李觏的"天道易学"，但这部分内容还是在刘牧象数易学的刺激下，为了反对刘牧的具体观念，才提出了自己相应的主张。李觏在谈及乾之四德的时候，试图从天道的层面上加以论述，但是最终也只是在气论的层面上来理解天道。总之，欧阳修和李觏都没有意识到道论或者天道观在振兴儒学中的重要意义，都没有自觉的意识去建构道论或天道观。对于范仲淹而言，他似乎不避讳谈论天道，但是范仲淹仅仅把道视为一种价值理想，视为一种最高的概念，而这种概念的具体内涵，可以说是来者不拒，以致范仲淹的道论受到了佛老的强烈影响。在范仲淹的这种思路下，儒学无法区别于佛老，更遑论儒学的复兴。

与范仲淹、欧阳修和李觏相比较，胡瑗的义理易学可以说是有很大的进步，他一方面在《周易口义》中从各种角度宣扬儒家价值观，另一方面也认识到儒学的基础在于道论。他说：

> 夫圣人得天地之正性，继天地之行事，故无所不知，无所不明。贤人得天地之偏，又可以仰及于圣人之行事。然圣人之道至深至奥，贤人尚可以偏窥之。至于天下百姓，常常之人，得天性之少者，故不可以明圣人所行之事。夫大易之道，载圣人之行事，包乾坤之生育，鬼神之妙用、人道之终始无不备于其间。圣人体其用，成其功业，发见于天下则天下之人咸戴而行之，莫知所以然而然也。然而圣人君子虽能体易道以为用，观易道以施化，然能悟君子之道者亦鲜矣。（《系辞上》，《周易口义》）

这是认为圣人之所以为圣人，在于"得天地之正性"，而所谓的天地之正性，也是由天道所赋予。所以"大易之道"，也即天道，包蕴人道，人道以"大易之道"或天道为基础。胡瑗的这种观念，超越了具体的人道人事而直探天道之本，正是抓住了儒学复兴必然要从建构道论入手的关键。所以朱熹以胡瑗为"宋初三先生"之一并非偶然。但是胡瑗的儒学建构并不是完全成功的。因为胡瑗对天道的最终理解，依然是传统的元气论。在胡瑗的视野中，所谓的道也就是元气。可是正如我们前面所论述，传统的元气论以及统摄元气论的天命观，已经被佛老尤其是佛教的理论所消解。那么，成功的新儒学，成功的道论，必然要超越元气论、宇宙论的层面，超越传统的神秘的天命观，寻找一种新的进路才能获得成功的建构。

这种新的进路就是本体论的进路。本体论不同于宇宙论。宇宙论是关于宇宙发生发展过程和规律的理论，就其本质而言，宇宙论论述的是实然的现象，主要通过对宇宙生成的描述来说明世界和万物的本质，而实然的现象在佛教"万法皆空"和"万法唯心"的视野下，是不能保证自己的实在性的。简而言之，佛教认为现象的本质就是"空"，是没有实在性的；实然的现象在道家道教"虚无"思想的视野下，也是不究竟的，因为按照道家道教的观念，现象的根本是"虚无"，如此一来，现象的实在性也无法获得保证。那么儒学复兴必然要超越对现象的直接强调，而从形上的层面论述现象的本体的实在性，又根据本体即是现象的本体、本体不离于现象的原则，从而来确保现象的实在性，最终达到应对佛老挑战的目的。

本体论也不同于神秘的天命观。神秘的天命是外在于人的客观的神秘莫测的存在，它是宋代以前传统儒者的信仰基础。虽然在先秦以前，就已经发展出了"以德配天"的思想，为儒家价值观提供天道基础，但是天命还是具有强烈的神秘色彩，并且神秘的天命观并不能解释所有的社会现象，比如德福不一致等，在佛教人士的批评下，在"万法唯心"观念的冲击下，神秘天命观暴露出很多问题，它无法保证自己的实在性，自然也无法保证人之为善和儒家价值观的必然性。所以神秘天命观也必然要被超越。而新儒学的本体论，根据本体的实在性和至善，则必然能够保证人之性善和儒家价值观的实在性。总而言之，儒学本体论超越了宇宙论和神秘天命观。在新的视域中论证了儒者生活世界的实在性，论证了人之性善的必然和儒家价值观的实在性。因此，儒学本体论的产生，是相对于传统儒学的进一步发展，是应对佛老挑战的关键，是北宋儒学复兴成功的标志。在这一时期，北宋五子出现了，他们建构了自己的本体论，他们的儒学体系超越了前人，完成了时代使命，他们为北宋儒学复兴作出了自己的贡献。

第二章　邵雍先天学本体论研究

　　本体论是一种世界观，是哲学家面对宇宙、社会和人生追问存在根据的理论体系。同时，本体论也是一种思维方式和思维水平的标志，是人类理性和精神思维成熟的标志。在中国传统儒学中，与本体论相对而言的思想是神秘天命观以及宇宙生成论。神秘天命观属于传统儒家天道信仰，脱胎于原始宗教，天命是社会人事存在、变化的神秘茫然的绝对权威和最终解释，天命与人事通过神秘的感应保持联系，但在此种信仰视野下的天道表现为神秘的天命，因此本体论与神秘天命观相比较而言，本体论的理性因素更加显明。同时因为神秘天命是外在于人的，高高在上，因而人的自我实现缺乏自主性和必然性，而理性认知的本体是能够呈现于儒者生命之中的，所以儒者通过道德的内省和践履能够实现真正的内在超越、真正的天人合一，而非天人感应视野下的外在天人合一。在北宋儒学复兴以前，神秘天命观通常是结合着宇宙论的，宇宙论通过追溯某种最初物质和阶段以解释和说明宇宙万事万物发生发展和运化的规律，此最初的始源和原初物质属于实然的形下层面。而本体论则超越形下世界的具体变化发展，从形上的高度，抽象出宇宙万象的存在依据和最高原则，以此来说明宇宙万物的存在和变化。本体论所回答的是宇宙、社会和人生存在的终极根据的问题，属于形上的层面。哲学家只有达到本体论的层面，他们对宇宙、社会和人生才有一种根本的整体的把握，才有一种洞明天地人之道的体悟，才有一种泰然处之、安乐不惊的境界。在儒学发展史上，北宋之前的儒学基本上处于宇宙论阶段，相信神秘的天命存在，通过天人感应和天人类比为人生的实践寻找根据；而北宋新儒学通过体用关系对天人合一的宇宙观进行了全新的诠释，达到了儒学本体论的高度。在北宋儒学复兴中，儒学本体论的出现超越了传统的神秘天命观及其统摄下的宇宙论。

　　在北宋儒学复兴中，儒学本体论的成功建构，还具有应对佛老"空""无"思想挑战的意义。佛老"空""无"思想具有消解传统儒家神秘天命观及其统摄之下的宇宙论的作用，传统儒家神秘天命观被消解，则必然带来儒者生存世界和儒家价值观实在性的消解。儒学复兴通过理论创新，通过建构儒学本体论，在形上本体的层面明确儒家本体的实在性，从而论证儒者生存世界和儒家价值观的实在性，最终得以成功应对佛老"空""无"思想的挑战。

在北宋儒学复兴中，就本体论的具体内容而言，因为追问方式和思考视域不同，不同的哲学家具有不同的本体论体系。包括邵雍在内的北宋五子这些大儒们基本都达到了本体论层面。略而言之，张载通过虚气之辨，建构了气本论哲学；程颐通过理象之辨、理物之辨，建构了理本论哲学；在《太极图说》时期，周敦颐是太极衍化之学，其很大程度上尚属于宇宙论，在《通书》时期，周敦颐哲学则已经呈现为"乾元与诚"的本体之学；对于邵雍而言，他也建构了自己的本体论。在邵雍本体论中，根据不同的语境，本体被称为道、太极与神、心、先天，本体的称谓虽然有多个，但是这只是随语境不同而导致的称谓不同，在邵雍哲学中，本体的实质是宇宙万事万物的存在根据和生化根据。在本章中，我们首先详细介绍邵雍本体论的内涵，其次把邵雍本体论与同时代儒者的本体论加以比较，最后还会比较邵雍心本论与陆王心学的异同。

第一节 邵雍先天学本体论的内涵

在邵雍的本体论视野中，从逻辑上来讲，宇宙全体包含两个不可分离但又有所区别的层面，即本体和现象。现象是当下生活世界中生生不息的万事万物，本体是现象存在以及生化的根据。本体超越于具体的现象，但又呈现、体现在现象之中。邵雍为了形容本体的特点，往往用不同的概念来表达本体的内涵，他有时说"道为天地之本"[1]，有时说"心为太极"，"道为太极"，[2] 有时还说"神亦一而已，乘气而变化，能出入于有无死生之间，无方而不测者也"，"道与一，神之强名也"[3]，这些表述看似混乱，但都是邵雍本体论的关键命题。如果我们同情地从整体上把握邵雍的思想就会发现，"道为天地之本"，是着眼于道和天地万物之间所具有的本体现

---

[1] 邵雍：《观物篇五十三》，《皇极经世书》卷十一，第490页。
[2] 邵雍：《观物外篇下》，《皇极经世书》卷十四，第522页。
[3] 邵雍：《观物外篇下》，《皇极经世书》卷十四，第528页。

象之关系而立论的。"道为太极",则是着眼于本体虽然不离于万物,但是必然超越于万物的具体性,否则道必有所偏,不能成其为万物的本体,所以道必然为"一"。此"一"也就是"太极",同时,这一命题也表明,在邵雍的视野中,本体也可被称为太极。无论是"道为天地之本",还是"道为太极",都只是强调了本体的客观意义,而仅仅从客观的角度突出本体,此本体必然与人之生命无甚关系。在此前提下,儒者之体道、证道如何实现?天人合一还如何保证?所以邵雍又提出"心为太极",通过对"心"的本体诠释,从根基上、从本体的高度解决了天人合一的必然性,这就是"心为太极"的重要意义。"神亦一而已,道与一,神之强名也",则着眼于本体之为本体,不是孤悬于天地万物之外的,而是呈现、体现在天地万物之中的。这种呈现、体现,不是虚的、形式的,不是仅仅作为道理、规律规则"无力"地存在着,而是实实在在、有其大用的,这种大用,就是"神",但又因为它是本体之用,是鼓舞万物生生不息的大用,并不是具体事物之用,不是器用,所以它也是"一",即是道。由此可见,邵雍看似混乱的表述,其实有其必然的逻辑,有其特殊的所指,邵雍不但着眼于天地万物存在和运化的根据而提出本体为道,而且强调本体之超越性,强调本体实实在在的大用,同时更强调了本体不但具有客观意义,而且具有主观意义;邵雍本体论可谓既分析了本体和现象之间的关系,又突出了天人合一。在下面,我们对此加以详细论述。

一 本体为道

邵雍论述本体为道,从诠释《周易·系辞》中"穷理尽性以至于命"这一命题入手。他说:

> 天使我有,是之谓命。命之在我之谓性,性之在物之谓理。[①]
> 《易》曰:"穷理尽性以至于命。"所以谓之理者,物之理也。所以谓之性者,天之性也。所以谓之命者,处理性者也。所以能处理性者,非道而何?是知道为天地之本,天地为万物之本。以天地观万物,则万物为万物;以道观天地,则天地亦为万物。道之道尽之于天矣,天之道尽之于地矣,天地之道尽之于万物矣,天地万物之道尽之于人矣。人能知其天地万物之道所以尽于人者,然后能尽民也。[②]

[①] 邵雍:《观物外篇下》,《皇极经世书》卷十四,第528页。
[②] 邵雍:《观物篇五十三》,《皇极经世书》卷十一,第490页。

天由道而生，地由道而成，物由道而形，人由道而行。天地人物则异也，其于由道一也。夫道也者，道也。道无形，行之则见于事矣。①

"穷理尽性以至于命"是儒家哲学中的经典命题，它代表着儒者对天命的认识以及希望通过何种方法以体悟天命的价值追求。邵雍对之作出了自己的诠释。他认为，理是对物而言，即理是物之理；性是对人而言，即性是人之性。但无论是"物理"还是"人性"，都是天所赋予，那么在这种天、人、物的大视野下，儒者如果能够认识到这种天人物的关系结构，并且能够认识、通达物理，涵养、呈现人之天性，那么就可谓"知命"，也即知天之所命，知天之所赋予于物，知天之所赋予于人。更进一步，在理想状态下，怎样才能够尽善尽美地呈现物理、人之天性呢？邵雍认为要知"道"。因为物理和人之天性本来就是从道而来，所以能够彻底敞开地呈现物理与人之天性者，也必然要回到道的状态。因此，道就是天地万物和人之"本"，它呈现为物理，呈现为人之天性，它是天地万物和人之存在的根据，它就是宇宙的本体。它不同于具体的事物，所以是"无形"的，但是它作为本体无时无刻不呈现在天地万物和人之生命中，所以"行之则见于事矣"。

值得注意的是，邵雍提到"道之道尽之于天矣，天之道尽之于地矣，天地之道尽之于万物矣，天地万物之道尽之于人矣"，这里有一个概念的序列：道、天、地、万物、人，邵雍这种概念的细分，一方面可能是受到《老子》"人法地，地法天，天法道，道法自然"命题的影响，另一方面，则和邵雍热衷把万事万物仔细分类相关，关于这一特点，我们会在邵雍象数哲学中更强烈地感受到。不过，透过这有些繁琐的罗列，就整体而言，就终极而言，宇宙万事万物的本体还是道。道尽天地，而又"无形"，所以是本体论的观念，不是宇宙生成论。但邵雍有宇宙论，有万物生成论。

在邵雍的视野中，就宇宙全体而言，本体为道，道是宇宙全体包括人的存在根据，但在某些时候，邵雍还有"天地之道"的概念。"天地之道"相对于宇宙全体而言的"道"有一定区别，它是就天地万物大化流行而言，是就阴阳造化而言，是就宇宙论视野下天地所蕴含的规律而言，因

---

① 邵雍：《观物篇五十九》，《皇极经世书》卷十二，第 501 页。中州古籍本作"天由道而生，地由道而成，物由道而行。天地人物则异也，其于道一也。夫道也者，道也。道无形，行之则见于事矣"。依《道藏》本改。

为它已经涉入阴阳气化的层面,已经涉入宇宙论。所以,此"天地之道"还不等于作为宇宙全体本体的"道",虽然它也是作为宇宙全体本体之"道"呈现的,它相对于天地万物来说已经表现出规律义,但是还不能说它就是作为宇宙全体本体的"道",而毋宁说它是作为宇宙全体本体的"道"在某一特殊领域的呈现。

邵雍说:

> 天生于动者也,地生于静者也。一动一静交,而天地之道尽之矣。①
> 一阴一阳,天地之道也,物由是而生,由是而成也。②
> 阳者道之用,阴者道之体。阳用阴,阴用阳,以阳为用则尊阴,以阴为用则尊阳也。③

这里以"一动一静"的运动解释"天地之道",用阴阳互用解释道之"体""用",都是就气之运动而言,都是在探讨宇宙论的问题,它是本体之道挂搭着气化而言,因此就有了一定的特殊性。所以,严格意义上的"天地之道",还不能等于作为宇宙全体本体的"道",即便它是本体之道的呈现,与本体之道有莫大的关系。总之我们强调,因为本体之道不是孤悬的,而是呈现在天地万物和人之生命中的,所以道也必然涉入宇宙论问题,必然涉入人生论问题,但我们很有必要认识清楚,在邵雍的视野中,二者还是有所区别的,我们不能因为邵雍谈论宇宙论视野中的"天地之道",就以为邵雍之"道"仅有宇宙论的意义,就以为邵雍仅就气化、仅就阴阳造化而论"道"。这就会贬低邵雍之"道"的内涵和意义。其实,邵雍对二者之间的区别是十分自觉的,他说:

> 人皆知天地之为天地,不知天地之所以为天地。不欲知天地之所以为天地则已,如其必欲知天地之所以为天地,则舍动静将奚之焉?夫一动一静者,天地至妙者欤?夫一动一静之间者,天地人至妙至妙者欤?是故知仲尼之所以能尽三才之道者,谓其行无辙迹也。④

---

① 邵雍:《观物篇五十一》,《皇极经世书》卷十一,第487页。
② 邵雍:《观物外篇下》,《皇极经世书》卷十四,第523页。
③ 邵雍:《观物外篇下》,《皇极经世书》卷十四,第523页。
④ 邵雍:《观物篇五十五》,《皇极经世书》卷十一,第494页。

所谓的"天地至妙者",也就是"天地之道",邵雍用"一动一静"来解释,与前面我们所论一致,但是在很大程度上"天地之道"是就气化而言,是就宇宙论而言,不能等于作为宇宙全体的本体之道,所以邵雍又提出了"一动一静之间者"。"一动一静之间者",也就是超越于"一动一静"者,就是超越于阴阳造化、宇宙论者,它就是作为宇宙全体的本体之道,它就是天地人"三才之道"。圣人所效法、体证者,也就是超越于"一动一静"的"三才之道",而不仅仅是"一动一静"的"天地之道"。从宇宙全体之本体的意义上看待"道",看待圣人所效法、所体证者,才没有贬低道,才没有贬低圣人。

二 太极神用

邵雍认为宇宙全体的本体是道,在一定程度上是在继承传统道论的前提下,着眼于道物关系而言的。有时候,邵雍为了突出本体相对于万事万物之具体性而具有的超越性而言,又把本体之道称为"太极"。邵雍说:

> 心为太极,又曰道为太极。①
> 太极,道之极也;……②
> 能造万物者,天地也。能造天地者,太极也。③
> 元有二,有生天地之始,太极也。有万物之中各有始者,生之本也。④

在这些表述中,"道为太极","太极,道之极也",都是直接就道作的引申,是把太极等同于道;而在"能造万物者,天地也。能造天地者,太极也"这一命题中,则强调了太极的本体地位。需要强调的是,此处的"造"并没有停留在宇宙论意义上的"生出之造",因为在当下万物之生生不息的过程中,天地是超越于万物个体而作为万物之本体存在的,天地并没有"制造出"万物,而是天地赋予万物之"性",万物凭此"性"自然大化流行,这就是"能造万物者,天地也"的意义,因此不能把此处的

---

① 邵雍:《观物外篇下》,《皇极经世书》卷十四,第522页。
② 邵雍:《观物外篇下》,《皇极经世书》卷十四,第522页。
③ 吕祖谦编:《无名君传》,《宋文鉴》卷一百四十九,第1611页。
④ 邵雍:《观物外篇下》,《皇极经世书》卷十四,第522页。中州古籍本原文为:"元有二有生,天地之始者,太极也。有,万物之中各有始者,生之本也。"义不通,据《道藏》本改。

"造"仅仅理解为"生出之造"或"制造"。与此相一致,"能造天地"的太极,也没有仅仅停留在宇宙论的意义上。实际状况是,对于"天地"而言,太极超越于天地之形象,作为天地的本体而存在,这就是"能造天地者,太极也"的真实意义。事实上,这里的太极、天地、万物的概念序列,和前面我们所论的"道之道尽之于天矣,天之道尽之于地矣,天地之道尽之于万物矣,天地万物之道尽之于人矣"中存在的概念序列,也是一致的。这反映了邵雍热衷排列的习惯,同时这种概念序列说明在邵雍本体论中蕴含着"等级性体用观"①的意义;在"元有二,有生天地之始,太极也。有万物之中各有始者,生之本也"这一命题中,则通过"元"说明太极的超越性,说明太极的本体地位。此命题中的"生"和"始"也没有仅仅停留在宇宙论的意义上,正因为"生之本"具有超越性,才能称其为"元"。对于万物来说,其"元"是"生之本",对于天地来说,其"元",其"生之本",也就是太极。事实上,这一思想与前面的命题也是一致的。

不过,我们强调邵雍哲学中太极的本体意义,并不是说邵雍哲学中太极就完全没有宇宙论的意义。事实上,汉唐时期,太极主要指作为宇宙本源的元气,它的确是一个宇宙论的概念,在其中的魏晋玄学时期,太极因为"有无之辨",明确具有了本体论的意义,但在之后思想文化的主流中,太极的宇宙论意义和本体论意义一直是共存的。而到了南宋朱熹那里,太极指"理"而言,就纯粹是一个本体论概念了。而邵雍继承并创新了这一传统的概念,也就是说,一方面他继承了太极的宇宙论意味,另一方面他的创新使太极没有仅仅停留在宇宙论的意义上,而具有了本体论的意义。在"元有二,有生天地之始,太极也。有万物之中各有始者,生之本也"这一命题中,太极就在一定程度上具有宇宙开端的意义,但是太极并没有仅仅停留在宇宙开端的意义上,而是在宇宙发展过程中,一直作为本体而发挥着作用。如果太极仅有开端义,没有本体义,那么邵雍就不会在本体为道的前提下,明确地说"道为太极"了。事实上,太极作为本体,既超越于万物之具体性,又存在于万物之中。在下面这段描述中,这种特征非常明显:

> 太极既分,两仪立矣。阳下交于阴,阴上交于阳,四象生矣。阳交于阴,阴交于阳而生天之四象;刚交于柔,柔交于刚而生地之四象。于是八卦成矣。八卦相错,然后万物生焉。是故一分为二,二分

---

① 后文有关于邵雍哲学中存在"等级性体用观"的详论。

为四，四分为八，八分为十六，十六分为三十二，三十二分为六十四。……十分为百，百分为千，千分为万，犹根之有干，干之有枝，枝之有叶，愈大则愈少，愈细则愈繁，合之斯为一，衍之斯为万。①

这里是对从太极到两仪、四象、八卦和万物的论述，仿佛介绍了一个宇宙论的过程，太极仿佛是一个宇宙论的概念。事实上，在这段话中有一个非常重要的命题："合之斯为一，衍之斯为万。"这一衍一合描述的是一个共时的存在结构，指谓宇宙的不同层面之间的相互联系和转化。其中的"一"是太极，"万"是万物，就万物来讲，不能只看到"万"的差别，更要看到万物背后的统一性、同一性；就"一"来说，不能只看到"一"的统一性、同一性，更要看到它呈现在万物之中的必然性。这就是"一"和"万"的共存关系，这就是"一衍一合"的双向关系，也就是本体和事物之间互不分离的关系。把太极称为"一"，正是强调了本体太极所具有的相对于万物之具体性的超越性。如果"一"仅仅是本源，仅仅具有时间历程中"元始"阶段的意义，那么在宇宙已经分化的情况下，"合之斯为一"根本不能成立。因此可以确定，在邵雍的视野中，太极有本源的意义，但是，太极更具有本体的意义，太极强调了本体的超越性，当然本体虽然超越于万物，但不离于万物，而就在万物之中发挥着本体的作用。这于是带来进一步的问题：相对于万物而言，太极的本体作用，究竟是什么呢？

事实上，太极的本体作用，就是"神"。邵雍说：

太极一也，不动。生二，二则神也。神生数，数生象，象生器。②
太极不动，性也。发则神，神则数，数则象，象则器，器之变复归于神也。③

这里描述了一个概念序列：太极、神、数、象、器。在这一概念序列中，已经确定太极就是天地万物的本体，而天地万物则属于"器"的层面。那么，这一概念序列中神、数、象又具有何种意义呢？事实上，这中间的三个概念，就是对本体逐步呈现于"器"之中的大用的形容。其实，

---

① 邵雍：《观物外篇上》，《皇极经世书》卷十三，第515页。
② 邵雍：《观物外篇下》，《皇极经世书》卷十四，第522页。
③ 邵雍：《观物外篇下》，《皇极经世书》卷十四，第522页。

邵雍本体论分析的入手思路,是从天地何以生化这一追问开始的,这一追问就是天地生化的根据是什么?天地万物生化的具体时间过程、规律以及呈现何种面貌,都属于宇宙论问题,天地万物生化的根据是什么,则已经超越宇宙论而进入了本体论范畴,它论述的不是时间过程,不是过程所体现的具体规律、呈现何种面貌,而是根据,是本体,是本体如何呈现其大用。就终极而言,天地生化的根据就是太极本体,但是太极本体因为不同于具体的事物,又必然呈现其大用,所以它具有两方面的含义:第一,本体是"一",即宇宙的统一性、同一性,这统一性、同一性由于超越了万事万物的具体属性,所以不能用描述普通事物的动静概念来描述本体,因此邵雍有时又说太极本体为"一动一静之间者"[1],所以就统一性、同一性而言,"太极不动";第二,本体有其神用,本体虽然具有超越性,虽然"不动",但是作为"一"的本体并不是孤悬着的,所以此"不动"并不是绝对静寂无为的,本体即在天地万物之中起着生化天地万物的妙用,但又因为这种妙用不同于普通事物的动静,是不能测度的,所以只能用"神"来表示这种妙用,因此,本体虽然没有普通事物的一动一静,却有着生化万物的"神用"。总之,在邵雍眼中,本体并不仅仅是一个抽象概念,它既然作为天地万物的生化根据,就有其生化妙用,本体之"用"就是"神",此"用"不是通常之动静,不是普通意义上的事物的功用、器用,也不是在程颐理本论中与本体相对而言的现象,而就是本体生化万事万物的妙用、神用,这是本体之大德,是天道的呈现。当下经验世界中的事体和物体固然有其动静,但是它们的存在根据以及动静的根据是太极本体,是太极本体之妙用,是"神"。这就是"太极不动,性也。发则神"的真义。太极所"发",也就是"生二",这里所言的乃是本体论的"发"和"生",不是宇宙生成论的"生",就如同"道生一"的生不同于"三生万物"的生一样,太极与天地的关系也是如此,所以,我们理解认识邵雍的观念,必须要把道、太极、心、神等合起来考察,才能真正领悟其本体论层面的思想精义。

  太极之"神"是就"用"而言,但此"用"还属于本体界,它不是"器",也不是气。但因为本体不是孤悬的,神用也不是孤悬的,所以谈本体、谈本体的神用,必然是就着事物而言,必然是就着气而言,但是两者之间的区别是不可模糊的。邵雍说:

---

[1] 邵雍:《观物篇五十五》,《皇极经世书》卷十一,第494页。

潜天潜地，不行而至，不为阴阳所摄者，神也。①

神亦一而已，乘气而变化，能出入于有无死生之间，无方而不测者也。②

天之象类，则可得而推，如其神用，则不可得而测也。③

阴阳属于气，神不为阴阳所摄，反而是阴阳变化的根据，所以神"乘气而变化"。有形之物的变化以及阴阳二气的变化，要么有表现可察，要么有规律可循，但是神是本体之妙用，"不可得而测"，只能"以神为神者，至言也"④。

神虽然是妙用，但它不属于事物和气，还属于本体界的范围，是"一"⑤，尚未分化，所以不可得而测，可测可推的只能是"一"的进一步呈现，也即太极本体及其神用在事物中的进一步呈现。这呈现的结果，就是所谓的"数"和"象"，这里所指的"数"，就是邵雍象数学中有一定推理规则的"数"，这里所指的"象"，就是邵雍象数学中和"数"相关联的易象，"数"和"象"都是规律的体现，都有一定的推理规则可循，所以属于"理"的范围。邵雍说"天使我有，是之谓命。命之在我之谓性，性之在物之谓理"⑥，是从天道的高度说天所赋予人以及物者，赋予人称为"性"，赋予物称为"理"，这是简略地说，而详尽地说，则是太极及其神用，进一步呈现在事物中，所赋予的"数"和"象"。这"数"和"象"就是天道所赋予物的"理"，这是两个不同系列的概念，描述的是同一个过程。正因为邵雍对"物理"作了"数"和"象"的理解，所以邵雍建构了庞大的象数学，来表达他对宇宙规律的探索和认识。这一部分的详细内容，我们将在第三章中加以论述。而通过此处的分析，我们也可以明确发现邵雍象数学本身也是有其存在根据的，这一存在根据，就是太极本体及其神用。

综上所述，可以看到，邵雍通过对太极和神这两个概念的强调，揭示了宇宙的本体以及本体的大用；邵雍对数和象这两个概念的强调，揭示了

---

① 邵雍：《观物外篇下》，《皇极经世书》卷十四，第 528 页。
② 邵雍：《观物外篇下》，《皇极经世书》卷十四，第 528 页。
③ 邵雍：《观物外篇下》，《皇极经世书》卷十四，第 524 页。
④ 邵雍：《观物外篇下》，《皇极经世书》卷十四，第 528 页。
⑤ 在邵雍哲学中，神主要是指本体的妙用，是"一"，但是，在中国传统哲学中，神往往还指万物变化之神妙，此时的神妙，就不再是严格意义上的本体之妙用，而是形下的事物变化无穷所直接呈现的神妙状态。
⑥ 邵雍：《观物外篇下》，《皇极经世书》卷十四，第 528 页。

本体及其大用进一步呈现的"物理"层面；而邵雍对以上四个概念的共同阐发，则从形下的经验世界中，即"器"世界中，彰显出形上空间，这一空间包括不可测度只可体证的本体及其大用，也包括可以测度、探索、认识的"物理"世界，在这一形上空间中，又以太极本体及其神用更为根本。与之相对应，在邵雍哲学中，本体论也比象数学更为根本。

值得注意的是，在前面论述太极、天地、万物的概念序列中，我们已经提到，这一概念序列有"等级性体用观"的意味。事实上，在太极、神、数、象和器这一概念序列中，"等级性体用观"的意味更加强烈。"等级性体用观"由现代哲学家贺麟提出，是与"绝对体用观"相对而言的"相对体用观"。贺麟说：

> 至于哲学意义的体用须分两层来说。一为绝对的体用观。体指形而上的本体或本质（essence），用指形而下的现象（appearance）。体为形而上之理则，用为形而下之事物。体一用多。用有动静变化，体则超动静变化，此意义的体用约相当于柏拉图的范型世界与现象世界的分别，亦可称为柏拉图式的体用观。一为相对性或等级性的体用观。将许多不同等级的事物，以价值为准，依逻辑次序排列成宝塔式的层次（hierarchy）。最上层为真实无妄的纯体或纯范型，最下层位居可能性、可塑性的纯用或纯物质。中间各层则较上层以较下层为用，较下层以较上层为体。譬如，就大理石与雕像言，则雕像为大理石之体，大理石为雕像之用，但就雕像与美的型式言，则具体的雕像为形而下之用，形而上的美的纯型式为体。又如就身与心的关系言，则身为心之用，心为身之体。就心与理的关系言，则心为理之用，理为心之体。依此种看法，则体与用的关系为范型（form）与材料（matter）的关系。由最低级的用，材料，到最高级的体，本体或纯范型，中间有一依序发展的层级的过程。这种看法可称为亚里士多德的体用观。这种体用观一方面包括柏拉图式的体用说，认纯理念或纯范型为体，认现象界的个体事物为用。一方面又要以纯范型作为判别现象界个体事物价值的标准，而将现象界事物排列成层级而指出其体用关系。譬如在中国哲学上，朱子持理气合一之说，认理为体气为用，则近于此处所谓绝对的体用观，而周子则无极而太极，太极而阴阳，阴阳而五行，五行而万物。似以无极为太极之体，太极为无极之用。太极为阴阳之体，阴阳为太极之用。阴阳为五行之体，五行为阴阳之用。五行为万物之体，万物为五行之用。似分为五个层次的相对的体用观。但

若从绝对的体用观来看，则无极太极皆系指形而上之理言，为体，而阴阳五行万物皆系指形而下之气言，为用。如是则哲学上两种体用观的异同所在，想甚明了。简言之，绝对的柏拉图式的体用观以本体与现象言体用。而相对的，亚里士多德的体用观，除以本体现象言体用外，又以本体界的纯范型作标准，去分别现象界个体事物之体用关系。以事物表现纯范型之多或寡，距离纯范型之近或远，而辨别其为体或用。①

可见"等级性体用观"，也即"相对体用观"，是对"绝对体用观"的补充。对于邵雍来说，如果按照"绝对体用观"的角度加以考察，本体就是太极，用就是万物、就是"器"；而按照"相对体用观"加以考察，则神以太极为体，太极以神为用，数以神为体，神以数为用，象以数为体，数以象为用，器以数为体，数以器为用。邵雍本体论分析中的概念序列，的确有"等级性体用观"的意味，而采用"等级性体用观"的视角，在一定程度上也有利于理解邵雍本体论分析中的概念序列。我们之所以产生认识上的困难和混乱，还有一个主要原因就是古代的哲学家在表述这两种体用观时所用的话语都是宇宙生成论的话语，给后人的准确理解带来了极大困难。

还需要提及的是，根据上述的分析，在邵雍哲学中，太极主要是指本体而言，太极主要是一个本体论概念，但因为在邵雍哲学中，本体不是孤悬的本体，必然呈现在气和事物中，因此本体也常常挂搭着气化来讲。而且，邵雍哲学既有本体论，也有宇宙论，所以在某些特殊的语境中，太极似乎又有元气的意义。如邵雍说：

> 本一气也，生则为阳，消则为阴，故二者一而已矣，四者二而已矣，六者三而已矣，八者四而已矣。②
> 一气才分，两仪已备。圆者为天，方者为地。
> 变化生成，动植类起。人在其间，最灵最贵。③

---

① 宋志明编：《儒家思想的新开展——贺麟新儒学论著辑要》，中国广播电视出版社1995年版，第3—5页。
② 邵雍：《观物外篇下》，《皇极经世书》卷十四，第522页。中州古籍本无"四者二而已矣"，据《道藏》本补。
③ 邵雍：《伊川击壤集》卷之十七《观物吟》，《邵雍全集》第四册，第337页。

很明显，上引文字和诗，是讲气化过程，是讲宇宙论。朱伯崑先生据此两条，认为，"邵雍于《皇极经世》中，关于太极的说法，并不一致。他以太极为天地之始，诸图之源，这是一贯的。但他讲到宇宙的原始状态时，又以太极为气"，所以"这又是以汉易中的太极元气说解释天地之形成"。① 其实，邵雍在这里并没有直接说明太极就是"一气"，与其说太极是"一气"，不如说"一气"之"一"仿佛等同于太极之"一"，但是"一气"之"一"是形下之"一"，太极之"一"是形上之"一"，是"道"，二者并不等同。事实上，邵雍对太极不同于"一气"或元气的表述是很明确的。他在《太玄准易图序》中说道：

> 夫《玄》之于《易》，犹地之于天也。天主太极，而地总元气。元气转而为三统，在《玄》则谓之三元，三元转而为九州，九州转而为二十七部，转而为八十一首，首有九赞，赞分昼夜而刚柔之用见矣。故《玄》之赞七百二十九而有奇，以应三百六旬有六日之度。盖本出乎元气而作者也。太极生两仪，两仪生四象，四象生八卦，八卦因而重之为六十四，故易有乾、坎、艮、震、巽、离、坤、兑八卦，以司八节，又以坎、离、震、兑四正之卦二十四爻，以司二十四气，以复、临、泰、大壮、夬、乾、姤、遁、否、观、剥、坤有十二卦，以司七十二候。节也，气也，候也，既各有统矣，然周天之度未见其所司也，于是又去四正之卦，分取六十卦，引而伸之为三百六十爻，各司其日，则周天三百六十度，而寒暑进退之道、阴阳之运备矣。盖本乎太极而作者也。由是观之，则天地各有生成之数，而相为表里之用。故天数西行上承而左转者，在地之元气也，地数东行下顺而右运者，在天之太极也。太极运三辰五星于上，元气转三统五行于下，此所谓成变化而行鬼神者也。所谓《玄》之于《易》，犹地之于天者，如斯而已。②

暂时抛开本段文字里面关于《太玄》如何象征昼夜、一年之日数，《易》③ 如何象征"节""气""候"，以及周天三百六十度，而仅就其中

---

① 朱伯崑：《易学哲学史》第二册，第183页。
② 晁说之：《康节先生太玄准易图序》，《嵩山文集》卷十，《四部丛刊》本。
③ 就内容而言，事实上这里的《易》并不是指《周易》，而是汉代象数哲学中的卦气说。汉易中的卦气说采用了《周易》的卦象以表示"节""气""候"以及一年的日数，所以邵雍认为卦气说也属于《易》。

的逻辑来说，邵雍认为根据《太玄》的象征对象，《太玄》是有关于"地"的学问，是"本出乎元气而作者也"；根据《易》的象征对象，《易》是有关于"天"的学问，是"本乎太极而作者也"。显然，《易》和《太玄》，一为天，一为地，一为太极，一为元气，其间区别甚大，而我们也可以得出结论，在邵雍的视野中，他对太极和元气之间的区别是非常清醒自觉的，如果太极有元气的意味，那么邵雍也不会用这两个概念来作为判断标准以评判两个不同体系之间的差别。总之，太极主要还是一个本体论概念，太极并不是气，或元气，但是太极亦不离气而孤悬着存在，太极是气背后的生化之源，是气背后的生化本体。而具体的生生不息，还是以气为基础的阴阳造化，这一点也是中国传统宇宙论的共识。而邵雍的独特之处在于，不但看到气所构成的阴阳造化，而且看到气所构成的阴阳造化背后的生化之源和生化本体。因此，邵雍说"一气"生为阳，消为阴，是就宇宙论来说，是就气层面的阴阳造化来说，如此说并不等于太极就是"一气"。

邵雍太极神用的观念既论证了宇宙的本体和万物的生成，完美地将本体论和宇宙论结合起来，还避免了程朱理学将理本体僵化为死理的弊端。事实上，方东美先生也不认为邵雍先天学中的太极有"一气"或元气的意思，他说：

> 我们可以说，宇宙内天象和地理的变化，在时空中以交错律动的方式，向前不断的发展，形成宇宙创造的程序；人类在宇宙之内，就是要启发他经验的美感，心灵上的创造活动。要把整个宇宙，从低层的物质世界牵引向上，点化了成为生命世界；再把生命世界提升了成为心灵领域。成为心灵领域之后，才可以发现宇宙里面有一个最大的秘密，它是隐藏在一切有情世界之后的无形精神世界里面的总动力，用专门的名辞来说，它就是"太极"！这个本原的"太极"才是"天心"！[①]

这个"太极"是一个无穷性的完满自足的统一的存在。就此而言，可以说自从宇宙中有了"人"，"人"即是宇宙的中心、宇宙的枢纽。"人"分享了宇宙创造力量之后，就协力推动了其他存在的万物，使之一体同仁的创造升扬。这个"太极"，谓之"先天之心"也可，谓之"天理"也可，谓之"道"也可。从这一点看起来，这个宇宙在

---

① 方东美：《新儒家哲学十八讲》，台北黎明文化事业股份有限公司1985年再版，第258页。

它存在的理由这方面是不断的一天比一天扩充，在价值上是一天比一天提高，在理想上是一天比一天更趋于美满。①

在方东美先生的眼中，邵雍首先着眼于"物质世界"，其次把它"点化"成"生命世界"，再次则把"生命世界"向上提升为"心灵领域"，在达到"心灵领域"这个层次之时，宇宙最大的秘密呈现出来：宇宙全体背后的无形精神世界里的"总动力"，它就是太极。可见，方东美先生把太极视为形上的、精神的存在，这种存在显然与元气有天壤之别。另外，方东美先生认为太极是"一切有情世界之后的无形精神世界里面的总动力"，也与我们强调太极具有神用，是宇宙生化的根据相一致。

根据以上我们对"太极神用"的论述，可以说邵雍主要是就宇宙本体之超越性的角度来确立太极的，是就本体之妙用来确立神的，按照如此的思路，太极是形上的，但也是客观的，那么这个客观的太极于人而言又有何意义呢？为什么方东美先生说太极是"无形精神世界"里面的总动力呢？事实上，太极不仅仅有客观的意义，而且有主观的意义，太极同时就是天心，就是圣人之心。所以，在邵雍先天学的视野中，本体不仅为太极，也为"心"。在下面，我们专就这一点进一步详论。

三 本体为心

根据前面两个部分的论述，邵雍认为本体为道，是着眼于天地万物的存在根据；以本体为太极，是强调本体的超越义。而无论是道还是太极，都表现出强烈的客观意味，在没有特别诠释的情况下，道和太极还仅仅是一种客观的存在，这种客观存在固然是宇宙的本体，是天道的核心内容，但它们还仅仅是外在的存在。但事实上，邵雍并不是一个只对客观感兴趣的自然主义者，而是非常注重天道呈现于人之生命的。他说："天地万物之道尽之于人矣。人能知其天地万物之道所以尽于人者，然后能尽民也。"② 可见天地万物之道最终是要"尽之于"人道的。邵雍又说："夫一动一静之间者，天地人至妙至妙者欤？是故知仲尼之所以能尽三才之道者，谓其行无辙迹也。"③ "一动一静之间者"是宇宙全体的本体，而圣人之所以为圣人，正是因为体证了此本体。孔子是邵雍学习的对象，孔子天

---

① 方东美：《新儒家哲学十八讲》，第259页。
② 邵雍：《观物篇五十三》，《皇极经世书》卷十一，第490页。
③ 邵雍：《观物篇五十五》，《皇极经世书》卷十一，第494页。

人合一的境界也是邵雍追求的境界，"学不际天人，不足以谓之学"①，这是邵雍的勉励和自负。那么，在邵雍的哲学体系中，是如何解决客观的天道和主观的人生合一的呢？

邵雍的解决方案在北宋五子之中较为独特，周敦颐通过把"诚"本体化，来达到天人合一，张载就天地之性和万物一气两个角度论述天人本来合一，大程子则通过论述天人一本、万物一体来呈现天人合一，小程子则通过阐发"性即理"来论述天人合一，而邵雍则采取了把客观本体主观化的理路，也即通过规定心即太极、太极即心，从而规定本体及其神用，也即天道，从究极的意义上来讲，也就是心，也就是心之呈现，最终通过融客观于主观的思路保证了"天人合一"的必然。他说：

  心为太极，又曰道为太极。②
  先天学，心法也。故图皆自中起，万化万事生乎心也。③
  先天图者，环中也。④
  天地之本其起于中乎？是以乾坤屡变而不离乎中。⑤
  身生天地后，心在天地前。天地自我出，自余何足言。⑥
  天地之心者，生万物之本也。⑦

可见，邵雍一方面把心和太极等同起来，另一方面认为易图之"中"就是心，如此则"图皆自中起"正表明了"万化万事生乎心"。这样一来，把太极诠释为心，释"中"为心，确定了心的本源和本体地位，邵雍自然可以说"天地自我出，自余何足言"的豪言壮语，而"先天学，心法也"的著名命题也是理所当然、势所必至。而这归根结底是因为数、象和器本就是太极本体及其神用的进一步呈现，而把太极诠释为心之后，数、象和器自然也正是本体之心的进一步呈现。所以，当邵雍说"天地之心者，生万物之本也"的时候，此处的"天地之心"并不是《周易》"复，其见天地之心乎"（《周易·复·彖》）中"天地之心"所指的因为一阳来

---

① 邵雍：《观物外篇下》，《皇极经世书》卷十四，第531页。
② 邵雍：《观物外篇下》，《皇极经世书》卷十四，第522页。
③ 邵雍：《观物外篇上》，《皇极经世书》卷十三，第518页。
④ 邵雍：《观物外篇上》，《皇极经世书》卷十三，第518页。
⑤ 邵雍：《观物外篇下》，《皇极经世书》卷十四，第523页。
⑥ 邵雍：《伊川击壤集》卷之十九《自余吟》，《邵雍全集》第四册，第393页。
⑦ 邵雍：《观物外篇下》，《皇极经世书》卷十四，第526页。

复而天地有生生之意,而就是指本体之心而言。总之,邵雍超越了心的认知意义,把心提升为宇宙的本源和本体,同时也把太极本体论转化为心本论。

邵雍以心为本体,这里的心不但是"天心",即"天地之心",也是"人心",即"身生天地后,心在天地前"所指的心。当然,本体之心并不即是当下的"人心",超越天地万物而同时呈现出生生之德的"人心",即"圣人之心",才是本体之心,而心本体的最大德性,就是对宇宙万事万物的生化作用。我们在论述太极的时候,指出太极作为本体也呈现出大用,这大用就是神。事实上,太极这一概念本身是偏重于强调本体的超越性,神是偏重于强调本体的大用,而对于心来说,它本身既超越于天地万物之具体性,又表现出"寂然不动,感而遂通"的无穷妙用,所以太极和神,也就是心,本体之心实可以涵括太极和神而言。而本体之心就天地万物所呈现出的生化作用,也就是天道的生生不息。显然,站在心本体的高度上,邵雍融合了客观的天道和主观的生命,在最根本的意义上,天道即是太极,是心;太极和心,也即是天道。

明代大儒王畿说:"先天之学,天机也,邵子得先天而后立象数,而后世以象数为先天之学者,非也。"① 显然,王龙溪认为象数有其先天之本,如果我们联系王龙溪关于先天正心之学的观念,可以说他是明确主张邵雍之学是以心为本体的。又比如清代学者胡渭在其名著《易图明辨》中论述道:

《书·洪范》:"五皇极。"《传》云:"极,中也。"《汉律历志》:"太极元气,函三为一。极,中也。"极皆训中。(小注:不从此训,自朱子始。)邵子曰:"先天学,心法也。故图皆从中起。"又曰:"心为太极。"可见极即中,中即心,从中起谓从太极起也。(小注:《观物》诗云:"天向一中分造化,人于心上起经纶。"亦即此意。)天地万物之理,有一不本于太极者乎?有一不具于人心者乎?故曰:"吾终日言而未尝离乎是。"……推之于《大》《小横图》,两仪、四象、八卦皆由太极而生,亦所谓"从中起"也。此邵子之数学,即邵子之"心法","终日言而不离乎是"。……邵子之心与太极为体,尝作《无名公传》以自寓,无名者,太极之谓也。赞曰:"借尔面貌,假尔形骸,弄丸余暇,(小注:丸谓太极。)闲往闲来。"则其所谓"心

---

① 吴震编校整理:《南游会纪》,《王畿集》卷七,第154—155页。

法"者可知矣。①

显然，胡渭在考据学的视野下，通过对邵雍关于太极和心的相关论述的分析，判定邵雍先天学中，"极即中，中即心"，"邵子之心与太极为体"，万物之理都是本于太极和人心的，所以可知胡渭也是认为邵雍是以太极、以心为本的。事实上，根据我们在上面的论述，邵雍之"心"的确有本体义。

现代学者对邵雍之"心"的重要意义也具有较为清醒的认识。如朱伯崑先生说道：

"心法"，即心中所具有的形成先天图的法则，如一分为二，二分为四等。按此法则而形成的图式，虽无文字，但天地万物之理，如天圆地方，四时运行，万物之兴衰，人事之推移，皆在其中。其《观易吟》说：
一物其来有一身，一身还有一乾坤。能知万物备于我，肯把三才别立根。
天向一中分体用，人于心上起经纶。天人焉有两般义，道不虚行只在人。（《击壤集》）
此是说，人心具备天地乾坤之理，天人本无两样，天道变化的法则即人心思维的法则。按此说法，《周易》的法则先于卦爻辞和卦爻画而存在。此即他所说："须信画前元有易，自从删后更无诗。"（《伊洛渊源录》卷九）此说被称为"画前有易"。邵雍认为此乃伏羲氏之发明。其在《观三皇吟》说："许大乾坤自我宣，乾坤之外复何言。初分大道非常道，才有先天未后天。"（《击壤集》）可以看出，邵雍所说的先天学，实际上是心学。……
总起来说，邵雍认为其先天图及其变化的法则出于心的法则，此种观点实际上是将象学的法则归之于人心的产物。他所以得出这一结论，就其理论思维说，是讲数学的法则，如他所说的一分为二，方圆之数的演算等，看成是头脑自生的，先验的东西。总之，认为数的变化和演算的规律性，存于思维自身之中是从思维自身的活动引出来的。这种先验论的数学观，使他的先天图终于成为一种先验模式。他以此解释宇宙的形成和时空的结构，不能不陷入唯心论的先验论。其

---

① 胡渭撰，郑万耕点校：《易图明辨》卷七，中华书局2008年版，第173—175页。

先天学关于事物变化法则的论述，虽然含有不少的辩证法的因素，但对义理和哲学基本问题的回答则是唯心主义的。①

又如林素芬博士论述道：

但是，所有的"一"又为一个同一的意义所贯彻，故云"天人焉有两般义"，人身之行道也即是贯彻此义。这个同"一"，也即是天地人三才的根源，也即先天分出体用之本，也即人心发起经纶天下之智之本。笔者认为，这个同一而上下贯彻者，就是先天之心。整个现象界的"道不虚行"，正是先天之心的贯彻、道化精神的呈现。②

正如身、心有别，但是身、心在"一体"之中。主导物身的"心"，与先天之心是同一心。也就是说，"人心"与"天心"（先天之心）是相应的。每一个个别之物都是一个小乾坤，每一个物的心都通同于先天之心。这样才能在"我自天地出"的同时，也说"天地自我出"。可见邵雍以数为核心的解释宇宙存在的哲学，虽然有"科学"的表征，其实质却是一种主观的天人之学。③

可见，无论是朱伯崑先生，还是林素芬博士，都认为邵雍先天学的确是"心学"，是一种"唯心主义"，或"主观的天人之学"。但是，同样需要注意的是，朱伯崑先生偏重从象数法则的来源看待邵雍之"心"，如朱先生说道："他所以得出这一结论，就其理论思维说，是讲数学的法则，如他所说的一分为二，方圆之数的演算等，看成是头脑自生的，先验的东西。总之，认为数的变化和演算的规律性，存于思维自身之中是从思维自身的活动引出来的。"如此认为，则把邵雍之"心"仅仅等同于思维着的理性的"心"。但我们进一步强调，邵雍固然认为万事万物的法则从心而生，但是，仅仅从象数学来源的角度以及从认识过程的角度来强调先天学之"心"是不够，这是因为邵雍先天学之所以又是"心学"，还主要因为心具有本体义，心是万事万物存在和生化的本体。如果仅从象数学来源的角度认识"心"，那么此"心"就只是一个理性的"心"。而事实上，本

---

① 朱伯崑：《易学哲学史》第二册，第181—182页。
② 林素芬：《北宋儒学道论研究——以范仲淹、欧阳修、邵雍、王安石为探讨对象》，台湾大学，博士学位论文，2005年，第198页。
③ 林素芬：《北宋儒学道论研究——以范仲淹、欧阳修、邵雍、王安石为探讨对象》，台湾大学，博士学位论文，2005年，第198页。

体之"心"在于它作为本体在呈现中固然能够产生象数法则，但是它超越了象数法则。有了本体之心的呈现，才有了万事万物的"一动一静"，才有万事万物的生生不息；有了本体之心的呈现，人之生命才能超越利欲物化的世界，才能超越僵化的事"迹"世界，而达到天人合一的境界。很显然，并不能仅仅用理性的心解释邵雍之"心"。

第二节　先天与后天

在上一节中，我们从道、太极神用和心的角度，阐述了邵雍的本体论，事实上，在邵雍本体论中，还有一对重要概念，这就是先天与后天。这两个概念非常重要，以至于邵雍之学在学术史上得名为"先天学"。在邵雍的本体论中"先天"主要是指本体而言，"天"在邵雍观物之学中往往和"地"并称为"天地"，而邵雍站在道的角度，站在本体的高度考察宇宙万物，所以把"天"和"地"也视为万物，邵雍为了突出自己所体证的本体之道的超越性，不但超越于日常所见的事事物物，而且超越于天地，所以称自己所见之道为"先天"。先天者，先于天地、超越天地的意思。又因为邵雍之本体有"心"义，与"心"相对而言的概念是"迹"，所以所谓的后天，就是与先天本体相对而言的现象界、形迹界。可见，先天后天这一对概念，是本体论中的一对范畴。在学术史中，称邵雍之学为先天学，固然和邵雍哲学中先天概念的重要性相关，但思想史中实际流传的产生影响的先天学主要是指围绕《先天图》而建构的象数学，是属于易学史范围内的专用术语，显然，学术史中的先天学和先天后天这一对概念所关联的本体论有所区别。事实上，在一定程度上学术史中的先天学和邵雍视域中的先天之学，也不尽相同。在下面，我们首先从《先天图》和《后天图》出发，介绍它们的基本关系，以此说明《先天图》和《后天图》及二者之间的关系，还并不就是先天和后天及二者之间的关系；其次则专门介绍邵雍哲学中更具普遍意义的先天后天两个概念，以及邵雍视野中的先天之学和后天之学。

一　《先天图》《后天图》并列时所蕴含的"先天后天"意义

就邵雍哲学而言，学界一般的理解，先天是指《先天图》，其中包括《伏羲八卦次序图》《伏羲八卦方位图》《伏羲六十四卦次序图》与《伏羲六十四卦方位图》,① 两个《次序图》是方图,两个《方位图》是圆图,而邵雍著作中提到过"先天图,环中也"②,所以邵雍所称谓的《先天图》应该是圆图,但具体是哪一个,还是两个笼统地都可称为《先天图》,已经不可考,但这并不影响我们理解《先天图》的内涵;后天是指《后天图》,也即《文王八卦次序图》与《文王八卦方位图》,不过一般来说,《后天图》是指《文王八卦方位图》。先天与后天既然并称,那么《先天图》和《后天图》,即《伏羲八卦方位图》与《文王八卦方位图》,必然也有一定的关系。

邵雍说:"乾坤纵而六子横,易之本也;震兑横而六卦纵,易之用也。"③ 其中的"乾坤纵而六子横"是指《先天图》,其中的"震兑横而六卦纵"是指《后天图》,在各自的图中,八卦的方位不一样。同是有关八卦方位的易图,但八卦方位不同,如何评价易图的关系显然成为一个问题。邵雍认为,《先天图》是"易之本也",《后天图》是"易之用也",但是这里的"本"和"用"又有何种含义,又有何种转换关系呢?邵雍就两个易图解释道:

> 易者,一阴一阳之谓也。震兑始交也,故当朝夕之位。离坎交之极也,故当子午之位。巽艮虽不交而阴阳犹杂也,故当用中之偏位。乾坤纯阴阳也,故当不用之位。坤统三女于西南,乾统三男于东北。道生天,天生地。及其功成身退,故子继父禅,是以乾退一位也。④

> 乾坤天地之本,离坎天地之用。是以《易》始于乾坤,中于离坎,终于既济未济。而泰否为上经之中,咸恒为下经之首,皆言乎其用也。故《易》者,用也。乾用九,坤用六,大衍用四十九,而潜龙勿用也。大哉,用乎!吾于此见圣人之心也。⑤

> 至哉!文王之作《易》也,其得天地之用乎?故乾坤交而为泰,坎离交而为既济也。乾生于子,坤生于午,坎终于寅,离终于申,以应天之时也。置乾于西北,退坤于西南,长子用事而长女代母,坎离

---

① 本节中所涉及的相关易图在第三章中都有详论,在这里不再展示图形,只就相关义理说,图形可参考第三章。
② 邵雍:《观物外篇上》,《皇极经世书》卷十三,第518页。
③ 邵雍:《观物外篇上》,《皇极经世书》卷十三,第515页。
④ 邵雍:《观物外篇上》,《皇极经世书》卷十三,第516页。中州古籍本、文渊阁《四库全书》本为"坤纯三女于西南,乾纯三男于东北",义不通,依《道藏》本改"纯"为"统"。
⑤ 邵雍:《观物外篇上》,《皇极经世书》卷十三,第516页。

得位，兑震为偶，以应地之方也。王者之法，其尽于是矣。①

从《先天图》到《后天图》，乾坤纯阳纯阴，故不用而由正南、正北退到西北、西南的"不用之位"，震代替乾、坎代替坤，这是因为"长子用事而长女代母"，"巽艮虽不交而阴阳犹杂也，故当用中之偏位"。至于为什么西北、西南是"不用之位"，东北、东南为"用中之偏位"，邵雍并没有再作解释，但是即使没有解释，我们也可以看到邵雍解释从《先天图》到《后天图》的卦位变化，是着眼于"用"的。并且，乾坤之所以"不用"，是因为纯阳纯阴的缘故，而其他六卦正是阴阳相杂、相交，所以皆有"用"。更进一步，邵雍认为文王作《易》之所以体现了"天地之用"，是因为"乾坤交而为泰，坎离交而为既济"。显然，"用"与"不用"的差别，就在于是否相交感。事实上，邵雍在《观物内篇》中也说明了交感之"用"的重要性：

> 天生于动者也，地生于静者也。一动一静交，而天地之道尽之矣。动之始则阳生焉，动之极则阴生焉。一阴一阳交而天之用尽之矣。静之始则柔生焉，静之极则刚生焉。一柔一刚交而地之用尽之矣。②

阴阳交而为"天之用"，刚柔交而为"地之用"。可以认定，"用"就是阴阳交感而呈现的天地大化流行之态，而与"用"相对而言的"本"，则是指相对交感而言的两种势力的"对待"。交感流行和静态对待之间的关系，正如余敦康先生所说："一阴一阳之道有对待，有流行，对待为体，流行为用，对待着眼于阴阳之静态的相对性质而言其定位，流行则是着眼于其动态的相互转化而言其变易，必先有对待而后始有流行。"③总之，相对于《先天图》而言，《后天图》体现了交感流行；相对于《后天图》而言，《先天图》体现了静态对待。这就是所谓的《先天图》和《后天图》的本质关系。

事实上，《先天图》和《后天图》之间的这种关系，也仅仅是邵雍针对《后天图》之于《先天图》卦位不同而作出的解释。在这种解释中邵雍突出了阴阳之道静态对待和交感流行的两种层面。但阴阳之道的两种层面，仅仅是逻辑分析中的两种层面，因为阴阳之道交感不息、生生不息，根本就不存

---

① 邵雍：《观物外篇上》，《皇极经世书》卷十三，第516页。
② 邵雍：《观物篇五十一》，《皇极经世书》卷十一，第487页。
③ 余敦康：《汉宋易学解读》，第267页。

在静态对待的状态，所以与交感流行相对的静态对待，也只是一种逻辑上的设定，并且这种设定也只是在解释《后天图》卦位不同于《先天图》时才用上。其实邵雍根本就没有认为《先天图》真的只是反映了静态对待，他说："乾坤定上下之位，离坎列左右之门，天地之所阖辟，日月之所出入，是以春夏秋冬、晦朔弦望、昼夜长短、行度盈缩，莫不由乎此矣。"① 这是专就《先天图》而论其原理和蕴含的规律，邵雍认为，乾坤之位象征天上地下，离坎之位象征日月升降，《先天图》描绘着天地日月的宇宙模型，因此蕴含着四时、昼夜和日月运行的变化规律。显然可见，《先天图》本身也蕴含着天地之道的大化流行及其运行规律，并非是静态"对待"。所以我们说，单就《先天图》《后天图》并列而论，其中蕴涵的"先天后天"意义，是就一阴一阳之道而从逻辑上设定的两个层面，一为静态对待，一为交感流行，而这种"先天"的意义，甚至不是单独解释《先天图》时的意义，那么这种情况下"先天后天"的意义，也不是就邵雍哲学整体而言的先天后天的意义。

那么，就邵雍哲学整体而言的先天后天的意义是什么呢？基于这种先天后天意义上的先天之学、后天之学又指什么呢？单论《先天图》或者《后天图》，它们又各自是属于先天之学还是后天之学呢？在下面，我们就对此加以论述。

二　本体论中的"先天后天"概念

事实上，先天的真正意义与《先天图》中的圆图相关，但并没有停留在《先天图》圆图所蕴含的阴阳之道的层面上。邵雍说：

> 先天图，环中也。②
> 天地之本其起于中乎？是以乾坤屡变而不离乎中。③
> 先天学，心法也，故图皆自中起，万化万事生乎心也。④
> 先天之学，心也；后天之学，迹也。⑤

---

① 邵雍：《观物外篇上》，《皇极经世书》卷十三，第515页。中州古籍本弦为胘，下文均依文渊阁《四库全书》本改为弦。
② 邵雍：《观物外篇上》，《皇极经世书》卷十三，第518页。
③ 邵雍：《观物外篇下》，《皇极经世书》卷十四，第523页。
④ 邵雍：《观物外篇上》，《皇极经世书》卷十三，第518页。
⑤ 邵雍：《观物外篇上》，《皇极经世书》卷十三，第518页。

身生天地后,心在天地前。天地自我出,自余何足言。①

对于《先天图》圆图而言,无论具体是哪一个,圆图必然都有一中心,此"中"在邵雍哲学中有特殊的意义。在邵雍的眼中,它不仅仅是一个方位的概念,而是超越乾坤、超越阴阳之道的玄妙所在。我们前面已经介绍,邵雍有"一动一静"和"一动一静之间者"的观念,所谓"一动一静"就是一阴一阳,就是天地之道;所谓"一动一静之间者",就是太极本体。太极本体是天地人三才之道,是宇宙全体之道,一阴一阳之道只是太极本体的呈现,一阴一阳之道并不足以涵括太极本体。而太极本体和一阴一阳之道的这种关系,在《先天图》圆图中也有体现,这就是具有一定排列规则的卦画表现一阴一阳之道,而卦画所围绕的圆心,即"中",就是太极本体。"中"超越一阴一阳,超越一动一静,一阴一阳皆是"中"的呈现,所以"乾坤屡变而不离乎中",包蕴天地之道的卦画都是围绕"中"而起的,所以天地之道的无穷变化都是因"中"而起,又因为"中"就是"心",所以"万化万事生乎心"。

总而言之,"中"就是太极,就是心,就是本体,而邵雍也正是在这个意义上,把"中",把"心",视为《先天图》的玄妙所在,视为"先天"。而"心"、太极、本体,才是"先天"的真义。正是在这个意义上,邵雍才能够说:"身生天地后,心在天地前。天地自我出,自余何足言。"因为心是本体,是先天,自然超越于天地。也正因为如此,邵雍说"先天学,心法也","先天之学,心也"。所以可以总结如下:先天,就是心,就是太极,就是本体,先天之学,就是有关本体的学问,就是本体呈现发用的学问;与此相对应,所谓的后天,就是与本体相对而言的现象界,就是可见的形迹的世界,所谓的后天之学,就是只论述现象、形迹,而不知本体、不证本体的学问。由于邵雍哲学以心为本体,而心就是先天的存在,后天的事体皆以先天之心为存在根据,为生化之源,所以邵雍哲学以先天之心为核心概念和终极价值,这也就是邵雍称自己的学问为"先天学"的根本原因。

如此一来,按照这种先天之学和后天之学的分判标准,去判别邵雍哲学的各种不同组成部分,可以说,邵雍哲学是不包含纯粹的后天之学的。因为纯粹的后天之学,是只论"迹"而不见本体的学问,而邵雍的哲学体系,都凭依本体而起,在本体大用呈现之中,都是"心法",所以都应该属于"先天之学"。而所谓的《后天图》,也不是纯粹的后天之学,因为它也是邵雍

---

① 邵雍:《伊川击壤集》卷之十九《自余吟》,《邵雍全集》第四册,第393页。

在本体观照下而论述的学问，虽是关于一阴一阳之道的学问，但一阴一阳之道已经有了先天本体这一前提。并且，邵雍自己并没有使用所谓的《后天图》这一称呼，他只是说"文王八卦"①。即使是邵雍之子邵伯温，也没有称呼"文王八卦"为《后天图》，邵伯温说：

> 或曰：《先天图》八卦次序与所为之物与《周易》不同，何也？曰：《先天图》八卦次序始于乾而终于坤，此先天也，伏羲八卦也。《周易》自"帝出乎震"至"成言乎艮"，此文王八卦也。非独八卦如此，六十四卦亦不同也。伏羲易无文字，独有卦图，阴阳消长而已。孔子于《系辞》亦尝言之矣。圣人立法不同，其道则相为先后终始，而未尝不同也。此皆有至理，在乎信道者详考焉。②

邵伯温说明"伏羲八卦"为《先天图》，但是并没有说明"文王八卦"为"后天"或《后天图》。更切合邵雍思想实际的后天之学，可能只是邵雍用来评价他人不见本体只见形迹的学问。

先天后天是邵雍本体论的一对范畴。在邵雍哲学中，本体不但有客观意义，还有主观的意义，所以先天后天这一对概念，在邵雍的人生哲学中也有重要的意义。因为体证本体，就是要体证先天，而当下的人的身体，又属于后天，那么如何在后天之中体证先天本体，就是邵雍人生哲学中的一项内容，这一问题我们在第四章中会详加讨论。

第三节　邵雍先天学本体论与同时代本体论的比较

北宋儒学复兴的关键在于儒学本体论的建构。儒学本体论一方面超越了传统儒学的神秘天命观及其统摄之下的宇宙论，另一方面应对了佛老思想的挑战。北宋五子在传统儒学史中之所以能够被称为北宋五子，关键也在于能够成功地建构儒学本体论。本体论的共性表现在对宇宙、社会和人生之存在根据的追问上，但在不同哲学家的思想体系中，因为思索的领域和方式有所不同，所以本体论的具体形式也有所不同。比如邵雍是就宇宙运化的根据加以追问，而程颐就是对宇宙、社会和人生的"所以然"而加以追问，追问方式的不同，导

---

① 邵雍：《观物外篇上》，《皇极经世书》卷十三，第515页。
② 胡广：《皇极经世书三·观物内篇之一》，《性理大全书》卷九，文渊阁《四库全书》本。

致了本体论表现出不同的形态。在本章中，在北宋五子内部，我们主要比较程颐理本论、张载气本论与邵雍本体论的区别。同时为了参照，为了说明北宋五子何以能够建构成功的儒学本体论，我们在北宋五子之外，还选择了王安石与苏轼的道本论，与邵雍本体论加以比较。

一　邵雍先天学本体论与程颐理本论的比较

在北宋儒学复兴中，二程占据了极其重要的地位。他们提撕强调"天理"，为传统社会的儒家价值观寻找到了坚实的形上基础，从本体论的高度宣扬儒家价值观，从而有效应对了佛道二教的挑战，为北宋儒学复兴做出了重要的贡献。二程哲学虽然都注重天理，但是他们对天理的理解有不同的侧重点，程颢主要强调了天理所蕴含的"仁"与"万物一体"的观念，程颐则对天理作了明晰的本体论思考，因此，相比而言程颐哲学呈现出更加明显的理本论特点，所以在这里我们以程颐为理本论的代表，与邵雍本体论进行比较。至于程颢，则在第四章中，着眼于他的境界论，同邵雍的境界论加以比较。

（一）程颐理本论概述

从逻辑上来讲，程颐理本论建构起源于他的形上追问，他说：

> 物理须是要穷。若言天地之所以高深，鬼神之所以幽显。若只言天只是高，地只是深，只是已辞，更有甚？①
>
> 凡物有本末，不可分本末为两段事。洒扫应对是其然，必有所以然。②
>
> 圣人之道，更无精粗，从洒扫应对至精义入神，通贯只一理。虽洒扫应对，只看所以然者如何。③

可见，在程颐的视野中，事物其实包括两个层面，一个是当下生活世界中的事物现象，比如天高地深、洒扫应对，被称为"然"；另一个则是当下生活世界中的事物现象背后的"所以然"，也就是"然"何以如此而不如彼，也即"然"如此存在之理。"然"与"所以然"是人对当下生活世界的解读，这种解读把生活世界分成了本和末，分成现象和本体，但是这仅仅是解读的方便，实际上它们并没有分离，所以程颐又强调了"不可

---

① 程颢、程颐：《河南程氏遗书》卷第十五，《二程集》，第157页。
② 程颢、程颐：《河南程氏遗书》卷第十五，《二程集》，第148页。
③ 程颢、程颐：《河南程氏遗书》卷第十五，《二程集》，第152页。

分本末为两段事","从洒扫应对至精义入神,通贯只一理"。在《周易程氏传》中,程颐更是用"至微者,理也;至著者,象也。体用一源,显微无间"① 这一命题,清晰地表达了理本论以及体用相即而不分离的思想。

"理"作为现象的本体而存在,任何一个现象都有其理作为根据,而本体是形上的,现象则是形下的:

> "一阴一阳之谓道",道非阴阳也,所以一阴一阳道也,如一阖一辟谓之变。②
>
> 离了阴阳更无道,所以阴阳者是道也。阴阳,气也。气是形而下者,道是形而上者。形而上者则是密也。③

阴阳是形下之气的属性,形上的层面则是阴阳之气的"所以然",也即"道",也即"生生之理"。体与用、形上形下,往往是在宽泛的视野下就物而言的本体论思索,具体到人而言,还有对人之本质的思索。程颐认为:"称性之善谓之道,道与性一也。以性之善如此,故谓之性善。性之本谓之命,性之自然者谓之天,自性之有形者谓之心,自性之有动者谓之情,凡此数者皆一也。"④"性即理也,所谓理,性是也。天下之理,原其所自,未有不善。"⑤ 可见,对于人之生命来说,性来源于天,也就是道,也就是理,所以作为人之生命存在根据的本性无有不善。程颐在理本论的视野下,也论证了人性善的必然。

(二) 邵雍先天学本体论与程颐理本论的比较

邵雍先天学本体论和程颐理本论虽然都是面对万事万物而呈现的本体论思考,但是二者差异较大。这种差异主要表现在这样三个方面:第一,邵雍本体论建构和程颐本体论建构的入手思路不同;第二,邵雍先天学本体论不具有明显的价值内蕴,而程颐理本论具有明确的价值内蕴;第三,邵雍本体论之本体,有"心"义,而程颐本体论之本体只是形上的理,并不能等同于心。

第一,邵雍本体论建构和程颐本体论建构的入手思路不同。邵雍本体论着眼于宇宙生化的根据而追问,宇宙生化是现象,宇宙何以生化,即宇宙生化的根据是本体,这一问题也即是在讨论宇宙生生不息的根据。邵雍

---

① 程颢、程颐:《易传序》,《二程集》,第 689 页。
② 程颢、程颐:《河南程氏遗书》卷第三,《二程集》,第 67 页。
③ 程颢、程颐:《河南程氏遗书》卷第十五,《二程集》,第 162 页。
④ 程颢、程颐:《河南程氏遗书》卷第二十五,《二程集》,第 318 页。
⑤ 程颢、程颐:《河南程氏遗书》卷第二十二上,《二程集》,第 292 页。

重视"一动一静",但"一动一静"只是宇宙生化的现象,属于宇宙论的范畴,邵雍并没有停留在此层面上,他又提出了"一动一静之间者",也即太极,而太极的进一步呈现则为"神",也即本体的神用,太极及其神用,正是宇宙的生化根据。在这种思路下,宇宙可以分成两个互不分离的层面,一是现象的层面,即宇宙存在和生化的现象,也是宇宙论的层面,另一个是本体的层面,即宇宙生化的根据,宇宙论讨论宇宙运化的具体规律,本体论讨论宇宙运化的终极根据。而呈现这两个层面的入手思路是宇宙生化的根据之追问。这种追问显然不同于程颐的本体追问。程颐是"所以然"的追问,他把世界分成"然"与"所以然",分成形上和形下两个层面,并不是直接讨论宇宙生化的根据,而是讨论宇宙存在的根据,实然的存在是现象之"然",作为现象根据的存在是本体之"所以然"。显然,他们二人本体论建构的追问方式不同。

第二,邵雍与程颐不同的本体论建构方式,直接影响了他们的思想成果的特征,即邵雍先天学本体论不具有明显的价值内蕴,而程颐理本论具有明确的价值内蕴。程颐之"所以然"追问是穷究万事万物的存在根据,而此存在根据既有客观规律之义,所以程颐说"语其大,至天地之高厚;语其小,至一物之所以然,学者皆当理会"①,也有价值根据之义,所以程颐说"天下物皆可以理照,有物必有则,一物须有一理"②,"穷理尽性至命,只是一事。才穷理便尽性,才尽性便至命"③。我们可谓,在程颐哲学视域中,规律之义与价值之义两者是浑沦不分的。而更因为此特点,我们又可谓,程颐之理本论是具有明确的价值内蕴的。但邵雍哲学并非如此。邵雍是从宇宙何以生化之追问而开始的本体论建构,而此追问因为"一动一静"问题之特点,本质上相当于一种"物理式"的追问,应该属于"物理之学"。而"物理之学"形态的本体论,可以具有价值意蕴,但并不具有明确的价值意蕴;"物理之学"形态的本体论如果力图具有明确的价值意蕴,则需要进一步明确的特别诠释。

我们在此以王夫之论"元"论"仁"论天人之际,即可清楚此问题之所在。王夫之在阐发乾元大义时论道:"《易》之言元者多矣,唯纯乾之为元,以太和清刚之气,动而不息,无大不届,无小不察,入乎地中,出乎地上,发起生化之理,肇乎形,成乎性,以兴起有为而见乎德;则凡物之

---

① 程颢、程颐:《河南程氏遗书》卷第十八,《二程集》,第193页。
② 程颢、程颐:《河南程氏遗书》卷第十八,《二程集》,第193页。
③ 程颢、程颐:《河南程氏遗书》卷第十八,《二程集》,第193页。

本,事之始,皆此以倡先而起用,故其大莫与伦矣。木、火、水、金,川融、山结、灵、蠢、动、植,皆天至健之气以为资而肇始。乃至人所成能,信、义、智、勇,礼、乐、刑、政,以成典物者,皆纯乾之德;命人为性,自然不睹不闻之中,发为恻隐不容已之几,以造群动而见德,亦莫非此元为之资。在天谓之元,在人谓之仁。天无心,不可谓之仁;人继天,不可谓之元;其实一也。故曰元即仁也,天人之谓也。乾之为用,其大如此,岂徒万物之所资哉!天之所以为天,以运五气,以行四时,以育万物者,莫非乾以为之元也,故曰'乃统天'。"① 在这里,乾元生发万物之作用和地位,类似于邵雍哲学中太极之作用和地位,但我们不会说王夫之是一种"物理之学"式的本体论。这是因为,王夫之有明确的仁学视域,虽即天论元而不可论仁,即人论仁而不可论元,但此为强调天人虽相贯而毕竟有所区别,在有此清晰分疏的基础上,天人毕竟相贯、元仁"其实一也",所以,此"元"并非动静角度下的先天太极本体,而实乃仁学视域中的天道本体,它本即含有价值意蕴,所以"命人为性"即为人之仁体。这一套天人之际、元仁"一也"即为王夫之的特别诠释。依凭此特别诠释,王夫之哲学可谓仁学视域下的本体论,但邵雍哲学中缺乏明确的相类的诠释,所以,邵雍虽然推崇孔子、重仁之概念,但仁学并没有通透到其本体论基础上。所以,邵雍虽然主张儒家仁学价值观,但其先天学本体论并不具有明确的仁学价值意蕴。② 邵雍先天学的这一特点,也产生了一定的消极影响。事实上,由于程颐所论述的理,具有非常明显的价值倾向,最终成为儒家价值观的象征,蕴含着传统社会的种种制度和规范,所

---

① 王夫之:《周易内传》卷一上《乾》,《船山全书》第一册,第50—51页。
② 我们在此采用的措辞是"仁学并没有通透到其本体论基础上","先天学本体论并不具有明确的仁学价值意蕴",但需要注意的是,先天学本体论虽然并不具有明确的仁学价值意蕴,但亦不能说完全没有仁学价值意蕴。邵雍在《观物篇》中论道:"道之道尽之于天矣,天之道尽之于地矣,天地之道尽之于万物矣,天地万物之道尽之于人矣。人能知其天地万物之道所以尽于人者,然后能尽民也","天之能尽物,则谓之曰昊天。人之能尽民,则谓之曰圣人。谓昊天能异乎万物,则非所谓之昊天也。谓圣人能异乎万民,则非所谓之圣人也。万民与万物同,则圣人固不异乎昊天者矣。然则圣人与昊天为一道,圣人与昊天为一道,则万民与万物亦可以为一道。一世之万民与一世之万物亦可以为一道,则万世之万民与万世之万物亦可以为一道也"(《皇极经世书》卷十一,第490页),"移昊天生兆物之德而生兆民,则岂不谓至神者乎?移昊天养兆物之功而养兆民,则岂不谓至圣者乎?吾而今而后,知践形为大。非大圣大神之人,岂有不负于天地者乎?"(《皇极经世书》卷十二,第506页)此两段之所论天之"尽物"、圣人之"尽民",亦有生生、仁爱之义,并且此两段语句还是站在天道、天人之际的高度上的阐发,这说明,邵雍的先天学本体论,亦含有生生之义,亦含有儒家仁学价值观。但综而论之,并不明确和突出。因为不明确,所以二程认为邵雍"不仁":"又尝戒以不仁",因为的确含有此义,所以邵雍"不认","又尝戒以不仁,已犹不认,以为人不曾来学"(《程氏遗书卷第二上》)。此是读者需注意者。在本书其他相关部分,还有类似主张。

以理本论更适合为儒家价值观作论证,也更容易被统治阶级所采用,这也是程朱理学后来成为传统社会意识形态的根本原因。而邵雍的本体论,因为着眼于宇宙生化及其根据的问题,所以固然建构了自己的本体论,固然此本体也具有儒家本体之生生义,具有儒家仁学价值观的意蕴,但不明确、不突出,所以不足以直接彰显儒家仁学价值观,此种思想特点也是邵雍本体论被忽视的原因之一。

第三,邵雍本体论之本体,有"心"义,在一定语境中,邵雍本体论也可称为心本论。而程颐本体论之本体只是形上的理,并不能等同于心。这又是一项很重要的区别。程颐说:"称性之善谓之道,道与性一也。以性之善如此,故谓之性善。性之本谓之命,性之自然者谓之天,自性之有形者谓之心,自性之有动者谓之情,凡此数者皆一也。"[①] 根据这句话,仿佛程颐以道、天、命、性、心为一,事实上,这种"为一",只是指以上概念中贯穿着性而言,"一"是在于性,并不是以上诸概念就能等同起来。程颐以有形者为形而下,同时在他的视野中,形上形下区分十分明显,所以程颐既然说"自性之有形者谓之心",则必然以心为形而下,不可能以心为形而上。因此,程颐的理本论,不可能有心本论的含义。事实上,程颐说过"性即理也,所谓理,性是也"[②],但从没有说过"心即理也,所谓理,心是也"的话。而在邵雍本体论中,他一方面对宇宙万事万物的规律进行根据追问,得出"万化万事生乎心也"[③]的结论,一方面直接把太极诠释为心,则最终把太极这一具有较浓客观意味的本体,转化为同样具有主观意味的心本体,最终使自己的本体论也蕴含了心本论的意义。同时我们也可以看到,在程颐哲学中,心固然可以具有性的内容,但是心毕竟还是形下的,而邵雍哲学中,心则具有形上的意义。两人对心的不同看法,也影响了两个人的修养方法,在程颐哲学中,心是形下的,固然从终极理想的角度而言,心可以与性为一,与天为一,但是当下的心毕竟是形下的,所以需要通过不断地格物穷理,以使天理呈现在儒者的生命中。而对于邵雍而言,穷理固然是研究宇宙和人类社会规律所必需的步骤,但本体在生命中的呈现主要是在消解私意的同时而直契先天之心。这一点,我们在本书第四章关于邵雍人生哲学的部分还会进一步详论。

---

① 程颢、程颐:《河南程氏遗书》卷二十五,《二程集》,第 318 页。
② 程颢、程颐:《河南程氏遗书》卷二十二上,《二程集》,第 292 页。
③ 邵雍:《观物外篇上》,《皇极经世书》卷十三,第 518 页。

(三) 邵雍与程颐体用范畴的辨析

邵雍哲学蕴涵有本体论。本体论、象数哲学以及人生哲学共同组成了邵雍哲学的整体。但邵雍的本体论，是通过对宇宙存在和运化的根据进行形上追问而建构的。在不同的语境中，本体被描述为道、太极或者心。本体被描述为道时，着眼于道为天地万物的生化根据；本体被描述为太极时，着眼于本体相对于万物之具体性而言的超越性；本体被描述为心时，着眼于本体的主观性维度。值得注意的是，邵雍虽然有本体论，但却没有像程颐那样用"体""用"这两个概念来表达自己的本体论。而在邵雍哲学中，又的确有"体""用"这两个概念。显然，既然邵雍哲学中存在本体论，又存在"体""用"这一对概念，但邵雍又没有用"体""用"这一对概念来表达自己的本体论，那么，在邵雍哲学中，"体""用"必然有其他的意义。为了防止读者按照程颐本体论中的"体""用"概念去解读邵雍哲学中的"体""用"概念，所以我们有进一步澄清邵雍哲学中"体""用"义的必要。

在邵雍哲学中，"体""用"大致包含三种含义。

第一种"体""用"义，"体"指就天地万物而言的、形下的、具有具体内容的物质性，并且与"用"相对，"体"往往具有惰性的色彩①，"体"必得"用"才得以成为有用之"体"；"用"指就天地万物而言的，同样是形下的，阴阳、动静、刚柔的造化之妙，并且与"体"相对，"用"往往具有妙用无穷的色彩，但"用"不离"体"，得"体"而现。如：

> 天生于动者也，地生于静者也。一动一静交，而天地之道尽之矣。动之始则阳生焉，动之极则阴生焉。一阴一阳交而天之用尽之矣。静之始则柔生焉，静之极则刚生焉。一柔一刚交而地之用尽之矣。

> 动之大者谓之太阳，动之小者谓之少阳，静之大者谓之太阴，静之小者谓之少阴。太阳为日，太阴为月，少阳为星，少阴为辰。日月星辰交而天之体尽之矣。太柔为水，太刚为火，少柔为土，少刚为石。水火土石交而地之体尽之矣。②

---

① 此种"体""用"义下，"体"所具有的惰性色彩，可能来自"形体"这一观念。邵雍根据"四象说"，把物的属性分成四个层面的特征："性""情""形""体"。很显然，这四个概念有从无形到有形、从精微到粗浊依次降低的倾向，而"体"具有惰性色彩，也自然可以理解了。

② 邵雍：《观物篇五十一》，《皇极经世书》卷十一，第487页。

在这里，天之用就是一阴一阳的神妙变化，地之用就是一柔一刚的神妙变化，阴阳刚柔皆指气而言，所以也属于形下的层面；天之体为日月星辰，地之体为水火土石，而日月星辰和水火土石都是有形可见的物质实体，显然与阴阳刚柔无形之神妙相比，有了惰性的色彩。但同时，"体"不离"用"，"用"不离"体"，二者共同表现为宇宙的大化流行。

在这种"体""用"义下，"体"得"用"而成其"体"，"用"得"体"而显其"用"，邵雍有时候就利用这种关系来说明一些相对的现象，如"天主用，地主体，圣人主用，百姓主体。故日用而不知"①。很显然，这里的"用"和"体"已经不是指称宇宙的造化之妙和物质实体，而是指在一个具体的体系中，运行、运用、生化的一方，以及形体、质实、敦实的一方。邵雍还把这种"体""用"义贯彻到他的象数学中："体数何为者也？生物者也。用数何为者也？运行者也。运行者，天也；生物者，地也。"② 数目也被分为相关的"用数"和"体数"，表现为特定的运算关系，它们在邵雍象数学中得到大量的运用，而它们背后所蕴含的哲学思考，就是"运行"和"生物"，"运行"来自阴阳造化，"生物"之资正是物质实体。

第二种"体""用"义，"体"指在天人视野下，万物之属性；"用"指在天人视野下，人之运用利用万物之属性的功能。邵雍说："人之所以能灵于万物者，谓其目能收万物之色，耳能收万物之声，鼻能收万物之气，口能收万物之味。声色气味者，万物之体也。目耳口鼻者，万人之用也。体无定用，惟变是用。用无定体，惟化是体。体用交而人物之道于是乎备矣。"③ 这种"体""用"义似乎比较特殊，作为物的"体"和作为人的"用"有分离的倾向。但是，如果我们把视野放宽到"人物之道"的整体，那么此"体"，还是"人物之道"的"体"，此"用"还是"人物之道"的"用"，"体"和"用"融合在"人物之道"的整体框架内，所以并不是完全隔离的。

第三种"体""用"义，"体"指有形的事体，也即可以观察和记录的行为事迹；"用"指无形的用心、用意，或精神内涵。如邵雍说：

---

① 邵雍：《观物外篇下》，《皇极经世书》卷十四，第523页。
② 邵雍：《观物外篇上》，《皇极经世书》卷十三，第510页。
③ 邵雍：《观物篇五十二》，《皇极经世书》卷十一，第489页。

噫，圣人者，非世世而效圣焉，吾不得而目见之也。虽然吾不得而目见之，察其心，观其迹，探其体，潜其用，虽亿万千年亦可以理知之也。①

　　皇、帝、王、伯者，《易》之体也。虞、夏、商、周者，《书》之体也。文、武、周、召者，《诗》之体也。秦、晋、齐、楚者，《春秋》之体也。意、言、象、数者，《易》之用也。仁、义、礼、智者，《书》之用也。性、情、形、体者，《诗》之用也。圣、贤、才、术者，《春秋》之用也。用也者，心也。体也者，迹也。心迹之间有权存焉者，圣人之事也。②

　　在邵雍看来，圣人之生命世界并非不得而知，只要从作为"体"的行为事迹和作为"用"的心意入手，就不但能了解圣人的事业，还能理解圣人的精神。把这种"体""用"义投射到《易》《书》《诗》《春秋》四经上，那么四经同样可以分为事体和思想内涵两个层次：《易》所象征的事迹是皇、帝、王、伯之事，所蕴含的思想内容是意、言、象、数；《书》所象征的事迹是虞、夏、商、周之事，所蕴含的思想内容是仁、义、礼、智；《诗》所象征的事迹是文、武、周、召之事，所蕴含的思想内容是性、情、形、体；《春秋》所象征的事迹是秦、晋、齐、楚之事，所蕴含的思想内容是圣、贤、才、术。

　　在这里需要强调的是，第二种"体""用"义的独立意义并不强烈，它更像是第一种"体""用"义被运用到人之感官和万物共同组成的系统中，非常类似于"圣人主用，百姓主体"这种情景，但是由于人之感官和万物的关系表现出利用和反映的关系，而不同于运行生化的关系，所以才造成这种"体""用"义和第一种"体""用"义有所不同，但严格说来，它们的本质是一样的。因此我们认为，第二种"体""用"义可以被摄入第一种"体""用"义中。

　　根据以上分疏，我们发现，邵雍的"体""用"义，还不即是他的本体论，他的本体论自然蕴含有体用义，但邵雍本体论的体用义不同于就"体""用"这两个概念而论的"体""用"义。邵雍本体论所蕴含的体用之体，是宇宙万物存在和生化的根据，是形上的本体，体用之用，是宇宙万物自身的形体，属于形下之器，这是邵雍哲学中所蕴含的体用关系。而

---

① 邵雍：《观物篇五十二》，《皇极经世书》卷十一，第489页。
② 邵雍：《观物篇五十四》，《皇极经世书》卷十一，第491页。

"体""用"这两个概念,主要用来解释天地万物的形体与变动,以及圣人的事迹与精神,这明显和邵雍哲学中的体用关系有较大差异。

而对于程颐来说,他则是直接就"体""用"这两个概念建构了本体论。他说:"至微者,理也;至著者,象也。体用一源,显微无间。"① 这里的"体"是形而上的理,它作为事物的本体、本质而存在,这里的"用"则是指形而下的事物。在程颐的哲学中,体用不离不杂,但层次分明,体、用这两个概念直接建构了严整清晰的理本体论。邵雍的"体""用"义与程颐的体用观念之间的差别非常明显。但是我们不能说邵雍的"体""用"义如此,就没有本体论,因为邵雍的本体论是通过其他概念建构的;同时,就邵雍哲学中"体""用"而言,这两个概念有利于我们了解天地万物运行的规律,有利于我们深化对圣人的理解。

二 邵雍先天学本体论与张载气本论的比较

(一)张载气本论简述

在中国传统思想史中,张载哲学往往被称为"气学",在现代哲学史中,张载哲学往往被称为"气本论",或者说是"气一元论"。气在张载哲学体系中具有核心的地位,它凸显了天地万物的统一性的物质基础。张载不但认为万物都是由气构成的,气是天地万物之本,而且认为气由太虚凝聚而来,太虚更是气的本体。如此一来,张载的气本论事实上蕴含着三个紧密关联的概念:有形的万物,无形的气,以及气之本体太虚。这是张载本体论分析中的三个不可分离的层面,天地万物的统一性基础是气,气之本体是太虚。如果说,对气这个概念的强调解决了天地万物由何构成,构成的基础是统一的还是多样的等问题,那么对于太虚的提撕,一方面从本体论的高度强调了不存在纯粹的虚无,万物不是从虚无而来,"有""无"问题是佛道二教的虚假问题;另一方面则强调了太虚之湛一、清通、神妙之性,以及太虚作为天地之性的来源的重要意义。显然,在张载本体论的视野中,万物的统一性基础,有无、生死的问题,以及人类性善的形上根据都得以初步解决。这是张载气本论中本体论的基本内容。事实上,张载气本论还蕴含着宇宙论。在宇宙论分析中,张载在气论的视野中,主要回答天地万物如何运化的问题。

张载认为,天地万物的大化流行,以及气的运化,主要在于"两体"或"二端"之间的种种相互作用:

---

① 程颢、程颐:《易传序》,《二程集》,第689页。

造化所成，无一物相肖者，以是知万物虽多，其实一物；无无阴阳者，以是知天地变化，二端而已。①

天道不穷，寒暑也；众动不穷，屈伸也；鬼神之实，不越二端而已矣。②

游气纷扰，合而成质者，生人物之万殊；其阴阳两端循环不已者，立天地之大义。③

一物两体，气也；一故神，（自注：两在故不测。）两故化，（自注：推行于一。）此天之所以参也。④

"阴阳"是关于"两体"或"二端"的概说，在此基础上加以种种的引申和发挥，还包括"浮沈""升降""动静""聚散""屈伸""虚实""清浊"，等等，"两体"之间的相互作用，造成了万物的发展变化，所以"两体"之间的无穷妙用，也就是天道的过程。不过"两体"或"二端"并不是隔绝的两极，它们之所以能够相互作用，就说明有其同一性的前提，这就是"一"，"两不立则一不可见，一不可见则两之用息。两体者，虚实也，动静也，聚散也，清浊也，其究一而已"⑤。而"一"的内涵，也就是太虚或神。"两体"是就气或物而言，而太虚只是"气之本体"，无所谓两，所以太虚就是"一"，但太虚之"一"并非绝对的抽象的隔绝的"一"，而是"太虚不能无气"⑥。所以太虚之"一"必然向"两体"之气转化，这种转化的倾向、机制和过程，神妙莫测，只能被称为"神"，神虽然指向着"两体"，但还不即是"两体"，所以和太虚一样也被称为"一"。并且从有形的万物层面，或者从气的层面来看，万物与气的直接的运化过程是"两体"之间的作用，而"两体"的基础是"一"，所以天地万物最根本的变化来源则是"神"，"惟神为能变化，以其一天下之动也。人能知变化之道，其必知神之为也"⑦。但总的来说，"一"不离"两"，"两"不离"一"，它们的共同作用呈现为大化流行的生生不息和神妙莫

---

① 张载：《正蒙·太和篇》，《张载集》，第10页。
② 张载：《正蒙·太和篇》，《张载集》，第9页。
③ 张载：《正蒙·太和篇》，《张载集》，第9页。
④ 张载：《正蒙·太和篇》，《张载集》，第10页。
⑤ 张载：《正蒙·太和篇》，《张载集》，第9页。
⑥ 张载：《正蒙·太和篇》，《张载集》，第7页。
⑦ 张载：《正蒙·神化篇》，《张载集》，第18页。

测。这就是张载宇宙论的基本视野，它也是在气本论的框架下加以论述的，只是与本体论相比，宇宙论解决的不是宇宙构成中何者为本体或何者为第一性第二性的问题，而是宇宙运化过程的问题。张载宇宙论的最终结论，认为天地万物运化的过程就是"两体"之间的相互作用。

张载气本论作为一个完整的哲学体系，来源于对四个问题的追问，也成功回答了这些哲学问题。这些问题包括"有无""生死"问题、"天道运化"问题、"万物一体"的问题，以及人性善恶及其来源的问题。在这四个问题中，"有无""生死"问题的解决，是对佛道二教基本观念的直接应对；"天道运化"问题则是对天道大化流行内在机制的进一步说明；"万物一体"的观念是传统儒者的一贯主张和信仰，是"仁"之境界的生命感受，那么如何从本体论的层面上说明这一观念的必然性，显然也是大儒们所必须解决的一个重要问题；另外，人性善恶及其来源问题从先秦以来就是儒者思考的重要问题，它涉及儒者如何看待人性，人之性善是否有天道基础，儒者能否在此基础上通过道德践履体悟"天人合一"等一系列重要问题。这些问题大部分是儒学的基本问题，在北宋儒学复兴的形势下，对这些问题的回答更是被提上了日程，张载站在气本论的基础上，对这些问题加以回答，显示了一个哲学家的智慧和对时代精神的把握，显示了一个儒者坚定的天道信仰。

(二) 邵雍先天学本体论与张载气本论的比较

邵雍本体论与张载气本论相比较，相同的地方在于，在一定程度上，二人的本体论与宇宙论都是紧密结合在一起的。邵雍本体论中的本体，具有太极义，而太极强调了本体的超越性，但是这种超越性并不是孤悬的超越，而是又进一步呈现在万物之中，起着生化万物的妙用，这种进一步呈现，就是神，就是数和象。神还属于本体论的范围，是本体的妙用，还不即是宇宙论概念，而数和象则既是邵雍本体论分析中的概念，即太极、神、数、象以及器这一本体论分析中的概念，同时又是宇宙论的概念，邵雍就是在数和象的视野下，对宇宙的运行规律进行探索，进行描述，并由此建构了宏大的象数哲学体系。可见，邵雍的本体论和宇宙论是紧密结合在一起的，它们的层面虽然不同，但是本体必然呈现为数和象，立足于本体论也必然进一步拓展出象数哲学形式的宇宙论。事实上，张载的哲学体系也存在同样的情况。在张载的本体论中，气为本体，气贯穿着太虚和万物，万物散而为气，气散而为太虚，太虚凝聚而为气，气凝聚而为万物，太虚、气以及万物，是张载本体论分析的核心概念，而张载并没有仅仅停留在这种本体论分析之中，而且还对气如何运行这种宇宙论问题进行探索，提出"一物两体"这一著名的宇宙论命题。可见，张载的本体论和宇宙论也是紧密地结合在一起的。所以，对于邵雍和张载而言，虽然本体论和宇宙论的具体内容不一样，但他们的哲学体系都有丰富的本体论内容和宇宙论内容。

邵雍本体论与张载气本论相比较，相异的地方在于以下几个方面。第一，二人本体论分析的不同造成对气的考察角度不同。邵雍本体论虽然也关联着气来论述，但是邵雍哲学并不是气本论，邵雍并不仅仅论述气之本身，他是在自己的本体论的前提下，论述气的变化规律，用邵雍自己的话语来说就是"数"和"象"，邵雍围绕着"数"和"象"，进行种种精心细致的推衍，建构了庞大的象数哲学，而邵雍象数哲学的内涵，既包括自然哲学，又包括历史哲学；对于张载来说，虽然突出了气作为本体的意义，但是没有突出气之变化规律，而只是强调了伦理意义上的"天地之性"和"气质之性"，以及气之"一物两体"的特征，所以张载自然哲学显得没有邵雍象数哲学那般宏大而系统。而造成这种结果之根本原因则在于，在邵雍的本体论分析中，有太极、神、数、象和器这样一个概念序列，数和象都是用来描述气以及物之变化规律的，而张载的本体论分析中只有太虚、气和万物这样一个概念序列，并没有意蕴丰富的概念对气加以描述。总之，因为本体论分析和关键概念的不同，也造成了以本体论为基础的宇宙论和自然哲学的不同。第二，二人对于神的理解不同。邵雍哲学中的神，是就鼓舞气而言，为气之生化之体，但是，神并不是气之神，不是气的属性，神只是气的本体，虽然不离于气，但也并不能被气所统摄，这就是邵雍说"神亦一而已，乘气而变化，能出入于有无死生之间，无方而不测者也"[1]，"潜天潜地，不行而至，不为阴阳所摄者，神也"[2] 的原因。一言以蔽之，神和气是相即而非并列的关系；对于张载来说，神虽然同样也神妙莫测，同样蕴含有鼓舞着天地万物运化的意义，但是神是蕴含于气的，气贯穿着太虚和万物，太虚作为气的本体并不是背后的本体，而是同一序列的本体，所以张载说"气之性本虚而神，则神与性乃气所固有"[3]，因此，神就意义上来说，虽然不同于气之"两体"，但是并不是超越于气的，而就是"两体"之同一性，依然属于气，用来指谓气之变化的神妙莫测。很显然，邵雍和张载对神的理解有所不同。

---

[1] 邵雍：《观物外篇下》，《皇极经世书》卷十四，第528页。
[2] 邵雍：《观物外篇下》，《皇极经世书》卷十四，第528页。
[3] 张载：《正蒙·乾称篇》，《张载集》，第63页。

三 邵雍先天学本体论与王安石、苏轼道本论的比较

王安石生于真宗天禧五年（1022），卒于哲宗元祐元年（1086），是历史上著名的政治家和思想家，他在北宋中期推动的变法运动，轰动一时，同时也在以后的中国传统社会中引起无数的争议，并受到以理学为代表的正统儒学的广泛批评，因为王安石思想和政治主张与理学家们不合，在《宋元学案》中，《荆公新学》仅列于最末。但是王安石新学在当时的社会中的确产生了重要的作用和影响，"从宋神宗熙宁二年（1069）开始，以王安石为首的荆公新学不仅'六十年间，诵说推明，按为国是'，而且几乎统治了整个学术界，风行天下六十余年。士人'专意王氏之学，士非《三经》、《字说》不用'，'一时学者，无不敢不专习，主司纯用以取士，士莫得自名一说，先儒传注，一切废不用'，其影响远在当时的伊洛之学上。南渡之后，新学日益没落，理学则逐渐蔚为大宗，但荆公新学对于学术史、思想史的影响却并未由此消歇。恰恰相反，甚至于南宋理学的兴起，都始终与对荆公新学的反动紧密相关。可以说，在整个宋代理学的发展历程中，以王安石为中心的荆公新学始终是作为宋代理学家们所无法回避的'他者（the other）'而存在"[1]。

苏轼生于宋仁宗景祐三年十二月（1037），比邵雍晚二十六年，比程颢和程颐分别晚三年和四年，因此苏轼虽然年龄上和北宋五子中年长者差距较大，但和二程基本上同时，并且在当时的政治舞台上还导致了所谓的"蜀洛党争"。"蜀洛党争"不但有其政治方面的原因，还有其思想方面的原因。从事实影响上来说，洛学的思想观念来源于二程，而蜀学的主体则是"三苏"之学，而蜀学中苏轼的贡献犹大，也代表了当时学术思潮中相当一批人物的观点，所以，如果我们试图在较大的思想学术背景下考察邵雍学术的特征，定位邵雍之学的意义，就有必要和苏轼之学相比较。

（一）王安石道本论介绍[2]

北宋儒学复兴，有人评价，是从周敦颐而入精微的。事实上，在周敦颐之前或同时，王安石已经开始讨论道德性命之学了，并且当时社会文化的实际局面是，周敦颐学问的影响很有局限，王安石思想的影响因为他的政治作为和名声反而比较广泛，如果放眼宏观上的儒学发展史，我们可以说，相比于两汉儒学，这一新的哲学论域的开显，王安石的贡献实在不

---

[1] 刘成国：《荆公新学研究·绪论》，上海古籍出版社2006年版，第1页。
[2] 本部分曾经发表，见赵中国《王安石道论研究》，《东岳论丛》2010年第5期。

小。但是，王安石虽然出于自己的哲学慧识提撕出这一哲学论域，他并没有精义入神、深达本源，他的道德性命之说，与二程相比确实给人一种义理不精、驳杂少纯的感觉，这是王安石的缺陷。

王安石的道论与其道物观结合紧密，也可以说，王安石就是在其道物观中阐发了他的道论。在王安石道物观中，存在两个基本的层面：道和天地万物。"道非物也"①，但是，道是天地万物的存在根据，道"生养万物"②。这是王安石道物观的基本视野。在道物观的视野下，王安石进一步揭示了两个基本的哲学问题，第一，道的内涵是什么？第二，道如何发挥生生本体的作用？对应于第一个问题，王安石纳入了"有无""本末"两对概念，认为道有本有末，"本"为"无"，"末"为"有"，道统摄有无，涵盖形上形下；对应于第二个问题，王安石纳入了"体用""元气冲气"两对概念，认为"体"即不动之"元气"，"用"即生生不息之"冲气"，道正是依靠"冲气"而产生生养天地万物的作用。但是，在其道物观和道论中还有一些问题没有获得清晰的解决，比如把道分为本末和体用，那么本末和体用之间具有何种对应关系？如何解决道之自然属性和儒家价值观之间的紧张？这些问题都是一个儒家思想家的完整的系统的本体论所需要解决的。但在王安石道论中，并没有彻底地加以讨论，这是王安石道论的瑕疵。下面我们对王安石道论进行详细分析。

1. 道之内涵

王安石道论深受《老子》思想影响，他著有《老子注》，他的道论也是在《老子》道论基础上的进一步发展。《老子》道论既有本体论色彩，也有强烈的宇宙论色彩，在很多时候《老子》视道为"无"，同时又认为"无"在"有"即天地万物之前，是宇宙的本源。王安石继承了这一点，并以其为基础论述自己的宇宙起源论。他说：

> 无，所以名天地之始；有，所以名其终，故曰万物之母。③
> 无者，形之上者也。自太初至于太始，自太始至于太极。太始生天地，此名天地之始。有，形之下者也。有天地然后生万物，此名万物之母，母者，生之谓也。无名者，太始也，故为天地之父。有名者，太极也，故为万物之母。天地，万物之合。万物，天地之离。于

---

① 王安石著，容肇祖辑：《王安石老子注辑本》，中华书局1979年版，第26页。
② 王安石：《王安石老子注辑本》，第10页。
③ 王安石：《王安石老子注辑本》，第1页。

父言天地，则万物可知矣。于母言万物，则天地亦可知矣。①

他把宇宙的起源过程分成太初、太始、太极即天地，以及万物四个阶段，自太初至太始，属于"无"，而太始生天地，自天地始而为"有"，显然，王安石的宇宙起源论结合了《老子》"有无"和《淮南子》"太初、太始、太极"的思想，但是王安石以太极为天地之大全的观念，应该是在两者基础上的创新，也是为《老子》和《淮南子》的宇宙起源论找到了一个结合点。

王安石没有停留在关于宇宙起源论之"有无"观念上，而是在此基础上建构了自己的道论，并提出了道统摄有无的关键思想。他说：

> 道之本出于无，故常无，所以自观其妙。道之用常归于有，故常有，得以自观其徼。②

> 两者，有无之道，而同出于道也。言有无之体用皆出于道。世之学者，常以无为精，有为粗，不知二者皆出于道，故云"同谓之玄"。此两者同出而异名者，同出乎神；而异者，有、无名异也。圣人能体是以神明其德，故存乎无则足以见其妙，存乎有则足以知其徼，而卒离乎有、无之名也。其上有以知天地之本，下焉足以应万物之治者，凡以此。③

> 道，一也，而为说有二。所谓二者何也？有、无是也。无则道之本，而所谓妙者也。有则道之末，所谓徼者也。故道之本，出于冲虚杳眇之际；而其末也，散于形名度数之间。是二者其为道一也。而世之蔽者常以为异，何也？盖冲虚杳眇者，常存于无；而言形名度数者，常存乎有。有无不能以并存，此所以蔽而不能自全也。夫无者，名天地之始，而有者，名万物之母，此为名则异，而未尝不相为用也。盖有无者，若东西之相反而不可以相无。故非有则无以见无，而无无则无以出有。有无之变，更出迭入，而未离乎道，此则圣人之所谓神者矣。《易》曰："无思也，无为也，寂然不动，感而遂通天下之故"，此之谓也。盖昔之圣人常以其无思无为以观其妙，常以感而遂通天下之故以观其徼。徼妙并得，而无所偏取也。则非至神，其孰能

---

① 王安石：《王安石老子注辑本》，第1—2页。
② 王安石：《王安石老子注辑本》，第2页。
③ 王安石：《王安石老子注辑本》，第3页。

与于此哉！然则圣人之道亦可见矣。观其妙所以穷神，观其徼所以知化。穷神知化，则天地之道有复加乎？①

有与无在常人看来是两个不同的概念，指称着宇宙中不同的阶段、层面和现象，但在王安石看来都统摄于道，属于道的两个层面。道之本为"无"，道之末为"有"，所谓"无"者，无形、无象、无名，但是却能够生天生地，生化万物，所谓"有"者，有形、有象、有名，生活世界中所接触的事物皆为"有"。从表面上看"有""无"性质不同，互相隔绝，但是事实上"有""无"互相贯通为一，因为没有"有"，"无"只能是纯粹的虚无，是没有意义的，这是"有"之于"无"的存在意义；没有"无"，则也不可能有"有"。详细而言，在宇宙起源阶段，"有"来自"无"，在宇宙生生不息的运化过程中，"无"生化着"有"，这是"无"之于"有"的存在意义。因此，"有""无"贯通为一，统属于道，显然，王安石道论不同于《老子》道论的地方在于，他用本末两个概念贯通了"无"和"有"，把它们统摄于道，而不是仅仅把道解释为"无"。

2. 道之体用

在道论中纳入本末两个概念，可以有效地统摄"有""无"于"一"，为宇宙之千变万化的事物现象寻找到一个根本的存在根据，但是，道究竟如何生养万物，如何发挥它的本体作用，则需要进一步的解释，王安石又采用了体用两个概念，并用"元气"解释"体"，用"冲气"解释"用"，在此基础上解释道生化天地万物的机制。他说：

道有体有用。体者，元气之不动。用者，冲气运行于天地之间。其冲气至虚而一，在天则为天五，在地则为地六。盖冲气为元气之所生，即至虚而一，则或如不盈。②

一阴一阳之谓道，而阴阳之中有冲气。冲气生于道。道者天也，万物之所自生，故为天下母。"夫物芸芸，各归其根，归根曰静，静曰复命"，则得以返其本也，故曰"复守其母"也。③

道，无体也，无方也，以冲和之气鼓动天地之间，而生养万物，如橐籥虚而不屈，动而愈出。④

---

① 王安石：《王安石老子注辑本》，第2—3页。
② 王安石：《王安石老子注辑本》，第8页。
③ 王安石：《王安石老子注辑本》，第45页。
④ 王安石：《王安石老子注辑本》，第10页。

王安石在道论中纳入体用这两个概念，用"体"，即"元气"，来表述"不动"的一面，用"用"，即"冲气"，来表示"运行"生化的一面，这样，在宇宙的存在序列中，就有道之体、道之用，以及天地万物这三个层面，道之体用不相分离，共同生养着万物。但是问题在于，一方面道统有无，所以道为大全，包括万物；另一方面道之体用为元气、冲气，并不包括万物，这个矛盾王安石并没有加以说明。还有，元气、冲气和天地万物之间除了生化的关系，究竟是互即互涵的关系，还是互相分离的关系，王安石也没有明言。而这一问题在张载气论中则不存在，因为张载之气论统一了太虚、气以及天地万物这三个层面。但是王安石并没有说明元气冲气与天地万物之存在状态具有何种关联。这是王安石道论的漏洞。

3. 道法自然

王安石用道之体、用说明生化万物的功能，但是，王安石的这一观点并不能始终如一，他又承认老子的观点，认为道具有自然义。他说：

> 道之自然，故不产而万物化。道则自本自根，未有天地，自古以固存，无所法也。无法者，自然而已，故曰"道法自然"。此章言混成之道，先天地生，其体则卓然独立，其用则周流六虚，不可称道，强以大名。虽二仪之高厚，王者之至尊，咸法于道。夫道者，自本自根，无所因而自然也。①

按照这种说法，道是自然的，万物之化并不是因为道之生养，显然这种观点和冲气鼓动天地之间，以生养万物，是相矛盾的。

就整体而言，王安石论述道之本末，道之体用，试图寻找万事万物统一的存在根据，并且通过把道解释为本和末两个层面，以本为末的超越性根据，在一定意义上，也的确建构了自己的本体论。事实上，二程也承认王安石关于本体论的建构，他们说："介甫致一。"② 很显然，这表明二程肯定了王安石哲学建构的努力，以及他试图在其哲学体系中贯彻"一本"的努力，如果我们暂时抛开价值倾向，而根据上面的分析，可以说王安石的确建构了其"一本"的道论，或本体论。但同时我们还需要强调，王安石的道论，只是强调了相对于其他哲学范畴而言道具有的重要性、根本性，但是我们知道，严格来讲道只是"虚名"，儒家讲道，老庄讲道，道

---

① 王安石：《王安石老子注辑本》，第29页。
② 程颢、程颐：《河南程氏遗书》卷第七，《二程集》，第96页。

教仙学讲道，佛学有时候也讲道，道在逻辑上是最高的范畴，这是中国文化中各家各派的共识，仅仅把道拈出而对它的根本性强调一番是不足以构建一个富于儒学特色的思想体系的，道在形式上虽然是最高范畴，但道在具体内涵上必然要有所限制，否则就难以判断是何家何派了。王安石在这一点上显然没有二程的思想敏锐精准。从根本上来说，王安石的道是"无"，是"自然"，大致上继承了老子之道的意义，王安石虽然身为大儒，但他没有像二程那样精义入神，关注佛老的主要哲学论域，批判吸收佛老的思维方法，最后构建了成功的富有儒家色彩和内容的本体论体系。

（二）苏轼道本论介绍

在前面我们已经介绍，邵雍的本体论建构是太极本体论，或心本论，二程是理本论，张载是气本论，而这些北宋大儒们的本体论建构，都源于对当下世界的深层思考，都源于对当下世界的本体论分析：从万事万物等诸多现象中探究其形上本体。对于苏轼来说，他也有这样一种自觉，在他的思想世界中也有这样一种逻辑结构。苏轼说：

> 《易》曰："穷理尽性，以至于命。"可谓极矣。君子之于事物也，原其始不要其终，知其一不知其二，见其偏不见其全，则利害相夺，华实相乱，乌能得事之真、见物之情也哉！故言可听而不可行，事可行而功不可成，功可成而民不可安，是功未始成也。……故愚以谓穷理尽性，然后得事之真，见物之情。以之事天则天成，以之事地则地平，以之治人则人安。①

可见，苏轼意图对于事事物物不但要"原始"，还要"要终"，不但要"知其一"，还要"知其二"，经过全面的思考，超越局限于一端的偏见，最终达到"得事之真""见物之情"的效果，这才是真正的"穷理尽性"。

那么，苏轼眼中的"事之真"是什么呢？事实上，苏轼对于当下世界的存在论思考，继承了《易传》的道器观。他说："'道'者器之上达者也，'器'者道之下见者也，其本一也。'化'之者道也，'裁'之者器也，'推而行之'者一之也。"② 显然，道器之间，一个上达，一个下见，但是道器不相离，本就是"一"，但是在这里我们仅仅看到道相对于器而

---

① 苏轼著，曾枣庄、舒大刚主编：《尚书解·乃言底可绩》，《东坡书传》卷二，《三苏全书》第一册，语文出版社2001年版，第447—448页。
② 苏轼：《苏氏易传》卷之七，《三苏全书》第一册，第370—371页。

言的超越性，还不知道"道"具体的意义。苏轼进一步说：

> 阴阳果何物哉？虽有娄、旷之聪明，未有得其仿佛者也。阴阳交然后生物，物生然后有象，象立而阴阳隐矣。凡可见者皆物也，非阴阳也。然谓阴阳为无有可乎？虽至愚知其不然也。物何自生哉？是故指生物而谓之阴阳，与不见阴阳之仿佛而谓之无有者，皆惑也。圣人知道之难言也，故借阴阳以言之，曰"一阴一阳之谓道"。一阴一阳者，阴阳未交而物未生之谓也。喻道之似，莫密于此者矣。阴阳一交而生物，其始为水。水者有无之际矣，始离于无而入于有矣。老子识之，故其言曰："上善若水。"又曰："水几于道。"圣人之德，虽可以名言，而不囿于一物，若水之无常形。此善之上者，几于道矣，而非道也。若夫水之未生，阴阳之未交，廓然无一物而不可谓之无有，此真道之似也。阴阳交而生物，道与物接而生善，物生而阴阳隐，善立而道不见矣。①

> 相因而有，谓之"生生"。夫苟不生，则无得无丧，无吉无凶。方是之时，易存乎其中，而人莫见，故谓之道，而不谓之易。有生有物，物转相生，而吉凶得丧之变备矣。方是之时，道行乎其间而人不知，故谓之易，而不谓之道。圣人之作《易》也，不有所设，则无以交于事物之域，而尽得丧吉凶之变。是以因天下之至刚而设以为乾，因天下之至柔而设以为坤。乾坤交而得丧吉凶之变，纷然始起矣。故曰："成象之谓乾，效法之谓坤。"效，见也。言易之道至乾而始有成象，至坤而始有可见之法也。②

> 夫道之大全也，未始有名，而易实开之，赋之以名，以名为不足而取诸物以寓其意，以物为不足而正言之，以言不足而断之以辞，则备矣。名者言之约者也，辞者言之悉者也。③

> 生生之极则易成矣，成则惟人之所用，以数用之，谓之占，以道用之谓之事。④

> 道，神而不显；德行，显而不神，故《易》以"显道神德行"。⑤
> 神之所为，不可知也，观变化而知之尔。天下之至精至变，与圣

---

① 苏轼：《苏氏易传》卷之七，《三苏全书》第一册，第351—352页。
② 苏轼：《苏氏易传》卷之七，《三苏全书》第一册，第357页。
③ 苏轼：《苏氏易传》卷之八，《三苏全书》第一册，第381—382页。
④ 苏轼：《苏氏易传》卷之七，《三苏全书》第一册，第357页。
⑤ 苏轼：《苏氏易传》卷之七，《三苏全书》第一册，第363页。

人之所以极深研几者，每以神终之，是以知变化之间，神无不在。因而知之可也，指以为神则不可。①

我们看到，苏轼对"道"的理解，是与"易"紧密相关的，他认为，从时间发展历程上来说，道是天地万物的本源，相对于天地万物而言具有超越性，这种超越性很不容易理解，因为人们所见和所说通常皆是以生活世界中的天地万物为基础，而道超越于生活世界中天地万物的日常特征，因此只能以阴阳这两个概念来旁敲侧击，并且强调，道就是阴阳未交之时的状态，阴阳一旦相交，也就从无形世界进入了有形世界，也就是从"无"迈入了"有"，而有形世界一旦呈现，则"道"以及阴阳则"隐"而不显。需要指出的是，苏轼认为道和阴阳只是"隐"，并不是"无"或者消失，道虽然"隐"，但是在事物背后依然存在，发挥着本体的作用。因此，苏轼对道的理解，不但从天地万物演化过程中加以思考，导致道具有宇宙论的色彩，而且认为道和阴阳作为形上本体隐藏在天地万物之中，所以道也有本体的意义。只是苏轼似乎认为阴阳即属于形上的层面，与二程认为阴阳之气属于形下的层面有明显区别。

在很多时候，苏轼还用"一"这一概念来表示"道"：

"兼三材而两之"，所谓"贰"也。夫道一而已。然《易》之作，必因其贰者，贰而后有内外，有内外而后有好恶，有好恶而后有失得。故孔子以《易》为衰世之意，而兴于中古者，以其因贰也。一以自用，贰以济民。②

《易》将明乎一，未有不用变化、晦明、寒暑、往来、屈信者也。此皆二也，而以明一者，惟通二为一，然后其一可必。故曰："在天成象，在地成形。"又曰："变化者进退之象，刚柔者昼夜之象。"又曰："阖户谓之坤，辟户谓之乾。"皆所以明一也。③

夫刚柔相推而变化生，变化生而吉凶之理无定。不知变化而一之，以为无定而两之，此二者皆过也。天下之理未尝不一，而一不可执。知其未尝不一而莫之执，则几矣。是以圣人既明吉凶悔吝之象，又明刚柔变化本出于一，而相摩相荡，至于无穷之理。曰："变化者，

---

① 苏轼：《苏氏易传》卷之七，《三苏全书》第一册，第364页。
② 苏轼：《苏氏易传》卷之八，《三苏全书》第一册，第382页。
③ 苏轼：《苏氏易传》卷之八，《三苏全书》第一册，第377页。

进退之象也。刚柔者，昼夜之象也。"象者以是观之之谓也。夫出于一而至于无穷，人之观之，以为有无穷之异也。圣人观之，则以为进退、昼夜之间耳。见其今之进也，而以为非向之退者可乎？见其今之明也，而以为非向之晦者可乎？圣人以进退观变化，以昼夜观刚柔。二观立，无往而不一也。①

《易》曰："天下之动，贞夫一者也。"夫动者，不安者也。夫惟不安，故求安者而托焉。日月惟能一，故天下资明焉。天一于覆，地一于载，日月一于照，圣人一于仁。非有二事也。昼夜之代谢，寒暑之往来，风雨之作止，未尝一日不变也。变而不失其常，晦而不失其明，杀而不害其生，岂非所谓一者常存而不变故耶？圣人亦然。以一为内，以变为外。或曰：圣人故多变也欤？不知其一也，惟能一故能变。……新与一，二者疑若相反然。请言其辨：物之无心者必一，水与鉴是也。水、鉴惟无心，故应万物之变。物之有心者必二，目与手是也。目、手惟有心，故不自信而托于度量权衡。己且不自信，又安能应物无方、日新其德也哉？齐人为夹谷之会，曰：孔丘儒者也，可劫以兵。不知其戮齐犹如杀犬豕。此岂有二道哉？一于仁而已矣。孟子曰：天下定于一。孰能一之？曰：不嗜杀人者。愚故曰：圣人一于仁。②

苏轼对"一"的理解，主要是强调本体之超越性，但本体并不孤悬，并不远离于天地万物，必然有所呈现。而这种呈现，就是"二"，就是"变化、晦明、寒暑、往来、屈信"，就是"吉凶得丧"，就是"乾坤"，就是"易"。因此，道也就是一，一也就是道，两者是异名同谓。

需要强调的是，苏轼对于一的理解和运用，更多是放在人生哲学论域之中的，但他对生命之一的体悟，只是强调"中有主"，并不是强调"万物一体"的仁者之生命境界，苏轼也说"天下之理，未尝不一"，看起来仿佛表达了"万物一体"观念，但是他接着说："是以圣人既明吉凶悔吝之象，又明刚柔变化本出于一，而相摩相荡，至于无穷之理。曰：'变化者，进退之象也。刚柔者，昼夜之象也。'象者以是观之之谓也。夫出于一而至于无穷，人之观之，以为有无穷之异也。圣人观之，则以为进退、

---

① 苏轼：《苏氏易传》卷之七，《三苏全书》第一册，第347—348页。
② 苏轼：《尚书解·终始惟一时乃日新》，《东坡书传》卷七，《三苏全书》第二册，第31—32页。

昼夜之间耳。见其今之进也，而以为非向之退者可乎？见其今之明也，而以为非向之晦者可乎？圣人以进退观变化，以昼夜观刚柔。二观立，无往而不一也。"显然，苏轼的理解，着眼于面对事物之无穷，不能为无穷的现象所迷惑，不能偏执于某一事物和现象，而要从各个不同的事物和现象之中，看到相同的"刚柔变化"之理，看到此理也是本于道之"一"。这样一来，苏轼自认为有了如此的观察角度，就能够使自己获得一种超脱，一种自由，一种随物应变无所拘执的境界。显然，苏轼所讲的"一"，根本不是"万物一体"，而是万物具有同样的道理和一致的本源及本体，但苏轼并没有从这一点出发，和张载、程颢一样发挥出"万物一体"的观念，他虽然说"圣人一于仁"，但这只是从形式上来说，从内容而言他根本没有把"仁"放到本体的高度。他说："夫瞩目于无形者，或见其意之所存。故仁者以道为仁，意存乎仁也。智者以道为智，意存乎智也。贤者存意而妄见，愚者日用而不知。是以知君子之道成之以性者鲜矣。"① 很显然，苏轼认为"无形"之道只是一个超越的大全，随人意之所存而有所见，但这些见只是"妄见"，并不是真正的道。在这种观念下，苏轼认为"善者道之继，而指以为道则不可"，② 自然也就并不奇怪。

事实上，苏轼对道、对"一"的理解，仅仅着眼于其相对于具体事物的超越性和大全性，这种本体的超越性、大全性，落实到人生哲学的层面，就变成了自然无为、随物感应的具有强烈老庄色彩的人生观，所以苏轼本人反对"性善"，"昔者孟子以善为性，以为至矣，读《易》而后知其非也，孟子之于性，盖见其继者而已，夫善，性之效也。孟子不及见性，而见夫性之效，因以所见者为性"③。总之，按照苏轼的思路，他并没有从天道观的角度，从本体论的角度，论证儒家价值观，这也是在传统学术史中，苏轼不被认为是一个醇儒的根本原因。

(三) 邵雍先天学本体论与王安石、苏轼本体论的比较

根据以上对王安石道本论和苏轼道本论的论述，再与邵雍的本体论加以比较，我们可以总结出邵雍本体论与王安石道本论、苏轼道本论之间的相同和不同之处。它们之间的相同之处在于，邵雍的本体论，与王安石、苏轼的道本论，都表现出面对实然的万事万物，所进行的形上的超越的本体思考。不同之处在于，王安石和苏轼的道本论仅仅强调本体的超越义，

---

① 苏轼：《苏氏易传》卷之七，《三苏全书》第一册，第356页。
② 苏轼：《苏氏易传》卷之七，《三苏全书》第一册，第352页。
③ 苏轼：《苏氏易传》卷之七，《三苏全书》第一册，第352页。

并没有体现出儒家价值观，而邵雍的本体论不仅强调本体的超越义，而且强调本体的生生义，所以具有儒家的价值蕴涵。

具体来说，就相同之处而言，邵雍、王安石、苏轼三人都表现出面对万事万物的本体论思考。就王安石的道本论而言，如果在本末的视野下论述，本为"无"，末为"有"，"有"为具体的事物，"无"为超越事物具体性的形上根据；如果在体用视野下论述，道之体为元气，道之用为冲气，而无论是元气还是冲气，都与具体的事物不同，都是能够统摄万事万物的。就苏轼的道本论而言，他更明确地强调道之相对于万物之具体性的超越性，并用"一"来说明道的这一特征，通过强调"一"之超越性，从而就从具体的事物中抽象出一个形上的本体，这是苏轼道本论建构的思路，这一思路也非常明显地表现出具体事物和超越本体所组成的双重结构。就邵雍本体论而言，太极这一概念即强调了本体的超越义，与太极相对而言的，则是具有象数规律的"器"，即万事万物。可见，三人的本体论结构都呈现出超越本体与具体事物这一双重结构。但是，一旦涉及本体的具体内容，它们的内涵马上就呈现出差异。

就不同之处而言，王安石的道本论，就终极意义而言，或者是"无"，或者是"元气"，或者是"自然"，因此并没有阐明儒家价值观的必然性。但王安石作为儒者不可能不提倡儒家价值观，他说：

> 道有本有末。本者，万物之所以生也；末者，万物之所以成也。本者，出之自然，故不假乎人之力而万物以生也。末者，涉乎形器，故待人力而后万物以成也。夫其不假人之力而万物以生，则是圣人可以无言也，无为也。故昔圣人之在上，而以万物为己任者，必制四术者，礼、乐、刑、政是也，所以成万物者也。故圣人惟务修其成万物，不言其生万物者。盖生者尸之于自然，非人力之所得与矣。……夫道之自然者，又何预乎？唯其涉乎形器，是以必待于人之言也，人之为也。其书曰："三十辐，共一毂，当其无，有车之用。"夫毂辐之用，故在于车之"无"用。然工之琢削未尝及于"无"者，盖"无"出于自然之力，可以无与也。今之治车者知治其毂辐而未尝及于"无"也。然而车以成者，盖毂辐具，则"无"必为用矣。如其知"无"为用而不治毂辐，则为车之术固已疏矣。今知"无"之为车用，"无"之为天下用，然不知所以为用也。故"无"之所以为车用者，以有毂辐也。"无"之所以为天下用者，以有礼、乐、刑、政也。如其废毂辐于车，废礼、乐、刑、政于天下，而坐求其"无"之为用

也，则亦近于愚矣。①

在这里，王安石也提倡"礼、乐、刑、政"，但是，这种提倡不是本体论的提倡，这种提倡只是说明，立足于社会实然层面，儒家价值观是必需的。这种认识其实和我们在本书绪论和第一章中所提到的韩愈、欧阳修、李觏的认识深度是一样的。他们都没有在本体论的高度看待儒家价值观，王安石的思想达到了本体论高度，但是却是道家色彩的，本体是"无"，是"自然"。王安石在一些场合提到冲气生养万物，似乎表现出儒家意味，但是在另外的场合又鼓吹"自然"，儒家本体之生生义在王安石的道本论中并不能得到彻底的贯彻，王安石也并没有把儒家价值观提到本体高度的自觉意识。对于苏轼而言，因为比王安石更明确地着眼于超越性而突出道本体，所以严格意义的道本体不具有任何倾向，也不具有什么具体内容，如此一来，道本体自然不具有儒家本体之生生义，也不蕴含儒家价值观。在此认识前提下，苏轼才能说出："夫瞩目于无形者，或见其意之所存。故仁者以道为仁，意存乎仁也。智者以道为智，意存乎智也。贤者存意而妄见，愚者日用而不知。是以知君子之道成之以性者鲜矣。"② 在苏轼看来，所谓的道，所谓的性，只是一个没有内容的自然而然，随个人偏好而有具体的呈现。这种观念，可以说比王安石在道家的路上走得更远。

对于邵雍来说，他固然不如二程那样，直接把体现儒家价值观的天理作为本体，但是，邵雍的本体论，含蕴着生生义，含蕴着儒家价值观。邵雍说：

> 道之道尽之于天矣，天之道尽之于地矣，天地之道尽之于万物矣，天地万物之道尽之于人矣。人能知其天地万物之道，所以尽于人者，然后能尽民也。
>
> 天之能尽物，则谓之曰昊天；人之能尽民，则谓之曰圣人。谓昊天能异乎万物，则非所以谓之昊天也。谓圣人能异乎万民，则非所以谓之圣人也。万民与万物同，则圣人固不异乎昊天者矣。然则，圣人与昊天为一道。圣人与昊天为一道，则万民与万物亦可以为一道。一世之万民与一世之万物，既可以为一道。则万世之万民与万世之万

---

① 王安石：《王安石老子注辑本》，第19—20页。
② 苏轼：《苏氏易传》卷之七，《三苏全书》第一册，第356页。

物，亦可以为一道也，明矣。①

移昊天生兆物之德而生兆民，则岂不谓至神者乎？移昊天养兆物之功而养兆民，则岂不谓至圣者乎？吾而今而后，知践形为大。非大圣大神之人，岂有不负于天地者乎？②

乾坤天地之本，离坎天地之用。是以《易》始于乾坤，中于离坎，终于既济未济。而泰否为上经之中，咸恒为下经之首，皆言乎其用也。故《易》者，用也。乾用九，坤用六，大衍用四十九，而潜龙勿用也。大哉，用乎！吾于此见圣人之心也。③

邵雍论述"道"，并不仅仅强调道之超越性，还强调道之用，强调道不离于万物，强调道"尽"之于万物，即呈现于万物之中并生养万物，圣人法道、法天，而能"尽"民，即不离万民而能生养万民，才是真正意义上的圣人。所以，圣人之心，并不是一个虚系无碍的超越之心，而是体现了妙用之义的心，此妙用就是用于民。由此可见，邵雍本体论虽然没有直接把理作为本体，但是的确包蕴了儒家本体的生生义，包蕴了儒家的价值观。这是邵雍本体论与王安石道本论、苏轼道本论最明显的区别。这也是邵雍为何能够成为北宋五子之一，而王安石和苏轼不能被称为醇儒的原因。

第四节　邵雍心本论与陆王心学的差异

邵雍本体论，在特定语境下可分别称为道本论、太极本论、心本论，以及先天本论，这四个结论并不矛盾，只是在不同角度下，对同一个本体的不同称谓，它们的实质是相同的。道本论着眼于道物关系；太极本论着眼于本体的超越性；心本论着眼于本体具有主观意义；先天本论则强调心本体超越于后天，超越于天地、形迹世界，并且先天后天不相分离，先天之心必然呈现于后天之迹之中。而在心本论的视野下，天地之心，或圣人之心，也正是天地万物存在和生化的根据，是天地万物存在和生化的本体，因为这一重要观念，邵雍本体论，或者说心本论，也就和宋明儒学中

---

① 邵雍：《观物篇五十三》，《皇极经世书》卷十一，第490页。
② 邵雍：《观物篇六十二》，《皇极经世书》卷十二，第506页。
③ 邵雍：《观物外篇上》，《皇极经世书》卷十三，第516页。

的心学有了学理意义上的关联。但是，思想史中传统的观念认为，心学的代表人物为陆九渊和王阳明，邵雍先天学主要是就象数学而言，因此根据传统学术史，邵雍心本论并没有得到充分的阐发，邵雍也没有在心学发展史中占据一定的地位。这一学术史现象的出现原因很多，但我们确信，邵雍在其本体论分析中，建构了太极本体论，同时又对太极本体进行进一步诠释，把太极诠释为心，最终建构了一个贯通天人的心本论，显然邵雍也应该属于广义的心学。所以，如果我们突破传统学术史中陆王心学的观念，不再局限于以陆王及其传承为中心的心学思潮，而是把视野扩大到建构了心本论的思想体系，那么可以说，邵雍心本论也应该属于心学的范围。当然，我们得出如此结论，并不是故意抬高邵雍及其本体论以哗众取宠，而是建立在对邵雍理论体系进行具体分析的基础上，同时我们也强调，邵雍心本论和陆王心学存在很大差异。而这种差异，来源于邵雍心本论建构的追问方式和陆王心学建构的追问方式不同。在下面，我们会在对陆王心学概述的基础上，对邵雍心本论和陆王心学之间的差异进行论述。

一 陆九渊心学概述

在南宋时期，陆九渊是与朱熹并称的大儒。朱熹在继承并发扬程颐理本论思想的基础上，广泛吸收传统儒学思想，奠定了程朱理学在宋代以后儒学主流的地位；而陆九渊则主要继承孟子尽心之说，站在程朱理学之外，强调本心，强调道德践履，开创了儒家中的心学。传统儒学史认为，就陆九渊朱熹二人学术特色相比较而言，一人强调"尊德性"，一人强调"道问学"。陆九渊偏重"尊德性"、偏重本心，具有两方面的含义，第一，强调本心乃天之所赋予；第二，强调即此本心为根本，扩而充之，即能成圣成贤，即能达至天人合一。

在阐述本心乃天之所赋予的时候，陆九渊说：

> 吾所谓心，天之所予我者也。[①]
> 道塞宇宙，非有所隐遁，在天曰阴阳，在地曰柔刚，在人曰仁义。故仁义者，人之本心也。[②]
> 此天之所予我者，非由外铄我也。思则得之，得此者也；先立乎

[①] 陆九渊著，钟哲点校：《赠丁润父》，《陆九渊集》卷二十，中华书局1980年版，第247页。

[②] 陆九渊：《与赵监》，《陆九渊集》卷一，第9页。

其大者，立此者也；积善者，积此者也；集义者，集此者也；知德者，知此者也；尽德者，尽此者也。同此之谓德，异之谓异端。①

天之所以为天者，是道也。故曰"唯天为大"。天降衷于人，人受中以生，是道固在人矣。孟子曰："从其大体"，从此者也。又曰："养其大体"，养此者也。又曰："养而无害"，无害乎此者也。又曰："先立乎其大者"，立乎此者也。居之谓之广居，立之谓之正位，行之谓之大道。非居广居，立正位，行大道，则何以为大丈夫？②

在陆九渊眼中，作为宇宙本体的道，即呈现在宇宙万物之中，呈现于天地为阴阳刚柔之道，呈现于人就是仁义，所以仁义就是人的本心，这本心是道之呈现，是天所赋予我者，是天人贯通处，是人的大体，儒者如果要从当下体证天道，就需要以此大体为根本，扩而充之，达至天人一贯。这是陆九渊本心论的根本思想。

但在陆九渊本心论中有两个方面需要注意，第一，陆九渊论本心，是就着仁义等儒家价值观而言的，也就是说陆九渊的本心是道德视野下的本心；第二，陆九渊虽然肯认本心的重要性，还强调了本心乃天所赋予，但并没有明确认为本心为宇宙存在的本体，至多认为本心乃人之生命的本体。陆九渊说：

自形而上者言之谓之道，自形而下者言之谓之器。天地亦是器，其生覆形载必有理。③

此道充塞宇宙，天地顺此而动，故日月不过，而四时不忒；圣人顺此而动，故刑罚清而民服。古人所以造次必于是，颠沛必于是也。④

道者，天下万世之公理，而斯人之所共由者也。⑤

此理充塞宇宙，天地鬼神，且不能违异，况于人乎？诚知此理，当无彼己之私。善之在人，犹在己也。⑥

可见，陆九渊认为天地万物的存在必有其理，这就是道，并且是此道

---

① 陆九渊：《与邵叔谊》，《陆九渊集》卷一，第1页。
② 陆九渊：《与冯传之》，《陆九渊集》卷十三，第180页。
③ 陆九渊：《语录下》，《陆九渊集》卷三十五，第476页。
④ 陆九渊：《与黄康年》，《陆九渊集》卷十，第132—133页。
⑤ 陆九渊：《论语说》，《陆九渊集》卷二十一，第263页。
⑥ 陆九渊：《与朱济道》八，《陆九渊集》卷十一，第147页。

此理规定人、规定人心，而不是人心规定此道此理。但同时，陆九渊论人之理，又是紧扣着心而言的：

> 人心至灵，此理至明，人皆有是心，心皆具是理。①
> 道理无奇特，乃人心所固有，天下所共由，岂难知哉？②
> 苟此心之存，则此理自明，当恻隐处自恻隐，当羞恶，当辞逊，是非在前，自能辨之。③

可见天之所赋予人者，有仁义之理，有本心，而本心所发，也就是仁义之理，这就是"心皆具是理，心即理也"④。不过此理固然是人心所能具，本心所能发，但理的最终来源还是道，而不是本心。"理的客观性、必然性、普遍性、可知性是陆九渊所不否认的。"⑤

总而言之，在儒家天道观和价值观的前提下，陆九渊认为此心蕴含此道此理，儒者学习成圣成贤的工夫，必然注重突出内心的道德意识，即本心的挺立，必然注重道德行为的践履，这样一来，就能够避免程朱理学中"格物穷理"带来的一味外求，也避免了因沉湎于外物而忽视天理在儒者生命中的真实呈现。因此可以说，就陆九渊的理论特点而言，他的本心论简练直截，天人一贯。但是，陆九渊心学还存在一个较大的问题，那就是，他认为此心蕴含此理，是以儒家天道观和价值观作前提的，这一过程体现出强烈的信仰色彩，却缺少理性的论证。一个外在于儒家信仰的"他者"必然会问：何以此心必然蕴含此理？所以，我们可以在同情理解儒家天道观和价值观的前提下，相信他的论断，却无法在哲学的理性视野下，承认他的论断。那么，如何证明此心必然蕴含此理呢？这一时代任务，到了明代大儒王阳明那里，获得了较为妥当的解决。

二 王阳明心学概述

如果说陆九渊心学一味突出本心，强调人之大体，从而表现出比较简练直截的特征，那么就王阳明心学而言，不但继承了这些方面，而且从理论上来说，从偏重"本心"也发展到真正确立了心本论，并对此结论作出

---

① 陆九渊：《杂说》，《陆九渊集》卷二十二，第273页。
② 陆九渊：《与严泰伯》三，《陆九渊集》卷十四，第184页。
③ 陆九渊：《语录上》，《陆九渊集》卷三十四，第396页。
④ 陆九渊：《与李宰》，《陆九渊集》卷十一，第149页。
⑤ 陈来：《宋明理学》（第二版），第152页。

了明确的论证。具体来说，王阳明心本论大致包括三个方面的内容。第一，主张天、理、性、心为一；第二，从对道德人文世界中心、知、意、物共存的角度出发论证心外无物，心外无理，确立了心本论；第三，不但强调了良知这一道德主体，而且强调了心具有自动自觉的冲力，良知即是致良知，致良知到极处便是无善无恶的无滞无碍境界。

就第一个方面而言，王阳明在一定程度上是继承了陆九渊的观念。在陆九渊心学的视野下，本心具天理，心即理，这是陆九渊本心论的核心观念。王阳明基本认同了这一观念，他说：

心即理也；学者，学此心也；求者，求此心也。①
心也，性也，天也，一也，故及其知之成功则一。②
性一而已：自其形体也谓之天，主宰也谓之帝，流行也谓之命，赋于人也谓之性，主于身也谓之心；心之发也，遇父便谓之孝，遇君便谓之忠，自此以往，名至于无穷，只一性而已。③
心之本体即是天理。④
所谓汝心，却是那能视听言动的，这个便是性，便是天理。有这个性才能生。这性之生理便谓之仁。这性之生理，发在目便会视，发在耳便会听，发在口便会言，发在四肢便会动，都只是那天理发生，以其主宰一身，故谓之心。这心之本体，原只是个天理，原无非礼，这个便是汝之真己。这个真己是躯壳的主宰。若无真己，便无躯壳，真是有之即生，无之即死。⑤

可见，在王阳明眼中，天必有生生之理，天赋予人为性，就其能主宰一身，则谓之心，天、理、性、心名称虽异，但是实质则一。这种看法和陆九渊的本心论基本上没有区别。但这种观念自身存在一个问题，就是这种心、理为一的观念，是直接把心等同于理，而没有论证何以能够等同之。这个问题陆九渊没有解决，不过王阳明解决了。

王阳明的解决方法是依靠对道德人文世界的存在论分析，把道德意义

---

① 王守仁著，吴光等编校：《语录二》，《王阳明全集》卷二，上海古籍出版社1997年版，第51页。
② 王守仁：《语录二》，《王阳明全集》卷二，第86页。
③ 王守仁：《语录一》，《王阳明全集》卷一，第15页。
④ 王守仁：《语录二》，《王阳明全集》卷二，第58页。
⑤ 王守仁：《语录一》，《王阳明全集》卷一，第36页。

世界分成四个互不分离的存在序列：心、知、意、物，从强调心、知、意、物共同存在入手，从而得出了心和良知的本体意义，最终确定了"心外无物，心外无事，心外无理，心外无义，心外无善"①的结论。他说：

> 身之主宰便是心；心之所发便是意；意之本体便是知；意之所在便是物。如意在于事亲，即事亲便是一物；意在于事君，即事君便是一物；意在于仁民爱物，即仁民爱物便是一物；意在于视听言动，即视听言动便是一物。所以某说无心外之理，无心外之物。②
>
> 九川疑曰："物在外，如何与身心意知是一件？"先生曰："耳目口鼻四肢，身也，非心安能视听言动？心欲视听言动，无耳目口鼻四肢亦不能，故无心则无身，无身则无心。但指其充塞处言之谓之身，指其主宰处言之谓之心，指心之发动处谓之意，指意之灵明处谓之知，指意之涉着处谓之物，只是一件。意未有悬空的，必着事物，故欲诚意则随意所在某事而格之，去其人欲而归于天理，则良知之在此事者无蔽而得致矣。此便是诚意的工夫。"③

事实上，王阳明强调心、知、意、物只是一物，并不是探讨客观世界的存在状况，而是就人当下所处的道德人文世界加以考察。在此道德人文世界中，远离人生存状态的客观事物的存在状况是无意义的，有意义的是道德人文事件，而道德人文事件必然有人心，有人心所发的意念，有意念所针对的事物，以及能判断意念是非善恶的良知，这四者是同一个道德人文事件的不可分离的部分，从其不可分离而言，必然是心外无物、心外无事、心外无理。这一点正如严正先生所说，"正因为心、知、意、物是一个存在状态，而不是四个不同的存在，现实人生才表现为良心的发用过程，心的发用才呈现为生生不息的大化流行"④，"在道德人文世界里，万事万物都因良知的普照而具有存在的意义，因而也可说万事万物都以良知为本体"⑤。通过对人当下所处的道德人文世界的存在进行分析，王阳明解决了心何以能够具有天理的问题。

需要强调的是，王阳明心学中的良知主要指人的道德意识而言，是知

---

① 王守仁：《与王纯甫》，《王阳明全集》卷一，第156页。
② 王守仁：《语录一》，《王阳明全集》卷一，第6页。
③ 王守仁：《语录三》，《王阳明全集》卷三，第90—91页。
④ 严正：《儒学本体论研究》，天津人民出版社1997年版，第175页。
⑤ 严正：《儒学本体论研究》，第170页。

善知恶之心，他的理论核心就是四句话："无善无恶是心之体，有善有恶是意之动，知善知恶是良知，为善去恶是格物。"① 这就是著名的"四句教"。当然，"四句教"是"四句"一体的，王阳明强调了"心之体"的无善无恶，并不是说就消解了儒家价值观，就无善无恶地无所不为，而是仍然坚持着"知善知恶是良知"，仍然坚持着良知作为心之本体。但是王阳明已经更进一步，把作为道德理性的良知抬高到自由的化境之中。这个自由的化境，一方面具有道德之义，所以阳明学即良知学，良知知善知恶内蕴道德判断；另一方面则表现出全幅自然、无滞无碍的自由之义，如王阳明说："道即是良知。良知原是完完全全，是的还他是，非的还他非，是非只依着他，更无有不是处。这良知还是你的明师。"② 又说："到得天理纯全，便是何思何虑矣。"③在这自由化境之中，良知与天地万物，只是一也，"良知之虚，便是天之太虚；良知之无，便是太虚之无形。日月风雷山川民物，凡有貌象形色，皆在太虚无形中发用流行，未尝作得天的障碍。圣人只是顺其良知之发用，天地万物，俱在我良知的发用流行中，何尝又有一物超于良知之外，能作得障碍？"④ 至此，可谓透彻把握王阳明心学矣。

三 邵雍心本论与陆王心学的差异之处

邵雍心本论与陆王心学相比较而言，存在较明显的差异，这表现为三个方面。第一，建构思路不同；第二，因为建构思路不同，表现出不同的义理内蕴；第三；在陆王心学视野下，心与理的关系是心具万理，心外无理，但是心不能生万理，而邵雍之心则能生出"物理"，也即呈现出"物理"。

第一，建构思路不同。邵雍心本论与陆王心学之间的根本差异，来源于他们不同的思想建构理路。我们已经知道，邵雍心本论的建构理路，是在追问宇宙存在和生化的根据是什么的过程中，建构了太极本体论，同时又在太极本体论的基础上，把太极诠释为"心"，也即天地之心或圣人之心，从而建构了心本论。所以邵雍心本论虽然具有强烈的人生哲学的意义，但是它得以建构的基础，还是在宇宙存在和生化之根据的角度下对宇宙进行的本体论分析，是以宇宙论为基础而超越宇宙论进入本体论分析而得出的结论。但是，在陆王心学那里，并没有讨论宇宙生化之根据的问

---

① 王守仁：《语录三》，《王阳明全集》卷三，第117页。
② 王守仁：《语录三》，《王阳明全集》卷三，第105页。
③ 王守仁：《语录一》，《王阳明全集》卷一，第16页。
④ 王守仁：《语录三》，《王阳明全集》卷三，第106页。

题，并不以宇宙论为基础并超越之而进入本体论分析，而是直接进入道德视野进行的本体论分析。陆九渊的心学，继承了传统儒学中万物一体等价值观念，并强调了"本心"在呈现儒家价值观念过程中的重要意义，因此，陆九渊心学是在道德践履的视野下对"本心"作用的强调，严格来讲，陆九渊心学还没有对宇宙进行存在论分析，还不属于心本体论范围；王阳明的心学，则建立在程朱理学和陆九渊心学的基础上，在承认天理这个前提下，通过对道德人文世界进行存在论分析，创新性地揭示了心知意物这一存在序列，并在此存在序列中，强调本心或良知的本体意义，因此可以说，王阳明心学综合了程朱理学和陆九渊心学，经过创新发展，到达了心本论的新高度。但是，王阳明心学和邵雍心本论之间的视野差异也很明显，他们一个针对道德人文世界进行存在论分析，一个针对宇宙何以运化进行存在论分析，两个人的角度差异很大。所以，本书强调邵雍的心本论，并没有试图与阳明心学加以混淆以抬高邵雍的意思。

第二，因为建构思路不同，表现出不同的义理内蕴。陆王心学之心之理是价值之理，所以陆九渊说："苟此心之存，则此理自明，当恻隐处自恻隐，当羞恶，当辞逊，是非在前，自能辨之。"① 王阳明说："这心之本体，原只是个天理，原无非礼，这个便是汝之真己。"② 又说："身之主宰便是心；心之所发便是意；意之本体便是知；意之所在便是物。如意在于事亲，即事亲便是一物；意在于事君，即事君便是一物；意在于仁民爱物，即仁民爱物便是一物；意在于视听言动，即视听言动便是一物。所以某说无心外之理，无心外之物。"③ 这些都是即心而论仁学生活世界之事。但邵雍先天学之心之境，所表现者并非仁学价值之事之理。我们从邵雍的诗作中即可发现端倪。邵雍说，"身生天地后，心在天地前。天地自我出，自余何足言"④，"如知道只在人心，造化工夫自可寻"⑤，"心在人躯号太阳，能于事上发辉光。如何皎日照八表，得似灵台高一方"⑥，这都是在强调心的地位和重要性，是心本论思想的诗之表述；但是，其心多反映先天恬淡闲静之意，如"意未萌于心，言未出诸口。神莫得而窥，人莫得而

---

① 陆九渊：《语录上》，《陆九渊集》卷三十四，第 396 页。
② 王守仁：《语录一》，《王阳明全集》卷一，第 36 页。
③ 王守仁：《语录一》，《王阳明全集》卷一，第 6 页。
④ 邵雍：《伊川击壤集》卷之十九《自余吟》，《邵雍全集》第四册，第 393 页。
⑤ 邵雍：《伊川击壤集》卷之十三《道装吟》，《邵雍全集》第四册，第 272 页。
⑥ 邵雍：《伊川击壤集》卷之十四《试笔》，《邵雍全集》第四册，第 277 页。

咎"①,"天心复处是无心,心到无时无处寻。若谓无心便无事,水中何故却生金?"②"物理悟来添性淡,天心到后觉情疏"③,"此心不为人休戚,二十年来已若灰"④,"自问心源何所有,答云疏懒味偏长"⑤,"会取坐忘意,方知太古心"⑥,"老年躯体索温存,安乐窝中别有春。万事去心闲偃仰,四肢由我任舒伸"⑦。即此可见,邵雍心本论之心,的确无甚价值色彩。当然,邵雍心本论的这一特点和其太极本体论完全相关,是其太极本体观念的直接反映。

第三,陆王心学之心与理的关系是心具万理,心外无理,但是心不能"生"万理,而邵雍之心则能"生"出"物理"。陆王所讲的心之本体是指人的道德良心,而邵雍的心本体是宇宙本体,是太极,是一切万物之理的根源,所以可以说心生物理,但从陆王心学角度来说,绝不能说心生理,因为理不能是后天的,不能是在心之外的,否则没有创生天理的心便流于佛老之心了。陆九渊对本心的强调,只在于此心能具此理。对于王阳明而言,他虽然明确了心本论,但是他是在对道德人文世界进行存在论分析时,强调心外无物、心外无理,强调心与物、理并存的存在结构,以及此并存的存在结构中心的本体地位。从王阳明心本论中只能推论出如果没有人心的道德意义之赋予和觉解,万物或者万理的存在都是没有意义的,但不能推论出万物或者万理是心生出的。而对于邵雍来说,本体之心却具有生出万物和"物理"的功能,此处的"生"同时也具有呈现义。这是因为,邵雍是在对"万化万事"由何而"生"的追问中归结到"心"的,"万化万事"多姿多彩,而都以超越的本体之心为存在根据,是本体之心的进一步呈现,正是在这个意义上,心也就是太极,太极呈现出神、数、象和器,心自然也呈现出神、数、象和器,这种呈现还不是从"无"中生出"有"的"生出"义,而是本体的超越义到万物的具体义的过程。这种本体之心能够呈现万物万理的思想和陆王心学是不同的。

---

① 邵雍:《伊川击壤集》卷之十三《意未萌于心》,《邵雍全集》第四册,第270页。
② 邵雍:《伊川击壤集》卷之八《寄亳州秦伯镇兵部》,《邵雍全集》第四册,第128页。
③ 邵雍:《伊川击壤集》卷之三《答人放言》,《邵雍全集》第四册,第35页。
④ 邵雍:《伊川击壤集》卷之四《新春吟》,《邵雍全集》第四册,第49页。
⑤ 邵雍:《伊川击壤集》卷之四《暮春吟》,《邵雍全集》第四册,第50页。
⑥ 邵雍:《伊川击壤集》卷之四《听琴》,《邵雍全集》第四册,第58页。
⑦ 邵雍:《伊川击壤集》卷之八《林下五吟》,《邵雍全集》第四册,第142页。

第三章　邵雍先天学象数哲学研究

在邵雍易学哲学体系中，本体论是基础，是根本，而象数哲学则是非常重要的一个组成部分。邵雍哲学中的本体，相对于万事万物的具体性而言具有超越性，但此超越的本体并不是孤悬于万事万物和人之生命之外的，本体即呈现在万事万物和人之生命之中。本体呈现于人之生命中的相关思想，构成了邵雍的人生哲学，本体呈现于万事万物之中的相关思想，构成了邵雍的象数哲学。邵雍的象数哲学以本体论为基础而展开。

因为邵雍是站在天道本体的高度论述象数学，所以邵雍的象数学是天道天理的表现，如此一来，邵雍的象数哲学便有了与以往象数学不同的"理数"特征。而所谓的"理数"，简而言之就是论述天道天理的象数哲学，而非仅仅为了占筮、为了炼丹的象数学。邵雍的"理数"哲学包含两个层面，第一个层面是邵雍对数和象本身的规律进行思考和推衍，相应的成果是"一分为二"法与先天四图，以及对天地之数和圆方之数的论述，第一个层面相当于象数学原理；第二个层面则是立足于象数学原理而对自然和人类历史的阐述，这部分相当于邵雍的自然哲学和历史哲学。这两个层面是邵雍象数哲学的核心，是本体在自然领域和人类社会领域的具体呈现，是邵雍面对宇宙和人类社会的深入思索，是邵雍试图把握天道运行和人类发展规律的理性努力。而为了展示邵雍象数哲学的特点，在本章的最后我们还会把邵雍象数哲学与同时代儒者的象数哲学加以比较，比较对象包括周敦颐和司马光。在下面，我们分别加以论述。

第一节　邵雍先天学象数哲学的特质

邵雍象数易学并非无源之水、无本之木，它是立足于传统象数易学而发展出的一朵奇葩。对于邵雍而言，传统象数易学大致可分为三个部分，第一，《易传》中的象数易学；第二，汉代象数易学；第三，道教象数易学。这些象数易学都有各自的特征，而邵雍与这些特征相比，具有"理数"的特征。我们在下面加以详细论述。

一 传统象数易学特征概述

我们在"上篇绪论"中已经指出，《易传》中已经有了象数易学的诠释方法，其中大致可以分成三种：卦象→物象、卦象→卦象或新易象、易数→易数，其中第一种象数易学诠释方法，即卦象→物象可能比较古老，因为它可能源于卜筮中卦象必然要对应物象的要求，否则就无法卜筮。第二种象数易学诠释方法，则通过对卦象的排列和推衍，来创造新的易象，《易传》中比较明显的地方是用八卦构成了一个世界图景，"天地定位，山泽通气，雷风相薄，水火不相射"（《周易·说卦传》），并且这个图景进一步和八方互相对应，还包蕴了被后世称为《文王八卦图》的易图。第三种象数易学诠释方法，即易数→易数在《易传》中只有论述天地之数和大衍之数一处。总的来说，《易传》包含了后世象数易学诠释方法的基础，不过《易传》中象数易学的内容还是比较简单的。

在汉代，象数易学获得了长足的发展。汉代象数易学可以分为占验派象数易学和注经派象数易学。顾名思义，占验派象数易学的主要特征就是占验。占验派象数易学虽然还以《周易》之卦象为基础，但是已经超越了《周易》的文本，偏重创造新易象，并使用这些成体系的新易象来窥测天命、天意，以达到占验的目的。汉代象数易学大家京房说："八八六十四卦，分六十四卦配三百八十四爻，成万一千五百二十策，定气候二十四，考五行于运命，人事、天道、日月星辰居于指掌。"[1] 这是认为自己掌握了一定的象数方法，就能够洞彻天道和人事。《汉书》也评论京房道："其说长于灾变，分六十四卦，更直日用事，以风雨寒温为候，各有占验。房用之尤精。"[2] 这是占验派象数易学的占验特征。占验派象数易学虽然在建构占验象数易学体系中，纳入了方位、历法、音律等因素，在一定程度上也反映了汉人的天道观知识，反映了汉人的自然知识，但是他们的象数易学最终还是为了窥测天命、天意，最终还是与当时占主流地位的神秘天命观、天人感应和阴阳灾异思想相适应。占验派象数易学的这种目的和特

---

[1] 《京氏易传》卷下，文渊阁《四库全书》本。
[2] 班固著，颜师古注：《睢两夏侯京翼李传第四十五》，《汉书》卷七十五，中华书局1962年版，第3160页。

征，决定了它们被宋代易学家们认定为"术"。注经派象数易学与占验派象数易学有所不同，它们不是为了占验而是为了注释《周易》，而它们注释《周易》的特点是试图立足卦象以解释所有卦爻辞。但是，在《周易》中，虽然有些卦象和卦爻辞有一定的联系，但是很多卦象和卦爻辞之间并没有联系，注经派象数易学家为了立足于卦象而解释卦爻辞，不得不对卦象进行繁杂以至牵强附会的推衍。其中尤以郑玄的"爻体"说和虞翻的"半象"说最为突出。因为传统的"互体"说，还只是在一卦六爻之中取相连的三爻变为新的一卦，而郑玄"爻体"说从一卦六爻之中取一爻即变成新的一卦，虞翻"半象"说从一卦六爻之中取二爻即变成新的一卦，可以说，为了立足卦象解释卦爻辞，真是花样迭出，无所不用其极。这种随意创造象数推衍规则的现象，必然被后人认定为牵强。总的来说，汉代象数易学可分为占验象数易学和注经派象数易学，从正面看，汉代象数易学丰富了象数推衍方法，建构了具有宇宙论或天道观意蕴的象数体系，但从负面看，占验派象数易学落于术数，注经派象数易学落于牵强。

  对于道教易学来说，也可以从两个方面来看待。一个方面，道教炼丹必然要探索天地之造化，"修丹与天地造化同途"①，所以道教易学在用《周易》卦象模拟天地和人体运行模式的时候，必然能够创造出富于道教特色的天道观体系。比如《周易参同契》说："乾坤者，《易》之门户，众卦之父母。坎离匡廓，运毂正轴。牝牡四卦，为橐为籥，覆冒阴阳。"又说："天地设位，《易》行乎其中矣。天地者，乾坤也；设位者，列阴阳配合之位也。《易》谓坎离者，乾坤二用。二用无爻位，周流行六虚，往来既不定，上下亦无常。乾坤用施行，天下然后理。"② 这明显是在描绘一个宇宙结构的模型，在这个模型中，天地设位，阴阳升降、交感、流动不息。另一个方面，道教象数易学的根本目的，还是炼丹。道教易学的两个方面有些类似于汉代占验派象数易学，占验派象数易学的目的在于占验，但也能够产生具有宇宙论和天道观意蕴的象数易学体系，道教易学虽然也能够创造出自己理解的天道观体系，但是这种天道观服务于道教的价值观，服务于道教的炼丹目的。显然，儒家象数易学能够在天道观体系方面受到道教易学的启发，但道教易学的炼丹目的是儒家象数易学必然要摒弃的地方。

---

① 彭晓：《周易参同契分章通真义·序》，《道藏》第二十册，文物出版社、上海书店、天津古籍出版社 1988 年版，第 131 页。
② 萧汉明、郭东升：《参同契校释》，《周易参同契研究》，上海文艺出版社 2001 年版，第 247—248 页。

以上是邵雍象数哲学的主要资源，它们各自具有自己的特征，而邵雍象数哲学一方面继承了传统的易学资源，另一方面也发展出了自己象数哲学的特征。

二 邵雍先天学象数哲学的"理数"特征

与传统象数易学相比，邵雍象数哲学具有明显的"理数"[①] 特征。所谓"理数"特征，就是超越占筮或注经的目的，超越神秘天命观，在理性的视野下，用"数"以及"象"的种种有逻辑规则的推衍，来探讨和表达宇宙以及人类社会所蕴含的阴阳变化之理。邵雍的"理数"体系与传统象数易学相比，最明显的特点有三：第一，"理数"的基础是先天本体论，相对于传统的神秘天命观视野下的象数哲学来说，具有理性的色彩，先天本体的体证虽然需要某种神秘的直觉，但此种神秘是人的心理直觉的神秘，并不是天命观的神秘；第二，"理数"探讨的是天地之道，是阴阳之理，"理数"并不是为了占筮，也不是为了注经，更不是为了炼丹，"理数"体系只是为了表现天地运化的规律；第三，"理数"的推衍体系具有明显的规则，这些规则自然而然，有其规律可循，而不像传统象数易学在注经之时，面对无法解释的卦爻辞，就对卦象和爻象进行各种牵强附会的推衍。邵雍对自己象数哲学的这一特点具有清楚的自觉，他说道：

  天下之数出于理。违乎理，则入于术。世人以数而入于术，故失

[①] 邵雍象数哲学的"理数"特征，较早由朱伯崑先生提出，他在其著作中说："《观物外篇》说：'易有内象，理数是也。有外象，指定一物而不变者是也。自然而然不得而更者，内象内数也。他皆外象外数也。'此是说，卦象可分为两大类：一是内象，表示内在的理数；一是外象，表示外在的具体事物，其变化的数据则为外数。前者指奇偶变化的法则，后者指天地风雷等变化的行迹。这里'理数'并提，指数变化的规律性，如一分为二法，故称其为内。邵雍认为，数的变化有其自身的法则，不是人的主观任意安排的，此即'自然而然不得而更者'。因此，他又说：'天下之类出于理，违乎理则入于术。世人以数而入于术，故不入于理也。'这是说，讲数，如果离开理，则流于术。'术'，指占术一类的主观猜测。这些论点表明，其所谓数是同理结合在一起的，所谓'理数'，用现代的话说，即数理，指数的变化所具有的逻辑性。"（参见朱伯崑《易学哲学史》第二册，第176—177页）需要注意的是，《皇极经世书》的《道藏》本、文渊阁《四库全书》本，以及张行成的《皇极经世观物外篇衍义》，都没有"理数"一词，相应的是"易有内象，理致是也"。在清人王植的著作《皇极经世书解》中，才有"易有内象，理数是也"这句话。但即使邵雍原著中没有"理数"这个词，也并不影响邵雍象数哲学的"理数"特征，也并不影响朱先生的结论，因为正如本书所论，邵雍的确是在理的视野下推衍象数，以象数体系来表达天地之道、阴阳之理，所以用"理数"来概括这种象数体系，是符合邵雍象数哲学实际的。

于理也。①

易有内象,理致是也;有外象,指定一物而不变者是也。自然而然不得而更者,内象内数也,他皆外象外数也。乾为天之类,本象也;为金之类,别象也。②

物理之学或有所不通,不可以强通,强通则有我,有我则失理,而入于术矣。③

邵雍认为数应该出于理,他也认为自己的象数哲学就是"物理之学",在这种强调理的视野下,他还把易学的象数分成"内象内数"和"外象外数"两种。"内象内数"是以理致之的象数,是"理数",而"外象外数"则是易学"理数"体系外所指定的事物。总的来说,邵雍认为自己的象数学是"出于理"的象数,是以理致之的象数,是与术数有别的象数。

事实上,邵雍强调自己的象数哲学是"物理之学","出于理",与术数有别,并不是偶然的。这是因为就思想整体而言,邵雍对"理"是非常重视的,他虽然没有如程颐那样建构理本论,但是,他对于理的自觉和追求也非常明显。他说:

循理则为常,理之外则为异矣。能循天理动者,造化在我。④
人而无学,则不能烛理。不能烛理,则固执而不通。⑤
天使我有,是之谓命。命之在我之谓性,性之在物之谓理。⑥
《渔父》,言事之不可强者,虽圣人亦不可强。此言有为无为之理,顺理则无为,强则有为也。⑦
佛氏弃君臣父子夫妇之道,岂自然之理哉?⑧
《老子》五千言,大抵皆明物理。⑨
历不能无差。今之学历者,但知历法,不知历理。能布算者,洛

---

① 邵雍:《观物外篇上》,《皇极经世书》卷十三,第515页。
② 邵雍:《观物外篇上》,《皇极经世书》卷十三,第517页。
③ 邵雍:《观物外篇下》,《皇极经世书》卷十四,第529页。中州古籍本作"虽通则有我",据《道藏》改。
④ 邵雍:《观物外篇下》,《皇极经世书》卷十四,第529页。
⑤ 邵雍:《观物外篇上》,《皇极经世书》卷十三,第520页。
⑥ 邵雍:《观物外篇下》,《皇极经世书》卷十四,第528页。
⑦ 邵雍:《观物外篇上》,《皇极经世书》卷十三,第521页。
⑧ 邵雍:《观物外篇上》,《皇极经世书》卷十三,第521页。
⑨ 邵雍:《观物外篇上》,《皇极经世书》卷十三,第520页。

下闳也；能推步者，甘石公也。洛下闳但知历法，扬雄知历法又知历理。①

天以理尽，而不可以形尽，浑天之术，以形尽天，可乎？②

邵雍对理的重视，主要受到了《中庸》"天命之谓性"和《易传》"穷理尽性以至于命"这两个命题的影响，他认为天道之赋予人，则为性、为命，天道之赋予万物，则是"理"，并且这"理"，主要就是以"数"和"象"为中心的理论体系。儒者如果想通达天人之际，一方面要穷究"物理"，了解宇宙和社会的发展规律；另一方面要穷究人理，也就是要在生命中呈现天道本体。在邵雍看来，这两方面缺一不可，其实，邵雍的象数哲学主要对应着"物理"，邵雍的本体论和人生哲学，则蕴含着人理，"物理"和人理共同组成了邵雍对宇宙、社会和人生的认识。他在这些认识的基础上，认为这就是天人之际，照此修养，就能够达到天人合一。可见，邵雍对理的强调，来源于他对天道的认识。

邵雍虽然重视理，是在理的视域中表述象数学体系，但是他并没有把理视为本体，邵雍哲学中的本体根据不同场景被称为道、太极、心，或先天，所以就思想整体而言，邵雍至多认为可以以理知天地运化的规律，并且这种理还是用象数来表达的。因此，邵雍象数哲学论域中的理，和程颐之理本论，以及程颐着重从儒家人文价值方面强调的理，有很大区别，一者主要为"物理"，一者主要为价值之理。但即便如此，邵雍毕竟已经在自己的学问体系中呈现出了理的重要性，这就与单纯的术数之学相比有了质的飞跃，所以程颐虽然对邵雍有很多不同意见，但对这一点还是很赞赏的，他说："邵尧夫数法出于李挺之，至尧夫推数方及理。"③而朱熹也看到了这一点，他虽然贬低邵雍之学中的术数学元素，说："且未须理会数，自是有此理"④，但承认"康节当时只是穷得天地盈虚消息之理，因以明得此数"⑤。又说："谓如今日戌时，从此推上去，至未有天地之始；从此推下去，至人消物尽之时。盖理在数内，数又在理内。康节是他见得一个盛衰消长之理，故能知之。"⑥这些看法和评语都是比较中肯的。那么，邵雍

---

① 邵雍：《观物外篇上》，《皇极经世书》卷十三，第521页。
② 邵雍：《观物外篇下》，《皇极经世书》卷十四，第524页。
③ 程颢、程颐：《河南程氏遗书》卷十八，《二程集》，第197页。
④ 黎靖德编：《朱子语类》卷第一百，第2546页。
⑤ 黎靖德编：《朱子语类》卷第一百，第2554页。
⑥ 黎靖德编：《朱子语类》卷第一百，第2546页。

是如何在理的视野下，推衍自己的象数呢？是如何用象数，来表达天地万物的运化规律呢？这些都是邵雍象数哲学的具体内容，我们在下面加以详细论述。

第二节　邵雍先天学象数哲学内容

从逻辑上来说，邵雍象数哲学可以分为两个部分，一是象数哲学的象数学基础，在此部分中，邵雍对象数进行种种推衍，偏重于建构象数体系，寻求象数之间的规律性和一致性，同时对象数体系进行简单的哲学意义的探讨；一是象数学的进一步运用，这种运用主要在自然和历史的领域中展开，所以主要表现为自然哲学和历史哲学。邵雍象数哲学的两个部分是有机的整体，前者是基础，是方法，是前提，后者是运用，是丰富的具体内容，它们共同组成了邵雍象数哲学体系。我们在下面分别进行介绍。

一　邵雍先天学象数哲学的象数学基础

严格来说，邵雍象数学基础也可以分成两个部分，一个部分是作为先天学基础的象数学，此部分体现出邵雍原创性的象数学之思，是邵雍先天学之为先天学的本质内容，它主要包括三个部分，即"一分为二"法与先天四图、天地之数、圆方之数；另一个部分是邵雍站在先天学的高度，对易学中传统象数内容的解释，这部分内容虽然也蕴含着邵雍先天学基础部分的观念，但是较多地呈现出传统易学的色彩。我们在下面一一进行论述。

（一）作为先天学基础的象数学

1."一分为二"法与先天四图

"一分为二"法是构造先天图的基本方法。严格来说，先天四图，即《伏羲八卦次序图》《伏羲六十四卦次序图》《伏羲八卦方位图》《伏羲六十四卦方位图》都来源于"一分为二"法。邵雍对此方法介绍道：

> 太极既分，两仪立矣。阳下交于阴，阴上交于阳，四象生矣。阳交于阴，阴交于阳，而生天之四象；刚交于柔，柔交于刚，而生地之四象。于是八卦成矣。八卦相错，然后万物生焉。是故一分为二，二分为四，四分为八，八分为十六，十六分为三十二，三十二分为六十四。故曰分阴分阳，迭用柔刚，故易六位而成章也。十分为百，百分

为千，千分为万，犹根之有干，干之有枝，枝之有叶，愈大则愈少，愈细则愈繁，合之斯为一，衍之斯为万。①

这一段话的核心，是"一分为二，二分为四，四分为八，八分为十六，十六分为三十二，三十二分为六十四"，其中蕴含的就是"一分为二"法。邵雍用这种方法来解释《周易·系辞》中"易有太极，是生两仪，两仪生四象，四象生八卦"这句话。《系辞》虽然提出太极、两仪、四象、八卦依次相生的思想，但是并没有明确说明太极、两仪、四象是什么，这就为后来的易学家留下了发挥思想的空间。但是宋代以前，大多把太极理解为元气，两仪理解为天与地，四象理解为四时。这是结合着宇宙论来论述八卦的来源，但是事实上，这只是说明了八卦的宇宙论基础，而没有详细说明八卦之三画卦是如何从无到有画出来的。宋初的象数易学家刘牧，同样也把太极理解为元气，把两仪理解为阴阳二气，把四象理解为四象生数和四象成数，并认为四象成数进一步生出八卦，刘牧虽然还是结合着宇宙论来讨论八卦的生成，但是已经表现出对八卦之三画卦是如何从无到有画出来的思考，只是这种思考稍微有些牵强，我们在第一章中已经指出刘牧所表示的四象生八卦的过程，其中的数字并没有实质意义，仅仅是象征着八卦及其方位。而邵雍在本体论和

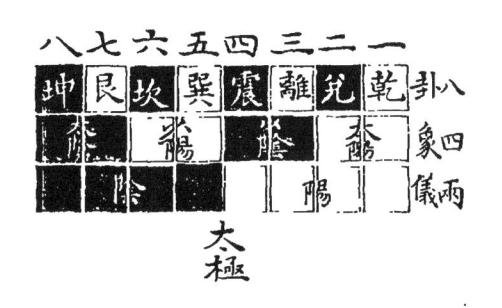

图 3 - 1　伏羲八卦次序图

宇宙论的前提下，直接从数目入手，用"一分为二，二分为四，四分为八"来解释太极生两仪、四象、八卦，则表现出简洁和自然而然的特点，并且其中的数字具有实际意义，数字推衍富于逻辑性，这一点和刘牧是不同的。用图式来表示这种方法，也就是《伏羲八卦次序图》（图 3 - 1）和《伏羲六十四卦次序图》（图 3 - 2）。

---

① 邵雍：《观物外篇上》，《皇极经世书》卷十三，第 515 页。

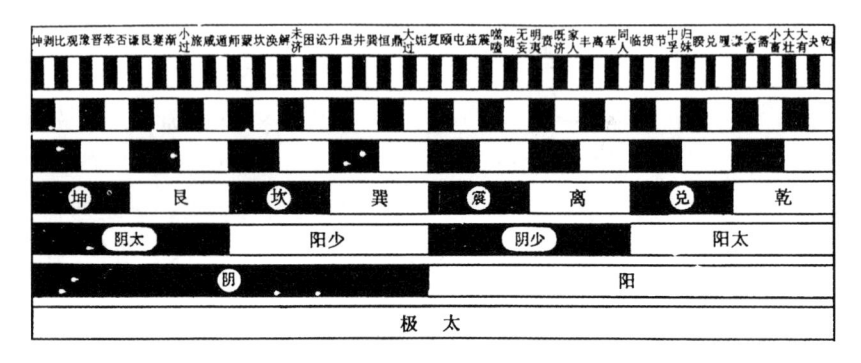

图 3-2 伏羲六十四卦次序图

在这两幅图中,白色表示阳,黑色表示阴,步步二分,层层累叠,从超越阴阳的太极,一分为二为阴--阳—,二分为四为四象⚌、⚍、⚎、⚏,四分为八为八卦乾☰、兑☱、离☲、震☳、巽☴、坎☵、艮☶、坤☷,最后一直到六十四卦的形成。可以说自然而然,浑若天成。所以朱熹赞叹道:"若逐爻渐生,则邵子所谓八分为十六,十六分为三十二,三十二分为六十四者,尤见法象自然之妙也。"①

需要提及的是,在两个次序图中,有所谓的四象,也即太阳、少阴、少阳、太阴,但是邵雍自己说:"太极既分,两仪立矣。阳下交于阴,阴上交于阳,四象生矣。阳交于阴,阴交于阳,而生天之四象;刚交于柔,柔交于刚,而生地之四象。于是八卦成矣。"这里似乎以阴、阳为天之两仪,刚、柔为地之两仪,以阴、阳再相交而生为"天之四象",刚、柔再相交而生为"地之四象"。所以这里的"四象"和两个次序图中的四象似乎不同。蔡元定根据这一段话,再联系《观物内篇》中"天生于动者也,地生于静者也。一动一静交,而天地之道尽之矣。动之始则阳生焉,动之极则阴生焉。一阴一阳交而天之用尽之矣。静之始则柔生焉,静之极则刚生焉。一柔一刚交而地之用尽之矣。动之大者谓之太阳,动之小者谓之少阳,静之大者谓之太阴,静之小者谓之少阴。太阳为日,太阴为月,少阳为星,少阴为辰。日月星辰交而天之体尽之矣。太柔为水,太刚为火,少柔为土,少刚为石。水火土石交而地之体尽之矣"②的相关论述,作《经世衍易图》(图3-3),如下:

---

① 朱熹:《周易本义·易图》,《朱子全书》第1册,第20—21页。
② 邵雍:《观物篇五十一》,《皇极经世书》卷十一,第487页。

```
太柔    太刚    少柔    少刚    少阴    少阳    太阴    太阳
 --      —      --      —      --      —      --      —

        柔              刚              阴              阳
        --              —              --              —

        静                              动
        --                              —
                    一
                    动
                    一
                    静
                    之
                    间
```

图 3-3 经世衍易图

蔡元定对此图说明道:"'一动一静之间'者,《易》之所谓太极也。动、静者,《易》所谓两仪也。阴、阳、刚、柔者,《易》所谓四象也。太阳、太阴、少阳、少阴、少刚、少柔、太刚、太柔,《易》所谓八卦也。"从表面上看来,《经世衍易图》与《伏羲八卦次序图》有所不同,但事实上,它们都是一分为二、二分为四、四分为八,都是从太极到两仪、四象和八卦,本质都是一样的,只是称呼不同而已。所以除了在特别的场合加以区分,一般以《伏羲八卦次序图》为准。

《伏羲八卦次序图》与《伏羲六十四卦次序图》,从无到有构造了八卦和六十四卦,这一构造中必然规定了八卦

图 3-4 伏羲八卦方位图

或六十四卦的次序。但是,还没有纳入方位的因素,在邵雍先天学中,纳入方位因素的八卦图和六十四卦图则为《伏羲八卦方位图》(图 3-4)和《伏羲六十四卦方位图》(图 3-5)。

这两个易图,是在《伏羲八卦次序图》和《伏羲六十四卦次序图》的基础上稍加变动而成。比如《伏羲八卦方位图》是按照《伏羲八卦次序图》中的卦序,从上至下绕圆心依次排列乾、兑、离、震四卦,同时从上

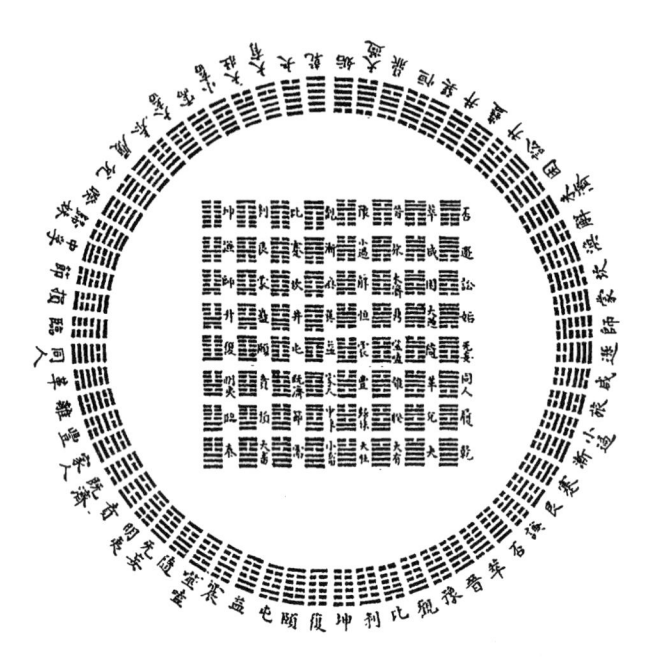

图 3-5　伏羲六十四卦方位图

至下绕圆心依次排列巽、坎、艮、坤四卦，即成。《伏羲六十四卦方位图》的变动原理和《伏羲八卦方位图》的变动原理相同，只不过八卦中的乾、兑、离、震四卦变为此四卦所属的三十二卦，巽、坎、艮、坤四卦变为此四卦所属的三十二卦。同时，《伏羲六十四卦方位图》的中间还有方图形式的六十四卦，这是从上到下，从右到左，依次排列《伏羲六十四卦次序图》中的六十四卦。在很多时候，《伏羲六十四卦方位图》中的方图，会被单列出来。

如果说《伏羲八卦次序图》和《伏羲六十四卦次序图》主要是表现了八卦和六十四卦的生成，以及八卦和六十四卦之间的卦序，那么因为《伏羲八卦方位图》和《伏羲六十四卦方位图》已经纳入了方位的因素，类似于一种宇宙模型，从而具有了更多的宇宙论意蕴，我们在这里对两个方位图直接蕴含的意义进行简单解说，至于邵雍专门的自然哲学和历史哲学，则在本节后面进行详论。

首先说明邵雍对《伏羲八卦方位图》的解释，这主要包含两个方面。第一，指出《伏羲八卦方位图》蕴含着宇宙运行的规律。邵雍说："乾坤定上下之位，离坎列左右之门，天地之所阖辟，日月之所出入，是以春夏秋冬、晦朔弦望、昼夜长短、行度盈缩，莫不由乎此矣。"① 这是认为乾坤象征天地，离坎象征日月，乾上坤下，离左坎右都是天经地义、自然之理。因为乾坤和离坎象征了天地和日月，乾坤离坎本身就是一个宇宙论模型，所以自然界中的春夏秋冬、晦朔弦望、昼夜长短、行度盈缩等自然现象，都蕴含于此宇宙论模型中，从《伏羲八卦方位图》中可以体会到很多自然现象的规律。也就是此图蕴含着自然规律，"莫不由乎此"。

第二，指出《伏羲八卦方位图》中八个卦象阴阳交感和阴阳之位的意义。邵雍说：

> 乾四分取一以与坤，坤四分取一以奉乾，乾坤合而生六子，三男皆阳也，三女皆阴也。兑分一阳以与艮，坎分一阴以奉离，震巽以二相易，合而言之，阴阳各半。是以水火相生而相克，然后既成万物也。②

乾四分取一以与坤，也就是取出乾卦所统摄的天之四卦乾、兑、离、震中的震卦，以与坤，因为震卦为二阴爻，受地之阴影响最大；坤四分取一以奉乾，也就是取出坤卦所统摄的地之四卦巽、坎、艮、坤中的巽卦，以奉乾，因为巽卦为二阳爻，受天之阳影响最大。至于互相对应着的兑与艮、坎与离、震与巽，虽然加在一起二卦都是三阳爻三阴爻，但是都存在阴阳互易的情况。这说明，万物之生都是阴阳交感、阴阳互易的结果。邵雍又说：

> 离在天而当夜，故阳中有阴也；坎在地而当昼，故阴中有阳也。震始交阴而阳生，巽始消阳而阴生。兑阳长也，艮阴长也。震兑在天之阴也，巽艮在地之阳也。故震兑上阴而下阳，巽艮上阳而下阴。
> 天以始生言之，故阴上而阳下，交泰之义也；地以既成言之，故阳上而阴下，尊卑之位也。③

这是阴阳交感之后，用八卦中阴阳位置的不同说明天生地成的意义。震、兑二卦阴爻在上，这是"在天之阴"，但因为阴上而欲下，阳下而欲

---

① 邵雍：《观物外篇上》，《皇极经世书》卷十三，第515页。
② 邵雍：《观物外篇上》，《皇极经世书》卷十三，第515页。
③ 邵雍：《观物外篇上》，《皇极经世书》卷十三，第515页。

上,所以阴阳交感而成"交泰之义",泰卦为下卦三阳爻上卦三阴爻,正体现了天地之间阴阳交流的状况,这也象征了天主生的功能。巽、艮二卦阳爻在上,这是"在地之阳",因为阳在上而不在下,无法和在下之阴互相交感,所以这种状况不能体现阴阳交感之生生不息,而只是体现了上下尊卑之位。

其次说明《伏羲六十四卦方位图》所蕴含的意义。《伏羲六十四卦方位图》在邵雍象数哲学中具有较为重要的地位,邵雍所说的"先天图,环中也",很可能就是指《伏羲六十四卦方位图》,并且邵雍的元会运世理论,也是以《伏羲六十四卦方位图》为基础的,因此他关于此图的阐释比较多。

第一,《伏羲六十四卦方位图》蕴含有"中"或心的思想。《伏羲六十四卦方位图》中间为方图,但是外圈为圆图,圆图必然有一个中心,而六十四卦即围绕此中心而展开。这就是"先天图,环中也"①。邵雍认为这种"环中"的状况具有特殊的意义。他说:

> 天地之本其起于中乎?是以乾坤屡变而不离乎中。②
> 先天学,心法也,故图皆自中起,万化万事生乎心也。③

天地之道在于阴阳的无穷交感、变化,圆图中的六十四卦就蕴含着天地之道的重要规律,而在邵雍看来,无论六十四卦如何变化,无论阴阳如何交感,它们都以"中"为基础,所以"图皆自中起","乾坤屡变而不离乎中",而所谓的几何意义上的"中",也就是本体论意义上的"心",所以邵雍又说"万化万事生乎心也","先天学,心法也"。很显然,当邵雍在论述六十四卦之时,是站在宇宙论和历史哲学的层面上发挥它们的意蕴,当邵雍论述"中"或者"心"时,则是试图超越六十四卦,超越阴阳,超越宇宙论和历史哲学,对宇宙和人类社会进行本体论的追问。关于邵雍心本论的思想我们在第二章中已经有了详细论述,此处不再重复。

第二,天根月窟说。在《伏羲六十四卦方位图》的圆图中,复卦和姤卦非常关键,因为复卦从二爻到上爻都是阴,而初爻为阳,代表一阳初生,姤卦从二爻到上爻都是阳,而初爻为阴,代表一阴初起,此一阴一阳

---

① 邵雍:《观物外篇上》,《皇极经世书》卷十三,第518页。
② 邵雍:《观物外篇下》,《皇极经世书》卷十四,第523页。
③ 邵雍:《观物外篇上》,《皇极经世书》卷十三,第518页。

初起，正是阴阳变化之几，正是宇宙运行变化的开端，所以非常重要。而天根就是指坤复二卦之间一阳将生之处，月窟为乾姤二卦之间一阴将生之处，天根月窟分别代表一阳将生未生、一阴将生未生之际，是宇宙运行变化的起始，这是天根月窟所具有的宇宙论意义。邵雍在诗中写道：

> 耳目聪明男子身，洪钧赋予不为贫。因探月窟方知物，未蹑天根岂识人？
> 乾遇巽时观月窟，地逢雷处看天根。天根月窟闲来往，三十六宫都是春。①
> 何者谓之几，天根理极微。今年初尽处，明日未来时。
> 此际易得意，其间难下辞。人能知此意，何事不能知。②

天根月窟代表着阴阳将生，而六十四卦，也就是三十六宫，则代表着阴阳的大化流行，理解了天根月窟，也就理解了六十四卦的基础。但是邵雍之所以重视天根月窟，一方面因为它的宇宙论意义，另一方面还因为它所具有的人生哲学的意义。因为这两处阴阳将生未生，象征着本体大用在天地万物中的呈现，所以天根月窟蕴含着先天本体的意味，而体证天根月窟，在一定程度上也就是体证先天本体，所以邵雍说"未蹑天根岂识人"。至于天根月窟的人生哲学意义，我们在本书的第四章还会有所论述。

第三，《伏羲六十四卦方位图》中的阴阳分布：

> 乾三十六，坤十二，离、兑、巽二十八，坎、艮、震二十。③
> 复至乾，凡百有十二阳；姤至坤，凡八十阳；姤至坤，凡百有十二阴；复至乾，凡八十阴。④
> 阳在阴中，阳逆行；阴在阳中，阴逆行。阳在阳中，阴在阴中，则皆顺行。此真至之理，按图可见之矣。⑤

在《伏羲六十四卦方位图》中，乾卦所属的八个卦，阳爻共三十六，

---

① 邵雍：《伊川击壤集》卷之十六《观物吟》，《邵雍全集》第四册，第315页。
② 邵雍：《伊川击壤集》卷之十八《冬至吟》，《邵雍全集》第四册，第360页。
③ 邵雍：《观物外篇上》，《皇极经世书》卷十三，第511页。
④ 邵雍：《观物外篇上》，《皇极经世书》卷十三，第516页。
⑤ 邵雍：《观物外篇上》，《皇极经世书》卷十三，第516页。

离、兑二卦分别所属的八个卦，阳爻共二十八，震所属的八个卦，阳爻共二十，这种阳爻数目从震至离、兑、乾表现出不断增多的现象，就是"阳在阳中"为"顺行"，所谓的"顺"就是"顺天左旋"，由震至乾的方向，依此方向阳爻不断增多，所以是阳在阳中为顺行，所谓的"阳中"，也就是天之三十二卦中。同理，阴爻在阳中则为"逆行"。与此相对应，巽卦所属八个卦的阴爻为二十，坎、艮二卦所属八个卦的阴爻为二十八，坤卦所属八个卦的阴爻为三十六，这种阴爻数目从巽至坎、艮、坤表现出不断增多的现象，就是"阴在阴中"为顺行，因为这个地之三十二卦阴爻增多的方向和天之三十二卦阳爻增多的方向一致，都是"顺天左旋"，所以是顺行，而所谓的"阴中"也就是地之三十二卦中。同理，阳爻在阴中，也就是地之三十二卦中，是"逆行"。邵雍还用这种阴阳爻在图中的分布情况来说明不同季节中昼夜的长短，"阳爻，昼数也；阴爻，夜数也。天地相衔，阴阳相交，故昼夜相杂，刚柔相错。春夏阳多也，故昼数多夜数少；秋冬阴多也，故昼数少夜数多"①。这是以阳爻代表白昼，以阴爻代表黑夜，在图3-5中，春为东，夏为南，这两个方向的阳爻数目较多，所以春夏阳多，白昼也长；秋为西，冬为北，这两个方向的阴爻数目较多，所以秋冬阴多，其黑夜较长。

第四，《伏羲六十四卦方位图》中蕴含一些重要的数目。邵雍说：

> 天自临以上，地自师以上，运数也。天自同人以下，地自遁以下，年数也。运数则在天者也；年数则在地者也。天自贲以上，地自艮以上，用数也。天自明夷以下，地自否以下，交数也。天自震以上，地自晋以上，有数也。天自益以下，地自豫以下，无数也。②
>
> 天之有数起乾而止震，余入于无者，天辰不见也。地去一而起十二者，地火常潜也。故天以体为基，而常隐其基；地以用为本，而常藏其用也。③

这两段话，是说明《伏羲六十四卦方位图》中圆图所体现的数目空间，高怀民先生根据这两段话绘有一图，④ 兹引用如下：

---

① 邵雍：《观物外篇上》，《皇极经世书》卷十三，第510页。
② 邵雍：《观物外篇上》，《皇极经世书》卷十三，第509页。
③ 邵雍：《观物外篇》，《皇极经世书》卷十三，第509页。文渊阁《四库全书》本作"火常潜也"，依《道藏》本当为"地火常潜也"。
④ 高怀民：《宋元明易学史》，第87页。

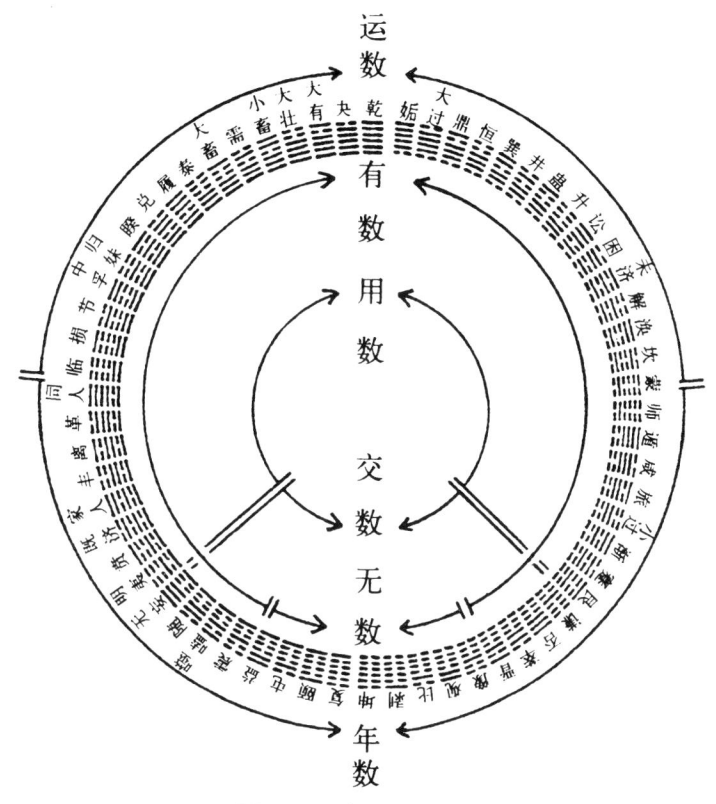

图 3-6 高怀民所作图

但是，邵雍并没有说明运数、年数、用数、交数究竟是多少，可能邵雍只是想用这些名称来表示一些观念，而这些观念可以通过圆图中各种不同的区域划分来得到体现。比如，运数表示天之运化，于是就用圆图上半部的三十二卦来象征，年数表示地所主之岁、月、日、时之岁，于是与运数相对应就用圆图中下半部的三十二卦来象征；交数代表天地相交的卦象，交数无"用"，用数代表天之三十二卦中的用卦数目加上地之三十二卦中的用卦数目，等等。

不过，虽然运数、年数、用数、交数、有数和无数都没有具体的数值，但是《伏羲六十四卦方位图》圆图中的卦象，根据另外一种算法也是可以有其数值的。邵雍说：

乾为一，乾之五爻分而为大有，以当三百六十之数也。乾之四爻分而为小畜，以当十二万九千六百之数也。乾之三爻分而为履，以当一百六十七亿九千六百一十六万之数也。乾之二爻分而为同人，以当二万八千二百一十一兆九百九十万七千四百五十六亿之数也。乾之初爻分而为姤，以当七秭九千五百八十六万六千一百十垓九千九百四十六万四千八京八千四百三十九万一千九百三十六兆之数也。是谓分数也。分大为小，皆自上而下，故以阳数当之。①

一生二为夬，当十二之数也。二生四为大壮，当四千三百二十之数也。四生八为泰，当五亿五千九百八十七万二千之数也。八生十六为临，当九百四十兆三千六百九十九万六千九百一十五亿二千万之数也。十六生三十二为复，当二千六百五十二万八千八百七十垓三千六百六十四万八千八百京二千九百四十七万九千七百三十一兆二千万亿之数也。三十二生六十四，为坤，当无极之数也。是谓长数也。长大为小，皆自下而上，故以阴数当之。②

以上是两个数字序列。对于阳数而言，也就是由乾卦变来的数字，序列为乾为1，乾五爻变为大有为360，乾四爻变为小畜为360^2，乾三爻变为履为360^4、乾二爻变为同人为360^8，乾初爻变为姤为360^{16}。对于阴数而言，一生二为夬当12，二生四为大壮当$12×360$，四生八为泰当$12×360^3$，八生十六为临当$12×360^7$，十六生三十二为复当$12×360^{15}$，三十二生六十四为坤，以理推之这个数字应该是$12×360^{31}$，但是在传统社会的条件下无法算出，所以邵雍说是"无极之数"。事实上，参照《伏羲六十四卦方位图》的圆图，会发现这里的计算方法实际就是，在天之三十二卦中，从乾卦开始，乾卦为1，以后的卦数则凡逢偶数卦就乘以12，凡逢奇数卦就乘以30，依次累积，在地之三十二卦中，从姤卦开始，接续复卦的数目，依然用12与30累积相乘。累积到复卦之时就是$12×360^{15}$，累积到姤卦就是360^{16}。根据这一算法，一些卦有了对应的数值，但是这些数值究竟有何种意义，邵雍也没有加以阐释。邵雍可能只是想说明，《伏羲六十四卦方位图》所具有的数值象征着天地是有数目规律的。至于邵雍在这里用的"分数"和"长数"的概念，可能正如高怀民先生所说，乾之分数是表示"乾之分性命于物"③，坤之长数是表示"坤'成物'的功能"④。而我们在这里列出这些数目和它们的推衍规则，是说明邵雍面对《伏羲六十

---

① 邵雍：《观物外篇》上，《皇极经世书》卷十三，第509页。标点有改动。
② 邵雍：《观物外篇上》，《皇极经世书》卷十三，第509页。标点有改动。个别数字参校文渊阁《四库全书》本。
③ 高怀民：《邵子先天易哲学》，第214页。
④ 高怀民：《邵子先天易哲学》，第216页。

四卦方位图》时存在非常恢宏的数目思考。

《伏羲六十四卦方位图》除了外圈的圆图，还有圆图所包围的方图。圆象天，方象地，所以《伏羲六十四卦方位图》这种方圆合一的排列本身，就象征着天地合一。邵雍也比较重视方图。他说："天地定位，否泰反类。山泽通气，损咸见义。雷风相薄，恒益起意。水火相射，既济未济。四象相交，成十六事。八卦相荡，为六十四。"① 这是专门把方图中两个对角线上的十六卦拈出进行强调，这十六卦除了乾、兑、离、震、巽、坎、艮、坤八卦之外，还有泰、损、既济、益、恒、未济、咸、否八卦，而后八卦都来自前八卦的相交，它们共同组成了天地之间比较重要的"十六事"。因为方图和圆图有所区别，邵雍对方图的一些内容也有专门的解读。这些解读主要有两种。

第一种解读认为："乾七子，兑六子，离五子，震四子，巽三子，坎二子，艮一子，坤全阴，故无子。乾七子，坤六子，兑五子，艮四子，离三子，坎二子，震一子，巽刚，故无子。"② 这两句话看似矛盾，其实不然，它们只是邵雍对八个卦的两种解读方法的结果。第一种解读方法是，在对角线上，以乾卦为基准，从履卦开始向上数，至否卦，或从夬卦开始向左数，至泰卦，都是七卦，这就是"乾七子"；以兑卦为基础，从革卦开始向上数，至萃卦，或从睽卦开始向左数，至临卦，都是六卦，这就是"兑六子"；其他依次类推，至坤则无卦可数，所以坤"无子"。这种解读方法的特点是在乾卦到坤卦的对角线上，以乾、兑、离、震、巽、坎、艮、坤为基准，必须从下向上数，或者从右向左数。第二种解读方法是，在对角线上，以乾为基准，从履开始向上数，至否卦，或从夬卦开始向左数，至泰卦，都是七卦，所以"乾七子"；以坤卦为基准，从谦卦开始向下数，至临卦，或从剥卦开始向右数，至萃卦，都是六卦，所以"坤六子"；其余依次类推，至巽卦则无卦可数，"故无子"。这一种解读方法的特点是，乾、兑、离、震四阳卦是向上向左数，而坤、艮、坎、巽四阴卦是向下向右数，同时四阳卦已经是数后的卦，四阴卦不可再数，不可再以四阳卦之"子"为己"子"，所以我们看到相比四阳卦，四阴卦的"子"数依次少一。

第二种解读为："乾坤七变，是以昼夜之极不过七分也；艮兑六变，是以月止于六，共为十二也；离坎五变，是以日止于五，共为十日也。震

---

① 邵雍：《伊川击壤集》卷之十七《大易吟》，《邵雍全集》第四册，第350页。
② 邵雍：《观物外篇上》，《皇极经世书》卷十三，第508页。

巽四变，是以体止于四，共为八也。"① 这里所谓的乾坤七变，是方图之中，乾卦所属的八个卦中，从夬卦到泰卦的数目为七，坤卦所属的八个卦中，从比卦到否卦的数目为七，此"七"决定了昼夜之极不过七分。这里所谓的艮兑六变，是方图之中，兑卦所属的八个卦中，从睽卦到临卦的数目为六，艮卦所属的八个卦中，从蹇卦到遁卦的数目为六，此"六"决定了每年的月份为十二，即六的二倍。这里所谓的离坎五变，是方图之中，离卦所属的八个卦中，从丰卦到明夷卦的数目为五，坎卦所属的八个卦中，从涣卦到讼卦的数目为五，此"五"决定了每旬为十日，即五的二倍。这里所谓的震巽四变，是方图之中，震卦所属的八个卦中，从益卦到复卦的数目为四，巽卦所属的八个卦中，从恒卦到姤卦的数目为四，此"四"决定了天、地之体各为四，天地之体加在一起为八。

2. 天地之数

天地之数的提法最初来自《易·系辞》，"天数五，地数五，五位相得而各有合，天数二十有五，地数三十，凡天地之数五十有五，以成变化而行鬼神也"，其中天数为一、三、五、七、九，地数为二、四、六、八、十，和为五十五，《系辞》作者认为这十个数字以及五十五因为与大衍之数五十相关，所以具有神妙的功能和作用，能够"成变化而行鬼神"。事实上，到了宋代，象数易学家们继承了《系辞》作者的这一基本精神，在天地之数的基础上创造了河图和洛书，用来表示天地之运化，八卦之形成，因此宋代及以后的天地之数，可以说是从象数的角度落实了《系辞》所谓的"成变化而行鬼神"。邵雍对天地之数也有自己的诠释，虽然邵雍著作中没有提到天地之数所构成的图就是河图或者洛书，但根据邵雍论述的易数和易图之间的紧密关系，我们猜测很可能邵雍也有关于天地之数的易图，但是是如刘牧称为洛书，还是已经如后世普遍称为河图，则不得而知，但这并不影响我们分析邵雍关于天地之数的诠释。邵雍说：

> 天一地二，天三地四，天五地六，天七地八，天九地十，参伍以变，错综其数也。如天地之相衔，昼夜之相交也。一者，数之始，而非数也。故二二为四，三三为九，四四为十六，五五为二十五，六六为三十六，七七为四十九，八八为六十四，九九为八十一，而一不可变也。百则十也，十则一也，亦不可变也。是故数去其一而极于九，

---

① 邵雍：《观物外篇上》，《皇极经世书》卷十三，第 508 页。

皆用其变者也。五五二十五，天数也；六六三十六，乾之策数也；七七四十九，大衍之用数也；八八六十四，卦数也；九九八十一，玄范之数也。①

天数五，地数五，合而为十，数之全也。天以一而变四，地以一而变四。四者有体也，而其一者无体也，是谓有无之极也。天之体数四而用者三，不用者一也；地之体数四而用者三，不用者一也。是故无体之一以况自然也。不用之一以况道也。用之者三以况天地人也。②

天体数四而用三，地体数四而用三。天克地，地克天，而克者在地，犹昼之余分在夜也。是以天三而地四，天有三辰，地有四行也。然地之大，且见且隐，其余分之谓耶？③

天有四时，一时四月，一月四十日，四四十六，各去其一。是以一时三月，一月三十日也。四时，体数也；三月、三十日，用数也。体虽具四，而其一常不用也，故用者止于三而极于九也。体数常偶，故有四有十二；用数常奇，故有三有九。④

根据以上论述，可见在邵雍的易学视野中，关于天地之数有两种主要观念：第一，天数一、三、五、七、九，以及地数二、四、六、八、十为数之根本，它们的变化，即自乘的结果，很多都有重要的意义。比如，二十五是天数之和，三十六是乾卦策数，四十九是大衍之用数，六十四是卦的总数，对于八十一而言，《太玄》有八十一，《洪范》则有九畴；第二，体四用三的观念，天数和地数都是五个，但其中之一用来象征天地之"自然"，天地之"自然"只是天地之大德之一，并没有形体，所以其中之一就是"无体"，对于剩下的四来说，既为天之体数，也为地之体数。事实上，这体数四，对于天来说，即天之四象太阳、少阳、太阴、少阴，或又称为日、月、星、辰，对于地来说，即地之四象太刚、少刚、太柔、少柔，或又称为水、火、土、石。但邵雍进一步认为，天、地之体数虽然是四，其用却为三，不用之"一"，用来象征天地之本体，即"道"。这就是体四用三的观念，这一观念非常重要，在邵雍象数哲学体系中，很多地方都有它的运用。

---

① 邵雍：《观物外篇上》，《皇极经世书》卷十三，第513页。
② 邵雍：《观物外篇上》，《皇极经世书》卷十三，第507页。标点有改动。
③ 邵雍：《观物外篇上》，《皇极经世书》卷十三，第507页。
④ 邵雍：《观物外篇上》，《皇极经世书》卷十三，第507页。

3. 圆方之数

在中国传统观念中，天圆地方是一个重要的观念。以此为基础，圆方也成为象数易学中重要的概念。在邵雍象数哲学中，圆方之数具有基础性的地位。这不仅仅是因为圆方与天地有密切的关联，而且"圆者星也，历纪之数其肇于此乎？方者土也，画州井地之法其仿于此乎？盖圆者，河图之数；方者，洛书之文。故羲、文因之而造《易》，禹、箕叙之而作《范》也"①。显然，他几乎认为圆方之数是《周易》和《洪范》的基础和前提。

邵雍关于圆方之数的基本论述如下：

> 圆数有一，方数有二，奇偶之义也。六即一也，十二即二也。②

> 天圆而地方。圆者数之起一而积六，方者数之起一而积八。变之则起四而积十二也。六者常以六变，八者常以八变，而十二者亦以八变，自然之道也。八者，天地之体也；六者，天地之用也；十二者，地之用也。天变方为圆，而常存其一；地分一为四，而常执其方。天变其体，而不变其用也；地变其用，而不变其体也。六者，并其一而为七；十二者，并其四而为十六也。阳主进，故天并其一而为七；阴主退，故地去其四而止于十二也。是阳常存一，而阴常晦一也。故天地之体止于八，而天之用极于七，地之用止于十二也。③

> 圆者裁方以为用，故一变四。四去其一，则三也。三变九，九去其三，则六也。方者引圆以为体，故一变三，并之四也。四变十二，并之十六也。故用数成于三而极于六，体数成于四而极于十六也。是以圆者径一而围三，起一而积六；方者分一而为四，分四而为十六，皆自然之道也。④

在这里，首先邵雍表达了圆方变化之中所体现的恒常规律，即在圆数变化过程中，"起一积六"而"常以六变"，在方数变化过程中"起一积八"或"起四积十二"，而"常以八变"的规律性，这些数字看起来主观性非常强，甚至有些莫名其妙，事实上，圆数和方数之变化及其规律性都是对两个基本几何模型的描述，这两个基本几何模型如下：

---

① 邵雍：《观物外篇上》，《皇极经世书》卷十三，第511页。
② 邵雍：《观物外篇上》，《皇极经世书》卷十三，第511页。
③ 邵雍：《观物外篇上》，《皇极经世书》卷十三，第511页。
④ 邵雍：《观物外篇上》，《皇极经世书》卷十三，第511页。

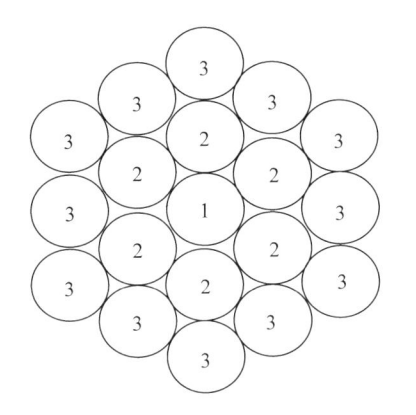

图 3-7 圆数图

图 3-8 方数图Ⅰ

图 3-9 方数图Ⅱ

这三个图形中，图 3-7 是一个类型，属于圆数模型，图 3-8 和图 3-9 是一个类型，属于方数模型。在图 3-7 中，中心之圆为所起之"一"，第二圈之圆的数量则是六，从中心之圆到第二圈之圆就是"起一积六"，事实上，再到第三圈，圆的数量就是十二，比上一圈圆的数量多六，依次皆是如此，这就是"常以六变"；对于方数模型来说，图 3-8 中心的正方形为所起之"一"，第二圈之正方形的数量为八，这就是"起一积八"，第三圈正方形的数量是十六，并可依次类推，并且外圈的正方形数量都比相邻内圈的正方形数量增加八个，这就是"常以八变"，对于图 3-9 来说，和图 3-8 情形一样，唯一不同的是核心正方形从"四"算起，也就是"起四积十二"，但同样是"常以八变"。① 显然，邵雍发现了这些图形及其蕴含的规律，并认为这就是"自然之道"，他进一步把这些常数引入他的哲学体系，进行了一些推论。

第一，关于天之用和地之用。邵雍认为"八者天地之体也，六者天地之用也，十二者地之用也"，其中地之用为十二，则是根据图3-9而来，图3-9中心四个正方形和相邻的外围十二个正方形加一块为十六个正方形，但邵雍认为"阴主退"，所以中心之"四"不用，仅用外围十二，这就是"地之用"。而对于"天之用"来说，则是指图3-7而言，因为"阳主进"，所以中心之一和外围之六皆用，因此"天之用"为七。如此一来，我们知道，在天地之体为八，也就是前面所介绍的"太阳""太阴""少阳""少阴""太刚""太柔""少刚""少柔"的基础上，邵雍通过圆方之数变化的研究，又再次证明天之用为七，地之用为十二。

第二，关于运行之数、生物之数，以及八卦各组阳策之数的必然性。他说："一生六，六生十二，十二生十八，十八生二十四，二十四生三十，三十生三十六，引而伸之，六十变而生三百六十矣，此运行之数也。四生十二，十二生二十，二十生二十八，二十八生三十六，此生物之数也。故乾之阳策三十六，兑离巽之阳策二十八，震坎艮之阳策二十，坤之阳策十二也。"② 这是从圆数的变化推导出三百六十，并认为这就是"运行之数"，从方数的变化推导出"十二""二十""二十八""三十六"，并认为这是"生物之数"，并且这四个数字恰好符合《伏羲六十四卦方位图》中，乾卦所属八个卦总体的阳爻之数三十六，兑、离、巽三卦分别所属八个卦的总体阳爻之数二十八，震、坎、艮三卦分别所属八个卦总体的阳爻之数二十，坤卦所属八个卦总体的阳爻之数十二。邵雍认为这种数目上的符合也是必然的，体现了自然之道的因果性。

第三，圆以方为体，方以圆为用。就方来说，边长为一，则周长为四，"圆者裁方以为用"，所以四去一则为三，此"三"也就是圆的周长，进一步，三变为九，九去三则六；就圆来说，直径为一，则周长为三，这是"一变三"，"方者引圆以为体"，所以加在一起则为四，这个"四"也就是方的周长，进一步，四变为十二，加在一起则为十六。这是根据圆以方为体、方以圆为用而推衍出的数字，为一、三、六和一、四、十六两个

---

① 在这里特别指出，这些几何图形的规律性可以通过数学来证明，所以邵雍并不是主观妄说，他应该自己就研究过这些图形或类似图形，但因为本书不是数学方面的论著，故只讲结论，忽略证明。
② 邵雍：《观物外篇上》，《皇极经世书》卷十三，第512页。

序列，事实上它们也分别正是圆的直径一、圆的周长三、单圆外周的圆的数目六，方一、分为四、再分为十六的数目。而这里的三、六、四、十六，邵雍认为又体现了"用数成于三而极于六，体数成于四而极于十六"，可见，圆、方的关系本身，就体现了象数哲学中体数和用数的关系。

以上是邵雍对圆方之数基本关系的阐述，另外，邵雍对圆方之数还进行了一些相关推衍，来表达自己的一些观念，来表现各种数字之间的相关性。我们略述之。他说：

> 裁方而为圆，天之所以运行；分大而为小，地之所以生化。故天用六变，地用四变也。一八为九，裁为七，八裁为六，十六裁为十二，二十四裁为十八，三十二裁为二十四，四十裁为三十，四十八裁为三十六，五十六裁为四十二，六十四裁为四十八也。一分为四，八分为三十二，十六分为六十四，以至九十六分为三百八十四也。①

这一段数目的推衍，是依据两个原则，"裁方而为圆"和"分大而为小"。"裁方而为圆"是对圆数和方数数目序列变化的论述，"分大而为小"是对方数数目序列变化的论述。对于前者而言，"裁方而为圆"表现为方数数目序列和圆数数目序列的依次对应和相减，如下：

根据方数图 3-8，起一积八数目序列：1→8→16→24→32→40→48→56→64。

根据圆数图 3-7，起一积六数目序列：1→6→12→18→24→30→36→42→48。

把这两个数目序列中上下对应的数字依次相减，就是邵雍所谓的"八裁为六""十六裁为十二"，直到"六十四裁为四十八"。对于后者而言，此处的方数数目变化序列并不是"起一积八"，而是"分大为小"，原则为一分为四，如此一来，则八分为三十二，十六分为六十四，九十六分为三百八十四。而其中的三十二是蓍卦过程中乾卦的策数，六十四是《周易》的卦数，三百八十四是六十四卦的总爻数。邵雍对这些方数和圆数数目序列的多种推衍，一方面想说明数目本身有其秩序性，这是"自然之理"，另一方面想说明《周易》之中的数目也蕴含着方数和圆数的规律。这一点正如南宋时期研习邵雍先天学的象数易学家张行成所说："《易》始三画，圆者之用，径一围三也，重之则六，故有六爻。《易》始四象，方

---

① 邵雍：《观物外篇上》，《皇极经世书》卷十三，第 512 页。

者之体，径一围四也，重之则八，故有八卦。天地万物体皆有四，用皆有三。圣人作《易》以自然之理而示诸人尔。"① 显然，《周易》中体现着圆数和方数，圆数和方数的规律体现在《周易》中，就是邵雍想说明的自然之理。

（二）对传统象数学的诠释

前面介绍了依据"一分为二"法所建构的先天四图，以及天地之数和圆方之数，在这些易数的推衍中，邵雍"数学"充满了原创性以及由简到繁的系统性，这是邵雍象数学的基本原则和原理。但在邵雍象数学中，他面对的不仅仅是先天四图、天地之数和圆方之数，他还面对大衍之数、卦数和文王八卦等传统的象数学内容。在这种时候，邵雍就对传统象数进行仔细的剖析和反复的推衍，希望从传统象数结构中发现一些基本数目和原则，而这些基本数目和原则，正体现了先天四图、圆方之数和天地之数所蕴含的观念。在邵雍看来，这种传统象数学中所蕴含的符合自己原创性象数学思想的观念，正说明自己的象数学体系属于"自然之数"。

邵雍对传统象数学的诠释主要分为三个方面，第一，对大衍之数、蓍数和卦数的诠释；第二，对《文王八卦图》的诠释；第三，对《周易》八卦和六十四卦卦象的诠释。我们在下面一一介绍。

1. 对大衍之数、蓍数和卦数的诠释

大衍之数和蓍数，都源自《周易》，和蓍法相关。《系辞》中说："大衍之数五十，其用四十有九。分而为二以象两，挂一以象三，揲之以四，以象四时，归奇于扐以象闰。五岁再闰，故再扐而后挂。天数五。地数五。五位相得而各有合，天数二十有五，地数三十。凡天地之数五十有五。"这是大衍之数和蓍卦过程的由来。卦数也即《周易》有六十四卦。邵雍认为，大衍之数五十、卦数六十四，以及蓍卦过程中的一系列数字，在一定程度上都蕴含了天地之数、圆方之数，以及体数、用数的观念。邵雍说：

《易》之大衍何数也？圣人之倚数也。天数二十五，合之为五十；地数三十，合之为六十。故曰"五位相得而各有合"也。五十者，蓍数也；六十者，卦数也。五者，蓍之小衍也，故五十为大衍也；八卦者，卦之小成也，则六十四为大成也。蓍德圆以况天之数，故七七四十九也。五十者，存一而言之也。卦德方以况地之数也，故八八六十

---

① 张行成：《皇极经世观物外篇衍义》卷三，文渊阁《四库全书》本。

四也。六十者，去四而言之也。蓍者，用数也；卦者，体数也。用以体为基，故存一也；体以用为本，故去四也。圆者本一；方者本四，故蓍存一而卦去四也。蓍之用数七，若其余分亦存一之义也，挂其一亦去一之义也。①

在这段论述中，邵雍认为，大衍之数五十，卦数六十四，都和天地之数、圆方之数以及体数和用数相关。天数二十五，合为五十，此即为大衍之数，而之所以大衍之数其用为四十九，是因为"蓍圆"，圆者为用，蓍为用数，用数要在体数的基础上去一，五十为体数，去一为四十九，所以大衍之数其用为四十九，而不就是五十。地数三十，合为六十，即为卦数，但是卦数总的来说为六十四而不是六十，这是因为六十是就已经去掉四的六十四而言，而之所以去掉四，是因为"卦方"，方者为体，所以实际的卦数要在六十的基础上再加上四而为六十四。至于蓍去一，卦去四，也是因为圆数以一为本，方数以四为本。如此一来，在天地之数、圆方之数、体数用数的基础上，邵雍就解释了《周易》中大衍之数为何为五十，其用为何为四十九，卦数为何为六十四的问题。

邵雍还认为，蓍卦过程中的一些"归奇合卦之数"和策数，也体现了圆方之数的原理。邵雍说：

归奇合卦之数，得五与四四，则策数四九也；得九与八八，则策数四六也；得五与八八、得九与四八，则策数皆四七也；得九与四四、得五与四八，则策数皆四八也。为九者，一变以应乾也；为六者，一变以应坤也；为七者，二变以应兑与离也；为八者，二变以应艮与坎也。五与四四，去挂一之数，则四八三十二也；九与八八，去挂一之数，则四六二十四也；五与八八、九与四八，去挂一之数，则四五二十也；九与四四、五与四八，去挂一之数，则四四十六也。故去其三四五六之数，以成九八七六之策也。②

奇数四，有一有二有三有四。策数四，有六有七有八有九。合为八数，以应方数之八变也。③

归奇合卦之数有六，谓五与四四也，九与八八也，五与四八也，

---

① 邵雍：《观物外篇》，《皇极经世》卷第十二之上，《道藏》第23册，第438页。
② 邵雍：《观物外篇上》，《皇极经世书》卷十三，第513页。
③ 邵雍：《观物外篇上》，《皇极经世书》卷十三，第513页。

九与四八也，五与八八也，九与四四也，以应圆数之六变也。①

奇数极于四，而五不用。策数极于九，而十不用。五则一也，十则二也。故去五、十而用四、九也。奇不用五，策不用十，有无之极也，以况自然之数也。②

这里的"归奇合卦之数"和策数都来自《周易》所记载的蓍卦过程。《系辞》中说："大衍之数五十，其用四十有九。分而为二以象两，挂一以象三，揲之以四，以象四时，归奇于扐以象闰。五岁再闰，故再扐而后挂。……是故四营而成易，十有八变而成卦。"这段话说明了蓍卦的过程。蓍卦者首先即五十根蓍草而用四十九根，即此四十九根蓍草分成两部分，第一部分取出一根，名为"挂一"，此一根不用，仅有象征意义。接着分别对两部分蓍草进行"揲之以四"，也就是四根一数，对于每一部分蓍草来说，数剩下的蓍草数目必然是以下四种之一：一、二、三、四，这数剩下的蓍草为"奇"，把这数剩下的蓍草放在旁边，就叫"归奇于扐"，因为蓍草有两部分，所以把两部分"归奇于扐"的蓍草加在一起，必然要么是四，要么是八，不可能是别的数字，这是"揲之以四"的方法本身所决定的，假设"揲之以五"，那么两部分"归奇于扐"的蓍草数目之和必然要么是五，要么是十。这里的一、二、三、四，四个数字，也就是邵雍在这里所说的"奇数"。那么，以上仅仅是"一变"的过程，把最初两部分蓍草"揲之以四"后，除掉"归奇于扐"的蓍草，再混合在一起，然后再分成两部分，再"揲之以四"，"归奇于扐"，这就是第二变。四十九根蓍草，三变之后而得一个数字，这个数字就是"策数"。这个"策数"是四十八根蓍草减去三次"归奇于扐"的蓍草而剩余的蓍草数目，是四十九根蓍草减去邵雍所谓"归奇合卦之数"而剩余的蓍草数目，而"归奇合卦之数"也就是三次"归奇于扐"的蓍草与最开始"挂一"的蓍草之和。因为"一变"之中"归奇于扐"的蓍草要么是四，要么是八，所以"归奇合卦之数"必然是邵雍所指出的五与四四、五与四八、五与八八、九与四四、九与四八、九与八八这六种，事实上这是就数目之和而言，如果把所有排列都算上，还有五与八四和九与八四，但它们的数值和五与四八以及九与四

---

① 邵雍：《观物外篇上》，《皇极经世书》卷十三，第513页。
② 邵雍：《观物外篇上》，《皇极经世书》卷十三。第513页。中州古籍本断句为"故去五十而用四十九也"，有误，依《道藏》本当为"故去五、十而用四、九也"。

八相等,所以可以归一不论,邵雍这里就是把它们归一而不论五与八四和九与八四。这六种"归奇合卦之数"的数值其实只有四种,即十三、十七、二十一、二十五,四十九减去它们,相对应的"策数"也只有四种,即三十六、三十二、二十八、二十四。以上这些数字都是固定的,都是由蓍卦的方法所决定的。邵雍认为这些数字体现了以下观念。第一,生数和成数的观念。易学中天地之数为一、二、三、四、五、六、七、八、九、十,其中一、二、三、四、五为生数,六、七、八、九、十为成数。在蓍卦过程中,"归奇合卦之数"分别为十三、十七、二十一、二十五,去掉以上四个数字所包含的"挂一"之数,则为十二、十六、二十、二十四,这四个数字都除以四,则为三、四、五、六,正是因为蓍草四十九去掉十二、十六、二十、二十四,也即实质去掉三、四、五、六,才成就了策数三十六、三十二、二十八、二十四,也即实质上的九、八、七、六,所以邵雍认为,在一定程度上,三、四、五、六相当于生数,九、八、七、六相当于成数。第二,圆方之数的观念。因为奇数有一、二、三、四,策数有九、八、七、六,也即三十六、三十二、二十八、二十四除以四,那么奇数和策数加在一起共八个数字,这个八,就体现了方数之八变;"归奇合卦之数"有六种,这个六,就体现了圆数之六变。可见,邵雍通过对蓍卦过程的仔细分析,认为其中涉及的"归奇合卦之数"和策数,都与圆方之数相关,也与易学中的生数和成数相关。

邵雍还认为,蓍卦过程中所用之策的数目,和《先天六十四卦图》中的阴阳爻数目也具有内在的关联。他说:

> 蓍之用数,挂一以象三,其余四十八则一卦之策也。四其十二为四十八也。十二去三为用九,四三十二,所去之策也,四九三十六,所用之策也,以当乾之三十六阳爻也。十二去五而用七,四五二十,所去之策也,四七二十八,所用之策也,以当兑、离之二十八阳爻也。十二去六而用六,四六二十四,所去之策也,四六二十四,所用之策也,以当坤之半二十四阴爻也。十二去四而用八,四四十六,所去之策也,四八三十二,所用之策也,以当坎、艮之二十四爻也,并上卦之八阴为三十二爻也。是故,七、九为阳,六、八为阴也。九者,阳之极数,六者,阴之极数。数极则反,故为卦之变也。震、巽无策者,以当不用之数。天以刚为德,故柔者不见,地以柔为体,故刚者不生,是以震、巽无策。乾用九,故其策九也。四之者,以应

四时，一时九十日也。坤用六，故其策亦六也。①

这是认为，在蓍卦过程中，大衍之数为五十，其用四十九，而四十九中，除掉"挂一"之一，则剩下的四十八为一卦之策，在这一卦之策中，在蓍卦过程中，要去掉四种"归奇"之数，也即十二、二十、二十四、十六，与这四种"归奇"之数相应，所用之策则分别为三十六、二十八、二十四、三十二。这里的三十六，除以四为九，也就是老阳，而三十六本身，和《先天六十四卦图》中乾宫所属八个卦所包含的阳爻数目三十六相等。这里的二十八，除以四为七，也就是少阳，而二十八本身，和《先天六十四卦图》中兑、离二宫分别所属八个卦所包含的阳爻数目二十八相等。这里的二十四，除以四为六，也就是老阴，而二十四本身，和《先天六十四卦图》中坤宫所属八个卦的内卦阴爻数目二十四相等。这里的三十二，除以四为八，也就是少阴，而三十二本身，也即是坎、艮二宫分别所属八个卦内卦二十四爻加上外卦八阴爻的数目相等。根据这种情况下的数目相等，邵雍认为《先天六十四卦图》和蓍卦过程存在一致性。

2. 文王八卦图

《文王八卦图》应该说不属于邵雍的创新，而是《周易·说卦传》中本来就有的："帝出乎震，齐乎巽，相见乎离，致役乎坤，说言乎兑，战乎乾，劳乎坎，成言乎艮。万物出乎震，震，东方也。齐乎巽，巽，东南也。齐也者，言万物之絜齐也。离也者，明也，万物皆相见，南方之卦也。圣人南面而听天下，向明而治，盖取诸此也。坤也者，地也，万物皆致养焉，故曰致役乎坤。兑，正秋也，万物之所说也，故曰说言乎兑。战乎乾，乾，西北之卦也，言阴阳相薄也。坎者，水也，正北方之卦也，劳卦也，万物之所归也，故曰劳乎坎。艮，东北之卦也，万物之所成终而所成始也，故曰成言乎艮。"在《说卦传》中虽然没有图示，但是这段话所描绘的对象明显是一个易图，是一个八卦和八方互相对应的易图。邵雍对此有专门的发挥，经过他的发挥，《说卦传》这一段所描绘的易图，就被后世称为《文王八卦方位图》，或简称为《文王八卦图》，并与《伏羲八卦方位图》联系了起来，成为相互对应的所谓的先天图和后天图。

《文王八卦方位图》的卦象方位与《伏羲八卦方位图》的卦象方位明显不一样，如图3-10所示：

邵雍意识到《文王八卦方位图》和《伏羲八卦方位图》之间的卦位差

---

① 邵雍：《观物外篇》，《皇极经世》卷第十二之上，《道藏》第23册，第438页。

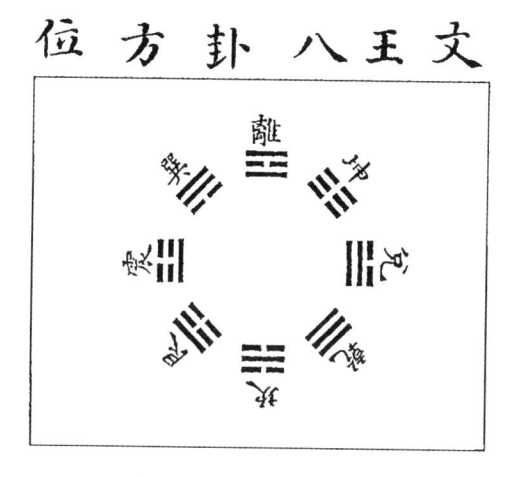

图3-10 文王八卦方位图

别,并提出了自己的解释。他说:

> 乾坤纵而六子横,《易》之本也;震兑横而六卦纵,《易》之用也。①
>
> 至哉!文王之作《易》也,其得天地之用乎?故乾坤交而为泰,坎离交而为既济也。乾生于子,坤生于午,坎终于寅,离终于申,以应天之时也。置乾于西北,退坤于西南,长子用事而长女代母,坎离得位,兑震为偶,以应地之方也。王者之法,其尽于是矣。②
>
> 《易》者,一阴一阳之谓也。震兑始交也,故当朝夕之位。离坎交之极也,故当子午之位。巽艮虽不交而阴阳犹杂也,故当用中之偏位。乾坤纯阴阳也,故当不用之位。坤统三女于西南,乾统三男于东北。道生天,天生地。及其功成身退,故子继父禅,是以乾退一位也。③

他认为《伏羲八卦方位图》是天地定位,即"乾坤纵",而"六子横",是易之根本,描绘的是易产生后天地之间对待的秩序原型,而《文王八卦图》是震兑为主,是易之大用,描绘的是天地运化阴阳交流的实际

---

① 邵雍:《观物外篇上》,《皇极经世书》卷十三,第515页。
② 邵雍:《观物外篇上》,《皇极经世书》卷十三,第516页。
③ 邵雍:《观物外篇上》,《皇极经世书》卷十三。第516页。中州古籍本、《四库全书》本为"坤纯三女于西南,乾纯三男于东北",义不通,依《道藏》本改"纯"为"统"。

态势，所以二者有别。

但是，何以《文王八卦方位图》必然如此排列呢？邵雍认为，对于《文王八卦图》来说，乾坤纯阳纯阴，故不用而由正南、正北退到西北、西南的"不用之位"，离代替乾，坎代替坤，这是因为"长子用事而长女代母"，"巽艮虽不交而阴阳犹杂也，故当用中之偏位"。至于为什么西北、西南是"不用之位"，东北、东南为"用中之偏位"，邵雍并没有再作解释，但是即使没有解释，我们也可以看到邵雍解释从《伏羲八卦方位图》到《文王八卦图》的卦象方位变化，是着眼于"用"的。并且，乾坤之所以"不用"，是因为纯阳纯阴的缘故，而其他六卦正是阴阳相杂、相交，所以皆有"用"。所以所谓的"用"，也就是阴阳交感，也就是从"天地定位"到人道呈现。总之，《文王八卦图》的核心思想，就是"用"。

3. 《周易》之数与思想

邵雍先天学有很多自己的创新，在易学发展史中是一个突破，但是邵雍在传统的易学研究领域也有所论述。他的论述主要包括两点。第一，体八用六规律在卦象中的体现。邵雍说：

> 体者八变，用者六变。是以八卦之象，不易者四，反易者二，以六卦变而成八也；重卦之象，不易者八，反易者二十八，以三十六变而成六十四也。故爻止于六，卦尽于八。策穷于三十六，而重卦极于六十四也。卦成于八，重于六十四，爻成于六，策穷于三十六，而重于三百八十四也。[1]

这是说，对于八卦来说，不易者有乾、坤、坎、离四卦，反易者，也就是李之才所谓的"反对卦"，则有兑与巽、震与艮两组，如此看来，八卦虽有八个，但实际上是六卦。这是体八用六规律在八卦卦象中的体现。对于重卦来说，也就是六十四卦，不易者有乾、坤、坎、离、颐、中孚、大过、小过八个卦，而剩下的五十六卦实际上是由二十八对反对卦组成，八加上二十八也就是三十六，所以六十四卦也就是由三十六变组成。而这一过程也体现了八和六的规律，比如爻位为六；三画卦为八；策数最高位三十六，也就是六乘以六；重卦为六十四，也就是八乘以八。

---

[1] 邵雍：《观物外篇上》，《皇极经世书》卷十三，第507页。中州古籍本断句为"卦成于八，重于六十四爻，成于六策，穷于三十六，而重于三百八十四也"，有误，改动如上。

第二，《周易》整篇体现出"用"的观念。邵雍说：

> 乾坤坎离为上篇之用，兑艮震巽为下篇之用也。颐、中孚、大过、小过为二篇之正也。乾坤天地之本，离坎天地之用。是以《易》始于乾坤，中于坎离，终于既济未济。而否泰为上经之中，咸恒当下经之首，皆言乎其用也。故《易》者，用也。乾用九，坤用六，大衍用四十九，而潜龙勿用也。大哉，用乎！吾于此见圣人之心也。①

因为六十四卦皆从八卦而生，所以八卦为六十四卦之用，所以乾、坤、坎、离、兑、艮、震、巽已经体现出《易经》上下篇之"用"。上篇之中的否、泰二卦由乾坤相交而成，下篇之中的咸卦由三画之兑、艮叠加而成，恒卦由三画之震、巽叠加而成，也都体现了《周易》强调"用"的思想。在前面介绍《文王八卦图》时，邵雍已经认为此图充满了"用"的意蕴，这里强调《周易》具有"用"的思想，是和邵雍认为文王之易偏重阴阳交感，偏重人事之用直接相关。而文王之所以作《易》来彰显"用"的思想，又是圣人法天之大用、教化万民的必然表现，这就是圣人之心，也是太极本体——道的具体应用和体现。

二 邵雍先天学象数哲学的展开之一：自然哲学

从逻辑上来看，邵雍的象数哲学具有两个层面，第一个层面是对于象数本身的推演，这部分内容我们在上面已经进行了详细论述；第二个层面是这些象数及其推演过程所具有的客观意义，这些客观意义所构成的内容，主要分为两个大的部分，即自然哲学和历史哲学。在自然哲学的部分，邵雍依傍其象数及其推演过程，建构了宇宙论，也即宇宙衍化的过程，同时还建构了声音体系。我们在下面分别加以介绍。

（一）宇宙衍化过程

在邵雍本体论中，我们已经介绍，太极本体即"一动一静之间者"，太极本体虽然具有超越性，但不离于形下的事物，所以太极本体必然有其发用，这发用就是"一动一静"，而"一动一静"已经涉及形下之事物，所以以动、静为基础，邵雍又展开了其宇宙衍化的理论。邵雍说：

> 物之大者，无若天地，然而亦有所尽也。天之大，阴阳尽之矣；

---

① 邵雍：《观物外篇上》，《皇极经世书》卷十三，第516页。

地之大，刚柔尽之矣。阴阳尽而四时成焉；刚柔尽而四维成焉。夫四时四维者，天地至大之谓也。凡言大者，无得而过之也。亦未始以大为自得，故能成其大。岂不谓至伟至伟者欤？

天生于动者也，地生于静者也。一动一静交，而天地之道尽之矣。动之始则阳生焉，动之极则阴生焉。一阴一阳交而天之用尽之矣。静之始则柔生焉，静之极则刚生焉。一柔一刚交而地之用尽之矣。

动之大者，谓之太阳；动之小者，谓之少阳；静之大者，谓之太阴；静之小者，谓之少阴。太阳为日，太阴为月，少阳为星，少阴为辰。日月星辰交而天之体尽之矣。静之大者，谓之太柔；静之小者，谓之少柔；动之大者，谓之太刚；动之小者，谓之少刚。太柔为水，太刚为火，少柔为土，少刚为石。水火土石交而地之体尽之矣。日为暑，月为寒，星为昼，辰为夜。暑寒昼夜交而天之变尽之矣。水为雨，火为风，土为露，石为雷。雨风露雷交而地之化尽之矣。暑变物之性，寒变物之情，昼变物之形，夜变物之体。性情形体交而动植之感尽之矣。雨化物之走，风化物之飞，露化物之草，雷化物之木。走飞草木交，而动植之应尽之矣。

走，感暑而变者，性之走也；感寒而变者，情之走也；感昼而变者，形之走也；感夜而变者，体之走也。①

飞，感暑而变者，性之飞也；感寒而变者，情之飞也；感昼而变者，形之飞也；感夜而变者，体之飞也。

草，感暑而变者，性之草也；感寒而变者，情之草也；感昼而变者，形之草也；感夜而变者，体之草也。

木，感暑而变者，性之木也；感寒而变者，情之木也；感昼而变者，形之木也；感夜而变者，体之木也。

性，应雨而化者，走之性也；应风而化者，飞之性也；应露而化者，草之性也；应雷而化者，木之性也。

情，应雨而化者，走之情也；应风而化者，飞之情也；应露而化者，草之情也；应雷而化者，木之情也。

形，应雨而化者，走之形也；应风而化者，飞之形也；应露而化者，草之形也；应雷而化者，木之形也。

体，应雨而化者，走之体也；应风而化者，飞之体也；应露而化

---

① 此处的段落为笔者所分，以便于展现邵雍对事物的细致分类。

者，草之体也；应雷而化者，木之体也。

性之走善色，情之走善声，形之走善气，体之走善味。性之飞善色，情之飞善声，形之飞善气，体之飞善味。性之草善色，情之草善声，形之草善气，体之草善味。性之木善色，情之木善声，形之木善气，体之木善味。走之性善耳，飞之性善目，草之性善口，木之性善鼻。走之情善耳，飞之情善目，草之情善口，木之情善鼻。走之形善耳，飞之形善目，草之形善口，木之形善鼻。走之体善耳，飞之体善目，草之体善口，木之体善鼻。夫人也者，暑寒昼夜无不变，雨风露雷无不化，性情形体无不感，走飞草木无不应。以目善万物之色，耳善万物之声，鼻善万物之气，口善万物之味。灵于万物，不亦宜乎。[①]

这一大段文字是邵雍宇宙论的核心，说明了宇宙从"一动一静"开始到万事万物之间互相交感的状态。在这一宇宙衍化过程中，邵雍表达了两个重要的观念："四象说"和"动植之数"。四象说试图通过详细的分类来解释自然界及其系统性，动植之数则试图从数目的角度把握万事万物的数量特征。

对于四象说而言，天生于动，地生于静，天地之道也就是一动一静交感不息，对于天而言，一动一静而有天之四象，即太阳、太阴、少阳、少阴，对于地而言，一动一静而有地之四象，即太柔、太刚、少柔、少刚。其中天之四象分别对应日、月、星、辰，地之四象分别对应水、火、土、石。日、月、星、辰和水、火、土、石的进一步变化，分别对应着暑、寒、昼、夜和雨、风、露、雷。暑、寒、昼、夜和雨、风、露、雷的进一步变化，分别对应着性、情、形、体和走、飞、草、木。性、情、形、体和走、飞、草、木互相交感，代表了十六类事物或生命：性之走、情之走、形之走、体之走、性之飞、情之飞、形之飞、体之飞、性之草、情之草、形之草、体之草、性之木、情之木、形之木、体之木。走、飞、草、木和性、情、形、体互相交感，则代表了事物或生命的十六类功能特征：走之性、飞之性、草之性、木之性、走之情、飞之情、草之情、木之情、走之形、飞之形、草之形、木之形、走之体、飞之体、草之体、木之体。十六类事物或生命，表现出色、声、气、味等特征，十六类事物或生命的功能表现出耳、目、口、鼻的特征。以上就是邵雍宇宙衍化理论过程中的四象说。通过四象说，邵雍依靠天之四象和地之四象及其变化和互相交

[①] 邵雍：《观物篇五十一》，《皇极经世书》卷十一，第487—489页。

感，就把自然界中的基本事物、现象和功能特征进行了基本分类。这种分类，具有统摄自然现象的用处，可以表现自然界的系统性。可以说，邵雍用四象说描述了宇宙的衍化过程，简略地解释了自然界及其系统性。

邵雍试图用四象说从类别的角度把握自然界的系统性，而动植之数则是试图从数目的角度把握自然界的数量特征。邵雍关于动植之数的论述为：

> 太阳之体数十，太阴之体数十二，少阳之体数十，少阴之体数十二。少刚之体数十，少柔之体数十二，太刚之体数十，太柔之体数十二。进太阳、少阳、太刚、少刚之体数，退太阴、少阴、太柔、少柔之体数，是谓太阳、少阳、太刚、少刚之用数。进太阴、少阴、太柔、少柔之体数，退太阳、少阳、太刚、少刚之体数，是谓太阴、少阴、太柔、少柔之用数。太阳、少阳、太刚、少刚之体数一百六十，太阴、少阴、太柔、少柔之体数一百九十二。太阳、少阳、太刚、少刚之用数一百一十二，太阴、少阴、太柔、少柔之用数一百五十二。以太阳、少阳、太刚、少刚之用数唱太阴、少阴、太柔、少柔之用数，是谓日月星辰之变数。以太阴、少阴、太柔、少柔之用数唱太阳、少阳、太刚、少刚之用数，是谓水火土石之化数。日月星辰之变数一万七千二十四，谓之动数。水火土石之化数一万七千二十四，谓之植数。再唱和日月星辰水火土石之变化通数二万八千九百八十一万六千五百七十六，谓之动植通数。①

事实上，动植之数的基础也是天之四象和地之四象，他认为太阳、少阳、少刚、太刚的体数皆是十，太阴、少阴、少柔、太柔的体数皆是十二，就整体而言的天之四象的体数是一百六十，就整体而言的地之四象的体数是一百九十二，一百六十减去地之四象体数之和四十八，得一百一十二，为天之四象的用数，一百九十二减去天之四象体数之和四十，得一百五十二，为地之四象的用数；天之四象的用数乘地之四象的用数，得一万七千二十四，称为"日月星辰之变数"，也称为"动数"，地之四象的用数乘天之四象的用数，也得一万七千二十四，称为"水火土石之化数"，也称为"植数"，而日月星辰之变数再乘水火土石之化数，得二万八千九百八十一万六千五百七十六，称为"动植通数"。可见，邵雍在四象说的基础上，赋予它们以数目，再对这些数目进行加减乘除运算，又得出一系

---

① 邵雍：《观物篇五十一》，《皇极经世》卷十一下，《道藏》第23册，第430页。

列数目,并认为这些数目反映了自然界事物的数目特征。从今天的眼光来看,这些数目是主观臆想的产物,但就中国传统哲学而言,它们反映了邵雍试图从哲学的层面上把握自然界事物数量特征的努力,在传统哲学中是有其独特的价值的。

还需要强调的是,这里的"动数""植数",并不是在现代视野下的"动物的数目"和"植物的数目",就邵雍运算过程来看,实际上就是"日月星辰之变数"和"水火土石之化数"。又因为包括"动数"和"植数"在内的以上的这些数字,仅仅和四象说及其固定的数目相关,再考虑到四象说本就是邵雍哲学的基本观念,所以,以上的数字在邵雍的哲学体系中都具有普遍的意义,都具有广泛的运用,可以说,这些数字都是原理性的数字。在《声音唱和图》中,我们就会发现天之四象的用数一百一十二和地之四象的用数一百五十二的运用。正因为如此,本章才把邵雍的象数学基本理论作为古代的自然哲学来对待。

(二) 邵雍《声音唱和图》概述

在《皇极经世书》中,从《皇极经世》卷七之上到《皇极经世》卷十之下,也即从《观物篇之三十五》到《观物篇之五十》,总共有十六幅《声音唱和图》。后代研究邵雍象数学者,因为往往涉及《声音唱和图》中的音韵知识,所以解说较繁,往往令人摸不着头脑。事实上,邵雍的十六幅《声音唱和图》,并不是在讲具体的音韵知识,在中国的传统文化观念中,音律和历法都是天道运行的完美体现,因此律和历通常联系在一起,并和《周易》研究密切相连,而邵雍编制《声音唱和图》正是把自己对万物之数的认识,拓展到音韵领域,以证明自己对万物之数认识的正确性,以证明自己对天道认识的正确性,至于具体的音韵知识,只是旁及而已。我们现在如果从哲学的角度考察《声音唱和图》,即使不需要专门的音韵知识,其实也能理解这十六幅《声音唱和图》是如何建构起来的。我们下面就对此加以论述。

在前面已经介绍了邵雍对于天之四象体数、用数和地之四象体数、用数的规定,以及相关的数目的推衍,而这些数目和推衍过程在邵雍象数哲学体系中具有原理般的地位,并能够运用于某些具体的领域中,而邵雍关于《声音唱和图》的排列,就是一个明显的例子。在四象说中,四象为天之四象太阳、少阳、太阴、少阴,又可称为日、月、星、辰,地之四象太刚、少刚、太柔、少柔,又可称为水、火、土、石,邵雍在宇宙演化过程理论中,立足于天之四象和地之四象编排了一个系统的事物和现象之"网",用来描述宇宙的系统性和规律性,而《声音唱和图》则是邵雍特别针对声音这种现象,把四象运用于声音领域,把诸种声音排列成一个系统的复杂的庞大的体系,以表示声音的系统性和规律性。

邵雍认为,自然界有声有音,声属天、属阳,为律;音属地、属阴,为吕。天有四象,即日、月、星、辰,那么声也有四象之性,即日、月、星、辰,进一步细分,则四象自乘成十六象,即日日、日月、日星、日辰、月日、月月、月星、月辰、星日、星月、星星、星辰、辰日、辰月、辰星、辰辰,那么,声在这种天之四象说中也可以进一步分成这十六类。而且这十六类声,根据声调可分为平、上、去、入四类。对于音来说,因为属于地,则用地之四象水、火、土、石来自乘而得十六象。而且这十六类音,根据发音特点又可分为开、发、收、闭四类。以上只是单独把声和音分类。总的来说可以将声和音都分成十六类,而这十六类中,又包含平、上、去、入四类,或开、发、收、闭四类。事实上,自然界中的声音都是互相唱和的,也就是以律唱吕、以吕和律,那么声有清、浊,音有辟、翕,所以在声音唱和之下,就有平声辟音、平声翕音、上声辟音、上声翕音、去声辟音、去声翕音、入声辟音、入声翕音八类,和开音清声、开音浊声、发音清声、发音浊声、收音清声、收音浊声、闭音清声、闭音浊声八类。这种种声音唱和也体现了天地相交的原理。根据以上分析,我们可以列表如下:

表3-1　　　　　　　　　　　声音唱和表

声		音	
声的分类	以声唱音	音的分类	以音和声
日日声	平声辟音	水水音	开音清声
日月声	平声翕音	水火音	开音浊声
日星声	平声辟音	水土音	开音清声
日辰声	平声翕音	水石音	开音浊声
月日声	上声辟音	火水音	发音清声
月月声	上声翕音	火火音	发音浊声
月星声	上声辟音	火土音	发音清声
月辰声	上声翕音	火石音	发音浊声
星日声	去声辟音	土水音	收音清声
星月声	去声翕音	土火音	收音浊声
星星声	去声辟音	土土音	收音清声
星辰声	去声翕音	土石音	收音浊声
辰日声	入声辟音	石水音	闭音清声
辰月声	入声翕音	石火音	闭音浊声
辰星声	入声辟音	石土音	闭音浊声
辰辰声	入声翕音	石石音	闭音浊声

事实上，这个表格就说明了为什么《皇极经世书》中的《声音唱和图》是十六幅。因为每一幅图说明一类声和一类音所包含的声音唱和，有十六类声音，所以必然要有十六幅图。

以上是从原则上说明《声音唱和图》的由来，说明声和音各有十六类，声音唱和各有八类。但还没有涉及声音唱和的具体内容。《皇极经世书》中每一幅《声音唱和图》在简单介绍以上原则之后，还有详细的声音唱和的实际内容。这些实际内容虽然并不杂乱，但是非常繁多，因为它们自身并没有深刻的哲学意蕴，我们为了节省篇幅，所以在这里不再列出《声音唱和图》的具体内容，而只是再说明一下《声音唱和图》中所涉及的实际的声音唱和数目。

因为声属天，我们前面论述"动植之数"时指出，就整体而言天之四象的体数是一百六十，音属地，就整体而言地之四象的体数是一百九十二，所以，邵雍认为，"正声"有一百六十，"正音"有一百九十二，而所谓声音唱和，也就是在每一幅《声音唱和图》中，有十个声来唱这一百九十二个"正音"，有十二个音来和这一百六十个"正声"。如此一来，十六幅《声音唱和图》中所涉及的所有类型的"声音唱和"，就是一百六十乘一百九十二，为三万七百二十。但实际上，天之用声不是一百六十，而是要去掉地之体数四十八，为一百一十二，地之用音不是一百九十二，而是要去掉天之体数四十，为一百五十二，所以真正有效的"声音唱和"为一万七千二十四，和前面所论述的"动数"或"植数"相等。而相等的原因在于，"声音唱和"本来就是按照四象说的数字推衍规则推衍出来的。这一点正如邵伯温所说："物有声色气味，可考而见，唯声为甚。有一物则有一声，有声则有音，有律则有吕。故穷声音律吕，以穷万物之数。数亦以四为本，本乎四象故也。自四象而为八卦，自八卦而为六十四，天下万物之数备于其间矣。此与前元会运世其法同。日日声即元之元、日之日也，日月声即元之会、日之月也，日星声即元之运、日之星也，日辰声即元之世、日之辰也。自余皆可以类推之也。"（《皇极经世书二·纂图指要下》，《性理大全书》卷八）如此一来，邵雍依据四象说和四象之数系统地编制了形式庞大的《声音唱和图》。

最后我们说，邵雍之所以在其《皇极经世书》中用四卷共十六篇列出繁多的《声音唱和图》，一方面是音律来源于自然，也属于自然，因而是天道的体现。所以研究音律、解释音律出现的奥秘和规律，就成为对天道的一种证明。这就是邵雍研究音律的哲学意义；另一方面则是因为其父邵古就是音韵学家，邵雍编排《声音唱和图》，也有绍述和光大其父之学的意味。①

三 邵雍先天学象数哲学的展开之二：历史哲学

邵雍象数哲学大致分为两个层面，一个层面是象数学原理，另一个层面是象数学的展开。在前面我们已经论述了邵雍把象数学原理运用于自然界方面而有的自然哲学，在这里我们将论述把象数学原理运用于人类历史方面而有的历史哲学。在历史哲学部分，邵雍表达了他对历史规律的认识，同时他通过对历史的反思，又弘扬了儒家价值观。

邵雍历史哲学包含两个主要的部分，第一，元会运世说；第二，皇帝王伯说。元会运世说主要用数字推衍把人类历史系统地排列起来，皇帝王伯说则把人类历史分成了四种政治和社会类型。在邵雍看来，元会运世说体现了人类历史的"数学"规律，皇帝王伯说则体现了人类历史的理性程度。

（一）元会运世说

元会运世说是邵雍象数哲学的主要内容之一，《皇极经世书》共十四卷六十四篇，依据元会运世说编制的"世界历史年表"就占据了六卷三十四篇。简单说来，元会运世说认为人类历史是有时间单位的，这种单位不是我们常用的年、月、日、时，而是元、会、运、世，其中一元等于十二会，一会等于三十运，一运等于十二世，一世等于三十年。如此一来，一元就等于十二万九千六百年。一元是代表人类历史的一个发生、发展、繁盛和衰败的时间单位。在邵雍的眼中，可能宇宙的历史由无数个元组成，但是人们所知道的人类历史仅仅是这一元之内的事情。邵雍依据这种元会运世的推算方法，编制了一个庞大的世界历史年表。因为元会运世说在邵雍哲学体系中的重要性，我们对这一"世界历史年表"作一介绍。

1. 世界历史年表

在《皇极经世书》中，世界历史年表包括"以元经会"十二篇、"以会经运"十二篇，以及"以运经世"十篇。其中"以元经会"十二篇，

---

① 袁清容《答高舜元问邵子声音之学及字母渊源》中载："纵为四声，横为七音，郑渔仲之说备矣。邵子声音之学，出于其父，名古号伊川丈人，有图谱行于世，温公《切韵》皆源于此。然此学由西域来，今所谓三十六字母亦从彼出。中国四声甚拙，至沈约始明七音。先儒尝言中声合于天籁，若如近世祝泌《观物解》中韵谱，却又入乐工清浊之拘。庄子谓'乐出虚'，乃邵子心法，但得伊川丈人图子一观，方得仿佛。后汉风角鸟占，亦不出此。然非至静工夫，未易能通也。"参见《清容居士集》卷四十二，文渊阁《四库全书》本。

第三章 邵雍先天学象数哲学研究　221

用来表示一元所包括的十二会、三百六十运、四千三百二十世;"以会经运"十二篇,则进一步详细论述一元三百六十运中,"开物"和"闭物"之间的二百四十运;"以运经世"十篇则进一步详细记录了从传说中的"唐尧"到宋朝建国之前的各种大事。我们在下面加以详细介绍。

"以元经会"十二篇,也就是从《观物篇一》至《观物篇十二》,主体内容为"以元经会"的十二个列表。其中共为一元、十二会、三百六十运、四千三百二十世。其中的元、会、运、世分别与日、月、星、辰相对应,所以年表中的具体符号,并没有直接用元、会、运、世来表示,而是间接用日、月、星、辰来表示,其中日和星的单位是十天干①,即甲、乙、丙、丁、戊、己、庚、辛、壬、癸,月和辰的单位为十二地支,即子、丑、寅、卯、辰、巳、午、未、申、酉、戌、亥。如此一来,日、月、星、辰就和天干、地支互相配合,配上相应的数字,就构成了十二幅"以元经会"的表格。为了有更清楚明晰的认识,我们把《观物篇一》的具体内容呈现如下:

日甲一　月子一　星甲一　辰子一　辰丑二　辰寅三　辰卯四　辰辰五　辰巳六
　　　　　　　　　　　　辰午七　辰未八　辰申九　辰酉十　辰戌十一　辰亥十二
　　　　　　　　星乙二　辰子十三　辰丑十四　辰寅十五　辰卯十六　辰辰十七
　　　　　　　　　　　　辰巳十八　辰午十九　辰未二十　辰申二十一
　　　　　　　　　　　　辰酉二十二　辰戌二十三　辰亥二十四
　　　　　　　　星丙三　辰子二十五　辰丑二十六　辰寅二十七　辰卯二十八
　　　　　　　　　　　　辰辰二十九　辰巳三十　辰午三十一　辰未三十二
　　　　　　　　　　　　辰申三十三　辰酉三十四　辰戌三十五　辰亥三十六
　　　　　　　　星丁四　辰子三十七　辰丑三十八　辰寅三十九　辰卯四十
　　　　　　　　　　　　辰辰四十一　辰巳四十二　辰午四十三　辰未四十四
　　　　　　　　　　　　辰申四十五　辰酉四十六　辰戌四十七　辰亥四十八
　　　　　　　　星戊五　辰子四十九　辰丑五十　辰寅五十一　辰卯五十二
　　　　　　　　　　　　辰辰五十三　辰巳五十四　辰午五十五　辰未五十六
　　　　　　　　　　　　辰申五十七　辰酉五十八　辰戌五十九　辰亥六十
　　　　　　　　星己六　辰子六十一　辰丑六十二　辰寅六十三　辰卯六十四
　　　　　　　　　　　　辰辰六十五　辰巳六十六　辰午六十七　辰未六十八
　　　　　　　　　　　　辰申六十九　辰酉七十　辰戌七十一　辰亥七十二
　　　　　　　　星庚七　辰子七十三　辰丑七十四　辰寅七十五　辰卯七十六
　　　　　　　　　　　　辰辰七十七　辰巳七十八　辰午七十九　辰未八十

---

① 因为"日"即"元",而《皇极经世书》中所呈现的内容仅为"一元之数",所以实际上"日"一直用"甲"来标记,而不象"星"要用十天干轮番标记。

　　　　　　　辰申八十一　　辰酉八十二　　辰戌八十三　　辰亥八十四
星辛八　　　辰子八十五　　辰丑八十六　　辰寅八十七　　辰卯八十八
　　　　　　　辰辰八十九　　辰巳九十　　　辰午九十一　　辰未九十二
　　　　　　　辰申九十三　　辰酉九十四　　辰戌九十五　　辰亥九十六
星壬九　　　辰子九十七　　辰丑九十八　　辰寅九十九　　辰卯一百
　　　　　　　辰辰一百一　　辰巳一百二　　辰午一百三　　辰未一百四
　　　　　　　辰申一百五　　辰酉一百六　　辰戌一百七　　辰亥一百八
星癸十　　　辰子一百九　　辰丑一百一十　　辰寅一百十一
　　　　　　　辰卯一百十二　　辰辰一百十三　　辰巳百一十四
　　　　　　　辰午一百十五　　辰未一百十六　　辰申一百十七
　　　　　　　辰酉一百十八　　辰戌一百十九　　辰亥一百二十
星甲十一　　辰子一百二十一　　辰丑一百二十二　　辰寅一百二十三
　　　　　　　辰卯一百二十四　　辰辰一百二十五　　辰巳一百二十六
　　　　　　　辰午一百二十七　　辰未一百二十八　　辰申一百二十九
　　　　　　　辰酉一百三十　　辰戌一百三十一　　辰亥一百三十二
星乙十二　　辰子一百三十三　　辰丑一般三十四　　辰寅一百三十五
　　　　　　　辰卯一百三十六　　辰辰一百三十七　　辰巳一百三十八
　　　　　　　辰午一百三十九　　辰未一百四十　　辰申一百四十一
　　　　　　　辰酉一百四十二　　辰戌一百四十三　　辰亥一百四十四
星丙十三　　辰子一百四十五　　辰丑一百四十六　　辰寅一百四十七
　　　　　　　辰卯一百四十八　　辰辰一百四十九　　辰巳一百五十
　　　　　　　辰午一百五十一　　辰未一百五十二　　辰申一百五十三
　　　　　　　辰酉一百五十四　　辰戌一百五十五　　辰亥一百五十六
星丁十四　　辰子一百五十七　　辰丑一百五十八　　辰寅一百五十九
　　　　　　　辰卯一百六十　　辰辰一百六十一　　辰巳一百六十二
　　　　　　　辰午一百六十三　　辰未一百六十四　　辰申一百六十五
　　　　　　　辰酉一百六十六　　辰戌一百六十七　　辰亥一百六十八
星戊十五　　辰子一百六十九　　辰丑一百七十　　辰寅一百七十一
　　　　　　　辰卯一百七十二　　辰辰一百七十三　　辰巳一百七十四
　　　　　　　辰午一百七十五　　辰未一百七十六　　辰申一百七十七
　　　　　　　辰酉一百七十八　　辰戌一百七十九　　辰亥一百八十
星己十六　　辰子一百八十一　　辰丑一百八十二　　辰寅一百八十三
　　　　　　　辰卯一百八十四　　辰辰一百八十五　　辰巳一百八十六
　　　　　　　辰午一百八十七　　辰未一百八十八　　辰申一百八十九
　　　　　　　辰酉一百九十　　辰戌一百九十一　　辰亥一百九十二
星庚十七　　辰子一百九十三　　辰丑一百九十四　　辰寅一百九十五
　　　　　　　辰卯一百九十六　　辰辰一百九十七　　辰巳一百九十八
　　　　　　　辰午一百九十九　　辰未二百　　　辰申二百一
　　　　　　　辰酉二百二　　辰戌二百三　　辰亥二百四
星辛十八　　辰子二百五　　　辰丑二百六　　　辰寅二百七

　　　　　　辰卯二百八　　辰辰二百九　　辰巳二百一十
　　　　　　辰午二百十一　辰未二百十二　辰申二百十三
　　　　　　辰酉二百十四　辰戌二百十五　辰亥二百十六
星壬十九　　辰子二百十七　辰丑二百十八　辰寅二百十九
　　　　　　辰卯二百二十　辰辰二百二十一　辰巳二百二十二
　　　　　　辰午二百二十三　辰未二百二十四　辰申二百二十五
　　　　　　辰酉二百二十六　辰戌二百二十七　辰亥二百二十八
星癸二十　　辰子二百二十九　辰丑二百三十　辰寅二百三十一
　　　　　　辰卯二百三十二　辰辰二百三十三　辰巳二百三十四
　　　　　　辰午二百三十五　辰未二百三十六　辰申二百三十七
　　　　　　辰酉二百三十八　辰戌二百三十九　辰亥二百四十
星甲二十一　辰子二百四十一　辰丑二百四十二　辰寅二百四十三
　　　　　　辰卯二百四十四　辰辰二百四十五　辰巳二百四十六
　　　　　　辰午二百四十七　辰未二百四十八　辰申二百四十九
　　　　　　辰酉二百五十　辰戌二百五十一　辰亥二百五十二
星乙二十二　辰子二百五十三　辰丑二百五十四　辰寅二百五十五
　　　　　　辰卯二百五十六　辰辰二百五十七　辰巳二百五十八
　　　　　　辰午二百五十九　辰未二百六十　辰申二百六十一
　　　　　　辰酉二百六十二　辰戌二百六十三　辰亥二百六十四
星丙二十三　辰子二百六十五　辰丑二百六十六　辰寅二百六十七
　　　　　　辰卯二百六十八　辰辰二百六十九　辰巳二百七十
　　　　　　辰午二百七十一　辰未二百七十二　辰申二百七十三
　　　　　　辰酉二百七十四　辰戌二百七十五　辰亥二百七十六
星丁二十四　辰子二百七十七　辰丑二百七十八　辰寅二百七十九
　　　　　　辰卯二百八十　辰辰二百八十一　辰巳二百八十二
　　　　　　辰午二百八十三　辰未二百八十四　辰申二百八十五
　　　　　　辰酉二百八十六　辰戌二百八十七　辰亥二百八十八
星戊二十五　辰子二百八十九　辰丑二百九十　辰寅二百九十一
　　　　　　辰卯二百九十二　辰辰二百九十三　辰巳二百九十四
　　　　　　辰午二百九十五　辰未二百九十六　辰申二百九十七
　　　　　　辰酉二百九十八　辰戌二百九十九　辰亥三百
星己二十六　辰子三百一　辰丑三百二　辰寅三百三
　　　　　　辰卯三百四　辰辰三百五　辰巳三百六
　　　　　　辰午三百七　辰未三百八　辰申三百九
　　　　　　辰酉三百一十　辰戌三百十一　辰亥三百十二
星庚二十七　辰子三百十三　辰丑三百十四　辰寅三百十五
　　　　　　辰卯三百十六　辰辰三百十七　辰巳三百十八
　　　　　　辰午三百十九　辰未三百二十　辰申三百二十一
　　　　　　辰酉三百二十二　辰戌三百二十三　辰亥三百二十四
星辛二十八　辰子三百二十五　辰丑三百二十六　辰寅三百二十七

	辰卯三百二十八	辰辰三百二十九	辰巳三百三十
	辰午三百三十一	辰未三百三十二	辰申三百三十三
	辰酉三百三十四	辰戌三百三十五	辰亥三百三十六
星壬二十九	辰子三百三十七	辰丑三百三十八	辰寅三百三十九
	辰卯三百四十	辰辰三百四十一	辰巳三百四十二
	辰午三百四十三	辰未三百四十四	辰申三百四十五
	辰酉三百四十六	辰戌三百四十七	辰亥三百四十八
星癸三十	辰子三百四十九	辰丑三百五十	辰寅三百五十一
	辰卯三百五十二	辰辰三百五十三	辰巳三百五十四
	辰午三百五十五	辰未三百五十六	辰申三百五十七
	辰酉三百五十八	辰戌三百五十九	辰亥三百六十[①]

在这部分内容中，"日"记为"日甲一"，也即"甲一"之元；"月"记为"月子一"，即此元的第一会，如为第二会则记为"月丑二"，其他依次类推；"星"则依次记为"星甲一"到"星癸三十"，表示为此元中的第一会所包含的三十运；"辰"则依次记为"辰子一"到"辰亥三百六十"，表示为三十运所包含的三百六十世，而其中的每一运中，又有相应的十二世。这是《观物篇一》的内容，为"甲一"之元的"子一"之会，也即第一会，其他十一会的内容依次展开为《观物篇二》直到《观物篇十二》，而其中的单位和数字变化，则按照如上介绍的规则依次类推。

"以会经运"十二篇，包括了《观物篇十三》至《观物篇二十四》的内容。事实上，"以元经会"十二篇，已经概略地展现了一元、十二会、三百六十运、四千三百二十世的内容，但是这是统而言之，是就宇宙生灭的一个完整的发展历程而言，发展历程包括"开物"之前、"开物"和"闭物"之间、"闭物"之后三个阶段，"开物"和"闭物"之间的历史，才是万物繁衍不息的历史。"开物"从第三会之半开始，也就是从"月之寅三"之半开始，"闭物"从第十一会之半开始，也就是从"月之戌十一"之半开始；如果从运的角度来看，"开物"从"月之寅三"之半开始，也就是从第七十六运开始，也即"星之己七十六"，"闭物"从"月之戌十一"之半开始，也就是从第三百一十六运开始，也即"星之己三百一十六"开始。总之，"开物"之前七十五运，"闭物"之后四十五运，"开物""闭物"之间为二百四十运。邵雍把"开物"和"闭物"之间的二百四十运当作对象，又专门列为《观物篇》的十二篇内容，也即《观物篇十三》至《观物篇二十四》。

[①] 邵雍：《观物篇一》，《皇极经世书》卷一上，第1—5页。

第三章　邵雍先天学象数哲学研究　225

　　另外，从第六会三十运的最后一运开始，即"月之巳六"中的"星之癸一百八十"开始，邵雍对其中的每运十二世所包括的三百六十年，开始用干支纪年，这是因为，在第一百八十运的三百六十年中，出现了有传说或者有记录的人类历史。人类历史事件繁多，因此，准确的干支纪年有了必要。我们在此选录《观物篇十四》，也即"以会经运二"的内容，以便有清楚的认识。

经日之甲一　经月之巳六
　经星之癸一百八十
　　经辰之子二千一百四十九
　　　甲子　乙丑　丙寅　丁卯　戊辰　己巳　庚午　辛未　壬申　癸酉
　　　甲戌　乙亥　丙子　丁丑　戊寅　己卯　庚辰　辛巳　壬午　癸未
　　　甲申　乙酉　丙戌　丁亥　戊子　己丑　庚寅　辛卯　壬辰　癸巳
　　经辰之丑二千一百五十
　　　甲午　乙未　丙申　丁酉　戊戌　己亥　庚子　辛丑　壬寅　癸卯
　　　甲辰　乙巳　丙午　丁未　戊申　己酉　庚戌　辛亥　壬子　癸丑
　　　甲寅　乙卯　丙辰　丁巳　戊午　己未　庚申　辛酉　壬戌　癸亥
　　经辰之寅二千一百五十一
　　　甲子　乙丑　丙寅　丁卯　戊辰　己巳　庚午　辛未　壬申　癸酉
　　　甲戌　乙亥　丙子　丁丑　戊寅　己卯　庚辰　辛巳　壬午　癸未
　　　甲申　乙酉　丙戌　丁亥　戊子　己丑　庚寅　辛卯　壬辰　癸巳
　　经辰之卯二千一百五十二
　　　甲午　乙未　丙申　丁酉　戊戌　己亥　庚子　辛丑　壬寅　癸卯
　　　甲辰　乙巳　丙午　丁未　戊申　己酉　庚戌　辛亥　壬子　癸丑
　　　甲寅　乙卯　丙辰　丁巳　戊午　己未　庚申　辛酉　壬戌　癸亥
　　经辰之辰二千一百五十三
　　　甲子　乙丑　丙寅　丁卯　戊辰　己巳　庚午　辛未　壬申　癸酉
　　　甲戌　乙亥　丙子　丁丑　戊寅　己卯　庚辰　辛巳　壬午　癸未
　　　甲申　乙酉　丙戌　丁亥　戊子　己丑　庚寅　辛卯　壬辰　癸巳
　　经辰之巳二千一百五十四
　　　甲午　乙未　丙申　丁酉　戊戌　己亥　庚子　辛丑　壬寅　癸卯
　　　甲辰　乙巳　丙午　丁未　戊申　己酉　庚戌　辛亥　壬子　癸丑
　　　甲寅　乙卯　丙辰　丁巳　戊午　己未　庚申　辛酉　壬戌　癸亥
　　经辰之午二千一百五十五
　　　甲子　乙丑　丙寅　丁卯　戊辰　己巳　庚午　辛未　壬申　癸酉
　　　甲戌　乙亥　丙子　丁丑　戊寅　己卯　庚辰　辛巳　壬午　癸未
　　　甲申　乙酉　丙戌　丁亥　戊子　己丑　庚寅　辛卯　壬辰　癸巳

经辰之未二千一百五十六

甲午 乙未 丙申 丁酉 戊戌 己亥 庚子 辛丑 壬寅 癸卯

甲辰唐尧 乙巳二 丙午三 丁未四 戊申五 己酉六 庚戌七 辛亥八 壬子九 癸丑十

甲寅十一 乙卯十二 丙辰十三 丁巳十四 戊午十五 己未十六 庚申十七 辛酉十八 壬戌十九 癸亥二十

经辰之申二千一百五十七

甲子二十一 乙丑二十二 丙寅二十三 丁卯二十四 戊辰二十五 己巳二十六 庚午二十七 辛未二十八 壬申二十九 癸酉三十

甲戌三十一 乙亥三十二 丙子三十三 丁丑三十四 戊寅三十五 己卯三十六 庚辰三十七 辛巳三十八 壬午三十九 癸未四十

甲申四十一 乙酉四十二 丙戌四十三 丁亥四十四 戊子四十五 己丑四十六 庚寅四十七 辛卯四十八 壬辰四十九 癸巳五十

经辰之酉二千一百五十八

甲午五十一 乙未五十二 丙申五十三 丁酉五十四 戊戌五十五 己亥五十六 庚子五十七 辛丑五十八 壬寅五十九 癸卯六十

甲辰六十一 洪水方割命鲧治之 乙巳六十二 丙午六十三 丁未六十四 戊申六十五 己酉六十六 庚戌六十七 辛亥六十八 壬子六十九 癸丑七十 征舜登庸

甲寅七十一 乙卯七十二 荐舜于天命之位 丙辰 虞舜正月上日舜受命于文祖 丁巳二 戊午三己未四 庚申五 辛酉六 壬戌七 癸亥八

经辰之戌二千一百五十九

甲子九 乙丑十 丙寅十一 丁卯十二 戊辰十三 己巳十四 庚午十五 辛未十六 壬申十七 癸酉十八

甲戌十九 乙亥二十 丙子二十一 丁丑二十二 戊寅二十三 己卯二十四 庚辰二十五辛巳二十六 壬午二十七 癸未二十八 帝尧殂落

甲申二十九 乙酉三十 丙戌三十一 正元日舜格于文祖 丁亥三十二 戊子三十三 己丑三十四 庚寅三十五 辛卯三十六 壬辰三十七 癸巳三十八

经辰之亥二千一百六十

甲午三十九 乙未四十 丙申四十一 丁酉四十二 戊戌四十三 己亥四十四 庚子四十五 辛丑四十六 壬寅四十七 癸卯四十八

甲辰四十九 乙巳五十 丙午五十一 丁未五十二 戊申五十三 己酉五十四 庚戌五十五 辛亥五十六 壬子五十七 癸丑五十八

甲寅五十九 乙卯六十 丙辰六十一 荐禹于天命之位 丁巳六十二 夏禹正月朔旦受命于神宗 戊午二 己未三 庚申四 辛酉五 壬戌六 癸亥七①

以上是《观物篇十四》的全部内容,属于第一百八十运所包含的三百六十年,并且开始采用干支纪年法。而就在这第一百八十运中,人类历史

---

① 邵雍:《观物篇十四》,《皇极经世书》卷三上,第73—75页。

开始有了传说,邵雍是从"唐尧"开始记录的。根据邵雍推算,"唐尧"即位于两千一百五十六世中的"甲辰"年。

上述"以会经运"十二篇的内容,主要介绍了"开物"到"闭物"之间的人类历史发展过程,但是,这种介绍还非常简略,仅仅记载了帝王登基的年份,而《观物篇二十五》到《观物篇三十四》的十篇,也即"以运经世"十篇中,邵雍则依附于历史年表,进一步记录了从传说中的"唐尧肇位"到宋朝建立之前的各项大事。在此我们选录《观物篇二十五》的内容,以便了解邵雍的记录体例。

经元之甲一　经会之巳六　经运之癸一百八十
　经世之子二千一百四十九
　经世之丑二千一百五十
　经世之寅二千一百五十一
　经世之卯二千一百五十二
　经世之辰二千一百五十三
　经世之巳二千一百五十四
　经世之午二千一百五十五
　经世之未二千一百五十六
　　甲午　乙未　丙申　丁酉　戊戌　己亥　庚子　辛丑　壬寅　癸卯
　　甲辰　唐帝尧肇位于平阳,号陶唐氏。命羲和钦若昊天,历象日月星辰,敬授人时,期三百六旬有六日,以闰月定四时,成岁日载,建寅月为始。允厘百工,庶绩咸熙。①
　　乙巳　丙午　丁未　戊申　己酉　庚戌　辛亥　壬子　癸丑
　　甲寅　乙卯　丙辰　丁巳　戊午　己未　庚申　辛酉　壬戌　癸亥
　经世之申二千一百五十七
　　甲子　唐帝尧二十一年
　　乙丑　丙寅　丁卯　戊辰　己巳　庚午　辛未　壬申　癸酉
　　甲戌　乙亥　丙子　丁丑　戊寅　己卯　庚辰　辛巳　壬午　癸未
　　甲申　乙酉　丙戌　丁亥　戊子　己丑　庚寅　辛卯　壬辰　癸巳
　经世之酉二千一百五十八
　　甲午　唐帝尧五十一年
　　乙未　丙申　丁酉　戊戌　己亥　庚子　辛丑　壬寅　癸卯
　　甲辰　乙巳　丙午　丁未　戊申　己酉　庚戌　辛亥
　　壬子　鲧治水,绩用弗成。
　　癸丑　帝尧求禅,明明扬侧陋,始征舜登庸,历试诸难,厘降二女于沩汭,作嫔于虞,以观法焉。
　　甲寅

---

① 在中州古籍本基础上对标点有所改动。

乙卯　舜言底可绩，帝以德荐于天，而命之位。
丙辰　正月上日，舜受命于文祖。用璇玑玉衡，以齐七政，类于上帝，禋于六宗，望于山川，遍于群神，辑五瑞五玉，班于群后。肇十有二州，封十有二山。四时行巡狩，协时月正日。同律度量衡，修五礼象以典刑。流共工于幽州，放驩兜于崇山，窜三苗于三危，殛鲧于羽山。四罪正而天下咸服。
丁巳　戊午　己未　庚申　辛酉　壬戌　癸亥

经世之戌二千一百五十九
甲子　虞帝舜九年
乙丑　丙寅　丁卯　戊辰　己巳　庚午　辛未　壬申　癸酉
甲戌　乙亥　丙子　丁丑　戊寅　己卯　庚辰　辛巳　壬午
癸未　帝尧殂落。①
甲申　乙酉
丙戌　月正元日，舜格于文祖，号有虞氏，都蒲坂。询四岳，辟四门，明四目，达四聪，咨十有二牧。命九官，以伯禹为司空、稷司农、契司徒、皋陶司士、垂司工、益司虞、夷司礼、夔典乐、龙司言。此九人使宅百揆，三载考绩，黜陟幽明，庶绩其凝。
丁亥　戊子　己丑　庚寅　辛卯　壬辰　癸巳

经世之亥二千一百六十
甲午　虞舜帝三十九年
乙未　丙申　丁酉　戊戌　己亥　庚子　辛丑　壬寅　癸卯
甲辰　乙巳　丙午　丁未　戊申　己酉　庚戌　辛亥　壬子　癸丑
甲寅　乙卯
丙辰　帝舜求代，以功荐禹于天，而命之位。
丁巳　正月朔旦，禹受命于神宗。正天下水土，分九州、九山、九川、九泽，会于四海。修其六府，咸则三壤，成赋中邦。
戊午　己未　庚申　辛酉　壬戌　癸亥②

以上内容是《观物篇二十五》，也即"以运经世一"，是第一百八十运，跨越三百六十年的时间，其中"唐尧肇位"为第两千一百五十六世中的甲辰年，自此后，人类活动逐渐繁密，在"以运经世十"中，最后的大事为"世宗荣终，皇太子崇训嗣位"，如此一来，邵雍用十篇的篇幅，包含三千六百年的时间跨度，记载了中国历史上的主要事件。事实上，由于邵雍不但记录了这些历史上的大事，而且对中国传统历史加以了整齐的有规律的编排，其间大事亦都耳熟能详，所以他说："天地如盖轸，覆载何高极。日月如磨蚁，往来无休息。上下之岁年，其数难窥测。且以一元言，其理尚可识。一十有二万，九千余六百。中间三千年，迄今之陈迹。

---

① 据《道藏》本补。
② 邵雍：《观物篇二十五》，《皇极经世书》卷五上，第146—148页。

治乱与废兴，著见于方策。吾能一贯之，皆如身所历。"①

2. 元会运世说与"先天圆图"

邵雍认为宇宙历程由无数的"元"组成，一元代表天地万物的一个产生、发展、兴盛和灭亡的过程。在一元之中，又有会、运、世等时间单位，一元等于十二会，一会等于三十运，一运等于十二世，一世等于三十年，这样一来，一元就是十二万九千六百年，这是天地万物的一个时间历程。而这一时间历程所具有的客观规律则被《伏羲六十四卦圆图》所决定，决定的关键在于元、会、运、世这些时间单位和《伏羲六十四卦圆图》中的卦象可以对应起来，如此一来，卦象的意义就决定了元、会、运、世这些时间单位的历史特征和基本事件。

元、会、运、世与《伏羲六十四卦圆图》中卦象对应的规则如下：一元所包含的十二会与六十四卦圆图中除了乾、坤、坎、离四正卦之外的六十卦依次对应起来，这样一来，一会就对应五卦。比如第一会所对应的五卦为复、颐、屯、益、震，第二会则依次类推。一会等于三十运，根据上一层次说明，对应一会的有五卦，五卦分管三十运，那么其中的每一卦统管六运，这一卦通过从初爻到上爻的依次变爻，则一卦变成新的六卦，而新的六卦正好又对应原来一卦所统管的六运，如此，则一卦对应一运。比如第一会中的复卦管六运，复卦通过变爻而得坤、临、明夷、震、屯、颐六卦，此六卦各自对应一运，坤卦就对应第一会中的第一运。一运等于十二世，根据上一层次的说明，有一卦统管此运所包含的十二世，进一步则把十二世以两世为单位六等分，同时把统管十二世的这一卦进行从初爻到上爻依次变爻，则一卦变成六卦，这新的六卦就与十二世的六等分分别对应起来，如此一来，一卦就对应两世六十年。比如对应第一会中第一运的坤卦管第一运的十二世，那么坤卦变爻而得复、师、谦、豫、比、剥，这六卦每卦管两世六十年。

根据以上解释，我们看到，经过重重细分，层层卦变，就把一元的十二万九千六百年与《伏羲六十四卦圆图》中六十卦的卦象对应了起来，一元的历史规律和内容，就蕴含在这些卦象当中，邵雍认为对这些卦象进行研究和体悟，就能够掌握宇宙发展的奥秘。②

---

① 邵雍：《伊川击壤集》卷之十三《皇极经世一元吟》，《邵雍全集》第四册，第262页。

② 需要提及的是，在《皇极经世书》中，依照元会运世理论所编排的年表，并没有配上卦象，但是在后世的邵雍先天学研习者那里，年表已经配上了卦象，在明代黄畿的《皇极经世书传》中，年表所配卦象更加详细。我们认为，邵雍的元会运世之说应该有卦象相配，因为单就元会运世之说而言，仅仅是一种30和12的交叉排列，本身并不蕴含历史规律，这和邵雍自认为掌握了宇宙发展的奥秘是不符合的。所以，以理推之，邵雍的元会运世之说应该配有卦象，邵雍通过体悟卦象来理解历史趋势。而《皇极经世书》的年表中没有卦象，很可能是邵雍故意隐去。此处所介绍的卦象排列规则，参考了高怀民先生的研究（高怀民：《宋元明易学史》，第54—64页）。

（二）皇帝王伯说

在邵雍的历史哲学中，元会运世说主要是立足于《伏羲六十四卦圆图》而展开的历史年表，邵雍虽然在历史年表中记录了中国历史上的很多大事，但这些记录并不能直接表现邵雍的思想观念。在《观物篇》中，邵雍在社会政治文化的视野下，详细论述了他对天道、圣人经典和社会政治类型的认识，而这些认识最终又落实为"皇帝王伯说"。邵雍论述道：

> 天之能尽物，则谓之曰昊天；人之能尽民，则谓之曰圣人。谓昊天能异乎万物，则非所以谓之昊天也；谓圣人能异乎万民，则非所以谓之圣人也。万民与万物同，则圣人固不异乎昊天者矣。然则，圣人与昊天为一道。……
>
> 夫昊天之尽物，圣人之尽民，皆有四府焉。昊天之四府者，春夏秋冬之谓也。阴阳升降于其间矣；圣人之四府者，《易》、《书》、《诗》、《春秋》之谓也。礼乐污隆于其间矣。春为生物之府，夏为长物之府，秋为收物之府，冬为藏物之府。号物之庶谓之万，虽曰万之又万，其庶能出此昊天之四府者乎？《易》为生民之府，《书》为长民之府，《诗》为收民之府，《春秋》为藏民之府。号民之庶谓之万，虽曰万之又万，其庶能出此圣人之四府者乎？昊天之四府者，时也；圣人之四府者，经也。昊天以时授人，圣人以经法天，天人之事，当如何哉？①
>
> 观春则知《易》之所存乎？观夏则知《书》之所存乎？观秋则知《诗》之所存乎？观冬则知《春秋》之所存乎？
>
> 《易》之《易》者，生生之谓也；《易》之《书》者，生长之谓也；《易》之《诗》者，生收之谓也；《易》之《春秋》者，生藏之谓也。《书》之《易》者，长生之谓也；《书》之《书》者，长长之谓也；《书》之《诗》者，长收之谓也；《书》之《春秋》者，长藏之谓也。《诗》之《易》者，收生之谓也；《诗》之《书》者，收长之谓也；《诗》之《诗》者，收收之谓也；《诗》之《春秋》者，收藏之谓也。《春秋》之《易》者，藏生之谓也；《春秋》之《书》者，藏长之谓也；《春秋》之《诗》者，藏收之谓也；《春秋》之《春秋》者，藏藏之谓也。
>
> 生生者，修夫意者也；生长者，修夫言者也；生收者，修夫象者

---

① 邵雍：《观物篇五十三》，《皇极经世书》卷十一，第490页。

也；生藏者，修夫数者也。长生者，修夫仁者也；长长者，修夫礼者也；长收者，修夫义者也；长藏者，修夫智者也。收生者，修夫性者也；收长者，修夫情者也；收收者，修夫形者也；收藏者，修夫体者也。藏生者，修夫圣者也；藏长者，修夫贤者也；藏收者，修夫才者也；藏藏者，修夫术者也。

修夫意者，三皇之谓也；修夫言者，五帝之谓也；修夫象者，三王之谓也；修夫数者，五伯之谓也。修夫仁者，有虞之谓也；修夫礼者，夏禹之谓也；修夫义者，商汤之谓也；修夫智者，周发之谓也。修夫性者，文王之谓也；修夫情者，武王之谓也；修夫形者，周公之谓也；修夫体者，召公之谓也。修夫圣者，秦穆之谓也；修夫贤者，晋文之谓也；修夫才者，齐桓之谓也；修夫术者，楚庄之谓也。

皇、帝、王、伯者，《易》之体也；虞、夏、商、周者，《书》之体也；文、武、周、召者，《诗》之体也；秦、晋、齐、楚者，《春秋》之体也。意、言、象、数者，《易》之用也；仁、义、礼、智者，《书》之用也；性、情、形、体者，《诗》之用也；圣、贤、才、术者，《春秋》之用也。用也者，心也。体也者，迹也。心迹之间有权存焉者，圣人之事也。[1]

在这一大段论述中，邵雍主要是在天道和圣人之道的视野下，对社会政治进行考察，并对之进行分类。邵雍认为，昊天以四时，即春、夏、秋、冬，生养万物，而圣人则以四经，即《易》《书》《诗》《春秋》，教化万民；圣人法天，四经则分别对应着四时，反映着天道。在邵雍的视野中，四时的实质功能是生、长、收、藏，又因为四时也是"四象"的反映，而"四象"在互相交感的基础上可以得出十六类事物，所以生、长、收、藏互相交感而有生生、生长、生收、生藏、长生、长长、长收、长藏、收生、收长、收收、收藏、藏生、藏长、藏收、藏藏等十六类，而这十六类又分别对应着十六类圣人经典、经典所蕴含的十六类政治文化内涵、十六类政治类型。为避免重复，我们把这些内容用表格的形式表示如下：

---

[1] 邵雍：《观物篇五十四》，《皇极经世书》卷十一，第491页。少数字词参考郭彧点校本《邵雍全集》有改动。(邵雍：《皇极经世》卷第十一，《邵雍全集》第三册，第1152页。)

表 3-2　　　　　　　　　　十六象类表

易之易	生生	修意	三皇
易之书	生长	修言	五帝
易之诗	生收	修象	三王
易之春秋	生藏	修数	五伯
书之易	长生	修仁	有虞
书之书	长长	修礼	夏禹
书之诗	长收	修义	商汤
书之春秋	长藏	修智	周发
诗之易	收生	修性	文王
诗之书	收长	修情	武王
诗之诗	收收	修形	周公
诗之春秋	收藏	修体	召公
春秋之易	藏生	修圣	秦穆
春秋之书	藏长	修贤	晋文
春秋之诗	藏收	修才	齐桓
春秋之春秋	藏藏	修术	楚庄

总的来说，这一表格概括了邵雍所区分的十六类社会政治类型，其中涉及天道、经典、经典的政治内涵、政治形态。事实上，这十六类只是"四象"自乘，即互相交感的结果，是"四象说"在社会政治领域中的反映，并且邵雍并没有对十六类社会政治类型一一加以论述，他真正比较重视的是三皇、五帝、三王、五伯，即皇、帝、王、伯。他对这四种社会政治类型进一步作详细说明：

> 三皇同意而异化，五帝同言而异教，三王同象而异劝，五伯同数而异率。同意而异化者必以道。以道化民者，民亦以道归之，故尚自然。夫自然者，无为无有之谓也。无为者，非不为也，不固为者也，故能广。无有者，非不有也，不固有者也，固能大。广大悉备，而不固为固有者，其唯三皇乎？是故知能以道化天下者，天下亦以道归焉。所以圣人有言曰："我无为，而民自化；我无事，而民自富；我好静，而民自正；我无欲，而民自朴。"其斯之谓欤？
>
> 三皇同仁而异化，五帝同礼而异教，三王同义而异劝，五伯同智而异率。同礼而异教者必以德。以德教民者，民亦以德归之，故尚

让。夫尚让也者,先人后己之谓也。以天下授人而不为轻,若素无之也。受人之天下而不为重,若素有之也。若素无素有者,谓不己无己有之也。若己无己有,则举一毛以取与于人,犹有贪鄙之心生焉,而况天下者乎?能知其天下之天下非己之天下者,其唯五帝乎?是故能以德教天下者,天下亦以德归焉。所以圣人有言曰:"垂衣裳而天下治,盖取诸乾坤。"其斯之谓欤?

三皇同性而异化,五帝同情而异教,三王同形而异劝,五伯同体而异率。同形而异劝者必以功。以功劝民者,民亦以功归之,故尚政。夫政也者,正也,以正正夫不正之谓也。天下之正莫如利民焉,天下之不正莫如害民焉。能利民者正,则谓之王矣。能害民者不正,则谓之贼矣。以利除害,安有去王耶?以王去贼,安有弑君耶?是故知王者,正也。能以功正天下之不正者,天下亦以功归焉。所以圣人有言曰:"天地革而四时成。汤武革命,顺乎天而应乎人。"其斯之谓欤?

三皇同圣而异化,五帝同贤而异教,三王同才而异劝,五伯同术而异率。同术而异率者必以力。以力率民者,民亦以力归之,故尚争。夫争也者,争夫利者也。取以利不以义,然后谓之争。小争交以言,大争交以兵。争夫强者也,犹借夫名也者,谓之曲直。名也者,命物正事之称也。利也者,养人成务之具也。名不以仁,无以守业。利不以义,无以居功。名不以功居,利不以业守,则乱矣,民所以必争之也。五伯者,借虚名以争实利者也。帝不足则王,王不足则伯,伯又不足则夷狄矣。若然则五伯不谓无功于中国,语其王则未也。过夷狄则远矣。周之东迁,文武之功德于是乎尽矣,犹能维持二十四君,王室不绝如线,夷狄不敢屠害中原者,由五伯借名之力也。是故知能以力率天下者,天下亦以力归焉。所以圣人有言曰:"眇能视,跛能履。履虎尾,咥人,凶。武人为于大君。"其斯之谓欤?[1]

在这些排比句中,有一系列的概念:意、言、象、数;仁、礼、义、智;性、情、形、体;圣、贤、才、术;化、教、劝、率;道、德、功、力;自然、让、政、争。这些概念从特定的角度描述了四种社会政治类型的特征,皇、帝、王、伯,与上述概念依次对应。需要注意的是,有的概念仅仅是邵雍把"四象说"运用于某一个领域中得出的结果,比如意、

---

[1] 邵雍:《观物篇五十四》,《皇极经世书》卷十一,第491—492页。标点有改动。

言、象、数和《易》相关,仁、礼、义、智和《书》相关,性、情、形、体和《诗》相关,圣、贤、才、术和《春秋》相关,它们只具有排列的意义,邵雍并没有在社会政治的视野下对之进行特别的发挥,而其他一些概念则明显是儒家价值观的体现,如仁、礼、义、智;圣、贤、才、术;化、教、劝、率;道、德、功、力等。邵雍在儒家价值观视野下对社会政治进行考察和分类,本身就起着宣扬儒家价值观的作用。

邵雍认为"皇"是一种最好的社会政治类型,它的根本特点是"以道化民","民亦以道归之,故尚自然"。道是宇宙和人类社会的本体,起着生生万物和万民的作用,道之生生妙用无偏无私、广大悉备,尽万物之性而成就之,所以道之生生的过程表现出自然而然的特征,而三皇之时也体现出自然而然的特点。邵雍在诗中对三皇之时描绘道:

  三皇之世正熙熙,乌鹊之巢俯可窥。当日一般情味切,初春天气早晨时。①
  许大乾坤自我宣,乾坤之外复何言。初分大道非常道,才有先天未后天。
  作法极微难看迹,收功最久不知年。若教世上论勋业,料得更无人在前。②

初春正是阳气氤氲之时,最能体现天道生生之意,三皇之时"以道化民",因此万民之生也呈现出初春的意境,一切都充满了美好和欣欣向荣的韵味。事实上,这就是先天本体在人类社会中的呈现。邵雍说:"尧之前,先天也;尧之后,后天也。后天乃效法耳。"③ 后天为效法,而不是先天本体的自然呈现,必然有迹可寻,而三皇之时作为先天大道在各个方面呈现的社会政治类型,所以"作法极微难看迹"。在邵雍的眼中,"皇"是完美的社会形态,三皇之时是完美的社会时期。

"帝"是次于"皇"的一种社会政治形态。五帝之世的特点是"以德教民","民亦以德归之,故尚让"。"以道化民"为本体在社会层面的呈现,大道生生自然,三皇之时自然其乐融融,而"以德教民"则脱离了自然状态进入了人为的社会,这里的人为也就是生生自然有了遮蔽,社会和

---

① 邵雍:《伊川击壤集》卷之十三《三皇吟》,《邵雍全集》第四册,第258页。
② 邵雍:《伊川击壤集》卷之十五《观三皇吟》,《邵雍全集》第四册,第292页。
③ 邵雍:《观物外篇下》,《皇极经世书》卷十三,第518页。

人生有了形迹，但人们还有效法大道的努力。因为有了遮蔽，有了形迹，所以五帝之时没有三皇之时美好，但是因为在后天的状态下有欲效法大道的努力，所以人类社会就呈现出文明繁荣的景象。邵雍在诗中写道：

五帝之时似日中，声明文物正融融。古今世盛无如此，过此其来便不同。①

进退肯将天下让，著何言语状雍容。衣裳垂处威仪盛，玉帛修时意思恭。

物物尽能循至理，人人自愿立殊功。当时何故得如此，只被声明类日中。②

五帝之时与三皇之时相比，虽然不能自然安乐，但是文明繁盛却超过了三皇之时。相对于三皇之时如春如晨，五帝之时则如夏如日中。而且在五帝之时，人人皆能循理而行，所以不以天下为己之天下，能够择贤者而让之。因此，"尚让"也是五帝之时的特点之一。

"王"是次于"帝"的一种社会政治类型。三王之时的特点是"以功劝民"，"民亦以功归之，故尚政"。五帝之时，虽然大道有所遮蔽，但是当时的人们重德、循理，所以人类文明非常繁盛，但是在三王之时社会类型已经从"德"的层面下降到"功"的层面，所谓"功"是和"尚政"联系在一起的功业，而所谓的"政"，也就是用一套正确的政治标准，去治理社会，去生养人民，去祛除不利于人民休养生息的社会现象。所以总的来看，三王之"功"与"尚政"虽然比不上五帝之"德"与"尚让"，但是，三王之时的社会还存在一套有利于人民生息的政治标准和规范，并且三王能够贯彻这一套标准。邵雍用诗形容三王之时：

三王之世正如秋，权重权轻事有由。深谷为陵岸为谷，陵迁谷变不知休。③

一片中原万里余，殆非孱德所宜居。夏商正朔犹能布，汤武干戈未便驱。

泽火有名方受革，水天无应不成需。善能仁义为心者，肯作人间

---

① 邵雍：《伊川击壤集》卷之十三《五帝》，《邵雍全集》第四册，第258页。
② 邵雍：《伊川击壤集》卷之十五《观五帝吟》，《邵雍全集》第四册，第292页。
③ 邵雍：《伊川击壤集》卷之十三《三王》，《邵雍全集》第四册，第258页。

浅丈夫？①

三皇如春，五帝如夏，三王则如秋。三皇之时生生自然，五帝不以天下为己之天下，有德而能禅让，三王则有革命之事。但是三王之革命，不是为了权位而革命，不是为了私利而革命，而是"顺乎天而应乎人"的革命，而是以"仁义为心"的革命，所以不应当如见识浅薄的人一样对"革命"加以抨击。可见，邵雍虽然认为三王之时不如五帝之时，但是还是持肯定态度的。

"伯"则是次于"王"的一种社会政治类型。五伯之时的根本特点是"以力率民"，"民亦以力归之，故尚争"。如果说三王之时，社会上还有一套正确的为了人民生息的政治标准，统治者不以私利而以仁义为心去贯彻这一套政治标准，那么，五伯之时，很难说有一套正确的为了人民生息的政治标准，统治者也不是以仁义为心，而是以与仁义相对的名利为心。没有为了人民的政治标准和规范，没有了仁义之心，社会必然会丧失秩序，必然充满混乱，必然尚争，必然是"以力率民"。不过值得庆幸的是，五伯虽然"尚争"，虽然"以力率民"，虽然不以仁义为心，但是在表面上还是维护周王室的存在，还是打着虚名的旗号赋予到处征讨以合法性，所以最终还维系着中国文明。邵雍用诗形容五伯之时道：

> 五伯之时正似冬，虽然三代莫同风。当初管晏权轻重，父子君臣尚且宗。②
> 刻意尊名名愈亏，人人奔命不胜疲。生灵剑戟林中活，公道货财心里归。
> 虽则饩羊能爱礼，奈何鸣凤未来仪。东周五百余年内，叹息唯闻一仲尼。③

五伯之时的统治者不以仁义为心，取虚名而为实利，到处征伐，生灵涂炭，人人疲于奔命，所以五伯之时"似冬"。但五伯虽然以虚名为旗号，不过客观上还起着维护传统价值观的作用，维护社会秩序不至于崩溃的作用，所以五伯之时中国还没有沦为夷狄，"伯"虽然比不上"皇""帝"

---

① 邵雍：《伊川击壤集》卷之十五《观三王吟》，《邵雍全集》第四册，第292—293页。
② 邵雍：《伊川击壤集》卷之十三《五伯》，《邵雍全集》第四册，第259页。
③ 邵雍：《伊川击壤集》卷之十五《观五伯吟》，《邵雍全集》第四册，第293页。

"王"三种社会政治类型,但还不是最差的社会类型。

以上就是邵雍对皇、帝、王、伯四种社会政治类型的论述。在邵雍的视野中,五伯是较差的一种社会政治类型,虽然还有一套社会政治标准和规范,但是这些标准和规范仅仅是一种"虚名",统治者利用虚名而争实利,这只比没有一套社会政治标准和规范的夷狄强一点。三王之时则超过五伯之时,三王之时的统治者能够以仁义为心,以人民之利益为心,三王虽然不能够以天下让天下之贤者,但是三王以天下为心却是真诚无伪的,所以三王之时虽有"革命",但此为顺天应人之举,不可妄诽。而五帝之时又超过三王之时,五帝不但能够以仁义为心,以人民为心,以天下让天下之贤者,而且整个社会重德循理,中国文明在此时最盛,这是仅次于三皇生生自然的社会类型。三皇之时是最完美的社会政治类型,一切生生自然,一切欣欣向荣,大道无论在人心的层面上,还是在社会的层面上,都完全敞开,都没有丝毫的遮蔽,人们的行为最能体现先天之心而无迹可寻,三皇之时也就是先天之世。在这种社会政治分类标准下,可以说,皇、帝、王、伯四种社会政治类型依次倒退,这似乎有一种退化历史观的意味,但是邵雍并不认为人类社会的历史发展完全就是倒退的。而是相反,其皇帝王伯思想的真正目的是为现实的统治者提供治国的政治理想和原则,因而具有一种积极的、批判的价值。他说:"所谓皇帝王霸者,非独三皇五帝三王五霸而已,但用无为则皇也,用恩信则帝也,用公正则王也,用智力则霸也。"① 可见,皇、帝、王、伯在更大程度上只是一种社会政治分类和评判标准,而这一标准,由于崇尚为了人民利益的社会政治规范,由于崇尚以仁义为心,由于崇尚以天下为天下、重德循理,由于崇尚大道之生生自然和万民安乐陶陶,所以是符合儒家价值观的。因此,邵雍使用这一社会政治标准考察人类社会的根本用意,即是通过对社会政治的分类从而达到批判社会现实的混乱和宣扬儒家价值观和王道理想的目的。这也正是皇帝王伯说的根本意义所在。同时,皇帝王伯的观念视野宏阔,远超韩愈从尧舜禹开始的道统说历史观,因而具有更大的解释空间,对于批判佛老也更具有理论说服力。

以上就是邵雍的历史哲学,邵雍的历史哲学包括元会运世说和皇帝王伯说。就元会运世说而言,邵雍对历史编排的十分整齐、系统,但因为元会运世说和《伏羲六十四卦圆图》联系了起来,导致了元会运世说具有神秘和宿命的色彩,有些学者据此认为邵雍历史哲学具有机械论、命定论等

---

① 邵雍:《观物外篇上》,《皇极经世书》卷十三,第518页。笔者注,霸即伯。

特点。如罗光先生认为："邵雍的宇宙观，为一数理的机械论。以天地之数为基础，构成了一个数理系统，按照这个系统，推算天地万物的变化过程，也推算天地的始终年数和历史事件的生发。"① 又如劳思光先生说道："总之，邵氏由《先天》诸图所推出之各种理论，只可看作术数之事；若作为知识看，则处处难以成立；其史观乃一'命定论'，亦与邵氏其他观念不符。"② 但事实上，邵雍固然是在象数哲学的体系中论述了自己的历史哲学，邵雍的历史哲学固然因为其象数形式而具有机械的色彩，但是邵雍并不主张完全的机械论，他并不认为这种象数规律就是固定不变的。邵雍说："羲轩尧舜虽难复，汤武桓文尚可循。事既不同时又异，也由天道也由人。"③ 如果说象数规律是不变的，邵雍为何说"也由天道也由人"呢？邵雍还说："功德在人也，不在天也，可修而得之，不修则不得。是非系乎天也，系乎人者也。"④ 可见，天道虽然有一定的规律，历史虽然也有一定的规律，但是，宇宙和人类社会并不是这些规律就能完全决定的，"功德"是在人的，"积功累行"⑤ 也是在人的，人能为万物之长，就在于能以德性修养和建功立业超越神秘的象数规律。认为邵雍历史哲学是完全的机械论，实在有以偏概全的嫌疑。我们不能仅仅局限在邵雍所作的数理推演上面，还要结合其本体论思想来综合考察，象数毕竟是太极之道的具体体现和应用，其中的变化发展来源于太极之神妙发用，所以神妙与象数是宇宙存在的两个并行不悖的特征，人类社会也不可能完全限定在某种神秘的数理过程中。

第三节 邵雍先天学象数哲学与同时代儒者象数易学的比较

邵雍象数哲学包括象数学基础原则以及自然哲学和历史哲学，表现出庞大而富于体系性的特征。与邵雍同时代的儒者象数易学还有周敦颐象数易学和司马光象数易学，周敦颐的《太极图》和《太极图说》建构了一个简练而精致的象数易学体系，司马光《潜虚》则模仿《周易》和《太玄》

---

① 罗光：《中国哲学思想史·宋代篇上》，《罗光全书》第十册，台湾学生书局1996年版，第281页。
② 劳思光：《新编中国哲学史·三上》，广西师范大学出版社2005年版，第123页。
③ 邵雍：《伊川击壤集》卷之十三《天人吟》，《邵雍全集》第四册，第259页。
④ 邵雍：《观物篇五十六》，《皇极经世书》卷十一，第495页。
⑤ 邵雍：《观物篇五十六》，《皇极经世书》卷十一，第495页。

创作了自己的系统的象数易学体系。他们的象数易学基本内容是什么？和邵雍象数易学相比较具有什么特点？则是本节的研究任务。

一 邵雍先天学象数哲学与周敦颐易学的比较

(一) 周敦颐象数哲学概述

周敦颐与邵雍同属于北宋五子，年龄也与邵雍相仿，但是根据历史记载，虽然邵雍和二程有密切交往，周敦颐与二程也有交往，而邵雍与周敦颐似乎并没有见过面，更遑论交往了。虽然周敦颐和邵雍并不相识，但是这并不影响他们之间有很多相像的地方。邵雍是象数易学大家，事实上，周敦颐本人也精通《周易》，这一方面体现在《通书》中丰富的易学思想；另一方面体现在周敦颐的名著《太极图》及《太极图说》，而《太极图》正是典型的象数易学作品。因此研究并比较两人的象数易学思想，也是有意义的工作。

在下面，我们就在象数哲学的视野下，分析周敦颐的《太极图》（图3-11）及《太极图说》。

《太极图》及《太极图说》如下：

> 无极而太极。太极动而生阳，动极而静，静而生阴。静极复动。一动一静，互为其根；分阴分阳，两仪立焉。阳变阴合，而生水、火、木、金、土。五气顺布，四时行焉。五行，一阴阳也；阴阳，一太极也；太极，本无极也。五行之生也，各一其性。无极之真，二五之精，妙合而凝。"乾道成男，坤道成女"，二气交感，化生万物。万物生生，而变化无穷焉。惟人也，得其秀而最灵。形既生矣，神发知矣，五性感动，而善恶分，万事出矣。圣人定之以中正仁义，（自注：圣人之道，仁义中正而已矣。）而主静，（自注：无欲故静。）立人极焉。故"圣人与天地合其德，日月合其明，四时合其序，鬼神合其吉凶"。君子修之吉，小人悖之凶。故曰："立天之道，曰阴与阳；立地之道，曰柔与刚；立人之道，曰仁与义。"又曰："原始反终，故知死生之说。"大哉《易》也，斯其至矣！[①]

根据以上的图式和图说，可以肯定，周敦颐的《太极图》和图说，是在宇宙生生不息的视野下，试图表述天道运行的机制和规律，并在此基础

---

① 周敦颐：《太极图说》，《周敦颐集》卷一，第3—8页。

图 3-11 太极图

上安立人之生命和人之价值。《太极图》和图说包括四个基本层次：无极而太极、阴阳、五行和万物。这四个层次形式上是依次相生的关系，但在相生的关系之中，前一层次又蕴涵于后一层次之中，发挥着本体的作用，所以我们说，《太极图》和图说所表现的天道观中，既有宇宙论的意蕴，又有本体论的意蕴。其宇宙论意蕴的天道观是无极而太极、阴阳、五行和万物的依次相生，这在一定意义上描述了宇宙的衍化历史；但同时，周敦颐说道："五行，一阴阳也；阴阳，一太极也；太极，本无极也。"很明显，这里描述了一个依次回溯的概念序列，五行由阴阳衍化而出，五行的深层存在为阴阳，所以是"五行，一阴阳也"；阴阳由太极衍化而出，阴阳的深层存在是太极，所以是"阴阳，一太极也"；而太极是无形无限的，所以"太极，本无极也"。事实上，《太极图说》中还说道："五行之生，各一其性。无极之真，二五之精，妙合而凝。"正是描绘了原初的深层的存在如何呈现于当下的万物之中，这就是"妙合而凝"，也即它们作为"真"和"精"，"凝"于万物之中，发挥着本体的作用。显然，《太极图》和图说就不仅仅是在论述宇宙生成论，而是在本体论的高度上论述宇宙产生发展及其存在的根据。因此我们强调，周敦颐的《太极图》和《太极图说》，既有宇宙论的意蕴，也有本体论的意蕴，而其中的宇宙论和本体论交融在一起，难以分开。另外，我们在《通书》中也看到了与之类似的描述："二气五行，化生万物。五殊二实，二本则一。是万为一，一实万分。"① 显然，这也表现出各种存在层面互相蕴涵的思路，这与《太极图说》是一致的。这也说明，周敦颐的天道观，既有宇宙论的意蕴，也有本体论的意蕴。

值得注意的是，《太极图》从上层的"无极而太极"，到最下层的"万物化生"，就整个图示而言，并没有人的位置，所以我们说《太极图》

---

① 周敦颐：《通书·理性命第二十二》，《周敦颐集》卷二，第 32 页。

本身还没有十分明确人之生命存在和人之价值，但这一点在图说中得以呈现。在图说中，周敦颐从"万物生生，而变化无穷焉。惟人也得其秀而最灵"两句开始，把目光从天道切入了人道，并纳入了人的存在和价值，所以总的来说，周敦颐的象数哲学，也是建立在天人合一的基础之上的。

在天人合一视野下对人道进行讨论，周敦颐提出并初步解决了两个问题，同时也带来了两个需要进一步论述的问题。他解决的两个问题是，第一，彰显儒家的价值观，提出"中正仁义，而主静"；第二，明确天人合一的理念，"故圣人与天地合其德，日月合其明，四时合其序，鬼神合其吉凶"。同时带来的另外两个问题是，第一，天道之阴阳，地道之刚柔，如何必然成为人道之仁义的基础，也就是自然色彩浓重的阴阳刚柔怎么成为儒家价值观的基础，天道如何有效地成为人道的价值本体，周敦颐在《太极图说》中还没有完善的解决；第二，引用《易传》中的"原始反终，故知死生之说"，试图在儒家思想论域中提出"死生"问题，但是《太极图说》只是说明了人之所来，属于"生"的范围，并没有说明人之所去，即"死"的问题，所以《太极图》和图说并没有真正解决"生死"问题。

事实上，周敦颐在《通书》中，对新产生的第一个问题又有了深入的论述。他说：

> 诚者，圣人之本。"大哉乾元，万物资始"，诚之源也。"乾道变化，各正性命"，诚斯立焉。纯粹至善者也。故曰："一阴一阳之谓道，继之者善也，诚之者性也。"元亨，诚之通；利贞，诚之复。大哉《易》也，性命之源乎！①
>
> 圣，诚而已矣。诚，五常之本，百行之源也。静无而动有，至正而明达也。五常、百行，非诚，非也，邪暗塞也。故诚则无事矣。至易而行难。果而确，无难焉。故曰："一日克己复礼，天下归仁焉。"②
>
> 诚无为，几善恶。德，爱曰仁，宜曰义，理曰礼，通曰智，守曰信。性焉安焉之谓圣，复焉执焉之谓贤，发微不可见、充周不可穷之谓神。③
>
> 寂然不动者，诚也。感而遂通者，神也。动而未形，有无之间

---

① 周敦颐：《通书·诚上第一》，《周敦颐集》卷二，第13—14页。
② 周敦颐：《通书·诚下第二》，《周敦颐集》卷二，第15—16页。
③ 周敦颐：《通书·诚几德第三》，《周敦颐集》卷二，第16—17页。

者，几也。诚精故明，神应故妙，几微故幽。诚、神、几，曰圣人。①

天以阳生万物，以阴成万物。生，仁也；成，义也。故圣人在上，以仁育万物，以义正万民。天道行而万物顺，圣德修而万民化。大顺大化，不见其迹，莫知其然之谓神。故天下之众，本在一人。道岂远乎哉！术岂多乎哉！②

君子乾乾，不息于诚，然必惩忿窒欲，迁善改过而后至。乾之用其善是，损益之大莫是过，圣人之旨深哉！"吉凶悔吝生乎动。"噫！吉一而已，动可不慎乎！③

周敦颐解决天道作为人道本体的问题，采取了这样一种思路，即不再如《太极图说》那样只是提出自然色彩浓重的"阴阳""刚柔"，而是在价值观视野下，突出天道生生之大德，如此一来，则不仅仅论述阴阳，而更进一步强调阴阳之"生""成"万物。如此，他就不仅仅关注象数易学，更是继承《易传》中的义理意蕴，彰显"乾元"的生生之德，并以"诚"这个纯粹的价值概念来概括乾元生生之德性。经过这种角度上的转化，自然之天道运化就进入了价值观的视野，天道就是"生生"，就是"诚"，天道能够直接成为儒者的生命本体，能够呈现在儒者的生命之中。儒者所期望的天人合一，则不再因为建立在纯粹自然天道的基础之上而具有难以弥缝的矛盾。同时我们也可以看到，从《太极图》以及《太极图说》中对天道运化的自然描绘，到《通书》中所展现的价值观视野下的天道生生之德、乾元之诚，在一定程度上也是象数易学和义理易学之间的视野转换，在象数易学视野下周敦颐没有解决的问题，被他的义理易学诠释所消解。

但是，关于第二个问题，也即生死问题，周敦颐并没有再加以论述，在北宋五子之中，不但关注这一问题，并且有精彩论述的是张载，但因为和此处论述的目的无关，我们在这里就不再多言了。

(二) 邵雍象数哲学与周敦颐易学的比较

从形式上来说，邵雍象数哲学与周敦颐易学具有较明显的差异。这可以从三个方面来看待。第一，邵雍象数哲学具有较为纯粹的象数易学特征，而周敦颐《太极图》和图说虽然属于广义的象数易学，但同时蕴含了

---

① 周敦颐：《通书·圣第四》，《周敦颐集》卷二，第17—18页。
② 周敦颐：《通书·顺化第十一》，《周敦颐集》卷二，第23—24页。
③ 周敦颐：《通书·乾损益动第三十一》，《周敦颐集》卷二，第38页。

丰富的义理维度。邵雍象数哲学一方面注重卦象推衍，另外，卦象也以数的推衍为基础，比如作为邵雍象数学基础的先天四图，就是依据"一分为二"法而构造出来的，所以邵雍先天学往往被称为"数学"。对于周敦颐来说，其易学保持在太极、阴阳、五行衍化的框架之内，太极、阴阳和五行虽然与数字有关，但是这种衍化的排列首要的是依据义理上的判断，与依据对卦象和数字本身的推衍表现出明显不一样的特征。所以，邵雍象数哲学具有较为纯粹的象数易学特征，而周敦颐的《太极图》和图说固然也属于广义的象数易学，但是已经蕴含了丰富的义理维度，这一方面促成了周敦颐从《太极图》到《通书》的自然过渡，另一方面也为朱熹对《太极图》和图说的义理诠释打下很好的基础。

第二，邵雍象数哲学庞大而系统，周敦颐象数哲学简练而精致。朱熹在比较《先天图》和《太极图》时说道："《先天》乃伏羲本图，非康节所自作，虽无言语，而所该甚广。凡今《易》中一字一义，无不自其中流出者。《太极》却是濂溪自作，发明《易》中大概纲领意思而已，故论其格局，则《太极》不如《先天》之大而详；论其义理，则《先天》不如《太极》之精而约。盖合下规模不同，而《太极》终在《先天》范围之内，又不若彼之自然，不假思虑安排也。"① 事实上，邵雍象数哲学，一方面讨论象数推衍的基本原理，另一方面把象数原理运用到自然和历史领域，从而建构了自然哲学和历史哲学，最终呈现出一个宏大的象数哲学体系，而周敦颐象数易学仅仅论及从太极到阴阳、五行和万物的化生，所以十分简练。这也是朱熹得出如上结论的根本原因。

第三，哲学旨趣不同，周敦颐由《太极图》和图说到《通书》，从具有象数形式的天道观的建构完全走向社会人事和道德践履，而在邵雍视野中，本体论虽然是其易学哲学的基础，但是象数哲学却是其易学哲学的重要组成部分，并且象数哲学占据了邵雍作品的很大篇幅，所以在一定程度上，邵雍是以本体论为基础和前提，而走向象数哲学。二人的哲学旨趣也带来不同的后果，周敦颐从象数走向义理，因而被朱熹奉为北宋五子之首，理学的开山之祖，而邵雍虽然被朱熹奉为北宋五子之一，但是其象数易学在当时就被程颐所批评。

当然，邵雍象数哲学与周敦颐象数易学在一些方面也呈现出相同的地方。这表现在两个方面。第一，两人的本体论建构都是和象数易学紧密相

---

① 朱熹：《答黄直卿》，《晦庵先生朱文公文集》卷四十六，《朱子全书》第 22 册，第 2155 页。

关的，结论也有一致之处。在两人的易学中，太极不但是一个象数哲学的概念，是象数哲学的逻辑起点，具有宇宙论的意蕴，而且两人都超越了宇宙论的视域，进一步把太极诠释为本体。另外，邵雍不但强调太极本体的超越性，还强调本体之神用，而周敦颐同样非常注重神用，如周敦颐说："动而无静，静而无动，物也。动而无动，静而无静，神也。动而无动，静而无静，非不动不静也。物则不通，神妙万物。"① 这都是两人本体论建构的一致之处。第二，两人的象数易学都非常注重"动""静"。周敦颐说："太极动而生阳，动极而静，静而生阴。静极复动。一动一静，互为其根；分阴分阳，两仪立焉。"② 这是以太极为超越动、静的本体，而太极之动、静而生阳、阴。邵雍说："欲知天地之所以为天地，则舍动静将奚之焉？夫一动一静者，天地至妙者欤？夫一动一静之间者，天地人至妙至妙者欤？"③ 又说："天生于动者也，地生于静者也。一动一静交，而天地之道尽之矣。"④ 这是以太极为"一动一静之间者"，同样为超越动、静的本体，而太极本体发用而有一动一静，而成天地之道。很显然，周敦颐和邵雍都非常注重动、静，都是以动、静来阐述本体的发用。总的来说，虽然邵雍和周敦颐的象数哲学形式有一定差异，内容有丰富和简练之别，哲学旨趣有所不同，但是两人以象数易学为基础，都成功地完成了建构本体论的使命。

二　邵雍先天学象数哲学与司马光易学的比较

司马光是中国历史上著名的政治家、历史学家，也是富于使命感和正义感的儒者，因为他在政治上的作为和推动儒学发展的贡献，朱熹把他与周敦颐、邵雍、张载和二程并列为"北宋六先生"。司马光也是一位易学家，他的主要易学著作有《温公易说》《〈太玄〉集注》和《潜虚》，《温公易说》是对《周易》的注释，《〈太玄〉集注》是对《太玄》的注释，而《潜虚》则是司马光在继承传统易学的前提下，模仿《太玄》而建构的易学体系。严格来讲，司马光并不是为了模仿而模仿，司马光作《潜虚》是为了表达自己对天地之道的认识，是为了从象数哲学的高度，统摄自己的思想体系。司马光说："易者，先天而生，后天而终，细无不该，大无不容，远无不臻，广无不充，惟圣人能索而知之，逆而推之，使民识其所

---

① 周敦颐：《通书·动静第十六》，《周敦颐集》卷二，第27页。
② 周敦颐：《太极图说》，《周敦颐集》卷一，第4页。
③ 邵雍：《观物篇五十五》，《皇极经世书》卷十一，第499页。
④ 邵雍：《观物篇五十一》，《皇极经世书》卷十一，第487页。

来而知其所归。夫易者，自然之道也。""易者，道也。道者，万物所由之途也。孰为天孰为人？故易者，阴阳之变也，五行之化也，出于天、施于人、被于物，莫不有阴阳五行之道焉。故阳者，君也，父也，乐也，德也；阴者，臣也，子也，礼也，刑也；五行者，五事也，五常也，五官也。推而广之，凡宇宙之间皆易也，乌在其专于天专于人？二者之论皆弊也。且子以圣人为取诸胸臆而为仁义礼乐乎？盖有所本之矣。"① 这是认为，易就是自然之道，就是阴阳之变，就是五行之化，就是三纲五常之本，唯圣人能知易道，能推易道，作《易》实乃圣人体贴天地之道而教民的功业。有了这种认识，我们可以想见司马光作《潜虚》之时以圣贤自认的使命感。

《潜虚》具有象数哲学的特征，它的基本思想结构是由从一至十这十个数字，以及八种图构成的。而司马光之所以采用象数哲学的形式，和司马光对象数的看法相关。司马光在其《易说》中表达了自己的观点：

> 或曰：圣人之作《易》也，为数乎？为义乎？曰：皆为之。二者孰急？曰：义急数亦急。何为乎数急？曰：义出于数也。义何为出于数？曰：礼乐刑德，阴阳也；仁义礼智信，五行也。义不出于数乎？故君子知义而不知数，虽善无所统之。夫水无源则竭，木无本则蹶，是以圣人抉其本源以示人，使人识其所来则益固矣。《易》曰：君子居则观其象而玩其辞，动则观其变而玩其占，明二者之不可偏废也。（《易总论》，《温公易说》）

这是认为，易学中的义理和象数都非常重要，并且最终看来，义理还是出于象数的，象数是易道之本，具有统摄义理的作用。有了这种观念，司马光当然不会如程颐易学那样唯义理是举，常常强调"理生象"而批评象数易学了。同样，有了这种观念，司马光采用象数哲学的形式来作《潜虚》，也是自然而然的结果了。

（一）司马光《潜虚》思想概述

司马光象数哲学集中在其著作《潜虚》中。他写作《潜虚》是非常自觉地模仿扬雄之《太玄》，"《玄》以准《易》，《虚》以拟《玄》，《玄》且覆瓿而况《虚》乎，其弃必矣。然子云曰：'后世复有扬子云必知

---

① 司马光：《易总论》，《温公易说》，文渊阁《四库全书》本。

《玄》',吾于子云虽未能知,固好之矣,安知后世复无司马君实乎?"① 扬雄模仿《周易》作《太玄》,在某种程度上是自著经书,扬雄自知这一行为必然遭后人诟病,但他对《太玄》很是自信,相信后人必有"知"者。司马光模仿《太玄》写作《潜虚》,也有造作经书的意味,他也自知这一点,因此对《潜虚》在未来的流传状况并不看好,但是他也很自信,相信后人之中必另有"司马君实"理解这本书,理解司马光自己的苦心和真意。

《潜虚》有一段总论:"万物皆祖于虚,生于气,气以成体,体以受性,性以辨名,名以立行,行以俟命,故虚者,物之府也;气者,生之户也;体者,质之具也;性者,神之赋也;名者,事之分也;行者,人之务也;命者,时之遇也。"这段文字说明宇宙从"虚"开始,经过"气"化的阶段,"成体""受性",形成天地万物,天地万物各有其事,各有其名,人类有其事务之行,于是宇宙产生了有秩序的社会,每一个人在社会中都有其自己的遭遇,这就是"命"。这一段话是《潜虚》的总纲,总略地概括了司马光对宇宙和人类社会的认识。《潜虚》的主体,就是用象数学的形式,来表达司马光的认识。司马光根据这段文字建构了八种图:《气图》《体图》《性图》《名图》《行图》《变图》《解图》和《命图》,其中《行图》《变图》和《解图》是合三为一的,除了《气图》,司马光在每一类图前都配有说明内容。司马光用这些易图来表达他对宇宙、社会和人生的认识,可以说,司马光的象数易学,实际就是司马光哲学的象数化。在下面我们一一介绍司马光的易图,及其所表达的思想观念。

第一,《气图》(图3-12)。

事实上,此图是根据扬雄的观念而来。扬雄在《太玄》中说道:"三八为木,为东方,为春。……四九为金,为西方,为秋。……二七为火,为南方,为夏。……一六为水,为北方,为冬。……五五为土,为中央,为四维。"② 司马光在《气图》中用的是算筹数字,三、八相配而位东,四、九相配而位西,二、七相配而位南,一、六相配而位北,与扬雄的观念基本相同,不过扬雄并没有论及五与十相配而位于中央,而是"五五"位于中央,司马光以五与十位于中央,并且在中央保留有一空白地带,可能一方面受到了刘牧的影响,另一方面受到了邵雍的影响。司马光用此易图可能是想表示宇宙从"虚"中产生,由"气"化而成天地万物,但是,

---

① 司马光:《潜虚》,文渊阁《四库全书》本。
② 扬雄撰,司马光集注:《玄数》,《太玄集注》,中华书局2005年版,第195—199页。

图 3-12 气图

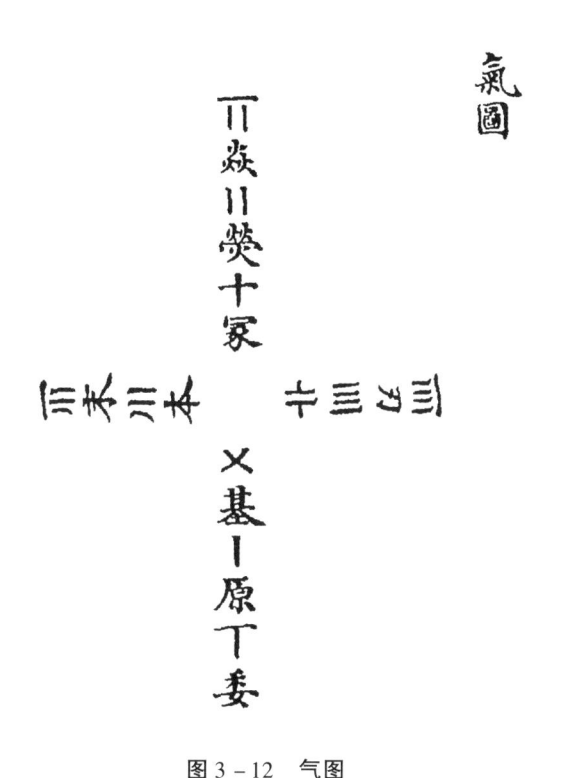

对于这一点司马光并没有进一步说明,同时,气化过程为一阴一阳交感而成,在此图中也没有表现出来,严格来说,《气图》显得甚是简略。

第二,《体图》(图 3-13)。

《体图》在《气图》之后,根据司马光的看法,"虚""气"之后则"成体",也就是天地万物的形成,不过司马光并没有另造一图表示天地万物的丰富性和系统性,而是在注重人事的前提下,直接进入了人类社会的系统,因此可以说,所谓的《体图》,也就是人类社会的《体图》,并不是表示天地万物的《体图》。《体图》(图 3-13)如下:

司马光对此图说明道:"一等象王,二等象公,三等象岳,四等象牧,五等象率,六等象侯,七等象卿,八等象大夫,九等象士,十等象庶人。一以治万,少以制众,其惟纲纪乎,纲纪立而治具成矣。心使身,身使臂,臂使指,指操万物,或者不为之使,则治道病矣。卿诎一,大夫诎二,士诎三,庶人诎四,位愈卑,诎愈多,所以为顺也。诎虽多,不及半,所以为正也,正顺天地之大谊也。"(《潜虚》)在现代人的视野中,

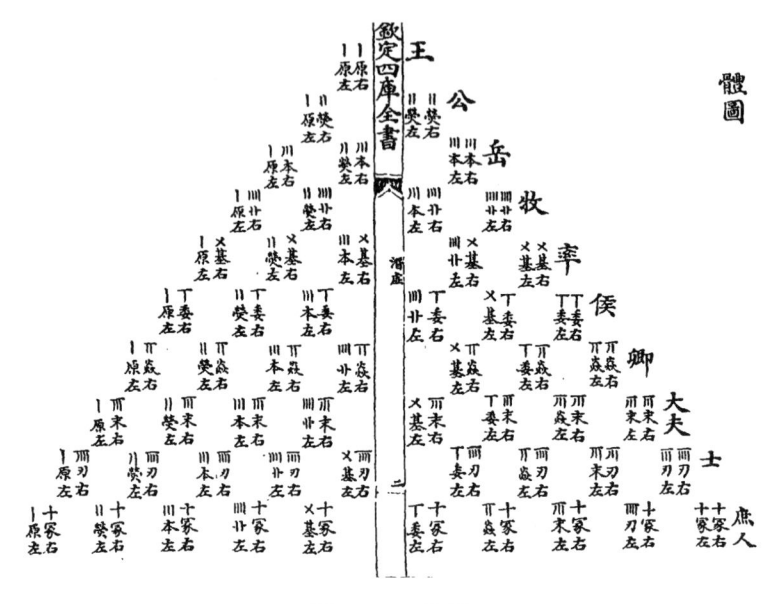

图 3-13 体图

这个图非常明显是个表示传统社会社会阶层的金字塔图，塔尖是"王"，塔底是"庶人"，中间按社会地位依次排列着"公""岳""牧""率""侯""卿""大夫"和"士"，同时还配有五行和数字，司马光认为这种排列，是社会"纲纪"的表现，"一以治万""少以治众"，这是天地之自然，是人类之必需，如果不如此，反而会造成"治道病矣"的后果。显然，司马光认为传统社会的社会阶层结构就是天道的必然，并试图用象数学加以论证。

第三，《性图》（图3-14）。

在此图中，有五十五个数字和五行相配，从图中看，五十五个数字共组成六列，自右至左的前五列都有十个数字，第六列只有五个数字，在《名图》和《行图》中我们会发现这五十五个数字符号都被赋予了自己的名称，这类似于《周易》的每一卦都有卦名和卦象，《太玄》的每一首都有首之名和首之象。同时，司马光依照《尚书》五行顺序"水火木金土"与这五十五个数字符号进行依次对应，并认为这就是五十五个数字符号的"性"。至于五十五个数字符号的排列顺序，司马光介绍道："凡性之序，先列十纯，十纯既浃，其次降一，其次降二，其次降三，其次降四，最后五配而性备矣，始于纯，终于配，天地之道也。"其中所谓的"十纯"，也

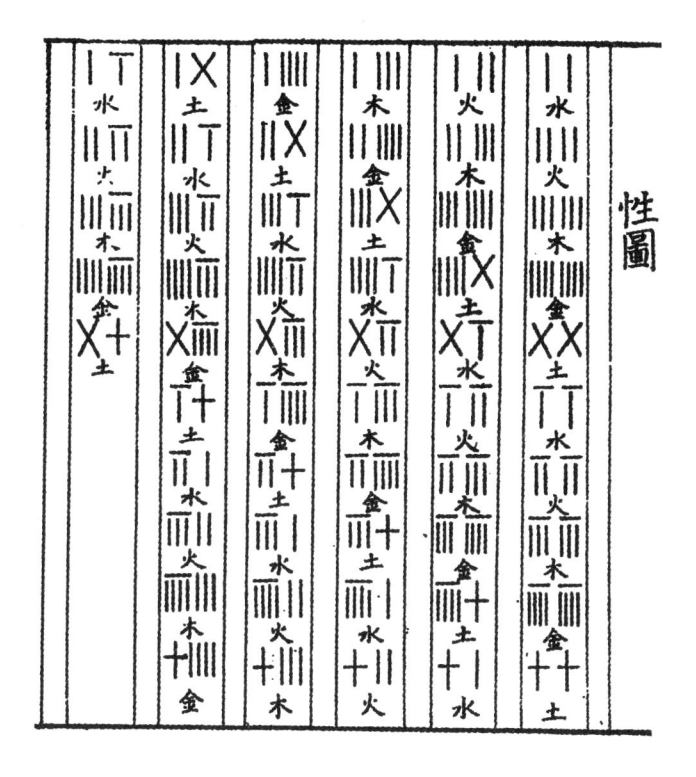

图 3-14 性图

就是第一列的十个数字符号,它们都是从一到十的依次自配,如一与一配,二与二配等,因为是自配而不杂,所以称为"十纯";其他则每一个数字符号的右边数字依次加一,这就是"降一""降二""降三""降四",到了第六列,是一与六、二与七、三与八、四与九、五与十相配,这正是《气图》中原始的相配次序,司马光特称为"配",这样一来,就从"十纯"过渡到"五配",完成了一个过程的始终,司马光认为,这个过程就是"天地之道"的表现。

第四,《名图》(图 3-15)。

此图有些类似于邵雍的《伏羲六十四卦方位图》,都是把既定的数字符号及其对应的名称围绕成一个圆,不过具体的排列规则和涵义则有很大的不同。首先就最外圈的"乾""艮""巽""坤"四卦的方位来说,此图属于后天八卦的方位,这和邵雍《伏羲六十四卦方位图》是先天方位不同;另外,《名图》的排列规则,是在《气图》基础上的发展,也即"一

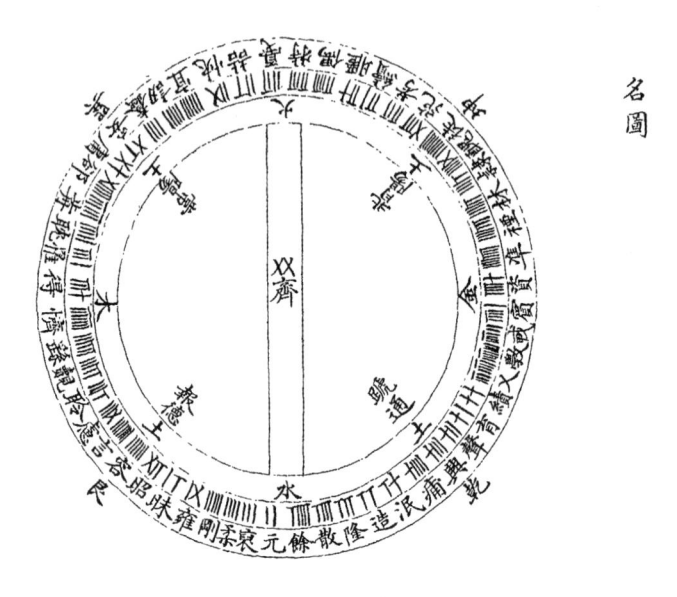

图 3-15 名图

六置后，二七置前，三八置左，四九置右"，只不过在《气图》中是单个数字，而在《名图》中则是两个单数组成的"五十五行"符号依照左边数字为准进行排列，比如北方为水，其中的泯、造、隆、散、余五"行"左面的数字都是六，属于"水行"，元、衷、柔、刚、雍、昧六"行"左面的数字都是一，也属于"水行"，这十一个"水行"，就都分布在北方。其他仿此。而邵雍的《伏羲六十四卦圆图》则没有按照五行在四方中的位置进行排列。

需要注意的是，这种排列在司马光眼中都具有一定的文化意义，他说："人之生本于虚，虚然后形，形然后性，性然后动，动然后情，情然后事，事然后德，德然后家，家然后国，国然后政，政然后功，功然后业，业终则返于虚矣。故万物始于元，著于衷，存于齐，消于散，讫于余，五者，形之运也；柔、刚、雍、昧、昭，性之分也；容、言、虑、聆、觌，动之官也；繇、愭、得、罹、耽，情之试也；恚、邵、庸、妥、蠢，事之变也；切、宜、忱、喆、戛，德之涂也；特、偶、昵、续、考，家之纲也；范、徒、丑、隶、林，国之纪也；禋、准、资、宾、戎，政之务也；斁、乂、续、育、声，功之具也；兴、痡、泯、造、隆，业之著也。"（《潜虚》）在这里，司马光又如在《潜虚》总论中列"虚""气""体""性""名""行"和"命"等概念，并以之而造《气图》《体图》

《性图》《名图》《行图》《变图》《解图》和《命图》一样，他又列出了"虚""形""性""动""情""事""德""家""国""政""功"和"业"十二个概念，除了"虚"无形，没有相对应的符号，其他十一个概念正好对应"五十五行"，每一个概念对应五个"行"，司马光认为，这五个"行"，也反映了每一个概念的蕴涵。同时我们也可以发现，这十二个概念，大致蕴涵了天道变化、生命存在和社会政治三个方面，这说明了司马光希望用象数体系来统摄天地万物的大化流行以及人与社会存在的结构。事实上，司马光还试图用《名图》来表示天道运行。他说："元、余者，物之始终，故无变。齐者，中也，包斡万物，故无位。冬至之气起于元，转而周三百六十四变，变尸一日，乃授于余而终之，以步天轨，以叶岁纪。"（《潜虚》）这是试图用五十五行来表示一年的日数，《名图》有五十五行，但是元、余、齐三行或者无变，或者无位，故不用，剩余五十二行，一行当七日，则五十二行共当三百六十四日，基本等于一年的日数。据此，司马光认为，《名图》具有"以布天轨，以叶岁纪"的功用。这一点，和邵雍试图用以《先天图》为基础的象数学来统摄宇宙和人类社会是一样的。

第五，《行图》《变图》《解图》（图3-16）。

在此部分中，《行图》《变图》和《解图》是结合在一起的。这是因为，《潜虚》中的《行图》，相当于《周易》的卦名、卦象和卦辞；《变图》相当于《周易》的爻辞；《解图》类似于《周易》中解释爻辞的《小象》，司马光就模仿《周易》和《太玄》以每一"行"为单位，组合《行图》《变图》和《解图》，构成了"行"名、"行"象、"行"辞、"行"之"爻辞"、"行"之"象辞"的"类《易》"或"类《玄》"作品。我们在此仅列出"衰"行以示：

但是司马光的《行图》《变图》和《解图》有几点需要注意，第一，对于"元""余""齐"三行来说，没有行之"爻辞"，因为"元、余、齐，三者无变"。第二，《周易》之爻数为六，和卦画之六层相对应，但是《潜虚》之《变图》有七，这个"七"数从何而来，司马光并没有进一步说明，也可能和我们在前面所说的一行管七日相关。第三，《周易》的卦画为阳爻—、阴爻--组成，《太玄》的玄画为—、--、---组成，这种符号及其排列，具有明显的空间特征，但是《潜虚》的符号直接就是算筹表示的数字，并不具有空间特征，显然这和《周易》以及《太玄》有明显的不同。第四，《周易》六十四卦，穷尽了阴阳爻在六个位置的各种排列，《太玄》八十一首，穷尽了—、--、---在四个位置的各种排列，但是《潜虚》

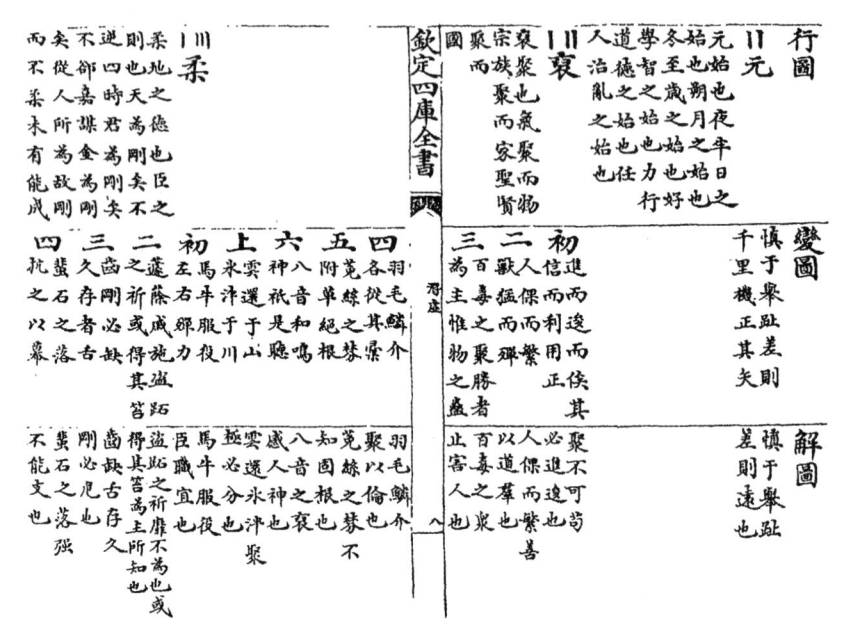

图 3-16　行图、变图、解图

只有五十五行，并没有穷尽十个符号在左右两个位置的各种排列，这可以说是《潜虚》符号的漏洞所在。

另外，《潜虚》还有所谓的《命图》。《潜虚》的《行图》《变图》和《解图》可以说是司马光规定的占筮的文本基础，在《命图》中，他就设计了一套占筮方法，结合相当于卦名、卦爻象和卦爻辞的《行图》《变图》和《解图》，就可以占筮了。但因为这一套占筮方法与哲学思想相关性不大，所以我们就不再解释了。

(二) 邵雍象数学与司马光象数学的比较

根据以上对司马光象数易学的介绍，再联系到邵雍象数哲学，我们可以总结道，就两人的相同点而言，邵雍和司马光都可以说是象数易学家，都试图通过象数推衍来论证自然观和历史政治观，他们在易学史上也都是独创易学体系的成功者。另外，邵雍和司马光都有对易之产生进行探索的意识。邵雍的象数学超越了传统易学注经的范围，直接运用象数推衍，来表达自己对宇宙、社会和人生的认识，因为这种易学形式和传统易学不一样，研究对象也不一样，所以邵雍认为自己的易学是"画前之易"，朱熹理解了邵雍的意思，于是在《周易本义》前面，添加了九幅易图，其中六幅易图是用来表达易之根源的，而六幅易图中又有四幅直接由邵雍易学而来。事实上，这种意识在司马光的《潜虚》中也有充分的体现。据前所述，我们知道，《潜虚》中类似《周易》的部分，其实集中在《行图》《变图》《解图》和《命图》中，这四种图，也就相当于《周易》的卦象、卦名、卦辞、象辞，以及筮法介绍，我们可以称之为"后四图"。在后四图之前，还有《气图》《体图》《性图》和《名图》四种图，我们可以称之为"前四图"。而"前四图"所表达的内容，正是"五十五行"的来源，正是以"五十五行"为基础所表达的，司马光对天道变化、社会政治和生命存在的理解，这种种的理解，并没有局限在"后四图"所包含的占筮视域中，而是直接面向天道和人道进行思考和论述。"后四图"之占筮意义，仅仅是司马光在首先对于天道、社会和人生有了深入理解的前提下，模仿《周易》和《太玄》的结果。总之，突破易学的占筮视域，对易之根源进行思考，对天道和人道进行思考，并用象数形式表达之，是司马光和邵雍最为一致的地方，这也是司马光卓识的表现。

就两人象数易学的不同点而言，表现为以下几个方面。第一，两人象数哲学的本体不同。在司马光象数哲学对天道的思考中，突出了"虚"，司马光认为"万物皆祖于虚，生于气"，而"虚"具有强烈的道家意蕴，内容含混不清，不如邵雍的太极之道明确。事实上，司马光在很大程度上的确受到了道家的影响，他著有《道德真经论》，在其中说："天地，有形之大者也，其始必因于无，故名天地之始曰无。"① 又说："万物之动，必复归于静。物出于无，复入于无。"② 显然，司马光之《潜虚》突出"虚"这一概念并非偶然，"虚"直接来源于《老子》之"无"的影响。同时，以"虚"为本，"虚"生万物的观念与道家也很难区分，难以为儒家所接受，而在邵雍象数哲学中，太极为本，太极生物的观念则是儒家的正统观念。

第二，两人象数推衍的基础不同。对于邵雍而言，他一方面继承并超越了传统象数易学，在理论体系中表现出许多创新，但另一方面，邵雍象数哲学的基础还是局限于传统的六十四卦系统之上，邵雍是在继承六十四卦卦象的前提下，对易学进行再诠释。对于司马光而言，他的《潜虚》一方面具有模仿《周易》和《太玄》的色彩，同时也继承了传统易学的很多观念，但另一方面，司马光的创新也更为大胆，他抛弃了六十四卦象，独

---

① 司马光：《道德真经论》卷之一，《道藏》第12册，第262页。
② 司马光：《道德真经论》卷之一，《道藏》第12册，第264页。

创了一套占筮符号和占筮系统，这又是和邵雍不同的地方。

第三，两人象数易学的影响不同。司马光具有强烈的经世思想和卫道意识，他不仅是易学家，更是著名的政治家和史学家，所以，在其象数系统中，必然要对传统儒家的政治道德观念进行论证，但是其论证的方式基本上是采用类比和比附的方式，不能说是成功的，因为《潜虚》之中的核心概念是"虚"，所以司马光并没有从本体层面上对儒家价值观和政治道德观念加以证明；而邵雍虽然并没有把社会政治和道德作为研究的目的，因而属于象数易学家，而不是义理易学家，但邵雍整个思想体系中观念比较一贯，一方面从本体层面上注重儒家生生之道，另一方面在儒家价值观的视野下推论历史演化，论说"皇帝王伯"，可以说与司马光象数哲学中本体观念的含混不清有明显区别。司马光哲学的这一特点，也导致了他的象数哲学既没有得到象数易学家的公认，也没有在学理上被义理易学家所推崇，朱熹虽然因为其弘扬儒学、坚持儒家的政治道德实践，把他并列为"北宋六先生"，但是对理学发展作出最大贡献的"北宋五子"当中，却并没有司马光之名。

第四节　对邵雍先天学象数哲学的反思

在本节中，我们将从邵雍象数哲学在邵雍哲学体系中的地位、邵雍象数哲学对传统易学的继承和发展、邵雍象数哲学的基本方法三个方面，对邵雍象数哲学进行反思。

一　邵雍先天学象数哲学在邵雍哲学中的地位

邵雍哲学分成三个部分，即本体论、象数哲学，以及人生哲学。本体论是邵雍对宇宙的存在和运化根据，以及人生的根据进行探索的理论；象数哲学是邵雍对宇宙运化规律以及人类社会发展规律进行描述的理论；人生哲学则是关于通过何种修养方法，在当下的人之生命中呈现先天本体的学问。因为天地是物之大者，人类社会在一定程度上也可以看作是具有客观规律的"物"，所以与本体论和人生哲学相比较而言，象数哲学更具有"物理"的特征。那么邵雍如何看待如何定位"物理"，又为何用象数来表达"物理"呢？

毫无疑问，邵雍非常重视"物理"。他说：

> 天下之物莫不有理焉，莫不有性焉，莫不有命焉。所以谓之理者，穷之而后可知也；所以谓之性者，尽之而后而知之也；所以谓之命者，至之而后可知也。此三知者，天下之真知也，虽圣人无以过之也。而过之者，非所以谓之圣人也。①

这是认为万物皆有理、性、命，而关于理、性、命的学问，是天下的"真知"，圣人也需要探究这三种"真知"，否则就不能称为圣人。邵雍重视的理、性、命这三个概念来源于《易传》，邵雍说："《易》曰：'穷理尽性以至于命。'所以谓之理者，物之理也。所以谓之性者，天之性也；所以谓之命者，处理性者也。所以能处理性者，非道而何？是知道为天地之本，天地为万物之本。"② 这是讲物理、天性，以及能够安处物理和天性的"命"，而总的来说，理、性、命都归结于道。邵雍又说："天使我有，是之谓命。命之在我之谓性，性之在物之谓理。"③ 联系到上一条表述，我们可以如此总结：道呈现于物，就是理，呈现于人，就是性。所以象数哲学所论述的"物理"，源头是本体之道，本体之道在器物中的呈现就是"物理"，这是邵雍重视"物理"的最根本原因。

事实上，邵雍对道之呈现于器物有更清晰的表述。邵雍说"太极一也，不动。生二，二则神也。神生数，数生象，象生器"④，"太极不动，性也。发则神，神则数，数则象，象则器，器之变复归于神也"⑤。我们在第二章中已经说明，这两句命题呈现了一个概念序列，即太极、神、数、象和器，而这一概念序列，也正是本体之道步步呈现于器物的序列。太极指本体相对于器物之具体性的超越性；但本体不是孤悬的超越，而是呈现于器物之中，发挥着生生的妙用，这妙用就是神，神是本体的妙用，并不落于阴阳之气的层面，但从阴阳之气的无穷变化可以知本体之神用，所以神贯通于形上形下层面；本体神用最终呈现在气之变化中，则表现为数和象，也就是器物的变化规律。可见，数和象，就是本体之道步步呈现于器物，就是"物理"，这也解释了邵雍用象数来表达"物理"的原因。

总而言之，邵雍哲学的基础是本体论，但是，本体不是孤悬的本

---

① 邵雍：《观物篇六十二》，《皇极经世书》卷十二，第506页。
② 邵雍：《观物篇五十三》，《皇极经世书》卷十一，第490页。
③ 邵雍：《观物外篇下》，《皇极经世书》卷十四，第528页。
④ 邵雍：《观物外篇下》，《皇极经世书》卷十四，第522页。
⑤ 邵雍：《观物外篇下》，《皇极经世书》卷十四，第522页。

体，本体呈现于人之生命就是天人合一。关于天人合一的思想就是人生哲学，本体体现于人生则为性，本体呈现于万物之中就是数和象，就是"物理"，所以在邵雍哲学中，本体论是核心，但是象数哲学，以及人生哲学，也是重要的有机组成部分，天人合一，人物相通，它们和本体论是不可分割的，构成了一个生息变化的和谐宇宙，因而邵雍的象数哲学是其本体论的必然推论。通过象数易理的推演，将天道本体与自然物理哲学和人生哲学统合在一起，这就是象数哲学在邵雍哲学整体中的地位。

二 邵雍先天学象数哲学对传统易学的继承和发展

邵雍象数哲学体系庞大而系统，并富有逻辑规则，邵雍试图用象数统摄各个领域，这些领域包括宇宙论意义的天道观，包括自然哲学，也包括人类社会的规律，邵雍在象数的视野下试图把握天道自然和人类社会的理性努力，可以说是传统易学史中的一朵奇葩。邵雍象数哲学并非无源之水，它也是在继承传统易学的基础上，作出的进一步发展。邵雍象数哲学对传统易学的继承和发展主要表现在三个方面：对《易传》哲学的继承和发展、对汉代象数易学和道教易学的继承和发展，以及对《太玄》的继承和发展。我们在下面依次论述。

（一）对《易传》哲学的继承和发展

《易传》是《易经》从卜筮之书转化为文化经典和哲学之书的关键，后世易学一般都以《易传》为思想资源，后世易学种种的发展倾向，一般也都能在《易传》中找到源头。对于邵雍易学哲学而言，它继承并发挥了《易传》中关于阴阳之道、太极和神的思想，一方面建构了宇宙论，一方面超越《易传》建构了本体论。

《易传》认为，笼统说来，道就是一阴一阳的变化无穷，如"一阴一阳之谓道，继之者善也，成之者性也"（《周易·系辞上》），又如"乾，阳物也；坤，阴物也。阴阳合德，而刚柔有体，以体天地之撰，以通神明之德"（《周易·系辞下》），这是用阴阳来概括道，来试图模拟天地的变化；细致说来，天道为阴阳，地道为刚柔，如《说卦传》中说："昔者圣人之作《易》也，将以顺性命之理。是以立天之道曰阴与阳，立地之道曰柔与刚，立人之道曰仁与义。兼三才而两之，故《易》六画而成卦。分阴分阳，迭用柔刚，故《易》六位而成章。"（《周易·说卦传》）而邵雍完全继承了《易传》阴阳刚柔的观念，他说：

> 物之大者无若天地，然而亦有所尽也。天之大，阴阳尽之矣；地之大，刚柔尽之矣。阴阳尽而四时成焉，刚柔尽而四维成焉。夫四时四维者，天地至大之谓也。凡言大者，无得而过之也，亦未始以大为自得，故能成其大。岂不谓至伟至伟者欤？
>
> 天生于动者也，地生于静者也。一动一静交，而天地之道尽之矣。动之始则阳生焉，动之极则阴生焉。一阴一阳交，而天之用尽之矣。静之始则柔生焉，静之极则刚生焉。一柔一刚交，而地之用尽之矣。①

这是试图用阴阳的变化来描述天道运行，用刚柔变化来描述地道运行，阴阳也就是天之两仪，刚柔也就是地之两仪。虽然邵雍对天道运行和地道运行的规律还有进一步的种种探索，比如对日月星辰和水火土石等诸般形体及其变化的考察，但是，以阴阳论天道，以刚柔论地道，可以说是接着《易传》讲的。

对于《易传》天道阴阳和地道刚柔的观念，邵雍可以说在宇宙论层面上继承了《易传》的观念，因为这是讲宇宙的发生和发展。但事实上，邵雍的本体论建构，在一定程度上也受到了《易传》"太极"和"神"这两个概念的启发。在《易传》中，"太极"仅有一处，但是却蕴含了重要的观念。《系辞》作者写道：

> 子曰："夫《易》，何为者也？夫《易》，开物成务，冒天下之道，如斯而已者也。"是故圣人以通天下之志，以定天下之业，以断天下之疑。是故蓍之德圆而神，卦之德方以知，六爻之义易以贡。圣人以此洗心，退藏于密，吉凶与民同患。神以知来，知以藏往，其孰能与于此哉？古之聪明睿知，神武而不杀者夫！是以明于天之道，而察于民之故，是兴神物以前民用。圣人以此斋戒，以神明其德夫。是故阖户谓之坤，辟户谓之乾，一阖一辟谓之变，往来不穷谓之通；见乃谓之象，形乃谓之器，制而用之谓之法，利用出入，民咸用之谓之神。
>
> 是故《易》有太极，是生两仪，两仪生四象，四象生八卦，八卦定吉凶，吉凶生大业。是故法象莫大乎天地，变通莫大乎四时，县象著明莫大乎日月，崇高莫大乎富贵，备物致用、立成器以为天下利，

---

① 邵雍：《观物篇五十一》，《皇极经世书》卷十一，第487页。

莫大乎圣人，探赜索隐、钩深致远以定天下之吉凶、成天下之亹亹者，莫大乎蓍龟。是故天生神物，圣人则之；天地变化，圣人效之；天垂象，见吉凶，圣人象之；河出图，洛出书，圣人则之。《易》有四象，所以示也；系辞焉，所以告也；定之以吉凶，所以断也。（《周易·系辞上》）

《系辞》认为，《易》蕴含着天道内容，易道一阖一辟，无所不通，变化无穷，圣人通过思索、研究和体会易道来达到认识天地万物规律、建功立业、教化百姓的目的，易道不只是形上之道，而是必然呈现在器之中，"《易》有太极，是生两仪，两仪生四象，四象生八卦，八卦定吉凶，吉凶生大业"，于是易道就从太极开始，逐步呈现为两仪、四象和八卦，联系到紧接着此句的"法象莫大乎天地，变通莫大乎四时"，两仪很可能是指天、地，四象很可能是指四时，那么太极就是超越万物而特指天地未分之前的浑沦状态，而易道贯穿着太极、天地、四时、八卦以及人类生活的吉凶和大业。事实上，邵雍正是在继承了太极、两仪、四象观念的基础上，一方面在扬雄《太玄》的启发下提炼出"一分为二"法，创造了先天图，另一方面则根据太极之超越性，把太极诠释为宇宙的本体，从而建构了自己的太极本体论。并且邵雍认为太极之超越性并不是隔绝万物的超越性，而是发挥着本体之生生功用的。为表现太极本体这种生生之用，邵雍用"神"来描绘之，而神这一概念同样受到了《周易》的影响。在《周易》中，神有鬼神、神明、神化和天道之神妙等义，而主要的意义就是天道之神妙。《系辞》中认为，"阴阳不测之谓神"（《周易·系辞上》），"《易》，无思也，无为也，寂然不动，感而遂通天下之故。非天下之至神，其孰能与于此？"（《周易·系辞上》）这是说明易道不同于事物的具体性，而具有阴阳不测神妙无比的特征。这种特征也就是"神无方，而《易》无体"（《周易·系辞上》），因为易道能够感通天地万物，不局限于任何事物之一偏，所以必然是无"方"无"体"的。易道本身又是生生万物的，所以《说卦》中又说"神也者，妙万物而为言者也"（《周易·说卦传》）。可见，《易传》用"神"强调了天道神妙和生生的大用，而这一点，也完全为邵雍所继承。不过需要提及的是，太极在《易传》因为很可能指天地未分之前的浑沦状态，所以应该说还仅仅是一个宇宙本源论的概念，而在邵雍的先天学中，太极已经被诠释为一个本体论的概念，这是邵雍的一个发展；天道神妙之神，在《周易》主要指阴阳变化本身神妙的意义，而在邵雍的先天学中，神与阴阳之气的区别已经很明显，"神亦一而已，乘气而变化","不为阴阳所摄者,神也",① 可见邵雍哲学中的神不只是赞叹阴阳变化,更用来指本体之神妙作用,这也是邵雍对《易传》的一个发展。

(二) 对汉代象数易学和道教易学的继承和发展

邵雍象数哲学还继承并发挥了汉代象数易学以及以《周易参同契》为代表的道教易学中,以象数阐述自然天道观的易学诠释思路,并把这一方法细致化、体系化、普遍化,推广到天道、自然、历史人事各个领域中,构建了一个庞大的象数易学体系。

在汉代,象数易学获得了长足的发展。汉代象数易学可以分为占验派象数易学和注经派象数易学。就其中的占验派象数易学而论,虽然它们以占验为目的,创造种种新易象,并使用这些成体系的新易象来窥测天命、天意,但是它们还是以《周易》之卦象为基础,而这些由六十四卦卦象组成的新象数体系,本身也具有客观的宇宙论意义。比如孟喜的卦气说,在孟喜而言,可能是为了占筮,为了获知吉凶,但是孟喜卦气说把坎、离、震、兑四正卦二十四爻配合二十四气,把复、临、泰、大壮、夬、乾、姤、遁、否、观、剥、坤十二卦与十二月相配,又以去掉坎、离、震、兑四正卦的六十卦的三百六十爻去配一年的日数,就客观效果而言都表现了一种建构天道观体系的努力。邵雍在《太玄准易图序》中说:

> 夫《玄》之于《易》,犹地之于天也。天主太极,而地总元气。……太极生两仪,两仪生四象,四象生八卦,八卦因而重之为六十四,故《易》有乾、坎、艮、震、巽、离、坤、兑八卦,以司八节,又以坎、离、震、兑四正之卦二十四爻,以司二十四气,以复、临、泰、大壮、夬、乾、姤、遁、否、观、剥、坤有十二卦,以司七十二候。节也,气也,候也,既各有统矣,然周天之度未见其所司也,于是又去四正之卦,分取六十卦,引而伸之为三百六十爻,各司其日,则周天三百六十度,而寒暑进退之道、阴阳之运备矣。盖本乎太极而作者也。(晁说之:《嵩山文集》卷十)

这段话在一定程度上是对汉代象数易学的总结,并认为六十卦值日的理论,蕴含了"寒暑进退之道、阴阳之运"。事实上。这种利用象数建构宇宙论模型的方法,正是邵雍象数哲学的基本方法,邵雍先天四图都是这种方法的结果,因此他也试图立足于先天四图来解释宇宙、社会和人生。

---

① 邵雍:《观物外篇下》,《皇极经世书》卷十四,第 528 页。

道教易学尤其是《周易参同契》在一定程度上也影响了邵雍象数哲学，这可以从两个方面来看待。第一，《周易参同契》用卦象来模拟天道运行的象数方法影响了邵雍，这一点类似于汉代象数易学对邵雍的影响。第二，《参同契》对乾、坤、坎、离四卦的重视，影响了邵雍。《周易参同契》说："乾坤者，《易》之门户，众卦之父母。坎离匡廓，运毂正轴。牝牡四卦，为橐为籥，覆冒阴阳。"又说："天地设位，《易》行乎其中矣。天地者，乾坤也；设位者，列阴阳配合之位也。《易》谓坎离者，乾坤二用。二用无爻位，周流行六虚，往来既不定，上下亦无常。乾坤用施行，天下然后理。"① 这是在描绘一个宇宙结构的模型。在这个模型中，天地设位，阴阳升降、交感、流动不息，其中天地设位用乾、坤二卦来表示，阴阳升降、交感、流动不息用坎、离二卦来表示。在邵雍象数哲学中，也比较重视乾、坤、坎、离四卦，如邵雍说"乾坤天地之本，坎离天地之用"②，又结合《伏羲八卦方位图》说："乾坤定上下之位，离坎列左右之门。天地之所阖辟，日月之所出入。是以春夏秋冬，晦朔弦望，昼夜长短，行度盈缩，莫不由乎此矣。"③ 这都表现出对乾、坤、坎、离四卦的重视，同时以乾坤为天地之本，坎离为天地之用在一定程度上是吸收了《周易参同契》的观念。当然，邵雍虽然吸收了《周易参同契》的一些观念，但并没有肯认《周易参同契》的道教价值观。

以上是邵雍象数哲学对汉代象数易学和道教易学的继承。但是邵雍象数哲学相对于汉代象数易学和道教易学的发展之处在于，先天学并不是为了占筮，不是为了窥测天命以预知吉凶祸福，也不是为了道教易学炼丹或者养生的目的，而是想穷知物理，想用理性来统摄天道和人道的规律，想用象数来展现宇宙、社会和人生的奥妙。

（三）对《太玄》的继承和发展

邵雍不但继承了《易传》、汉代象数易学以及道教易学的思想，而且吸收并发挥了扬雄《太玄》象数推衍的方法，并以之为基础构建了先天学象数学中最基本的先天四图。

扬雄《太玄》为模仿《周易》而作，《周易》六十四卦的卦象，为阳爻—和阴爻--，在六个层次上依次排列，构成了六十四卦，《太玄》则为一—、二--、三---，在四重层次上依次排列，构成了八十一首。值得注

---

① 萧汉明、郭东升：《参同契校释》，《周易参同契研究》，第247—248页。
② 邵雍：《观物外篇上》，《皇极经世书》卷十三，第516页。
③ 邵雍：《观物外篇上》，《皇极经世书》卷十三，第515页。

意的是，《易经》文本中六十四卦的卦序，只是由乾坤开始，两两错综而成，六十四卦整体上并没有呈现严格有序的排列，《序卦传》虽然试图找出六十四卦整体排列的内在规律，可是这种解释也只是以《易经》已成的卦序为基础，加以文义上的敷衍而成，而并没有找出令人信服的整体有序的象数排列规律。而《太玄》八十一首的排列规律显然是有迹可寻的，这就是八十一首第一首为一，以后的排列规律则为：对于第一重来说，一、--、---依次变化，因此每三首轮流一次；对于第二重来说，一、--、---依次变化，但每一个玄画管三首才开始变，因此每九首轮流一次；对于第三重来说，一、--、---依次变化，但每一个玄画管九首才开始变，因此每二十七首轮流一次；对于第四重来说，一、--、---依次变化，但每一个玄画管二十七首才开始变，因此八十一首正好变完，不用再轮流。如此排列下去，第一首为---，第八十一首必然为䷀。事实上，《太玄》八十一首的玄画排列规律，简单说来，从形式上看，就是从上至下的"一分为三"法，而邵雍正是在这一点上吸收并改造了《太玄》的玄画排列方法，创造了自己先天学中的从下至上的"一分为二"法，并以"一分为二"法为基础，由两仪推出四象、八卦和六十四卦，然后对这种方法下的八卦和六十四卦稍加整理，就成了《伏羲八卦次序图》《伏羲八卦方位图》《伏羲六十四卦次序图》和《伏羲六十四卦方位图》。因为"一分为二"法在先天四图的建构中具有核心的作用，而这种象数推衍方法受到了扬雄玄画排列方法的启发，所以邵雍非常钦佩扬雄。邵雍说"落下闳但知历法，扬雄知历法又知历理"，"扬雄作《玄》，可谓见天地之心者也"。[①] 邵雍认为自己的学问为"入理"之学，又说"先天学，心法也"[②]，这是邵雍的自信和自认，邵雍又用类似的语言评价扬雄，可见他对扬雄的推崇。

事实上，邵雍象数哲学虽然在一定程度上受到《太玄》玄画推衍方法的启发，但先天学与《太玄》相比有很大的发展，这就在于扬雄用"一分为三"法建构了八十一首，但他依然停留在模仿《周易》文本的形式，造出类似《易经》的每首之象、每首之辞，以及类似《易传》的初步解释，而邵雍则抛弃《周易》文本形式，直接以"一分为二"法为基础建构了自己的象数哲学体系，并用这一象数哲学体系表达自己对宇宙和社会的认识，这是邵雍对扬雄《太玄》的超越。

---

① 邵雍：《观物外篇上》，《皇极经世书》卷十三，第521页。
② 邵雍：《观物外篇上》，《皇极经世书》卷十三，第518页。

以上是站在易学史的角度，对邵雍易学哲学，尤其是象数哲学对传统易学哲学的继承和发展做出分析。事实上，邵雍象数哲学不但继往，而且开来。从邵雍象数哲学对后世易学的影响来看，一方面，它被吸收进道教易学之中，如元代道士俞琰著《易外别传》，就是把邵雍象数哲学道教化。俞琰说："《易》外别传者，先天图环中之秘，汉儒魏伯阳《参同契》之学也。人生天地间，首乾腹坤，呼日吸月，与天地同一阴阳。《易》以道阴阳，故伯阳借《易》以明其说，大要不出先天一图，是虽易道之绪余，然亦君子养生之切务，盖不可不知也。图之妙在乎终坤始复循环无穷，其至妙则又在乎坤复之交一动一静之间。愚尝学此矣，遍阅《云笈》，略晓其一二。忽遇隐者授以读《易》之法，乃尽得环中之秘。反而求之吾身，则康节邵子所谓太极，所谓天根月窟，所谓三十六宫，靡不备焉，是谓身中之易。今为图如左，附以先儒之说，明白无隐，一览即见，识者当自知之。"① 这是把《先天图》理解为道教修身炼丹之学。另一方面，它开启了后世的先天易学流派，而在先天易学的后世发展过程中，朱熹起到了非常重要的作用，我们在第五章中还会详论这一点，这里就不再加以说明了。

三 邵雍先天学象数哲学的基本方法：象思维

我们所称谓的"象思维"，是指产生于原始思维和早期卜筮之学，发展于先秦阴阳五行理论，繁荣并成熟于汉代象数易学，以阴阳、五行和卦象等为基本思维要素，具有一定推演规则，并试图通过对诸思维要素的推演来建构多种象模型，同时依靠这些象模型来解释并把握自然、社会和人生的一种思维方式。象思维发源于术数之学，最初为阴阳五行家和象数易学家所运用，但从汉代开始成为中国传统文化的基本思维方法之一，强烈影响着中国古人的认知方式，它渗透到哲学、医学、农学、兵学、建筑学、炼丹术和天文学等各种文化领域中，它塑造着中国的传统文化，强烈影响着中国传统文化特征的形成。邵雍象数哲学的基本方法是类推法，类推法属于象思维的一种。

（一）象思维的根本方法：类推法

类推法是邵雍象数哲学的基本方法，它包括两个环节，即分类和推衍。在邵雍象数哲学中，分类是依托"一分为二"的易数方法得出"二象"或"四象"，"二象"一般是指"阴阳"，"四象"一般就是指天之四

---

① 俞琰：《易外别传·序》，《道藏》第 20 册，第 312 页。

象：太阳、太阴、少阳、少阴，以及地之四象：太柔、太刚、少柔、少刚；推衍则是以"二象"或"四象"为基础，把宇宙的各个层面、各个领域加以类化，从而把万事万物编成一套"二象"或"四象"体系。类推法的这两个环节是一体的，分类是前提，是基础，但分类必然落实到推衍中去，推衍是运用，但推衍必然是立足于分类的推衍。分类和推衍共同建构了象数哲学体系。

在具体运用中，由于邵雍偏重运用"四象"，所以邵雍象数哲学呈现出一幅整齐的"四象"体系。在本章的第二节中，我们已经介绍了邵雍的自然哲学，其中运用类推法得出的表格（表3-3）如下：

表3-3　　　　　　　　　　四象分类表

太极	一动一静	阴阳	太阳	日	暑	性
			太阴	月	寒	情
			少阳	星	昼	形
			少阴	辰	夜	体
		刚柔	太柔	水	雨	走
			太刚	火	风	飞
			少柔	土	露	草
			少刚	石	雷	木

可以看到，就形象或形体的层面而言，四象包括了日月星辰和水火土石；就天地运行变化的层面而言，四象包括暑寒昼夜和雨风露雷；就具体事物的层面而言，又包括性情形体和走飞草木。如此一来，邵雍自己认为这种类推法建构的四象体系，就基本涵盖了自然方面的大略。

值得注意的是，类推法不但建构了整齐的"四象"分类体系，事实上，邵雍认为类推法还可以解释自然现象。邵雍说：

> 阴阳生而分两仪，两仪交而生四象，四象交而生八卦，八卦交而生万物。故两仪生天地之类，四象定天地之体，四象生日月之类，八卦定日月之体，八卦生万物之类，重卦定万物之体。类者，生之序也；体者，象之交也。推类者，必本乎生，观体者，必由乎象。生则未来而逆推，象则既成而顺观。是故，日月一类也，同出而异处也，

异处而同象也。推此以往，物奚逃哉！①

这段话非常重要，它是说凡物有"类"有"体"，"类"与"生"相关，"体"与"象"相关。一物之"类"要从其所来加以探究，也就是从何以"生"出此物来探究，一物之"体"则从其当下之"象"加以肯定。比如，天地是从阴阳而生，所以天地之类就分别属于阴阳，天之类通常体现阳的特征，地之类通常体现阴的特征，而天地之体是阴阳相交②而成的结果，它们分别就是日月星辰和水火土石，总的来说，日月星辰都属于天之类，体现阳的特征，水火土石都属于地之类，体现阴的特征。这是就天地层面而言，事实上，就日月来讲也是如此，就万物来讲也是如此，都是要从此物从何"生"出确定其"类"，确定此物的主要特征，从当下之"象"肯定其"体"。而其中关键的是"生"是"类"，因为"体""象"当下可见，仅仅"顺观"即可，而此"类"之"生"是从何而"生"，就需要理论思考，需要逆着时间往过去推，这就是"逆推"。在邵雍的视野中，有了"顺观"，万事万物无不纳于胸中；有了"逆推"，万事万物何所"生"，其所属之"类"，其主要特征，也都无不了然于心，有了这种研究宇宙的方法，邵雍就自信地说"推此以往，物奚逃哉"。当然我们也可以看到，"顺观"和"逆推"，其实正是类推法的另外一种说法，"顺观"是确认万事万物的形象、形体，"逆推"是往上溯考察其"生"，确定其"类"；总的来说，"顺观"和"逆推"是在确定了"二象"或"四象"之后对万事万物的进一步思考，思考如何把万事万物有条不紊地纳入"二象"或"四象"体系，因此，"顺观"和"逆推"也就是类推法的具体运用。并且在此运用过程中，邵雍通过确认事物的"生"和"类"，来解释事物的一些主要特征。

那么，如何来具体解释事物的特征呢？也就是说，邵雍确定了"生"所决定的"类"，即能确定一个"类"的主要特征，但这只是一种形式上的原理，只是强调"类"特征的根源在于何所"生"，但在解释具体事物特征的时候，邵雍又是如何发挥类推法呢？这就要结合邵雍实际的解释行为来看了。邵雍说："水之族以阴为主，阳次之；陆之类以阳为主，阴次

---

① 邵雍：《观物外篇》下，《皇极经世书》卷十四，第522页。中州古籍本作"四象生八卦之类，八卦定日月之体"，义不通，依《道藏》本改为"四象生日月之类，八卦定日月之体"，同时"二仪"依《道藏》本改为"两仪"。

② 对于"地"来说，就是刚柔相交。

之。故水类出水则死,风类入水则死。然有出入之类者,龟蟹鹅凫之类是也。"① 这是首先确定水为阴,陆为阳,所以水中的生物一般属阴,陆上的生物以及空中的飞鸟一般都属阳,阴阳相争,所以一般来说,水中的生物出水则死,空中的飞鸟入水则死。这就是用阴阳来解释"水类"生物和"风类"生物的不同习性,作为何所"生"的阴阳,决定了生物的特征。又比如邵雍说:"阳交于阴而生蹄角之类也,刚交于柔而生根荄之类也,阴交于阳而生羽翼之类也,柔交于刚而生支干之类也。天交于地,地交于天,故有羽而走者,足而腾者。草中有木,木中有草也。各以类而推之,则生物之类,不过是矣。走者便于下,飞者利于上,从其类也。"② 他认为,陆生动物之有蹄角,源于"阳交与阴",陆生植物之有根茎,源于"刚交与柔",飞鸟之有羽翼,源于"阴交与阳",陆生植物之支干,源于"柔交与刚",无论如何,一类生物的类特征,都可由其何所"生"决定。通过这两个例子,我们也可以看到,邵雍的类推法,不但具有把万事万物整齐分类的功能,而且根据"逆推",确定事物的"类"以及何所"生"的根源,就能够解释事物的一些特征。这种对事物的分类,对事物特征的解释,在邵雍看来也是圣人之业的一部分,"生生长类,天地成功,别生分类,圣人成能"③。

以上是邵雍象数思维一个重要的方法,即类推法。在类推法中,依靠分类和推衍,可以编制一个整体的"四象"体系;依靠"逆推",则可以对这个四象体系所涵盖的万物进行种种解释。但是,我们站在现代科学的视野下,会发现一个重要的现象,这就是作为万物何所"生"的阴阳,何以就能够解释万物的一些特征呢?这在邵雍看来,或者在传统文化看来,是理所当然的,但我们作为现代人,需要对这一解释过程进行再解释。而当我们站在现代视野下,对此进行反思和解释的时候,就会发现象思维具有两个根本特征:互渗和感应。正因为互渗,阴阳或四象不仅仅停留在自身上,还渗透到万事万物中,从而影响着万事万物的特征;正因为感应,万事万物也不是互相孤立的,而是根据其类互相感应,同类也表现出类似的特征。在下面,我们就对邵雍象数哲学方法的互渗和感应进行论述。

(二) 象思维的根本特征:互渗和感应

"互渗"最早由法国著名学者列维·布留尔提出,他在考察原始人的

---

① 邵雍:《观物外篇下》,《皇极经世书》卷十四,第 526 页。
② 邵雍:《观物外篇下》,《皇极经世书》卷十四,第 526 页。
③ 邵雍:《观物外篇下》,《皇极经世书》卷十四,第 526 页。

思维方式时发现，原始人在解释事物现象时，根本不同于现代人的因果观念，"对现象的客观联系往往根本不加考虑的原始意识，却对现象之间的这些或虚或实的神秘联系表现出特别的注意。原始人的表象之间的预先形成的关联不是从经验中得来的，而且经验也无力来反对这些关联"①。也就是说，原始人不考察实际的事物之间的因果，而依靠事物之间神秘的关联来解释事物的各种现象，针对原始人思维的这种特点，列维·布留尔提出了互渗律，"这里，有一个因素是在这些关系中永远存在的。这些关系全都以不同形式和不同程度包含着那个作为集体表象之一部分的人和物之间的'互渗'。所以，由于没有更好的术语，我把这个为'原始思维'所特有的支配这些表象的关联和前关联的原则叫做'互渗律'"②。一言以蔽之，原始思维中的"互渗"是不能反映事物之间客观因果联系的神秘关联。

但是很明显，本章所论及的中国传统文化并不是原始文化，邵雍的哲学体系也不是原始人的作品，而是富于逻辑并且遵守因果律的，但是我们还是可以用"互渗"这个术语来形容邵雍象数哲学中的这一特征，因为在邵雍哲学体系中，阴阳或者四象，的确是能够渗透到万事万物中的，并且万事万物依据其类可以互相感应。但我们强调，原始文化中的"互渗律"，是前逻辑的，是与因果律相抵触的，并且是原始人的基本思维方法。而邵雍象数哲学方法的互渗和感应特征，或者包括中国传统文化中阴阳五行理论体系中所体现的互渗和感应特征，仅仅是就阴阳五行而论的，并且这种互渗和感应是从属于逻辑性和因果律等理性思维方法的，同时，它也是中国传统文化中"天人合一""天人感应"价值倾向的必然要求。所以，邵雍象数哲学方法有互渗和感应特征，并不是说邵雍就用互渗律来解释任何事物，而是说邵雍具有理性的思维方法，但在运用理性的思维方法之时，在涉及阴阳或者四象等内容时，赋予了阴阳或四象以互渗和感应的能力。这是需要注意的，否则就会得出一个简单但错误的结论：象思维也是原始思维，天人合一、天人感应也是原始文化。

那么，邵雍象思维中如何体现出互渗和感应的特征呢？邵雍说：

飞之类喜风而敏于飞上，走之类喜土而利于走下。阴阳之气使

---

① [法] 列维·布留尔：《原始思维》，丁由译，商务印书馆1997年版，第69页。
② [法] 列维·布留尔：《原始思维》，第69页。

第三章　邵雍先天学象数哲学研究　267

然也。①

　　虎豹之毛犹草也，鹰鹞之羽犹木也。草伏之兽，毛如草之茎，林栖之鸟，羽如林之叶。类使之然也。②

　　水在人之身为血，土在人之身为肉。日为心，月为胆，星为脾，辰为肾藏也；石为肺，土为肝，火为胃，水为膀胱府也。天地并行，则藏府配。四藏，天也；四府，地也。藏者，天行也；府者，地行也。天地并行，则配为八卦。③

　　天有四时，地有四方，人有四肢。是以指节可以观天，掌文可以察地。天地之理具指掌矣，可不贵之哉！人之四肢各有脉也。一脉三部，一部三候，以应天数也。④

　　鼻之气，目见之，口之言，耳闻之。以类应也。胆与肾同阴，心与脾同阳。心主目，脾主鼻。⑤

　　海潮者，地之喘息也。所以应月者，从其类也。⑥

在邵雍看来，虎豹之毛犹草，也就是草之性在动物中的体现，而根据我们前面的表格，草之性又源于地之四象中的"少柔"；鹰鹞之羽犹木，也就是木之性在动物中的体现，而木之性又源于地之四象中的"少刚"。至于人身之中，天之四象日、月、星、辰，地之四象水、火、土、石，都有各自特定的表现，而这种种表现，正体现了四象在事物中的互渗特征。正因为互渗，所以天、地、人为一体，所以"指节可以观天，掌文可以察地。天地之理具指掌矣"。互渗和感应紧密相连，互渗是基于阴阳或四象的互渗，因为互渗所以构成了类别，而感应则是同类之间的互相感应。目鼻之间的关联，口耳之间的关联，海潮涨落和月亮升降之间的关系，在邵雍看来，正是同类之间的感应。

总之，邵雍象数哲学的基本思维方法是象思维，而象思维的根本方法是依托于"象"的类推法，同时象思维也蕴含着互渗和感应两种特征。象思维不是原始思维，但是象思维有何意义？是不是属于近代科学思维呢？

---

① 邵雍：《观物外篇下》，《皇极经世书》卷十四，第526页。中州古籍本无"阴阳之气使然也"，依《道藏》本加。
② 邵雍：《观物外篇下》，《皇极经世书》卷十四，第526页。
③ 邵雍：《观物外篇下》，《皇极经世书》卷十四，第527页。
④ 邵雍：《观物外篇下》，《皇极经世书》卷十四，第527页。
⑤ 邵雍：《观物外篇下》，《皇极经世书》卷十四，第527页。
⑥ 邵雍：《观物外篇下》，《皇极经世书》卷十四，第525页。

这需要我们进一步讨论。

(三) 象思维决定了邵雍象数学是哲学而非科学

我们一方面承认邵雍象数哲学在邵雍哲学中的重要地位，并在第六章中还会进一步论述邵雍象数哲学作为一种自然哲学在北宋儒学复兴中的意义，但是另一方面，我们认为邵雍象数哲学是哲学而非科学。虽然邵雍自认为其象数学为"物理之学"，甚至程颐也认为邵雍的"物理之学"大段地泄漏了天机，但是此"物理"并不是现代科学意义上的物理，此"物理之学"仅仅是以"理"论物，并形成了一套体系，但此"理"未必是科学之理，因此对邵雍象数学更恰当的定位应当是哲学，而非科学。当然，我们的这种说法基本上可以被现代读者迅速接受，但是，还有一种隐蔽的说法，与我们的说法相矛盾，但也容易被一部分读者接受，在此，我们会深入讨论，说明邵雍象数学不是科学，即使采用隐蔽的说法。

这种说法认为，就实际的理论结果而言，邵雍的象数学的确不是科学，但是，邵雍的象数学方法，可能在一定程度上是科学的。方东美先生就持有这种观点，他说：

> 我想，现代人要是从科学的眼光，或者是哲学眼光看起来，他有许多地方讲科学，是"pseudo—science"（拟似科学）……这样子一来，也可以挑出他的若干错误。但是我觉得邵康节是有科学头脑的，只不过他是处在十一世纪的中国，假使要是处在今天，邵康节在科学上的成就一定是可观的，因为他在方法上面不会走错。[1]

可见，方东美先生认为，对比现代科学，邵雍论述中关于科学的内容，并不是真正意义上的科学，只能说是"拟似科学"，并且有"若干错误"，但是，方先生同时认为，邵雍有"科学头脑"，"方法上面不会走错"，要是生在现代"在科学上的成就一定是可观的"。显然，方东美先生认为邵雍的方法是正确的。那么，方先生如何理解邵雍的方法呢？他说：

> 那么我们掉转头来看邵康节，他处在十一世纪的中国——约当西洋中世纪的前期，他对于宇宙的了解，不可能透过近代精确的科学方法，做细密的分析和归纳，而得到较妥当而完备的知识。他只能从大规模的现象中作概略性的分划，形成一个大规模的较粗疏的组织系

---

[1] 方东美：《新儒家哲学十八讲》，第238—239页。

统：把天上日月星辰化成几种所谓"天象"，地上的水火土石化成几种所谓"地体"，于是无穷的"天象"和"地体"就粗具轮廓而各从其类了，再透过它们具体而不抽象的作用上面来理解，于是处理起来就有了头绪而条理井然了。……由此吾人可知，邵康节是把"天象"和"地体"化成几种大规模的组织，再化成几种大规模的作用的程序来研究，尽管在科学的方法上不很精确，解释上不很精细，以至于在哲学上不免成为"philosophical phantasm"（哲学空想），在科学研究上构成所谓"pseudo—science"（拟似科学），但是从他的用意上面看起来，是要给予物理世界一个合理的解释和处理，这在哲学和科学的发展方面，毋宁是一个很切实的起点。①

按照方东美先生的理解，与近代科学方法相比较而言，近代科学方法"精确"，有"细密的分析和归纳"，而邵雍"只能从大规模的现象中作概略性的分划，形成一个大规模的较粗疏的组织系统"，所以邵雍的方法只是"不很精确""不很精细"而已。言下之意，邵雍的方法与西方近代科学方法相比较而言，只有量的差别，没有质的差别，邵雍的方法只是粗糙了一点罢了。

方东美先生的这种观点，是值得商榷的。我们在前面已经论述了邵雍象数哲学的基本方法，即象思维的方法。象思维的方法，注重象模型的构建，并以之为基础解释万事万物，而西方近代科学的方法，则具有三个特征，即注重实验、逻辑理性和数学方法。象思维的方法和西方近代科学方法根本就是两种不同的方法，象思维偏向玄思，近代科学注重客观；象思维偏向感性层面，近代科学注重数学方法，同时向微观和宏观两个维度发展；在象思维的视野中，"象模型"表现出普适性特征，近代科学注重实验，强调可证伪性；象思维的基础象模型本身是封闭的，近代科学的理论从来就不是十全十美的，而是保持着开放的状态，等待进一步发展和完善的。所以两种方法可以说有天壤之别，西方近代科学方法能产生出近代科学，象思维的方法只能产生哲学，传统社会如果要发展出科学，必须要抛弃象思维，而采用近代科学方法。事实上，我们国家现代的科学发展历程已经证明了这一点，现代中国的真正科学家们也没有采用象思维作为科学研究的基本方法的。

事实上，研究中国古代科技史的著名学者李约瑟先生，也注意到了中

---

① 方东美：《新儒家哲学十八讲》，第241—242页。

国传统哲人的思维方法与近代科学方法相悖的一面,他说:

> 所谓数目学实际上只是一种以为数目与事物配合成相当关系的把戏。①
> 数目不是自然现象的经验的与量的侍女,而是这种现象所必须符合的绝对的"纽伦堡的少女"(damsel of Nuremberg)。②
> 从数目字的使用方式,很可以看出中国的与现代科学的宇宙观的歧见。当然欧洲也有毕达哥拉士学派,而在中国也有很多令人赞赏的数学成就。但是中国人的关联式思考却极不自然地运用一种数目的神秘性(numerology 数目论),为现代科学思想所不取(亦如对金字塔作数目的想象的不科学然)。作者以为虽则关联式的思考对中国科学的阻碍,没有所有其他因素的阻碍大,但它对中国科学是无丝毫贡献的。关于此点,Bergaigne 说得很好:"数目不由于实际经验到的事物的多元性(plurality)而定。反之,乃是由于人早先即有一种神秘的数目(好似预先准备好了一个架构),再来定事物具有多元性。"真正对中国思想感兴趣的学者,不应不读 Granet 论数目之象征一章。他说:"量的概念,在(古代)中国人的哲学性思考里,实际上不占任何地位。但中国(古代)的哲人,对于数目本身有极大的兴趣。但是不管土地测量师、木匠、建筑师、马车制造者以及音乐家们有多广的算术或几何知识,哲人们对之总是无兴趣的,除非其有利于他们的'数字游戏'。数字只被他们当作符号来使用……"又说:"数字没有代表事物大小的功用,它们只被拿来将实质之大小配合与宇宙的大小。"无疑地,无论我们怎样苛责中国古代及中古的神秘数论(数目论),也不嫌过分。③

在这里,李约瑟注意到了中国古代哲学中存在所谓的"数目学",也就是把数目和事物配合成体系的"把戏",而在这种数目学眼中根本不在乎现实事物的"经验"与"量",而只是预先准备好了一个架构,来规定事物的多元性。很显然,这种数目学方法,和近代科学尽量利用各种手段"拷问自然"的方法完全相悖。事实上,李约瑟这里提到的数目学,在一

---

① [英]李约瑟:《中国古代科学思想史》,陈立夫主译,江西人民出版社 2006 年版,第 336 页。
② [英]李约瑟:《中国古代科学思想史》,第 401 页。
③ [英]李约瑟:《中国古代科学思想史》,第 355 页。

定程度上就是我们所提到的象思维，象思维的核心是象模型，数目学的核心是神秘的数字，内容虽稍有差异，但是它们都具有同一个特点，就是先有了一个主观玄思的模型，然后用这个模型去规定现实的事物，而对现实事物的深层特性和相关的数量属性置若罔闻。同样明显的是，象思维和数目学，又都能对宇宙的万事万物作出一种说明，即使这种说明是非科学的，但是它们对人类理解宇宙是有一定帮助的，它们能够避免人类面对苍茫宇宙而产生的困惑和惊惧，它们作为哲学，也充实了传统社会和人们的精神世界。所以，我们一方面反对把邵雍象数学当作科学，或者科学方法来看待，但另一方面又充分重视邵雍象数学的哲学和文化意义。

第四章　邵雍先天学人生哲学研究

邵雍是易学大家，其易学是一个恢宏庞大而富于严整的体系，根据第二章和第三章的论述，我们知道邵雍易学哲学的主体内容又可以分成两个部分，即本体论和象数哲学。在象数学中，自然哲学具有完全的客观意义，而历史哲学已经涉及人的存在，虽然邵雍认为人类的历史也有所谓的客观规律，但是邵雍对历史的理解，已经表现为道德视域下的理解，已经充满了道德评价。所以邵雍先天学象数学，就实质内容而言，虽然是"物理之学"，但是已经蕴含着人的存在，然而在"物理之学"的论域中，人的存在和价值呈现，还没有得到专门的论述和发挥。与这种情况形成鲜明对比的是邵雍本体论，邵雍易学哲学的本体，在不同语境中有太极义或心义，就太极而言，太极本体指谓宇宙存在和运化的本体，具有较强的客观意味；就心而言，心本体强调了本体即是天心，或圣人之心，心本体突出了本体的主观意味。所以就终极意义而言，在邵雍的视野中并无所谓的客观和主观之分，客观和主观在本体的层面合二为一：圣人之心就是天道在人之生命中的呈现，天道就是圣人之心在大化中的体现，天道与人道合二为一。由此可以看到，邵雍本体论通过本体论追问和本体建构，通过对太极和心的本体地位的等同诠释，最终论证了终极意义上的天道与人道的合一，而换一个角度，我们也可以说，邵雍的本体论哲学和"物理之学"，也即邵雍易学哲学，在生命中的呈现和落实，则表现为邵雍的人生哲学。

邵雍人生哲学的旨归是"天人合一"，是天道本体在生命中的呈现，围绕此目的，又有一系列修养方法，另外，邵雍还对证成"天人合一"后的人生境界多有阐发。在下面，我们就对邵雍人生哲学的旨归、修养理论和境界论进行详细论述，并在最后，会把邵雍人生哲学的相关内容和同时代大儒们的理论进行比较，以进一步展现邵雍人生哲学的特点。

第一节　邵雍先天学人生哲学的旨归：天人合一

对于传统儒家而言，天道信仰是一个核心的观念，虽然儒家思想在不断发展之中，儒学发展史不断涌现新的观念和思想主题，大儒们的观念也有所变化、有所差异，但是儒者对于天道的信仰，则是永恒不变的。天道在他们的思想中是其核心观念，在他们的生命中是其安身立命之地，儒者以实现自己的生命与天道的合一为最高追求之一。邵雍作为大儒也毫不例外。邵雍说道："学不际天人，不足以谓之学。"[1] "尽人情，合天理。"[2] 可见，邵雍虽然建构了庞大而复杂的"物理之学"，但它们最终还是落实到人生哲学，而符合邵雍价值标准的人生哲学又以"天人合一"为旨归。显然，邵雍首先从"物理之学"出发，其次以"物理之学"为基础并超越之而直探先天本体，最后又归结到人生哲学层面上。但经过此番研究、反思和体悟的人生哲学，已经不是普通地遵守儒家各种礼仪规则，而是以体证天道天理为终极标准。《宋史》简要地记载了邵雍的学思路程："之才曰：'君非迹简策者，其如物理之学何？'他日则又曰：'物理之学学矣，不有性命之学乎？'"[3] 所谓的"性命之学"，就是穷思、体证天地之本体，并使之呈现在生命中的学问，究其实质而言，就是天人合一。这种精神追求，就是北宋新儒家们的共识和新儒学的精神特征。

天人合一作为邵雍人生哲学的终极目标，作为天道本体在生命中的呈现，本身是直觉的、神秘的，同时它也是邵雍对天道考察的结果。邵雍对天道的考察有两个紧密相关的层面，即宇宙论意义的考察和本体论意义的考察。宇宙论意义的考察属于"物理之学"，本体论意义的考察包含了天道本体在生命中的呈现，所以包含了"性命之学"。在宇宙论意义的考察中，邵雍强调了宇宙万事万物之中人类的特殊性，强调了人之存在的可贵。在本体论意义的考察中，邵雍突出了作为宇宙万事万物本体的天道，强调了圣人之所以为圣人在于法天道之生生之德，在于在生命中呈现天道本体。如此一来，在宇宙论意义的考察中，邵雍确立了万物之中人为贵的地位；在本体论意义的考察中，邵雍又指明了天人合一的终极价值。

---

[1] 邵雍：《观物外篇下》，《皇极经世书》卷十四，第531页。
[2] 邵雍：《伊川击壤集》卷之十六《大人吟》，《邵雍全集》第四册，第330页。
[3] 脱脱等撰：《列传第一百九十·儒林一》，《宋史》卷四百三十一，第12824页。

人在万事万物中之所以是最为可贵的，来源于邵雍对宇宙衍化过程的分析，在本书的第二章中我们已经对邵雍的宇宙衍化过程有了详论。在这里我们简略地指出，邵雍认为，宇宙是一个以"四象"为内容并且互相关联的大系统，四象可以分为天之四象和地之四象，天之四象为太阳、少阳、太阴、少阴，地之四象为太柔、少柔、太刚、少刚。天之四象分别对应日、月、星、辰；日、月、星、辰再变，则为暑、寒、昼、夜；暑、寒、昼、夜再变，则分别对应性、情、形、体。地之四象分别对应水、火、土、石；水、火、土、石再变，则分别对应雨、风、露、雷；雨、风、露、雷再变，则分别对应走、飞、草、木。性、情、形、体和走、飞、草、木互相交融，又代表了十六类事物或生命存在，这十六类事物或生命存在又表现出声色气味和耳目口鼻的特征。如此一来，邵雍通过"四象说"就把自然界中的基本事物、现象及其特征都统摄了起来。而在此基础上，邵雍说道：

> 人之所以能灵于万物者，谓其目能收万物之色，耳能收万物之声，鼻能收万物之气，口能收万物之味。声色气味者，万物之体也。目耳鼻口者，万人之用也。体无定用，惟变是用。用无定体，惟化是体。体用交而人物之道于是乎备矣。①

显然，邵雍认为万物为体，人类之感官为用②，而人依靠感官之用，能够遍体天地万物，所以人为万物之贵。人类的这种独特性是其他事物或生命存在所不具备的，万物皆有声、色、气、味，独有人类可以遍体遍感，人类的这种功能，确立了人类在万物中最为可贵。邵雍对人之可贵赞美道：

> 物有声色气味，人有耳目口鼻。万物于人一身，反观莫不全备。③
> 本乎天者，分阴分阳之谓也；本乎地者，分刚分柔之谓也。夫分阴分阳、分刚分柔者，天地万物之谓也。备天地万物者，人之谓也。④

---

① 邵雍：《观物篇五十二》，《皇极经世书》卷十一，第 489 页。
② 此处的"体"是事体、形体，并非本体；此处的"用"是人之运用，并非本体的妙用、神用，以及器物的功用。
③ 邵雍：《伊川击壤集》卷之十九《乐物吟》，《邵雍全集》第四册，第 403 页。
④ 邵雍：《观物篇六十一》，《皇极经世书》卷十二，第 504 页。

人之类备乎万物之性。①

这是邵雍哲学在宇宙论角度下对天道和人道的考察。在这一考察中,邵雍确立了万物之中人之为贵的地位。在这个考察和定位中,邵雍还继承了孟子"万物备于我"的命题,但是很显然,邵雍对这一命题的诠释,和孟子的原意有很大不同。孟子说:"万物皆备于我矣。反身而诚,乐莫大焉。强恕而行,求仁莫近焉。"(《孟子·尽心上》)孟子的本意,是就天命之性而言,人皆具备,而邵雍所谓的"万物备于我",则仅仅从自然哲学的角度,从人类感知的角度,强调了人类能够遍感万物的能力,与孟子德性修养相距甚远,这是需要注意的。同时我们强调,这种宇宙论和自然哲学的考察角度和对人的相应定位,仅仅是邵雍天人之思的一个层面。在此层面,只涉及宇宙的系统结构和变化的问题,还没有涉及宇宙存在和运化的根据问题;在此层面,只涉及与万物相比,人之为贵的问题,还不涉及人如何在生命中呈现天道本体的问题。也就是说,宇宙论意义的考察在较大程度上只是对宇宙万物的"事实考察",虽然突出了人之为贵的思想,但是也仅是强调了人在客观世界序列中由于感官的特殊,占据了较高的地位,并不涉及"价值"的问题。但以宇宙论意义的考察和定位为基础,邵雍对宇宙和人进一步进行了本体论深度的考察和定位。

在本体论意义的考察中,邵雍超越了宇宙论的层面,而直接突出了天道为万物的本体,突出了天道生化万物的功用,突出了圣人法天之大德,突出了天人合一。邵雍说:

《易》曰:"穷理尽性以至于命。"所以谓之理者,物之理也。所以谓之性者,天之性也。所以谓之命者,处理性者也。所以能处理性者,非道而何?是知道为天地之本,天地为万物之本。以天地观万物,则万物为万物;以道观天地,则天地亦为万物。道之道尽之于天矣,天之道尽之于地矣,天地之道尽之于万物矣,天地万物之道尽之于人矣。人能知其天地万物之道,所以尽于人者,然后能尽民也。

天之能尽物,则谓之曰昊天。人之能尽民,则谓之曰圣人。谓昊天能异乎万物,则非所以谓之昊天也。谓圣人能异乎万民,则非所以谓之圣人也。万民与万物同,则圣人固不异乎昊天者矣。然则,圣人与昊天为一道。圣人与昊天为一道,则万民与万物亦可以为一道。一

---

① 邵雍:《观物外篇下》,《皇极经世书》卷十四,第528页。

世之万民与一世之万物亦可以为一道,则万世之万民与万世之万物亦可以为一道也。明矣。

夫昊天之尽物,圣人之尽民,皆有四府焉。昊天之四府者,春夏秋冬之谓也。阴阳升降于其间矣。圣人之四府者,《易》、《书》、《诗》、《春秋》之谓也。《礼》、《乐》污隆于其间矣。春为生物之府,夏为长物之府,秋为收物之府,冬为藏物之府。号物之庶谓之万,虽曰万之又万,其庶能出此昊天之四府者乎?《易》为生民之府,《书》为长民之府,《诗》为收民之府,《春秋》为藏民之府。号民之庶谓之万,虽曰万之又万,其庶能出此圣人之四府者乎?昊天之四府者,时也。圣人之四府者,经也。昊天以时授人,圣人以经法天。天人之事,当如何哉?①

邵雍认为"天地为万物之本","道为天地之本",也就是说,宇宙万物各种存在的运化根据和本体就是道。道是相对于天地万物而言,如果仅就万物而言,则万物之运化根据和本体又被称为"昊天"。总之,道和昊天,就是万物的运化根据和本体。这是就宇宙整体而言的本体论分析,对于人类社会而言,其最终的本体虽然也是道,也是昊天,但是人类社会又有其特殊性,道和昊天虽然起着运化万物和生养人类的作用,但由于人有"知",如果有"人能知其天地万物之道所以尽于人者",并且效法道和昊天的生生之德,"然后能尽民",那么此人就是"圣人"。道和昊天作为宇宙的本体生化着天地万物,圣人效法道和昊天,生养和教化百姓,所以"圣人固不异乎昊天","圣人与昊天为一道"。显然在本体论分析的视野下,圣人因为效法道和昊天,在自己的生命中呈现出道和昊天的本体生生之德,"心代天意,口代天言,手代天功,身代天事",所以圣人与道合一,与昊天合一,这就是邵雍关于"天人之事"的认识,这就是邵雍天人合一的理念。同时也可以发现,与宇宙论意义上的"事实考察"相对而言,本体论意义上的考察可以说是价值视野下的思考,因为它是对宇宙和人类社会进行本体论分析,但是这种本体分析的结果是道或昊天,以及圣人,又都呈现出终极价值的色彩,成为儒者效法和学习的对象,成为儒者的终极追求。

天人合一是邵雍哲学的最高价值追求,是邵雍对宇宙进行考察的结果,但这仅仅是一种理想状况,是一种应然。在现实世界中,对于每一个

---

① 邵雍:《观物篇五十三》,《皇极经世书》卷十一,第490页。标点微有改动。

人而言，都或多或少有各种缺陷，有各种习气，有各种偏执，那么，现实的人生，如何才能证成天人合一呢？现实的个人，如何才能达到圣人的境界呢？这显然也是一个重要的问题。在宋明儒学中，这个问题就是所谓的修养问题，这是天道在儒者生命中如何呈现所必然带来的问题。任何一个儒者，在天道信仰的视野下，在天人合一的价值追求中，修养论都是一个必须解决的问题。我们在下一节，进一步论述邵雍的修养方法，进一步展现邵雍采用何种方法趋向天人合一。

第二节　邵雍先天学人生哲学的修养方法

在宋代儒者的视野中，对天道的认识是人生哲学的基础，而儒者关于天道的理解必然又落实到儒者的生命中，形成儒者的价值标准和行为规范，形成儒者人生哲学的根本内容。对于邵雍来说，他对于天道的认识有两个部分，第一是本体论哲学，第二是物理之学。这两个部分就是天道及其神用，以及天道所呈现的宇宙万物的运行规律，这两个部分构成了邵雍人生哲学的基础，决定着邵雍人生哲学的内容和倾向。在上一节中，我们说明了邵雍人生哲学的旨归是"天人合一"，而正是天人合一的理念和对天人合一的追求，为天道和儒者生命之间的贯通提供了动力。在此人生追求下，儒者将通过一系列方法和行为在自己的生命中呈现天道，达到天人合一。邵雍人生哲学体系中的修养方法具有宋代儒者的共性，也具有自己的特性。就共性而言，宋代儒者都强调道德践履；就个性而言，邵雍强调了"观物"在修养方法中的重要作用和意义。在下面我们详细加以论述。

一　观察天人　修心践形

邵雍先天学的实质是"天人之学"，他对"天人之学"的理解和体证以"观物"之法为出发点，但是邵雍之"观物"并非仅仅是"静观"，邵雍并非仅仅满足于获得"静观"所呈现的种种"道理"。如果他仅仅停留在"静观"的层次上，我们可以说邵雍是隐士，是"自了"，表现出道家的特征。但事实上，在人生哲学修养论的层面上，邵雍对"天人"的观察是在"天人相贯"的视野下展开的，他认为天道不离于人身，天人本来相合，在人的本然生命中，天道通过天心和天理呈现在人的生命中，所以儒者应当的行为就是针对当下的此心、此身进行道德践履，在生命中呈现出天道天理！这就是"践形"，这就是"修心"，这就是邵雍修养论的基本出发点和基本方法。

邵雍对"天人相贯"这一基本观念把握得非常通透,他在诗中说道:

道不远于人,乾坤只在身。谁能天地外,别去觅乾坤。①

一物其来有一身,一身还有一乾坤。能知万物备于我,肯把三才别立根。

天向一中分体用,人于心上起经纶。天人焉有两般义,道不虚行只在人。②

在这里,邵雍用"乾坤"来指称道,天道生化万物从不停息,这不息之表现,就是"乾坤"两端之间的交互大用。所以道即乾坤,乾坤即道,乾坤在人,人即蕴道,寻道、证道之人不可注目于天地实有实存之外,像道家道教那样着眼于所谓"先天地而生"的"虚无",而是就此天地之存在、就此人之存在,观道、体道、悟道。很显然,邵雍有意表现出与道家道教不同的思想色彩。

那么,强调了天道贯通于人这一基本观念,儒者又应该如何把捉这一观念,也就是说这一观念在生命中又是如何具体展开的,儒者如何具体践形呢?邵雍认为天人相贯的"几微"之处,就是"心",我们在第二章中已经论述,"天心",即"圣人之心",也就是本体。就"天心"而言,天人本来相贯,本来合一,但这是就圣人的实然讲,而不是就通常儒者的实然讲,通常儒者的生命存在只能说是蕴含着"天心",儒者必须通过修养而恢复、呈现"天心"。邵雍在诗中表达了对"修心"工夫的重视:

天学修心,人学修身。身安心乐,乃见天人。

天之与人,相去不远。不知者多,知之者鲜。

身主于人,心主于天。心既不乐,身何由安。③

先天事业有谁为,为者如何告者谁。若谓先天言可告,君臣父子外何归。

眼前伎俩人皆晓,心上工夫世莫知。天地与身皆易地,己身殊不异庖牺。④

---

① 邵雍:《伊川击壤集》卷之十七《乾坤吟》,《邵雍全集》第四册,第357页。
② 邵雍:《伊川击壤集》卷之十五《观易吟》,《邵雍全集》第四册,第290页。
③ 邵雍:《伊川击壤集》卷之十八《天人吟》,《邵雍全集》第四册,第363页。
④ 邵雍:《伊川击壤集》卷之十九《先天吟》,《邵雍全集》第四册,第400页。

在邵雍的视野中，人的生命存在可以分成"心"和"身"两个层面，它们虽不相离，却有所区别，修身的效果在于"身安"。常人之健康状况与社交关系之顺适可归于"身安"的范围，这是大多数人所追求的目标，但是"身安"并不能代表得道，并不能代表达到了天人境界，因为天人的真正贯通之处在"心"，人之生命存在的根据也在于"心"，在于"天"，"身安"必须以"心乐"为基础、为根据，否则儒者并不能够真正的安身立命，他们在大是大非的命运无常中，很可能会彷徨、痛苦、焦灼，以往的"身安"也随之消亡殆尽，因此比"修身"之"人学"更高一层次的修养是"修心"之"天学"。通过"修心"，体贴天人贯通之处，在人之生命存在中呈现天道本体，才能坦然面对一切名利权位之诱惑，才能善处命运之诡谲变化，才能踏踏实实安安稳稳地"践形"。如果我们联系邵雍指称天道本体具有"先天"的特色，那么"修心"之"天学"也就是"先天事业"。邵雍非常自豪于自己的"先天事业"，常人着眼于个人之躯壳，着眼于个人在社会中的地位和利益，而在邵雍的眼中，这都是"眼前伎俩"，过眼云烟，他所关注的是"心上工夫"，是"天人境界"。

邵雍的"天人境界"是一种应然，是一种理想状态，事实上，常人的实然当下心并不等于"天心"，当下心是掺杂着各种各样的情绪和欲望的，考虑到这种状况，邵雍在其修养论中，于"心"之外又比较重视"情"这一概念。他说：

> 人达人情，无寡无广。天下之事，如指诸掌。[1]
> 恶死好生，去害就利。天下之人，其情无异。[2]
> 天道远，人道迩。尽人情，合天理。[3]
> 知尽人情天岂异，未知何曾隔天地。……
> 知尽人情与天意，合而言之安有二。……[4]
> 物理窥开后，人情照破时。情中明事体，理外见天机。[5]

---

[1] 邵雍：《伊川击壤集》卷之十八《人情吟》，《邵雍全集》第四册，第363页。
[2] 邵雍：《伊川击壤集》卷之十八《好恶吟》，《邵雍全集》第四册，第372页。
[3] 邵雍：《伊川击壤集》卷之十六《大人吟》，《邵雍全集》第四册，第330页。
[4] 邵雍：《伊川击壤集》卷之十五《天人吟》，《邵雍全集》第四册，第299页。
[5] 邵雍：《伊川击壤集》卷之十九《窥开吟十三首》，《邵雍全集》第四册，第389页。

> 事体极时观道妙，人情尽处看天机。①
> 事体顺时为物理，人情安处是天机。②
> 君子任性，小人任情。任性则近，任情则远。③
> 君子多近名，小人多近刑。善恶有异同，一归于任情。④

在中国传统哲学中，一般来说，"情"是与"性"相对而言的概念。"情"是"性"之所发，"性"是天之所命，是人之生命存在的超越性根据，是人的本体，而"情"则是人在当下的生活世界中接触事事物物所必然具有的反应，因为"情"是心对当下的人之生活状态的一种反映。所以一方面，常人之"情"是实然的，另一方面，常人之"情"相对于天命之"性"来说必然不是纯粹的，因为常人之"情"是实然的，是有所偏颇的。常人都表现出"情"，生活在"情"中，所以邵雍面对当下的人之生存状态，更喜欢论"情"，这是邵雍反复强调"达人情"、"照""人情"的根本原因，也是邵雍"观物之学"贯彻到人生中的必然结果。

"人情"是生命的实然状态，它一方面以天道天理和天心为本体，为存在根据，另一方面因为是一种实然，所以必然有其缺陷。而邵雍针对"人情"的这两种特征，并不厌弃"人情"，而是直面、观察、体贴它，从当下的"人情"中体贴凸显出"天机"，也就是天命之"微"。在此基础上安之、扩之，对当下的"人情"进行观照和澄净，则"人情"即是天道天理之呈现，即是天心之呈现，通过对"人情"的深切体贴，就能达到"天人境界"。一言以蔽之，邵雍还是比较重视"人情"的，但邵雍的重视，是在肯认天道天理和天心的基础上，对人之生命实然状态的承认。邵雍并不是"情本论"，所以他说："君子任性，小人任情。任性则近，任情则远。"又说："身之休戚发于喜怒，时之否泰出于爱恶，殊不以天下大义而为言者，故其诗大率溺于情好也。噫！情之溺人也，甚于水。"⑤ 可见，邵雍虽然重情，但反对"任情"，总的来说是以性统情。这样一种观念，一方面能够呈现生命情感的多姿多彩，另一方面也能够防止情感的流溢难

---

① 邵雍：《伊川击壤集》卷之二十《首尾吟一百三十四首》，《邵雍全集》第四册，第421页。
② 邵雍：《伊川击壤集》卷之二十《首尾吟一百三十四首》，《邵雍全集》第四册，第422页。
③ 邵雍：《伊川击壤集》卷之十八《性情吟》，《邵雍全集》第四册，第378页。
④ 邵雍：《伊川击壤集》卷之十八《刑名吟》，《邵雍全集》第四册，第381页。
⑤ 邵雍：《伊川击壤集·序》，《邵雍全集》第四册，第1页。

归。这一点与后来的程朱理学家重性贬情的理论倾向还是有所不同的。

总而言之，邵雍的"修心践形"，是在天人相贯的视野下，着眼于当下的生命和生活，认为体证天道本体，并不是远离当下的生命和生活，如佛老那样，而是就在当下的生命长河中，在当下的社会生活中，通过"修心"而"践形"，呈现天道天理，从而达到天人合一的境界。

二 以物观物 消解我执

"修心践形"可以说是邵雍人生修养方法的一个总纲，这个总纲来源于这样的观念：天心即是天道，即是天理，而常人之实然生命状态是人心人情，人心人情不离天心，但是有所驳杂，所以常人需要修养工夫，需要在人心人情中呈现天心，呈现天道天理，这就是"践形"的过程。更进一步，根据邵雍的观察，当下的人心人情之所以驳杂，其中的关键之处就在于常人观察感受宇宙、社会和人生的出发点，是一个强烈的自我。常人从个人的处境出发，面对世界有各种各样的欲望，有各种各样的判断，有各种各样的反应，有各种各样的享受，因而形成了一个强烈的自我，而自我的欲望不能总是得到满足，自我的判断可能经常出现错误，而这一切又都最终导致了自我的痛苦深渊。所以从自我出发，不断地追求实现自我，生命紧张地流转在欲望、判断、反应和享受的怪圈中不得解放，不得自由，邵雍用诗句贴切地描绘了常人的这一生命状态："既爱且憎皆是病，灵台何日得从容。"[①]

那么，如何破除由自我产生的种种纠结，把心灵从缠绕中解放出来呢？佛教徒们感受到了人生的痛苦，他们用空观来消解痛苦，但同时也消解了人生的存在。邵雍观察到了人生常态的贪婪、拘滞、彷徨、恐慌等痛苦的情绪，他消解了自我，但他没有消解人生，他的思路是站在天道的层面上，超越自我和自私，因此打破围绕自我和自私产生的生命怪圈，使生命得以解放，得以安顿。他的具体方法则是"以物观物"，而"以物观物"也就是以天道、天命和天性而观之。他说道：

凡人为学，失于自主张太过。[②]
任我则情，情则蔽，蔽则昏矣。因物则性，性则神，神则明矣。[③]

[①] 邵雍：《伊川击壤集》卷之十六《利名吟》，《邵雍全集》第四册，第331页。
[②] 邵雍：《观物外篇下》，《皇极经世书》卷十四，第531页。
[③] 邵雍：《观物外篇下》，《皇极经世书》卷十四，第529页。

以物观物，性也；以我观物，情也。性公而明，情偏而暗。①

圣人利物而无我，易地而处，则无我也。不我物，则能物物。以物喜物，以物悲物，此发而中节者也。②

圣人何容心哉？无我故也。③

圣人之难，在不失仁义忠信而成事业，何如？则可在于绝四：毋意、毋必、毋固、毋我，合而言之则一，分而言之则二；合而言之则二，分而言之则四。始于有意，成于有我。有意然后有必，必生于意，有固然后有我，我生于固意。有心必有待，固不化我有己也。④

庄子与惠子游于濠梁之上，庄子曰："鯈鱼出游从容，是鱼乐也。"此尽己之性，能尽物之性也。非鱼则然，天下之物皆然。若庄子者，可谓善通物矣。⑤

生活世界本是一个世界，但是因为个人的认识、理解、体悟和感受的不同，生活世界就表现出不同。在生命中呈现"天心"，则天道天理自然呈现在当下的生活世界中，天道天理呈现于个人，乃个人之性，乃个人之命。个人与天道天理通而为一，个人的所作所为符合天道天理，则个人表现出大公无私，表现出慧明通达，表现出神化莫测；个人与天道天理通而为一，则不但个人生命得以完善，而且无伤万物，运化万物，万物也得以尽其"性命"，所以个人在"尽己之性"的基础上还能够"尽物之性"，而此时的个人就是"不异乎昊天""与昊天为一道"的圣人。⑥而在生命中呈现"天心"的关键，就在于"以物观物"，就在于消解自我、自私，消解自我、自私对于万物强加的缠绕，使万物得以生生不息。

需要强调的是，邵雍的"以物观物"表现出强烈的以天理为基础的秩序性，他说：

性者道之形体也，性伤则道亦从之矣。心者性之郭廓也，心伤则性亦从之矣。身者心之区宇也，身伤则心亦从之矣。物者身之舟车也，物伤则身亦从之矣。是知以道观性，以性观心，以心观身，以身

---

① 邵雍：《观物外篇下》，《皇极经世书》卷十四，第529页。
② 邵雍：《观物外篇下》，《皇极经世书》卷十四，第530页。
③ 邵雍：《观物外篇上》，《皇极经世书》卷十三，第519页。
④ 邵雍：《观物外篇上》，《皇极经世书》卷十三，第519—520页。标点有改动。
⑤ 邵雍：《观物外篇上》，《皇极经世书》卷十三，第520—521页。
⑥ 邵雍：《观物篇五十三》，《皇极经世书》卷十一，第490页。

观物，治则治矣，然犹未离乎害者也。不若以道观道，以性观性，以心观心，以身观身，以物观物，则虽欲相伤，其可得乎！若然，则以家观家，以国观国，以天下观天下，亦从而可知之矣。……诚为能以物观物，而两不相伤者焉，盖其间情累都忘去尔。①

在这里邵雍表达了一种道、性、心、身、物的概念序列。这一序列相当于对宇宙做了一种存在论分析，宇宙的本体为道，道呈现于人为性，此处的心则是人之主宰心、生理心，身为心之载体，身则为万物之一。邵雍认为，在这一概念序列中，存在一种秩序性。这种秩序性本身就是天道天理的表现，不容混杂淆乱，依照天理秩序的观物就是呈现天道天理，否则就是"任情"，就是"我执"。所以邵雍说："诚为能以物观物，而两不相伤者焉，盖其间情累都忘去尔。"但朱熹对邵雍这段话所体现的天理秩序意有所误解：

> 问："《击壤序》中'以道观道'等语，是物各付物之意否？"曰："然。盖自家都不犯手之意。道是指阴阳运行者言之。"又问："如此，则性与心都不相管摄，亡者自亡，存者自存否？"曰："某固言其与佛学相近者，此也。"②

显然，朱熹把这种不可超越天理秩序而观的观物，理解为"自家都不犯手"，理解为"亡者自亡，存者自存"，如此一来，邵雍就真是一个作壁上观的"闲道人"了。朱熹这一看法，对后世有一定影响。在第二章我们论述王龙溪对邵雍的不赞成处，也有类似的地方，"尧夫数学精，凡事皆有成算，一切付之自然，与圣人裁成参赞、挽回世界之心较缓些子。圣人之心，肫肫恳恳，与世界常相关，时时痛痒切身，一体故也"③。事实上，邵雍所要表达的意思，只是天理有其秩序，观物需要依照天理秩序而观，并不是不"观"，并不是跳出生活之外不闻不问社会之事，邵雍所反对的是"任情"而观，"以我观物"而观。他说：

> 君行君事，臣行臣事，父行父事，子行子事，夫行夫事，妻行妻

---

① 邵雍：《伊川击壤集·序》，《邵雍全集》第四册，第 2 页。
② 黎靖德编：《朱子语类》卷第一百，第 2544 页。
③ 吴震编校整理：《书见罗卷兼赠思默》，《王畿集》卷十六，第 473 页。

事，君子行君子事，小人行小人事，中国行中国事，夷狄行夷狄事，谓之正道；君行臣事，臣行君事，父行子事，子行父事，夫行妻事，妻行夫事，君子行小人事，小人行君子事，中国行夷狄事，夷狄行中国事，谓之邪道。①

在这里，邵雍明显表达了社会体系中行事必须依照天理秩序的主张，如此就是"正道"，否则就是"邪道"，这就是对"以道观道""以物观物"的最好演绎。而其中也体现出行事需要按照"正道"，并非"都不犯手"而不行事之意。但这确实与宋儒修身以治平的入世情怀和追求还是有所不同。

三 至诚呈现 处身为学

在中国传统文化中，"诚"是一个重要的概念，也是儒者修身的一项重要内容。在《礼记》的《中庸》篇中，"诚"更是被提升到天道的高度。《中庸》认为：

> 诚者，天之道也；诚之者，人之道也。诚者不勉而中，不思而得，从容中道，圣人也。诚之者，择善而固执之者也。
> ……
> 唯天下至诚，为能尽其性；能尽其性，则能尽人之性；能尽人之性，则能尽物之性；能尽物之性，则可以赞天地之化育；可以赞天地之化育，则可以与天地参矣。
> ……
> 诚者自成也，而道自道也。诚者物之终始，不诚无物。是故君子诚之为贵。诚者非自成己而已也，所以成物也。成己，仁也；成物，知也。性之德也，合外内之道也，故时措之宜也。
> 故至诚无息。(《中庸》，《礼记》第三十一)

天道本来至诚无伪，作为宇宙万物的本体真实存在，鼓动着万事万物生生不息，所以在天道的视域中，"诚"不仅仅是一个形容词，而就是指谓天道的真实存在，就是天道本身，又因为"天命之谓性"，所以"诚"

---

① 邵雍：《观物篇》五十九，《皇极经世书》卷十二，第501页。中州古籍本"夷狄"为"僭窃"，据《道藏》本改。

既是天道，也是人的本性，是天人相贯通处，儒者由"诚"而在生命中呈现天道，不但能够完善自己的生命，达到"能化""如神"的境界，而且能够促成万物发展之完善，"尽物之性"，从而进一步超越个人，达到"赞天地之化育"，与天地相参的天地境界。可见，《中庸》就天人贯通处提撕出"诚"，通过对"诚"的强调与本体化，最终使人与万物、人与天道合而为一，为人确立了安身立命之地。

北宋儒学复兴时期，与邵雍同时的周敦颐，一方面在继承了《中庸》关于"诚"思想的基础上，结合《易传》天道思想，进一步明确了"诚本论"；另一方面在人生哲学方面，对"诚"进行了较为详细的阐释。他说道：

> 诚者，圣人之本。"大哉乾元，万物资始"，诚之源也。"乾道变化，各正性命"，诚斯立焉。纯粹至善者也。故曰："一阴一阳之谓道，继之者善也，诚之者性也。"元、亨，诚之通；利、贞，诚之复。大哉《易》也，性命之源乎！①
>
> 圣，诚而已矣。诚，五常之本，百行之源也。静无而动有，至正而明达也。五常百行，非诚，非也，邪暗，塞也。故诚则无事矣。至易而行难。果而确，无难焉。故曰："一日克己复礼，天下归仁焉。"②

显然，在周敦颐的视野中，诚既是天道的大德，也是圣人之本。从诚贯穿天道的整个过程来看，诚可谓即是天道。

邵雍作为大儒，同样继承并阐扬了"诚"的思想。他认为"至诚"就是天地的特征，只要天地存在，"至诚"必然存在，这就是所谓："智数或能施于一朝，盖有时而穷。惟至诚与天地同久。天地无则至诚可息，苟天地不能无，则至诚亦不息也"③，"为学养心，患在不由直道；去利欲，由直道，任至诚，则无所不通。天地之道直而已，当以直求之。若用智数，由径以求之，是屈天地而徇人欲也，不亦难乎？"④ 显然，邵雍也把"诚"提升到了天道的高度，从一定意义上来说，天地之道即是"直道"，即是"诚"，"直道""诚"也就是天地之道。他还认为，与"诚"相对的是"智数"，"智数"来源于个人的利欲之心，所成全的也是"人欲"，遑论

---

① 周敦颐：《通书·诚上第一》，《周敦颐集》卷二，第13—14页。
② 周敦颐：《通书·诚下第二》，《周敦颐集》卷二，第15—16页。
③ 邵雍：《观物外篇下》，《皇极经世书》卷十四，第529页。
④ 邵雍：《观物外篇下》，《皇极经世书》卷十四，第529页。

天地之道。因为"诚"即是天道，所以儒者要在生命中体贴、呈现天道，必须从"诚"入手，邵雍反复强调了这一点：

> 先天学主乎诚，至诚可以通神明，不诚则不可以得道。①
> 人之神则天地之神，人之自欺，所以欺天地，可不戒哉！②
> 至理之学，非至诚则不至；物理之学或有所不通，不可以强通。强通则有我，有我则失理，而入于术矣。③
> 诚者，主性之具，无端无方者也。④
> 吾道本来平，人多不肯行。得心无厚味，失脚有深坑。若未通天地，焉能了死生。向其间一事，须是自诚明。⑤
> 不多求故得，不离学故明。欲得心常明，无过用至诚。⑥

先天学的实质，也就是"天人合一"之学，天道即"诚"，同于天道之人道自然也"诚"。因此从本体论上来说，"诚"即天道；从心性论上来说，"诚"即人性；从修养论上来说，儒者需从"诚"入手，体贴、呈现天道，所以"诚"彻上彻下，贯通天人，贯通先天与后天。

在此需要特别强调的是，港台现代新儒家唐君毅先生认为邵雍虽然论"诚"，但是邵雍之"诚"只是"后天之事"，而非"先天之学"。我们认为，唐先生的解读很难说符合邵雍的原意，但唐先生的确发现了邵雍先天学之"诚"的一些问题，故本书在此加以详细讨论。

唐先生说道：

> 康节于言太极、道、阴阳、神之外，亦言即诚。……其言人心当如止水，以求定静，而有明，乃意在以此成其心之不以我观物，而唯以物观物。其所谓诚者，则是诚有此如止水之定静之心，以有明而通于神、得于道之谓。此诚乃纯属工夫。其谓之为先天之学，实则唯是后天之事。此固大不同濂溪之谓诚，即是性，亦即太极，其用即为神，而为人之心之原者也。故此康节之心学，虽言诚，其所欲诚有

---

① 邵雍：《观物外篇上》，《皇极经世书》卷十三，第518页。
② 邵雍：《观物外篇下》，《皇极经世书》卷十四，第528页。
③ 邵雍：《观物外篇下》，《皇极经世书》卷十四，第529页。
④ 邵雍：《观物外篇下》，《皇极经世书》卷十四，第529页。
⑤ 邵雍：《伊川击壤集》卷之七《逍遥吟》，《邵雍全集》第四册，第114页。
⑥ 邵雍：《伊川击壤集》卷之十六《至诚吟》，《邵雍全集》第四册，第334页。

者,实只是一定静而明,以物观物之心。心能以物观物,更可忘我,亦忘心;而其观物之事,依道依神,而无方无端,则内无所累,以得自由自在。此亦即此心之观物之心之自主。此中之诚,亦即诚有此自主之性,以见于无方无端、自由自在的观物之事而已。故曰"诚者主性之具,无端无方者也"。而此诚之所成者,则康节又名之为至理之学。所谓至理之学,即"循天理"者,"造化在我"者。所谓造化在我者,即先忘我,而以物观物,与物之造化,观物之造化。此心之"观",与物之"造化"俱运,则造化还在此观、此心中,亦即在我也。康节又谓"君子之学,以润身为本;其治人应物,皆余事也"。更谓"得天理者,不独润身,亦能润心;不独润心,至于性命亦润"。循天理动,自是心,而心自有性命,心亦连于身。则循天理动,自能润身,兼润心与性命。然此身则唯指己身而言,而治人应物之事,在康节乃为余事。则康节之学言诚,亦只以润身为本。此亦明与濂溪、横渠、明道之言诚为合内外,成己亦成物之道者不同。而于诚与明、神与化、天道与天德、性与命、仁与义之相对而相涵之种种义,康节更多未之能及。而其论乃于庄子让王篇"道之精,以治身,其绪余以为国家,其土苴以治天下者",相差不远。康节之学之重在自求安乐,而带道家情调,亦可由其心学之首数节之文,而尽见矣。①

可见,唐先生对邵雍的基本理解,主要是认定邵雍之学的目的,主要在于"如止水之定静之心",而达到此心境界的工夫,也就是"诚"。如此一来,唐先生认为就本体论而言,邵雍并没有强调"诚"即是天道本体;就修养论而言,在不见道体的视野下,用"诚"来追求一个"如止水之定静之心",必然属于不究竟的工夫,属于"后天之事",难论为"先天之学"。

我们就唐先生的理解与邵雍先天学之"诚"的本然情况,有三方面需要讨论说明。

第一,在邵雍先天学视域内,"诚"是彻上彻下贯通先天与后天的。根据本书第二章对先天学本体论的论述,根据我们对先天学人生哲学主旨的论述,可以说,邵雍之先天学,基本出发点就在于贯通天人,在儒者生命中呈现天道本体。在此视野下,邵雍的确论述了"诚"的本体特征,从修养论的角度看,"诚"固然属于"后天之事",但是,"诚"本是彻上彻

---

① 唐君毅:《中国哲学原论·原教篇》,第27—28页。

下,"先天""后天"本来互相贯通,因此在先天学视野中,"诚"虽然是"后天之事",但同时也是"先天之学","诚"乃是通达先天境界的必经之途。

第二,邵雍先天学视域中的"如止水之定静之心",并非儒者为保持其思想之纯正而不可论及与体证的。唐先生对于邵雍之"诚"的误解,关涉认定邵雍之学的目的是"如止水之定静之心",而此心并非天道的体现。因此,追求此心之"诚",只能说是"后天之事",不可说即是天道高度上的"先天之学"。但是,联系到邵雍关于本体的思想,联系到邵雍的"践形"思想,联系到邵雍对"先天之心"的重视,我们说,邵雍并非仅仅追求一个"虚静之心",而只是通过强调"如止水之定静"来消解"有我"之"我执",来达到"天理"之大公、自由和圆融的境界。关于此一义理,即便程颐也是承认的,程颐说:"圣人之心,如镜,如止水。"① 事实上,圣人之心必然有"如止水之定静"义,因为圣人之心遍体遍感万事万物而无有偏执,这种心之遍体遍感义,用止水和镜的明亮而无所不映来形容,是很恰当的。所以,认定心有"如止水之定静"义而不以为得道,认定邵雍不见道体,认定邵雍之"诚"只是"后天之事"而非"先天之学",是很难成立的。

第三,邵雍先天学视域中"诚"所呈现之道,的确与周、张、二程赋予明确价值意蕴之道有所区别。这个区别的关键在于,邵雍先天学之道乃是宽泛意义上的"物理"之学意义上的宇宙存在与运行之道,而周、张、二程之学之道是具有明确价值意蕴之道。以周敦颐为例,其"诚"一方面具有天道内涵,"诚者,圣人之本。'大哉乾元,万物资始',诚之源也。'乾道变化,各正性命',诚斯立焉。纯粹至善者也。故曰:'一阴一阳之谓道,继之者善也,成之者性也'"②;另一方面具有儒家价值内涵,"圣,诚而已矣。诚,五常之本,百行之源也。静无而动有,至正而明达也。五常百行,非诚,非也,邪暗,塞也。故诚则无事矣。至易而行难。果而确,无难焉。故曰:一日克己复礼,天下归仁焉"③。再以大程子为例,其在《识仁篇》中说道:"学者须先识仁。仁者,浑然与物同体。义、礼、知、信皆仁也。识得此理,以诚敬存之而已,不须防检,不须穷索。"④ 于此可见,"诚敬"之所存乃仁体、仁道、仁理。而邵雍之"诚"是其道其

---

① 程颢、程颐:《河南程氏遗书》卷第十八,《二程集》,第 202 页。
② 周敦颐:《通书·诚上第一》,《周敦颐集》卷二,第 13—14 页。
③ 周敦颐:《通书·诚下第二》,《周敦颐集》卷二,第 15—16 页。
④ 程颢、程颐:《河南程氏遗书》卷第二上,《二程集》,第 16—17 页。

理之诚,而其道其理的"物理"意蕴较浓,价值意蕴较淡,其"诚"首先指向先天学之道之理,先天学之道之理包含着仁道仁理、五常百行,但并不直接等同于仁道仁理、五常百行。所以我们应当看到,先天学之"诚"的基础与北宋五子其他四人之"诚"的基础是有所不同的。

经过以上分疏,我们说,邵雍视域中的天道、天理、心之意蕴、诚之呈现,的确与北宋五子其他四人有所区别,这是不能亦不必掩盖的事实,但是,却不能因为它们有不同的意蕴,而认为其"诚""唯是后天之事",而非先天之学。因为,站在先天学自身的视野下,"诚"的确是彻上彻下贯通先天与后天的。当然,唐君毅先生的敏锐哲思也的确启发我们注意到:邵雍先天学之"诚"之内涵,的确有其特点,也的确有与北宋五子其他四人有相异之处。

四 尽道于民 循理自然

邵雍人生哲学的旨归是天人合一,也就是在当下的生命中呈现天道本体。天道本身是生生不息的,但同时也是自然而然的。生生不息是本体作为万事万物存在和运行根据的必然表现,本体如果没有生生义,没有贯通事物义,那么本体就是远离具体事物的本体,这是佛教的彼岸世界而不是儒家的本体界,不是极高明而道中庸的儒家之价值追求;本体同时也是自然而然的,因为本体是万事万物的本体,本体虽然贯通于万何万物,但超越于任何具体的事物,本体无所限、无所偏、无所执,而能尽万物之性,这无所限、无所偏、无所执,必然也就是自然而然的。对于儒家来说,本体之自然义从属于本体之生生义,因为如果没有本体之生生,而以本体之自然为核心,那么此自然就是无内容的自然,本体就是无内容的本体,那么此本体就是道家之本体,是"无"。彻底的"无"就是没有价值没有秩序的当下就是,万物在"无"的价值观下仿佛能够各自"尽性",但是最终必然是无序的混乱。而邵雍将本体既有生生义也有自然义这一思想,进一步贯彻到人生哲学中,分别则为"尽道于民"和"循理自然"。

邵雍关于本体之生生义,关于本体贯通事物义,主要从强调本体之"尽"于事物,"生""养"事物中呈现,而贯彻到人生哲学中,则就是"尽道于民"。邵雍说:

> 道之道尽之于天矣,天之道尽之于地矣,天地之道尽之于万物矣,天地万物之道尽之于人矣。人能知其天地万物之道,所以尽于人者,然后能尽民也。

天之能尽物，则谓之曰昊天。人之能尽民，则谓之曰圣人。谓昊天能异乎万物，则非所以谓之昊天也。谓圣人能异乎万民，则非所以谓之圣人也。万民与万物同，则圣人固不异乎昊天者矣。然则，圣人与昊天为一道。圣人与昊天为一道，则万民与万物亦可以为一道。一世之万民与一世之万物，既可以为一道。则万世之万民与万世之万物，亦可以为一道也，明矣。①

　　移昊天生兆物之德而生兆民，则岂不谓至神者乎？移昊天养兆物之功而养兆民，则岂不谓至圣者乎？吾而今而后，知践形为大。非大圣大神之人，岂有不负于天地者乎？②

　　乾坤天地之本，离坎天地之用。是以《易》始于乾坤，中于离坎，终于既济未济。而泰否为上经之中，咸恒为下经之首，皆言乎其用也。故《易》者，用也。乾用九，坤用六，大衍用四十九，而潜龙勿用也。大哉，用乎！吾于此见圣人之心也。③

可见，邵雍认为道之为道，并非虚悬在万事万物之上，而是"尽之于人"的，而圣人作为在生命中呈现天道者，必然也是"尽道于民"的，必然也是"生""养"万民的。此"尽"，此"生"，此"养"，也就是本体之用，也就是本体之用在人生哲学中的呈现。所以，"尽道于民"，"生""养"万民，也是儒者人生哲学的一项内容，是儒者践形的一项内容。④

关于本体之自然义，贯彻到人生哲学中，就是"循理自然"。因为在生命中呈现天道，天道本身有其理，有其序，儒者只需要如天道之本身而呈现天道，即能同于天道，本不需要强力而为，本就是自然而然的。而凡与自然而然相反者，也必然是自私的、任情的。邵雍说：

　　能循天理动者，造化在我也。⑤

---

① 邵雍：《观物篇五十三》，《皇极经世书》卷十一，第490页。
② 邵雍：《观物篇六十二》，《皇极经世书》卷十二，第506页。
③ 邵雍：《观物外篇上》，《皇极经世书》卷十三，第516页。
④ 在此需要特别指出，邵雍先天学之道的确具有生生之义，这从他明确规定道具有生物生民、养物养民之意涵即可睹见。但是，就邵雍先天学的整个思想体系而言，其中始终存在一系列的思想紧张，即他的"先天"观念和"数学"思想毕竟影响着他的精神世界，造成了他虽然认同仁学价值观但无法把仁突出为首要价值。这是和北宋五子其他四人不一样的地方，也是我们了解邵雍及其先天学要注意的地方。邵雍先天学视域中存在的思想紧张可以参见本书《总论》第三节的相关讨论。
⑤ 邵雍：《观物外篇下》，《皇极经世书》卷十四，第529页。

理顺面前皆道路,义乖门外是榛荆。①

若问先天一字无,后天方要著工夫。拔山盖世称才力,到此分毫强得乎。②

吾亦爱吾庐,吾庐似野居。性随天共淡,身与世俱疏。遍地长芳草,满床堆乱书。自从无事后,更不著工夫。③

百病起于情,情轻病亦轻。可能无系累,却是有依凭。秋月千山静,春华万木荣。若论真事业,人力莫经营。④

天意无他只自然,自然之外更无天。不欺谁怕居暗室,绝利须求在一源。

未吃力时犹有说,到收功处更何言。圣人能事人难继,无价明珠正在渊。⑤

可见,邵雍一方面循天理而动,另一方面认为,天理本身就是自然的,同时,天理也是和"私意""任情"相对而言的,而儒者如天道天理之本来而自然呈现之,也必然是自然而然的,不需要特别的工夫,不需要特别的经营。这就是邵雍"循理自然"的主张。

以上是邵雍人生哲学的修养论,它包括四个有机的组成部分:"观察天人,修心践形","以物观物,消解我执","至诚呈现,处身为学","尽道于民,循理自然"。在"观察天人,修心践形"的部分中,是在观察宇宙的大视野中把目光聚焦到儒者的生命存在之上,并以"心"为天人贯通处,从而强调了"修心"和呈现先天之心的重要意义,同时先天之心并非远离当下生命和社会生活的"心",所以此"修心"也就是"践形",也就是在融会于社会生活的儒者生命中呈现天道本体。在"以物观物,消解我执"的部分中,邵雍主要针对常人"任情",有私意,有个人偏见等现象,提出了自己的消解办法。这一方法就是"以物观物","以物观物"是邵雍"观物之学"在人生修养论中的另一种延伸,广义的"观物之学"不但是指观察的理论结果,也指一种穷理的方法,而"以物观物"的意义主要为站在"道"的高度,来消解以个人为出发点的偏见、私意和纵情,所以可说"以物观物"也是邵雍道论在人生哲学中的必要体现,唯有此,

---

① 邵雍:《伊川击壤集》卷之十六《感事吟》,《邵雍全集》第四册,第331页。
② 邵雍:《伊川击壤集》卷之十七《先天吟》,《邵雍全集》第四册,第342页。
③ 邵雍:《伊川击壤集》卷之十八《吾庐吟》,《邵雍全集》第四册,第376页。
④ 邵雍:《伊川击壤集》卷之十七《百病吟》,《邵雍全集》第四册,第346页。
⑤ 邵雍:《伊川击壤集》卷之十《天意吟》,《邵雍全集》第四册,第182页。

天道才有可能在儒者的生命中得以呈现。在"至诚呈现,处身为学"的部分中,邵雍主要从天道运化的本然强调至诚的必要性,天地运化本来无伪,本来无欺,正是在这本然的运化中,万物才得以发展,至诚则是天道在生命中的本然趋势,如果儒者试图达到天人合一,必然要"至诚",否则即是自欺,即是欺天,即是自绝于天。在"尽道于民,循理自然"的部分中,邵雍一方面强调了本体之生生义贯彻到人生哲学中必然会有"尽道于民"的意义,另一方面强调了自然无为的修养方法。但邵雍之自然无为与道家道教的自然无为是有区别的,道家道教之自然无为具有消解儒家价值观的作用和效果,而邵雍之自然无为是在儒家价值观基础上的自然无为,是生生之德所呈现的自然无为,是以"循理"为前提的自然无为,邵雍之自然无为秉承了道家道教自然无为的消解作用,但仅仅用它来消解"人力经营"和"私意",并没有消解儒家的价值观,邵雍毕竟还是儒者。总之,修养论的这四个部分,从天人贯通出发,要么强调需要克服人之生命的偏见和私意,要么强调如实地呈现天道天理,如此通过"践形",潜蕴的天道本体得以呈现,天人合一的境界得以达到。

第三节　邵雍先天学人生哲学的境界

在以上的两节中,我们介绍了邵雍天人合一的理念和他的修养方法,邵雍天人合一理念的实质,就是在生命中呈现天道,他的四种修养方法,也围绕着这个核心理念而展开,邵雍一生都践履着自己的理念,践履着自己的追求,他也自认为达到了天人合一的境界。他说:"年十岁,求学于里人,遂尽里人之情,己之滓十去其一二矣。年二十求学于乡人,遂尽乡人之情,己之滓十去其三四矣。年三十求学于国人,遂尽国人之情,己之滓十去其五六矣。年四十求学于古今,遂尽古今之情,己之滓十去其七八矣。五十求学于天地,遂尽天地之情,欲求于己之滓无得而去矣。"[1] 这几句话简略记述了自己的学思历程,也描述了自己的进步历程,并最终自认为体悟了"天地之情",不再有渣滓可去,这种境界简而言之就是"不出户庭,直际天地"[2],有了这种感受,这种体悟,邵雍自豪地评价自己"不

---

[1] 吕祖谦编:《无名君传》,《宋文鉴》卷一百四十九,第1610—1611页。
[2] 邵雍:《伊川击壤集》卷之十四《安乐吟》,《邵雍全集》第四册,第286页。

动已求如孟子，无言又欲学宣尼"①。很显然，这是认为自己堪比孟子。在这里我们不想多论邵雍是否自我评定太高，但根据这段话，根据邵雍的"观物之学"，根据邵雍表现他的生命证悟的众多诗篇，我们可以肯定，邵雍自得的确甚多，邵雍境界的确很高。

邵雍崇高的人生境界并非偶然，它来源于邵雍对天地万物之理的认识，来源于他对天道的认识，来源于他超越一己之私而对先天本体的强调，来源于他先天不离后天的人生践履，来源于生生之德在其生命中的呈现，可以说，邵雍的人生境界，是其"观物之学"的必然，是其先天意识的必然，是其天人合一理念最终得以成功实践的必然。在下面，我们将从三个方面体会和感悟邵雍所展现的崇高人生境界。

一　先天之意　难以名状

邵雍称自己的学问为"先天学"，他通过强调先天这一概念，来表现天地万物存在和运化的本体。本体虽然并不隔绝于万事万物，而就在万事万物之中，但是本体相对于万事万物具有超越性，在天人合一这一理念的视野中，先天本体必然呈现于人的生命当中，这种呈现与万事万物表现为一定的形象不同，而表现为难以名状的先天之意。先天之意难以名状，是因为本体自身具有超越性，但先天之意又有端倪可见，这是因为本体必然呈现在事物之中，呈现在生命之中。邵雍在很多诗中都表现了这一点：

恍惚阴阳初变化，氤氲天地乍回旋。中间些子好光景，安得工夫入语言。②
阴阳初感处，天地未分时。言语既难到，丹青何处施。③
物理窥开后，人情照破时。且无形可见，只有意能知。④
平生喜饮酒，饮酒喜轻醇。不喜大段醉，只便微带醺。
融怡如再少，和煦似初春。亦恐难名状，两仪仍未分。⑤
冬至子之半，天心无改移。一阳初起处，万物未生时。
玄酒味方淡，大音声正希。此言如不信，更请问庖牺。⑥

---

① 邵雍：《伊川击壤集》卷之二十《首尾吟》，《邵雍全集》第四册，第415页。
② 邵雍：《伊川击壤集》卷之十二《恍惚吟》，《邵雍全集》第四册，第231页。
③ 邵雍：《伊川击壤集》卷之十一《笃年老逢春诗》，《邵雍全集》第四册，第207页。
④ 邵雍：《伊川击壤集》卷之十一《笃年老逢春诗》，《邵雍全集》第四册，第206页。
⑤ 邵雍：《伊川击壤集》卷之十九《喜饮吟》，《邵雍全集》第四册，第390页。
⑥ 邵雍：《伊川击壤集》卷之十八《冬至吟》，《邵雍全集》第四册，第380页。

先天本体并不是虚悬着的一个空无本体,而是作为生生本体创生着宇宙的万事万物,这种创生是本体贯通于事物之际,还不即是万事万物当下的大化流行,而是阴阳变化将生未生之际的生生意向。这生生意向,即是本体的创生,即是天地万物生生不息的根据,即是先天之意。但是,这种生生之意还不即是万事万物,还不即是阴阳变化,所以无法用日常和理论的语言来表述,只能是体证先天本体的儒者自己就阳气初起之玄妙处体会,这阳气初起处就是天根。就《伏羲六十四卦圆图》来说,天根是坤卦和复卦之间,就宇宙论来说,天根就是阳气未生将生之际,此处最能体现本体之生生,所以邵雍说:"何者谓之几,天根理极微。今年初尽处,明日未来时。此际易得意,其间难下辞。人能知此意,何事不能知。"[1] 能够体证先天本体,能够体证本体生生之意,必然能够站在道的高度看待宇宙、社会和人生,这自然是"何事不能知"了。

先天之意难以名状,无法用日常语言和理论语言加以形容和描述,但是先天之意必然呈现在达到天人合一境界的哲人的生命中,先天本体之生生意向自己言说自己,这种言说,就是诗。诗在邵雍的生命中具有极其重要的作用,邵雍用诗表达自己的生命存在:

年来得疾号诗狂,每度诗狂必命觞。乐道襟怀忘检束,任真言语省思量。

宾朋款密过从久,云水优闲兴味长。始信渊明深意在,此窗当日比羲皇。[2]

尧夫非是爱吟诗,诗是尧夫语道时。天听虽高只些子,人情相去没多儿。

无声无臭尽休也,不忮不求还得之。虽有丹青亦难状,尧夫非是爱吟诗。[3]

尧夫非是爱吟诗,诗是尧夫乐物时。天地精英都已得,鬼神情状又能知。

陶真义向辞中见,借论言从意外移。始信诗能通造化,尧夫非是爱吟诗。[4]

---

[1] 邵雍:《伊川击壤集》卷之十八《冬至吟》,《邵雍全集》第四册,第360页。
[2] 邵雍:《伊川击壤集》卷之五《后园即事三首》,《邵雍全集》第四册,第64页。
[3] 邵雍:《伊川击壤集》卷之二十《首尾吟一百三十四首》,《邵雍全集》第四册,第412页。
[4] 邵雍:《伊川击壤集》卷之二十《首尾吟一百三十四首》,《邵雍全集》第四册,第416页。

诗是人生之歌，诗人依凭生命之存在而歌唱。依凭生命之存在与依凭外在之目的不同，外在之目的自有其存在价值，但其存在对生命之本然构成一种牵引与遮蔽，此种牵引之力造成常人之生命远离本然的生命之歌。本然的生命之歌自然呈现，它仅仅依凭诗人所达到的生命境界。在此生命境界中，生命道说自身，此种道说无拘无束，自然而然，可以称之为"天籁之音"。天籁之音是诗人生命的汩汩流出，是天道、大美与心的交融，是天地、艺术与人的共鸣。因此，诗之歌唱是道之显发，道之显发必咏唱出本真之诗。诗与道在人生境界的高明之处不分彼此，诗与道共同彰显崇高的人生境界。邵雍之诗数千首，被时人称为"诗狂"。邵雍之诗并非仅仅是艺术之诗，艺术之诗仅仅彰显艺术之境，邵雍之诗乃道之诗，道之诗超越艺术而彰显大道。

总之，邵雍的人生是体悟先天本体的人生，先天之意难以名状，但是本体生生之意自己言说自己，这言说，就是诗，这人生，就是诗化的人生。邵雍的诗化人生，通过超越而返璞归真，这超越的基础，是观物之学对宇宙和日常人生的把握，这返璞归真，是超越之后的先天之意在生命中的呈现。

二 天地之境 闲静安乐

邵雍境界论中的"先天之意"，虽然名为"先天"，实则即是天道本体之生生之意，天道本体呈现在天地万物和人生之中，所以先天之意在另一个角度下也可被称为"天地之境"，即天人合一之境，也即人之生命安立于、融合于天地之境。就天地之境而言，邵雍又突出了"闲静安乐"的意蕴。

闲静不是逃世，不是自私，闲静是对名利的超越，是对浮华的看破，是对以自私自利为基础而展开的对生活的挣脱。邵雍写道：

> 为士幸而居盛世，住家况复在中都。虚名浮利非我有，渌水青山何处无。
>
> 选胜直宜寻美景，命俦须是择吾徒。乐闲本属闲人事，又与偷闲事更殊。①
>
> 何处是仙乡，仙乡不离房。眼前无冗长，心下有清凉。

---

① 邵雍：《伊川击壤集》卷之六《闲适吟》，《邵雍全集》第四册，第85页。

静处乾坤大，闲中日月长。若能安得分，都胜别思量。①

著身静处观人事，放意闲中炼物情。去尽风波存止水，世间何事不能平？②

有主山河难占籍，无争风月任收权。闲吟闲咏人休问，此个工夫世不传。③

身老太平间，身闲心更闲。非贵亦非贱，不饥兼不寒。

有宾须置酒，无日不开颜。第一条平路，何人伴往还？④

可见，邵雍之闲静的获得，是有其反思和工夫的。常人之不能闲静，是在社会生活之网中被无限地纠缠。这种纠缠一方面因为基于私意而来的名、权、利追求，另一方面因为常人并不试图对名、权、利追求进行反思，并不试图对个人在社会中的价值和意义进行反思，并不试图对社会生活在宇宙中的价值和意义进行反思，而是一味地无休止地追求自己欲望的满足。如此一来，生活没有反思，没有超越，常人的生命就被物化，心灵自然紧张、疲累、不得休息、无法闲静，常人即使有暂时的闲静，这也是"偷闲"，是身闲但心不闲。而邵雍站在道的高度上，对"人事"和"物情"进行观察，对人在社会中的地位进行反思，对人在宇宙中的价值和意义进行确认，消解自己的私意和我执，性其情而不"任情"，给自己恰当的定位而不侥幸，让自己的当下心同于天心，让自己的生活同于天地，这种达到天地之境的生活，又如何不清凉、不闲静呢？

闲静不是为了闲静而闲静，闲静是天地大化自然闲静，是同于天道的儒者自然闲静。在闲静之境中，天地生生之意自然呈现，天地之大美自然呈现：

自从三度绝韦编，不读书来十二年。大鼍子中消白日，小车儿上看青天。

闲为水竹云山主，静得风花雪月权。俯仰之间俱是乐，任他人道似神仙。⑤

六尺眼前安乐身，四时争忍负佳辰。温凉气候二八月，道义宾朋

---

① 邵雍：《伊川击壤集》卷之十三《何处是仙乡》，《邵雍全集》第四册，第263页。
② 邵雍：《伊川击壤集》卷之四《天津感事二十六首》，《邵雍全集》第四册，第59页。
③ 邵雍：《伊川击壤集》卷之十《安乐窝中吟》，《邵雍全集》第四册，第196页。
④ 邵雍：《伊川击壤集》卷之十一《年老吟》，《邵雍全集》第四册，第218页。
⑤ 邵雍：《伊川击壤集》卷之十二《小车吟》，《邵雍全集》第四册，第237页。

第四章　邵雍先天学人生哲学研究

三五人。

量力杯盘随草具，开怀语笑任天真。劝君似此清闲事，虽老何须更厌频。①

尧夫非是爱吟诗，诗是尧夫得意时。这意著何言语道，此情唯用喜欢追。

仙家气象闲中见，真宰工夫静处知。不必深山更深处，尧夫非是爱吟诗。②

宠辱见多恶足惊，出尘还喜自诚明。闲中气象乾坤大，静处光阴宇宙清。

素业经纶无少愧，全功天地不虚生。设人何幸逢昌运，一百余年天下平。③

闲静全从天地而来，天地自然生生、自然闲静，万物自然生生、自然闲静，人欲遮蔽之下，生生之意不得呈现，闲静之境不得呈现，万物之美不得呈现，邵雍超越私意而直契天道，随所至处而无不得意，无不欢喜，无不闲静，无不安适。

闲静突出了对私意的消解，突出了天地之本然的面貌，儒者同于天地，必能如天地之闲静，同时，闲静的人生还蕴含着另一种生命意义，即"安乐"。正如闲静不是人被物化后的"偷闲"，安乐也不是建立在物质层面的欲望满足之乐。安乐是同于天地之乐，是超越个人局限之乐，是自由之乐，是精神之乐。邵雍说："人人共戴天，我戴岂徒然。须识天人理，方知造化权。功名归酒盏，器业入诗篇。料得闲中乐，无如我得全。"④ 可见，安乐的前提是"须识天人理，方知造化权"，邵雍在通达天人之际后，在把握天地造化的生生本体后，在天道呈现在生命之中后，当下的生命获得一种坦然、解脱、自由和欢喜，这就是"安乐"！

邵雍写道："得自苦时终入苦，来从哀处卒归哀。既非哀乐中间得，此乐直从天外来。"⑤ 这是就本体而论"乐"，常人之"苦""哀"皆属于

---

① 邵雍：《伊川击壤集》卷之六《闲适吟》，《邵雍全集》第四册，第85页。
② 邵雍：《伊川击壤集》卷之二十《首尾吟》，《邵雍全集》第四册，第425页。
③ 邵雍：《伊川击壤集》卷之十三《依韵和王安之少卿谢富相公诗》，《邵雍全集》第四册，第265页。
④ 邵雍：《伊川击壤集》卷之十七《苍苍吟》，《邵雍全集》第四册，第352页。
⑤ 邵雍：《伊川击壤集》卷之十一《自谢用此乐直从天外来》，《邵雍全集》第四册，第209页。

情,皆属于人心状态之一偏,但是本体超越任何一偏,是心之本然,而本然就是自由之"乐"。邵雍又说:"心安身自安,身安室自宽。心与身俱安,何事能相干。谁谓一身小,其安若泰山。谁谓一室小,宽如天地间。"① 这也是就本体而论"安","安"首先是"心安",其次才是"身安"。而"心安"来源于邵雍对宇宙、社会和人生的观察和反思,来源于邵雍对道体的体证,天道呈现于此心,则此心自然而安。由此可见,邵雍之"安乐"皆是从心而言,从道而言,从本体而言,这就是邵雍说"已把乐为心事业,更将安作道枢机"② 的根本原因。正如本体具有超越性,但本体并非高悬于万物之上,而是就呈现于或蕴含于万物之中,"安乐"虽然是来源于天道本体,但也表现在邵雍的日常生活之中,表现在日常生活中的万事万物之中:

> 吾常好乐乐,所乐无害义。乐天四时好,乐地百物备。
> 乐人有美行,乐己能乐事。此数乐之外,更乐微微醉。③
> 日月星辰天之明,耳目口鼻人之灵。
> 皇王帝伯由之生,天意不远人之情。
> 飞走草木类既别,士农工商品自成。
> 安得岁丰时长平,乐与万物同其荣。④
> 高竹杂高梧,还惊秋节初。晚凉尤可喜,旧帙亦宜舒。
> 池阁轻风里,园林晚景余。人生有此乐,何必较锱铢?⑤
> 高竹数十尺,仍在高花上。柴门昼不开,清碧日相向。
> 非止身休逸,是亦心夷旷。能知闲之乐,自可敌卿相。⑥
> 春暖未苦热,秋凉未甚寒。小车随意出,所到即成欢。⑦

可见邵雍之"安乐",乐天地之四时变化、万物生息,乐他人之"美行",乐自己之"乐事",乐随所见处之良辰美景,这真可谓心源有乐而无时不乐、无物不乐。在"乐"中,邵雍与万物一体,万物与邵雍共荣。

---

① 邵雍:《伊川击壤集》卷之十一《心安吟》,《邵雍全集》第四册,第 220 页。
② 邵雍:《伊川击壤集》卷之二十《首尾吟》,《邵雍全集》第四册,第 418 页。
③ 邵雍:《伊川击壤集》卷之九《乐乐吟》,《邵雍全集》第四册,第 158 页。
④ 邵雍:《伊川击壤集》卷之十《乐物吟》,《邵雍全集》第四册,第 189 页。
⑤ 邵雍:《伊川击壤集》卷之一《高竹八首》,《邵雍全集》第四册,第 12 页。
⑥ 邵雍:《伊川击壤集》卷之一《高竹八首》,《邵雍全集》第四册,第 12 页。
⑦ 邵雍:《伊川击壤集》卷之十七《小车吟》,《邵雍全集》第四册,第 346 页。

需要强调的是，邵雍关于"乐"还有"人世之乐""名教之乐"和"观物之乐"的说法：

> 予自壮岁业于儒术，谓人世之乐何尝有万之一二，而谓名教之乐固有万万焉，况观物之乐复有万万者焉。虽死生荣辱转战于前，曾未入于胸中，则何异四时风花雪月一过乎眼也。诚为能以物观物，而两不相伤者焉，盖其间情累都忘去尔，所未忘者，独有诗在焉。然而虽曰未忘，其实亦若忘之矣。何者，谓其所作异乎人之所作也。所作不限声律，不讼爱恶，不立固必，不希名誉，如鉴之应形，如钟之应声。其或经道之余，因闲观时，因静照物，因时起志，因物寓言，因志发咏，因言成诗，因咏成声，因诗成音，是故哀而未尝伤，乐而未尝淫。虽曰吟咏情性，曾何累于性情哉。①

所谓的"人世之乐"应该就是物质生活和社会地位之乐，物质生活的优越并非人人可有，社会地位高高在上并非人人可得，所以邵雍说"人世之乐何尝有万之一二"；而"名教之乐"则是践履传统道德规范之乐，道德践履在个人而不在外物，个人有决心践履道德规范，则道德践履之乐必能呈现，所以邵雍说"名教之乐固有万万焉"；至于"观物之乐"，也就是邵雍所说的"安乐"，也即天道呈现于生命、生命通达于天地之乐。在一定程度上，邵雍似乎认为"观物之乐"更胜于"名教之乐"一筹，这可能是在邵雍的视野中，认为"名教之乐"还未体证本体、达于天地之境的缘故，事实上，"名教之乐"也可以达于天地之境，这一点，在本章第五节关于邵雍和程颢的人生境界比较时，还会进一步论述。

三 天人之交　氤氲天和

邵雍境界论，除了"先天之意，难以名状""天地之境，闲静安乐"的意蕴之外，还有"天人之交，氤氲天和"。"和"是中国传统文化的一个重要概念，是中国人追求的重要价值之一。在《周易·乾·象》中有"乾道变化，各正性命。保合大和，乃利贞"的重要命题，此命题着眼于描述天道生生不息的宏阔场景所呈现出的天地万物和谐发展的景象。在北宋时期，张载特别发挥了其中的"太和"观念，他说：

---

① 邵雍：《伊川击壤集·序》，《邵雍全集》第四册，第2页。

太和所谓道，中涵浮沈、升降、动静、相感之性，是生絪缊、相荡、胜负、屈伸之始。其来也几微易简，其究也广大坚固。起知于易者乾乎！效法于简者坤乎！散殊而可象为气，清通而不可象为神。不如野马、絪缊，不足谓之太和。语道者知此，谓之知道；学《易》者见此，谓之见《易》。①

张载所论的"太和"，是就天道而言，是就"一物两体"的无穷交感而言，因为交感无穷而神妙，所以只能用"野马、絪缊"来形容。显而易见的是，张载的"太和"较之于《易传》具有了更加丰富的宇宙论内容，不过，张载并没有在人生哲学的论域中特别发挥"和"的观念，而这一点，正是邵雍的贡献。

邵雍人生哲学中的"和"，主要是指"天和"。这是因为邵雍所谓的"和"，并不仅仅是指人与人之间关系的和谐，而是指在天道的高度上，天人合一之"和"。邵雍写道：

> 尧夫何所有，一色得天和。夏住长生洞，冬居安乐窝。
> 莺花供放适，风月助吟哦。窃料人间乐，无如我最多。②
> 随行笠与蓑，未始散天和。暖戏荒城侧，寒偃古冢阿。
> 数声牛背笛，一曲陇头歌。应是无心问，朝廷事若何？③
> 众人之所乐，所乐唯嚣尘。吾友之所乐，所乐唯清芬。
> 清芬无鼓吹，直与太古邻。太古者靡他，和气常氤氲。④
> 一片两片雪纷纷，三杯五杯酒醺醺。此时情状不可论，直疑天地才氤氲。⑤

所谓"天和"，是天地之道的本然状况，是天道生生不息本所具有的交感和谐之美。现实生活中的万事万物都不是绝对孤立的，它们都互相联系互相交感。在交感之中各得其所、各尽其性，则万事万物生生不息的整体必然呈现出一种和谐之美。这种美是天地之大美，不同于天地者不能同于此大美，所以邵雍称此天地人和谐之美为"天和"，而事物之互相交感

---

① 张载：《正蒙·太和篇第一》，《张载集》，第 7 页。
② 邵雍：《伊川击壤集》卷之十三《尧夫何所有》，《邵雍全集》第四册，第 269 页。
③ 邵雍：《伊川击壤集》卷之三《牧童》，《邵雍全集》第四册，第 41 页。
④ 邵雍：《伊川击壤集》卷之八《履道会饮》，《邵雍全集》第四册，第 132—133 页。
⑤ 邵雍：《伊川击壤集》卷之十二《赏雪吟》，《邵雍全集》第四册，第 244 页。

又以气之氤氲最能状天地之生意,最能状天地人和谐之大美,所以邵雍又用"和气氤氲"来形容"天和"。

"天和"最能表现天人合一的境界。先天之意难以名状,主要表现了本体之超越性在生命中的呈现,闲静安乐则主要表现了儒者证道之后的自由和超脱,而"天和"重在描述天人之际的和谐,唯有万事万物和谐共处,唯有天人之间和谐互感,唯有儒者消解私意以生命之诚和天地互相交流,"天和"才能呈现在生命之中。"天和"涵盖了天地人三才之道,在张载哲学中,"太和"主要描述了天道视野下万物交感不息、生生不息的场景,而邵雍之"天和",可以说是在人生哲学视野下呈现了万物交感不息、生生不息的和谐意蕴。邵雍之"天和",也就是人生哲学中的"太和"。

以上我们介绍了邵雍人生哲学中有关境界的内容,在这部分内容中,我们分成三个部分加以论述。但是我们强调,这三个部分并不是截然分离的,它们不是三个不同的部分,也不是三个不同的层面,而只是为了方便论述,为了方便理解,我们采取了三个角度对邵雍同一人生境界进行考察、审视和叙述。"先天之意,难以名状"这部分内容,主要是强调了邵雍对本体超越性的证悟,本体不离天地万物,但是本体不同于天地万物的有限性,先天本体呈现在生命中的意境难以名状,只可用诗的语言来表现这种超越的自由;"天地之境,闲静安乐"这部分内容,主要是强调了在超越和自由基础上的生命感受,在生命流动不息中,如果本体隐匿,人生则存在于名位财货之间,存在于钩心斗角之中,此时,生命每时每刻不拘执于当下之有限,不拘执于挤压、忧郁、紧张、忧愁、恐惧、愤懑、痛苦之中,如果通过系列修养方法涵养身心,则人心之虚伪消散,人心之私意消散,遮蔽去而本体呈现,生命随之而来涌现出"闲静""安乐"的种种感受,"闲静"相对于有限之"慌忙"与"骚动","安乐"则相对于无根之恐慌与痛苦,所以,"闲静"和"安乐",是先天本体呈现于生命之中的必然感受,也是天地之境本来如此;"天人之交,氤氲天和"这部分内容,主要是强调了天人合一所呈现的和谐境界,天地本来交感不息,本来生生不息,本来如此和谐,但在人之"有为"出现之后,则本体以及本体所呈现的本来面貌不得不隐匿而去,机巧、虚伪和争斗出现于生命之中,出现于世界之中,则天地之间不见和谐。天人之间不见和谐,人与人之间亦不见和谐,邵雍张扬天人合一,呈现先天之意,消解个人之私意,自然能够在生命中呈现天地人和谐的意蕴和美感。综而述之,以上三个部分都属于天地境界的范围,都是邵雍对天地境界的一种自在表达。

第四节　邵雍修养理论与张载、程颐修养观之比较

在前三节中，我们论述了邵雍人生哲学的旨归、修养方法和人生境界，它们构成了一个完整的体系，从"天人合一"这一价值追求出发，经过一系列的修养方法，最后达到"天地境界"。邵雍完成了本体在生命中的呈现，完成了天人的贯通和交融，可以说，邵雍用自我的人格和境界展现出先天学的生命魅力。但是，邵雍人生哲学是不是毫无瑕疵，邵雍人生哲学的个性特征如何？这些问题则需要我们把眼界放得更宽一点，需要我们超越邵雍个人而把目光放在与同时代大儒互相比较的视野之下，去发现和总结邵雍人生哲学的个性特征。在本节和下一节中，就修养论而言，我们将把邵雍修养理论与张载、程颐二人的修养观加以比较，就境界论而言，我们将把邵雍境界论和程颢境界论加以比较。

一　邵雍修养理论与张载修养观的比较

在北宋儒学视野内，对于每个儒者的哲学体系而言，修养方法是人生哲学一个部分，同时也是哲学体系整体的一个有机组成部分。因此，修养方法并不是孤立的，它与哲学体系的其他部分相关，哲学体系的其他部分强烈影响着修养方法的内容和倾向。具体而言，北宋大儒的哲学体系的基本建构理路、本体论，以及对人性的理解，都影响甚至决定了相应的修养方法。对于邵雍来说，他的先天学哲学体系建构的基本方法是"观物"，建构的基本理路是"体用心迹之辨"，其本体论注重太极衍化视野下的先天之道，这些都影响着邵雍的修养方法，如本章第二节所述邵雍修养方法有四个部分，"观察天人，修心践形"和"以物观物，消解我执"明显与邵雍一贯的"观物"方法相关，对"至诚"和"天理自然"的强调则与邵雍对"先天之道"的理解完全一致，可以说，邵雍的修养方法就是建立在他的哲学建构方法以及他对天道和宇宙万物理解的基础上的。考虑到这一点，我们在比较邵雍修养方法和张载修养方法之前，首先论述一下张载哲学体系的基本建构方法、理路以及他的主要哲学部分，并由此展现张载的修养论，最后则与邵雍修养方法加以比较。

（一）张载修养观概述

张载的修养观建立在其气本论的基础之上，张载气本论的基本思想是：太虚聚而为气，气聚而为万物，万物散而为气，气散而为太虚，气贯

穿着太虚和万物，太虚和万物只是气存在的特殊状态；从广义上来说，太虚虽然也是气，但是它是气的本然状态，即气之本体，因此太虚和当下的气和万物还是有一定的差别，这种差别就在于太虚湛一、清通、神妙无穷的"性"；太虚之性也是气之本性，所以太虚湛一、清通、神妙之性作为"天地之性"蕴含于气之中，蕴含于万物之中，这种天地之性不同于当下之气和万物从太虚凝聚而来但由于有所偏有所限而造成的"气质之性"。在这种气本论的前提下，张载修养观的核心就是要呈现人所本有的"天地之性"，而具体的方法则包括"知礼成性""诚明双彰""大心之方"，又由于张载气本论来源于张载真切踏实的天人之思，所以张载又认为"穷理"在修养观中居有基础的地位。在下面，我们就从这四个方面对张载修养观加以概述。

1. 穷理之学

张载认为自己的学术是"穷理之学"，他非常重视穷理是因为他对佛教不穷理因此不见道有痛切的认识，"释氏元无用，故不取理。彼以有为无，吾儒以参为性，故先穷理而后尽性"①，"儒者穷理，故率性可以谓之道。浮图不知穷理而自谓之性，故其说不可推而行"②。这是认为，佛教之所以"以有为无"，主张空性，就是因为佛教徒首先怀抱着出世的念头，不欲用于世，所以对天人之理漠然视之，不穷理、不知"道"，最后造成了以空无为根本的理论结局和生活归宿。所以儒者为了避免走上佛教徒的道路，必须首先要"穷理"，要对天道、人道和物理都加以精研：

万物皆有理，若不知穷理，如梦过一生。③
义有精粗，穷理则至于精义，若尽性则即是入神，盖惟一故神。④
穷理亦当有渐，见物多，穷理多，从此就约，尽人之性，尽物之性。⑤
天道即性也，故思知人者不可不知天，能知天斯能知人矣。知天知人，与穷理尽性以至于命同意。⑥
气之聚散于太虚，犹冰凝释于水，知太虚即气，则无无。故圣人

---

① 张载：《横渠易说·说卦》，《张载集》，第234页。
② 张载：《正蒙·中正篇第八》，《张载集》，第31页。
③ 张载：《张子语录·语录中》，《张载集》，第321页。
④ 张载：《横渠易说·系辞下》，《张载集》，第217页。
⑤ 张载：《横渠易说·说卦》，《张载集》，第235页。
⑥ 张载：《横渠易说·说卦》，《张载集》，第234页。

语性与天道之极,尽于参伍之神变易而已,诸子浅妄,有有无之分,非穷理之学也。①

穷理可就万物而穷,也可从万物上提起就天道而穷,只有知天,才知人之根本,才知"太虚即气"的涵义,才知"性与天道"的真意,才能超越佛道二教的空无之学而建构新儒学的本体论。

2. 知礼成性

穷理是修养论的前提,穷理的目的,是知天、同天,是"成性""尽性",而所谓的"性"即根源于太虚和天地之道的"天地之性"。天地之性与"气质之性"相区别,气质之性是气凝聚成形体以来,有所限不能清通、有所偏不能遍通造成的,人类当下行为的善恶和种种欲望,也都是气质之性所造成,但是气质之性并不是必然不能改变的,气质之性没有终极的根据,万物的终极根据是太虚和全体意义上的天地,而它们赋予人类的是天地之性。所以于人而言,天地之性才是终极的根据,才是人的正性。儒者穷理的首要目的,就是要消解气质之性,呈现天地之性。

形而后有气质之性,善反之则天地之性存焉。故气质之性,君子有弗性者焉。②

人之刚柔、缓急、有才与不才,气之偏也。天本参和不偏,养其气,反之本而不偏,则尽性而天矣。性未成则善恶混,故亹亹而继善者斯为善矣。恶尽去则善因以成,故舍曰善而曰"成之者性也"。③

"天地之性"作为一个概念,首先来源于张载的本体论之思,是张载穷理的结果,而"成性"不但是一个概念,更是一项具体的道德实践,所以"成性"又必然和实实在在的道德规范结合在一起。张载认为,"成性"所指向的具体的道德规范,就是"礼"。

生有先后,所以为天序;小大、高下相并而相形焉,是谓天秩。天之生物也有序,物之既形也有秩。知序然后经正,知秩然后礼行。④

---

① 张载:《正蒙·太和篇第一》,《张载集》,第8—9页。
② 张载:《正蒙·诚明篇》,《张载集》,第23页。
③ 张载:《正蒙·诚明篇》,《张载集》,第23页。
④ 张载:《正蒙·动物篇第五》,《张载集》,第19页。

> 天地位定而易行乎其中，知礼成性而道义出。①
>
> 圣人亦必知礼成性，然后道义从此出，譬之天地设位则造化行乎其中。知则务崇，礼则惟欲乎卑，成性须是知礼，存存则是长存。知礼亦如天地设位。②
>
> 知崇，天也，形而上也；通昼夜之道而知，其知崇矣。知及之而不以礼性之，非己有也；故知礼成性而道义出，如天地设位而易行。③

礼并不仅仅是人的规定，或者社会的约定俗成，而是来源于天。天地之道所包蕴的万物都有先后之序，这是"天序"，有小大高下等形体差异，这是"天秩"，而人类社会的等级尊卑，以及个人所应有的符合自己地位的恰当的行为规范，自然也是"天序""天秩"，所以从根本上来说，礼就是"天序""天秩"，就是天道的体现。

在如此的本体、人性和社会之思的基础上，儒者要"成性"以合于"天道"，这就需要既"知"且"礼"，即一方面认知理解天道，另一方面遵守天道在社会中呈现的"天序""天秩"。显然，张载把"成性"与"知礼"严密地结合了起来，同时也说明张载的本体论之思是和价值观融合在一起的。

3. 大心之方

在张载的哲学中，"性"从太虚和天地之道而言，从太虚而言，所以性同于太虚之湛一、清通、神妙；从天地之道而言，所以性同于天地之道无所不遍、无所不体，在人之生命中呈现"性"，也就是要呈现出湛一、清通、神妙、无所不遍、无所不体的特征。这种种特征超越一己私利，超越种种欲望，超越"闻见之狭"，超越"意必固我"。从万物一体的观念上着眼，大其眼界、大其心胸，视万物莫不为己，视万民莫不为亲，从而达到崇高的天地境界。这种天地境界，必然要求儒者大其心。

> 大其心则能体天下之物，物有未体，则心为有外。世人之心，止于闻见之狭。圣人尽性，不以见闻梏其心，其视天下无一物非我，孟子谓尽心则知性知天以此。天大无外，故有外之心不足以合天心。见闻之知，乃物交而知，非德性所知；德性所知，不萌于见闻。④

---

① 张载：《横渠易说·系辞上》，《张载集》，第191页。
② 张载：《横渠易说·系辞上》，《张载集》，第191页。
③ 张载：《正蒙·至当篇》，《张载集》，第37页。
④ 张载：《正蒙·大心篇第七》，《张载集》，第24页。

>　　大人所存，盖必以天下为度，故孟子教人，虽货色之欲，亲长之私，达诸天下而后已。①
>
>　　大人者，有容物，无去物，有爱物，无徇物，天之道然。天以直养万物，代天而理物者，曲成而不害其直，斯尽道矣。②

大心的根本目的，也就是从天道着眼，超越常人的躯壳之念，使天地之性呈现在生命中。

4. 诚明双彰

"诚""明"作为一对概念来源于《中庸》。《中庸》中说："自诚明，谓之性。自明诚，谓之教。诚则明矣，明则诚矣。"这是认为，无论是首先从"诚"入手，还是从"明"入手，但最后的极致，都是既诚且明，体证天道。同时，《中庸》中也认为，天道本来就是"至诚"的。《中庸》对"诚"的强调着眼于天道、天性，对"明"的强调着眼于"教"，也即"学"。事实上，张载和《中庸》的这种思路比较一致，他说"'自明诚'，由穷理而尽性也；'自诚明'，由尽性而穷理也"③，这是更明确地把"诚"和"尽性"、"明"和"穷理"等同了起来。张载之"穷理"是为了穷天人之理，"尽性"是为了尽"天地之性"，所以张载哲学中的"诚"和"明"，也围绕着天人合一而成立。他说：

>　　儒者则因明致诚，因诚致明，故天人合一，致学而可以成圣，得天而未始遗人，《易》所谓不遗、不流、不过者也。④
>
>　　诚明所知乃天德良知，非闻见小知而已。⑤
>
>　　天人异用，不足以言诚；天人异知，不足以尽明。所谓诚明者，性与天道不见乎小大之别也。⑥
>
>　　义命合一存乎理，仁智合一存乎圣，动静合一存乎神，阴阳合一存乎道，性与天道合一存乎诚。⑦

---

① 张载：《正蒙·中正篇第八》，《张载集》，第32页。
② 张载：《正蒙·至当篇第九》，《张载集》，第35页。
③ 张载：《正蒙·诚明篇第六》，《张载集》，第21页。
④ 张载：《正蒙·乾称篇第十七》，《张载集》，第65页。
⑤ 张载：《正蒙·诚明篇第六》，《张载集》，第20页。
⑥ 张载：《正蒙·诚明篇第六》，《张载集》，第20页。
⑦ 张载：《正蒙·诚明篇第六》，《张载集》，第20页。

可见，诚明双彰既是天道的必然要求，也必然指向天人合一。

（二）邵雍修养理论与张载修养观的比较

邵雍的修养理论和张载的修养观，既具有一致的地方，也具有各自的特色。他们二人都注重体认天理，但邵雍对天理的理解，虽然也具有社会伦理价值规范的内容，但更主要是就天道呈现于物而言，所以邵雍求认天理，倾向于研究"物理"，因此邵雍学术也表现出注重"以物观物"的色彩。在此基础上，邵雍进一步体认天道之呈现于人，体认天人合一。张载求认天理，也表现出穷究"物理"的特点，但是这种穷究"物理"是包含于穷究天人之理之中的，张载的首要目的是穷究天人之理以对抗佛老不穷理之"谬"，在此前提下，张载穷理才包含了"物理"的内容，但张载的根本主张是德性之知不从闻见而来，所以张载哲学中的"物理"是以紧密结合着人道而言的天道之神妙为核心内容而展开，而不如邵雍那样虽然从终极意义上认为"物理"是天道之呈现，但毕竟还是给予了"物理"较为独立的地位，因为张载思想的这一特点，其哲学中的"物理"内容不如邵雍哲学丰富、系统，同时，张载的求认天理，更注重德性之知。这是两人在穷理方面的各自有所偏重。

邵雍和张载在对"性"的理解方面有相似之处，也有具体内容的差异。他们都承认天命之谓性，但邵雍在此基础上并没有深入论述人之欲望和恶从何而来，而只是看到与天性相对而言的我执，在此基础上，通过消解我执，以在生命中呈现天道本体，所以邵雍通过"以物观物"而上达天人合一的境界。张载在天地之性的基础上更进一步提出气质之性，天地之性为人之本体，气质之性则表现为人的各种欲望，因此必然有不符合天地之性的地方。儒者的修养，也就是要恢复天地之性，从而消解气质之性的偏颇和局限。但是，张载的天地之性并不仅仅是虚神之性，而是直接和礼联系了起来。"生有先后，所以为天序；小大、高下相并而相形焉，是谓天秩。天之生物也有序，物之既形也有秩。知序然后经正，知秩然后礼行。"[①]"天地位定而易行乎其中，知礼成性而道义出。"[②] 可见，礼就是"天序""天秩"，礼就是天道的体现，天地之性蕴含了礼的内容。如此一来，在张载的视野中，儒者的修养方法，就蕴含了社会伦理价值规范，就蕴含了实现王道的追求。而对于邵雍而言，他则偏重于"以物观物"破除我执，通达天道之生生自然。

---

① 张载：《正蒙·动物篇》，《张载集》，第19页。
② 张载：《横渠易说·系辞上》，《张载集》，第191页。

邵雍和张载在对心的理解上区别较大，对于邵雍而言，从终极意义上来说，心为本体，邵雍通过修养以体证本体，则直接强调修心，强调天道本体在生命中通过心呈现。对于张载来说，宇宙之本体为气，心则不是本体，但是张载同样认为修心的重要性，这就是张载的"大心之方"。通过"大心"，儒者超越个人之私，遍体天下之物，从而能够"民胞物与"，能够与天道合一。显然，与邵雍偏重心之本体义相比而言，张载强调了心的主宰义。

邵雍和张载两人还都非常注重诚明工夫，但是邵雍之诚明，都是围绕着天命之性而言，都是围绕着天道呈现于生命而言，邵雍哲学本身虽然蕴含了丰富的穷理的内容，但并没有直接强调《中庸》之"明"与"诚"相比而言偏重于学，即偏重穷理的特点，邵雍之明和诚一样都直接就天道之本然而言。而张载对诚明的认识，基本上继承了《中庸》的观念，认为"'自明诚'，由穷理而尽性也；'自诚明'，由尽性而穷理也"①，明和诚是一体两面，但有所区别。不过从思想的整体而言，邵雍和张载都非常注重诚明工夫，两人的思想体系也都蕴含穷理和尽性的维度。

二 邵雍修养理论与程颐修养观的比较

程颐的修养方法和其理本论、心性论密切相关。程颐的理本论，注重体用、形上形下和"然"与"所以然"之辨，形上之体为理、为道、为天，形下之用为象、为事、为气、为物，从逻辑上来说体用之别甚为明显，但体用相即、互不分离、显微无间。对于人之生命来说，其理为天所赋予之性，性即形上之理，所以性无有不善，有善有恶的是情、是气。所以儒者修养的关键就是"性其情"②，就是行之以理，就是"随时变易以从道也"③。行之以理是修养的大方向，联系到程颐视野下的人之生命状态，还有三种具体的修养方法。根据程颐的心性论，他认为心有未发已发两种状态，未发是"寂然不动"，已发是"感而遂通"，未发是心之体，已发是心之用，那么针对心之未发，则需要专门的涵养以防止心之放失，这就是"涵养未发"；心之未发只是心之一态，儒者必然生活在社会人群之中，在人际交往之中呈现天理，则一方面需要"集义养气"，另一方面需要"格物致知"。"集义养气"是为了在行事之中自觉地同于天理，达

---

① 张载：《正蒙·诚明篇》，《张载集》，第 21 页。
② 程颢、程颐：《河南程氏文集》卷第八《颜子所好何学论》，《二程集》，第 577 页。
③ 程颢、程颐：《易传序》，《二程集》，第 689 页。

到崇高的天地境界；"格物致知"则是为了在生活中穷究物理、顺理而行，同时"格物致知"的不断积累，还有"豁然贯通"以体证天道的积极意义。在下面，我们就从这三个方面加以概述。

（一）程颐修养观概述

1. 涵养未发

未发已发的问题来源于《中庸》："喜怒哀乐之未发，谓之中；发而皆中节，谓之和。中也者，天下之大本也；和也者，天下之达道也。致中和，天地位焉，万物育焉。"就《中庸》来说，未发已发是就人的感情状态来说，并且与大本之中、达道之和联系在一起。而程颐则把未发已发和心的状态联系起来，"心一也，有指体而言者，（小注：寂然不动是也。）有指用而言者，（小注：感而遂通天下之故是也。）惟观其所见如何耳"①。虽然此处用"体用"来形容心之未发已发，但此"体"并不是形上之"体"，而就是与"感而遂通"相区别的心之"寂然不动"的状态。既然属于心的一种状态，属于人之生命的一种状态，则需要相应的修养之方。

未发状态较为特殊，它的特殊性在于"寂然不动"，所以以动的方法来求"寂然不动"，来求"中"，必然是自相矛盾的，所以程颐反对以"思"来把握"中"，来把握"寂然不动"："既思于喜怒哀乐未发之前求之，又却是思也。既思即是已发。（小注：思与喜怒哀乐一般。）才发便谓之和，不可谓之中也。"② 事实上，思维活动是一种后天的有限的有对象的活动，必然无法体证未发之天然中道。程颐认为恰当地把握"寂然不动"，以使其符合天理的方法，也就是求"中"的方法，应当是"涵养"："于喜怒哀乐未发之前，更怎生求？只平日涵养便是。涵养久，则喜怒哀乐发自中节。"③ 但此种涵养，并不是完全的"静"，否则就偏向了佛教的路途。程颐认为：

> 或曰："先生于喜怒哀乐未发之前下动字，下静字？"曰："谓之静则可，然静中须有物始得，这里便是难处。学者莫若且先理会得敬，能敬则自知此矣。"或曰："敬何以用功？"曰："莫若主一。"④

很显然，静中呈现出"敬"，保持"主一"，即心有所主而非死寂，才

---

① 程颢、程颐：《河南程氏文集》卷第九《与吕大临论中书》，《二程集》，第609页。
② 程颢、程颐：《河南程氏遗书》卷第十八，《二程集》，第200页。
③ 程颢、程颐：《河南程氏遗书》卷第十八，《二程集》，第201页。
④ 程颢、程颐：《河南程氏遗书》卷第十八，《二程集》，第201—202页。

是涵养未发的正确方法。

"敬"与"诚"紧密联系在一起。敬是心中无事，但对天理有一种自觉，所以敬是"主一"而"虚"，虚是相对于心中存有偏见和欲望之实而言，持敬则心自然空灵，自然虚静，自然简约，自然不放失；诚是真实地为善去恶，真实地顺性而行，在生命中呈现天理。"只是闲邪，则诚自存"①，而心中有敬，则必然"闲邪"，必然诚，所以"主一者谓之敬。一者谓之诚"②，敬和诚本来就是一体，本来就是天理的必然。

2. 集义养气

在"涵养未发"中，程颐已经提出了静中以敬，敬主要是指未发之时所应有的意识自觉，严格来讲，这种意识自觉是儒者任何时候都应该有的，但由于它主要着眼于主观的心态，所以在儒者的日常生活中，在儒者处于人际交往之中，则不仅仅需要诚敬，还需要"集义"和"养气"。"集义"和"养气"乃出自《孟子》，程颐所理解的"集义"，是在行事之时，一方面行为合于天理，另一方面则是内心对天理有自觉。程颐在和弟子对话时表达了自己的观点：

> 问："必有事焉，当用敬否？"曰："敬只是涵养一事。必有事焉，须当集义。只知用敬，不知集义，却是都无事也。"又问："义莫是中理否？"曰："中理在事，义在心内。苟不主义，浩然之气从何而生？理只是发而见于外者。且如恭敬，币之未将也恭敬，虽因币帛威仪而后发见于外，然须心有此恭敬，然后者见。若心无恭敬，何以能尔？所谓德者得也，须是得于己，然后谓之德也。（小注：币之未将之时，已有恭敬，非因币帛而后有恭敬也。）"问："敬义何别？"曰："敬只是持己之道，义便知有是有非。顺理而行，是为义也。若只守一个敬，不知集义，却是都无事也。且如欲为孝，不成只守着一个孝字？须是知所以为孝之道，所以侍奉当如何，温清当如何，然后能尽孝道也。"又问："义只在事上，如何？"曰："内外一理，岂特事上求合义也？"③

可见，一方面，"集义"有别于"敬"，敬偏向于无事之时的涵养，是

---

① 程颢、程颐：《河南程氏遗书》卷第十八，《二程集》，第149页。
② 程颢、程颐：《河南程氏遗书》卷第二十四，《二程集》，第315页。
③ 程颢、程颐：《河南程氏遗书》卷第十八，《二程集》，第206页。

"持己之道",而"集义"则重在有事之时的状态;另一方面,"集义"不同于外求"中理",外求合理而内心无得,只仿佛如演戏,"集义"则是不但行为"中理",而且内心有对此理的自觉,"义"是内心的必然,而非外加于心。简而言之,"集义"是行事之时,内心自觉天理,行为符合天理。而所谓的"养气"是"集义"的必然结果。因为"集义"是内心自觉于天理,儒者因为这种自觉,必然有一种超越小我的崇高自认,因为这种自认,一方面内心感觉到充实,感觉到同于天地,另一方面则发于外在有一种大丈夫的气概气象,总而言之就是"浩然之气":

> 浩然之气,天地之正气,大则无所不在,刚则无所屈,以直道顺理而养,则充塞于天地之间。"配义与道",气皆主于义而无不在道,一置私意则馁矣。"是集义所生",事事有理而在义也,非自外袭而取之也。告子外之者,盖不知义也。①
>
> 浩然之气,所养各有渐,所以至于充塞天地,必积而后至。行不慊于心,止是防患之术,须是集义乃能生。②

通过"集义"来"养气","养气"既久,则"充塞天地",儒者在一点一滴的道德践履中,达到崇高的天地境界,这是对"极高明而道中庸"下得最好的注脚。

3. 格物致知

"涵养未发"偏重于无事之时,"集义养气"偏重于道德践履和道德自觉,但是,就人的生存实际来说,就人还没有达到天地境界之时而言,天理则只是一个理想,人在生活当中未必一言一行皆合于理,甚至未必知道理应如何,所以,儒者在生活中就需要"格物致知"以求理、知理,顺理而行。

"致知"是为了呈现"德性之知",呈现"德性之知"在于"格物","格物"也就是"穷理",程颐认为有物必有则,有物必有理,儒者就物而穷其理,就是要明一物之则、一事之则,就要对理有自觉,要在全体生活中顺性而行、顺理而行。

> 《大学》论意诚以下,皆穷其意而明之,独格物则曰"物格而后知至",盖可以意得而不可以言传也。自格物而充之,然后可以至圣

---

① 程颢、程颐:《河南程氏遗书》卷第一,《二程集》,第11页。
② 程颢、程颐:《河南程氏遗书》卷第十五,《二程集》,第158页。

人。不知格物而先欲意诚心正身修者，未有能中于理者。①

天下物皆可以理照，有物必有则，一物须有一理。②

随事观理，而天下之理得矣。天下之理得，然后可以至于圣人。君子之学，将以反躬而已矣。反躬在致知，致知在格物。③

格物亦须积累涵养。如始学《诗》者，其始未必善，到悠久须差精。人则只是旧人，其见则别。④

人要明理，若止一物上明之，亦未济事，须是集众理，然后脱然自有悟处。⑤

穷理尽性至命，只是一事。才穷理便尽性，才尽性便至命。⑥

可见，在理想状态下，理作为本体必然能够呈现在儒者的生命和生活当中，儒者的修养，也就是要实现这一理想状态，也就是要在生命中自觉自认事物之理和人理。这是一个长期的穷理过程，也是一个长期的顺性而行的过程，但是一旦"脱然自有悟处"，则在同天人、知天命的道路上又迈进了一步。

(二) 邵雍修养理论与程颐修养观的比较

邵雍修养理论和程颐修养观的目标是一致的，都追求天道天理在生命中的呈现，都追求天人合一。在一些具体的修养方法上，两人也表现出一致性，比如都注重诚，都注重穷理。不过总的而言，邵雍和程颐的修养理论还是有一定差别的。

首先，两人在实现天人合一的方式上是不同的。程颐将天道天理之本性完全置于人心，"称性之善谓之道，道与性一也。以性之善如此，故谓之性善。性之本谓之命，性之自然者谓之天，自性之有形者谓之心，自性之有动者谓之情，凡此数者皆一也"⑦。因而修养实现自我的目的就是内心的彻底自觉，所以修养的途径就是完全转向内心的道德天理的自觉。而邵雍虽也同样追求天人合一，讲天命之谓性，但其修养实践方法则是多元的，不仅要"以心观心"，还要"以物观物"、"以道观道"，其视野和兴

---

① 程颢、程颐:《河南程氏遗书》卷第二十五,《二程集》, 第316页。
② 程颢、程颐:《河南程氏遗书》卷第十八,《二程集》, 第193页。
③ 程颢、程颐:《河南程氏遗书》卷第二十五,《二程集》, 第316页。
④ 程颢、程颐:《河南程氏遗书》卷第十五,《二程集》, 第164页。
⑤ 程颢、程颐:《河南程氏遗书》卷第十七,《二程集》, 第175页。
⑥ 程颢、程颐:《河南程氏遗书》卷第十八,《二程集》, 第193页。
⑦ 程颢、程颐:《河南程氏遗书》卷第二十五,《二程集》, 第318页。

趣超越了自我、社会和人事。

其次，在修心理论上，程颐注重涵养，主敬，以呈现未发之中；而邵雍注重破除我执和私情，认为天地之心和圣人之心同为宇宙本体，因而祛除心之干扰就能体认天道本体。天道本来生生不息，本体之心只需要顺此生生不息自能通达天人而无碍，自能与万物一体，自能尽道于民，这是邵雍修心方法的自在和自由。而程颐的理论中如果未发之中是无动无静的天理本性的体现的话，如何涵养才能使心自动自觉地为善去恶，这一点缺乏必然性的保证。当然，程颐又提出"集义"以保证儒者在日常生活中顺理而行、为善去恶，但是，如何从理论上、从根本上解决心之自动自觉地为善去恶，程颐并没有解决。

还有，关于格物穷理的问题，程颐的格物局限在社会道德人事的领域中，他虽然说"天下物皆可以理照，有物必有则，一物须有一理"，如此一来仿佛主张要穷究各个领域各种事物的理，但是就实际而言，程颐所穷之理，主要表现于社会人事领域中，表现为弘扬儒家的伦理价值规范，程颐通过如此的格物穷理，以体证天道天理。邵雍也可以说是承认格物穷理的，但是邵雍是"以物观物"，视野更加广阔，所观之物没有局限在社会政治和人事之中，而是包括了整个宇宙，在这一点上，邵雍象数哲学既包含自然哲学，也包括历史哲学，就是一个很好的说明。邵雍通过"以物观物"，一方面消解了我执和私意，另一方面把握了物理，最终在生命中呈现了天道本体。当然，邵雍的视野虽然更加广阔，但是他对人事的考察，不如程颐精细，也不如程颐处处紧扣儒家价值观而宣扬之，这说明邵雍和程颐的穷理领域都有各自的侧重，从《观物内篇》和《周易程氏传》的不同风格上会很容易发现这一点。

第五节　邵雍境界论与程颢境界论的比较

二程在北宋儒学复兴中，因为建构理本论，直接把儒家价值观本体化，为北宋儒学复兴做出了卓越的贡献，代表着北宋儒学的发展趋于成熟。但是，程颢和程颐在人生态度、人生气象等境界方面有很大不同："明道先生坐如泥塑人，接人则浑是一团和气"[1]，而"伊川直是谨严，坐间无问尊卑

---

[1] 程颢、程颐：《程氏外书》卷第十二，《二程集》，第426页。

长幼莫不肃然"①。事实上，程颢的随和和坦夷连程颐也非常佩服，程颐评论其兄道："视其色，其接物也，如春阳之温。听其言，其入人也，如时雨之润。"② 程颢的这种人生态度以及境界和邵雍比较相像。邵雍在诗中写道："居洛八九载，投心唯二三"③，这"投心"之"二三"中，就有程颢，所以邵雍在临终之前嘱咐其子邵伯温请程颢为自己写墓志铭。他又针对自己熟识的洛阳名流写下自己的印象："彦国之言铺陈，晦叔之言简当，君实之言优游，伯淳之言调畅。四贤洛阳之观望，是以在人之上。有宋熙宁之间，大为一时之壮。"④ 这里就把程颢归于"四贤"之一。程颢对于邵雍也赞不绝口，他称邵雍之学为"内圣外王之道也"⑤，称赞邵雍为"诗豪"⑥，并和邵雍有唱和之作，其中一首写道："先生非是爱吟诗，为要形容至乐时。醉里乾坤都寓物，闲来风月更输谁。死生有命人何预，消长随时我不悲。直对希夷无事处，先生非是爱吟诗。"⑦ 此诗一方面尊敬邵雍为"先生"，另一方面认为邵雍参破消长，超越生死，臻至"无事"之处，达到"至乐"之境，而这也正是程颢自己所追求和自许的"学至于乐则成矣"⑧。总之，二人真可谓忘年之交。本节以程颢为比较对象，就两人的境界论进行探讨，一方面力图通过论述二人之间的共同点来彰显儒者何以能够学至于乐，另一方面则对二人之间的差异谈出自己的看法。

一　程颢境界论概述

程颢之坦夷、随和与程颐之谨严的不同，是有其必然性的，他们人生气象和境界的不同，虽有性格气质之不同，但更主要来自对本体的认识有所差别。二程虽然都承认天理的本体地位，但是他们对本体如何呈现在具体的世界中，有不同的理解，主要表现为有所差别的道器观。程颢首先承认道器之别："《系辞》曰：'形而上者谓之道，形而下者谓之器。'"⑨ 但

---

① 程颢、程颐：《程氏外书》卷第十二，《二程集》，第442页。
② 程颢、程颐：《河南程氏文集》卷第十一《明道先生行状》，《二程集》，第637页。
③ 邵雍：《伊川击壤集》卷之一《闲吟四首》，《邵雍全集》第四册，第11页。
④ 邵雍：《伊川击壤集》卷之十九《四贤吟》，《邵雍全集》第四册，第401页。
⑤ 邵伯温：《邵氏闻见录》卷十五，第161页。
⑥ 程颢有一首诗写道："打乖非是要安身，道大方能混世尘。陋巷一生颜氏乐，清风千古伯夷贫。客求墨妙多携卷，天为诗豪剩借春。尽把笑谈亲俗子，德容犹足畏乡人。"（参见《和邵尧夫打乖吟二首》，《河南程氏文集》卷第三，《二程集》，第481页。）
⑦ 邵雍：《伊川击壤集》卷之二十《程颢首尾吟》，《邵雍全集》第四册，第428页。
⑧ 程颢、程颐：《河南程氏遗书》卷第十一，《二程集》，第127页。
⑨ 程颢、程颐：《河南程氏遗书》卷第十一，《二程集》，第118页。

同时又接着强调道即在器中，由器以见道："又曰：'立天之道曰阴与阳，立地之道曰柔与刚，立人之道曰仁与义。'又曰：'一阴一阳之谓道。'阴阳亦形而下者也，而曰道者，惟此语截得上下最分明，元来只此是道，要在人默而识之也。"[1] 可见程颢虽然清楚道的形上性，但是却瞩目于道器之间的一体性，这就是道器合一、道器混融的状态。而对于程颐来讲，他则侧重强调道的形上性："'一阴一阳之谓道'，道非阴阳也，所以一阴一阳道也，如一阖一辟谓之变。"[2] "离了阴阳更无道，所以阴阳者是道也。阴阳，气也。气是形而下者，道是形而上者。形而上者则是密也。"[3] 在程颐的视野中，道器是体用的关系，他并非真的认为道能够离物而独存，但是他对于道气、道器形上形下之辨分得很清楚，并且瞩目于道的形上性。这种差别不是很大的道器观，进入人生观以后，却带来迥然不同的风格和境界。因为程颢注重道器合一、道器混融，所以他虽然清醒地认识到道作为本体的意义，但在人生观中，并不是只此形上之"道"构成人之生命的基础，而是道器合一、道器混融作为整体构成人之生命的基础。这一整体，就是"万物一体"，就是"仁"；而对于程颐来说，由于注重道的形上性，推至人生哲学中，则偏重强调"天理"的庄严，而不是混融不分的"一体"。程颢以"万物一体"，以"仁"作为人生哲学的核心观念，所以天人一本、无内无外、当下即是，"不须防检，不须穷索"，只需见得有所得处以后充扩开去即可。而程颐因为天理之庄严，则丝毫不敢松懈，一味强调"主一"之"敬"，格物穷理。这从他们对待邵雍的不同态度也可见一斑，程颢称赞邵雍"先生非是爱吟诗，为要形容至乐时"。程颐却对邵雍之旷达非常反感，他评论邵雍"其为人则直是无礼不恭，惟是侮玩，虽天理亦为之侮玩"[4]。由此可见，二程之间有差别的道器观，的确带来了不同的人生态度、气象和境界。

---

[1] 程颢、程颐：《河南程氏遗书》卷第十一，《二程集》，第118页。
[2] 程颢、程颐：《河南程氏遗书》卷第三，《二程集》，第67页。
[3] 程颢、程颐：《河南程氏遗书》卷第十五，《二程集》，第162页。
[4] 程颢、程颐：《河南程氏遗书》卷第二上，《二程集》，第45页。此条语录没有注明属谁，但应该属于程颐。此条语录全文为："尧夫之学，先从理上推意、言、象、数，言天下之理，须出于四者，推到理处曰：'我得此大者，则万事由我，无有不定。'然未必有术，要之亦难以治天下国家。其为人则直是无礼不恭，惟是侮玩，虽天理亦为之侮玩。如《无名公传》言'问诸天地，天地不对，弄丸余暇，时往时来'之类。"其中有关于邵雍易学的评论，事实上，在《程氏遗书》中，只有程颐对邵雍易学有较深入的评价，如"邵尧夫数法出于李挺之，至尧夫推数方及理"（《河南程氏遗书》卷第十八，《二程集》，第197页）。又如"尧夫之学，大抵似扬雄，然亦不尽如之。常穷味有二万八千六百，此非人所合和，是自然也；色有二万八千六百，又非人所染画得，亦是自然也；……"（《河南程氏遗书》卷第十五，《二程集》，第150页）因此，我们判定此条语录属于程颐而非程颢。

程颢人生哲学的理论基础是以道器合一、道器混融为内涵的道器观，这种道器观的明显特色是"一本"。即不但道器合一，而且天人合一，"天人无间断"①。这种"一本"的内涵就是宇宙之全体，无论道器还是天人，都是作为一个互融、互通、互感的整体而存在。在这种"一本"的视野下，当在说"道"之时，不但是在说"道"之形上性，而且是在说"道"全副呈现于其中的道之器、道之人；当在说"理"之时，不但是在说"理"之形上性，而且是在说"理"全副呈现于其中的理之器、理之人，因此，没有独立的、外在于"道""天""理"的人和物。说"道"说"天"就是在说人，说人也是就"道""天"呈现于人而言，所以程颢说：

> "大人者，与天地合其德，与日月合其明"，非在外也。②
> 若如或者别立一天，谓人不可以包天，则有方矣，是二本也。③
> 道，一本也。或谓以心包诚，不若以诚包心；以至诚参天地，不若以至诚体人物，是二本也。知不二本，便是笃恭而天下平之道。④

如果说，道器合一，天人合一，还不能明显地体现儒家价值观，那么，当程颢把这种"一体"的状态诠释为"仁"，则这种圆融的道器观、天人观，就和儒家价值观较完善地结合起来：

> 学者须先识仁。仁者，浑然与物同体。义、礼、知、信皆仁也。识得此理，以诚敬存之而已，不须防检，不须穷索。若心懈则有防，心苟不懈，何防之有？理有未得，故须穷索。存久自明，安待穷索？此道与物无对，大不足以名之，天地之用皆我之用。孟子言"万物皆备于我"，须反身而诚，乃为大乐。若反身未诚，则犹是二物有对，以己合彼，终未有之，又安得乐？《订顽》意思，乃备言此体。以此意存之，更有何事？"必有事焉而勿正，心勿忘，勿助长"，未尝致纤毫之力，此其存之之道。若存得，便合有得。盖良知良能元不丧失，以昔日习心未除，却须存习此心，久则可夺旧习。此理至约，惟患不能守。既能体之而乐，亦不患不能守也。⑤

---

① 程颢、程颐：《河南程氏遗书》卷第十一，《二程集》，第119页。
② 程颢、程颐：《河南程氏遗书》卷第十一，《二程集》，第120页。
③ 程颢、程颐：《河南程氏遗书》卷第十一，《二程集》，第121页。
④ 程颢、程颐：《河南程氏遗书》卷第十一，《二程集》，第117—118页。
⑤ 程颢、程颐：《河南程氏遗书》卷第二上，《二程集》，第16—17页。

仁，就是道器合一，就是天人合一，就是万物一体，仁是义、礼、智、信的总纲，义、礼、智、信皆由仁自然发出；仁者，就是在生命中呈现出天人合一、万物一体的人，就是在生命中自然呈现儒家价值观的人。仁在仁者生命中的呈现，并不需要仁者苦心求索，因为天人本来合一，万物本来一体，只因为私欲遮蔽，所以仁不能呈现，而儒者就是要认识体贴到仁、认识体贴到天人本来合一、万物本来一体，就所得处存养之，敞开之，消解私欲，顺任天道天理自然流行，也就能够在生命中全副呈现仁之意义，使生命达至仁之境界。

仁之境界是统道器、通天人而言的天地境界。仁之境界主要蕴含四个方面的意义：无内无外、廓然大公、天地生生、自得之乐。仁本来就是指万物一体、天人合一而言，人之性乃天所赋予，此性即是道，"若道外寻性，性外寻道，便不是"①，因此，人之生命、人之性，本无有所对，天地之用皆我之用，天地之事皆我之事，在天地境界的高度上观察事物、处理事物，本来就没有内外之分，这是仁之境界的"无内无外"义；世界的本来面貌是无内无外，但是因为人有私情私欲隔断了天人，隔断了万物一体，所以宇宙的整体性也被遮蔽，而儒者的工夫所在，也就是要敞开万物一体，顺任宇宙全体的互融、互通、互感，这就需要儒者"廓然大公"以消解私欲，廓然大公不但是针对私欲的对治方法，而且天道天理本身就是大公的，本来就是遍体遍感天地万物而无所偏私的，所以廓然大公也是仁之境界的一义；在无私欲遮蔽万物一体的状态中，在仁全副敞开流行的状态中，天地生生之意也完全呈露出来，天地生生是天道天理遍感遍体天地万物的必然结果，是天地万物自在生化的自然气象，落实到儒者身上，儒者与他人共"生生"，与天地共"生生"，这就是"天地变化草木蕃"②，这就是"活泼泼地"③，这就是"一团和气"④；当天地大化流行、生生不息，当仁全副呈现，儒者的生命也获得了一种超越，这种超越是对私欲私利的超越，这种超越是对个体狭隘的超越，这种超越是对个人面对宇宙面对命运而有的困惑不安的超越，因为这种超越，儒者获得了生命的自由，感受到了生命本来面目的本然快乐。这种本然快乐就是"自得之乐"，自得之乐是得于天道，得于天理，得于仁。在自得之乐中，仁者与天地相参，仁者同于天地。

---

① 程颢、程颐：《河南程氏遗书》卷第一，《二程集》，第1页。
② 程颢、程颐：《河南程氏外书》卷第十二，《二程集》，第424页。
③ 程颢、程颐：《河南程氏遗书》卷第三，《二程集》，第59页。
④ 程颢、程颐：《河南程氏外书》卷第十二，《二程集》，第426页。

二 邵雍境界论与程颢境界论的比较

邵雍的境界和程颢的境界有相同之处，当然也有差异之处。我们首先就其差异之处而论。就差异而言，主要表现在邵雍境界论和程颢境界论的理论基础有所差别。所谓的境界，都是本体在生命中呈现之后的生命高度，本体论的不同，在一定程度上也影响了境界论。从作为境界论基础的本体论来看，邵雍与程颢微有差异。这就是程颢有直接就仁而论万物一体、天人合一的观念，而邵雍则是就终极意义上的本体即心、心即本体而论万物一体、天人合一。程颢说："仁者，浑然与物同体。义、礼、知、信皆仁也。识得此理，以诚敬存之而已，不须防检，不须穷索。……此道与物无对，大不足以名之，天地之用皆我之用。"① 可见，仁就是万物一体，就是"一本"，万物一体、"一本"也就是仁。在这个意义上，仁既是本体，也是境界，同时还直接体现了儒家价值观。对于邵雍来说，他的天人合一境界的基础，则是通过强调心与天一而达到的。邵雍说：

身生天地后，心在天地前。天地自我出，自余何足言。②
天学修心，人学修身。身安心乐，乃见天人。
天之与人，相去不远。不知者多，知之者鲜。
身主于人，心主于天。心既不乐，身何由安。③

这都是以心为宇宙的本体，儒者要在生命中呈现本体，达到天人合一的境界，必须通过修心，而修心的主要方法，也就是消解私意，从而呈现天道之本然，呈现万物一体之本然。由此可见，程颢的天地境界，以仁为基础，邵雍的天地境界，则以心为基础。而程颢对仁的强调，更凸显了儒家价值观。但是，同时需要指出的是，程颢和邵雍这种境界基础上的差异，并不是本质上的差异。邵雍虽然没有直接就"仁"而论儒者的境界，但是邵雍并非反对仁，他说"已配天地谓之人，唯仁者其可谓之人矣"④，这是强调仁对于人之生命意义。并且邵雍哲学中的本体，也含蕴着生生义，含蕴着儒家价值观。邵雍说：

---

① 程颢、程颐：《河南程氏遗书》卷第二上，《二程集》，第16—17页。
② 邵雍：《伊川击壤集》卷之十九《自余吟》，《邵雍全集》第四册，第393页。
③ 邵雍：《伊川击壤集》卷之十八《天人吟》，《邵雍全集》第四册，第363页。
④ 邵雍：《观物外篇下》，《皇极经世书》卷十四，第528页。

道之道尽之于天矣，天之道尽之于地矣，天地之道尽之于万物矣，天地万物之道尽之于人矣。人能知其天地万物之道，所以尽于人者，然后能尽民也。

天之能尽物，则谓之曰昊天；人之能尽民，则谓之曰圣人。谓昊天能异乎万物，则非所以谓之昊天也。谓圣人能异乎万民，则非所以谓之圣人也。万民与万物同，则圣人固不异乎昊天者矣。然则，圣人与昊天为一道。圣人与昊天为一道，则万民与万物亦可以为一道。一世之万民与一世之万物，既可以为一道，则万世之万民与万世之万物，亦可以为一道也，明矣。①

移昊天生兆物之德而生兆民，则岂不谓至神者乎？移昊天养兆物之功而养兆民，则岂不谓至圣者乎？吾而今而后，知践形为大。非大圣大神之人，岂有不负于天地者乎？②

这里强调了道的"尽物"，即生养万物，圣人的"尽民"，即生养万民。很显然，邵雍虽然没有直接就仁而论本体，论境界，但是邵雍之本体论、境界论，也是含蕴了仁体之生生，含蕴了儒家价值观。可以说，邵雍注重的是天道生生而自然，而程颢偏重于强调仁爱之和乐。

就相同处而言，邵雍和程颢都可以说达到了安乐的天地境界。邵雍天地境界的获得有各种修养方法，其中主要在于对我执、对私意的消解，在此基础上，天道本体得以呈现在当下的生命之中，而当下的生命因为个体私意的消解，因为生生本体的全幅呈现，人与天地合而为一，而在天人合一中，生命感到超越、解脱和自由的安乐，安乐是邵雍人生哲学的一个重要观念。对于程颢来说，仁本身即是本体，也是境界。在仁之中，人与万物一体，人与天地相参，程颢在仁之境界中同样也感受到一种超越、解脱和自由的乐。与邵雍相同，程颢也用诗来表达他感受到的乐：

云淡风轻近午天，望花随柳过前川。旁人不识余心乐，将谓偷闲学少年。③

闲来无事不从容，睡觉东窗日已红。万物静观皆自得，四时佳兴

---

① 邵雍：《观物篇五十三》，《皇极经世书》卷十一，第490页。
② 邵雍：《观物篇六十二》，《皇极经世书》卷十二，第506页。
③ 程颢、程颐：《河南程氏文集》卷第三《偶成》，《二程集》，第476页。

与人同。

　　道通天地有形外，思入风云变态中。富贵不淫贫贱乐，男儿到此是豪雄。①

　　寥寥天气已高秋，更倚凌虚百尺楼。世上名利群蚁蝼，古来兴废几浮沤。

　　退安陋巷颜回乐，不见长安李白愁。两事到头须有得，我心处处自优游。②

可见程颢之乐同样蕴含了天道在生命中的呈现，蕴含了天地的生生之意，蕴含了无时不乐、无物不乐的意蕴。程颢这种以仁为中心的乐，以邵雍的标准可以称为"名教之乐"，而我们也看到，程颢的"名教之乐"同样可以达到天地境界。

冯友兰先生论述天地境界时说道："在天地境界中底人的最高底造诣是，不但觉解其是大全的一部分，而且自同于大全。……大全是万物之全体，'我'自同于大全，故'万物皆备于我'。此等境界，我们谓之为同天。……得到此等境界者，不但是与天地参，而且是与天地一。得到此等境界，是天地境界中底人的最高底造诣。"③ 在论述宋明道学中的"至乐"时说道：

　　道学，西方称之为新儒学。新儒学可以说是关于"人"的学问。它所讨论的大概都是关于"人"的问题，例如，人在宇宙间的地位和任务，人和自然的关系，人与人之间的关系，人性和人的幸福。它的目的是要在人生的各种对立面中得到统一，简单地说就是对立面的统一。④

　　照道学说，得到了这种统一的人亦得到一种最高的幸福。这种幸福道学称为"至乐"。这种乐和身体感官的快乐有本质的不同，它是一种精神的享受。人一生都在殊相的有限范围之内生活，一旦从这个范围解放出来，他就感到解放和自由的乐（这可能就是康德所说的"自由"）。这种解放自由，不是政治的，而是从"有限"中解放出来而体验到"无限"（这可能就是康德所说的"上帝存在"），从时间中

---

① 程颢、程颐：《河南程氏文集》卷第三《秋日偶成二首》，《二程集》，第482页。
② 程颢、程颐：《河南程氏文集》卷第三《秋日偶成二首》，《二程集》，第482页。
③ 冯友兰：《贞元六书·新原人》，华东师范大学出版社1996年版，第635页。
④ 冯友兰：《中国哲学史新编》（下），第17页。

解放出来而体验到永恒（这可能就是康德所说的"不死"）。这是真正的幸福，也就是道学所说的"至乐"。①

而如果以之为参照而衡之于邵雍和程颢，我们可以说，邵雍和程颢的确都达到了天地境界，也都获得了"至乐"。

---

① 冯友兰：《中国哲学史新编》（下），第21页。

第五章　邵雍先天学对于北宋儒学复兴的贡献

北宋儒学复兴，是时代的机缘，也是儒学思想发展的必然。就时代机缘而言，唐末和五代十国以来混乱无序状态的结束，经济的进一步发展和繁荣，朝廷对儒学和文人的特别重视，科举制的盛行，都为儒学复兴提供了必要的前提和坚实的基础；就儒学思想发展的必然而言，传统儒学在魏晋时期受到玄学思潮与道教的冲击，在隋唐时期受到佛道尤其是佛教的挑战，"儒门淡薄，收拾不住，皆归释氏耳"[1]，但是儒学作为中国传统文化的主流，在合适的条件下必然会通过新的思想建构，来应对佛道的挑战。佛道二教对儒家思想的挑战在于"空""无"的观念，佛教认为世界的本质是"空"，道家道教认为世界的本源是"无"，在"空""无"的视野下，儒家天道观、生存世界和价值观必然都归结于虚无。在此情景下，儒学复兴必然要通过哲学建构，来论证和挺立儒家之道的实在性，来论证和挺立儒家生存世界的实在性，来论证和挺立儒家价值观的实在性。

从宋代建国开始，大儒们在继承唐代韩愈、李翱振兴儒学的观念下开始复兴儒学，其中著名的有范仲淹，宋初三先生胡瑗、孙复、石介，欧阳修、李觏，等等，但是这些大儒们的理论建构，要么把道仅仅视为一种价值理想，没有区别地把儒释道思想都填充进去，要么是在传统元气论的意义上阐释道论，要么搁置天道，以人道融摄天道，这些儒学建构思路的本质都是立足于实然的社会现象或实然的宇宙现象，来彰显儒家价值观。但是，实然现象的基础是作为现象存在根据的本体，在佛道二教"空""无"观念的视野下，如果儒家没有建构自己具有实在性的本体论，实然的现象又如何是实在的呢？立足于实然现象的儒家价值观又如何是实在的呢？所以，儒学复兴，首要的任务，就是建构自己的本体论。只有挺立了实在的本体论，才能证明儒者生存世界的实在性，才能证明儒者价值观的

---

[1] 陈善撰，袁向彤点校：《扪虱新话》卷之十，山东人民出版社2018年版，第123页。

实在性，才能应对佛道二教"空""无"思想的挑战。北宋五子及其哲学的出现代表了北宋儒学复兴的完成，而之所以能够如此，就在于北宋五子都从本体论的层面应对了佛道二教的挑战。另外，传统儒家有只求知人不求知天的思想传统，这相当于把自然天道观论域拱手让给了道家道教，这种情况在儒家占据思想文化主流地位时是不会带来严重后果的，但是一旦儒家面临危机，面对道家道教的冲击时，如果儒家希望继续保持自己的主流地位，保持在社会中的影响力，那么就必须在各个理论论域中创新、建构和发展儒家思想，以应对道家道教的冲击，所以在北宋儒学复兴的大背景下，在自然天道观方面，儒家也必然需要相应的宏大哲学体系。还有，新儒学的本体论，不但是面对万物的本体之思，而且是面对人之生命的本体之思，本体不但是客观万物的本体，也是主观生命的本体，那么，本体如何在主观生命中完全呈现、彻底敞开，人之生命如何与天道本体合一，必然是儒学本体论建构之后立即要解决的问题，这就是北宋儒学中人生哲学的问题。以上是北宋儒学复兴的三个主要问题，也是邵雍易学哲学所涵蕴的论域，邵雍从自己的理论进路出发，为之作出了巨大的贡献。

第一节　邵雍先天学本体论对于北宋儒学复兴的贡献

北宋儒学复兴中，本体论的建构具有极为重要的意义。在唐代，韩愈、李翱已经试图通过传统理论的重构来达到振兴儒学的目的，但是，韩愈和李翱都是立足于分析实然的现象来强调儒家价值观的必要性，来辟佛，来宣扬儒家价值观。因此，北宋僧人契嵩嘲笑韩愈的理论努力："韩子何其未知夫善有本而事有要也？规规滞迹不究乎圣人之道奥耶？韩氏其说数端，大率推乎人伦天常与儒治世之法，而欲必破佛乘道教。嗟夫！韩子徒守人伦之近事，而不见乎人生之远理，岂暗内而循外欤？"（《非韩上》，《镡津文集》卷第十四）这是说韩愈只知鼓吹儒家价值观而不知"圣人之道奥"，只论形迹而不知善本。而所谓的"道奥"，所谓的"善本"，也就是价值观得以立足于其上的道论、本体论。韩愈这种就实然现象而宣扬儒家价值观的理论建构，决定了其必然不能够撼动佛教思想的基础，自然也不能应对佛教思想的挑战。

那么，究竟如何进行新的儒学理论建构以应对佛教的挑战呢？我们看看二程直接面对佛教思想流行状况时的理论思考：

昨日之会，大率谈禅，使人情思不乐，归而怅恨者久之。此说天下已成风，其何能救！古亦有释氏，盛时尚只是崇设像教，其害至小。今日之风，便先言性命道德，先驱了知者，才愈高明，则陷溺愈深。在某，则才卑德薄，无可奈何佗。然据今日次第，便有数孟子，亦无如之何。只看孟子时，杨、墨之害能有甚？况之今日，殊不足言。此事盖亦系时之污隆。清谈盛而晋室衰，然清谈为害，却只是闲言谈，又岂若今日之害道？①

学者用了许多工夫，下头须落道了，是入异教。只为自家这下元未曾得个安泊处，那下说得成熟？世人所惑者鬼神转化，佗总有说，又费力说道理，又打入个无底之壑，故一生出不得。今日须是自家这下照得理分明，则不走作。形而下形而上者，亦须更分明须得。虽则心有默识，有难名状处，然须说尽心知性知天，亦须于此留意。②

这里的第一条语录，是说佛教丰富的"性命道德"理论，吸引了当时的知识分子；第二条语录，是强调时人之所以能够被佛教所诱惑，关键在于自家没有"安泊处"。那么如何才能有"安泊处"呢？就要自家"照得理分明"，而所谓的"理"，就是"形而下形而上者"要分明，就是"尽心知性知天"。事实上，二程在这里已经说明了应对佛教之方，这就是，通过形上形下的区分，来建构形上的道论，作为儒家价值观的基础，作为儒者生存世界的基础，同时强调通过"尽心知性"来实现形上之本体，即形上之道在生命中的呈现，使儒者最终能够"知天"，即天人合一，从而让每个儒者有个"安泊处"，而不至于被佛教诱惑。究其实质而言，就是通过对形上本体实在性的突出，来论证形下生存世界的实在性，来论证儒家价值观的实在性，从而驱除佛道二教的空无观念在思想中的蔓延。

事实上，北宋五子都从自己的角度建构了儒学本体论。周敦颐以乾元为本体，张载以气为本体，二程以理为本体。在他们的理论建构中，因为本体的实在性，加上本体并不是孤悬于事物现象之外的，而是在现象之中，所以推论出万物的实在性，从而证明了儒者生存世界和儒家价值观的实在性，从而重新夯实了自己的安身立命之地，重新筑实了儒家价值观的基础。

对于邵雍而言，他是北宋时期象数易学的代表。邵雍象数易学依靠富

---

① 程颢、程颐：《河南程氏遗书》卷第二上，《二程集》，第23页。
② 程颢、程颐：《河南程氏遗书》卷第二上，《二程集》，第37页。

有创新的象数推衍方法建构了庞大的象数易学体系,这一象数易学体系包括象数易学推衍的基本方法、宇宙发展过程理论以及人类社会发展过程理论。但是,邵雍的思想体系并非仅此而已,如果只是停留在象数易学的层面,那么可以说,究其实质而言邵雍易学与汉代象数易学并无根本区别,它们之间的不同只能说是具体推衍方式的不同,邵雍易学还只是停留在汉代象数易学的宇宙论层面上,还只是停留在实然现象的层面上,而无法应对佛道二教"空""无"思想的挑战。但是,事实真相是,相对于汉代象数易学而言,邵雍的哲学体系有了重大的发展:邵雍通过先天后天之辨建构了自己的本体论。因此,邵雍易学不但包含象数易学的层面,还包含象数易学赖以立足的本体论层面,显然,这很不同于仅仅具有宇宙论意义的汉代象数学,这是邵雍的一个根本性发展。在这一根本发展中,邵雍的先天后天之辨起了举足轻重的作用。

先天后天最早出现在《周易·文言传》中,"先天而天弗违,后天而奉天时",指的是圣人能够时时刻刻按照天则行事,先天强调了某一事件出现之前,后天强调了事件出现之后,而无论之前还是之后,圣人都体现出自然遵守天则的德行,所以《周易·文言传》称赞圣人"与天地合其德,与日月合其明,与四时合其序,与鬼神合其吉凶",这是对圣人达到天人合一境界的赞颂。显然,这里的先天后天主要强调了时间过程中的先后,而在邵雍哲学中,先天后天超越了时间而具有了更为重要的意义。邵雍认为:"先天之学,心也;后天之学,迹也。"[1] 所谓的"迹",就是形下的事迹、事物;至于"心",根据《观物外篇》所记载的"心为太极,又曰道为太极",[2] 则可知"心"就是"太极",就是"道",而所谓的太极和道,也就是天地存在和运化的根据,或者说天地存在和运化的本体。在邵雍的眼中,因为"天由道而生,地由道而成,物由道而形,人由道而行",[3] 所以万事万物固然存在,固然生生不息,但是万事万物的存在和运化都有其本体作为根据,而这本体也即天道本体。天道本体虽不可见,但它是实实在在的,它即在万事万物之中,万事万物以天道本体为存在和运化的根据,因此万事万物的存在和运化也是实实在在的。事实上,在邵雍的概念系统中没有特别突出形上和形下两个概念,但是很显然,先天后天蕴含着形上形下的意义。在这里,形下为"迹",为"后天",为当下的

---

[1] 邵雍:《观物外篇上》,《皇极经世书》卷十三,第518页。
[2] 邵雍:《观物外篇下》,《皇极经世书》卷十四,第522页。
[3] 邵雍:《观物篇五十九》,《皇极经世书》卷十二,第501页。同时参考《道藏》本。

事物，形上则为"心"，为"道"，为"太极"，为"先天"，先天虽属形上，但贯通于形下的后天，作为后天的本体而存在。可见，邵雍通过具有形上形下意义的先天后天之辨，通过凸显先天思想，挺立儒家的天道本体，彰显了天道生生之德，这种本体论建构和程颐一样区别并应对了佛道"空""无"的思想观念。这是邵雍的本体论建构，这是邵雍本体论建构在北宋儒学复兴中的贡献。

还需要提及的是，邵雍对"心"非常重视，他认为"心"为本体之一义，即把心等同于太极，等同于天道本体。前面提到的先天后天之辨，也就是心迹之辨，迹是具体的事事物物，具体的事物必然有形有象，占据一定的空间位置，处于一定的时间之中，所以具体的事物必然是有限的，是形下的，是有迹可寻的，但是心无所不感，无所不通，它相对于具体的事物具有超越性，它是形上的，是无限的，是神妙的，万事万物就是心的呈现，因此，心即是天道本体。所以邵雍说：

先天学，心法也。故图皆自中起，万化万事生乎心也。①
身生天地后，心在天地前。天地自我出，自余何足言。②
天地之心者，生万物之本也。③

需要强调的是，本体之心即指"天地之心"，也指"人心"，即"身生天地后，心在天地前"所指的心。当然，当下的"人心"还并不即是本体之心，而只有呈现出生生之德的"人心"，才是本体之心，所以圣人之心是本体之心。而心本体的最大德性，就是对宇宙万事万物的生化作用，心本体及其生发作用的呈现，也就是天道的生生不息。在最根本的意义上，天道本体即是太极，是心；太极和心，也即是天道本体。

心为本体的思想具有极为重要的意义。我们知道，就邵雍本体论而言，对于太极、先天而言，由于这两个概念的客观意味较浓，那么客观世界的本体如何和人生贯通，为儒者提供安身立命之地，就成为一个问题。后来的朱熹以太极为"众理"，而理又作为性贯通于人心，所以太极，即理，作为宇宙本体同时成为儒者的价值本体，儒者通过穷理尽性最终能够达到天人合一的圣人境界。但是天理虽然就其整体而言只有一个，但就其

---

① 邵雍：《观物外篇上》，《皇极经世书》卷十三，第 518 页。
② 邵雍：《伊川击壤集》卷之十九《自余吟》，《邵雍全集》第四册，第 393 页。
③ 邵雍：《观物外篇下》，《皇极经世书》卷十四，第 526 页。

内容而言，则有无数的"众理"，那么在理本论的视野下，如何通过穷无数之理来体证天道、达到天人合一？这从理论上来说是难以解决的，所以朱熹只好说："是以《大学》始教，必使学者即凡天下之物，莫不因其已知之理而益穷之，以求至乎其极。至于用力之久，而一旦豁然贯通焉，则众物之表里精粗无不到，而吾心之全体大用无不明矣。"① 这是依靠一个虚无缥缈的"豁然贯通"来保证"吾心之全体大用无不明"，来保证天人合一，但最终还是难以捉摸。此外，朱熹之穷理，是通过已知求未知，已知之理是本体大全，还是部分之理？如果是大全，为什么还需要穷理？如果是部分之理，太极本体如何证成？而对于邵雍而言，他则直接以心为本体，心即是客观的太极，也是主观的圣人之心，如此一来，太极本体，也即心本体，不但是自然世界的客观本体，同时也是人类世界的价值本体，其中的关键点，就是通过对心的本体诠释来保证天人在本体论层面直接贯通合一，邵雍依靠自己的"观物"修养方法，复人心为天心，则必然达到天人合一的安乐境界。显然，邵雍在太极本体论的基础上，通过对心的本体诠释，避免了理本论视野下的理论难题，在一定的程度上更有效地为儒者建构了安身立命之地。

牟宗三先生在分析宋明儒学内在理路时说道：

> 宋明儒之发展，大体是由《中庸》、《易传》开始而逐步向《论》、《孟》转，以孔子之仁与孟子之心为主证实天道诚体之所以为天道诚体而一之——一之于仁，一之于心，重新恢复先秦儒家从孔孟到《中庸》、《易传》之发展，如此而知《中庸》、《易传》是其圆境。否则，《中庸》、《易传》之天道诚体只是空头的宇宙论的，亦是外在的，此则客重而主轻，濂溪横渠俱有此意味。本是主客观之真实统一之圆教，然而因不能贯通先秦儒家发展之序遂显出客重而主轻，亦可说是内轻而外重，主观性原则（心）不足故也。逐步向《论》、《孟》转，第一步关键是明道之一本论，第二步关键是象山之孟子学。至此而主观性原则彻底挺起矣。②

这是强调天道诚体不但应该有客观性原则，而且应该有主观性原则，否则天道诚体就是外在的，就无法落实于生命之中。对于宋明儒学来说，

---

① 朱熹：《四书章句集注·大学章句》，《朱子全书》第6册，第20页。
② 牟宗三：《心体与性体》上册，第296—297页。

从客观性原则向主观性原则的转化,第一步关键在于程颢的一本论,第二步关键在于陆九渊的孟子学。事实上,如果按照这一衡量标准,邵雍本体论中,太极、先天可谓体现了客观性原则,心则体现了主观性原则,因此邵雍本体论已经表现出终极意义上客观主观融合的特征,这是邵雍本体论的一个重要意义,也是学界应该充分重视的。当然我们也明确认识到邵雍心本论观念与陆王心学心本论的差异。

第二节　邵雍先天学象数哲学对于北宋儒学复兴的贡献

邵雍象数哲学属于"物理"之学,"物理"之学对于北宋儒学复兴的贡献,最大的意义在于能够媲美道家道教的自然天道观。我们知道,传统儒家在神秘天命观的视野下有只求知人而不求知天的传统,可以说这种观念导致了儒家把自然天道观论域拱手让给道家道教。自然天道观论域的缺失存在一种危险性,正如二程在论述佛教用种种理论诱惑儒者时说:"世人所惑者鬼神转化,佗总有说,又费力说道理,又打入个无底之壑,故一生出不得。"① 这是佛教以复杂的理论诱惑传统知识分子,可是,道家道教又何尝不是如此呢?

事实上,道教的根本目的是炼丹与成仙,而"修丹与天地造化同途"②,所以道教必然要建构自己的自然天道观。这一点,我们在《周易参同契》中已经看到有关天地造化的初步论述。而在道教经典《钟吕传道集》中,我们也可以发现道士们对自然天道观更为详细的论述。它们涉及"天地""日月""四时""五行"各个方面。如对五行的阐释:

> 吕曰:"所谓五藏之气而曰金、木、水、火、土。所谓五行之位而曰东、西、南、北、中。若此如何得相生相成,而交合有时乎?采取有时乎?愿闻其说。"
> 钟曰:"大道既判生天地,天地既分而列五帝。东曰青帝,而行春令,于阴中起阳,使万物生。南曰赤帝,而行夏令,于阳中生阳,使万物生长。西曰白帝,而行秋令,于阳中起阴,使万物成。北曰黑帝,而行冬令,于阴中进阴,使万物死。四时各九十日。每时下十八

---

① 程颢、程颐:《河南程氏遗书》卷第二上,《二程集》,第37页。
② 彭晓:《周易参同契分章通真义·序》,《道藏》第20册,第131页。

日，黄帝主之。若于春时，助成青帝而发生；若于夏时，接序赤帝而长育；若于秋时，资益白帝而结立；若于冬时，制摄黑帝而严凛。五帝分治，各主七十二日，合而三百六十日，而为一岁，辅弼天地，以行于道。青帝生子而曰甲乙，甲乙东方木。赤帝生子而曰丙丁，丙丁南方火。黄帝生子而曰戊己，戊己中央土。白帝生子而曰庚辛，庚辛西方金。黑帝生子而曰壬癸，壬癸北方水。见于时而为象者，木为青龙，火为朱雀，土为勾陈，金为白虎，水为玄武。见于时而生物者，乙与庚合，春则有榆，青而白，不失金木之色。辛与丙合，秋则有枣，白而赤，不失金火之色。己与庚合，夏末秋初有瓜，青而黄，不失土木之色。丁与壬合，夏则有椹，赤而黑，不失水火之色。癸与戊合，冬则有桔，黑而黄，不失水土之色。以类推求，五帝相交而见于时者，生在物者，不可胜数。"①

以上是从宇宙论和自然哲学的层面上论述五行与阴阳、方位、四时、颜色、天干和植物的关系，表现出一个系统的世界图景。《钟吕传道集》接着又论述人身中的五行：

钟曰："惟人也头圆足方，有天地之象，阴阳升降，又有天地之机。而肾为水，心为火，肝为木，肺为金，脾为土。若以五行相生，则水生木，木生火，火生土，土生金，金生水。生者为母，受生者为子。若以五行相克，则水克火，火克金，金克木，木克土，土克水。克者为夫，受克者为妻。以子母言之，肾气生肝气，肝气生心气，心气生脾气，脾气生肺气，肺气生肾气。以夫妻言之，肾气克心气，心气克肺气，肺气克肝气，肝气克脾气，脾气克肾气。肾者，心之夫，肝之母，脾之妻，肺之子。肝者，脾之夫，心之母，肺之妻，肾之子。心者，肺之夫，脾之母，肾之妻，肝之子。肺者，肝之夫，肾之母，心之妻，脾之子。脾者，肾之夫，肺之母，肝之妻，心之子。心之见于内者为脉，见于外者为色，以寄舌为门户。受肾之制伏，而驱用于肺，盖以夫妇之理如此；得肝则盛，见脾则减，盖以子母之理如此。肾之见于内者为骨，见于外者为发，以两耳为门户。受脾之制伏，而驱用于心，盖以夫妇之理如此；得肺则盛，见肝则减，盖以子

---

① 钟离权述，吕洞宾集，施肩吾传：《论五行》，《钟吕传道集》，《道藏》第 4 册，第 662 页。

母之理如此。肝之见于内者为筋，见于外者为爪，以眼目为门户。受肺之制伏，而驱用于脾，盖以夫妇之理如此；见肾则盛，见心则减，以子母之理如此。肺之见于内者为肤，见于外者为毛，以鼻穴为门户。受心之制伏，而驱用于肝，盖以夫妇之理如此；得脾则盛，见肾则减，盖以子母之理如此。脾之见于内者为藏，均养心肾肝肺，见于外者为肉，以唇口为门户，呼吸定往来。受肝之制伏，而驱用于肾，盖以夫妇之理如此；得心则盛，见肺则减，盖以子母之理如此。此是人之五行，相生相克，而为夫妇子母传气，衰旺见于此矣。"①

这是以五行而论五脏心、肝、脾、肺、肾，五脏之相生相克，五脏之"见于内者"：脉、筋、藏、肤、骨，五脏之"见于外者"：色、爪、肉、毛、发，以及五脏的"门户"：寄舌、眼目、唇口、鼻穴、两耳，显然，以五行为基础，人身的各种器官基本被统摄为一个系统的整体。

但是，《钟吕传道集》从宇宙论、自然哲学和人身层面上对五行进行如此详尽的论述，最后落脚点是什么呢？

吕曰："五行本于阴阳一气。所谓一气者，何也？"

钟曰："一气者，昔父与母交，即以精血造化成形。肾生脾，脾生肝，肝生肺，肺生心，心生小肠，小肠生大肠，大肠生胆，胆生胃，胃生膀胱，是此阴以精血造化成形。其阳止在起首始生之处，一点元阳而在二肾。且肾，水也，水中有火，升之为气，因气上升以朝于心。心，阳也，以阳合阳，太极生阴，乃积气生液，液自心降，因液下降以还于肾。肝本心之母、肾之子，传导其肾气以至于心矣。肺本心之妻、肾之母，传导其心液以至于肾矣。气液升降如天地之阴阳。肝肺传导若日月之往复。五行名之数也。论其交合生成，乃元阳一气为本。气中生液，液中生气。肾为气之根，心为液之源。灵根坚固，恍恍惚惚，气中自生真水。心源清净，杳杳冥冥，液中自有真火。火中识取真龙，水中认取真虎。龙虎相交而变黄芽，合就黄芽而结成大药，乃曰金丹。金丹既就，乃曰神仙。"②

---

① 钟离权述，吕洞宾集，施肩吾传：《论五行》，《钟吕传道集》，《道藏》第 4 册，第 663 页。
② 钟离权述，吕洞宾集，施肩吾传：《论五行》，《钟吕传道集》，《道藏》第 4 册，第 664 页。

这是讲五行之本在于"元阳一气",肾因"元阳"而生"真气","真气"而生"真水","真气"朝心则心生"真液","真液"中有"真火","真水""真火"相交而结成"金丹"。可见,《钟吕传道集》论述五行,最终还是为成仙。事实上,《钟吕传道集》不但论述了五行,而且还在道教视野下细致地阐释了天地、日月、四时,而它们的最后落脚点,都是"金丹"和"神仙"。二程在分析如何应对佛教理论的诱惑时说:"今日须是自家这下照得理分明,则不走作。"① 那么,二程提出天理,建构理本论,可以说是从本体论上应对佛老,但是二程如何应对道教庞大而精细的天道观呢?程颐站在理本论的基础上有反对象数哲学的倾向,说:"有理而后有象,有象而后有数。……得其义,则象数在其中矣。必欲穷象之隐微,尽数之毫忽,乃寻流逐末,术家之所尚,非儒者之所务也。"② 但是,如果没有象数学形式的儒家自然天道观以应对道家道教自然天道观的挑战,又如何保证儒者面对宏大而系统的道教天道观而不会被吸引过去呢?事实上,建构一个能够媲美道家道教宇宙自然天道观的儒家象数哲学体系,正是邵雍的独特贡献。

我们知道,北宋五子之中,周敦颐和张载在一定程度上也表现出了较强的宇宙论兴趣,但是,周敦颐只是非常简略地从"无极而太极"论到阴阳、五行,便生出万物,而张载在气本论的基础上只是强调气之两端交感不息而生成万物,他们的宇宙论事实上根本没有展开。朱熹在比较周敦颐《太极图》和邵雍《先天图》时说道:"《先天》乃伏羲本图,非康节所自作,虽无言语,而所该甚广。凡今《易》中一字一义,无不自其中流出者。《太极》却是濂溪自作,发明《易》中大概纲领意思而已,故论其格局,则《太极》不如《先天》之大而详;论其义理,则《先天》不如《太极》之精而约。盖合下规模不同,而《太极》终在《先天》范围之内,又不若彼之自然,不假思虑安排也。"③ 事实上,朱熹的这种《太极图》不如《先天图》"大而详"的结论不但适用于《太极图》与《先天图》的比较,更适用于周敦颐宇宙论与邵雍宇宙论的比较,同样也适用于张载宇宙论和邵雍宇宙论的比较。邵雍象数哲学,论说宇宙、囊括万物、铺排历史,表现出气象恢宏、体系庞大的特征,这在北宋大儒中是独一无二的,也的确完成了应对道家道教自然天道观挑战的任务。

---

① 程颢、程颐:《河南程氏遗书》卷第二上,《二程集》,第 37 页。
② 程颢、程颐:《河南程氏文集》卷第九《答张闳中书》,《二程集》,615 页。
③ 朱熹:《晦庵先生朱文公文集》卷四十六《答黄直卿》,《朱子全书》第 22 册,第 2155—2156 页。

总之，传统儒家把自然天道观论域拱手让给了道家道教，这种情况在儒家拥有话语主导权的态势下，对于儒家没有大的影响。但是一旦儒家面临危机，面对道家道教和佛教思想的强烈冲击之时，如果儒家希望继续保持自己的主流地位，保持在社会中的影响力，那么就必须在各个哲学论域创新、建构和发展儒家思想，以应对道家道教和佛教思想的挑战，所以在北宋儒学复兴的大背景下，在自然天道观方面，儒家也必然需要相应的宏大的哲学体系。这一时代任务最后由邵雍所完成，他建构了能够媲美任何一个道家道教思想体系的自然天道观体系，这是邵雍对于北宋儒学复兴的巨大贡献之一。

第三节　邵雍先天学人生哲学对于北宋儒学复兴的贡献

北宋儒学复兴的关键是儒学本体论的成功建构，在儒学的视野中，本体不但是客观万物的本体，而且是人之生命的本体，所以本体论的延伸问题必然是如何在儒者的生命中呈现天道本体，简而言之，儒者如何得致天人合一。围绕天人合一问题的论域，也就是北宋儒学中的人生哲学论域。

北宋五子都有自己的本体论，相应来说也都有自己的人生哲学。对于周敦颐而言，他的本体论中的本体是乾元，或诚，他的人生哲学，也就是以儒家伦理价值规范为内容的至诚以处。对于张载而言，他的人生哲学建立在其气本论的基础之上，而气之本性即天地之性，即太虚湛一、清通、神妙之性，在这一前提下，张载人生哲学的核心就是要呈现人所本有的"天地之性"，而具体的方法则包括"穷理""知礼成性""诚明""大心"等。对于程颢而言，他的人生哲学的理论基础是以道器合一、道器混融为内涵的道器观，而道器合一也即天人合一，也即"仁"。所以，仁就是道器合一，就是天人合一，就是万物一体，就是儒家价值观的核心，儒者追求成圣成贤，也就是要在生命中呈现"仁"，呈现天人本来合一的状态。对于程颐而言，他的人生哲学和其理本论及心性论密切相关。程颐的理本论注重形上形下之辨，形上之体为理、为道、为天，形下之用为象、为事、为气、为物，从逻辑上来说体用之别甚为明显，但体用相即、互不分离、显微无间。对于人之生命来说，其性为天所赋予之理，性即形上之理，所以性无有不善，有善有恶的是情、是气。所以儒者修养的关键就是

第五章　邵雍先天学对于北宋儒学复兴的贡献　333

"性其情"①，就是行之以理，就是"随时变易以从道也"②。至于邵雍，他的人生哲学的基础是先天本体，邵雍的人生哲学就是围绕着先天本体的呈现而展开，具体方法则有"观察天人，修心践形"，"以物观物，消解我执"，"至诚呈现，处身为学"，"尽道于民，循理自然"四个方面，同时邵雍的境界论则包括"先天之意，难以名状"，"天地之境，闲静安乐"，"天人之交，氤氲天和"三个方面。而与其他大儒相比，邵雍人生哲学最突出的地方在于"安乐"的观念。

我们知道，在西晋中期，时人乐广面对世风玄虚、诸人行为放诞不经，曾经说过"名教中自有乐地"③。但是，这种"乐地"究竟为何，具有何种含义，如何达致此"乐地"？乐广并没有进一步说明。事实上，不是乐广故意隐晦其说，也不是古人故意不加记载，而是儒学的发展没有到讨论"名教乐地"的水平。因为就传统儒学而言，儒者的信仰基础是带有神秘色彩的天命观，儒者虽然可以"以德配天"，但是天命终归是难测的，是神秘的，是奥妙的，所以究其极而言，天命是一种外在的客观力量。在这种天命覆盖之下，通常的儒者不可能有彻底的生命解脱感和自由感，也就不可能有彻底的生命解脱感和自由感所带来的本体之乐。在这种情况下，儒者面对天命的莫测，面对社会的丑恶，常常感受到紧张、彷徨和无奈，儒者日常生活中即使能够感受到快乐，但这种快乐也仅仅是现象之乐、暂时之乐。在这种儒学视域中，乐广自然不可能真正说明"名教乐地"。

但是，随着儒学本体论建构的成功，随着传统儒学神秘天命观的被理性化，被本体论化，儒学之乐的获得水到渠成。这是因为，当外在于生命的天命被转化为能够呈现于生命之中的本体，生命必然有一种彻底的超越感、解脱感和自由感，并因这超越感、解脱感和自由感，生命感受到一种本然的快乐。事实上，邵雍哲学正体现了这样一种思路。邵雍说："已把乐为心事业，更将安作道枢机。"④ 这是说，如果乐是就心而言，那么，安就是就道而言。道是生命的本体，生命之所安立，必然是道，所以人生哲学中，安的本质意义，就是安于道；在此安立之中，心灵超越于一体之私，与天地合而为一，与道体合而为一，必然有一种解脱感和自由感，而这超越感、解脱感和自由感，也就是乐。所以，通过理性玄思而建构的本

---

① 程颢、程颐：《河南程氏文集》卷第八《颜子所好何学论》，《二程集》，第577页。
② 程颢、程颐：《易传序》，《二程集》，第689页。
③ 刘义庆：《德行第一》，《世说新语》，中国文史出版社2003年版，第10页。
④ 邵雍：《伊川击壤集》卷之二十《首尾吟》，《邵雍全集》第四册，第418页。

体论，如果真实地呈现在生命之中，那么此生命必然是安乐的。这也就是邵雍说"学不至于乐，不可谓之学"① 的根本原因。

邵雍的"安乐"观念具有重要的意义。二程在反省学者多被佛教引走时说"只为自家这下元未曾得个安泊处"②，事实上，真正的"安泊处"不是仅仅依靠理性来建构一个深刻的理论体系就能够获得，而在于心灵能够真正地依托于此理论体系，能够让此理论体系在当下的生命中彻底呈现，并由之而感到深沉的本体之乐。否则，所谓高深的理论体系只是耸动人而已，也必然不能获得最终的成功。对于邵雍而言，他的本体论是理性建构的理论体系，他的人生哲学表现出"安乐"的观念，这说明就整体而言邵雍哲学是成功的，这是邵雍的智慧，同时也丰富了北宋儒学的内容。

---

① 邵雍：《观物外篇下》，《皇极经世书》卷十四，第531页。
② 程颢、程颐：《河南程氏遗书》卷第二上，《二程集》，第37页。

上篇结语　易学对于北宋儒学复兴的贡献[①]

北宋儒学复兴是中国传统儒学发展史中的一件盛事，它无论对于中国传统社会来说，还是对于中国传统文化来说，都具有非常重要的意义。北宋儒学复兴的重要性在于传统儒学发展至此获得了一种理论视域的转换，儒学从宇宙论观照下的生活实然的儒学，转化成本体论高度下的"极高明而道中庸"的儒学。儒学的价值观没有改变，儒学的社会和生活意义没有改变，但不同的是宇宙论高度转换成了本体论高度。在这一理论高度的转换中，易学诠释做出了巨大的贡献。

在汉唐时期，主流的天道观是神秘天命观及其统摄下的太极元气说，太极元气以及阴阳造化虽然可以解释天道运行的一部分现象，但是它并不是汉唐时期天道观的全部内容，它的上面还有神秘的天命，儒者面对万事万物，通常会理性地用元气以及阴阳造化来解释，但是儒者的终极关怀，还是来自神秘的天命。这种理性和神秘的双重性，造成了天道最终无法必然地呈现于、内在于人之生命。人能够解释一部分自然现象，但是人最终还要听命于神秘的天命，神秘的天命是外在于人的，儒者面对它时只有诚惶诚恐，而无法获得最终的超越、解脱和自由。正因为理性知识和神秘天命结合在一起，董仲舒虽然建构了精致的阴阳五行体系，但是阴阳五行还只是窥测天之喜怒的工具。正因为神秘天命无法内在于人，韩愈面对它时才会有了极大的困惑："未知夫天竟如何？命竟如何？由乎人哉？不由乎人哉？"（《上考功崔虞部书》，《朱文公校昌黎先生外集》卷之二）但是，到了宋代，在佛道二教的刺激下，在佛教已经用"诸法皆空"、道家道教已经用"无"和"自然"消解了神秘天命观的情况下，北宋时期杰出的大儒们，通过自己的深思、体贴和理论建构，超越了传统的神秘天命观，同

[①] 本部分曾发表过，见赵中国《易学在北宋五子儒学本体论建构中的意义》，《燕山大学学报》（哲学社会科学版）2010年第4期。

时也成功应对了佛道二教思想的挑战。

宋代大儒们的理论体系，虽然还结合着元气，结合着阴阳造化来讲宇宙论，来讲自然哲学，但是神秘的天命观却被本体论超越了。周敦颐用乾元与诚替换了它；邵雍用先天本体越过了它；张载用具有虚神之性的气取代了它；二程用庄严的天理代替了它。神秘天命观被本体论成功地超越，一方面因为本体的实在性保证了儒者生存世界和儒家价值观的实在性，从而成功应对了佛道二教的"空""无"思想；另一方面标志着天道从外在到内在，从神秘到理性的转换。这一转换的意义极为重大。在北宋五子的视野中，天命虽然依然还是"命令"，但这种命令不是人格神高高在上无可捉摸之命令，而是"天命之谓性"的道德理性之命令，儒者只需要听从自己的道德理性，顺性而行、顺理而行，在生活中实实在在地道德践履，纯熟之后，豁然贯通，就能够体证天道、体证"天命"，如此，儒者的生存状态就从诚惶诚恐的受命于外在，而转化成真诚道德实践下的内在超越。这是儒学的进一步发展，这是儒者人格的进一步成熟。儒者面对天地之大化流行，自我激励，孜孜不倦，积累德行，与万物一体，与万民一体，与天地参！而所有这一切生存状态的实在性都表现出与佛道二教"空""无"思想的不同，这一方面复兴和发展了儒学理论，坚持了传统儒家的价值观和理想追求；另一方面恢复了儒学在传统社会中的主流地位。而在这种理论视域的转换过程中，北宋五子居功甚伟！易学居功甚伟！

周敦颐的理论建构和易学紧密相关。《太极图》与《太极图说》直接属于易学，《通书》中基本理论的形成也和易学完全相关。在《太极图说》中，周敦颐对神秘的天命观及其统摄下的宇宙论还没有彻底超越。《太极图说》中的"无极而太极。太极动而生阳，动极而静，静而生阴。静极复动。一动一静，互为其根；分阴分阳，两仪立焉。阳变阴合，而生水、火、木、金、土。五气顺布，四时行焉。五行，一阴阳也；阴阳，一太极也；太极，本无极也。五行之生也，各一其性。无极之真，二五之精，妙合而凝。'乾道成男，坤道成女'，二气交感，化生万物。万物生生，而变化无穷焉"一段，看似是一种宇宙论的讲法，仿佛是在说明宇宙从无极太极到阴阳、五行以及万物的生化的过程，但是，无极并不能理解为太极之先的存在阶段，五行是阴阳的体现，阴阳是太极的体现，无极则是太极自身的本质属性之一。所以说"太极，本无极也"，所以朱熹才以"无形而有理"解释"无极而太极"。因此，总的来说，《太极图说》既有宇宙论的意蕴，也有本体论的意蕴。同时，在《太极图说》中，还有神秘天命观的痕迹，周敦颐说："万物生生，而变化无穷焉。惟人也，得其秀而最灵。形既生矣，神发知矣，五性感动，而善恶分，万事出矣。圣人定之以中正仁义，（自注：圣人之道，仁义中正而已矣。）而主静，（自注：无欲故静。）立人极焉。故'圣人与天地合其德，日月合其明，四时合其序，鬼神合其吉凶'。"① 这里表达的意思是，人之应然是"中正仁义，而主静"，但此应然从哪里来？是"圣人定之"。那么圣人又依凭什么而定？周敦颐在此语焉不详，而最终依据很可能还是传统的神秘天命观，圣人凭"天命"而定"中正仁义，而主静"。但在《通书》中，周敦颐彻底超越了神秘的天命观，彻底超越了宇宙论，明确了"诚本论"。诚在《通书》的视野中，不但是圣人之本、人道之本，更是天道之本。周敦颐说"诚者，圣人之本"②，"圣，诚而已矣。诚，五常之本，百行之源也。静无而动有，至正而明达也。五常百行，非诚，非也，邪暗，塞也。故诚则无事矣。至易而行难。果而确，无难焉。故曰：'一日克己复礼，天下归仁焉。'"③ 这是在阐明诚为人道之本，为人之生命的本体。而在论证诚不仅是人道之本，而且也是天道之本之时，诚就是在易学的框架中展开的：

> 诚者，圣人之本。"大哉乾元，万物资始"，诚之源也。"乾道变化，各正性命"，诚斯立焉。纯粹至善者也。故曰："一阴一阳之谓道，继之者善也，成之者性也。"元、亨，诚之通；利、贞，诚之复。大哉《易》也，性命之源乎！④

周敦颐认为，诚有"源"，有"立"，也就是有其本源，有其挺立呈现，而其从本源到挺立呈现的过程，就是"道"的过程，就是"乾元"作为本体赋予万物性命、生化万物的过程，因为诚贯穿着、表现着乾元道体的全过程，因此可以说，诚就是乾元，乾元就是诚。在这个意义上，作为形容乾之四德的"元、亨、利、贞"，才可以说是"诚之通""诚之复"。所以周敦颐的诚本论，也就是"乾元"本论。故周敦颐之学可称为"乾元与诚之学"。同时很明显的是，周敦颐也正是通过对"乾元"在宇宙全体大化流行中本体地位的确立，通过对诚能够全体彰显"乾元"之德性之确

---

① 周敦颐：《太极图说》，《周敦颐集》卷一，第 3—6 页。
② 周敦颐：《通书·诚上第一》，《周敦颐集》卷二，第 13 页。
③ 周敦颐：《通书·诚下第二》，《周敦颐集》卷二，第 15—16 页。
④ 周敦颐：《通书·诚上第一》，《周敦颐集》卷二，第 13—14 页。

证，才同时使诚超越了人道之本，而成为宇宙全体的本体。显而易见，易学在周敦颐本体论建构过程中，具有基础性地位。没有易学，就没有周敦颐的本体论。

邵雍易学哲学是易学史中的一朵奇葩。其易学哲学包括三个基本组成部分：本体论、象数哲学和人生哲学，其中本体论和象数哲学与传统易学联系紧密。就邵雍本体论而言，本体在不同语境中被称为道、太极与神、心、先天。当称本体为道时，是着眼于道为天地万物之存在和发展的根据而言；当称本体为太极与神时，是着眼于用太极强调本体相对于事物具体性的超越性，用神强调本体生化万物的妙用；当称本体为心时，是着眼于强调本体不但具有客观性，而且具有主观性，从而保证了终极意义上的天人合一；当称本体为先天时，是着眼于强调形上本体有别于后天之事迹、形迹。邵雍本体论中太极和神具有重要的意义，本体虽然不离于具体的事物，即在事物之中发挥着生化万事万物的作用，但是本体相对于各个事物的具体性而具有超越性，而此超越性用太极之"一"来形容最为贴切。同时，虽然本体为"一"，但此"一"作为本体发挥着生化万物的无穷妙用，这无穷的妙用不即是事物变化之妙，不即是阴阳造化之妙，而是本体之妙，是事物变化之妙和阴阳造化之妙之所以然的"妙"，这就是神。太极和神共同描述了本体之超越性和生化万物的无穷妙用，由此可见这两个概念在邵雍本体论中的重要意义，而太极和神正是继承并发挥了《易传》有关太极和神的思想。这是易学在邵雍本体论中的体现。

如果说邵雍本体论的重要部分受到了易学的影响，那么邵雍象数哲学全体可谓都是在易学论域中建构完成的。邵雍象数哲学虽然超越了传统易学的注经形式和占验形式，但是它并没有超越易学的论域。邵雍对《易传》中"太极生两仪，两仪生四象，四象生八卦"这一表述作了创造性诠释，以"一分为二"法重新解释了从阴阳二爻到四象、八卦以至六十四卦的过程，并在此基础上创作了系列先天图，这是邵雍象数哲学探究易之本源、探究一阴一阳之道的方面。邵雍以先天图为基础把自然界和人类社会统摄起来，并试图解释自然界和人类社会的一些现象，这是邵雍在象数哲学原理基础上试图论述宇宙和人类社会的运行规律的努力，这种努力的结果，促成了邵雍宏大而系统的自然哲学和历史哲学。邵雍的自然哲学在传统文化中属于自然天道观，而这一论域因为传统儒学有求知人而不求知天的倾向，导致了自然天道观论域不如道家道教发达的结果。这种局面在儒学主流地位被挑战的情况下必然进一步凸显儒学的劣势，所以儒学的复兴不但需要复兴儒学的人事论域，也需要复兴儒学的天道论域，而天道论域既包括本体论意义上的天道,也包括自然天道观意义上的天道。对于本体论意义上的天道而言,北宋五子可以说都有自己成功的理论建构,对于自然天道观意义上的天道而言,只有邵雍在象数哲学,在易学视域下的建构最为宏大、系统和成功。这是邵雍的贡献,也是象数易学的贡献。

张载的理论体系简称为"气学",他的气学既包括本体论,也包括宇宙论;他的本体论分析用"气"这一核心概念解释了太虚和万物,他的宇宙论则在本体论分析的基础上对太虚、气、万物如何运化进行了深度论述;他的宇宙论以本体论为基础,本体论因宇宙论而充实,张载气学总体上呈现出本体论和宇宙论圆融结合的特征。张载否认佛道二教"空""无"的核心思想,而认为"太虚即气",是气贯穿着仿佛虚无但却实实在在的太虚和万物,从而确立了天地万物的实存性,又通过阐发天地之性的湛一、清通、神妙和遍体,最终从本体的高度论证了儒家价值观的实存性。这是张载气学的伟大贡献。张载站在儒家的立场上,在应对佛道二教挑战的前提下,继承了传统自然知识中的概念"太虚"和传统宇宙论中的概念"气",并创造性地结合在了一起。更需要指出,这种气学一旦具体化,一旦进入生动的宇宙生化的过程,易学概念和思想立即就成了张载理论建构的重要组成部分。这主要体现在对"神""感"的发挥,和立足易学阴阳观念而升华出的"一物两体"思想上。张载把万事万物的存在归结为气,但是万物是多种多样、千差万别的,这种千差万别是如何造成的,是如何运化着的呢?其次,太虚虽然终究也是气,但是太虚"无象",和一般"可象"的气还是有一定区别的,那么,太虚和气之间的聚聚散散,又是何以成为可能的呢?一言以蔽之,太虚、气、万物,是如何运化着的呢?这是较为具体的宇宙论问题,张载对它们的解决,就是依靠了"神""感"这两个概念,以及"一物两体"这一思想。张载认为:"太虚不能无气,气不能不聚而为万物,万物不能不散而为太虚。循是出入,是皆不得已而然也。"[①] 也就是说,太虚、气、万物之间的聚散变化,有"不得已而然"之势。事实上,这种不得已而然之势,就是"神"和"感"。太虚清通无碍,"无碍故神"[②]。事实上,虚和神都是气之本性,太虚因为清通神妙,必然能够遍体遍感万事万物,"无所不感者虚也,感即合也,咸也。以万物本一,故一能合异;以其能合异,故谓之感;若非有异则无合"[③]。

[①] 张载:《正蒙·太和篇第一》,《张载集》,第7页。
[②] 张载:《正蒙·太和篇第一》,《张载集》,第9页。
[③] 张载:《正蒙·乾称篇第十七》,《张载集》,第63页。

这是着眼于太虚而言的太虚之"神""感",因为太虚的神和感,太虚不会仅仅停留在自身,而必然和气、万物构成一种生生不息的转化。事实上,虽然太虚聚而为气、为万物,但太虚之"神""感"作为"性"依然存在于气和万物之中,或者说,如果着眼于"气"的话,气之"性"本来也具有"虚""神""感"的特征,并且同时因为"有象斯有对"①,"无无阴阳者"②,阴阳两端互相感应,所以宇宙的气化过程,也就是纲缊无穷、交感不息的过程,这就是:"天性,乾坤、阴阳也,二端故有感,本一故能合。天地生万物,所受虽不同,皆无须臾之不感,所谓性即天道也。"③ 宇宙生生不息的过程,就是"一物两体"交感不息的过程,所谓的"一",一于气、一于虚、一于神,所谓的"两体",就是基于"一"而产生的阴阳两端。天地万物各有差别,有对立,有感应,但是从气看,从本性之虚、神看,天地万物又具有同一性。这就是张载的本体宇宙论。其中的"神"和"感",明显继承并发挥了《周易》中"神也者,妙万物而为言者也"(《周易·说卦传》),"阴阳不测之谓神"(《周易·系辞上》),"神无方而易无体"(《周易·系辞上》),"易,无思也,无为也,寂然不动,感而遂通天下之故。非天下之至神,其孰能与于此"(《周易·系辞上》),"咸,感也。柔上而刚下,二气感应以相与。……天地感而万物化生,圣人感人心而天下和平。观其所感,而天地万物之情可见矣"(《周易·咸·彖》)等命题的思想,其中的"一物两体"观念,则继承并发挥了《周易》"刚柔相摩","一阴一阳之谓道"(《周易·系辞上》)的命题。总之可以说,张载是在易学的视野下,深化其气学的。

二程的卓越贡献在于对"天理"的突出和强调,在于理本论的成功建构。与周敦颐、邵雍和张载相比,二程不通过中间概念和环节,直接把儒家价值观作为天理而本体化,从一定的意义上来说,代表着北宋儒学的发展臻至成熟,代表着北宋儒学复兴的成功。程颢和程颐在本体论建构的具体进路上有所区别,但是他们的理论建构都和易学有很大关系。程颢说:"《系辞》曰:'形而上者谓之道,形而下者谓之器。'……又曰:'一阴一阳之谓道。'阴阳亦形而下者也,而曰道者,惟此语截得上下最分明,元来只此是道,要在人默而识之也。"④ 这是继承了传统易学的形上形下之辨

---

① 张载:《正蒙·太和篇第一》,《张载集》,第10页。
② 张载:《正蒙·太和篇第一》,《张载集》,第10页。
③ 张载:《正蒙·乾称篇第十七》,《张载集》,第63页。
④ 程颢、程颐:《河南程氏遗书卷》卷第十一,《二程集》,第118页。

和道器观，而道也即天道，同时，程颢又创造性地提出"天者理也"①，那么道器观视野下的道本论，就蕴含着理本论的意义。当然，程颢还没有明确地通过理物之辨来论证理本论，但是通过"天者理也"的阐述，道本论的确已经蕴含了理本论的意义。如果再联系到"万物皆有理，顺之则易，逆之则难，各循其理，何劳于己力哉"的说法，②那么可以说，理本论的意义更加明显。事实上，在程颐这里，有了非常明确的理本论。程颐理本论建构起源于他的形上追问，他说："凡物有本末，不可分本末为两段事。洒扫应对是其然，必有所以然。"③通过对"然"和"所以然"的辨析，呈现出一本体论的思维框架：即当下生活世界中的现象，以及其背后的本体。在《周易程氏传》中，程颐在"然"与"所以然"之辨的基础上，通过理象之辨，更是升华出了理本论的经典命题："至微者，理也；至著者，象也。体用一源，显微无间。"④宇宙的存在有体有用，体为理，用为事物现象，体用有别，但是并不分离。这一本体论的思想，影响了其后近千年的中国传统儒学思想界。而非常明显的是，无论对于程颢来说，还是对于程颐来说，他们的本体论建构，都是在易学框架内，或者是通过易学得到升华、提炼。事实上，就程颐来说，不但其本体论和易学紧密相关，而且其唯一的著作，也是对《周易》进行注释，这就是《周易程氏传》。在《周易程氏传》中，程颐首先结合卦爻辞把卦象爻象诠释为人事，又以人事为基础，在儒家价值观的指导下，详细阐述出种种的儒学义理，从而为儒者提供了一个学习儒学的经典文本，因为《周易程氏传》的这种特殊贡献，它成为后世官方易学的代表作品。

总之，北宋儒学复兴的关键之处是儒学本体论的彰显，而北宋五子儒学本体论的成功建构，都和易学紧密相关。没有易学，没有易学的天道论域，没有易学的道器观，儒学本体论的建构是无法想象的。儒学本体论的成功建构，一方面论证了天道本体的实在性，从而论证了儒者生存世界的实在性，论证了儒家价值观的实在性，最终成功地应对了佛老"空""无"思想的挑战；另一方面把外在于生命的神秘天命转化为内在于生命的本体，突出了儒者的道德理性和内在超越，保证了儒者通过道德实践必然能够达到天人合一。我们从北宋儒学复兴和儒学本体论的成功建构中，看到了传统易学的贡献，同时也看到了易学进一步发展的希望。

---

① 程颢、程颐：《河南程氏遗书卷》卷第十一，《二程集》，第132页。
② 程颢、程颐：《河南程氏遗书卷》卷第十一，《二程集》，第123页。
③ 程颢、程颐：《河南程氏遗书》卷第十五，《二程集》，第148页。
④ 程颢、程颐：《易传序》，《二程集》，第689页。

下 篇
先天学在宋元明清的传播和发展

下篇绪论

在北宋儒学复兴的大背景之下，邵雍先天学和周敦颐太极之学与诚本论、张载气学、二程理学共同脱颖而出，五位大儒完成了各自的哲学体系建构，深化发展了儒家的天人之学，成功应对了佛老思想的挑战，成为儒学发展史上具有划时代意义的里程碑。但五位大儒的儒学之于宋代儒学发展而言并不是一个完结，而只是一个开始，因为北宋五子的儒学在价值观一致的基础上又各有核心概念与逻辑体系的差异之处，所以，如何解释这些差异，如何消化北宋五子之学，如何推动儒学的进一步发展，就成为另一个重要的时代课题。事实上，这个时代课题是由南宋大儒朱熹加以完成的。而对于邵雍先天学而言，其易学哲学体系虽然即就邵雍自身的逻辑推演和哲学建构而言已经完成，表现为包含本体论、象数哲学与人生哲学三个论域的统一完整的易学哲学形态，但是，从其产生之日起，它必然会进入社会文化与历史之中，这个时候，关于邵雍先天学传播和发展的问题，就呈现了出来。邵雍先天学遇到的第一个问题，即大儒朱熹如何解释之、评价之，本书"总论"部分已有简单描述，而在本书"下篇"，我们会有详细的讨论。除此之外，邵雍先天学还面临数个问题。第一，从北宋易学繁荣开始，不但产生了先天学，而且出现了图书学、太极图学，而无论是先天学还是图书学、太极图学，都被认为是天道的反映，但天道是同一个天道，先天学、图书学和太极图学之形式却有差异，这如何解释呢？此外，三者各自分离守护着各自的论域，这从学理上来说，合理吗？所以，先天学、图书学和太极图学之间的交融和会通，是必然的逻辑，是易图学发展史中的必然事件。而这也是本书"下篇"站在先天学的基础上要呈现和讨论的一个问题。第二，邵雍先天学自身包含三个论域：先天学本体论、先天学象数哲学及先天学人生哲学。但众所周知，就邵雍生前身后所产生的学术影响而言，乃是拥有"数学"之名的象数哲学。这就带来一个问题，先天学的传播和发展只是象数哲学吗？先天学的其他论域是不是在历史之中也会遇到知音的理解和阐发，从而促成先天学的多向度发展？这是本书"下篇"要展现和解决的第二个关键问题。第三，在本书的"总论"部分，我们已经从六个方面呈现邵雍先天学所存在的问题。这些问题，我们可以感知到，古代的先哲先贤们凭借其敏锐哲思更可以感知到，虽然因为朱熹的推崇，邵雍先天学成为易学中的显学，但是，随着时间的绵延，不可避免有反对朱熹之思想者，不可避免有敏锐察觉邵雍先天学所存在的问题从而批判邵雍者。此外，在经学史的视野下，邵雍先天学和图书学一样，很难说是《周易》本义，很难说是战国时代发展出来的"孔门易学"，那么，在经典卫道士那里，两者也会受到批判。因为这些前提是客观存在的，所以，在一定的社会文化条件下，对邵雍先天学进行批评的风潮就产生了。这是先天学发展过程中的挫折。就历史实际而言，较为集中地发生在明末清初。本书"下篇"会较为详细地对这一现象进行讨论。第四，先天学虽然在明末清初遭遇多位大儒的批评，但是清朝的多位皇帝重视程朱理学，因之在易学论域也重视邵雍易学，再加上邵雍先天学自身本即为思想深刻的易学哲学体系，所以，在批评的风潮过后，先天学依然在传播发展，在这一阶段，有无突出的理论成果出现？这是本书"下篇"要展现和讨论的最后一个重要问题。

以上是本书"下篇"要重点解决的问题。我们即此"下篇绪论"加以提纲挈领式的简单介绍，然后会在正文部分开始详细展现邵雍先天学在宋元明清的传播和发展。

一 先天学与图书学、太极图学的交融

较早试图融合图书学和先天学的是朱熹。朱熹在《周易本义》卷首放置九图，河图洛书被置于先天四图前面，也被认为是"天地自然之易"，先天学属于"伏羲之易"，但天地自然之易和伏羲之易究竟有何关系，朱熹并没有论述清楚。在《易学启蒙》中，朱熹把河图洛书和太极、两仪、四象、八卦进行了对比，其中有较为关键的两段话："河图之虚五与十者，太极也。奇数二十偶数二十者，两仪也。以一、二、三、四为六、七、八、九者，四象也。析四方之合以为乾、坤、离、坎，补四隅之空以为兑、震、巽、艮者，八卦也。"[①] "洛书而虚其中五，则亦太极也。奇偶各居二十，则亦两仪也。一、二、三、四而含九、八、七、六，纵横十五而互为七八、九六，则亦四象也。四方之正以为乾、坤、离、坎，四隅之偏

---

① 朱熹：《易学启蒙》卷之一，《朱子全书》第 1 册，第 215 页。

以为兑、震、巽、艮,则亦八卦也。"① 在易学史中,这是把河图、洛书和八卦关联起来的一种主张。但被称为"拆补之法",牵强类比,受到很多易学家批评。但是,虽然朱熹的解释受到很多批评,朱熹却展示了一个重要的易学哲学问题:易图学的各个主要论域,是需要易学家的理论解释加以会通融合的。事实上,这正是本书"下篇"要呈现和讨论的主题之一。

我们在保巴易学中看到,他试图把太极衍化思想、先天后天观念和河图洛书融合在一起,当然,他采取的方法有些过于简单,只是以太极衍化作为系列易图之逻辑基础,以先天、中天、后天命名三幅易图,以河图、洛书作为易图的实质内容,而其中的义理阐发在细节处多显牵强。

我们在张理易学中看到,他在数视野下从"天地之数"开始而推演出河图、洛书,在象视野下从"太极生两仪之象"开始而推演出先天图和后天图,在象数视野下从"太极之图"开始而推演出三才、五气、七始、九宫、"河洛十五生成之象"等图。这三个易图系列,正分别对应图书学、先天学和太极图学。概而观之,张理易图学要比保巴易图学复杂和详细,但张理依然没有把三种易图学整合为一,不过他已经开始会通三种易图学,表现为三种易图学之间已经出现易图元素的互相交融。

我们在李简易学中看到,他作《先天则河图》《后天则洛书》,试图融合图书学和先天学,表现出较好的问题意识,但李简解决问题的能力有限,作图和释图的逻辑存在混乱,所以李简的融合不算成功。

我们在王申子易学中看到,他作《易有太极图》《是生两仪图》《两仪生四象图》《四象生八卦图》来表示"伏羲则河图而作先天图",他作《后天位卦图》来表示"文王则洛书而作后天图",如此,在自己的视域中,完成了图书学和先天学的融合。

我们在章潢易学中看到,他具有深刻的太极本体论思想,非常推崇《古太极图》,并在《古太极图》的基础上作《先天画卦图》《太极先后天总图》,经过解释,实现了太极图学和先天学的紧密融合。但是,章潢反对则河图洛书而画卦,没有实现三类易图的整体融合。

我们在胡煦易学中看到,他既有内涵丰富深刻的太极本体论,也有对河图洛书、先天四图精细入微的阐发,并且打通河图洛书与先天四图、《易经》卦爻、《易传》,证明四圣之《易》本为一贯,"图书为天地自然

---

① 朱熹:《易学启蒙》卷之一,《朱子全书》第 1 册,第 215 页。

之易"①,"伏羲先天四图,非伏羲之创为也,全仿象于河图洛书"②,"《周易》一书即伏羲大圆图中所有六十四象,文王开而为卦,各予以名,各系以辞,遂名《周易》。其三百八十四爻,又即文王之六十四卦而周公拆之,加以爻辞者也"③,所以,"全部《周易》俱是先天"④,"伏羲四图全仿图书,文王卦爻全宗伏羲,则爻必宗卦,卦必宗先天,先天必宗图书,一以贯之,方为真《易》"⑤。更难能可贵者,胡煦在深刻体悟天道运化、精研河图和先天八卦圆图的前提下创《循环太极图》,以之明天道、配诸图、论《周易》,无不言之成理、论说圆融。如此,胡煦可谓站在自己太极本体论的基础上,彻底整合了太极图学、图书学、先天学。

以上的易学家们各有其方,各有其图,各有其理,向我们展示了在先天学的传播发展历程中,它是如何和图书学、太极图学,互相交融、互相印证,最后走向一体的。

二 先天学的多向度发展

邵雍先天学不只是"数学",若只是"数学"则其发展路向甚窄,从逻辑上来说,大约不会存在多向度的发展。邵雍先天学力探宇宙本体,在太极衍化的前提下,用阴阳刚柔等四象概念描述天地万物之理,呈现出一种天道思想的形态,以其天道理解为基础,又具备以彰显先天之境为核心内容的人学思想;但因为邵雍的天人哲学从作为逻辑源头的太极本体论开始即和儒家仁学价值观没有"一如",所以其天人之学又容易被其他思潮所解释和吸收。

因为存在以上两种情况,所以邵雍先天学的多向度发展,放在历史之中几乎是必然会出现的。事实上,在"数学"之外,在先天学发展史中,果然出现了先天学的心学解释和道教解释。其中,先天学的心学解释,主要由王学高足王龙溪和王学后人章潢表彰出来。先天学的道教解释,主要由元代道士与学者俞琰发挥出来。

王龙溪有犀利的卓识,能够探囊得珠:"先天之学,天机也,邵子得先天而后立象数,而后世以象数为先天之学者,非也"⑥;有了先天之学并

---

① 胡煦:《周易函书别集》卷一《易学须知一》,《周易函书》第三册,第897页。
② 胡煦:《周易函书别集》卷一《易学须知一》,《周易函书》第三册,第871页。
③ 胡煦:《周易函书别集》卷一《易学须知一》,《周易函书》第三册,第871页。
④ 胡煦:《周易函书别集》卷一《易学须知一》,《周易函书》第三册,第871页。
⑤ 胡煦:《周易函书别集》卷一《易学须知一》,《周易函书》第三册,第871页。
⑥ 吴震编校整理:《南游会纪》,《王畿集》卷七,第154—155页。

非只是象数的认识,他又明白说道:"尧夫所谓'丸',即师门所谓良知。"① 如此一来,邵雍之学的本体论意蕴和心学意蕴皆得彰显。王龙溪在核心范畴"良知"的统摄下,通过心意之辨,吸收了邵雍的先天后天之说,通过藏密应神之论,吸收了邵雍的天根月窟之说。即心学之理论结构和义理内蕴而言,邵雍心学与王学毕竟有差异存在,但得王学视域而展现出先天学本有却被"数学"和众多学者之"误读"而导致湮没无闻的心学维度,王龙溪实乃邵雍先天学发展史中的一个关键人物。章潢是王龙溪之后又一位从心学、从人生哲学的角度弘扬邵雍先天学心学维度的大儒。他不但有丰富而深刻的太极本体论和易图学思想,而且其太极和先天之理解进入了真实的人生之中,呈现出先天学视域中的心性修养之学。章潢先天学视域中的心性修养之学包括三个部分:体乾、藏密和存中。所谓体乾,是指在心性修养中贯彻体证乾体即天道本体刚健不息的生发大用;所谓藏密,是指在心性修养中效法阴阳消息之处转换之几,通过藏密体悟心体心源未发之处;所谓存中,是指在心性修养中体证无形无象之先天本体。相比于王龙溪而言,章潢的相关阐发更加丰富。王、章两位大儒之阐发,可旁证邵雍先天学存在心学层面,他们实乃有功于邵雍先天学。

俞琰作《易外别传》,标志着先天学进入了道教领域。在俞琰的眼中,先天学是内丹修炼之学。他不但如此认为,而且在《易外别传》有系统的解释。俞琰的解释分成三步:第一步,依据邵雍先天学资源解释出"心—身"结构的人身观念;第二步,以如此的人身观为基础,依据邵雍先天学资源进一步解释出种种内丹修炼之法;第三步,多角度展示邵雍先天学蕴含的修炼思想元素。经过如此解释,邵雍先天学似乎真成了修仙之学。我们今天站在追求客观学术立场的角度来看俞琰的解释,当然知道这种行为属于过度诠释。但是,透过这个现象,我们亦可知邵雍先天学和内丹修炼之学,有相类的理论基础,否则俞琰的诠释是无法完成的。而这个相类的理论基础,即在于邵雍先天学不只是在讲生活世界的道理,而是通过太极阴阳为基础概念来讲述宇宙存在之理,通过心身概念来讲述人生存在之理;而内丹学恰恰也有其宇宙论和人身观。如此一来,先天学和内丹学必然能够会通起来。只不过,俞琰不只是在会通,而且用力更猛,直接把先天学解释为内丹修炼之学。当然抛开俞琰的诠释是不是过度乃至不当的问题,而就先天学自身的发展可能性而言,我们也看到,在心学之外,先天学又走向了道教。虽然这种走向并非邵雍原意,但也属于广义先天学的一

---

① 吴震编校整理:《天根月窟说》,《王畿集》卷八,第186页。

个向度。

三 先天学的挫折

先天学在传播中并不是一帆风顺的。在明末清初，邵雍先天学遭遇了严重的挑战。有不少著名大儒，比如王夫之、黄宗羲、黄宗炎、毛奇龄、胡渭、李塨等，纷纷从自己的角度对邵雍先天学展开批评。这些批评，有从哲学义理的角度加以展开，有从考据学的角度加以分析。他们的批评可谓细致入微、毫分厘析，比如毛奇龄总结《先天图》有八条错误，李塨为证邵雍先天学非"孔子之说"列出十条理由，黄宗炎从十一个方面讨论先天学的谬误。这种状况，真可谓"群起而攻之"、真可谓"不厌其烦"。当然，大儒们的批评，各有其理由。关键是，我们要讨论清楚批评事件所包含的三个环节：批评者的道理，批评者的批评是否准确，作为被批评者的邵雍先天学存在什么问题导致了批评。为方便集中讨论，本书把大儒们的批评综合起来，分类为大约五种情况：第一，从天道为一的角度批判邵雍先天后天的概念与观念；第二，从天道神妙的角度批判邵雍先天学的机械拘泥；第三，批判邵雍先天学不符合《周易》原义；第四，就先天图细节而说明先天图是荒唐的；第五，批判邵雍先天学是道教易学。

就第一种情况而言，存在只有一个存在，天道只有一个天道，大儒们的批评是有道理的。但邵雍虽然采用先天后天的概念，却没有存在有两个存在、天道有两个天道的意思。所以这种批评存在一定程度的误解。但是，邵雍采用先天作为自己哲学的核心概念，的确没有二程之"天理"踏实圆融，不致人误解，经得起考验。

就第二种情况而言，邵雍先天学不但有象数学而且有本体论，即就象数学而言，的确有机械性的特点，但就本体论而言，邵雍也是主张天道神妙的。所以，大儒们的批评存在一定程度的不全面。但是，又是可以理解的。因为邵雍先天学的确存在天道神妙和象数学机械特征的紧张，邵雍并没有积极解决好这个问题。如此，为避免"数学"之机械性和宿命论会消解天道之神妙、人道之价值，大儒们激烈批评邵雍先天学是完全可以理解的。

就第三种和第四种情况而言，大儒们主要从考证的角度来反对邵雍先天学。大儒们虽然恪守了《周易》本义，但没有看到学术史的发展正在于学术创新和思想创新，所以，这两种批评是有局限性的。

就第五种情况而言，邵雍先天学可能有道教渊源，但邵雍自身不是道士，邵雍先天学是一种内蕴天人之学的存在之学，在邵雍自身，完全和道教思想无关。但道教易学也的确能够利用先天学来丰富自己的思想资源。

以上为略说,在本书第九章,我们会详细呈现六位大儒的批评,并在最后对批评进行深入反思。

四 先天学地位的最终稳固

明末清初,邵雍先天学遭到多位大儒的严厉批评,当这些批评在一个时期比较集中地出现时,我们说,先天学的传播和发展可谓遇到了大的挫折。但这只是暂时的,一方面因为朱熹推崇邵雍易学,是有其学理基础的,只要这个学理基础是客观的,解决的易学理论问题是客观的,那么,邵雍易学必然还会重新获得承认和光大;另一方面因为邵雍先天学本身确是一个内蕴天人之学的存在之学的哲学形态,它的太极本体论是实在的,它的太极衍化观念是实在的,它的象数学形式的天地万物之理之描述体系是实在的,它所包含的由邵雍本人所体现的人生哲学也是实在的,如此,作为特定形态之下的丰富的哲学资源,必然也会被有心的学者学习、体究、发扬、广大。

事实上,与先天学之批评者李塨同时代的易学大家胡煦就是先天学的支持者和诠释者。胡煦因为易学成就突出,被命直南书房,同大学士李光地分纂《周易折中》。胡煦的太极本体论内涵丰富而深刻,在太极本体和太极衍化的基础上,提出河图洛书为先天四图之根,先天四图为六十四卦卦象之根,卦象为卦爻辞之根,四者都反映了本体的呈现和变化的观念。这一重要观念,一方面真正贯通了河图洛书、先天四图、六十四卦卦爻象和卦爻辞,另一方面得出了"全部《周易》俱是先天"[1]的结论,而这正是太极本体论,即先天本体统摄后天事物的必然推论。即此而言,胡煦易学哲学是邵雍先天学的一个重要发展,从胡煦易学哲学即可见到邵雍先天学之哲学精神和思想内容的强大生命力。

而作为官方易学作品的《周易折中》,通过康熙皇帝的"御制"文字,明确肯定了朱熹易学和邵雍易学的地位,对两者都有高度的评价,如"易学之广大悉备,秦汉而后无复得其精微矣!至有宋以来,周邵程张阐发其奥,唯朱子兼象数义理,违众而定之,五百余年无复同异"[2],如"今案易学当以朱子为主,故列《本义》于先,而经传次第,则亦悉依《本义》原

---

[1] 胡煦:《周易函书别集》卷一《易学须知一》,《周易函书》第三册,第871页。
[2] 李光地编纂,刘大钧整理:《御制周易折中序》,《周易折中》,巴蜀书社2006年版,第22页。

本","今案周子、张子、邵子，皆于易理精邃，虽无说经全书，而大义微言，往往独得"，"今案溺于象数，而支离无根者，固可弃矣。然《易》之为书，实根于象数而作，非它书专言义理者比也。但自焦赣、京房以来，穿凿太甚，故守理之儒者，遂鄙象数为不足言。至康节邵子，其学有传，所发明图卦蓍策，皆易学之本根，岂可例以象数目之哉？故朱子表章推重，与程子并称。《本义》之作，实参程邵两家以成书也。后之学者，言理义、言象数，但折中于朱子可矣"。①

如此一来，上有皇帝定下推崇的调子，下有著名易学家发自内心的易学哲学建构之继承和弘扬，先天学在经历了明末清初多位大儒的批评之后，其易学史地位最终还是稳固下来，并绵延至清末。

---

① 李光地编纂：《御制周易折中凡例》，《周易折中》，第32—33页。

第六章　先天学在宋代的传播和发展

邵雍先天学是传统易学史中的一朵奇葩，它论说宇宙、囊括天人、铺排历史，从讨论象数原理，到把象数原理运用于各个领域，邵雍先天学表现出在象数视野中用理性把握宇宙和社会的努力。不仅如此，邵雍先天学还超越了象数哲学，建构了自己的本体论以及人生哲学。但是邵雍易学哲学在后世的影响中，一方面因为象数哲学本身的引人入胜，另一方面因为朱熹站在理本论视野中的解读，邵雍先天学本体论与人生哲学并没有得以彰显，而象数哲学则被发扬光大。在这一过程中，朱熹对邵雍及其易学的定位和诠释起到了关键作用。在本章中，我们首先概述邵雍在宋代的后学，以了解邵雍先天学在宋代流传的基本情况；其次详细论述朱熹对邵雍及其易学的定位和诠释，以呈现朱熹的相关解读对于邵雍及其先天学之形象与地位的巨大影响。

第一节　邵雍后学概述

严格来讲，邵雍先天学除了自己的儿子邵伯温之外，并没有传人，这是因为邵雍在世时虽然把自己的学问传授给了两个学生：王豫和张岷，但是二人早逝，导致邵雍易学没有得以再传。同时又因为邵雍辞世时邵伯温才二十岁，也不可能透彻理解邵雍易学哲学的精髓，所以邵雍易学哲学在后世的流行，基本上是依靠后人自己研读邵雍的著作，朱熹就是邵雍易学研习者的著名代表。在本节中，我们简要概述邵雍在宋代的后学和研习者状况，并从太极观或本体论的角度说明邵雍易学哲学研习者对邵雍哲学的解读，由此呈现出邵雍易学哲学在后世流传中产生的变化。

一 邵雍后学概述

邵雍的后学可分为三类,第一类是从学于邵雍,但并没有得受邵雍易学,比如邵伯温在《闻见录》中记录了从学于邵雍的一些人,如吕公著的三子,"公三子,希哲、希积、希纯,皆师事康节,故伯温与之游甚厚"①,还有"太学博士姜愚字子发,京师人,长康节先公一岁,从康节学,称门生。……潞州张仲宾太博字穆之,未第,亦从康节学"②。但是这些人并没有象数易学的相关论述,邵伯温的记录,只说明他们曾经问学于邵雍而已。第二类是从学于邵雍,得受邵雍易学,但是没有再传弟子,导致邵雍易学失传。这是特指王豫和张岷,《宋元学案》记载如下:

> 王豫,字悦之,又字天悦,大名人,瑰伟博达之士也,精于《易》。闻康节之笃志,爱而欲教之,与语三百日,得所未闻,始大惊服,卒舍其学而学焉。③
> 张岷,字子望,荥阳人也。登进士第,官至太常寺簿。《观物外篇》二卷乃其所述。子文曰:"先君《易》学,独以授之天悦与子望,皆早世,故世不得其传。"陈直斋曰:"其记康节之言,十才一二而已,足以发明成书。"④

真正从学邵雍易学的除了邵伯温,只有王豫和张岷,但是二人都早亡,导致邵雍易学没有传人。第三类是后世的邵雍之学的研习者。据《宋元学案》记载,研习邵雍先天学的有牛师德父子,"牛师德者,不知何许人也。晁公武曰:'师德自言从温公传康节之学,未知其信然否。'所著有《先天易钤》、《太极宝局》二卷。陈直斋曰:'盖为邵子而专于术数者。'子思纯,传其学。或曰:《易钤》师德所著,《宝局》则思纯所著也"⑤。牛师德父子的易学著作没有流传下来。有著作流传下来的是王湜和祝泌,"王湜,同州人也。潜心康节之学。其《易学》一卷,自序曰:'康节有云:"理有未见,不可强求使通。"故愚于《观物篇》之所得,既推其所

---

① 邵伯温:《邵氏闻见录》卷第十二,第127页。
② 邵伯温:《邵氏闻见录》卷第十八,第193页。
③ 黄宗羲原著,全祖望补修:《王张诸儒学案》,《宋元学案》卷三十三,第1160页。
④ 黄宗羲原著,全祖望补修:《王张诸儒学案》,《宋元学案》卷三十三,第1161页。
⑤ 黄宗羲原著,全祖望补修:《百源学案》下,《宋元学案》卷十,第477页。

不疑，又存其所可疑。亦以先生之言自慎，不敢轻有去取故也。'"① 但王湜《易学》并没有发展邵雍易学。祝泌则著有《观物篇解》，但是此书也多是随文阐释，有助于理解邵雍象数学，而无甚新发明。南宋时期研习邵雍易学颇有发明的是象数易学大家张行成、蔡元定以及大儒朱熹。张行成世称"观物先生"，著作有《皇极经世索隐》《皇极经世观物外篇衍义》《周易述衍》《周易通变》，等等，其象数易学体系极其庞大繁杂，同时对邵雍先天学的解释较为详尽，对后人了解邵雍先天学帮助较大，《四库全书》馆臣称赞张行成"至于邵氏一家之学，则可谓心知其意矣"②。蔡元定和朱熹则是亦师亦友的关系，朱熹称"此吾老友也，不当在弟子之列"③，《易学启蒙》一书就是朱熹和蔡元定共著。

以上是邵雍后学大致的状况。需要强调的是，邵伯温属于家学，真正学易学于邵雍的只有王豫、张岷，但王豫和张岷早亡，邵雍易学于是失传。至于牛师德父子，以及南宋时期的王湜、张行成、朱熹、蔡元定、祝泌等，都是得邵雍之书而研习之，并没有受学于邵雍或其传人。牛师德父子之易学进入术数一路，王铁先生在其《宋代易学》中有简略介绍可参见④，本章略而不论。对于南宋诸位邵雍易学研习者而言，王湜有《易学》一卷传世，但是对邵雍先天学无甚发明，这一点正如林忠军先生评论："这里所说的'有所得'，并不是说他在邵氏易学发展上有什么建树，而是指能解读邵氏之学。"⑤ 事实上，南宋时期的祝泌著有《观物篇解》，亦属于此类。真正在邵雍象数易学发展上有所建树的是张行成、朱熹和蔡元定，而其中又以朱熹影响最大，我们会在本节讨论邵雍先天学所蕴含的本体论思想在其研习者那里发生的变化，会在下一节详论朱熹究竟如何诠释邵雍易学，以及这种诠释对于邵雍及其易学的意义。

二　对邵雍本体论的再理解

最早对邵雍先天学有所诠释的是其子邵伯温，但是邵雍去世时邵伯温才二十岁，因此朱熹认为邵伯温并没有得到邵雍真传。并且朱熹对邵伯温还颇有微词，据《朱子语类》记载："又问：'伯温解经世书如何？'曰：

---

① 黄宗羲原著，全祖望补修：《百源学案》下，《宋元学案》卷十，第478页。
② 永瑢等撰：《术数类一·皇极经世观物外篇衍义》，《四库全书总目》卷一百零八，中华书局2017年版，第916页。
③ 脱脱等撰：《列传第一百九十三·儒林四》，《宋史》卷四百三十四，第12875页。
④ 王铁：《宋代易学》，第76—78页。
⑤ 林忠军：《象数易学发展史》第二卷，齐鲁书社1998年版，第303页。

'他也只是说将去,那里面曲折精微,也未必晓得。康节当时只说与王某,不曾说与伯温。模样也知得那伯温不是好人。'"① 可见朱熹很不以邵伯温为然。但是,邵伯温著有《观物内篇解》,收在《性理大全书》第九卷、第十卷邵雍《观物内篇》之下,对了解邵雍象数哲学还是有一定帮助的。邵伯温还著有《邵伯温系述》和《易学辨惑》,前者是对邵雍先天学整体理解的描述,后者描述其父之学的源流。另外《性理大全书》中蔡元定所著《经世指要》的节本《纂图指要》,也引用了邵伯温的一些关于先天学的论述。邵伯温对其父先天学的注释,有利于后人对先天学的理解和研究,但邵伯温对邵雍本体论的理解已经发生了变化。邵伯温说:

> 至大之谓皇,至中之谓极,至正之谓经,至变之谓世。大中至正应变无方之谓道。以道明道,道非可明,以物明道,道斯见矣。物者,道之形体也,生于道,而道之所成也。道变而为物,物化而为道,由是知道亦物也,物亦道也。孰知其变哉?故善观道者,必以物,善观物者,必以道。谓得道而忘物则可矣,必欲远物而求道,不亦妄乎?有物之大莫若天地,然则天地安从生?道生天地,而太极者,道之全体也。太极生两仪,两仪形之判也,两仪生四象,四象生而后天地之道备焉。……时以变起,物以类应,时之与物,有数存焉。数者何也?道之运也,理之会也,阴阳之度也,万物之纪也,定于幽而验于明,藏于微而显于著,所以成变化而行鬼神者也。道生一,一为太极,一生二,二为两仪,二生四,四为四象,四生八,八为八卦,八卦生六十四,六十四具而后天地万物之道备矣。天地万物莫不以一为本原,于一而衍之,以为万,穷天下之数而复归于一。一者何也?天地之心也,造化之源也。……在天则为消长盈虚,在人则为治乱兴废,皆不能逃乎数也。(《邵伯温系述》,《性理大全书》卷八)

邵伯温认为,仅就道而言,道不可见,必须"以物明道",而物,就是道的形体,道是可以变化为物的,物也是可以变化为道的。这种道化物、物化道的思想,事实上并非邵雍的思想。邵雍说过"性者,道之形体也",而非"物者,道之形体也",性是道的形体,说明道呈现于人为人之天性,呈现于物为"物理",道在这里是一种本体论的概念,强调了其作

---

① 黎靖德编:《朱子语类》卷第一百,第2547页。

为人和物的本体而存在。但是说物是道的形体，又说道变而为物，物化而为道，那么道就成了一种宇宙论的概念，强调了宇宙变化生成中，道作为一种基质的作用，在这种情形下，道具有强烈的气的意味。

邵伯温又说：

> 混成一体谓之太极。太极既判，初有仪形，谓之两仪。两仪又判，而为阴阳刚柔，谓之四象。四象又判，而为太阳、少阳、太阴、少阴、太刚、少刚、太柔、少柔而成八卦。太阳、少阳、太阴、少阴成象于天，而为日、月、星、辰，太刚、少刚、太柔、少柔成形于地，而为水、火、土、石。八者具备，然后天地之体备矣。天地之体备而后变化生成万物也。……太极者，在天地之先而不为先，在天地之后而不为后，终天地而未尝终，始天地而未尝始，与天地万物圆融和会，而未尝有先后始终者也。有太极，则两仪、四象、八卦，以至于天地万物固已备矣，非谓今日有太极，而明日方有两仪，后日乃有四象八卦也。虽谓之曰：太极生两仪，两仪生四象，四象生八卦。其实一时具足，如有形则有影，有一则有二、有三，以至于无穷皆然。是故知太极者，有物之先，本已混成，有物之后，未尝亏损，自古及今，无时不存，无时不在。万物无所不禀，则谓之曰命。万物无所不本，则谓之曰性。万物无所不主，则谓之曰天。万物无所不生，则谓之曰心。其实一也。古之圣人穷理尽性以至于命，尽心知性以知天，存心养性以事天，皆本乎此也。（《皇极经世书三·观物内篇之一》，《性理大全书》卷九）

这是着重阐释邵雍先天学中的太极。在这里，邵伯温似乎感觉到在宇宙论的视野下，道，或者太极，既然作为万物形成的基质，容易被理解为本源，所以邵伯温又强调太极与天地万物的关系不是"先后始终"的关系，而是"一时具足"的关系，并且万物"无所不禀""无所不本""无所不主""无所不生"，如此一来，道或者太极的本体论意蕴就得到了强调。邵伯温如此理解太极，或道，可以说又回到了邵雍先天学中太极或道的本体论意义上。

南宋时期的象数易学大家张行成，则是结合张载"太虚即气"的思想，来解释邵雍之太极。张行成说：

> 太极兼包动静，静则见虚，动则见气。气动为阳，静复为阴，故

太极判为阴阳，二气相依以立，而未尝相无。①

知虚即气，然后知太极。太极一也，指一为虚，气实存焉。太虚之外，宁复有气？指一为气，气犹潜焉，太虚之中，初未见气，即气即虚，非一非二，故太极者，兼包有无，不倚动静，其元之元欤。静则见虚，动则见气，气动为阳，静复为阴，气静为阴，动复为阳，动静密庸，间不容发。（《皇极经世观物外篇衍义》卷七）

虚者，道之体，神者，道之用，神者诚也。诚则有精，精则神，变化自然，莫知其然。故道生天者，太虚之中，自然氤氲而神生气也。天生地者，大象之中，类聚交感而气生质也。（《皇极经世观物外篇衍义》卷七）

太极之虚，为乾坤之性；太极之气，为乾坤之体。太极一也，有动有静，是为阴阳，是为柔刚。（《皇极经世观物外篇衍义》卷七）

太极者，太虚也。太虚之神用降而在人，则为诚性。太极之中和降而在人，则为道气。人存其诚性，以养其道气，则神御气，气载神，神气不离，当与太极并存，不随有物俱尽。（《皇极经世观物外篇衍义》卷七）

太虚无体，神自生焉，故君子贵虚，心虚非无也，《易》所谓天地氤氲，老子所谓绵绵若存，子思所谓喜怒哀乐之未发谓之中，孟子所谓诚者天之道。虚即气，气即虚。虚者，气之未聚，有气之用，无气之累者也。（《皇极经世观物外篇衍义》卷八）

太极者，太一也，包含万有于其中，故曰道为太极。在人则心为太极，太极不动，应万变而常中，乃能如天。（《皇极经世观物外篇衍义》卷八）

可见张行成的思路是，虽然承认太极的本体论意义，但是把邵雍的太极观念和张载的"太虚即气"观念结合在一起，用"太虚即气"来解释邵雍的太极。如此一来，就把邵雍的太极气化。但是，在邵雍先天学中，太极概念主要着眼于强调本体的超越性，邵雍并没有明确说明太极究竟是什么，而张行成显然在本体论方面受到张载影响比较大，最终把邵雍的太极理解为"太虚即气"。事实上，张行成在一定程度上还受到了程颐的影响。他说：

---

① 张行成：《皇极经世观物外篇衍义》卷四，文渊阁《四库全书》本。

理者，自然也，数出于理，道法自然也。（《皇极经世观物外篇衍义》卷七）

盖万法出乎理，理之所至，自然而成。（《皇极经世观物外篇衍义》卷八）

象以见数，显诸仁也，数以生象，藏诸用也。天下之数生于理，用虽藏，以理推之，可以探赜索隐。（《皇极经世观物外篇衍义》卷九）

理者，太虚之实义。孔子所谓诚，释氏所谓实际，道家所谓天真自然。自然者，原其始，实际者，要其终，诚者，始终若一，举其中也。诚者，实也，气数，神用之所起也。在气数为命，在神用为性，而理行乎其间矣。神无尽，理亦无尽，气数疑若有尽。（《皇极经世观物外篇衍义》卷七）

张行成认为"数出于理"，"万法出乎理"，明显是受到了程颐的影响，并且仿佛有理本论的意味，但是在理和太虚究竟何为第一性的问题上并没有再作阐释，而只是说"理者，太虚之实义"，把理和太虚并列地放在了那里，这表明，张行成没有朱熹的思想敏锐，没有一贯的理本论。不过，这已经不属于我们讨论的范围，我们已经看到，张行成是在受到张载气学和程颐理学的双重影响下，来解读邵雍哲学的。

蔡元定在很大程度上也受到了程朱理学的影响，他理解的太极观，已经表现出这种倾向。他说：

人者万物之最灵，圣人者又人伦之至也。自天地观万物则万物为万物，自太极观天地则天地亦物也，人而尽太极之道，则能范围天地，曲成万物，而造化在我矣。故其说曰一动一静天地之至妙欤，一动一静之间天地人之至妙欤。一动一静之间者，非动非静而主乎动静，所谓太极也。又曰思虑未起，鬼神莫知，不由乎我，更由乎谁？所谓范围天地曲成万物，造化在我者也。盖超乎形气，非数之能及矣。虽然，是亦数也。伊川先生曰，数学至康节方及理。康节之数，先生未之学，至其本原，则亦不出乎先生之说矣。（《皇极经世书二·纂图指要下》，《性理大全书》卷八）

蔡元定认为，邵雍的太极"超乎形气，非数之能及"，这种看法是符合邵雍太极观的，但是蔡元定接着又说"虽然，是亦数也"，这就把太极本体"数"化了，这是不同于邵雍的地方。蔡元定又说邵雍之数的本原不出程颐之说，这就是又承认了程颐理本论。事实上，蔡元定受朱熹影响很大，《易学启蒙》即两人合著之书，蔡元定肯定程颐理本论，也是当然之事。总之，在理本论的前提下，再加上继承了邵雍象数的思想，所以蔡元定就有以数论理的倾向，而在这种思路中，在朱熹理本论中太极为理，蔡元定因为有以数论理的倾向，则必然以太极为数。因此，蔡元定的太极观念不再具有邵雍哲学中原来的太极本体的意义。

蔡元定的这种思路，在其子蔡沈那里表现得更为突出。蔡沈说：

> 有理斯有气，气著而理隐。有气斯有形，形著而气隐。人知形之数，而不知气之数。人知气之数，而不知理之数。知理之数则几矣。动静可求其端，阴阳可求其始，天地可求其初，万物可求其纪，鬼神知其所幽，礼乐知其所著，生知所来，死知所去。《易》曰穷神知化，德之盛也。①

> 物有其则，数者尽天下之物则也。事有其理，数者尽天下之事理也。得乎数，则物之则、事之理无不在焉。（《皇极内篇》中，《洪范皇极内外篇》卷二）

> 朱子曰：太极者，本然之妙也。动静者，所乘之机也。太极，形而上之道也，阴阳，形而下之器也。自形而下者观之，则动静不同时，阴阳不同位，而太极无不在焉；自形而上者观之，则冲漠无朕，而动静阴阳之理已悉具于其中矣。虽然，推之于前而不见其始之合，引之于后而不见其终之离也。（《皇极内篇》上，《洪范皇极内外篇》卷一）

可见，蔡沈的理本论视野，以数论理的方法，以太极为本然之理的思想，已经完全明确化。事实上，蔡氏父子之所以表现出以上的这种观念，是和朱熹对邵雍的理解分不开的，朱熹在理本论的视域中对邵雍先天学加以解读，但是朱熹并不是真正意义上的象数易学家，所以并不以数论理，而蔡氏父子一方面接受了程朱理本论，另一方面因为专于象数易学，所以表现出以数论理的思路。蔡元定把邵雍的太极数化，已经不同于邵雍哲学中本来的太极本体的意义，朱熹在理本论的视域中解读邵雍易学，必然也会带来一系列问题。在下面，我们就朱熹对邵雍及其易

---

① 蔡沈：《皇极内篇》上，《洪范皇极内外篇》卷一，文渊阁《四库全书》本。

学的定位和诠释加以详论。

第二节　朱熹对邵雍及其先天学的定位和诠释[①]

朱熹是中国传统社会中的大儒和著名哲学家，他不但对两宋理学进行了总结，在一定的程度上对两宋易学也进行了总结。他以诸家诸派易学为智慧资源，深入研究并体认《周易》经传文本和先贤的易学作品，在此基础上对传统的象数易学和义理易学加以融会贯通，建构了一个系统而深刻的易学体系，成为南宋之后官方易学的代表。蔡方鹿先生说："朱熹以义理思想为指导，重本义，重象数，将义理、卜筮、象数、图书相结合，把宋易之义理派与象数派包括图书学统一起来的易学思想的提出，是对中国易学史上先前思想资料的吸取、借鉴、继承、扬弃和发展，亦是对宋代易学的总结和发展，而集其大成。"[②] 而在朱熹对宋代易学进行总结的过程中，必然涉及对邵雍易学的理解、定位和诠释。那么，朱熹如何定位邵雍，如何诠释邵雍易学，朱熹对邵雍的定位以及对邵雍易学的诠释对邵雍之学具有什么意义呢？我们在下面加以详论。

一　朱熹对邵雍及其先天学的定位

朱熹对邵雍个人的看法是有褒有贬，但总的来说是褒大于贬。就褒而言，朱熹认为邵雍为"振古豪杰"，就贬而言，朱熹认为邵雍有"玩世"之意。而对于邵雍易学，朱熹则是赞不绝口。

据《朱子语类》中记载：

> 问："近日学者有厌拘检，乐舒放，恶精详，喜简便者，皆欲慕邵尧夫之为人。"曰："邵子这道理，岂易及哉！他腹里有这个学，能包括宇宙，终始古今，如何不做得大？放得下？今人却恃个甚后敢如此！"因诵其诗云："'日月星辰高照耀，皇王帝伯大铺舒。'可谓人豪矣！"[③]

[①] 本节曾发表过，见赵中国《邵雍先天学的两个层面：象数学与本体论——兼论朱熹对邵雍先天学的误读》，《周易研究》2009年第1期；赵中国《朱熹易学观述论》，《社会科学》2008年第5期。

[②] 蔡方鹿：《朱熹经学与中国经学》，人民出版社2004年版，第290页。

[③] 黎靖德编：《朱子语类》卷第一百，第2542页。

问："程子以'动之端'为天地之心。动乃心之发处，何故云：'天地之心？'"曰："……凡发生万物，都从这里起，岂不是天地之心！康节诗云：'冬至子之半，（小注：大雪，子之初气。冬至，子之中气。）天心无改移；一阳初动处，万物未生时。玄酒味方淡，大音声正希。此言如不信，更请问庖牺！'可谓振古豪杰！"①

因论"好仁、恶不仁"，曰："此亦以资质而言。……然毕竟好仁者终是较得便宜，缘他只低着头自去做了。恶不仁者却露些圭角芒刃，得人嫌在。如颜子明道是好仁，孟子伊川是恶不仁；康节近于好仁，横渠是恶不仁。"②

扬子云韩退之二人也难说优劣。但子云所见处，多得之老氏，在汉末年难得人似它。亦如荀子言语亦多病，但就彼时亦难得一人如此。……又问："与康节如何？"曰："子云何敢望康节！康节见得高，又超然自得。退之却见得大纲，有七八分见识。……"③

这是朱熹对于邵雍个人的赞赏之词。朱子称其为"人豪""振古豪杰"，可见非常佩服邵雍心胸之开阔，气象之恢宏；又认为邵雍"近于好仁"，则是对其气质温润、不露圭角的承认；总的来说，于天道而言"见得高"，于生活而言"超然自得"，已经超越扬雄韩愈这些一时之大儒。当然，朱熹对邵雍也有微词，这些微词集中在一点，就是认为邵雍似乎有玩世为己之意：

因论康节之学，曰："似老子。只是自要寻个宽间快活处，人皆害它不得。后来张子房亦是如此。方众人纷拏扰扰时，它自在背处。"④

康节本是要出来有为底人，然又不肯深犯手做。凡事直待可做处，方试为之；才觉难，便拽身退，正张子房之流。⑤

问："'柳下惠不恭'，是待人不恭否？"曰："是他玩世，不把人做人看，如'袒裼裸裎于我侧'，是已。邵尧夫正是这意思，如《皇

---

① 黎靖德编：《朱子语类》卷第七十一，第1793页。
② 黎靖德编：《朱子语类》卷第二十六，第653页。
③ 黎靖德编：《朱子语类》卷第一百三十七，第3261页。
④ 黎靖德编：《朱子语类》卷第一百，第2544页。
⑤ 黎靖德编：《朱子语类》卷第一百，第2545页。

极经世》书成，封做一卷，题云：'文字上呈尧夫。'"①

显然，朱熹认为邵雍没有表现出儒者孜孜不倦以经世的品质，这可能和邵雍终身不仕的经历相关。朱熹又认为邵雍有些玩世不恭，但是朱熹并没有完全肯定这一观点，如他又说："庄子比邵子见较高，气较豪。他是事事识得，又却蹴踏了，以为不足为。邵子却有规矩。"② 很显然，邵雍的玩世，也只是相对于普通儒者之谨严而言，与庄子这样的人物相比，邵雍还是"有规矩"的，所以邵雍和老庄还是有区别的。总的来说，朱熹对邵雍个人更多地持有赞佩的看法，正因为如此，他才把邵雍与周敦颐、张载、二程和司马光并列推崇为北宋"六先生"，也正因为如此，《伊洛渊源录》中才有了邵雍的地位。③

如果说朱熹对邵雍个人的看法虽然比较敬佩但还有一定保留的话，那么朱熹对于邵雍易学就是一边倒地赞同和钦佩了。《朱子语类》中记载朱熹对邵雍易学的评价：

某看康节《易》了，都看别人底不得。④

然自有《易》以来，只有康节说一个物事如此齐整。如扬子云《太玄》便零星补凑得可笑！⑤

盖有则俱有，自一画而二，二而四，四而八，而八卦成；八而十六，十六而三十二，三十二而六十四，而重卦备。故有八卦，则有六十四矣。此康节所谓"先天"者也。若"震一索而得男"以下，乃是已有此卦了，就此卦生出此义，皆所谓"后天"之学。今所谓"卦变"者，亦是有卦之后，圣人见得有此象，故发于象辞。安得谓之乾坤重而为是卦？则更不可变而为他卦耶？若论先天，一卦亦无。既画之后，乾一兑二，离三震四，至坤居末，又安有乾坤变而为六子之理！凡今《易》中所言，皆是后天之《易》。且以此见得康节先天后

---

① 黎靖德编：《朱子语类》卷第五十三，第1300页。
② 黎靖德编：《朱子语类》卷第一百二十五，第2988页。
③ 《伊洛渊源录》原本并没有录入邵雍。据朱熹弟子记录："问：'《渊源录》中何故有《康节传》？'曰：'书坊自增耳。'"（黎靖德编：《朱子语类》卷第六十，第1447页。）但是，在《伊洛渊源录》中已经出现了《康节传》之后，朱熹也没有反对。这说明朱熹最终还是认同邵雍的。
④ 黎靖德编：《朱子语类》卷第一百，第2545页。
⑤ 黎靖德编：《朱子语类》卷第一百，第2546页。

天之说，最为有功。①

朱熹在给他人的书信中更是对邵雍易学赞不绝口，百般维护：

"易有太极，是生两仪"者，一理之判，始生一奇一偶，而为一画者二也。"两仪生四象"者，两仪之上各生一奇一偶，而为二画者四也。"四象生八卦"者，四象之上各生一奇一偶，而为三画者八也。爻之所以有奇有偶，卦之所以三画而成者，以此而已。是皆自然流出，不假安排，圣人又已分明说破，亦不待更著言语别立议论而后明也。此乃易学纲领，开卷第一义，然古今未见有识之者。至康节先生，始传先天之学而得其说，且以此为伏羲氏之易也。②

"易有太极，是生两仪，两仪生四象，四象生八卦。"熹窃谓此一节乃孔子发明伏羲画卦自然之形体次第，最为切要，古今说者惟康节、明道二先生为能知之。③

至于邵氏先天之说，则有推本伏羲画卦次第生生之妙，乃是易之宗祖，尤不当率尔妄议。④

邵氏"先天"之说，以鄙见窥之，如井蛙之议沧海。而高明直以不知而作斥之，则小大之不同量，有不可同年而语者。⑤

朱熹一方面认为邵雍易学齐整有序，另一方面认为先天后天之说极为重要，而先天之易论述了"太极生两仪，两仪生四象，四象生八卦"的详细过程，对《易》之根源进行了深入探索，对伏羲如何画卦进行了较为圆满的说明。在此种认识下，朱熹对邵雍先天易学可谓是钦佩之至，自认"井蛙"而以"沧海"属先天易学。

总之，就历史事实而言，朱熹是非常推崇邵雍及其易学的，他评论邵雍道："天挺人豪，英迈盖世。驾风鞭霆，历览无际。手探月窟，足蹑天

---

① 黎靖德编：《朱子语类》卷第六十七，第1667页。
② 朱熹：《晦庵先生朱文公文集》卷四十五《答虞士朋》，《朱子全书》第22册，第2057页。
③ 朱熹：《晦庵先生朱文公文集》卷三十七《与郭冲晦》，《朱子全书》第21册，第1637页。
④ 朱熹：《晦庵先生朱文公文集》卷三十八《答袁机仲》，《朱子全书》第21册，第1681页。
⑤ 朱熹：《晦庵先生朱文公文集》卷三十七《答林黄中》，《朱子全书》第21册，第1633页。

根。闲中今古，醉里乾坤。"① 评价其易学道："太一肇判，阴降阳升。阳一以施，阴两而承。惟皇昊羲，仰观俯察。……文王系彖，周公系爻。……孔圣赞之，是为十翼。遭秦弗烬，即宋而明。邵传羲画，程演周经。象陈数列，言尽理得。弥亿万年，永著常式。"② 这两个评定表明，朱熹一方面比较佩服邵雍的人格和境界，另一方面非常服膺邵雍的易学，认为自秦汉以来，只有邵雍和程颐两人，一个从象数的角度，一个从义理的角度，继承并发扬了"四圣之易"。这两个评价都非常之高，它们大大提升了邵雍的学术史地位，巩固了邵雍的大儒地位，促成了邵雍跻身于"北宋五子"之列。客观来说，如果没有朱熹的赞誉和诠释，邵雍及其易学拥有如此高的地位是难以想象的。那么，朱熹为何如此赞赏邵雍易学呢，他又是如何诠释邵雍易学的呢？我们在下面进行详细论述。

二 朱熹对邵雍易学的诠释

前面提到，朱熹认为传统易学史中，继承并发扬"四圣之易"的是邵雍易学和程颐易学，但是，易学界所接受的邵雍易学为象数易学，而程颐易学为义理易学，象数易学和义理易学一般情况下区别较大，那么，朱熹是在什么情况下，既承认程颐的义理易学，又赞赏邵雍的象数易学，从而在一定程度上融合了象数易学和义理易学呢？这和朱熹的易学观相关，也就是说，是朱熹在自己的易学观的基础上融合了象数易学和义理易学。朱熹的易学观，简而言之包括三个组成部分，即易学史观、对易之结构的认识，以及对象数易学和义理易学及其关系的整体反思。③ 其中对易之结构的认识，是朱熹融合象数易学和义理易学的理论前提，也是朱熹继承和发扬邵雍先天易学的前提。我们在这里不泛泛地讨论朱熹易学观，而是对其对易之结构的认识进行分析，然后在此基础上对其对邵雍易学的诠释进行分析。

（一）朱熹对易之结构的认识

朱熹对易之结构的认识，一方面着重于对"易"进行结构层次的分析，另一方面着重于在理气观的视野下分析"易"。他对易进行结构层次的分析，认为易包含四个要素，即理、象、数和辞。朱熹说：

---

① 朱熹：《晦庵先生朱文公文集》卷八十五《六先生画像赞·康节先生》，《朱子全书》第 24 册，第 4002 页。
② 朱熹：《周易本义·原象》，《朱子全书》第 1 册，第 163—164 页。
③ 关于朱熹易学观的详细论述，参见笔者论文《朱熹易学观述论》，《社会科学》2008 年第 5 期。

季通云:"看《易》者,须识理象数辞,四者未尝相离。"盖有如是之理,便有如是之象;有如是之象,便有如是之数;有理与象数,便不能无辞。《易》六十四卦,三百八十四爻,有自然之象,不是安排出来。①

圣人作《易》之初,盖是仰观俯察,见得盈乎天地之间,无非一阴一阳之理;有是理,则有是象;有是象,则其数便自在这里,非特河图洛书为然。②

尝谓伏羲画八卦,只此数画,该尽天下万物之理。③

季通即是蔡元定,朱熹受了他的影响,认为"理象数辞"共同构成易学的存在结构。事实上,在易学史中三国时期的王弼就已经对易学存在结构及其要素之间的关系进行了自觉的反省,王弼以"意""象""言"作为《易》的三重结构,强调它们之间首先具有一种顺次的"出"或"生"的关系,即"言生于象""象生于意";其次具有一种逆序的"尽""著"的关系,即"意以象尽""象以言著",而其间核心则落实在"意"上。④表面上,这种意、象、言结构和理、象、数、辞结构类似,但是,王弼仅仅是就纯粹的《周易》文本谈论易学的存在结构,其"意"是"象"和"言"之意,而朱熹并没有仅仅就《周易》文本而论易,这里的"理"是天下万物之理,如此一来,朱熹就超越了《周易》的文本,而从天道、易道的高度而论易。朱熹还说:

气便是数。有是理,便有是气;有是气,便有是数,物物皆然。⑤
有是理,便有是气;有是气,便有是数,盖数乃是分界限处。⑥
有气有形便有数。⑦
此言圣人作《易》,因阴阳之实体,为卦爻之法象。庄周所谓"《易》以道阴阳",此之谓也。⑧

---

① 黎靖德编:《朱子语类》卷第六十七,第1662页。
② 黎靖德编:《朱子语类》卷第六十七,第1646页。
③ 黎靖德编:《朱子语类》卷第六十六,第1640页。
④ 王弼:《周易略例·明象》,《王弼集校释》,第609页。
⑤ 黎靖德编:《朱子语类》卷第六十五,第1609页。
⑥ 黎靖德编:《朱子语类》卷第六十五,第1608页。
⑦ 黎靖德编:《朱子语类》卷第六十五,第1610页。
⑧ 朱熹:《周易本义》,《朱子全书》第1册,第123页。

一每生二，自然之理也。易者阴阳之变，太极者其理也。两仪者，始为一画以分阴阳；四象者，次为二画以分太少；八卦者，次为三画而三才之象始备。此数言者，实圣人作《易》自然之次第，有不假丝毫智力而成者。①

可见，朱熹对数和象的认识，是就"气"来讲的，认为阴阳之气的变化分限，便是数和象。事实上，这正和朱熹不论易之结构中的"意"而论"理"，完全相适应。因为在朱熹的眼中，所谓的"易"不仅仅是《易》书，而是易道，是阴阳之变。阴阳之变的本体，就是理，阴阳本身，就是气，阴阳之变的分限，就是数和象。所以可以看到，朱熹是站在理气观的高度，考察易之结构的。总而言之，朱熹面对易学文本，认为易之结构为理、象、数和辞，但是朱熹同时站在理气观的高度上，把易之结构深化，认为这里的理并不仅仅是卦象和卦辞之意，而是本体之理，是天地万物之理，这里的象数，并不仅仅是《周易》中的六十四个卦象，而是阴阳之气的变化分限的必然呈现。

以上就是朱熹对易之结构的认识，这一认识已经大大超越了王弼用"意象言"来总结易之结构的观念。但是，顺着朱熹的这种易学观，带来了一个很重要的问题，并且这个问题是王弼不会遇到的。王弼只是面对既成的《周易》文本，在探明了易之结构的情况下，只需要由"象""言"而探"意"，由"意"而论"象""言"即可，这是易学史中常有的注经过程。但是朱熹是站在理气观的视野下考察易道的，那么，朱熹必然不仅仅关注既成的《周易》文本，还会进一步追问：《周易》这一文本从何而来？尤其是《周易》的象数从何而来？这些象数的源头是什么呢？朱熹认为《周易》之理是天地万物之理的呈现，易学象数是阴阳之气变化的分限，那么问题就转化为：如何从阴阳之气的变化分限过渡到象数呢？这些问题都是关于易之根本、《易》之形成的问题，它们也是在朱熹理气观的视野下考察易学的必然论域。而在这时候，朱熹发现，邵雍的先天易学，正好解决了这一系列的问题。

（二）朱熹对邵雍易学的诠释

朱熹对邵雍易学的诠释，主要表现在两个方面：第一，判定邵雍先天学是论述易之根源的学问；第二，继承并发挥了邵雍象数哲学的部分思想，建构了自己的简练整洁的先天之学和后天之学。

---

① 朱熹：《周易本义》，《朱子全书》第1册，第133—134页。

关于第一个方面，朱熹认为"必欲知圣人作易之本，则当考伏羲之画"，① 而所谓的"伏羲之画"，也就是邵雍的《先天横图》，朱熹对其解释道：

"易有太极，是生两仪，两仪生四象，四象生八卦。"熹窃谓此一节乃孔子发明伏羲画卦自然之形体次第，最为切要，古今说者惟康节、明道二先生为能知之。故康节之言曰："一分为二，二分为四，四分为八，八分为十六，十六分为三十二，三十二分为六十四，犹根之有干，干之有枝，愈大则愈少，愈细则愈繁。"而明道先生以为加一倍法，其发明孔子之言又可谓最切要矣。……以卦画言之，太极者，象数未形之全体也。两仪者，一为阳而一为阴，阳数一而阴数二也。四象者，阳之上生一阳则为⚌而谓之太阳；生一阴则为⚍而谓之少阴。阴之上生一阳则为⚎，而谓之少阳；生一阴则为⚏，而谓之太阴也。四象既立，则太阳居一而含九，少阴居二而含八，少阳居三而含七，太阴居四而含六。此六、七、八、九之数所由定也。八卦者，太阳之上生一阳则为☰，而名乾；生一阴则为☱，而名兑。少阴之上生一阳则为☲，而名离；生一阴则为☳，而名震。少阳之上生一阳则为☴，而名巽；生一阴则为☵，而名坎。太阴之上生一阳则为☶，而名艮；生一阴则为☷，而名坤。康节先天之说，所谓乾一、兑二、离三、震四、巽五、坎六、艮七、坤八者，盖谓此也。至于八卦之上，又各生一阴一阳，则为四画者十有六。经虽无文，而康节所谓八分为十六者，此也。四画之上又各有一阴一阳，则为五画者三十有二。经虽无文，而康节所谓十六分为三十二者，此也。五画之上又各生一阴一阳，则为六画之卦六十有四，而八卦相重，又各得乾一、兑二、离三、震四、巽五、坎六、艮七、坤八之次，其在图可见矣。②

盖一图之内，太极、两仪、四象、八卦生出次第，位置行列不待安排而粲然有序。以至于第四分而为十六，第五分而为三十二，第六分而为六十四，则其因而重之，亦不待用意推移而与前之三分焉者未尝不吻合也。比之并累三阳以为乾，连叠三阴以为坤，然后以意交错而成六子，又先画八卦于内，复画八卦于外，以旋相加而后得为六十

---

① 朱熹：《晦庵先生朱文公文集》卷三十八《答袁机仲》，《朱子全书》第21册，第1665页。
② 朱熹：《晦庵先生朱文公文集》卷三十七《与郭冲晦》，《朱子全书》第21册，第1637—1638页。

第六章　先天学在宋代的传播和发展　369

四卦者，其出于天理之自然与人为之造作盖不同矣。况其高深闳阔、精密微妙，又有非熹之所能言者。①

《先天图》一边本都是阳，一边本都是阴，阳中有阴，阴中有阳；便是阳往交易阴，阴来交易阳，两边各各相对。其实非此往彼来，只是其象如此。然圣人当初亦不恁地思量，只是画一个阳，一个阴，每个便生两个。就一个阳上，又生一个阳，一个阴；就一个阴上，又生一个阴，一个阳。只管恁地去。自一为二，二为四，四为八，八为十六，十六为三十二，三十二为六十四。既成个物事，便自然如此齐整。皆是天地本然之妙元如此，但略假圣人手画出来。②

朱熹认为，邵雍的加一倍法，以及依据这种方法所画的《先天横图》，就是八卦和六十四卦的来源，伏羲当初画卦，虽然未必都契合邵雍的诠释，未必恰如邵雍先天图如此排列，但大致也是如此一画叠加一画地自然画出。这一画卦的过程，就是"易之根源"，就是"作易之本"，这是圣人面对天地本然的阴阳变化而有所感悟，自然而然如有神悟地画出八卦和六十四卦，后来的文王、周公和孔子，都是以这些卦画为基础，而进一步推演出种种义理的。学习易学，首先要知道伏羲画卦的过程和原理，否则"学者必将误认文王所演之易便为伏羲始画之易，只从中半说起，不识向上根原矣"③。如此一来，朱熹既然认定邵雍的加一倍法和《先天横图》是对伏羲画卦过程和意义的揭示，也就必然会给予邵雍易学以很高的地位，这也表现在朱熹对邵雍易学诠释的第二个方面。

就第二个方面来说，朱熹是在邵雍"先天后天"观念的基础上，建构了一套朱熹自己的简练整洁的先天之学和后天之学。朱熹说道：

盖自初未有画时说到六画满处者，邵子所谓先天之学也。卦成之后，各因一义推说，邵子所谓后天之学也。今来喻所引《系辞》、《说卦》三才六位之说，即所谓后天者也。先天、后天既各自为一义，而后天说中取义又多不同，彼此自不相妨，不可执一而废百也。④

---

① 朱熹：《晦庵先生朱文公文集卷三十七·答林黄中》，《朱子全书》第 21 册，第 1634 页。
② 黎靖德编：《朱子语类》卷第六十五，第 1605 页。
③ 朱熹：《晦庵先生朱文公文集》卷三十八《答袁机仲》，《朱子全书》第 21 册，第 1665 页。
④ 朱熹：《晦庵先生朱文公文集》卷三十八《答袁机仲》，《朱子全书》第 21 册，第 1664 页。

据邵氏说，先天者，伏羲所画之易也；后天者，文王所演之易也。伏羲之易初无文字，只有一图以寓其象数，而天地万物之理、阴阳始终之变具焉。文王之易即今之《周易》，而孔子所为作传者是也。孔子即因文王之易以作传，则其所论因当专以文王之易为主。然不推本伏羲作易画卦之所由，则学者必将误认文王所演之易便为伏羲始画之易，只从中半说起，不识向上根原矣。……必欲知圣人作易之本，则当考伏羲之画；若只欲知今《易》书文义，则但求之文王之经、孔子之传足矣。两者初不相妨，而亦不可以相杂。①

这是在邵雍"先天后天"观念基础上，把易学分成先天之学和后天之学，论述如何从天地阴阳变化而推导出八卦和六十四卦的易学，就是先天之学；在八卦和六十四卦已经成形的基础上，对八卦和六十四卦的无穷意蕴进行阐发的易学，就是后天之学。在朱熹看来，邵雍先天图就是先天之学，而在邵雍先天学之外，除了河图和洛书，就都是"卦成之后，各因一义推说"的后天之学，其中也包括文王之易、周公之易和孔子之易。

有了这种先天之学和后天之学的认识，朱熹就在其易学著作《周易本义》的卷首放置了九种易图，其中包括河图、洛书、《伏羲八卦次序图》、《伏羲八卦方位图》、《伏羲六十四卦次序图》、《伏羲六十四卦方位图》、《文王八卦次序图》、《文王八卦方位图》和《卦变图》，九图中的前六图，"皆无文字，只有图画，最宜深玩，可见作《易》本原精微之意"②。表示了先天之学，而其他三图，以及卷首之后朱熹自己对《周易》的注释，可以说都属于后天之学。

朱熹关于先天之学和后天之学的划分，有两个重要意义。第一，表明易学研究已经自觉地超越《周易》文本，而试图论述易之本原，这说明易学家对易学本身的反思更进了一步；第二，朱熹认为先天之学和后天之学有区别但互不妨碍，先天之学探讨易之根本，后天之学在卦画基础上各自推说，这样一来就赋予了邵雍象数易学以合法的存在空间，并且判定了邵雍象数易学较高的易学地位，而不像程颐那样只是排斥邵雍易学。

但是，我们在此需要特别强调的是，在邵雍的著作中，他从来没有指明什么是后天图，也从来没有指明什么是"后天之学"，而只是说"先天

---

① 朱熹：《晦庵先生朱文公文集》卷三十八《答袁机仲》，《朱子全书》第 21 册，第 1665 页。
② 朱熹：《周易本义·易图》，《朱子全书》第 1 册，第 28 页。

之学，心也；后天之学，迹也"①。联系到邵雍哲学的整体，他所论的先天是指本体，先天之学，也就是呈现此本体的学问，本体呈现在客观事物中，就是数和象，就是象数哲学，本体呈现在人之生命中，就是以天人合一为旨归的人生哲学，而与这种意义上先天之学相对应的后天之学，就是不见本体、不证本体的事迹层面的学问。邵雍根本就没有说"文王八卦"为后天之学。而且邵雍之子邵伯温也没有指明"文王八卦"为后天之学。邵伯温说：

> 或曰：先天图八卦次序与所为之物与《周易》不同，何也？曰：先天图八卦次序始于乾而终于坤，此先天也，伏羲八卦也。《周易》自"帝出乎震"至"成言乎艮"，此文王八卦也。非独八卦如此，六十四卦亦不同也。伏羲易无文字，独有卦图，阴阳消长而已。孔子于《系辞》亦尝言之矣。圣人立法不同，其道则相为先后终始，而未尝不同也。此皆有至理，在乎信道者详考焉。(《皇极经世书三·观物内篇之一》，《性理大全书》卷九)

可见，邵伯温也只是说先天图为先天，是"伏羲八卦"，"文王八卦"方位与"伏羲八卦"方位不同，但并没有说"文王八卦"就是"后天之学"。认定"文王八卦"为后天之学，只是朱熹对邵雍易学的诠释，而非邵雍易学的本意。而朱熹这种诠释本身，可以说又影响了邵雍易学在后世易学史中的印象和传播。

三 对朱熹诠释的反思

朱熹对邵雍易学的诠释，一方面发扬光大了邵雍易学，另一方面因为对先天之学和后天之学的理解不同于邵雍本意，既导致了对邵雍象数易学的误读，也导致了对邵雍本体论的误读，而这种误读又直接影响了后人对邵雍易学的理解。

（一）朱熹对传播邵雍易学的贡献

朱熹对邵雍先天学的高度评价，也表现在其易学著作中。朱熹一方面在其《周易本义》的卷首放置九图，其中不仅包括《伏羲八卦次序图》《伏羲八卦方位图》《伏羲六十四卦次序图》《伏羲六十四卦方位图》四图，按照朱熹的理解，这四图直接属于邵雍先天学，还包括《文王八卦次

---

① 邵雍：《观物外篇上》，《皇极经世书》卷十三，第518页。

序图》和《文王八卦方位图》，按照朱熹的理解，这两图乃是根据邵雍后天之学的观念而来；另一方面，朱熹又在其与蔡元定合著的《易学启蒙》中专门探讨了邵雍先天学。

在《周易本义》卷首中，朱熹还说道："右《易》之图九。有天地自然之《易》，有伏羲之《易》，有文王、周公之《易》，有孔子之《易》。自伏羲以上皆无文字，只有图画，最宜深玩，可见作《易》本原精微之意。"① 而能见"作《易》本原精微之意"的六个先天易图，邵雍先天图占了四个。在《易学启蒙》中，朱熹又说道：

> 圣人观象以画卦，揲蓍以命爻，使天下后世之人，皆有以决嫌疑，定犹豫，而不迷于吉凶悔吝之途，其功可谓盛矣。然其为卦也，自本而干，自干而支，其势若有所迫而自不能已。其为蓍也，分合进退，纵横顺逆，亦无往而不相值焉。是岂圣人心思之所得为也哉！特气数之自然形于法象见于《图》《书》者，有以启于其心，而假手焉耳。近世学者类喜谈《易》，而不察乎此。其专于文义者，既支离散漫而无所根著；其涉于象数者，又皆牵合傅会，而或以为出于圣人心思智虑之所为也。若是者，予窃病焉。因与同志颇辑旧闻，为书四篇，以示初学，使毋疑于其说云。②

这是认定邵雍"一分为二"法"其势若有所迫而自不能已"，总而言之反映了"气数之自然"。朱熹在这两本著作中的评价，基本上奠定了邵雍先天学的历史地位。以朱熹在中国传统文化和传统儒学史中的崇高地位，后人学习易学，也必然不能超越先天后天之说而不论。因此可以说，邵雍易学经由朱熹的推崇，终成易学中的显学。

后人对朱熹在传播邵雍易学中的重要作用看得很清楚，如清朝著名学者胡渭分析道："康节先天八卦次序，伊川不用，以为圣人始画八卦，每卦便是三画。其后精通邵学者，莫如汉上，而《集传》释两仪、四象、八卦，亦不从康节，意可知矣。……至《启蒙》则属季通起稿，其《原卦画》一篇，敷畅邵学犹为详备，而其说遂牢不可破矣。"③ 又如与胡渭同时代的著名学者李塨也说道："朱子曰：'《易》本是象'，可为特见。但自

---

① 朱熹：《周易本义·易图》，《朱子全书》第1册，第28页。
② 朱熹：《易学启蒙》卷之一，《朱子全书》第1册，第209页。标点有改动。
③ 胡渭：《易图明辨》卷六，第132页。

王弼扫象而后，程传专言理，朱子不甚满之，而象数无传。适当时儒宗周、邵皆出于道士陈抟、僧寿涯辈，有附《易》妄图，遂引置《易》首，而不知陷于异端，是朱子之不幸也。后人无考，见《本义》首载此，反若羲文之《易》皆从此《河》《洛》《先天》诸图而起者，一误尽误，祸斯烈矣！"① 胡渭和李塨都对先天学持批判态度，在本书第九章中我们还有专门的论述，但是从他们的批评中我们已经看到，朱熹把先天四图载于卷首，给予较高的评价，在《易学启蒙》中又专门讨论邵雍先天学，可以说直接地影响了后人对先天学的推崇。

(二) 朱熹对邵雍易学的误读

我们已经说过，朱熹对先天之学和后天之学的理解，是不同于邵雍本意的。朱熹说："盖自初未有画时说到六画满处者，邵子所谓先天之学也。卦成之后，各因一义推说，邵子所谓后天之学也。"又说："据邵氏说，先天者，伏羲所画之易也；后天者，文王所演之易也。伏羲之易初无文字，只有一图以寓其象数，而天地万物之理、阴阳始终之变具焉。文王之易即今之《周易》，而孔子所为作传者是也。孔子即因文王之易以作传，则其所论因当专以文王之易为主。然不推本伏羲作易画卦之所由，则学者必将误认文王所演之易便为伏羲始画之易，只从中半说起，不识向上根原矣。"② 根据这种认识，朱熹首先认为易学可以分为先天之学和后天之学，二者又各有它们的易图基础和蕴含的义理。

朱熹所理解的先天之学的易图基础，是从太极到两仪，一直到六十四卦，所组成的一系列卦图，这些卦图有其先后生成次序，不可混淆；朱熹所理解的先天之学的基本义理，是气数有其变化之理，有其法象自然之妙，有着从简单到复杂自然发展的趋势，这是大易的本原精微之意，是所有易学的根本。朱熹所理解的后天之学的基本易图，是《文王八卦图》；所理解的后天之学的基本义理，是在气数自然变化之外，易学家们各因"已成之卦"，加以自己的种种推说，如此而言，《周易》也即文王之《易》和孔子之《易》，以及后世与邵雍有别的种种易学，都属于后天之学。朱熹对先天之学和后天之学的理解极大地影响了后世对邵雍易学的理解。后世先天易学思潮内部的易学家，比如元代张理、明代黄畿和清代王植，其先天之学和后天之学的理解模式基本上都沿袭了朱熹的观念；而后

---

① 李塨：《周易传注》卷五，文渊阁《四库全书》本。
② 朱熹：《晦庵先生朱文公文集》卷三十八《答袁机仲》，《朱子全书》第21册，第1665页。

世对邵雍易学加以批评的大儒们，比如王夫之、黄宗炎、毛奇龄和胡渭等人，在某种程度上也都是在朱熹诠释的基础上对邵雍加以批驳。在《周易折中》中，康熙皇帝说道："至有宋以来，周邵程张阐发其奥，唯朱子兼象数义理，违众而定之，五百余年无复同异。"① 这从一个侧面说明了朱熹易学的影响力。总之可以肯定，朱熹对邵雍先天学的解读的确强烈影响了后世对邵雍先天学的认识范式，并造成了后世对邵雍先天学的误读。

朱熹误读邵雍先天学主要表现在对先天之学和后天之学的划分上。朱熹认为先天之学，也即伏羲之易，概而言之是从一画到六画满处的学问；后天之学，概而言之是后世易学家在卦成之后的种种推说，这包括《易经》《易传》以及程颐易学等。可是，根据我们前面的论述，邵雍划分先天之学与后天之学的标准，是本体和现象之辨，是心迹之辨，凡是讲本体之心和心之妙用的，就是先天之学；凡是停留在"迹"层面的学问，也就是仅仅论述事体而没有涉及本体及其妙用的学问，就是后天之学。可见，两人的划分标准完全不同，邵雍是在本体论分析的视野中进行划分，以论述本体和本体之妙用的思想为先天之学，以不见本体而只论述事体的学问，即只论"迹"而不论"心"的学问，为后天之学；朱熹以易之时间历程为划分标准，从一画到六画的形成，是先天之学，六画成后易学家进行的种种推说，是后天之学。划分标准的不同，导致了不同的结论。首先，在邵雍的著作中根本就没有说明文王之易是后天之学，只是说："至哉！文王之作《易》也，其得天地之用乎？"② 但是我们知道"天地之用"是本体之妙用，正属于先天之学的一部分，而朱熹认定文王之《易》是卦成之后的推说，按照他的标准是典型的后天之学，显然这是一个很大的误读，也造成了很大的历史误解，直到现在，研究邵雍易学的学者无不以文王之《易》为后天之学。其次，由于朱熹对先天之学和后天之学的划分是时间标准，而非在体用心迹的视野下体会玩味邵雍易学，最终导致了他对邵雍本体论的忽视，导致了他对邵雍先天学中"心"的重要地位的忽视。因此我们强调，朱熹固然十分伟大，有其系统的易学思想，在易学史上拥有崇高的地位，成为后来官方易学的代表；朱熹固然对邵雍先天学的解释自成体系，依照他的观念固然也有所谓的先天之学和后天之学，并且这种先天之学和后天之学的划分标准及其主要内容流传至今，但是，朱熹的这种理解和划分，与实际的邵雍先天学的状况，的确是不同的。而最重要的

---

① 李光地编纂：《御制周易折中序》，《周易折中》，第22页。
② 邵雍：《观物外篇上》，《皇极经世书》卷十三，第516页。

是，朱熹这种按照时间标准进行划分的方法，根本就忽视了邵雍的本体论，忽视了邵雍对心和道体的论述。

朱熹对邵雍先天学的误读，对邵雍心本论的忽视，在某种程度上是一种必然，根本原因在于朱熹理本论的视野。笔者在《朱熹易学观述论》一文中提出，朱熹易学观的一个历史贡献，就是他"较好地融合了义理易学和象数易学的思想，完成了一个新的易学体系的建构"①。事实上，朱熹之所以能够融合义理易学和象数易学，就是因为他是在理本论的视野下，对邵雍象数易学进行解读。他判定邵雍先天学论述的是气数的自然规律，属于阴阳气数之理，而程颐易学论述的是人事之理，两个易学体系虽然表现出不同的内容，但在朱熹理本论的视野下，二者只是属于"理"的不同部分，本来就不互相冲突，是完全能够并行不悖、统一起来的。所以，朱熹融合义理易学和象数易学，赋予邵雍易学和程颐易学各有一个恰当的地位，就是用理本论消解邵雍心本论，并把邵雍先天学判定为论述阴阳气数变化理论的结果。如此诠释后，朱熹吸收了邵雍易学，并建构了自己的先天之学和后天之学。这种创造性的误读又造成了两个结果：一方面，朱熹固然把邵雍先天学的先天象数学作为关于"气数"层面的宇宙论弘扬了起来，这对于邵雍哲学是一大功劳；另一方面，朱熹也有意无意地忽视了邵雍先天学的真意，忽视了邵雍的心本论，这对于邵雍哲学来说，又是一大过失。另外，由于朱熹忽视了邵雍的心本论，在他看来，邵雍仅仅论述了气数变化之理，论述了宇宙论，而气数变化之理和宇宙论并不等同于道体，所以朱熹说"伊川之学，于大体上莹彻，于小小节目上犹有疏处。康节能尽得事物之变，却于大体上有未莹处"，②可见朱子似乎认为邵雍并没有得见道体，而这也就回答了为什么朱子虽然非常推崇邵雍及其易学，但最终却没有在《近思录》和《伊洛渊源录》中录入邵雍的相关论述这一问题。③

---

① 赵中国：《朱熹易学观述论》，《社会科学》2008 年第 5 期。
② 黎靖德编：《朱子语类》卷第一百，第 2542 页。
③ 《近思录》只收录了周敦颐、张载和二程的一些著作和语录。《伊洛渊源录》原本并没有录入邵雍的。据朱熹弟子记录："问：'《渊源录》中何故有《康节传》？'曰：'书坊自增耳。'"（黎靖德编：《朱子语类》卷第六十，第 1447 页。）

第七章 元代易学家对先天学的发挥

先天学由邵雍建构奠基，由朱熹进一步创新性诠释并加以推崇，成为后世易学的一个重要论域。在元代，有不少易学家都有关于先天学的论述。其中较为著名的有保巴、张理、李简、王申子和俞琰。就保巴而言，其特点在于以先天后天观念为基础，同时融合无极、太极和阴阳交感的宇宙发生论观念，并以之为前提统摄河图洛书和先天图、后天图等易图的元素，用来表达自己对天道发展的认识；就李简而言，他既继承了先天学的基本思想，又吸收了河图洛书的观念，在此基础上他创作了《先天则河图》和《后天则洛书》，试图把先天学和图书学贯通起来，但李简改动先天八卦卦位，对先天学的诠释有牵强的嫌疑；就王申子而言，他的贡献包括两个方面，一方面在于把河图洛书融入先天学论域之中，创造了系列易图，阐述先天八卦则河图而作，后天八卦则洛书而作，与李简的牵强相比，王申子的论述较为深刻，另一方面在于他的太极观强调了太极能动，不只是理，应该是理气象数之浑然为一，在很大程度上发展了太极思想，对于朱熹强调太极为理导致太极作为本体本原不能动的尴尬结果起到了理论的纠正作用。特别需要提出的则是张理和俞琰。张理在先天学发展史中举足轻重，因为他的先天学诠释具有两大特点，一方面透彻领悟了先天学"画前之易"的特征，并在此前提下，把图书学、太极图学和先天学并列起来，形成了视域更加宽阔的广义的先天学，表现出其卓越的见识；另一方面他对广义的先天学，即图书学、先天学和太极图学进行发展推衍，并对先天大用之学进行外部推衍，又体现了深刻的详尽的特征。这两个方面，足以保证张理在先天学发展史中自成一家的地位。至于俞琰，则是在道教的视野下对邵雍先天学的道教意蕴进行了种种阐述。这些阐述，在先天学发展史中可谓十分别致。总的来说，这几位易学家的深入诠释，使先天学在元代出现较为繁荣的局面，为后世先天学的进一步发展和繁荣，起到了传承的作用。

第一节 保巴的《先天图》《中天图》《后天图》

保巴（？—1311年），旧作保八，蒙古人，居于洛阳。《新元史》有略传，其生平和著作，《四库全书总目提要》有载。保巴于元初任侍郎，后任黄州路总管、太中大夫、太子太师或太傅，官至尚书右丞。保巴生活在元朝初期，与赵复、许衡等一批有影响力的理学人物在朝廷共事，其思想是两宋理学与蒙古游牧民族文化交流、融合的结果，表现出其独特的学术风格。他对魏晋时期王弼，宋代邵雍、周敦颐、张载和朱熹等诸家的思想均有所吸收，经过加工改造，自成一家之言。

保巴精于易理，著有《易源奥义》一卷，《周易原旨》六卷，《系辞》二卷，统名《易体用》。另有《周易尚占》三卷已佚。《四库全书》把《系辞》并入了《周易原旨》。保巴先天学的特点是灵活和为我所用，他本身并没有对传统的先天图和后天图进行直接的意义阐发，而是采纳了周敦颐和邵雍的太极衍化思想、邵雍的先天后天概念，再结合河图洛书，以及先天图和后天图中的一些元素，来建构自己的宇宙发生论易图体系。这一易图体系，分而言之则为《先天图》《中天图》和《后天图》，合而言之则为《根干支图》。以下分述之。

一 《先天图》

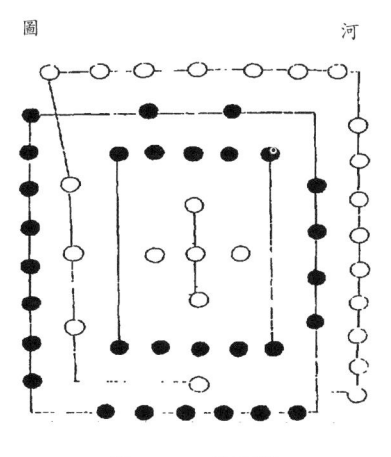

图 7-1 先天图

根据图 7-1，可见保巴所谓的《先天图》的几何形式就是河图，事实上在后面要介绍的《后天图》是以洛书为基本架构的，这说明保巴一方面采用了先天、后天的概念，并在此基础上添加了中天的概念；另一方面在传统先天图、后天图的基础上糅进了河图、洛书的内容。

保巴以河图为《先天图》，根本原因在于他认为河图体现了先天混融的态势，他说："以其阴阳未分、根干支未混淆之时，所谓先天。"① 这就把河图之中天数五、地数五、互相交合而不分离的特征视为先天的状态了。

但是保巴并没有把河图直接等同于《先天图》，他在此基础上还有所谓"位"与"数"的规定。如下：

表 7-1 　　　　　　　　　　《先天图》位数表

位				数				
乾一	离三	巽五	艮七	甲乙丙丁戊	子丑寅卯辰巳 此三即乾卦，故乾一可谓天下之大本也	九八七六五四三二一	午未申酉戌亥	己庚辛壬癸
兑二	震四	坎六	坤八					

此处所谓"位"即卦位，这里用的是《先天八卦圆图》的卦位，所谓"数"是十天干十二地支对应的数字。不过在《先天图》中，保巴并没有把这里的"位"和"数"直接标示出来，这与后面的《中天图》和《后天图》有所区别，这可能是认为"先天"强调混融不分之时，本不必多解。

关于"位"与"数"，保巴认为都蕴涵了一定的意义。具体到对应于《先天图》的先天数，保巴特别强调了一、三、九。他说："右先天数者，无极而太极，先天数取纯一不杂之意，以九数为则，故数起于一，一即三，三即九，九即一，故起于一而极于九。"这是强调一代表元始之一、纯粹之一，有一即有二，一二为三，三三即九，九九归一，其中三又代表

---

① 保巴:《易源奥义》，文渊阁《四库全书》本。

卦之三画、天地人三才，其中九又为变之极，为老阳。"老阳数老可致神极，神极必变，故曰易。易者，变易不穷，冒天下而言也，可为天地准。"如此，则从一，有神，有变，有易。可见，《先天图》虽然强调太极之浑融，但是其中已经充满了变化。"无极而太极者，乾坤之元也，故先天譬为根。"(《易源奥义》)

有太极，有乾坤之元，则必然要把变化呈现出来，这就需要另外一个易图来表现，这就是承接《先天图》的《中天图》(图 7-2)。

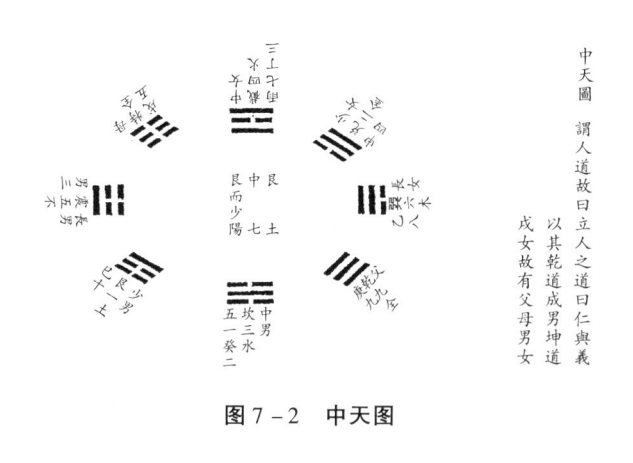

图 7-2 中天图

二 《中天图》

关于此图的意义，主要是突出太极之分判，形成一阴一阳之道，所以保巴说："大概谓一阴一阳之谓道，乾称父坤称母，乾坤生六子，然后人伦序，所以君君、臣臣、父父、子子、夫夫、妇妇，人道立。"(《易源奥义》) 可见，《中天图》就是强调阴阳交感之生生态势的。

《中天图》相应的位、数如下：

表 7-2　　　　　　　《中天图》位数表

位					数				
艮一	坎三	震五	艮七	乾九	甲三	丙七	戊五	庚九	壬一
兑二	离四	巽六	坤八		乙八	丁二	己十	辛四	癸六

《中天图》的位、数，也是围绕表现阴阳交感之理这一目的的。就其各卦对应之数而言，"中天数取以奇数为阳，偶数为阴，据一二之数为则，是故一生二即是画卦之象==，此一奇一偶成三，即地天泰也"。这是说，四阳卦对应五个阳数，四阴卦对应四个阴数，阴阳交感以阴为上阳为下，成地天泰之象而有上下之交感不息，所以乾统三阳卦处于《中天图》之下部，坤统三阴卦处于《中天图》之上部。另，因为此图的目的只是呈现阴阳交感，所以对角之卦各个相错，而并非如《后天八卦图》一样排列。还需要提及，为何《中天图》中艮卦既居一，又居七？保巴解释道："盖起于艮而止于艮，《说卦》云艮东北之卦也，万物之所成终而所成始也，即元而亨、亨而利、利而贞、贞而元，故周子所谓'中正仁义而主静，立人极焉'，艮与静周，起于静而止于静也，所谓太极之运化者，自元而亨也。"（《易源奥义》）原来是因为《中天图》本来就是表现阴阳交感生生不息之理的，这就需要始终循环、贞下起元，而艮卦正起着起于静止于静、自元而亨的作用。

三 《后天图》

保巴又列《后天图》（见图7-3）之位、数：

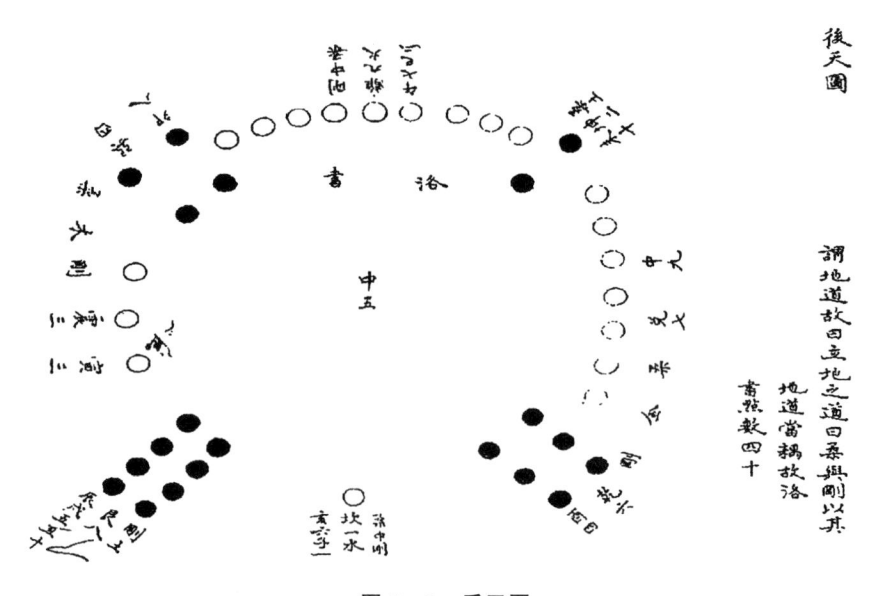

图7-3 后天图

表 7-3　　　　　　　　　《后天图》位数表

位		数		
坎一	乾六	子一	巳二	辰五
坤二	兑七	亥六	午七	丑十
震三	艮八	寅三	酉四	戌五
巽四	离九	卯八	申九	未十
中五				

图 7-3 的图形基础是洛书，同时纳入后天八卦的卦位。保巴又强调了三个主要因素：第一，与先天为根、中天为干相比而言，后天为支。第二，在先天为天道、中天为人道的前提下，后天为地道。而地道为刚柔，所以图形中有刚柔之字，"刚中有柔，柔中有刚，即阴中有阳，阳中有阴，地道立矣"。第三，就《后天图》之意义而言，它体现了天地发展阶段的最后妙用。"右后天数者，三极之妙用也。"其中有三个表现：（1）"后天数取一动一静互为其根之理"，即以数字之序排列的八卦，依次为阴卦阳阳交叉，如坎一坤二等；（2）"以五行为妙用"，这是后天八卦图的一个根本特征，包括八卦的五行属性与四方的五行属性；（3）"五行中而又分刚柔"，体现了妙用无穷。所以保巴强调《后天图》"使致充廓万物，万物各得其宜，故放之则满六合，敛之退藏于密"（《易源奥义》）。

四　《根干支图》

保巴以先天、中天与后天代表了天地的发展阶段，先天为"无极而太极者，乾坤之元也，故先天譬为根"（《易源奥义》），中天为"太极之运化者，自元而亨也，故以中天譬为干"（《易源奥义》），后天为"三极之妙用者，自亨而利贞也，故以后天譬为支"（《易源奥义》）。因此，他又综合三图之理，创作了《根干支图》（图 7-4），用以形象地描述三者的关系。

关于图 7-4，他说："右自根而干、自干而支，三才五行具矣，所谓纵横十五，即此生生无穷之道也。本乎天者亲上，本乎地者亲下，则各从其类，故曰：'物有本末，事有终始，知所先后则近道矣。'"（《易源奥义》）至乎此，天地的生化之理，皆备于其中矣。保巴针对此图又说道："右，言不能尽其理，则图之。盖谓书不尽言言不尽意，以心会心，故以

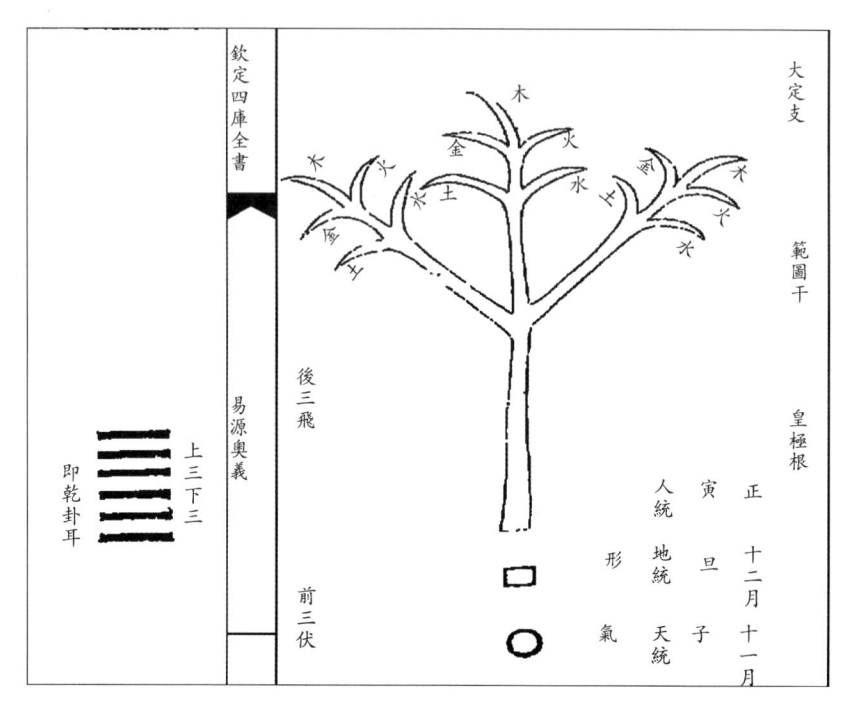

图 7-4 根干支图

图明之耳。"(《易源奥义》）天道之规律，全在潜心体悟耳。

五 保巴易图学体现了邵雍先天学的太极衍化观念

根据以上介绍，可见保巴易图学体现了明确的太极衍化观念。保巴易图学之于邵雍先天学，并不在于直接纳入和阐明系列先天图，而是吸收了邵雍的太极衍化思想和先天后天概念，从而创造了自己的《先天图》《中天图》《后天图》与《根干支图》。而其《先天图》《中天图》《后天图》又完全是围绕着太极衍化而展开的，此即保巴所谓"无极而太极者，乾坤之元也，故先天譬为根"（《易源奥义》)，"太极之运化者，自元而亨也，故以中天譬为干"（《易源奥义》)，"三极之妙用者，自亨而利贞也，故以后天譬为支"（《易源奥义》）。从浑融不分的根，到阴阳交感运化之干，再到万物各得其宜的支，恰如邵雍"太极—神—数—象—器"的宇宙存在之学的分析，恰如邵雍"太极既分，两仪立矣。阳下交于阴，阴上交于阳，四象生矣。阳交于阴，阴交于阳，而生天之四象；刚交于柔，柔交于刚，而生地之四象。于是八卦成矣。八卦相错，然后万物生焉。是故一分为二，二分为四，四分为八，八分为十六，十六分为三十二，三十二分为六十四。故曰'分阴分阳，迭用柔刚，故《易》六位而成章'也。十分为百，百分为千，千分为万，犹根之有干，干之有枝，枝之有叶，愈大则愈少，愈细则愈繁，合之斯为一，衍之斯为万"①的象数学描述。只不过保巴易图学因为《根干支图》显得更加通俗而已。但邵雍的太极衍化观念，保巴的确是忠实地继承了下来。

还需要注意的是，在保巴的易图学构造中，核心观念虽然是太极衍化与先天中天后天观念，但其图已经融入了图书之学的元素，如上文所展示，其《先天图》直接就是稍微改造后的河图，其《后天图》的图形基础就是洛书。当然，先天、中天、后天何以如此变化与推导，其中位与数何以如此规定，显得比较牵强和生硬。但是，保巴把河图洛书纳入先天学视域之中，显然是值得注意和赞赏的。因为我们要知道，先天学作为易学的一个思潮，不会只是停留在其自身，而必然要和其他思潮产生交流和会通。显然，保巴注意到了这一既具有易学哲学意义（以完成自己的天道天理追寻），又具有易学哲学史意义（和学者们一起推动易学哲学的发展）之工作的较早的学者，虽然其思想和易图非常简单，但历史价值却十分明确。

第二节　张理对先天学论域的拓展

张理，字仲纯，清江人，元代著名易学家，著有《大易象数钩深图》和《易象图说》。在《易象图说》中，张理系统表达了自己的易图学思想。他的易图学包括四个部分：图书学、先天学、太极图学、先天大用之学。其中，图书学以所谓《龙图》为基础而推衍出河图、洛书，先天学从《天地设位》开始推衍出先天图和后天图，太极图学从《太极之图》开始推衍出象数诸图，先天大用之学以《四象八卦图》为基础而阐释诸种重要现象。在这四个易图系列中，图书学、先天学和太极图学可谓言体，先天大用之学可谓言用。这是体用兼备。就言体之图书学、先天学和太极图学而言，图书学是以数为形式来表现天地阴阳交合而成河图洛书的道理，先天学是以象为形式来表现天地阴阳交合而成四象、八卦、先天图、后天图的道理，太极图学是以象数的形式来表现太极衍化、天地阴阳交合而成河

---

① 邵雍：《观物外篇上》，《皇极经世书》卷十三，第515页。

图洛书的道理,三者的形式虽然有异,但是表现天地阴阳运化道理的本质是一样的。这是言体之学所含三部分之间的一致性。在这一共同性的基础上,图书学、先天学以及太极图学,本来就是互相融贯的,而圣人则图书以作《易》,只有在这个视野下,才能得以圆满解释。更是在这个意义上,不但先天学属于先天学,就是图书之学和太极图学,在反映卦画产生之前的天地阴阳运化之理的意义上,都属于广义的先天学。在这一认识基础上,张理的《易象图说》才把图书学、先天学和太极图学并列起来,指出:"图书者,天地阴阳之象也;《易》者,圣人以写天地阴阳之神也。"① 所以图书也是"画前之易",和先天图是一致的,如此则图书学和先天学得以贯通起来。所以我们强调,就狭义而言,张理的先天学才属于先天学,他也在此视域中论述图书学、太极图学和先天学的紧密关系,而就广义而言,图书学、先天学和太极图学皆可谓先天之学,这是张理易图学的本质特征。

一 图书学:图书系列五图及其意义

关于图书学,张理并没有如一般易学家那样直接针对河图洛书论说义理,而是对河图洛书之何以构成进行了探讨。这一探索意识,应该是受到了邵雍对八卦和六十四卦何以产生的观念的强烈影响。但是,张理并非直抒己见,而是依托了所谓的陈抟的《龙图》以及《龙图序》来表达自己的看法。《龙图》一书托名陈抟,在朱熹时代已经出现,但朱子对其评价很低,"《龙图》是假书,无所用。康节之易,自两仪、四象、八卦,以至六十四卦,皆有用处"②,不过同时代的大儒吕祖谦把《龙图序》收入了《皇朝文鉴》中(《皇朝文鉴》卷八十五)。值得注意的是,从陈抟至张理有数百年,所谓陈抟《龙图》和《龙图序》并没有得到广泛流传,甚至只有《龙图序》记录在《皇朝文鉴》中,《龙图》的具体内容到了张理的作品中才得以出现,而《龙图》一书的原貌已经不得而知,基于此种情况,我们在具体的讨论中不详细区分《龙图》原文和张理的阐发,而一并视为张理图书学的内容。③ 总的来说,《龙图》的关键思想是探索天地阴阳之数如何从"未合"到"已合",探索河图洛书何以产生的道理。为何要做这种探索,《龙图序》中说"且若《龙图》便合,则圣人不得见其象,所以

---

① 张理:《原序》,《易象图说》,文渊阁《四库全书》本。
② 黎靖德编:《朱子语类》卷第六十七,第1681页。
③ 关于所谓陈抟《龙图》的真伪,可参见本书第一章第一节"北宋早期象数易学之传承"中相关部分的引用和讨论。

天意先未合而形其象，圣人观象而明其用"（《易象图说内篇》卷上），所以关键在于"已合"则天地阴阳变化之象不能得见，呈现"未合"的目的正是要呈现天地阴阳变化之象。这是构造《龙图》的根本原因。以下详述之。

1. 龙图天地未合之数

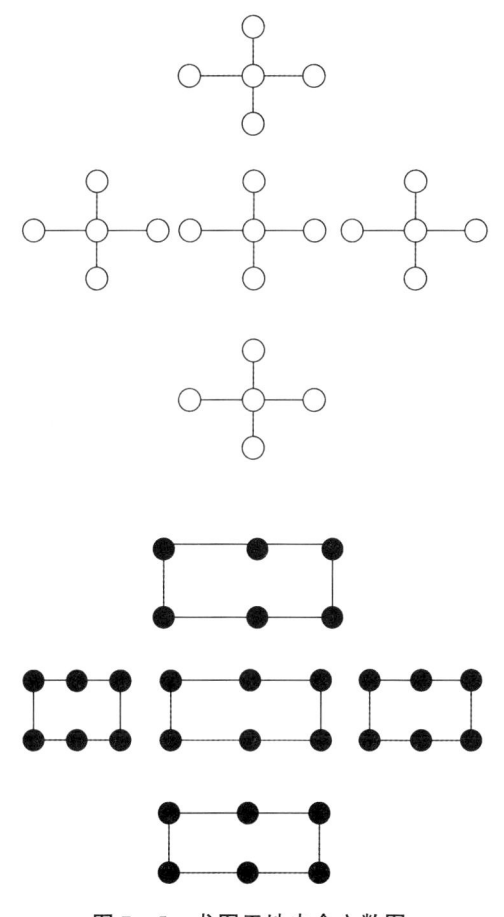

图 7-5　龙图天地未合之数图

图 7-5 被称为"龙图天地未合之数"。根据张理的说法，此图是河图洛书的源头。分成上下两个部分，其中"上位，天数也"，"下位，地数也"。天数指一、三、五、七、九之和，地数指二、四、六、八、十之和。关于"上位"，之所以以五为基本单位，是因为一、三、五、七、九的中数为"五"；关于"下位"，之所以以六为基本单位，是因为二、四、六、

八、十的中数为"六"。就"上位"而言,有几个内涵需要注意,即它蕴含了三、五、九、十五几个数字。其中,以五为单位,则纵横有三,每一单位有五;单个数字而论,则纵横有九(笔者注:中间的数字),纵横有十五(笔者注:每一单位有五,纵横各三个单位,固为十五)。这就是《龙图序》中所言"贯三、五、九外包之十五"。就"下位"而言,分成五个单位,每单位六数,这就是《龙图序》中所言"十分而为六形,地之象"(《易象图说内篇》卷上)之所指。

2. 龙图天地已合之位

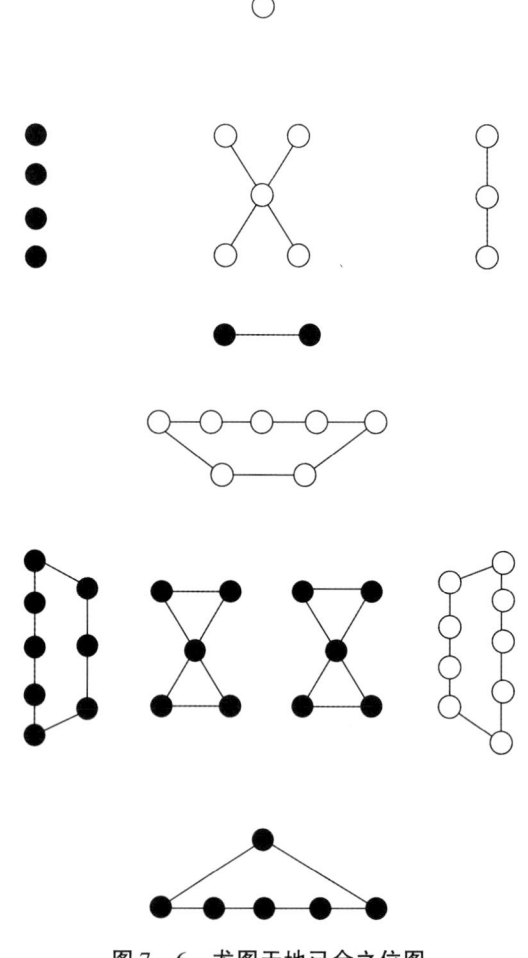

图 7-6 龙图天地已合之位图

图7-6被称为"龙图天地已合之位",由图7-5变化而来。

图7-6依然可以分成上位和下位。上位为"象",包括"参天"之一、三、五,"两地"之二、四;下位为"形","九、八、七、六,金、木、火、水之盛数,中见地十,土之成数也"。上位五个数字之成,来源于图7-5上位五个数字的变化,以图7-5为基础,"上五去四得一,下五去三得二,右五去二得三,左五去一得四,惟中✕不动。《序》言'天一居上为道之宗'者,此也"。下位五个数字之成,来源于图7-5下位五个数字的变化,"即前象下五位,以中央六分开,置一在上六而成七,置二在左六而成八,置三在右六而成九,惟下六不配而自为六,《序》言'六分而成四象,地六不配'者,此也"。[①]（《易象图说内篇》卷上）

此图有几个方面的意义。其一,上位蕴含"蓍、数、卦、爻之体",下位蕴含"蓍、数、卦、爻之用"。上位之所以蕴含"蓍、数、卦、爻之体",是因为"其上天〇者一之象也,其下地●●者--之象也",这是阴阳两仪。"其中天⁂者四象五行也。左上一〇,太阳,为火之象;右上一〇,少阴,为金之象;左下一〇,少阳,为木之象;右下一〇,太阴,为水之象;土者冲气,居中以运四方,畅始施生,亦阴亦阳",这是指上位中间的五数,作为一个单元,本身就具有四象和五行的意义。至于左四和右三,"右旁⁂,三才之象,卦之所以画三。左旁⁞,四时之象,蓍之所以揲四",这是说明何以卦有三画,蓍须揲四。总而言之,上位一、二、三、四、五,正象征了"蓍、数、卦、爻之体"。下位之所以蕴含"蓍、数、卦、爻之用",是因为"七者,蓍之圆,七七而四十有九。八者,卦之方,八八而六十有四。九者,阳之用,阳爻百九十二。六者,阴之用,阴爻亦百九十二。十者,大衍之数,以五乘十,以十乘五,而亦皆得五十焉",所以"下形六、七、八、九者,蓍、数、卦、爻之用也"。综上位、下位而言,张理认为:"上体而下用,上象而下形,象动形静,体立用行,而造化不可胜既矣。"（《易象图说内篇》卷上）

其二,上位四转而与下位四交。在图7-5和此图中,张理都强调了图形中的上下之位,上位象大,主动,下位象形,主静。动则运转,静则镇位。而上位运转之下,则形成不同的图形和意义。张理非常重视自己的新阐释:"今以前后图参考,当如太乙遁甲阴阳二局图,一、二、三、四犹遁甲天盘,在上随时运转,六、七、八、九犹遁甲地盘,在下布定不

[①] 这里有一个问题,原图的中央六分开之后,则新图的中央之十从何而来? 以理判断应该是原图之上位所去之四、三、二、一之和进入了下位。但张理并没有进一步的解释。

易，法明天动地静之义。而前此诸儒未有能发其旨。"具体的方法如下：

> 是故一在南起，法天象动而右转。初交，一居东南，二居西北，三居西南，四居东北，四阳班布居上、右，四阴班布居下、左，分阴分阳而天地设位。再交，一居东北，二居西南，三居东南，四居西北，则牝牡相衔而六子卦生。合是二变而成先天八卦自然之象也。然后重为生成之位，则一六、二七、三八、四九，阴阳各相配合，即邵子朱子所述之图也。三交，一居西北，二居东南，三居东北，四居西南，则刚柔相错而为坎、离、震、兑。四交，一居西南，二居东北，三居西北，四居东南，则右阳左阴而乾坤成列。合是二变而成后天八卦裁成之位也。再转，则一复于南矣。《大传》所谓参伍以变，错综其数，刘歆云河图洛书相为经纬，八卦九章相为表里，此其义也。（《易象图说内篇》卷上）

这是把上位转动分为五步。第一步，一居东南，二居西北，三居西南，四居东北，与下位叠合在一起形成"初交"，此时，"四阳班布居上、右，四阴班布居下、左"，其意义为"分阴分阳而天地设位"，即阴数阳数各占图之半部，形成"天地设位"的态势。第二步，一居东北，二居西南，三居东南，四居西北，与下位叠合在一起形成"再交"，此时，"牝牡相衔而六子卦生"，所谓"牝牡相衔"即一、六与四、九，二、七与三、八这八个数字形成阴阳相间的态势，因为是三阴三阳的形式，所以又是"六子卦生"。把前两变结合在一起，有"天地设位"，有"六子卦生"，所以"合是二变而成先天八卦自然之象"。在第二步的基础上，如果把一六、二七、三八、四九结合来看，则"阴阳各相配合，即邵子朱子所述之图也"，此即为通行的河图。第三步，一居西北，二居东南，三居东北，四居西南，与下位叠合在一起形成"三交"，此时，"刚柔相错而为坎、离、震、兑"，所谓"刚柔相错"即一与九、四、七，二与八、三、六，这八个数字形成阴阳相间的态势，因为有一六水、二七火、三八木、四九金之局面，又"为坎、离、震、兑"。第四步，一居西南，二居东北，三居西北，四居东南，与下位叠合在一起形成"四交"，如此，则八个数字"右阳左阴"，形成"乾坤成列"的态势。把"三交"和"四交"结合在一起，则"成后天八卦裁成之位"。第五步，则又复归初位。总的来说，张理的这一大段阐发，主要是在奇门遁甲的启发下，在天地运行模型的视野中，考察图7-6而得出的结论，在这一过程中他又进一步揭示了其中所包蕴的先天八卦图和后天八卦图。如此一来，就表现出用河图统摄先天学后天学的倾向。

需要指出，张理的理论努力是巨大的，这种新说的确也是空前的。在《易象图说》一书中，张理引用友人蒋师文对此说的评价以为助力：

> 鹤田蒋师文曰：谓河图成数在下，象地而不动，生数象天，运行而成卦，以先天八卦为自然之象，后天八卦为裁成之位。观其初交而两仪立，再交而六子生，三交震兑相望而坎离互宅，四交乾坤成列而艮巽居隅，圣人升离于南，降坎于北，而四方之位正，置乾于西北，退坤于西南，而长女代母之义彰，则先天见自然之象，后天见裁成之位者，至明著矣。虽其说不本先儒，然象数既陈而义理昭著，不害自为一家之言也。子朱子尝曰：无事时好看河图洛书，数且得自家流转得动。今观仲纯此说，而尤信。（《易象图说内篇》卷上）

所以我们强调，虽然此说空前，确也能够自圆其说。而在步步阐释中，能阐发出天地运行的多种道理，的确也学有所得，自为一家之言。

3. 龙图天地生成之数

图7-7 龙图天地生成之数图

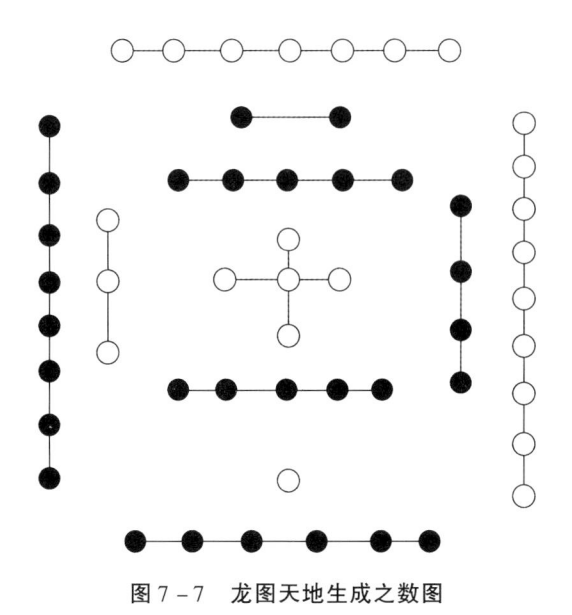

图7-7被称为"龙图天地生成之数"。它与通行的河图已基本相同，

只有一点明显差别,即在通行河图中,一、二、三、四处于同一层次,而此图中,三、四与内圈之十处于同一层次,但这很可能是作图时的疏忽。

此图是从"龙图天地已合之位"之图发展而来。规则是前图象征天之象的一、二、三、四"动而右旋",象征地之形的六、七、八、九"静而正位",两相结合,如此一来,"一转居北而与六合,二转居南而与七合,三转居东而与八合,四转居西而与九合,五、十居中而为天地运行之枢纽"。从这段描述来看,此图即是通行河图。关于通行河图的意义,易学史中多有阐发,张理没有进一步发挥,只是强调图形本身的层次性,"分作二层看之,则天动地静上下之义昭然矣"(《易象图说内篇》卷上)。所谓"二层",是指一、二、三、四所象征的天之象,六、七、八、九所象征的地之形。这和很多易学家从天数的角度看一、三、五、七、九,从地数的角度看二、四、六、八、十有明显区别。但这恰好是从"天地未合""天地已合"以来的重天象、地形而非天数地数的观念的一个必然反映。

4. 洛书天地交午之数

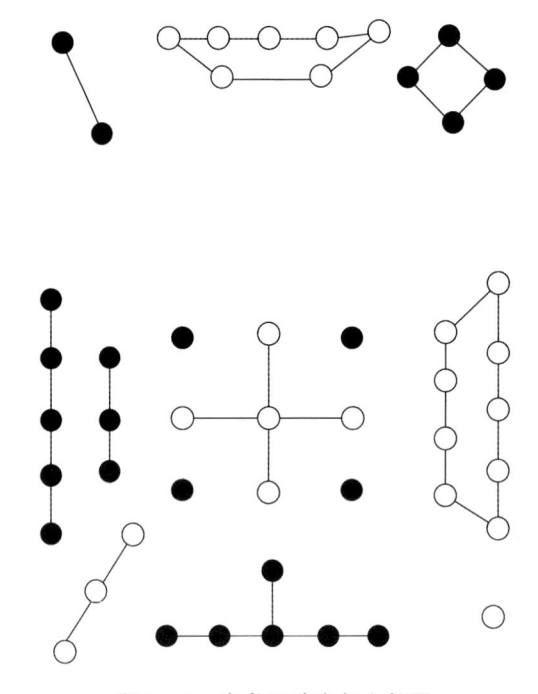

图 7-8 洛书天地交午之数图

图 7-8 被称为"洛书天地交午之数"。依靠前面的三图,张理说明了

"天地未合"到"天地已合",再到河图的生成。更进一步,则是洛书的产生。在洛书之前,有一个过渡形态的易图,即此"洛书天地交午之数"图。这个过渡形态,就是从河图到洛书的过渡。此图有三个特点:第一,从形式上来看,九个单元组成方形图案,正是洛书的形式特征;第二,外圈的数字排列,正好是"龙图天地已合之位"之图中,下位不动,上位运转情况下,第三步即"三交"的布局,显然,这是河图生成中的因素;第三,内圈为九数,包括五阳四阴,四阴属于十去其六,如此,天地之数五十有五去其六而为四十九,则即大衍之数之用四十九,这说明,此图象征了"用"。除了三个特点之外,此图还有一个重要的意义,即体现了天地交午即阴阳交感的内涵。这可以从两个方面来看,第一,外圈中阴阳之数间隔而有,是为阴阳相交;第二,阳数从西北即子位之前起,左旋而不息,阴数从东南即午位之前起,左旋而不息,表现出阴阳交感生生不息之意。正因为如此,张理把此图命名为"洛书天地交午之数"。

5. 洛书纵横十五之象

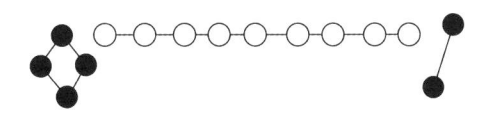

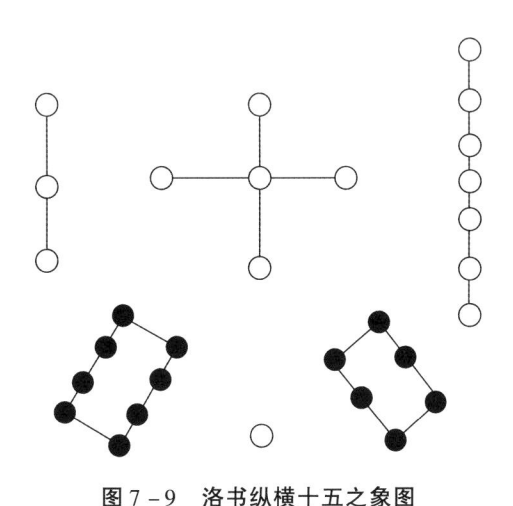

图 7 - 9 洛书纵横十五之象图

此图被称为"洛书纵横十五之象",事实上即通行洛书。由图 7 - 8 变化而来。但是张理没有解释变化规则的意义为何。只是说明,"而希夷所传则以此为龙图三变以生成图,为洛书本文"(《易象图说内篇》卷上)。所以龙图经过变化,最终则落实为洛书。

二 先天学:卦画发展系列易图及其意义

张理吸收了邵雍先天学的基本思想先天四图的观念,在此基础上有所改动有所发展,创立了十图:《天地设位图》《乾坤成列图》《八卦成列图》《先天八卦对待之图》《后天八卦流行之图》《先后天八卦德合之图》《六十四卦循环之图》《六十四卦因重之图》《六十四卦变通之图》《六十四卦致用之图》。[①] 这十图,从太极生两仪开始,到两仪生四象、四象生八卦,再到对待之八卦、流行之八卦、六十四卦等,表现出从简单到复杂、系统性极强的特点。同时,相比于邵雍先天学而言,这些卦图所蕴含的思想更加突出了相交义,强调了天地阴阳相交而生万物的观念,这体现在《天地设位图》《乾坤成列图》《八卦成列图》等卦图中。同时,张理对先天学和《易传》的一致性进行了进一步探索,这表现在他对《六十四卦因重之图》的论述中。

1. 《天地设位图》

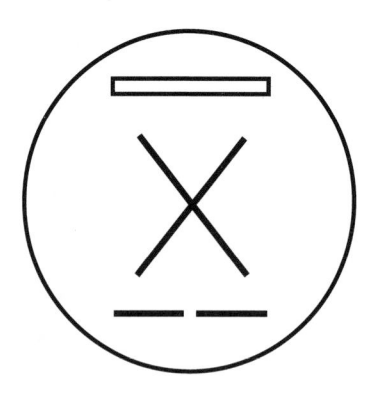

图 7-10 天地设位图

[①] 张理这个系列的易图是十个图,从易图的几何形式上来说,截止到《六十四卦因重之图》尚在邵雍先天学的视域中,而《六十四卦变通之图》和《六十四卦致用之图》两图已经属于张理的个人发挥,易图的几何形式在邵雍先天学中并没有原型,所以本书不再详细介绍这两个易图。

关于图7-10，张理认为描述了"太极生两仪之象"。他详细论述道：

> 太极判而气之轻清者上浮为天，气之重浊者下凝为地。圣人仰观俯察，受河图，则而画卦。则天〇以画—，则地●●以画--，名—曰奇为阳，名--曰偶为阴。此上奇下偶者，天地之定位，中✕者，天地气交，四象八卦万物化生之本。《乐记》所谓"一动一静者，天地之间也"。周子曰："太极动而生阳，动极而静，静而生阴，静极复动，一动一静，互为其根，分阴分阳，两仪立焉。"（《易象图说内篇》卷中）

这里表达了三种观念：第一，太极与气相关，判而生天地，天为气之轻清者，地为气之重浊者，天地气交而为万物化生之本；第二，天地为圣人画卦的基础，圣人则天而画—，为阳，则地而画--，为阴；第三，动静与阴阳相关。如此可见，张理宇宙论的基础是太极阴阳动静的思想，而这一思想还没有超越传统观念。

2.《乾坤成列图》

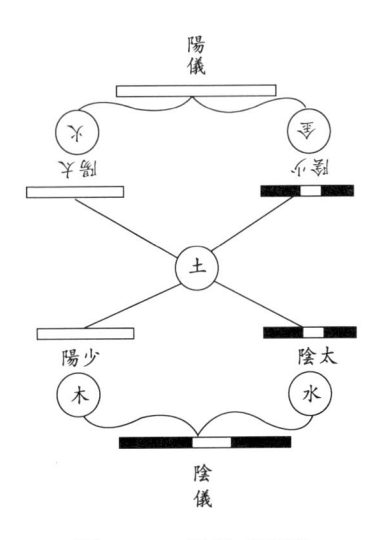

图7-11 乾坤成列图

关于图 7-11，张理认为描述了"两仪生四象之象"。此图所表达的两仪生四象的观念与邵雍先天学相一致。但是邵雍先天学为四象平铺，这里是两上两下，对此，张理是十分自觉的。他说："旧图四象平布，生生不息，今图阳仪下生一奇一偶为阴阳，阴仪上生一奇一偶为刚柔，四象圜转，循环不穷，刚交于阴，阴交于刚，阳交于柔，柔交于阳，上下左右相交而万物生焉。"（《易象图说内篇》卷中）可见，张理之所以变换旧图而成上下之形，主要是此图更加能够表现"相交"义。在张理眼中，原图能很好地表现生生不息的道理，但是无法妥帖地表现阴阳相交而有四象、八卦以及万物之理，而天地万物正是由于阴阳相交而生而成。张理通过变换图形来表达这一道理，相对于邵雍先天学来说是一个发展。

此图还有一个值得注意的地方，就是它纳入了五行和四时之义。张理说："阴仪上生一奇为少阳，少阳者，阴中之阳，东方阳气生物，于时为春"，"阳仪下生一奇为太阳，太阳者，阳中之阳，南方阳气养物，于时为夏"，"阳仪下生一偶为少阴，少阴者，阳中之阴，西方阴气敛物，于时为秋"，"阴仪上生一偶为太阴，太阴者，阴中之阴，北方阴气藏物，于时为冬"，"中央者，阴阳之中，四方之内经纬交通，乃能端直，故中绳，于时为四季"（《易象图说内篇》卷中）。如此一来，四象就不仅仅是四种卦画符号而已，而具有了五行之气、四时变化的实在意义。这又是对传统先天学的一个发展。

3.《八卦成列图》

关于图 7-12，张理认为描述了"四象生八卦之象"。张理说："右四象，阳下交于柔，柔上交于阳，而成乾、坤、艮、兑，刚上交于阴，阴下交于刚，而成震、巽、坎、离。天秉阳垂日星，在天者仰而反观，故乾、兑、离、震，天之四象，自上而下生。地秉阴窍山川，在地者俯而顺察，故坤、艮、坎、巽，地之四象，自下而上生。八卦相错，上者交左，下者交右，则乾南坤北，离动坎西，而先天八卦圆图著矣。"（《易象图说内篇》卷中）显然，在四象生八卦的过程中，张理依然强调了"交"的重要意义。同时，此图已经形成了先天八卦圆图的基本排列。

4.《先天八卦对待之图》

关于图 7-13，是以《八卦成列图》为基础的改变，"阳仪上者交于左，阴仪下者交于右而成此图"。这个卦图，与传统先天八卦圆图更像，而一个较大的不同在于，此图标志了太极的存在，"其中○者，太极也"。这对于张理而言，有特殊的意义。因为从形式上来看，由太极而左阳右阴，而四象八卦，可以说是从中到外，从太极到万物，从一本到万殊。据于此，他特别强调了《八卦成列图》与此图并列时共同蕴含的"一敛""一放"的意义："前象奇偶定上下之位，由天地四象八卦总之而会于中，所谓敛之不盈一握，万殊而一本也。此图阴阳列左右之门，由动静四时八方推之而达于外，所谓放之则弥六合，一本而万殊也。"（《易象图说内篇》卷中）"会于中"，即会于《八卦成列图》所表现的天地之中。"达于外"，即以太极为基础为两仪、四象、八卦而万事万物。可以说，这一"会"一"达"，一"敛"一"放"，表达了图形形式的万殊一本、一本万殊的宇宙本体论观念。

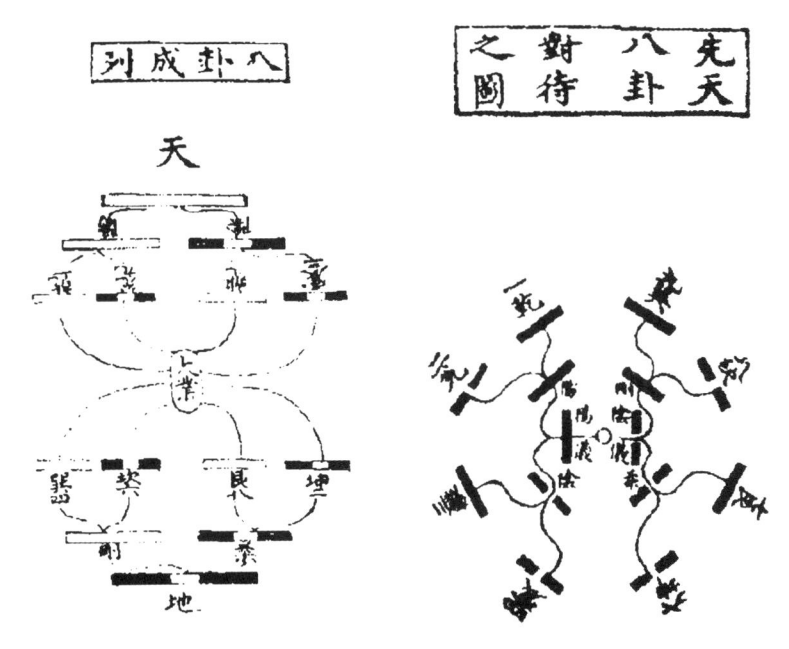

图 7-12 八卦成列图　　图 7-13 先天八卦对待之图

根据以上的本体论观念，张理又阐发了其所蕴含的性命之理。他说："《汤诰》曰：'惟皇上帝降衷于下民，若有恒性。'刘子曰：'民受天地之中以生。'孔子曰：'天地之性人为贵。'子思子曰：'天命之谓性。'中也，性也，天之所以与我者，稽之生成图，则见天地四象八卦万物皆备于我。程子所谓'天然自有之中'，孟子所谓'万物皆备于我'，曾子所谓'忠'，夫子所谓'一'，其理不外乎是矣。"（《易象图说内篇》卷中）这是认为，卦图有"会于中"之义，相对于人而言，此"会"此"敛"，即天命之谓性。张理又说："先天图由一而二，由二而四，由四而八，推而至于百千万亿之无穷，先儒所谓'心为太极'，'具众理而应万事'，孟子所谓'强恕而行'，曾子所谓'恕'，夫子所谓'贯'，其道亦不外乎是矣。"（《易象图说内篇》卷中）这是认为，卦图又有"达于外"之义，相对于人而言，此"达"此"放"，即君子的据理应事。前者可谓属于"性"，后者可谓属于"道"，合在一起，正所谓"性道之教"。如此可见卦图所蕴含的人生论意义。

需要特别提及的是，以上的太极本体，通过《中庸》"天命之谓性"的过程，落实为人心，而此心即"先儒所谓'心为太极'，'具众理而应万事'，孟子所谓'强恕而行'，曾子所谓'恕'，夫子所谓'贯'，其道亦不外乎是矣"，所以在张理的视野中，太极本身就蕴含有价值意义，反映在人心上，此心即具有价值内蕴的仁心。这相对于邵雍先天学中存在的一个理论问题，即先天学与儒家仁学价值观有一定紧张，是一种解决方法，是一种理论进步。

5.《后天八卦流行之图》

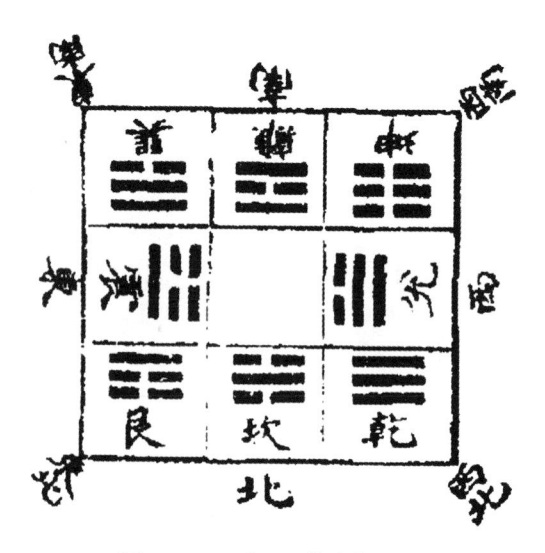

图 7-14 后天八卦流行之图

关于图7-14，张理强调了它和河图的一致性。"稽之河图，一六居北为水而坎当之，坎者，水也。二七居南为火而离当之，离者，火也。三八居东为木而震当之，震为雷，动于春也。四九居西为金而兑当之，兑为泽，□于秋也。乾为寒为冰，位于西北，附兑而为金。巽为扬为风，位于东南，附震而为木。五十居中为土，而坤地艮山分隶之，坤阴也，故稽类而退居西南，艮阳也，亦稽类而奠居东北。此后天八卦方位之所由定也。"（《易象图说内篇》卷中）显然，后天八卦图的卦位，根据河图所蕴含的五行之理而定。

6.《先后天八卦德合之图》

图7-15 先后天八卦德合之图

图 7-15 完全属于张理自作。张理作此图以表现天人相贯、相类。"乾、离、坎、坤居中，头目心腹之象，震、艮、巽、兑居左右，手足股肱之象。希夷先生以为形类合。盖人者，天地之合气也，惟皇降衷，若有恒性，故凡言道学者，皆原于此。"（《易象图说内篇》卷中）当然，张理也为自己找了很多典籍上的依据。"《杂卦》云'乾刚坤柔'、'离上坎下'、'兑见巽伏'、'震起艮止'，稽此而言。《参同契》云'乾坤者，易之门户，众卦之父母'、'坎离匡郭，运毂正轴'、'牝牡四卦，以为橐籥'，亦为有得于此。今故表而传焉。"（《易象图说内篇》卷中）但我们今天看来，这明显有牵强的色彩。不过，张理这种据先天图、后天图以模拟人身的努力，则值得重视。

7.《六十四卦循环之图》

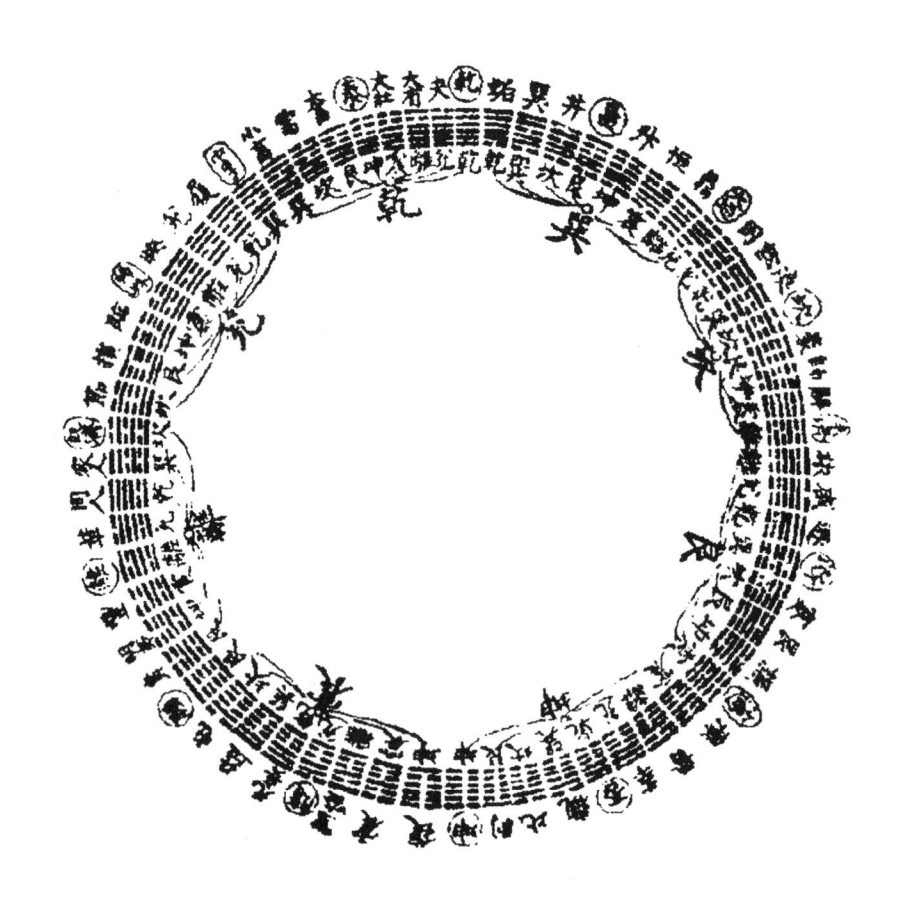

图 7-16　六十四卦循环之图

图7-16的形式是传统的先天六十四卦圆图，但是，张理在自己的宇宙本体论视野中，对其进行了深入的新解读。其一，内象主静而"镇位"，外象主动而趋时。就内象而言，所谓主静是指三画卦之间没有互相交错的状况，所以为静，所谓"镇位"是指八卦各有其方位。就外象而言，所谓"主动"是指八卦互相交错，"八卦相错，错者，交而互之，一左一右之谓。乾互巽而巽互乾，坎互兑而兑互坎，离互艮而艮互离，坤互震而震互坤"，这里的"互"并非互卦之意，而是指八卦之间互相交错之意，"乾、兑、离、震，阳仪之卦，本在左方，今互居右方阴仪之上。坤、艮、坎、巽，阴仪之卦，本在右方，今互居左方阳仪之上"，正是由于交互相错，"由是刚柔相摩，八卦相荡，而变化无穷焉"（《易象图说内篇》卷中），成为一个意蕴丰富的天地人三才之道的模型。

其二，顺逆新义。关于顺逆的问题，源于《说卦传》"天地定位，山泽通气，雷风相薄，水火不相射，八卦相错，数往者顺，知来者逆，是故《易》逆数也"一句话。对于顺逆的解释，邵雍说："八卦相错者，相交错而成六十四卦也。数往者顺，若顺天而行，是左旋也，皆已生之卦也，故云数往也；知来者逆，若逆天而行，是右行也，皆未生之卦也，故云知来也。夫《易》之数由逆而成矣。此一节直解图意，若逆知四时之谓也。"[1] 这里在天道左旋的基础上，对先天八卦圆图进行解释：以左旋而读图，则皆为"已生之卦"，以当下观"已生"，则为"数往"；以右行而读图，则皆为"未生之卦"，以当下观"未生"，则为"知来"。朱熹则有另一种解读："以横图观之，有乾一而后有兑二，有兑二而后有离三，有离三而后有震四，有震四而后有巽五、坎六、艮七、坤八亦依次而生焉。此《易》之所以成也。而圆图之左方，自震之初为冬至，离、兑之中为春分，以至于乾之末为交夏至焉，皆进而得其已生之卦，犹自今日而追数昨日也，故曰'数往者顺'。其右方，自巽之初为夏至，坎、艮之中为秋分，以至于坤之末而交冬至焉，皆进而得其未生之卦，犹自今日而逆计来日也，故曰'知来者逆'。然本《易》之所以成，则其先后始终如横图及圆图右方之序而已，故曰'《易》逆数也'。"[2] 这种解读，把圆图左半部分，解读为"数往者顺"，因为由震四而离三兑二，以至于乾一，为追寻"已生之卦"；把圆图右半部分解读为"知来者逆"，因为由巽五而坎六艮七，以至于坤八，为追寻"未生之卦"。张理提出了自己的新看法。他说："数

---

[1] 邵雍：《观物外篇上》，《皇极经世书》卷十三，第515—516页。
[2] 朱熹：《易学启蒙》卷之二，《朱子全书》第1册，第238页。

往者顺，往谓已往过后之卦，顺者顺其八卦之叙，如自今日而追数前日，自冬至而数回立冬、秋分，则自坤而艮而坎而巽、乾，皆顺其叙而数之也。知来者逆，来谓方来在前之卦，逆者逆其八卦之叙，如自今日而逆计来日，自冬至而数向立春、春分，则自坤而震而离而兑、乾，皆逆其叙而知之也。然凡《易》之数皆由逆而推，生爻自下而上数，卦自右而左，故曰《易》逆数也。"（《易象图说内篇》卷中）这是认为，以当下推以往，为顺数，以当下推未来，为逆数。如此，则从坤推艮、坎、巽、乾为顺数，从坤推震、离、兑、乾为逆数。这种理解，表现在先天圆图中，即顺时针为逆，逆时针为顺，表现出形式上的一致性。与朱熹的半圈为顺、半圈为逆的看法不同。明朝中后期著名儒者章潢，与张理的看法一致，并有更丰富的论述，但毫无疑问，张理的观念对其有关键性的启发。

其三，以十六卦为纲解释日月运行和天时变化。十六卦是指乾、坤、泰、否、坎、离、既、未、随、蛊、渐、归妹、颐、大过、中孚、小过，在图中已经标出，每两卦之间均匀间隔三卦。张理形容它们"三位相间，累累若贯珠，若网在纲，有条而不紊，察其自然之妙，非人力之所能为也"。特别突出十六卦，是因为它们在日月四时运行中所具有的特殊意义。就一岁八节而言："震始交坤一阳生，冬至之卦，变坤为复，是以乾起于复之初九而尽于午中。巽始消乾一阴生，夏至之卦，变乾为姤，是以坤起于姤之初六尽于子中。乾坤定上下之位。"这是以坤向复的变化之际为冬至，乾向姤的变化之际为夏至。并以此解释天时变化现象，"冬至变坤，阴多，多寒，昼极短而夜极长。夏至变乾，阳多，多热，昼极长而夜极短"。至于春分秋分，"春分变既济而为节，是以坎起于节之九二而尽于酉中。秋分变未济而为旅，是以离起于旅之六二而尽于卯中"，这是以既济向节卦的变化为春分，以未济向旅的变化为秋分。并以此解释天时变化现象，"三阳三阴，温凉适宜，昼夜平等，春秋二分，阴阳离也"。至于立春、立夏，"立春变颐而为贲，颐卦二阳外而四阴内。立夏变中孚而为小畜，中孚四阳外而二阴内"，这是以颐卦向贲卦的变化为立春，以中孚向小畜的变化为立夏，"此春夏阳在外而阴在内，圣人春夏养阳之时"。至于立秋、立冬，"立秋变大过而为困，大过二阴外而四阳内。立冬变小过而为豫，小过四阴外而二阳内"，这是以大过向困卦的变化为立秋，以小过向豫卦的变化为立冬，"此秋冬阳在内而阴在外，圣人秋冬养阴之时"。如此，通过对其中八卦的重点分析，可见它们与八节的关联，同时由这些卦象的阴阳变化可见天时变化的规律，所以张理说："是则一岁周天之节备于图，而邵子所谓春夏秋冬昼夜长短由乎此者也。"（《易象图说内篇》卷中）就月相变化而言，它们也和八卦相关。张理说：

> 又以一月之度推之，则重坤之时乃晦朔之间，以次而生明。小过之震（小注：反对二震），三日昏时出庚之西也。大过之兑（小注：反对二兑），八日上弦在丁之南也。至十五则乾体就望而盛满，出于东方甲地，以渐而生魄。中孚之巽（小注：反对二巽），十八日平明，见辛之西也。颐卦之艮（小注：反对二艮），二十三日下弦，直丙之南也。（《易象图说内篇》卷中）

这里的实质是，坤卦象征晦时月相，震卦象征初三日之月相，兑卦象征初八日之月相，乾卦象征十五望日之月相，巽卦象征十八日之月相，艮卦象征二十三日之月相。这段表述并不是张理的发明，最早源于《周易参同契》，即以八卦表示一月之主要月相的变化规律，同时把八卦和天干所表示的方位关联起来，被称为"月体纳甲"说。张理用此说关键是要强调："此一月太阴之行度备于图，而邵子所谓晦朔弦望，行度盈缩，由乎此者也。"（《易象图说内篇》卷中）

8.《六十四卦因重之图》

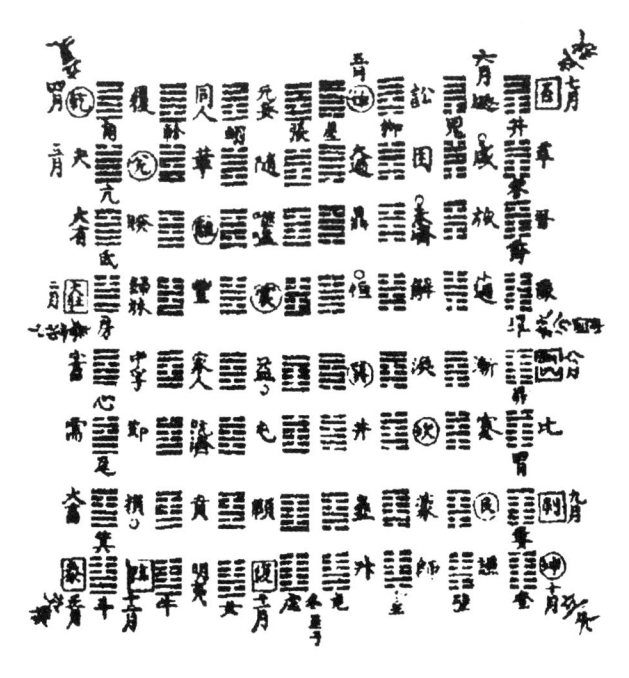

图 7-17 六十四卦因重之图

张理名此图为"六十四卦因重之图",因为他认为此图根源于《说卦传》中"八卦成列,象在其中矣;因而重之,爻在其中矣;刚柔相推,变在其中矣;系辞焉而命之,动在其中矣。吉凶悔吝者,生乎动者也"一段话。他的理由是:"八卦成列者,乾、兑、离、震、巽、坎、艮、坤成行列也。此自上而数向下,自左而数向右也。若自中而数向外则震离兑乾巽坎艮坤亦成列也。以至横斜曲直左右前后莫不皆然,而天地水火雷风山泽之象在其中矣。因而重之者,八卦之上各加八卦,分阴分阳,迭用柔刚,而初二三四五上之六爻在其中矣。刚柔相推者,刚生于复之初九,自一而二、三、四、五以次推上而至于乾之六。柔生于姤之初六,自一而二、三、四、五以次推下而至于坤之六,则卦爻之变在其中矣。圣人因卦爻之变系之以吉凶悔吝之辞,则举天下之动在其中矣。"(《易象图说内篇》卷中)这种解读可谓空前,但也明显有牵强色彩。

张理认为此图即《先天六十四卦方图》,但非常显然,传统方图中,乾在西北,坤在东南,但在此图中,乾在东南,坤在西北,其他相关各卦皆有变化。张理没有进一步解释为何要改变传统方图的构图形式。只是就新图阐发了自己的观念。其中重要者是此图中所蕴含的十二月卦。这十二月卦被分成了三组,即寅、申、巳、亥四月之卦,子、午、卯、酉四月之卦,辰、戌、丑、未四月之卦。就第一组而言,"东南阳方而乾居之,乾,四月之卦也,故位乎巳。西北阴方而坤居之,坤,十月之卦也,故位乎亥。泰,正月之卦而位乎寅。否,七月之卦而位乎申。此寅、申、巳、亥四隅之位也";就第二组而言,"冬至子中一阳生,而复卦直之,复,十一月之卦也。夏至午中一阴生,而姤卦直之,姤,五月之卦也。春分卯中而大壮应,二月之卦也。秋分酉中而观卦应,八月之卦也。此子、午、卯、酉四正之位也";就第三组而言,"辰、戌、丑、未之月,卦偏居而附于四隅。临(小注:十二月卦)与泰伍,故后天丑寅纳艮,而位乎东北。夬(小注:三月卦)与乾亲,故后天辰巳纳巽,而位乎东南。遁(小注:六月卦)与否近,故后天未申纳坤,而位乎西南。剥(小注:九月卦)与坤邻,故后天戌亥纳乾,而位乎西北。以应地之方也"(《易象图说内篇》卷中)。

三 太极图学:象数系列六图及其意义

象数系列六图属于张理的太极图学。之所以称为太极图学,是因为它以太极为逻辑起点,是从《太极之图》开始推衍的;之所以称为"象数系列图",是因为这些易图的形式,既包括太极阴阳之象,又包括天数和地数。

但它们的实质,则是用来说明太极的推衍。在象数系列六图中,张理从《太极之图》开始,推衍出《三才之图》《五气之图》《七始之图》《九宫之图》和《河洛十五生成之象之图》。其中,《五气之图》包蕴河图因素,《七始之图》正是先天学中的《乾坤成列图》,《九宫之图》包蕴洛书,《河洛十五生成之象之图》则包蕴了河图、洛书与先天图三图的因素,这表明了张理努力贯通图书学、先天学和太极图学的理论努力。以下详述之。

1. 《太极之图》

图 7-18 从《周氏太极图》而来,关于其内涵,张理主要用了朱熹的说法:"朱子曰:'易者,阴阳之变,太极者,其理也。谓之太极者,至极之义,兼有标准之名。实造化之枢纽,品汇之根柢也。本无形体声臭之可指,至宋濂溪先生始画一圈,而今图因之。'"但事实上,朱熹主要以太极为理,而张理并非理本论思想体系,他主要吸收了朱熹关于太极"造化之枢纽,品汇之根柢"的观念。所以他又引用《说文解字》关于"一"的解释,用来解释太极,"《说文》曰:'惟初太极,道立于一,造分天地,化成万物。'"(《易象图说外篇》卷上)如此,则可见张理以太极为宇宙之本原本体,但并非仅指理而言。

2. 《三才之图》

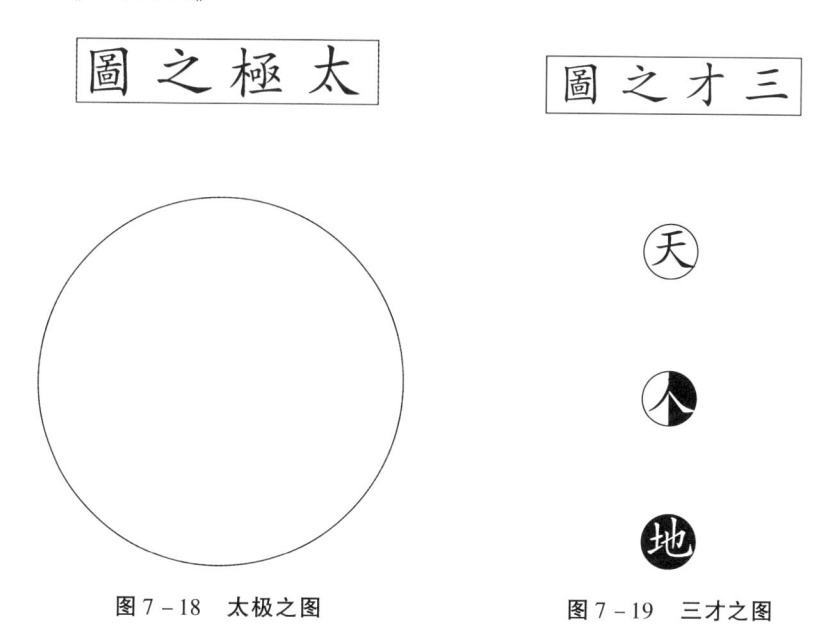

图 7-18 太极之图   图 7-19 三才之图

在张理的视野中,图 7-19 主要有三义:第一,三统之义,即天统、地统与人统,它源于大《易》三才之道的观念;第二,天、地、人三才各有太极，所以三者皆以圆圈表示，这应该是吸收了朱熹"统体一太极，物物一太极"的思想；第三，形上、形下之义，其中形上为天，形下为地，天地之相交为人。这张图，表现了从太极到三才之道的发展。

3.《五气之图》

图 7-20 的核心架构来源于河图，兹不赘述。不过，张理论述此图的落脚点，在于人的形成。他说："五行之象见乎天，五行之质具乎地，人肖天地以有生，具五气以成形，禀五性以成德，故语性道者无一不本于是。得其气之正且通者为圣为贤，得其气之偏且窒者为愚为不肖。"（《易象图说外篇》卷上）这是强调有五行而有人，人得五气成形，得五性成德。而五行又有天地阴阳二气所成，天地又来源于太极。所以张理在此易图序列中，表现了对周敦颐《太极图》及《太极图说》观念的继承。

4.《七始之图》

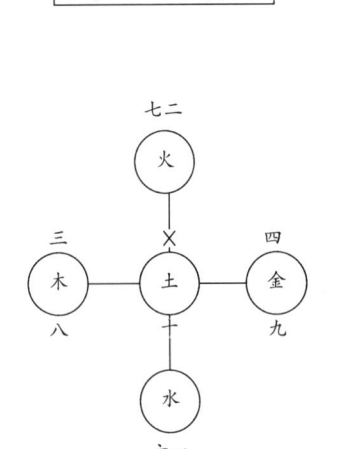

图 7-20　五气之图　　　　图 7-21　七始之图

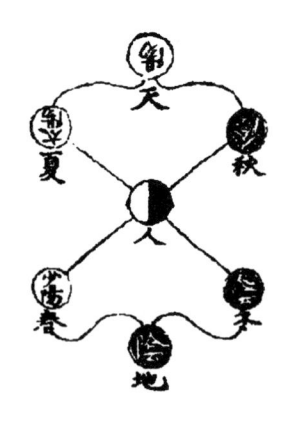

图 7-21 中所谓"七始"之七指天、地、人与四象。此图的核心架构来源于《周氏太极图》，但有重要改动。张理的相关阐发全用周敦颐的《太极图说》。兹不赘述。相比于《周氏太极图》相关部分而有重要改动的地方是在中部五圈之外，上下各加一圈，以象征天地阴阳。这就表现出与《周氏太极图》不同的思路。《周氏太极图》是从上往下生人，从太极至阴阳，从阴阳至五行，从五行而生人，但张理的《七始之图》是从上、

下往中生人。

5.《九宫之图》

《九宫之图》（图7-22）是一个巧妙的易图。它的巧妙性在于两个地方：第一，从形式上看，此图最后落实于洛书九宫，却以《七始之图》为基础，这就为洛书的形成做出了尝试性解释；第二，此图分别以天数序列左旋和地数序列右转解释构图，能够自圆其说，并且包蕴了天圆地方、天左旋地右转、天参地偶等观念，使洛书的成图表现出自然而然的特点。就第二条而言，张理说："一、三、九、七，天数也。天数奇，奇之象圆，参于三，其数左旋。始于一，居于正北。一三如三，故三次于正东。三三如九，故九次于正南。三九二十七，故七次于正西。三七二十一，而复于一。二、四、八、六，地数也。地数偶，偶之象方，两于二，其数右转。起于西南，二二如四，故四次于东南。二四如八，故八次于东北。二八十六，故六次于西北。二六十二，而归于二。此阴阳左右运行自然之妙。"（《易象图说外篇》卷上）如此解释，洛书之妙就不只是纵横十五而已，而具有了更丰富的意蕴。

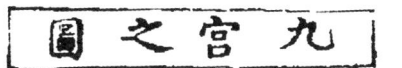

图7-22 九宫之图

6.《河洛十五生成之象之图》

关于图7-23的蕴含，主要有两个方面。第一，此图和河图洛书之间的一致性。这主要有三点：第一点，"此象纵横十有五数，正则河图中宫天五乘地十之象，其中●者易也，即图书中五之中"，即此图有数十五[①]与河图中宫天数五与地数十之和十五一致，而中间的一部分，也即河图洛书所包蕴的"中"；第二点，"动而阳上同乎天，其象为○。静而阴下同乎地，其象为●。天○下生○●为阴阳。地●上生○●为柔刚。即图书中五

[①] 其数十五，即指十五个单元，即十五个圈。

之上下左右",即此图天地所生之阴、阳、刚、柔四象与河图洛书中五之上、下、左、右一致;第三点,"其数则阳一、阴四、刚三、柔二,衍而一六、二七、三八、四九,即图书四维之东、西、南、北",这是就所衍之数而言,此图与图书之间一致。

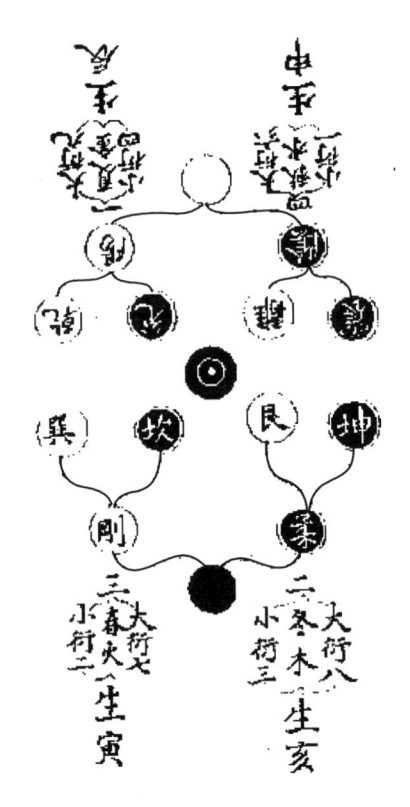

图 7-23 河洛十五生成之象之图

第二,由此图可见先天八卦图与河图之间的一致性。这需要考察一个推衍过程。张理说:"夫以始生之序言之,坎、巽生于地之刚,朱子所谓少阳,少阳之位寅,于时为春,其数三。小衍成五则有二,大衍成十则有七,二七为火,故火生在寅,旺于午。稽之河图,则二、七居南而乾、兑得其位(小注:乾居七,兑居二)。"这是说,从天之阴阳、地之刚柔进一步衍化为八卦来看,坎、巽两卦由地之刚即少阳而来,而少阳与三相属,而三若需小衍成五则需有二,三若需大衍成十则需有七。如此,则由少阳而有二、七,二、七正是河图南方之数,而乾、兑得其位,而乾、兑得其位又与先天图相符。同理,论四象之太阳时,"乾兑生于天之阳,……太阳之位巳……其数一，小衍成五则有四，大衍成十则有九，四九为金，故金生在巳，旺于酉，稽之河图则四、九居西，而巽、坎得其位"，而巽、坎所得之位与先天图也相符。① 关于少阴与坤艮之位，太阴与离震之位，也是如此推衍。如此，张理认为："是知先天之象本之图。"（《易象图说外篇》卷上）不过我们强调，按照这一推衍规则，应该是天地四象和河图，共同决定了先天八卦图。

四　先天大用之学：《四象八卦图》的大用

在卦画系列图中，有类似《四象八卦图》的易图即《八卦成列图》，主要用来说明四象生八卦之象，它还属于用卦画来表现抽象的阴阳之理。易道包蕴天地人三才，所以《四象八卦图》不但蕴含抽象的阴阳、四象、八卦之理，而且在传统易学视野下，作为一种象模型能够解释多种具体事物。事实上，张理又作八图（见图7-24到图7-31），根据《四象八卦图》对传统社会中的八种重要事物进行解释。

1. 《四象八卦图》与人生

图7-24名为《四象八卦六位之图》，是以《四象八卦图》说明人身和人性。其大模型为天地人，上为天、下为地，中间为人，即"人当其气交之中，禀天地四象八卦之气以成形，而理亦赋焉"。更进一步，则据八卦之属性解释人身和人性。就人身而言："头圆居上得之乾，腹虚有容得之坤，股肱动作得之震、巽，离目主视，坎耳善听，兑口能言，艮鼻处嘿（小注：目口阳也，得天之气故动。耳鼻阴也，得地之气故静），所谓得是气而为是形也。"就人性而言："知效天之阳，于卦为坎（小注：水主知）。仁效天之阴，于卦为艮（小注：山主仁）。礼法地之柔，于卦为离（小注：火主礼）。义法地之刚，于卦为兑（小注：金主义）。所谓得是理而为是性也。"这是把"五常"之四与坎、艮、离、兑四卦对应了起来。事实上，除了人身和人性，张理还论述了人欲的存在。"夫既有是形具是理，亦不能无是欲。目之于色，耳之于声，口之于味，鼻之于臭，四肢之于安佚，欲动情胜、爱恶相攻而吉凶生。"如此一来，张理就立足于此图，从人身、人性和人欲三个角度，对人生的存在进行了探讨。这三个角度，描述的是实然状况，更进一步，则需要向理想的应然状态转化。这就需要

---

① 这里面存在一个问题，即为何乾兑二卦得二七之位，巽坎二卦得四九之位，张理语焉不详。如果认为此图中，乾兑已经居于二七之位，那么四九之位是离震，这又如何解释？张理也没有说明。他似乎用"乾交坎而坎交乾，巽易兑而兑易巽也"来解释，但是这句话到底什么意思，让人摸不着头脑。

408 宋元明清易学史视野下的先天学研究

圣人的教化,"于是圣人顺性命之理,作《易》教人以崇其德,以广其业。……由是协之以五纪,正之以五事。若《易》《书》《诗》《春秋》《礼》《乐》者,圣人之所以弥纶天地之道而参赞化育者也"(《易象图说外篇》卷中)。于此可见,张理论述易图,最终还是落实于人事义理之中。

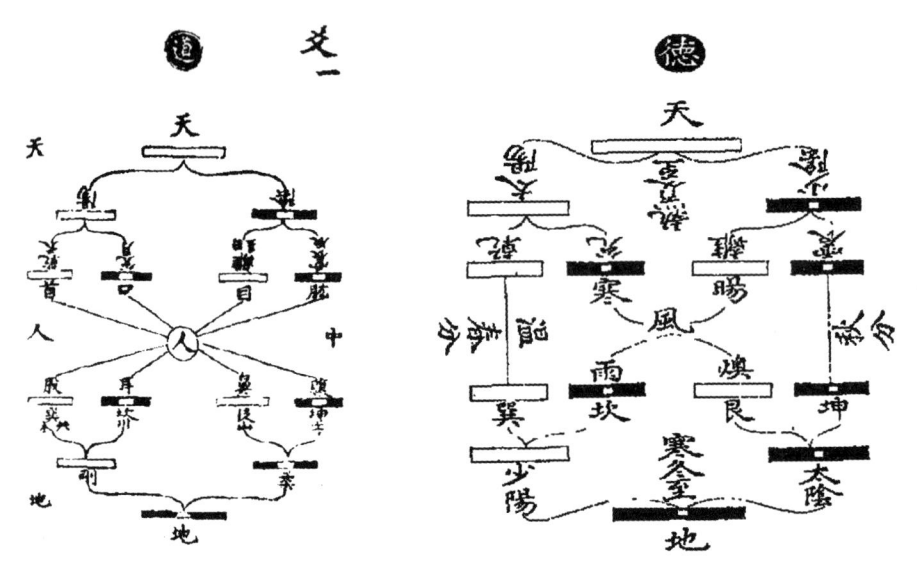

图7-24 四象八卦六位之图   图7-25 四象八卦六节之图

2.《四象八卦图》与天时

图7-25名为《四象八卦六节之图》,是以《四象八卦图》说明天时变化。所谓"六节",并非直接指节气而言,而是以"冬至前后各三十日为一节(小注:小雪至大寒),春分前六十日为一节(小注:大寒至春分),后六十日为一节(小注:春分至小满),夏至前后各三十日为一节(小注:小满至大暑),秋分前六十日为一节(小注:大暑至秋分),后六十日为一节(小注:秋分至小雪)"。这六节划分的基础是冬夏二至、春秋二分,在图7-25中已有标示。而二至二分的确立,又以乾坤阴阳二气之升降消息为基础,"夫四时之气,由乾坤阖辟动静,阴阳升降消息,使之然也。冬至,阴极生阳。夏至,阳极生阴。乾坤阴阳之合也。秋分,阴之中,坤之阖。春分,阳之中,乾之辟。冬夏二至,阴阳合也。春秋二分,阴阳离也"。但需要指出的是,六节共三百六十日,与一年三百六十五日有余并不完全相符,这说明此图是一个粗略的模型。在此图中,又有正气和游气之分。所谓正气,是随四时变化而有之气,在图中就是"外卦巽

温、乾热、震凉、坤寒，天地四时之正气也"。所谓游气，是天气的短暂变化，在图中就是"中央坎、离、艮、兑四卦，配为雨、旸、燠、寒、风，天地四时之游气也"（《易象图说外篇》卷中）。有阴阳之升降消息，是以有二至二分和六节，又有四时正气和四时游气，于是一个天时模型得以从《四象八卦图》建构而来。

3.《四象八卦图》与人身

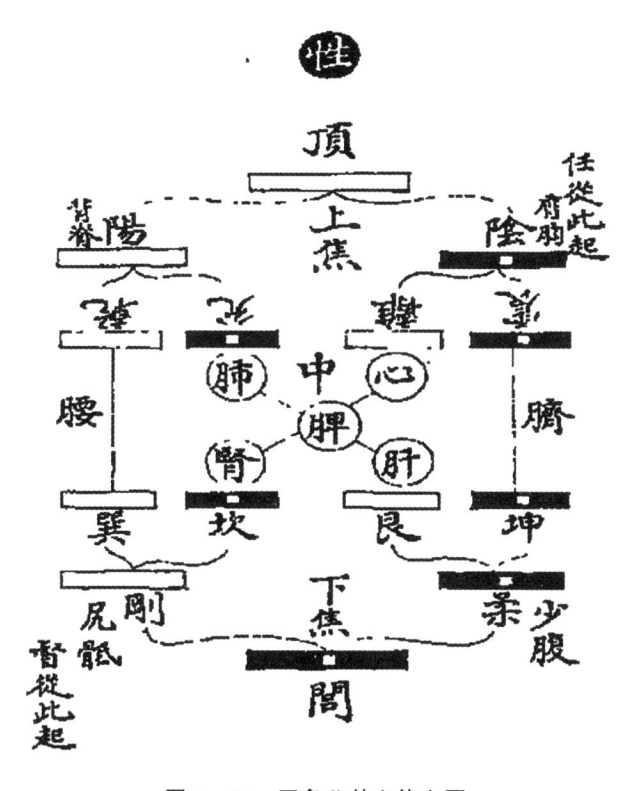

图 7-26 四象八卦六体之图

图 7-26 名为《四象八卦六体之图》，是以《四象八卦图》说明人身构成。其涉及的人身要素主要有冲督二脉、五脏和三焦。其中督脉为阳脉，"自巽中爻至乾上爻，象尻至顶，督脉之行也"；冲脉为阴脉，"自震中爻至坤下爻，象胸至少腹，冲脉之道也"。心、肝、脾、肺、肾等五脏也各有其阴阳属性与对应卦象，"背为阳，阳中之阳，心也（小注：离为心火）。背为阳，阳中之阴，肺也（小注：兑为肺金）。心肺居上，其位高，离兑之象也。腹为阴，阴中之阴，肾也（小注：坎为肾水）。腹为阴，

阴中之阳，肝也（小注：艮反震为肝木）。肾肝居下，其位卑，坎艮之象也。脾者，中州，阴中之至阴，故其位居中。此皆阴阳、表里、内外相输应，故以应天之阴阳也"。"三焦有名无形，遏道诸气"，分别对应图中的上、中、下三位。张理没有停留在对人身构成的介绍上，他特别强调践形的重要意义，"然谓之践形，故曰人也者，天地之德，阴阳之交，鬼神之会，五行之秀气也"，"夫人能顺五气以摄生，和五味以养身，明五性以全德，循五常以行道，则能参赞而成位育之功夫"（《易象图说外篇》卷中）。如此，以行道为路径，即人身而修养，才是天人合一的真正工夫。

4.《四象八卦图》与六脉

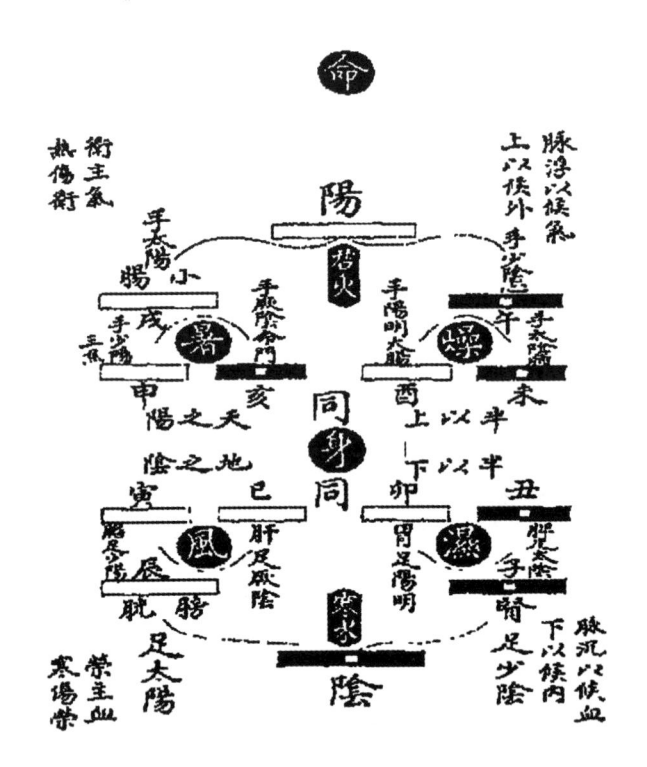

图 7-27　四象八卦六脉之图

图 7-27 名为《四象八卦六脉之图》，是以《四象八卦图》说明传统医学视野下的人身构成，如六腑、十二经，以及风、寒、暑、湿、燥、火等六气。此图主要涉及医学观念，本节不再赘述。而之所以构造此图，正是为了说明以《四象八卦图》作为原理模型，无所不关，无所不包。

5. 《四象八卦图》与六经

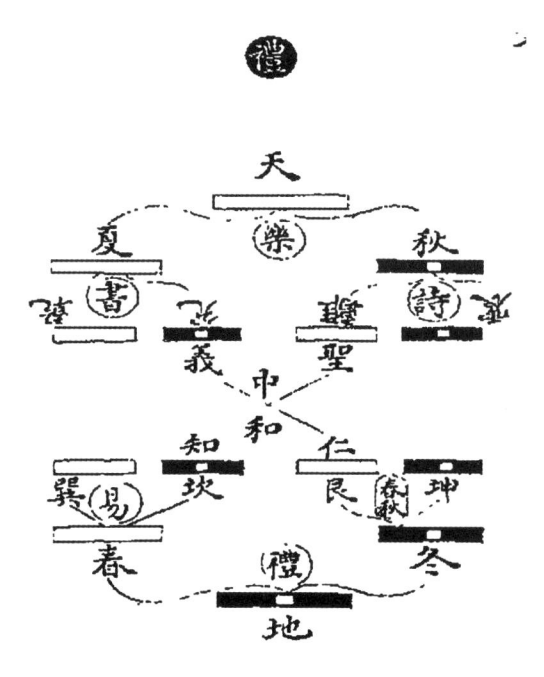

图 7-28　四象八卦六经之图

图 7-28 名为《四象八卦六经之图》，以《四象八卦图》说明六经。就图形本身而言并不复杂，主要内容是天对应《乐》，地对应《礼》，四象对应《书》《诗》《易》《春秋》。但重要的是张理对六经重要作用的阐释。他引用汉代翼奉的一段话，说明六经在天地之间的存在位置和作用："天地设位，悬日月，布星辰，分阴阳，定四时，列五行，以视圣人，名之曰道。圣人见道，然后知王治之象，故画州土，建君臣，立律历，陈成败，以视贤者，名之曰经。贤者见经，然后知人道之务，则《诗》《书》《易》《春秋》《礼》《乐》是也。"可见，有天地之道，而有圣人之经，有圣人之经，而有人道之务、人道之成。圣人之经就处在天人贯通的桥梁上，有圣人之经，天道得以敞开于人，人道得以成务。在这一天人视野下，进一步分析六经的直接来源，"是故圣人作乐以象天，制礼以配地，乐由阳来，礼由阴作，礼乐者，天之阴阳也。《易》《书》《诗》《春秋》，四时也"。可见，有天地阴阳，则有人之《礼》《乐》，有天之四时，则有《易》《书》《诗》《春秋》。阴阳与四时不乱，则六经不废。人世正是依靠六经，而成就理想状态的礼乐文化，"四时和于上，四教行于国，而礼乐

兴矣"。张理还进一步对于经学不得大明而邪说猖狂的时况表示了深深的担忧："故夫崇礼尚乐，居仁由义者，先王之教也。反常易道，索隐行怪者，异端之害也。是故六经之教行，则异端之害息。三代盛世，圣王之道明，当是时，岂有异端之害？由夫经学晦而邪说诡行，乃得骎骎乎其间。呜呼！学者其可不务其本而肆为纷纷之辩？学之弗明，为可叹也。"（《易象图说外篇》卷中）论易图至于此，张理之苦心，实在令后人敬佩。后世王夫之猛烈批判象数学，如其重视张理对于经学的深层观点，其态度或可有所缓和。

6.《四象八卦图》与六律

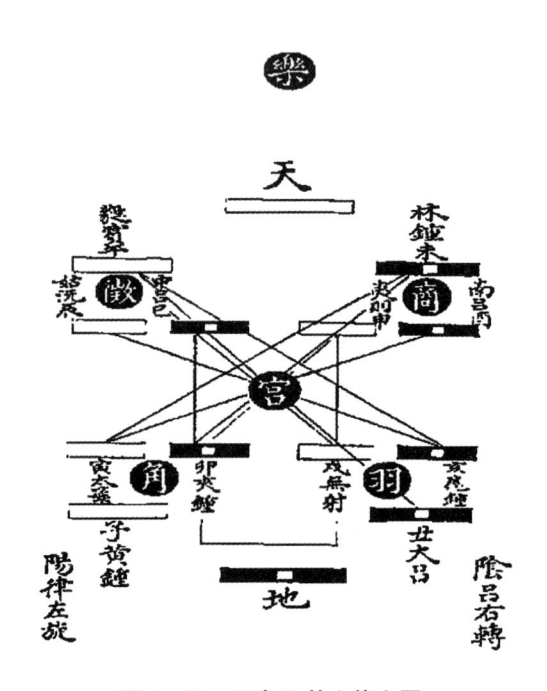

图 7-29 四象八卦六律之图

图 7-29 名为《四象八卦六律之图》，以《四象八卦图》说明五音十二律。此图的主要因素除了四象八卦外，是十二地支、十二律以及宫商角徵羽等五音。先王制礼作乐本为教化百姓，其中乐的基本内容即是五音十二律。在传统文化视野中，乐律有其宇宙论的基础。张理则以其"三统说"解释乐律。他所谓的"三统"是天统、地统和人统。"天开于子，子为天统，积阳为天，阳数始于一，究于九。九者，阳之用，故黄钟之律管长九寸三分。损一，下生林钟，未，未者丑之冲也。地辟于丑，丑为地

统，积阴为地，阴数始于二，中于六。六者阴之用，故林钟之律管长六寸三分。益一，上生太簇，寅，人生于寅。寅为人统，人者阴阳之交，参于三，合于八，故太簇之律管长八寸，八者伏羲氏之所以画八卦，顺天地通神明者也。"这是以子、丑、寅分别对应天统、地统和人统，又以三者分别对应数字一与九、二与六、三与八，所以三者对应的"黄钟之律管长九寸三分""林钟之律管长六寸三分""太簇之律管长八寸"。这番推衍，说明张理认为，十二乐律中的三个基本乐律都以天道为基础而有定数。在此基础上，进一步推衍则有其他九律，"三统相通，三正迭用，阳律娶妻，阴律生子，六律六同，历辰十二还相为宫，而其义为无穷矣"。而十二乐律之所以能被《四象八卦图》所包蕴，则在于四象之四与八卦之八之和恰为十二，同时，阴律和阳律正好又符合乾坤两仪："黄钟、太簇、姑洗、蕤宾、夷则、无射，阳声也，大吕、应钟、南吕、林钟、小吕、夹钟，阴声也。……六律，阳也，左旋以合阴。六同，阴也，右转以合阳。……本乎乾爻者为六律，本乎坤爻者为六同。"（《易象图说外篇》卷中）就五音来说，它们对应着四象和中宫。

7.《四象八卦图》与六官

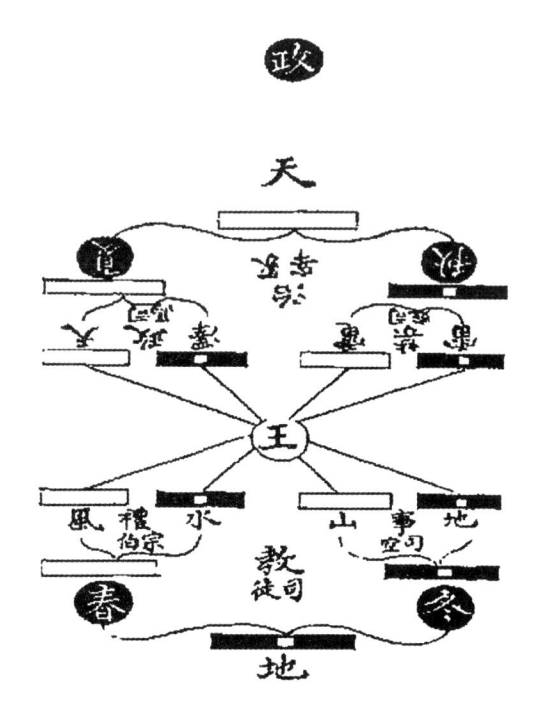

图 7-30 四象八卦六典之图

414 宋元明清易学史视野下的先天学研究

图 7-30 名为《四象八卦六典之图》，是以《四象八卦图》来说明《周礼》之六官。

在历代官制中，张理唯重《周礼》之六官：冢宰、司徒、宗伯、司马、司寇、司空，六官的设置一方面来源于效法天地四时；另一方面也各有其分职："至周成王参考殷制作《周礼》，分天地四时之职：天官冢宰，掌邦治，统百官，均四海；地官司徒，掌邦教，敷五典，扰兆民；春官宗伯，掌邦礼，治神人，和上下；夏官司马，掌邦政，统六师，平邦国；秋官司寇，掌邦禁，诘奸慝，刑暴乱；冬官司空，掌邦土，居四民，时地利。六卿分职，各率其属，阜成兆民，周于百事。"在张理的眼中，六官的重要意义是燮理阴阳而保民生，是天道在人道中的重要体现，如果废除"六官"，则天人之际乱矣。"周衰官失，百度废弛，战国兵争，各有变易，逮至强秦，不师古始，罢侯置守，立丞相、御史、太尉之名，自汉以来，因仍不革，官制紊乱，政出多门，事无统纪。"而出现这些现象的根本原因，就在于没有认识到六官的天道基础及其纲领性作用，"夫天地之有四时，百官之有六职，天下万事备尽于此，若网之在纲，裘之挈领，虽百世不可易矣"（《易象图说外篇》卷中）。所以张理认为后世还是需要效法天道，从《周礼》之治的。

8.《四象八卦图》与六师

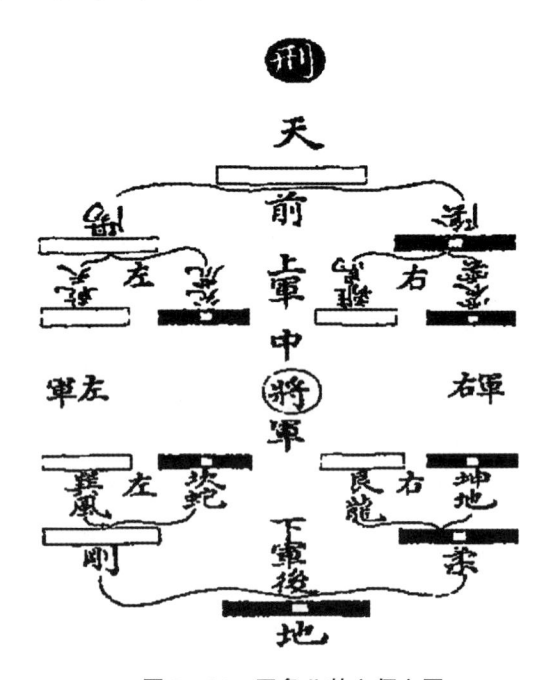

图 7-31 四象八卦六师之图

图 7-31 名为《四象八卦六师之图》，是用《四象八卦图》来说明军制。这里的主要因素是军队之八阵，依据诸葛亮之"八阵图"而来。"天、地、风、云则后天四维之象也，龙、虎、鸟、蛇则后天四正之象也。正以立经，奇以合变，奇正相生，首尾相应。"（《易象图说外篇》卷中）此图主要涉及军阵观念，本节不再赘述。而之所以构造此图，也是强调易道无所不关，无所不包。

9. 小结

以上八图，是以《四象八卦图》为基础来阐释人生六位、天时六节、人身六体、六脉以及六经、六律、六官、六师，体现的是易图学中一贯的推类比附思维，强调的是《四象八卦图》作为宇宙原理模型的重要地位，表现的是先天之学的大用。但张理并没有停留在象数学的视野中，他立足于易图学，却表现出强烈的义理易学的人文关怀倾向。如他在论述《四象八卦六位之图》时言："于是圣人顺性命之理，作《易》教人以崇其德，以广其业。……由是协之以五纪，正之以五事。若《易》《书》《诗》《春秋》《礼》《乐》者，圣人之所以弥纶天地之道而参赞化育者也。"（《易象图说外篇》卷中）最终把此图落实在圣人教化对于人生的重要意义上。论述《四象八卦六节之图》时言："游气纷扰，参差不齐，五者来备，各以其时，则百谷用成，庶草蕃庑，休征类应，极备。极无，则百谷用不成，咎征类见。唯圣人在位，致中和以成其位育之功，则五事修而天人应感之几微矣。"（《易象图说外篇》卷中）最终把此图落实在圣人参赞天地之化育、用天时而为民利上。论述《四象八卦六体之图》时言："夫人能顺五气以摄生，和五味以养身，明五性以全德，循五常以行道，则能参赞而成位育之功夫。然谓之践形，故曰人也者，天地之德，阴阳之交，鬼神之会，五行之秀气也。"（《易象图说外篇》卷中）最终把此图落实在"践形"观念上。论述《四象八卦六经之图》时言："故夫崇礼尚乐，居仁由义者，先王之教也。反常易道，索隐行怪者，异端之害也。是故六经之教行，则异端之害息。三代盛世，圣王之道明，当是时，岂有异端之害？由夫经学晦而邪说诡行，乃得驿驿乎其间。呜呼！学者其可不务其本而肆为纷纷之辩？"（《易象图说外篇》卷中）最终把此图落实在昌明正学、反对异端的主张上。论述《四象八卦六律之图》时言："故律者顺乎天地，本乎阴阳，应乎人伦，原乎情性，风之以德，感之以乐，故民莫不同一而天下化成矣。"（《易象图说外篇》卷中）最终把此图落实在以乐化民的主张上。论述《四象八卦六典之图》时言："周衰官失，百度废弛，战国兵争，各有变易，逮至强秦，不师古始，罢侯置守，立丞相、御史、太尉之名，自汉以来，因仍不革，官制紊乱，政出多门，事无统纪。夫天地之有四时，百官之有六职，天下万事备尽于此，若网之在纲，裘之挈领，虽百世不可易矣。后之人君，稽古正名，舍《周官》何以哉？"（《易象图说外篇》卷中）最终把此图落实在对合理官制的期望上。这说明，张理虽然构建多个易图，并加以阐述，但是其作为儒者的人文关怀则是一以贯之并时时加以表现的。这是张理的一个不凡特点。

五 张理初步拓展了先天学论域

张理易图学的整体逻辑非常清晰，即以《易传》之"天地之数"为逻辑起点，通过易图和理论建构而最终推衍出河图、洛书的图书学；以太极生两仪图为起点，推衍出两仪生四象图、四象生八卦图、先天八卦图、后天八卦图、六十四卦图等易图的先天学；以太极为逻辑起点，推衍出三才、五行、七始、九宫、十五生成之象等易图的太极图学；以《四象八卦图》为逻辑起点，推类至人生六位、天时六节、人身六体、六脉以及六经、六律、六官、六师八类事物领域之中，以探讨天地人三才之道的具体意义的先天大用之学。前三者为体，后者为用。体乃象数形式下的天地阴阳变化之理，用乃先天象数原则在仁学生活世界中的体现。当张理把图书学、先天学、太极图学，并列在一起，认真加以义理阐发，并寻找其间的一致性——比如讨论《后天八卦流行之图》时强调和河图的一致性，比如阐发太极图学时其第五图成为《九宫之图》，而《九宫之图》已经是洛书的另一种形式，又比如太极图学第六图为《河洛十五生成之象之图》，如此一来，太极图学最终与图书学融为一体，并且张理在其间还讨论了先天八卦图和河图之间的一致性——的时候，本质上，张理已经拓展了先天学的论域，他已经拥有了自觉的大易学视域，在这个视域中，包含着三类易图学：图书学、先天学、太极图学，并开始寻找融合三者的具体方法，且获得了一定的心得，即此而言，张理沿着朱熹开启的方向往前走了一大步。因为我们知道，朱熹《周易本义》卷首九图虽然把河图洛书和先天图放置在一起，但并没有讨论它们之间的关系。而张理更把太极图学也纳入自己的大易学视域，且初步探究其间联系。当然，张理的探究还是比较初级的，因为我们可以看到，在张理易图学中，图书学、先天学、太极图学各成一个系列，只是在某一系列的个别易图中，能发现和其他系列中某些易图之间具有相似的影子，而并没有达到逻辑顺畅的由此及彼的推衍，而后者，我们会在本书的相关部分看到明代易学家章潢和清代易学家胡煦可谓臻克此境。但张理作为先天学发展史中早期的优秀学者，具有拓展先天学论域的敏锐性，理应获得我们的赞赏。

第三节 李简对先天学的过度诠释

李简，元代易学家。生卒年不详。根据《学易记·原序》记载，此书最后定稿于元仁宗时的"己未岁"（延祐六年，即1319年）。李简继承了先天学的基本思想，同时又吸收了河图洛书的观念，在此基础上他创作了《先天则河图》和《后天则洛书》，试图把先天学和图书学贯通起来。李简还创作了《先天衍河图万物数图》，此图继承了先天六十四卦方图的形式，吸收了洪迈《六十四卦生自两仪图》的卦序，表现出了较为复杂的数字排列。在李简的这三个卦图中，对邵雍先天学的改变是比较明显的，这也说明李简在继承的同时还试图创新，但因为逻辑混乱，李简的创新并不成功。

一 《先天则河图》

图形如下：

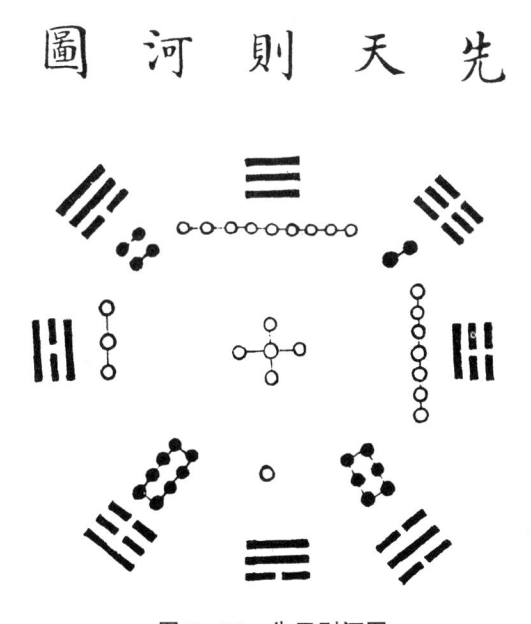

图 7-32 先天则河图

如果比照朱熹的易学观念，这个图有两个明显的问题，第一，所谓河图，其实为洛书；第二，所谓先天八卦，已然不是震、离、兑、乾、巽、坎、艮、坤之序，而变为了震、离、兑、乾、坤、艮、坎、巽之序。第一个问题，在易学史中本来就有争议，还可以解释为选择的不同。但第二个问题，就比较严重了，因为这是变乱了易学史中通行的先天图卦位。通行的先天八卦圆图，能够表现阴阳消长、生生不息、循环无端之理，但此图只能表现出阴阳对峙，天道之生生化化却无从表现。李简为了创新，可谓越过了合理的界限。

不过，李简也有自己的理由，也有一定的构图规则。对于乾坤之位，"阳极于九，故乾位南方，阴极于二，故坤位西南，盖阳主进而阴主退也"，这是以阴阳之数定位乾坤；对于兑震之位，"金之生数四，故兑位东南。木之成数八，故震位东北"，这是以生成之数定位兑震；对于离、巽、坎、艮，则"皆取先天自然之数"，至于"巽得五数，位当居中，其所以居一者，一乃一元之气，散之则为五行，敛之则复一元也"。非常显然，李简构造此图的规则不一，表现出三条不同的原则，而最大的问题在于，对于离、巽、坎、艮四卦的定位，竟然采取了"先天自然之数"！事实上，依据易图逻辑，在作《先天则河图》之前，本没有先天八卦图，自然也没有"先天自然之数"，如何此时四卦又采取了"先天自然之数"呢？这不是倒果为因吗？这表现出了李简易图学试图创新但是力所不及而带来的混乱。李简自己也发现了这一混乱，他解释说："八卦定位或以阴阳，或以五行，或以自然之数，参取互见，九宫无遗，亦纵横十五之义也。"① 这种解释，就不免强辩了。

二 《后天则洛书》

李简既然认为河图即洛书，此处的洛书自然即河图。他据此又有《后天则洛书》（图7-33）。

关于此图的构造。他采用了这样的解释："后天八卦出于洛书。以震代离，盖取木之生数也，故万物出乎震。东方又有木之成数，故巽得次震而代兑也。以离代乾，火之成数七也。以兑代艮，以乾代坎，取四九金生成之数也。以坎代巽者，水生成之数在北也。以艮代震，取土生成之数，位乎东北，终始万物也。六子从乾变易方所，独坤居西南不动者，亦阳动

---

① 李简：《钦定四库全书荟要·学易记》，吉林出版集团有限责任公司2005年版，第12—13页。

第七章 元代易学家对先天学的发挥 419

后天则洛书

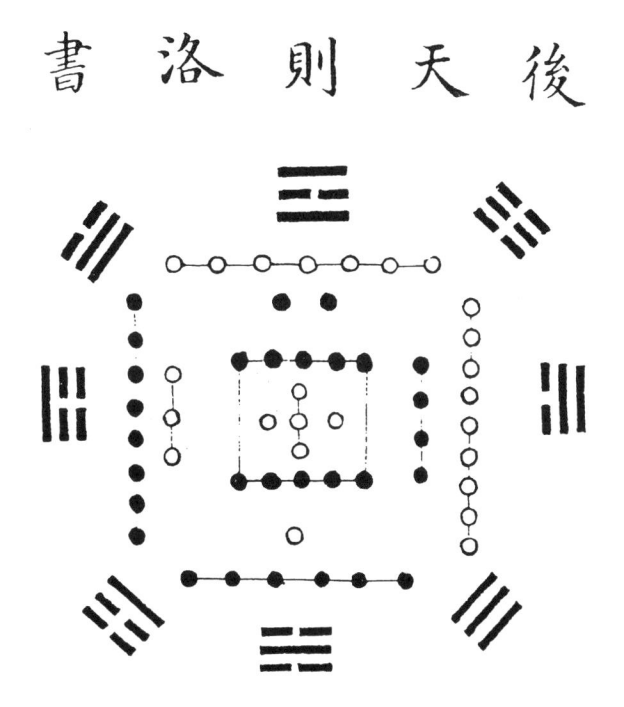

图7-33 后天则洛书

阴静之意也。"① 事实上，李简并非依据此图中的洛书来构造后天八卦图，而是依据自己的先天图，通过变化来构造后天图。规则是以震代离、以巽代兑、以离代乾、以兑代艮、以乾代坎、以坎代巽者、以艮代震，何以得代的原则也不一，总的来说，就是"六子从乾变易方所"，至于"独坤居西南不动者，亦阳动阴静之意也"。显然，关于此图，其中的武断之处和图7-32是一样的。

三 《先天衍河图万物数图》

图7-34较为复杂。它是在一个八纵八横的方图中对六十四卦及其数字进行排列的结果。而六十四卦所对应的数字，是以洪迈《六十四卦生自两仪图》（图7-35）为基础的，所以李简说："此图当与洪紫微之先天相为表里也。"②

李简造作此图的目的是象征万物之数，在《易传》中，万物之数为万

---

① 李简：《钦定四库全书荟要·学易记》，第13页。
② 李简：《钦定四库全书荟要·学易记》，第19页。

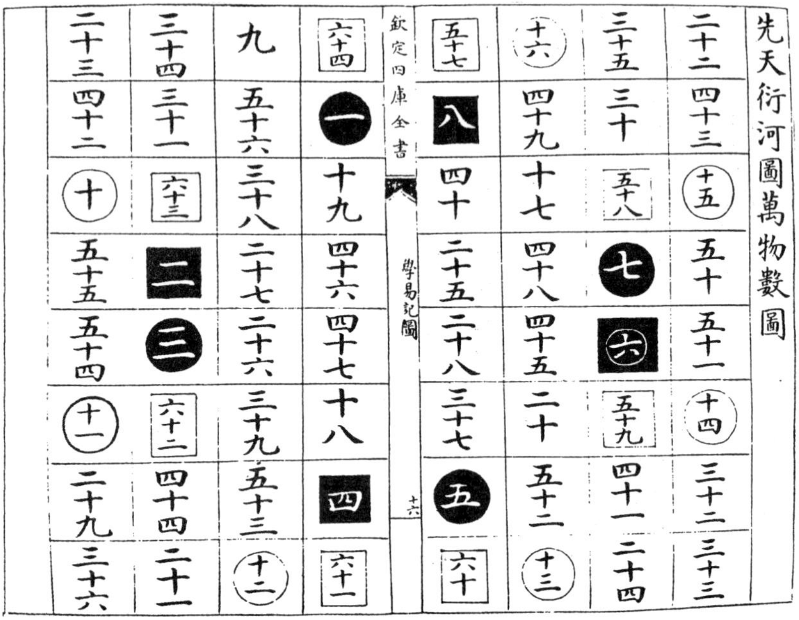

图 7-34　先天衍河图万物数图

有一千四百四十。邵雍依靠数学推衍，也得出万有一千四百四十。李简依据此图用自己的运算方法，也得出了这个万物之数。他说："一者，太极也。六十四者，卦之用也。其数六十有五者，亦犹大衍之数五十也。四因六十五得策二百六十，纵横得策四千一百六十。复以四位成簇，纵横二簇乘之，又得策四千一百六十。斜取之，又得策五百二十。复以四位成簇，斜取之，又得策二千八十。南与北合，东与西交，又得策五百二十，共得策万有一千四百四十，以当万物之数也。"[1] 这里具体的关键数字是：（1）此图之数六十五，即由六十四卦有六十四倒推之而得，模仿了大衍之数五十，其用四十九；（2）全图之数两千零八十，纵横而加，相当于算了两遍，故为四千一百六十；（3）每一列的数字，从上到下，或从下到上，第1位数字加第2位数字为六十五，第3位数字加第4位数字为六十五，第5位数字加第6位数字为六十五，第7位数字加第8位数字为六十五；（4）四位成簇，即两列中第1位和第2位数字相加六十五，共四位数字为一百三十；（5）万物之数一万一千四百四十，根据此图中的数字，进行以上种种组合而得出。李简构造此图的目的，就是要得出万物之数。但是非

---

[1] 李简：《钦定四库全书荟要·学易记》，第19页。

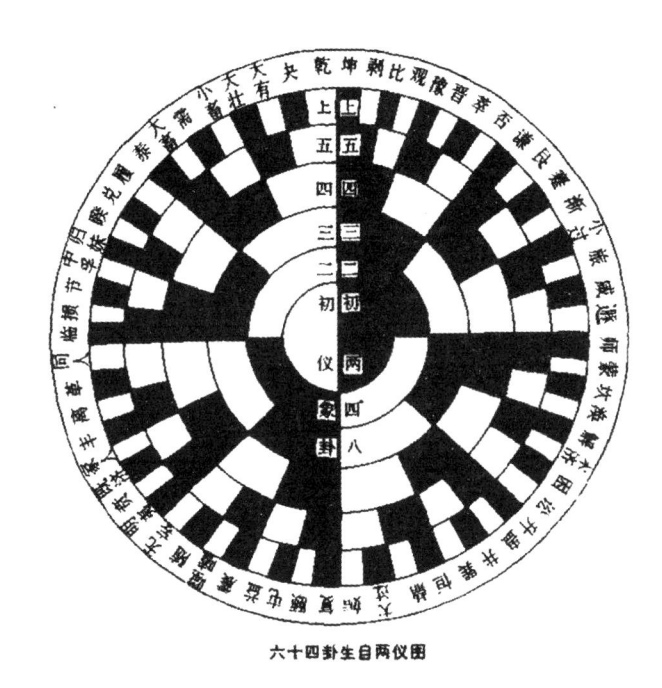

图7-35 洪迈《六十四卦生自两仪图》

常显然，李简得出此数，规则复杂不一，明显有凑泊的色彩。

　　李简非常看重此图，认为自然而然、符合天道。在此图中，六十四卦中，除八经卦依据其先天自然之数外，其余六画卦依据八宫卦先后顺序从9——对应到64。在此基础上，他专门说明了此图中的数字分布规律：第一，"乾一、兑二、离三、震四、巽五、坎六、艮七、坤八，首乾尾坤，左旋而圆象自然，洪紫微之先天不期合而合矣"，这形成了方图中的一个圆形卦图。第二，"夬九、大有十、大壮十一、小畜十二、需十三、大畜十四、泰十五、履十六，复左旋八卦，皆乾宫，夬履相对，乾兑相交也"，这又是一个圆形卦图，并且除了履为兑宫之卦，其他皆为乾宫之卦。第三，"睽十七、归妹十八、中孚十九、节二十，四卦对峙，皆本兑宫"，这构成了一个对峙之四角。第四，"损二十一、临二十二、同人二十三、革二十四，四卦相对，宗西北泽火之象"，构成了一个对峙的梯形四角，分属兑宫之卦和离宫之卦。第五，"丰二十五、家人二十六、既济二十七、贲二十八，四卦相对峙，皆本离宫"，这也构成了一个对峙四角。第六，"明夷二十九、无妄三十、随三十一、噬嗑三十二，四卦相对，亦西北火雷之象"，构成了一个对峙的梯形四角，分属离宫之卦和震宫之卦。第七，"益三十三、屯三十四、颐三十五、复三十六,四卦相对,皆本震宫",构成了一个对峙的梯形四角。第八,"姤三十七、大过三十八、鼎三十九、恒四十,四卦对峙,皆本巽宫",构成了一个对峙四角。第九,"井四十一、蛊四十二、升四十三、讼四十四,四卦相对,亦西北水风之象",构成了一个对峙的梯形四角,分属巽宫之卦和坎宫之卦。第十,"困四十五、未济四十六、解四十七、涣四十八,四卦对峙,皆本坎宫",构成了一个对峙四角。第十一,"蒙四十九、师五十、遁五十一、咸五十二、旅五十三、小过五十四、渐五十五、蹇五十六,八卦右旋,蒙蹇相对,山水相交,八卦皆山水之象",构成了一个圆形卦图。第十二,"谦五十七、否五十八、萃五十九、晋六十、豫六十一、观六十二、比六十三、剥六十四,八卦复右旋,皆本坤宫,谦剥相对,地与山交",又构成了一个圆形卦图。在以上十二部分中,有四个圆形卦图图象,四个四角对峙卦图图象,四个梯形四角对峙卦图图像。至于何以如此排列,李简没有说明。不过,李简强调了此图的重要性。他说:"六十四卦亦皆首乾尾坤,乾运坤外,其布列之位与夫纵横之数一位不可移,一数不可乱,非智营,非力索,其阴阳五行、六十四卦、万物之理之数,天造地设,自然而然。"① 此图从数学上来说,的确非常巧妙,上下两数之和皆为65,每列数字之和皆为260,每行数字之和皆为260,对角线数字之和也皆为260。但是究竟其中有何"阴阳五行、六十四卦、万物之理",李简也没有进一步阐发。

四 对李简先天学诠释的评价

以上是李简在先天学基础上的一些阐发。不难发现,李简的阐发充满了牵强附会的地方。虽然有些观念从形式上来说来自邵雍和朱熹的先天学话语。但是一旦进入新的诠释之中,就表现出诠释的过度特征和随意性,表现出和传统先天学观念不一致的地方。在很大程度上,李简受到洪迈的影响更大。他所谓的先天八卦图,和洪迈的先天图一致。他对《先天衍河图万物数图》的定位,也是"此图当与洪紫微之先天相为表里也"②。但在易学史中,因为洪迈的《六十四卦生自两仪图》无法表现出先天圆图所能具有的丰富意蕴,同时图形本身就有难以弥补的缺陷,所以几乎被人遗忘。而李简对之非常重视,让人感觉诧异。

当然,李简对自己的先天学有异于邵、朱是自觉的,他在评论朱熹重

---

① 李简:《钦定四库全书荟要·学易记》,第19页。
② 李简:《钦定四库全书荟要·学易记》,第19页。

视象数的话语时说道:"文公此说甚惬愚意,然仆所取之图则亦不能尽同也。其六十四卦方图盖因推广河图而得之也,理与象数备见于图。伏羲八卦既画,此图已具天地间,真先天之注脚也。"① 这里的"六十四卦方图盖因推广河图而得之"是指《先天衍河图万物数图》,他认为此图义理与象数兼备,才是真正的先天注脚,这是李简自己的自信。但是我们今天在易学发展史中反观李简的构图过程,可以判定李简的确有混乱和过度诠释的地方。

第四节 王申子对先天学的阐发

王申子是元代著名易学家、隐士,隐居天门山垂三十年而成《大易辑说》。王申子对先天学的发展较为突出。王申子的发展在于把河图洛书融入了先天学论域之中。在邵雍先天学中,很难说已经涉及河图洛书,邵雍虽然说"圆者,星也,历纪之数,其肇于此乎?方者,土也,画州井地之法,其仿于此乎?盖圆者,河图之数;方者,洛书之文。故羲、文因之而造《易》,禹、箕叙之而作《范》也"②,但是,他先天学的根本内容,和河图洛书无关。在朱熹的《周易本义》中,河图洛书被置于先天四图前面,被认为是"天地自然之《易》",先天学则属于"伏羲之《易》",但是天地自然之《易》和伏羲之《易》究竟有何关系,朱熹并没有论述清楚。在《易学启蒙》中,朱熹把河图洛书和太极、两仪、四象、八卦进行了对比,但是这一对比在易学史中被称为"拆补之法",被讥讽为牵强类比之作,本身并无甚道理。不过,在先天学的发展视野中,后世不断有易学家试图贯通河图洛书与先天图,王申子就是其中一位。王申子对先天学和图书学的相关性进行了深入的研究,提出了先天八卦则河图而作,后天八卦则洛书而作,并对之进行了详细阐释,从而推动了先天学的进一步发展。

一 《易有太极图》《是生两仪图》《两仪生四象图》《四象生八卦图》

在《周易》中,关于八卦的起源问题,《系辞》中说:"古者包牺氏

---

① 李简:《钦定四库全书荟要·学易记》,第10页。
② 邵雍:《观物外篇上》,《皇极经世书》卷十三,第511页。

之王天下也，仰则观象于天，俯则观法于地，观鸟兽之文与地之宜，近取诸身，远取诸物，于是始作八卦。"根据这种说法，伏羲作八卦是参照了天文、地理、鸟兽之文、人身等众多对象，在《系辞》中还有"河出图，洛出书，圣人则之"的提法，但是《系辞》并没有说明河图洛书为何物，以及圣人则河图洛书而作《易》。王申子面对图书学和先天学而试图融合之，认为圣人则河图而作八卦，于是就对《系辞》中的相关观念作了新的解释。

他说："伏羲氏仰观天文俯察地理，近取诸身远取诸物者，理也象也。天不秘道，龙马负图而出于河，一奇一偶者，数也象也，理与气寓于其中。伏羲之心默与之契，遂因之以画八卦。"① 这是把河图洛书与天文地理、人身事物等并列为伏羲画卦的基础，但王申子不止于此，他进一步认为："曰《大传》旨意谓伏羲仰观俯察、远求近取，得其法象、文理于心，及见河图与心默契，于是则其象数以画八卦，以通神明之德，以类万物之情，故曰河出图圣人则之，非谓观象于天、观法于地、近取诸身、远取诸物而遂以之画八卦也。况果如程朱之说，则古今所谓河图洛书特天地间一赘物耳，河出图洛出书圣人则之之言亦妄矣。"② 这就明确认为天文地理、人身事物只是作为法象、文理等知识性的材料蕴于圣人之心，而河图洛书才使圣人之心与之默契，并依据其象数而画八卦，也就是说，前者为画八卦的材料性的因素，河图洛书是画八卦的启发性因素。王申子的看法可谓少见，因为大部分易学家都认为河图洛书即使是圣人作《易》的参考资源，它们也只是一端而已。而王申子的主张，则突出了河图洛书在作《易》过程中的根本性作用。自然，如此一来，王申子就为自己阐述河图洛书与先天学之间的关系找到了经典上的基础。

王申子认为圣人则河图而作八卦包括四个步骤，这也是根据《系辞》"《易》有太极，是生两仪，两仪生四象，四象生八卦"而来。据此四个步骤而有四图：《易有太极图》（图 7-36）、《是生两仪图》（图 7-37）、《两仪生四象图》（图 7-38）、《四象生八卦图》（图 7-39）。

---

① 王申子：《钦定四库全书荟要·大易辑说》，吉林出版集团有限责任公司 2005 年版，第 7 页。
② 王申子：《钦定四库全书荟要·大易辑说》，第 13 页。

第七章 元代易学家对先天学的发挥 425

图 7-36 易有太极图

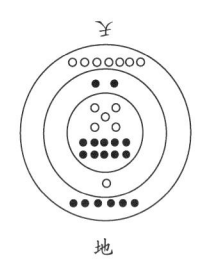

图 7-37 是生两仪图

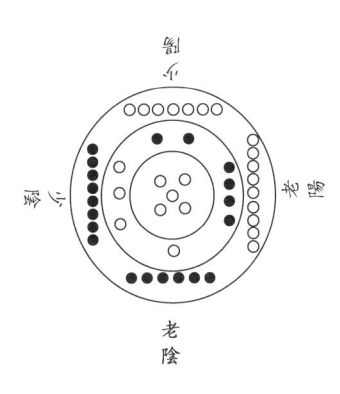

图 7-38 两仪生四象图

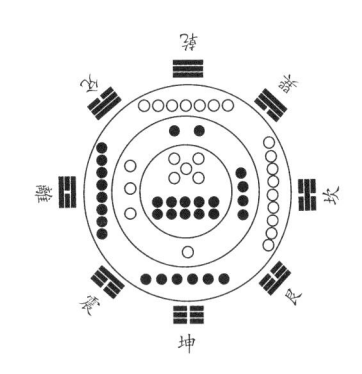

图 7-39 四象生八卦图

这四图的基本构造都是三个圆圈，三个圆圈象征三才之道，"易者，三才之道，河图当分作三宫看，三才之象也"①，而三个圆圈的中心，即中宫与其中的天五地十两个数字，就是太极。在邵雍先天学中，太极是指先天图中空白的地方，这也与邵雍所说"太极一也，不动"②，"太极不动，性也"③ 等表述所表达的太极为一超越性而非具体之存在相符合；在周敦

---

① 王申子：《钦定四库全书荟要·大易辑说》，第8页。
② 邵雍：《观物外篇下》，《皇极经世书》卷十四，第522页。
③ 邵雍：《观物外篇下》，《皇极经世书》卷十四，第522页。

颐的《太极图》中，太极为一空白内容的圆圈，太极亦为一超越而非具体的存在。显然，王申子与前二人之太极不同，他认为太极有具体内容，这就是天五地十。王申子的这一观点在先天学发展史中具有较重要的意义，在后面的"太极观"中，我们会详细论述其内涵和意义。

关于《是生两仪图》，王申子认为："两仪，天地也，在《易》为乾坤。河图之上，七也，二也；河图之中，五也，十也；河图之下，一也，六也。太极动而生阳一、五、七之三奇，乃阳之轻清者，上而为天；太极静而生阴二、十、六之三偶，乃阴之重浊者，下而为地，岂非太极既判之两仪乎！"① 这是从太极中生出阳数一、五、七，代表阳气成天，生出阴数二、十、六，代表阴气成地。显然，这里的两仪主要指天地，或阴阳。

关于《两仪生四象图》，中宫为五，这是认为："河图中宫之五，即参天两地三二之合也，即浑然之两仪也，积之已具十五之全数，是天地真元之数。止此五者，其六、七、八、九、十则于五上加一、二、三、四、五而得数以配上五者而已，故独取五以生四象。"② 显然，中宫之五与十，又以五为核心，五为天地真元之数，十也是两个五相加。在中宫之五的基础上，各加一、二、三、四而成六、七、八、九，分布于四方，是成四象。显然，这里的四象，是指三八、二七、四九、一六所代表的少阴、少阳、老阳、老阴。需要注意的是，这里对"中五"的重视，与北宋刘牧相类。

关于《四象生八卦图》，就圆圈内的点数而言，与《两仪生四象图》相比较只是中宫多了"十"。而在外围，则已出现先天八卦。而直接从结果上论，这是在河图的基础上分布先天八卦而成。那么，进一步的问题是，如何从河图过渡到先天八卦？因为在邵雍先天学中，通过"加一倍法"，从太极到两仪、四象、八卦是自然的，是明晰的。可是这里出现了八卦，但在易图推演过程中，并无阴爻、阳爻形式的两仪、四象，怎么结果中突然出现阴爻、阳爻形式的八卦呢？事实上，这是很多试图从河图洛书构建出八卦的易学家不得不面对的一个形式上的难题。

王申子是这样解释的。他说：

> 河图一、五、七之三阳上而为天，在《易》则纯阳之乾也。二、十、六之三阴下而为地，在《易》则纯阴之坤也。乾上坤下，所以辨阴阳之分。乾交于坤之中而为坎，坤交于乾之中而为离，离东坎西，

---

① 王申子：《钦定四库全书荟要·大易辑说》，第8页。
② 王申子：《钦定四库全书荟要·大易辑说》，第9页。

所以著阴阳之交。故其画坎离也，以河图中宫，五阳之左者交于右，十阴之右者交于左，自其本体交而后形于外者无不交。故取五之奇，十之偶，就左三之奇，画离于东。离火也，且藏八之偶于东之内，故火之象内暗而外明。又取十之偶，五之奇，就右四之偶，画坎于西。坎水也，且藏九之奇于西之内，故水之象内明而外暗。故曰水火阴阳之交，又曰阴阳互藏其宅，是以《大传》于水火独加一不字而曰不相射也。阴阳既交，极则必变。故其画兑、震、艮、巽也，阳左阴右，不离本体。取河图中宫五与十之一奇一偶，就外宫四象已成之奇偶而画之。中宫五之奇，阳也，阳动而左，故取五之奇就正南七之奇、正东八之偶，得二奇一偶，画东南之卦曰兑。又取五之奇就正东八之偶、正北六之偶，得一奇二偶，画东北之卦曰震。阳极于左则阴转而右，右，阴也。故取中宫十之偶就正北六之偶、正西九之奇，得二偶一奇，画西北之卦曰艮。又取十之偶就正西九之奇、正南七之奇，得一偶二奇，画西南之卦曰巽。是乾之极则变而兑，离之极则变而震，坤之极则变而艮，坎之极则变而巽也。愚故曰乾上坤下，所以辨阴阳之分，离东坎西，所以著阴阳之交，兑震艮巽，所以极阴阳之变，此其所以为易，此岂非四象生八卦乎！[①]

通过这一大段说明，王申子认为先天八卦就可以从河图中画出了。这一过程分成了三个基本步骤：第一步、一、五、七成乾，二、十、六成坤，乾坤辨阴阳之分；第二步，乾坤交而有坎离，具体而言，五、十、三而成离，十、五、四而成坎，这一步象征阴阳之交；第三步，具体而言，五、七、八成兑，五、八、六成震，十、六、九成艮，十、九、七成巽。其中，兑震在左，所以皆从中五起，巽艮在右，所以皆从中十起，这是"阳左阴右，不离本体"的体现。这一步象征了极则变的规律，其中乾极则变兑，离极则变震，坤极则变艮，坎极则变巽。贯穿在这三步中的，是阴阳之分、阴阳之交、阴阳之变的规律。

与朱熹把河图洛书和两仪四象八卦类比起来，王申子的这种贯通河图洛书和先天八卦的阐发，已经表现出丰富的意蕴和阴阳变化之理。王申子自己也认为此四图是伏羲作八卦的真实过程，是天道的真实体现，但是当时也有人认为这已经属于巧为安排、附会牵强。王申子在《大易辑说》中记录道：

[①] 王申子：《钦定四库全书荟要·大易辑说》，第10页。

玉井难子先天四图，谓：乾坤二卦兼取三圈之数，乾用五而不用十，坤用十而不用五，坎离兼用中圈之五与十，及本位之生数而不及成数，兑震用中圈之五而不用十，巽艮用中圈之十而不用五，四卦又皆用本隅之成数而不及生数，推详到此不无偏枯。其于兑震曰阳动而左，左，阳也，故用五，然兑阴卦也，借用左为阳，离胡为而兼用十？其于巽艮曰阳既极则阴转而右，右，阴也，故用十，然艮阳卦也，借曰右为阴，则坎胡为而兼用五？是皆出于安排，非自然也。又曰坎离以五居右十居左，兑震艮巽则五居左十居右，一左一右皆子自为之，所谓附会迁就以成其说者也。①

这是认为王申子在从河图推衍出先天八卦中充满了自相矛盾和主观臆断的地方。对于此，王申子进行了详细的辩驳。

首先，王申子展示了对于《说卦传》相关表述的疑惑。他认为仅仅依据《说卦传》"天地定位，山泽通气，雷风相薄，水火不相射"的表述，并不能够对于八卦的卦位进行明确规定。他说："前贤论先天卦图者多矣，虽康节亦不过据见成之图推见成之卦，而曰天地定位乾与坤对也，山泽通气艮与兑对也，雷风相薄震与巽对也，水火不相射坎与离对也。愚以为，伏羲当初位艮于东南，位兑于西北，位震于西南，位巽于东北，亦是相对，因何各此定位而不可易？离胡为而不可西？坎胡为而不可东？水火相息者也既对，则胡为而不相射？圣人又胡为于四句中独加一不字邪？"② 这是强调依据《说卦传》仅能规定八卦两两相对，但是何以定位，却无法确定。同时又指出多一"不"字的问题。如此一来，邵雍的加一倍法和朱熹的诠释，并不是一种必然的、自然而然的方法。

其次，王申子找到了一个定位的基础。这就是依据河图而定八卦之位，"遂取《大传》生卦之序求之河图，案河图奇偶之象以位八卦，研穷数载然后略见端绪"。这种据河图而论八卦之生和八卦之位，如果建立在承认河图洛书是作《易》根本的观念上，的确是一种坚实的推理。"于是分河图为三宫，而三画之象明，错综其奇偶，而八卦之位定。"

再次，对于友人的系列具体疑问，他一一解答。乾坤何以用三圈之数，但乾不用十、坤不用五？他说："乾坤兼取三圈之数者，阴阳全体也。

---

① 王申子：《钦定四库全书荟要·大易辑说》，第 13 页。
② 王申子：《钦定四库全书荟要·大易辑说》，第 13 页。

三阳上而为乾，三阴下而为坤，所谓分阴分阳两仪立焉。若乾用十则非纯阳之乾矣，坤用五则非纯阴之坤矣。"这是认为，乾坤代表阴阳全体，故用三圈之数，乾纯阳，故不用十，坤纯阴，故不用五。坎离何以内圈全用五与十、内圈之外只用生数不用成数？他说："坎离，阴阳之交也，故五之阳，左者交于右，十之阴，右者交于左，是阴阳本体之交也，自其本体一交而后形于外者无不交。故离居左而兼用十，坎居右而兼用五，其兼用五与十而不及成数者，坎离乃阴阳交之中，非交之极。"这是认为坎离本来即为阴阳之交，阴阳之交体现有二：本体之交、形于外者相交。按照如此原则，中五用十必然左交三，成离，中十用五必然右交四，成坎。而之所以没有交其成数，因为坎离只是交之中，并非交之极。至于何以《说卦传》有"水火不相射"之"不"，则"又为阴阳互藏其宅，故阴之中有阳，阳之中有阴，所以离阴卦也，正居左而为日为火，坎阳卦也，正居右而为月为水，此其所以不相射，圣人所以独加一不字也"，其意即坎离二卦本来就已经阴中有阳，阳中有阴，所以作为外在象征的日、火与月、水可以"不相射"但已经内蕴相对而交融之理。兑、震、艮、巽何以内圈不全用五与十、内圈之外只用成数而不用生数？他说："其画兑、震、艮、巽也，阳左阴右，不离本体。兑、震居左，故用五不用十。巽、艮居右，故用十不用五。"这是认为兑、震居左，左属阳，故内圈用五而不用十，巽、艮居右，右属阴，故内圈用十而不用五。又说："四卦皆用成数而不用生数者，阴阳已极而变也。盖乾之极变而为兑，离之极变而为震，坤之极变而为艮，坎之极变而为巽也。坎离，阴阳既分而交，生之后事也，故用生数而不用成数。兑、震、艮、巽，阴阳交极而变，成之后事也，故用成数而不用生数。"[1] 这是认为，坎离为乾坤阴阳之刚交，属于生之事，所以用生数。兑、震、艮、巽为阴阳交极而变，属于成之事，所以用成数。

基于以上的种种分疏，王申子认为自己的构想，的确是符合天道的，也是反映了伏羲画卦过程的。他说："盖太极分而阴阳，阴阳分而四象，四象分而八卦，天道左旋，地道右转，此皆天地造化自然而然之理，不可加毫末人为于其间者也。天之图具此象，伏羲氏因而画之，愚不过探索而发明之耳，而谓予安排附会迁就以成其说，可乎？"[2] 表达了自己的强烈自信。

---

[1] 王申子：《钦定四库全书荟要·大易辑说》，第14页。
[2] 王申子：《钦定四库全书荟要·大易辑说》，第14页。

430 宋元明清易学史视野下的先天学研究

二 《演极图》与《演极后图》

王申子为了证明自己的先天四图是正确的，是伏羲画卦的自然体现，他又进一步作《演极图》（图 7-40）和《演极后图》（图 7-41）以论证之。

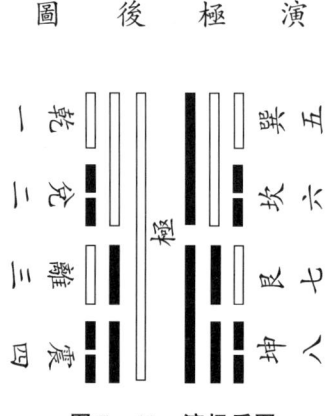

图 7-40 演极图　　　　图 7-41 演极后图

关于《演极图》，他的目的是"复案八卦位次以覆河图象数之本"，即把先天八卦和河图象数互相对应起来以印证两者一致。第一步，"见河图中宫天五地十为太极分晓，于是以极居中"；第二步，"极分而两仪，两分而四象，四分而八卦，然后见先天卦位的不可移"；第三步，"复从而推之，与六十四卦圆图一一凑著，于是作此图名曰演极以发明之"。王申子通过这三步推演，认为一方面河图和先天八卦根本一致，另一方面此图反映了天地阴阳之变化规律。所以他对此图评价甚高："此即'太极生两仪，两仪生四象，四象生八卦'也。即'天地定位，山泽通气，雷风相薄，水火不相射'也。即康节所谓'一中分造化'也。即濂溪所谓'太极动而生阳，静而生阴，动极而静，静极复动，一动一静，互为其根'也。即'数往者顺，知来者逆'也。太极判，轻清者上而为天，重浊者下而为地。阳左而阴右，阳南而阴北，水火居阴阳之交，因而重之为六十四。乾尽于午中而姤阴生，坤尽于子中而复阳生。离，日也，尽于卯中。坎，月也，尽于酉中。皆自然而然，此先天易也。"①

关于《演极后图》，王申子的目的是说明伏羲的确是因河图而作八卦，邵雍"逐节生去"的加一倍法肯定是错误的。他描述自己的画图过程道："盖以天地间阳左阴右，阳上阴下，乃阴阳一定而自然之体也。于是画一阳于左，画一阴于右而为两仪。太极居中。又于一阴一阳之外，各画一阳于上、一阴于下而为四象。再于左偏短画，阳之左画一阳于上而得乾，画一阴于下而得兑；于左偏短画，阴之左画一阳于上而得离，画一阴于下而得震；再于右偏短画，阳之右画一阳于上而得巽，画一阴于下而得坎；于右偏短画，阴之右画一阳于上而得艮，画一阴于下而得坤。"根据这一过程，中间为"极"，两边得两仪、四象、八卦。正是先天八卦图的卦序。所以王申子强调："愚以是益信伏羲因河图以画八卦，断断乎其不诬矣。此所以知仰观俯察远物近身、一奇一偶逐节生去之说，决不可以画先天卦也。"②

但是，我们在此强调，王申子的这两个图，目的是证明自己从河图而得出先天图的正确性。但是这两个图有明显的倒果为因的问题。就《演极图》而言，除了增加了一个内圈之"极"，其他的内容，其实是邵雍先天学本有的规则；就《演极后图》而言，除了中间一"极"是所谓的"中宫五与十"，其实质构图方法，和加一倍法也完全一致，只是把阴阳两仪竖起来而已。所以，王申子对于这两个图的重视，有过于自夸的成分，用它们来反对邵雍之加一倍法，更有不毁反成的效果。

三 后天八卦图与洛书

王申子在先天图之后，也认为有后天图。但正如他认为先天图是则河图而画，后天图是则洛书而画。王申子说："伏羲八卦则河图以画之。然天地间，数非奇不行，象非偶不立，而河图之数则十而偶也，其象则一六、二七、三八、四九、五十合而皆奇，故先天卦止见易之体而用有未周。禹治水时神龟负文复出于洛，其数有九，九则奇也，其象纵横皆十，十则偶也，文王于是取之以错综河图，重位八卦，然后阴阳奇偶亭当不偏，而易之体用始备，是为后天《易》。"③ 这是认为，圣人虽然画了

---

① 王申子：《钦定四库全书荟要·大易辑说》，第17页。
② 王申子：《钦定四库全书荟要·大易辑说》，第17页。
③ 王申子：《钦定四库全书荟要·大易辑说》，第20页。

先天八卦图,但在"数非奇不行,象非偶不立"的规律下①,作为先天图基础的河图其数为偶,其象为奇,所以河图和先天图是有体无用。而在洛书出现以后,则表现出用的特征,以此为基础而有的后天图,同样表现出用的特征。如此,先天图和后天图结合起来,以成易之体用。事实上,王申子这种以体用分属先天图和后天图的观念,一直可以上溯到邵雍。不过,王申子以体用分先天后天,把最终的依据归结到河图和洛书的关系之中。

需要强调的是,王申子虽然继承了传统的后天图思想,但是又有自己独特的理解和发展。他作了一副新的易图《后天位卦图》,如图 7 - 42 所示。

卦　位　天　後

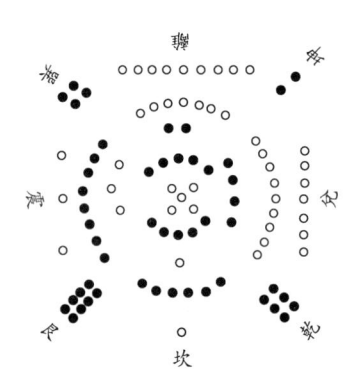

图 7 - 42　后天位卦图

此图的目的,是展示文王如何依据河图、洛书而作后天八卦图。他认为,可以分成两大步:第一步,由河图而定位坎、离、震、兑。"盖先合河图之一六为水,位坎于北,二七为火,位离于南,三八为木,位震于东,四九为金,位兑于西,是合河图老少四象以位四正也。"进一步的问

---

① 王申子说:"天地间数无偶,象无奇。人皆曰二、四、六、八、十,偶也,而不思二之前已有一,则已成三矣。自二至十,数之皆然。故曰数无偶,非奇不行。天地间事事物物,有对有待然后成象。谓如有父斯有子之象,有子斯有父之象,有阴斯有阳之象,有阳斯有阴之象,独则不成象矣。故曰象无奇,非偶不立。"(《钦定四库全书荟要·大易辑说》,第 20 页。)

题在于，河图中四象合数为 7、9、11、13 皆奇，没有对待之方，并不是合理的状态。所以需要把洛书的因素加入后天八卦的构建中。这就需要与第一步建构逻辑不同的第二步了。第二步，由洛书、河图共同决定四隅卦乾、坤、巽、艮的卦位。"故又取洛书一含九，以河图正北之一，含正西之九，九乃三奇，乾老阳数也，故位乾于坎之右，附于西北。取洛书四含六，以河图正西之四，含正北之六，六乃三偶，坤老阴数也，故位坤于兑之右，附于西南。取洛书二含八，以河图正南之二，含正东之八，八乃一偶二奇，巽少阴数也，故位巽于离之右，附于东南。取洛书三含七，以河图正东之三，含正南之七，七乃二偶一奇，艮少阳数也，故位艮于震之右，附于东北。"这里的过程是，选取洛书四个对立的数字，即一与九，四与六，二与八，三与七，同时纳入河图因素，以定乾、坤、巽、艮四隅之位。因为是以洛书为基础，纳入了对待因素，同时又错综了河图四象之数，所以"其象合而皆偶"，再结合到第一步中四正卦的定位，王申子认为"此亦四象生八卦也"。同时，因为四隅卦之定位立足于洛书之对待和河图之错综，体现了对待因素，所以结合四正卦，就表现出"一阴一阳，一奇一偶，相为体用"的特征。至此，作八卦才算正式完成。"图出于羲，书出于禹，文王错综之以重位八卦，是为后天，故曰河出图洛出书，圣人则之。"[1]

现在的问题是，非常明显，王申子对于后天八卦图成图过程的解释，和邵雍、朱熹的解释完全不同。如何面对这些不同，并说明自己的主张是符合道理的，王申子还需要进一步解释。关于邵雍对后天八卦的一些解释，他批评道："而康节谓震兑始交。兑岂始交者乎？又谓巽艮居用中之偏位，则乾坤之位亦非中也。谓乾坤居不用之位，则巽艮之位亦岂切于用邪？且乾胡为不可居于坤之位，艮胡为不可居于巽之宫邪？故愚不敢以为然。"[2] 这是强调邵雍自己的解释也有说不通的地方，说明邵雍的观念未必就是完全正确的。而关于洛书并非作《易》的资料，而为作《洪范》的资料这一点，他反驳道："《易大传》谓河出图，洛出书，圣人则之。使洛书止可以为《范》，则圣人不言之于《易》矣。"既然《易》中述及，则必然和《易》有关。他又说："予取河图以求伏羲先天八卦，既见端的，乃求后天于洛书，积有余年，然后见文王取洛书所含之四象，以错综河图，以重位八卦，是亦本诸天地，未尝加毫末人为于其间。"这是王申子认为

---

[1] 王申子：《钦定四库全书荟要·大易辑说》，第 20—21 页。
[2] 王申子：《钦定四库全书荟要·大易辑说》，第 22 页。

自己的解释，并不牵强，而符合自然而然的标准。他甚至认为，自己构建后天八卦图的原则，即《易传》的"错综"本义，"然晦庵释错综字有曰，错者，交而互之，一左一右之谓。综者，总而挈之，一低一昂之谓。今以北之一含西之九，以西之四含北之六，以南之二含东之八，以东之三含南之七，岂非一左一右，一低一昂之错综乎？然则错综其数之言，夫子殆为文王发也"①。于此可见王申子自信之强。

还需要强调，王申子关于先后天本质的理解，也不同于朱熹所代表的传统观念。传统观念认为，先天之《易》是"画前之易"，从逻辑上可追溯到天地之前，即太极之发用，后天之《易》是就已成之卦而论其理。所以，一先天，一后天。但是王申子认为，这种说法似乎认为真有先于天者，但事实上，天即是根本，先天后天，皆依据天而成立。他说："愚谓先天后天只合如今人说前日后日、前时后时，时与日亦本于天而用于人者，非先于天后于天之谓。"有了这种理解，他又说："所谓太极未判之先元有此易，此不过言其理而已。正如《大传》言生生之谓易而后言成象之谓乾之易也。邵子所谓画前元有易，亦言其理而已。曰画前则是未有画也，明矣。"所以，根本不存在"画前之易"所象征的天地之前的一个阶段。正确的观念，则应该是据于天道基础上，先成之易即为先天，后成之易即为后天。"愚谓通于天者，河也，龙马负图而出于河，伏羲因之画卦于先，是为先天。中于地者，洛也，神龟负书而出于洛，文王取之重位八卦于后，是为后天。羲先文后，岂不简易，岂不明白欤！"②

四 太极观

在前面介绍《易有太极图》时，我们已经注意到王申子以中宫"天五地十"为太极，这种理解与邵雍先天学中太极之意义不同，与周敦颐《太极图》及《太极图说》中太极之意义亦不同。事实上，时人对此已有疑惑。王申子在《太极或问》中记录了他人的疑问：

> 或问曰：玉井举晦庵之说难子云：太极者，象数未形而其理已具之称。且有理而后有气，有气而后有象，有象而后有数，当是时，两仪且未有，安有所谓五与十哉？子曰"虚五与十者，太极也"，此亦

---

① 王申子：《钦定四库全书荟要·大易辑说》，第22页。
② 王申子：《钦定四库全书荟要·大易辑说》，第28页。

犹大衍"虚一以象太极"之说，非谓五与十为太极也。子以为如何？①

怀有疑问者认为王申子太极之说不符合朱熹之义，并且替王申子打圆场，认为王申子是不是如大衍之论仅是以"一"象太极，而非以"一"为太极，所以只是以"五与十"象太极而并非以之为太极。但这种开脱被王申子挡掉了。

王申子并不承认朱熹对太极的定义，"象数未形而其理已具，此虽是晦庵之言，然只可言易有太极之易与濂溪之无极耳，非太极也"②，这是因为，"若太极止具其理，则是初无一物，既无一物则《大传》曰太极生两仪，不知一阴一阳之两仪于何处突然生来便分为两，世岂有是理哉？濂溪《太极图说》又不应便道太极动而生阳，何则？自古及今，天地间物未有只具其理空空虚虚而有可动者，其动也，必是气存焉，气即阴阳，特有分未分之别而已"③。一言以蔽之，太极若只是理，则不能生、不能动，如何能有两仪呢？所以，太极应该是能生、能动的气，"象数未形而其理已具"只能形容"易有太极之易与濂溪之无极"，而非太极。那么太极是什么呢？王申子依然坚持"五与十"就是太极。但问题在于，如果按照王申子的说法，太极是气，那么怎么就能直接说"五与十"是太极呢？王申子认为，有此疑问则是不理解"五与十"的真实含义。他说："是专以数说五与十，此岂明《易》者之言乎？况龙马所负之图，虽有五与十在，然出河之初理气象数之名犹浑然为一也。其中宫五与十，以气言则阴阳浑然，浑然者，五阳十阴老少未分也。以象言则奇偶浑然，浑然者三奇三偶、二奇一偶、二偶一奇亦未分也。以数言则三二之合、五行生成、小衍大衍亦未分也。是曰气曰象曰数之全体浑然于中而未分，故为太极。"④ 这是认为，从气、象、数的角度来看，五与十皆在中宫浑然未分，而这个浑然未分，便是太极。王申子又说："阴阳未分为太极，阴阳既分为两仪，是未分时阴阳浑然，既分后阳自阳阴自阴阴又根阳阳又根阴，象立而数行矣。到此时然后说得有理而后有气，有气而后有象，有象而后有数，是河图中宫五与十实函三极之理气象数浑然为一而居中，谓非太极不可，是太极者不但只具其理而已。"⑤ 这是认为，阴阳未分之浑然为太极，太极分则为两仪，此时才

---

① 王申子：《钦定四库全书荟要·大易辑说》，第18页。
② 王申子：《钦定四库全书荟要·大易辑说》，第18页。
③ 王申子：《钦定四库全书荟要·大易辑说》，第18页。
④ 王申子：《钦定四库全书荟要·大易辑说》，第18—19页。
⑤ 王申子：《钦定四库全书荟要·大易辑说》，第19页。

能说"有理而后有气，有气而后有象，有象而后有数"，所以太极强调的是浑然，这浑然就是理气象数的浑然，而不可仅仅以理为太极。这种理解，从思路上来说，是类似邵雍以太极为超越之本体的意义的。所以，王申子以"五与十"为太极，并非形式上的数字之五、十，而是五与十所象征的阴阳浑然的状态。

讨论至此，已经非常明白，王申子的易图学问题意识是很敏锐的，他通过强调圣人则图书作先天图与后天图来试图完成融合图书学和先天学的历史课题，在他自己的视域中，这一课题是完成了的。但是，其所作之图和所作的解释，和李简一样，也多有牵强附会处，这应该是时代的局限，不过，他超越李简的地方是，其易图学的构图和解释，更加详细。此外，更需要强调的是，王申子的太极思想是深刻的，他指出太极不只是理，而应该是一种"浑然为一"的状态。我们说，"浑然为一"的的确确应该是宇宙本体的一个根本特征，否则，本体只有某一端的特征，是不堪成为万物之本体的。事实上，但凡太极思想较为深刻的哲学家，大多皆持有此种主张。

第五节　俞琰在道教视野下对先天学的发挥

俞琰，宋末元初道教学者，著名易学家，号全阳子、林屋山人、石涧道人。俞琰作《易外别传》，标志着先天学进入了道教领域。先天学据传源自陈抟，陈抟具有浓厚的道教色彩，所以先天学自其产生之日，就与道教结下了不解之缘。但陈抟的可信著作中并没有论及道教与先天学的关系，先天学真正走向道教，可以说是俞琰的理论努力。俞琰把先天学解释为道教的内丹修炼之学，包含三个步骤：第一步，依据邵雍先天学资源解释出"心—身"结构的人身观念；第二步，以如此的人身观为基础，依据邵雍先天学资源进一步解释种种内丹修炼之法；第三步，多角度展示邵雍先天学蕴含的修炼思想元素。有了这三步解释，本来作为一种具有天人之学内蕴的哲学而存在的邵雍先天学，仿佛真成了隐藏秘法的修仙之学。在下面我们展示俞琰的基本解释工作，并对其进行反思。

一　先天学蕴含了"心—身"结构的人身观念

先天学的基础是先天四图，先天四图作为图式被认为是具有规律性的模型，可以与各种现象联系起来。先天学如果要和道教合流，在道教重视以身体为基础的性命修养的前提下，势必需要把先天图和人身联系起来。事实上，俞琰正是如此做的。

邵雍有诗云："乾遇巽时观月窟，地逢雷处看天根。天根月窟闲来往，三十六宫都是春。"① 这是说先天图中天根、月窟之间阴阳消长，在此阴阳周流不息的态势下，六十四卦，即三十六宫自然呈现出生生不息之意，所以可称为"都是春"。在俞琰看来，这首诗就是描述人身的。他说："何谓三十六宫？乾一、兑二、离三、震四、巽五、坎六、艮七、坤八是也。三十六宫都是春，谓和气周流乎一身也。如此则三十六宫不在纸上，而在吾身中矣。"② 把客观的阴阳周流不息解释为"和气周流乎一身"，是俞琰的诠释，邵雍并没有如此说，俞琰之前的学者也没有如此说，但俞琰坚信自己的观念，"是道也，邵康节知之，朱紫阳知之，俗儒不知也"③。

俞琰认为三十六宫在人之身中，三十六宫为先天八卦，所以进一步他势必会把先天图视为人身。他说："人之一身，即先天图也。"④ 先天图中以中为太极，人之中为心，如此一来，太极与心又联系了起来。"心居人身之中，犹太极在先天图之中。朱紫阳谓中间空处是也。图自复而始，至坤而终，终始相连如环，故谓之环。环中者，六十四卦环于其外，而太极居其中也。在《易》为太极，在人为心；人知心为太极，则可以语道矣。"⑤ 事实上，俞琰以人身为先天图，进一步推论出心为太极这一结论，是符合邵雍的原意的。邵雍说："心为太极"⑥，又说："先天学，心法也。故图皆自中起，万化万事生乎心也"⑦，明确表示了心为太极这一观念。可见，虽然俞琰把先天图解释为人身，有过度诠释的嫌疑，但这也和邵雍思想本身中有此意味相关。

需要指出，俞琰强调人身即为先天图，心即为太极，最终目的是要突出"心—身"结构的人身观念。因为这样一种人身观，正是内丹修炼的基础；内丹的修炼对象虽然是精气神，但具体操作皆是以心意为主。正因为如此，俞琰才说"人知心为太极，则可以语道矣"。而事实上，在邵雍先天学视野中，也的确存在这种"心—身"结构的人身观念。如邵雍之诗曰

---

① 邵雍：《伊川击壤集》卷之十六《观物吟》，《邵雍全集》第四册，第315页。
② 俞琰：《易外别传》，《道藏》第20册，第313页。
③ 俞琰：《易外别传》，《道藏》第20册，第313页。
④ 俞琰：《易外别传》，《道藏》第20册，第313页。
⑤ 俞琰：《易外别传》，《道藏》第20册，第313页。
⑥ 邵雍：《观物外篇下》，《皇极经世书》卷十四，第522页。
⑦ 邵雍：《观物外篇上》，《皇极经世书》卷十三，第518页。

"身生天地后，心在天地前。天地自我出，自余何足言"①，又有"人心先天天弗违，人身后天奉天时。身心相去不相远，只在人诚人不推"②，已经把身、心从人生中并列提出，且以心为先天、身为后天。邵雍又有诗云"心在人躯号太阳，能于事上发辉光。如何皎日照八表，得似灵台高一方"③，"身主于人，心主于天。心既不乐，身何由安"④，则明显提出以心为主、为重的观念。当然，这和邵雍"先天之学，心也；后天之学，迹也"⑤的哲学理念完全相应。只是，邵雍讲"心—身"，是为了顺于天道，获得安乐，"天虽不语人能语，心可欺时天可欺。天人相去不相远，只在人心人不知"⑥，"天学修心，人学修身。身安心乐，乃见天人"⑦。而俞琰论"心—身"，只是为内丹修炼打下认识基础而已。

二　先天学蕴含了内丹修炼之法

俞琰认为，先天学也蕴含了道教内炼之法。俞琰通过作《地承天气图》《月受日光图》《先天卦乾上坤下图》《后天卦离南坎北图》来说明先天学的这些意义。

1.《地承天气图》

关于《地承天气图》（图7-43），俞琰说："人之元气藏于腹，犹万物藏于坤；神入地中，犹天气降而至于地；气与神合，犹地道之承天。天地以此而生物，吾身以此而产药。《太玄经》云：藏心于渊，美厥灵根。与此同旨。"⑧ 这是以元气藏于腹类比于万物藏于坤，同时天气降于地中，则神入于气中，天地相合，则气与神合，然后内丹结。

2.《月受日光图》

关于《月受日光图》（图7-44），俞琰说："日为太阳，月为太阴。月本无光，月之光乃日之光也。阳明阴暗，阳禀阴受，故太阴受太阳之光以为明。人之心为太阳，气海犹太阴。心定则神凝，神凝则气聚。人能凝神入于气中，则气与神合，与太阴受太阳之光无异。"⑨ 显然，这里以太阴

---

① 邵雍：《伊川击壤集》卷之十九《自余吟》，《邵雍全集》第四册，第393页。
② 邵雍：《伊川击壤集》卷之十八《推诚吟》，《邵雍全集》第四册，第361页。
③ 邵雍：《伊川击壤集》卷之十四《试笔》，《邵雍全集》第四册，第277页。
④ 邵雍：《伊川击壤集》卷之十八《天人吟》，《邵雍全集》第四册，第363页。
⑤ 邵雍：《观物外篇上》，《皇极经世书》卷十三，第518页。
⑥ 邵雍：《伊川击壤集》卷之十八《推诚吟》，《邵雍全集》第四册，第361页。
⑦ 邵雍：《伊川击壤集》卷之十八《天人吟》，《邵雍全集》第四册，第363页。
⑧ 俞琰：《易外别传》，《道藏》第20册，第314—315页。
⑨ 俞琰：《易外别传》，《道藏》第20册，第315页。

比喻元气，以太阳比喻心神，同样是气与神合，然后内丹结。虽然这里的比喻不同，但是本质和《地承天气图》一样。

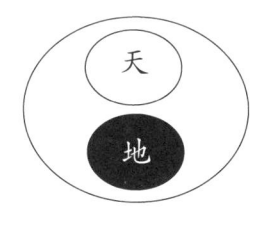

图 7-43 地承天气图

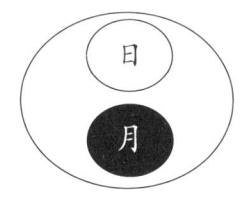

图 7-44 月受日光图

3.《先天卦乾上坤下图》和《后天卦离南坎北图》

图 7-45 先天卦乾上坤下图

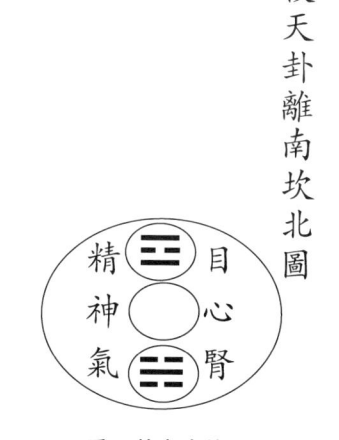

图 7-46 后天卦离南坎北图

关于《先天卦乾上坤下图》（图 7-45）、《后天卦离南坎北图》（图 7-46），俞琰说："人之一身，首乾腹坤而心居其中，其位犹三才也。气统于肾，形统于首，一上一下，本不相交，所以使之交者神也。神运乎中，则上下混融，与天地同流，此非三才之道欤？夫神守于肾，则静而藏伏，坤之道也；守于首，则动而运行，乾之道也。藏伏则妙合而凝，运行则周流不息。妙合而凝者，药也。周天不息者，火也。"① 这是说明，首乾、中心、腹坤是为三才，其中，心之神又起着沟通上下的作用。神守于肾而有妙合而凝之药，守于首而有运行不息之火。俞琰又根据"《阴符经》云：机在目。邵康节曰：天之神发乎日，人之神发乎目"的说法，说："目之所至，心亦至焉，故内炼之法，以目视鼻，以鼻对脐，降心火入于气海，盖不过片晌功夫而已。"② 指出了神气交合的路径和方法。

三 先天学蕴含了气之呼吸动静的观念

关于呼吸，传统先天学有关于天地呼吸的论述，如邵雍说："冬至之后为呼，夏至之后为吸，此天地一岁之呼吸也。"③ 朱熹说："天地间只是一个气，自今年冬至到明年冬至，是他地气周匝。把来折做两截时，前面底便是阳，后面底便是阴。……天地间只有六层阳气，到地面上时，地下便冷了。只是这六位阳，长到那第六位时，极了无去处，上面只是渐次消了。上面消了些个时，下面便生了些个，那便是阴。这只是个嘘吸。嘘是阳，吸是阴，唤做一气，固是如此。"④ 俞琰则在此基础上纳入炼丹过程中人身之呼吸："冬至后，自复而乾，属阳，故以为呼；夏至后，自姤而坤，属阴，故以为吸。呼乃气之出，故属冬至之后；吸乃气之入，故属夏至之后。大则为天地一岁之呼吸，小则为人身一息之呼吸。《参同契》云：龙呼于虎，虎吸龙精。又云：呼吸相含育，伫息为夫妇。盖以呼吸为龙虎，为夫妇。千经万论，譬喻纷纷，不过呼吸两字而已矣。"⑤ 由天地之呼吸，到人身之呼吸，则为了炼丹做准备。

根据《先天六十四卦圆图》，又可见动静之妙。邵雍关于动静的关键表述是："夫一动一静者，天地至妙者欤？夫一动一静之间者，天地人至妙至妙者欤？"⑥ 朱熹认为"图左一边属阳，右一边属阴"⑦，"先天图更不可易。自复至乾为阳，自姤至坤为阴"⑧。俞琰则结合了两者的说法，认为："图左自复至乾，阳之动也；图右自姤至坤，阴之静也。一动一静之

---

① 俞琰：《易外别传》，《道藏》第20册，第315页。
② 俞琰：《易外别传》，《道藏》第20册，第315页。
③ 邵雍：《观物外篇下》，《皇极经世书》卷十四，第523页。
④ 黎靖德编：《朱子语类》卷第六十五，第1603页。
⑤ 俞琰：《易外别传》，《道藏》第20册，第313页。
⑥ 邵雍：《观物篇五十五》，《皇极经世书》卷十一，第494页。
⑦ 黎靖德编：《朱子语类》卷第六十五，第1616页。
⑧ 黎靖德编：《朱子语类》卷第六十五，第1616页。

间，乃坤末复初阴阳之交，在一岁为冬至，在一月为晦朔之间，在一日则亥末子初是也。"① 事实上，这个"一动一静之间"，就是邵雍极其重视的"天根"。天根不但具有宇宙论意义，而且具有人生修养的意义。而俞琰说："吾身之乾坤内交，静极机发，而与天地之机相应，是诚天地人之至妙至妙者也。"② 这就把天根落实在人身修炼中，所以天根不但是天地至妙者，而且是"天地人之至妙至妙者"。

四　先天学蕴含了阴阳升降的观念

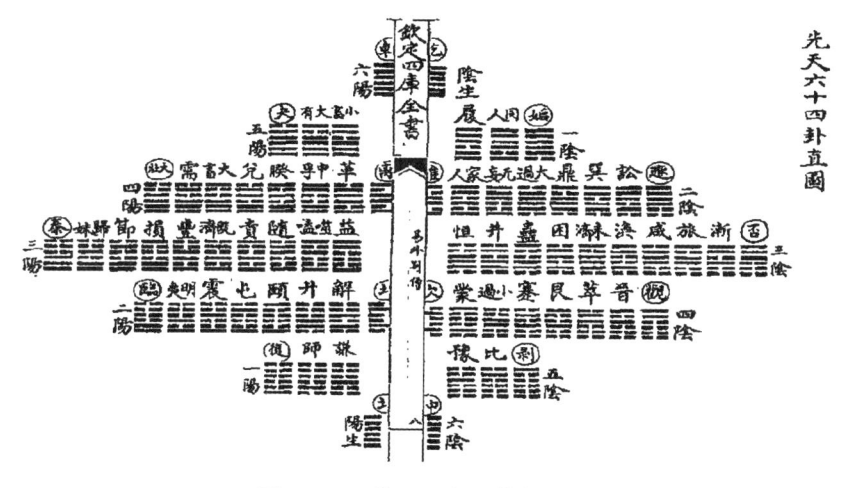

图 7-47　先天六十四卦直图

关于《先天六十四卦直图》（图 7-47），俞琰注解说："乾、坤，阴阳之纯；坎、离，阴阳之交。乾，纯阳为天，故居中之上；坤，纯阴为地，故居中之下。坎，阴中含阳，为月；离，阳中含阴，为日，故居乾、坤之中。其余六十卦，自坤中一阳之生，而至五阳，则升之极矣，遂为六阳之纯乾；自乾中一阴之生，而至五阴，则降之极矣，遂为六阴之纯坤。一升一降，上下往来，盖循环而无穷也。天地人身亦如此。"③ 这是认为，乾坤坎离所表现的天地阴阳二气升降模型在人身中也是如此。他又强调："子时气到尾闾，丑寅在腰间，卯辰巳在脊膂，午在泥丸，未申酉在胸膈，

---

① 俞琰：《易外别传》，《道藏》第 20 册，第 313 页。
② 俞琰：《易外别传》，《道藏》第 20 册，第 313 页。
③ 俞琰：《易外别传》，《道藏》第 20 册，第 314 页。

戌亥则又归于腹中，此一日之升降然也。息亦然，吸则自下而升于上，呼则自上而降于下。在天则应星，而如斗指子午。在地则应潮，而如月在子午。子午，盖天地之中也。《参同契》云：合符行中。又云：运移不失中。又云：浮游守规中。人能知吾身之中以合乎天地之中，则乾坤不在天地而在吾身矣。吾得夫圆机之士而与之言身中之乾坤而极论身中之中哉吁！"① 这说明，只有认识到人身中气之运行规律，才能铸鼎炼丹。

五 先天学蕴含了水火升降的观念

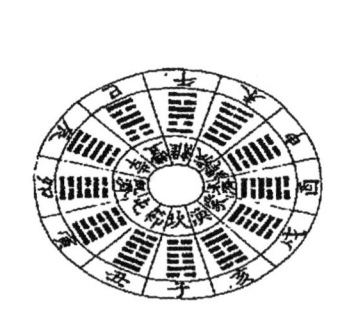

图 7-48　乾坤交变十二卦循环升降图　　图 7-49　坎离交变十二卦循环升降图

关于《乾坤交变十二卦循环升降图》（图 7-48），俞琰说："乾上坤下，吾身之天地也。泰左否右，吾身天地之升降也。复非十一月，亦非夜半子时，乃身中之子也。姤非五月，亦非日中午时，乃身中之午也。"② 这是借用泰否强调身中神气升降，心神交融的状态。关于《坎离交变十二卦循环升降图》（图 7-49），俞琰说："坎北离南，吾身之水火也。既济东未济西，吾身水火之升降也。屯居寅，蒙居戌，吾身之火候也。寅非平旦，寅乃身中之寅；戌非黄昏，戌乃身中之戌。"③ 这是借用既济未济强调身中水火交融。但是，无论是用泰否二卦，还是用既济未济二卦，都是为

---

① 俞琰：《易外别传》，《道藏》第 20 册，第 314 页。
② 俞琰：《易外别传》，《道藏》第 20 册，第 316 页。
③ 俞琰：《易外别传》，《道藏》第 20 册，第 316 页。

了表达水火交融的机制。

六　先天学蕴含了恍惚氤氲的观念

在道教的修炼中，有大量的关于恍惚之境的描述，恍惚之境被认为是得道的表现之一。在先天学中，先天本体即在万物之中但又超越于万物，体证先天本体必然呈现此超越性，相对于一般感觉印象和心理活动的明确性而言，这种超越性就是不明确、不确定的恍惚之感，类似于气体浑然氤氲之象。如此一来，邵雍体证先天本体的大量表述，就被俞琰认为是得道的表现。

这样的表达如两首《冬至吟》云："冬至子之半，天心无改移。一阳初起处，万物未生时。玄酒味方淡，大音声正希。此言如不信，更请问庖牺。"① "何者谓之几，天根理极微。今年初尽处，明日未来时。此际易得意，其间难下辞。人能知此意，何事不能知？"② 最明显的一诗是《恍惚吟》："恍惚阴阳初变化，氤氲天地乍回旋。中间些子好光景，安得工夫入语言。"③ 俞琰议论此诗说："康节此诗，泄尽天根之极玄。苟非亲造恍惚之境，实诣氤氲之域，安知其为极玄哉？"④ 这是认定邵雍乃得道之人，并且这个"道"即道教的"道"。

不过正如我们的分析，邵雍之恍惚氤氲是体证先天本体之恍惚氤氲，而道教之恍惚氤氲是通过践行一系列修炼方法后获得的一种心理状态，这两种状态可能有类似之处，但是因为目的和过程不同，它们的内涵也应当有所区别。

七　如何看待俞琰对于先天学的道教引申

通过以上的展示，我们会发现，俞琰站在内丹修炼视野下对先天学进行解释，有的解释有一定道理，有的明显只是利用先天学中非常基本的元素，来讲自己的思想而已，就后者而言，已经不属于先天学的范围了。比如以上第五条，为了展示"先天学蕴含了水火升降的观念"，俞琰作了两图：《乾坤交变十二卦循环升降图》《坎离交变十二卦循环升降图》，但事实上，邵雍先天学何尝有此二图？邵雍又何尝谈过哪怕暗示过水火升降的问题？所以这一类解释的逻辑，只是托邵雍先天学之名，阐发自己的思想

---

① 邵雍：《伊川击壤集》卷之十八《冬至吟》，《邵雍全集》第四册，第380页。
② 邵雍：《伊川击壤集》卷之十八《冬至吟》，《邵雍全集》第四册，第360页。
③ 邵雍：《伊川击壤集》卷之十二《恍惚吟》，《邵雍全集》第四册，第231页。
④ 俞琰：《易外别传》，《道藏》第20册，第314页。

而已。我们重点要说的是前者，即为什么有的解释有一定道理。比如，"心—身"结构的人身观和恍惚氤氲之境，两者在邵雍先天学视域中是的确存在的内容，难道邵雍真的是在讲修炼内丹？事实上，并非如此。邵雍先天学是明确地探究宇宙存在之本质、天地万物之理，并据之而理润身心的哲学，何尝讲过炼丹修仙之术？在邵雍诗集中，倒是有这样说明志意以和佛老划清界限的诗句，如"志意虽依旧，聪明不及前。若非心有得，亦恐学神仙"[1]，"不佞禅伯，不谀方士。不出户庭，直际天地"[2]。但是，关键之处就在于，邵雍先天学不只是在讲生活世界的道理，而是以太极阴阳为基础概念来讲述宇宙存在之理，通过心身概念来讲述人生存在之理；而内丹学恰恰也有其宇宙论和人身观，就内丹学而言，宇宙论相当于道论，无宇宙论如何得道？内丹修炼又首先是在人身之中修炼精气神，自然有其精致的人身观。如此一来，先天学和内丹学必然有能够会通的基础，这源于双方皆是对宇宙和人身的观察和探究，所以反映在思想理论上也必然有相类的地方。但是，基础相类，归宿却大不类。一者由太极衍化开始，依凭"心为太极"之解释，顺天理而进入儒家仁学生活世界，一者要逆转人道，通过精气神之修炼返归先天清虚之境，一顺一逆，此真可谓天渊之别。邵雍先天学又何尝有内丹修炼之内蕴呢？所以，俞琰的理论解释，我们看作是俞琰自己的思想即可。同时，我们也看到，先天学的发展方向，的确是多维的。

---

[1] 邵雍：《伊川击壤集》卷之十七《岁杪吟》，《邵雍全集》第四册，第358页。
[2] 邵雍：《伊川击壤集》卷之十四《安乐吟》，《邵雍全集》第四册，第286页。

第八章　明代易学家对先天学论域的拓展

　　在明代，先天学得到了进一步的发展。如果说在元代，只有张理对邵雍先天学理解通透并以之为基础建构了自己的易图学体系。那么，在明代的先天学论域中，显然呈现出多家思想争奇斗艳的场面。这主要包括王龙溪在心学视野下对先天学的诠释、来知德立足太极之学对先天学的吸收与批评、章潢天人一贯视野下的先天学诠释、钱一本《易象钞》的易图编排和太极观。其中就王龙溪而言，他在心学的视野下吸收并发扬了先天后天之说、天根月窟之说等观念，表面上是以心学诠释先天学，但实质上是彰显了邵雍先天学本有的心学维度。就来知德而言，他一方面转化吸收了邵雍先天学的相关重要易图，但另一方面对邵雍先天学的一些观念又加以批评。其中关键在于，他立足于太极之学构建了新的易象学体系，强调有对待即有流行，以理为本而统摄天人，所以不分先天后天，从而扬弃了传统先天学的观念，但更须知道，来知德的易象学体系又是以传统先天学的相关易图为重要基石。就章潢而言，他在天人一贯的视野下，构建了自己富于体系性并多有新见的先天学，他的先天学体系，有对天道本体的深刻认知，有依据天道本体而贯通太极、先天、后天的易学视野，有针对太极图、先天诸图、后天诸图的详细分疏，并且通过对易图学的义理分析，使先天学进入了心性修养实践之中，这一点是非常符合邵雍先天学的原创性精神的。就钱一本而言，他一方面通过易图编排来努力整合图书学、太极图学、先天学，另一方面在太极观方面又综合了朱熹和邵雍两人的思想，表现出用天理充实邵雍太极观的思路。总的来说，正是通过各家对先天学的阐发，共同推动了先天学在明代的繁荣。

第一节　王龙溪在心学视野下对先天学的诠释

王龙溪（1498—1583年）是王阳明的高足，属于明代心学思潮中的重要人物；邵雍是北宋五子之一，以先天学名世。从表面上看来，二人似乎很难有什么相通之处。但是仔细考察王龙溪的思想，首先会发现他学问的大体是"先天正心、后天诚意之学"，这与邵雍先天学中的"先天后天"已经产生了概念上的关联；其次他反复论述邵雍之学，并且多有褒扬，这说明他在一定程度上吸收了邵雍的某些思想。那么，王龙溪如何在心学视野下诠释邵雍之学？对于邵雍之学有何意义？这显然都是值得我们研究的问题。

我们认为，王龙溪对邵雍之学的诠释，是在核心范畴"良知"的统摄下，通过心意之辨，吸收了邵雍的先天后天之说，通过藏密应神之论，吸收了邵雍的天根月窟之说。在王龙溪的视野中，以先天为正心之学，以后天为诚意之学，基本上继承并发展了邵雍"先天为心，后天为迹"的思想。王龙溪的藏密应神之论，主要指修养论中心之即寂即感、即感即寂、寂感不离、动静不分的状态，而王龙溪这种观念的明确，在一定程度上也受到了邵雍天根月窟之说的启发。显然，在本体论和修养论两个层面上，王龙溪都受到了邵雍先天学的影响。王龙溪对邵雍先天学的诠释，是在心学视野下的解读，他忽略了邵雍象数学的具体思想，特别关注邵雍的"先天之心"观念，从而启发我们超越传统象数学的视野，以全面认识和评价邵雍先天学。

一　先天后天之说

在邵雍哲学中，一方面，邵雍象数易学的基本卦图，被称为先天图，并以此为基础建构了一个庞大的象数哲学体系；另一方面，先天后天成为邵雍本体论的关键范畴，先天指心本体，后天指与心本体相对而言的形迹界。邵雍依靠对先天本体的理解，建构了自己的本体论，建构了以"先天"为价值核心的天人之学，并自豪地称自己的思想体系为"先天学"。

王龙溪对邵雍先天图中所蕴含的象数学思想并不在意，他关注的是先天，是邵雍哲学中的心本体。邵雍有一首诗："松桂操行，莺花文才。江山气度，风月情怀。借尔面貌，假尔形骸。弄丸余暇，闲往闲来。（小注：

丸谓太极）"① 其中"丸"为太极，也就是心本体，"弄丸"就是在当下的生命中体证、呈现先天之心。王龙溪准确地把握住了邵雍哲学中"丸"为本体之心的思想，他说："尧夫所谓'丸'，即师门所谓良知。"② 这样一来，王龙溪就把邵雍之学的根本概念，理解为良知，理解为心，就从心学的角度把握住了邵雍之学。王龙溪的这种把握并不是过度诠释，因为在邵雍哲学体系中，本体在不同场合可称为道、或太极、或心、或先天，而太极、先天，也就是心。因此，王龙溪以良知来解太极，从概念上是比较自然的。当然，心学之心与邵雍之心的定义和作用是不尽相同的。

王龙溪在认同心本体的基础上，进一步吸收了邵雍本体论中"先天后天"这一对概念，并建构了自己的心学：

先天寂然之体，后天感通之用，寂以神感，感以藏寂，体用一原，性命之宗也。③
先天是心，后天是意。至善是心之本体……④
良知者，本心之明，不由学虑而得，先天之学也。知识则不能自信其心，未免假于多学亿中之助，而已入于后天矣。⑤
正心，先天之学也；诚意，后天之学也。⑥

这是说，就人心而言，有良知之本心，有"知识"和"意见"，良知属于先天，意见属于后天，儒者力图呈现本心，则须"正心"，则须在"先天寂然之体"上"立根"，但又因为心、意、物三者本来一贯，不分先后，所以"先天之学"实质上统贯了"先天寂然之体"和"后天感通之用"，但入手处强调在"先天"上立根，这就与在"意见"上立根的"后天之学"有了明显的区别。王龙溪的这种先天之学和后天之学是在继承邵雍先天后天概念的基础上并有自己的发挥发展。在邵雍的视野中，先天指心本体，后天指形迹界，先天后天主要从宇宙之本体界和现象界而论。而王龙溪则在心意之辨的视域中，一方面继承了先天为心本体的思想，但另一方面，把先天后天这一对概念拉入心学的视野中，用以解释心

---

① 邵雍：《伊川击壤集》卷之十二《自作真赞》，《邵雍全集》第四册，第242页。
② 吴震编校整理：《天根月窟说》，《王畿集》卷八，第186页。
③ 吴震编校整理：《图书先后天跋语》，《王畿集》卷八，第420页。
④ 吴震编校整理：《致知议辩》，《王畿集》卷六，第133页。
⑤ 吴震编校整理：《致知议略》，《王畿集》卷六，第130页。
⑥ 吴震编校整理：《三山丽泽录》，《王畿集》卷一，第10页。

理结构。如此一来，先天固然还保留了心本体的意义，而后天则由指形迹而言，变成了指"意见"和"知识"而言，这是王龙溪对邵雍先天后天概念的发展。

王龙溪还充分强调了先天正心之学和后天诚意之学在修养论中的意义，他说：

> 吾人一切世情嗜欲，皆从意生。心本至善，动于意始有不善。若能在先天心体上立根，则意所动自无不善，一切世情嗜欲自无所容，致知功夫自然易简省力，所谓后天而奉天时也。若在后天动意上立根，未免有世情嗜欲之杂，才落牵缠，便费斩截，致知工夫转觉繁难，欲复先天心体，便有许多费力处。颜子有不善未尝不知，知之未尝复行，便是先天易简之学。原宪克伐怨欲不行，便是后天繁难之学。不可不辨也。①

王龙溪继承了其师晚年的四句教"无善无恶是心之体，有善有恶是意之动，知善知恶是良知，为善去恶是格物"②，这四句教一方面总结了心、知、意三者的功能，另一方面统摄了本体与工夫，同时还强调了心体超越善恶的自由无滞义。王龙溪则特别突出了心体之至善，并用先天后天这两个概念与心意之概念相对应，并且强调，在道德践履中先天正心之学的易简和后天诚意之学的繁难，在一定程度上，这也是先天后天在心学修养论中产生的重要意义。当然，在邵雍人生哲学中，他固然强调呈现先天本体的重要性，强调以先天之心统摄后天之迹，但是基本上没有对后天加以论述，而这也正是王龙溪的进一步发展。

二 天根月窟之说

在王龙溪的心学视野中，先天后天之说就本体论和修养论而言，而天根月窟之说，则主要就修养论而言。天根月窟之说来源于邵雍《先天六十四卦圆图》。在此图中，复卦和姤卦较为关键，因为复卦代表一阳初生，姤卦代表一阴初起，宇宙运行变化正是从阴阳变化之几开始，而天根为坤复二卦之间一阳将生之处，月窟为乾姤二卦之间一阴将生之处，天根月窟分别代表一阳将生未生、一阴降生未生之际，是宇宙万物变动的起始，这

---

① 吴震编校整理：《三山丽泽录》，《王畿集》卷一，第10页。
② 王守仁：《语录三》，《王阳明全集》卷三，第117页。

是天根月窟所具有的宇宙论意义。另外，由于这两处阴阳将生未生，象征着本体大用在天地万物中的流行，所以天根月窟也蕴含着先天本体的意味。因为具有本体的意味，天根月窟也具有修养论的意义。邵雍在其《观物吟》中说道："耳目聪明男子身，洪钧赋予不为贫。因探月窟方知物，未蹑天根岂识人。乾遇巽时观月窟，地逢雷处看天根。天根月窟闲来往，三十六宫都是春。"① 其《月窟吟》说道："月窟与天根，中间来往频。所居皆绰绰，何往不申申。投足自有定，满怀都是春。若无诗与酒，又似太亏人。"② 显然，邵雍不但认为天根月窟蕴含着宇宙的规律，"知物"和"识人"必须研究天根月窟，而且在深刻体悟天根月窟所蕴含的本体生生之意之后，在生命中呈现本体，超越形迹之羁绊、私欲之遮蔽，那么就能达到安乐闲适的境界，这就是"满怀都是春"。可以说，在邵雍那里，天根月窟之说既具有宇宙论、本体论的意义，也具有人生哲学的意义。

王龙溪比较重视邵雍的天根月窟之说，他一方面认为天根月窟讲述天地造化的一阴一阳之道，另一方面则把天根月窟说纳入修养论中，并发展为"藏密应神"说。他对邵雍天根月窟的诠释如下：

或问天根月窟之义。先生曰："此是尧夫一生受用底本，所谓窃弄造化也。天地之间，一阴一阳而已矣。乾，阳物也；坤，阴物也。阳主动，阴主静。坤逢震为天根，所谓'复'也；乾遇巽为月窟，所谓'姤'也。震为长子，巽为长女；长子代父，长女代母。乾坤，先天也，自一阳之复而临、而泰、而大壮、而夬，以至于乾；自一阴之姤而遁、而否、而观、而剥，以至于坤，由后天以返于先天，奉天时也。根主发生，鼓万物之出机；窟主闭藏，鼓万物之入机，阳往阴来之义也。"

"古之人仰观俯察，类万物之情，而近取诸身，造化非外也。一念初萌，洪濛始判，粹然至善，谓之'复'。'复'者，阳之动也。当念摄持，翕聚保合，不动于妄，谓之'姤'。姤者，阴之静也。一动一静之间，天地人之至妙者也。夫'一阴一阳之谓道，继之者善'即谓之复，'成之者性'即谓之姤。复与姤，人人所同具，百姓特日用而不知耳。颜子择乎中庸，有不善未尝不知、未尝复行，无祇于悔，所谓复也。能择而守，拳拳服膺而弗失，所谓姤也。复者，阳乘阴

---

① 邵雍：《伊川击壤集》卷之十六《观物吟》，《邵雍全集》第四册，第 315 页。
② 邵雍：《伊川击壤集》卷之十七《月窟吟》，《邵雍全集》第四册，第 345 页。

也；姤者，阴遇阳也。知复而不知姤，则孤阳易荡而藏不密；知姤而不知复，则独阴易滞而应不神；知复知姤，乾坤互用，动静不失其时，圣学之脉也。尧夫所谓'丸'，即师门所谓良知。万有生于无，知为无知之知，归寂之体即天根也。万物备于我，物为无物之物，感应之用，即月窟也。意者动静之端，寂感之机，致知格物，诚意之功也，此孔氏家学也。"①

天根月窟是康节一生受用本旨。学贵得之于初，一阳初起，阳之动也，是良知觉悟处，谓之天根。一阴初遇，阴之姤也，是良知翕聚处，谓之月窟。复而非姤，则阳逸而藏不密；姤而非复，则阴滞而应不神。一姤一复，如环无端，此造化阖辟之玄机也，谓之弄丸。②

王龙溪认为"天根月窟"说是邵雍一生受用本旨，天根月窟以及《先天六十四卦圆图》本来是对天地造化的揭示，同时"造化非外"，即人身而可见天地造化，所以"天根月窟"说可以应用到修养论中。天根是一阳将起，对于人心来说，就是良知觉悟处，就是归寂之体，可见天根主要是就心之体而言；月窟是一阴将起，对于人心来说，就是良知翕聚处，就是感应之用，可见月窟主要是就心之用而言。心之体用不相分离，只感而不寂，则人心逸驰在外，不能藏密，只寂而不感，则人心阴滞好静，不能应神，所以天根月窟互不分离，即寂即感，即感即寂，心之体藏密而心之用应神，这就是"一姤一复，如环无端"。这就是王龙溪对邵雍天根月窟之说的继承和发展。不过，王龙溪对邵雍天根月窟说的发展也是比较明显的。邵雍之天根月窟对于人生哲学的意义，是从整体而言的，并没有特别区分天根月窟的不同性质和作用，天根月窟作为一个整体表现着一阴一阳将生未生之际，表现着先天本体的生生之意，而王龙溪则区分心之体用，并以天根月窟分别对应，同时又强调天根月窟不可分离，强调心之体用"即寂即感""藏密应神"不可分离，可以说是对邵雍天根月窟说的一个发展。

"藏密应神"说在心学中具有重要的意义。阳明心学在其流传中，有一部分儒者有"分动分静"的倾向，他们要么偏于虚寂之体，而不知感应之用，要么只有感应之用，而不知心之寂体，这种体用二分的倾向发展到极致，就是流于佛老或狂者。王龙溪的藏密应神说，正是为了纠正这种偏

---

① 吴震编校整理：《天根月窟说》，《王畿集》卷八，第185—186页。
② 吴震编校整理：《答楚侗耿子问》，《王畿集》卷四，第100页。

执一端的状况，提倡体用不分、即寂即感，最终把握良知虚寂之体和神化之用不可分的圆融境界。正因为如此，他称赞邵雍道："知复知姤，循环无穷，天地回旋，阴阳变化，邵子窃弄造化之微权，内圣外王之学也。"[1]

三 对王龙溪诠释的思考

在传统儒学史上，邵雍之学从产生之时起，就常常被他人视为"数学"，二程虽然钦佩他的境界之高，但对其学却敬而远之；邵雍后代虽然为其"辩诬"，但是他们对于邵雍之学的关键所在却体悟不深、语焉不详，并不能光大邵雍先天学；到了南宋，虽然朱熹对其学赞不绝口，视邵雍为北宋六先生之一，并第一次把邵雍易学提升到与四圣之易并列的高度，但是朱熹也仅仅是从象数易学的角度看待邵雍之学。邵雍先天学固然包含先天象数学，但是还包含先天学本体论。两者既有联系也有差异。先天象数学以易图为基础，以易数推衍为形式，建构了庞大的数理哲学体系，表达了邵雍对宇宙万物运行变化规律的认知；先天学本体论则对宇宙万物进行本体论分析，追问宇宙万物运化和存在的形上根据，这一追问的结果是对太极本体的阐发，同时又因为邵雍对天地之心作了本体诠释，认为心不但是宇宙的本体，而且也是人的价值本体，从而进一步把太极本体诠释为心本体。依靠心本体，邵雍的哲学思想达到了天人贯通、天人合一的高度和境界。显然，象数学与本体论的主要内容和建构目的都有所不同，但它们是同一个哲学体系的不同层面和不同部分，它们共同组成了邵雍先天学。但是，后人对邵雍先天学的主流解读，仅仅从象数易学的角度看待邵雍先天学，仅仅从自然哲学和历史哲学的角度看待邵雍先天学，可以说是对邵雍之学的一种误读。这种误读仅仅关注邵雍象数易学，而忽视了象数易学的深层论域，即以先天为核心的天人之学，而较早改变了这种状况的学者，正是王龙溪。

王龙溪对邵雍之学的解读核心在于贯彻"心"这一观念。他说："先天之学，天机也，邵子得先天而后立象数，而后世以象数为先天之学者，非也。"[2] 这里的"天机"，就是指作为心之本体的良知，就是先天之心。王龙溪认为邵雍"立象数"在后，"得先天"在先，"先天"和"象数"并不能简单混淆。王龙溪自己即超越邵雍之象数学，吸收邵雍先天学中的先天后天思想和天根月窟说，以建构并完善自己的心学体系。王龙溪又

---

[1] 吴震编校整理：《易测授张叔学》，《王畿集》卷八，第419页。
[2] 吴震编校整理：《南游会纪》，《王畿集》卷七，第154—155页。

说："《击壤集》中，无非发挥先天之旨，所谓别传，非耶。"① 这是认为邵雍之诗是对先天之旨的抒发，而所谓的先天之旨，也就是得证本体的心源之乐。邵雍自己说"《击壤集》，伊川翁自乐之诗也"②，又在诗中说"心源可乐是昭回"③，王龙溪如此解读邵雍的诗集，真可谓知邵雍者也。

当然，王龙溪并不认为邵雍之学毫无瑕疵，他说："尧夫与圣人之学，所入便已不同。圣人之学无尽，尧夫便觉有尽。圣学主于见性，以无欲为静，性无尽故学亦无尽。尧舜虽至历数倦勤之时，犹以人心道心危微为戒，精一之功，兢兢业业，未曾止息。尧夫自从静境入悟，五十求友于天，以为无淳可去，即此便是有尽处。尧夫数学精，凡事皆有成算，一切付之自然，与圣人裁成参赞、挽回世界之心较缓些子。圣人之心，肫肫恳恳，与世界常相关，时时痛痒切身，一体故也。悟得一体，而后可以议尧夫之学。"④ 这是从三个方面总结邵雍的不足，第一，邵雍主要是从静境悟入；第二，邵雍之学有尽；第三，邵雍有些沉溺于个人闲适，不能抱有挽回世界之心。王龙溪之所以如此认为，可能是和邵雍抱道不仕，给人以陶醉自我安乐而无心救世的印象有关。但综而论之，王龙溪对邵雍的评价是很高的，他认为邵雍之"先天"即心体，"先天之学"为正心，"丸"即良知，"弄丸"即致良知，从而强化了邵雍的心学思想，弱化了邵雍象数易学家的色彩，这种看法可以说是发前人所未发。而王龙溪的诠释，也为我们阐发邵雍的心本论，做了一种有力的旁证。

第二节　来知德立足太极之学对先天学的吸收与批评⑤

来知德（1525—1604年），字矣鲜，四川梁山（今重庆梁平县）人。自幼聪颖，27岁中举人，但其后会试失利，双亲也相继去世，从此无意仕进而究心于圣贤之学。来知德于诸经中尤重《周易》，浸淫二十九载而大有所获，著《周易集注》，震惊时人，成一代之书。在中国传统易学哲学发展史中，来知德易学占据了重要地位。来知德在易学史中的重要贡献在

---

① 吴震编校整理：《击壤集序》，《王畿集》卷十三，第344页。
② 邵雍：《伊川击壤集·序》，《邵雍全集》第四册，第1页。
③ 邵雍：《伊川击壤集》卷之九《金玉吟》，《邵雍全集》第四册，第147页。
④ 吴震编校整理：《书见罗卷兼赠思默》，《王畿集》卷十六，第473页。
⑤ 本节有部分内容曾经发表过，见赵中国《来知德易学三题》，《周易研究》2016年第5期；赵中国《论来知德学术根柢是太极之学》，《周易研究》2017年第6期。

于在易象领域获得突破，他在前人观念的基础上提出错综说，整合多种易图，并结合爻变和中爻观念，作为把握卦象解释卦辞的基本方法，表现出简洁且能自圆其说的特点。更可贵的是，来知德对于易象之产生、易象在宇宙本体论中的地位、易象之特征、易象之关联体系、易象与卦爻辞的关系、易象与义理的关系，皆有自觉而深入的论述，这就超越了简单的论象注经，而呈现出系统的以易象为中心的易学哲学体系。这是来知德易学相较于一般象数易学的深刻处，也是其易学的立定脚跟处。来知德对其易学充满自信，他在《周易集注序》篇末说："德因四圣之《易》千载长夜，乃将纂修《性理大全》去取于其间，更附以数年所悟之象数，以成明时一代之书。"[1] 勇于自评为"明时一代之书"，可见其于易学"舍我其谁"的气魄。

来知德易学立足于前人易学且具有很强的创新性，其易学思想体系可以分成三个基本组成部分，易图学、易象学和义理易学。这三个基本组成部分有一个共同的体现了深沉存在之思的哲学基础，即太极之学。来氏太极之学的理论结构，由理、气、数三个概念构成。其中理为本体，为万事万物存在的应然规律，气为变化流行的阴阳五行之气，数为形气变化过程中体现为数量特征的自然规律。理气数三者之间的关系是：理为本体、为主宰，但理不离气，有气则有一定之数。理、气、数三概念及其相关思想作为一个整体，表现了来知德对宇宙万物存在方式的思索，并凝结成为来氏学术的理论核心。这一理论核心进入来氏儒学论域，既以理、气、数成功解释宇宙、社会和人生，又以理气存在论为基础展开理欲之辨，进一步提出格物克己、躬行明德的修养方法，并指出天理流行的圣人境界。这一理论核心进入以来氏易图学、来氏易象学和来氏义理易学为基本构成的来氏易学论域[2]，太极之理成为来氏义理易学的目标和归宿，太极之气成为来氏易图学、来氏易象学的基础，太极之数（象数）成为来氏易象学的建构基础和基本内容。而从思想渊源看，来氏太极之学整合并发展了周敦颐的太极观、邵雍的太极观和朱熹的太极观，从而具备了更强的解释力。

本节首先介绍来知德的太极之学，其次展示来氏易象学转化吸收先天学部分易图的成果，再次展现邵雍人生哲学精神对来知德的巨大影响，最

---

[1] 周立升：《梁山来知德先生易经集注·周易集注原序》，《〈易经集注〉导读》，齐鲁书社2009年版，第59页。
[2] 《周易》为儒家五经之一，来氏易学本是来氏儒学的一个部分，但因为易学特殊的象数形式，造成了它和儒学其他部分有较大差异的话语特点和论域主题，所以，为了讨论方便，我们姑且把来氏易学从来氏儒学中拿出来单独论述。

后讨论来知德对邵雍先天学中先天后天观念的批评。

一　来知德学术根柢是太极之学

来氏太极之学是由理、气、数三个概念构成的理论结构，理气数各有其内涵，其中理为本体，为万事万物存在的古今不易的应然规律，气即变化流行的阴阳五行之气，数则为形气变化过程中的不因人之意志而改变的以数量为特点的自然规律，三者构成一个用以说明宇宙万物存在方式的理论结构。了解来氏太极之学，这个理论结构是重点对象。

（一）太极之理、气、数

来知德对太极为理的理解，基本上属于对朱熹观念的直接认同，如他说"太极者，至极之理也"①，又说"理乘气机以出入，一阴一阳。气之散殊，即太极之理各足而富有者也；气之迭运，即太极之理流行而日新者也，故谓之道"②，都是明确表示太极为理，并且太极之理不离气而存在。而朱熹也是如此表述的，"太极只是个极好至善底道理"③，"太极者，如屋之有极，天之有极，到这里更没去处，理之极至者也"④，"太极理也，动静气也。气行则理亦行，二者常相依而未尝相离也。太极犹人，动静犹马；马所以载人，人所以乘马。马之一出一入，人亦与之一出一入。盖一动一静，而太极之妙未尝不在焉"⑤。至于理之内涵，来知德说"理字与道字大抵相同，但道字就散见通行上说，理字则就当然恰好尺寸不可移易上说"，"天下古今所不易者，此理也"。⑥ 此所谓"不可移易"显示了理的客观性，类似于现代话语中的客观规律，但在紧接着对道理进行枚举时，来氏立即说："如父慈子孝君仁臣忠是道，然慈者乃为父当然不易之则，为人父止于慈，则父尽父道矣。孝者乃为子当然不易之则，为人子止于孝，则子尽子道矣。君臣亦然。"⑦ 显然，这是用价值之理代替了理。事实上，联系到来氏思想的整体，他所谓理，主要指人伦价值之理，同时也包含客观规律的意义。尚须指出，来知德关于太极之理的特征，还强调了"无声无臭""难以名状"的"形上"特点，如他说，"理寓于象数之中，

---

① 周立升：《梁山来知德先生易经集注》卷之十三，《〈易经集注〉导读》，第448页。
② 周立升：《梁山来知德先生易经集注》卷之十三，《〈易经集注〉导读》，第430页。
③ 黎靖德编：《朱子语类》卷第九十四，第2371页。
④ 黎靖德编：《朱子语类》卷第九十四，第2374页。
⑤ 黎靖德编：《朱子语类》卷第九十四，第2376页。
⑥ 来知德：《重刻来瞿唐先生日录·内篇卷四》，《续修四库全书》第1128册，第104页。
⑦ 来知德：《重刻来瞿唐先生日录·内篇卷四》，第104页。

难以名状"①,"阴阳之象,皆形也。形而上者,超乎形器之上,无声无臭,则理也,故谓之道"②,"此一阴一阳之道,若以天人赋受之界言之,继之者善也,成之者性也,此所以谓之道也。虽曰善曰性,然具于人身,浑然一理,无声无臭,不可以名状"③。太极之理的这一特征,就朱熹理气观而言,也是其中之义,"太极无形象,只是理"④,但是来知德把其抓出凸显,还有特别的意义,这是因为太极或天理无声无臭无形无象,所以在儒者修养过程中无法直接体认天理,而只可通过消解人欲来自然呈现天理,"遏人欲者,即所以存天理也。人欲既遏,则天理自然呈露,而情之所发,事之所行,皆天理矣!"⑤ 这是来氏儒学的基本主张之一。

更进一步,来知德太极之义又有超出朱熹之解释者。他说:"朱子说未有天地之先,毕竟先有此理。此句说得不是。有物方有理。程子说在物为理。说得是。"⑥ 这是认为,虽然承认"理为主宰",但这是理之重要意义,而绝不能把理之重要意义理解为存在的优先性。于此,来知德还强调主张"先有此理"的理论后果:"在造化上言理,曰太极,离不得天地万物,离了天地万物是老庄之说矣。"⑦ 如此,可以总结,在来知德的视野下,"有物方有理"、"太极虽理离不得气"、离不得物,理为主宰但不具有存在的优先性。

尚不止于此,来知德不但主张"太极虽理离不得气",而且他对太极作了拓展的理解:广义的太极,其实包含着气之存在。他说:"太极虽理离不得气,周子说'太极动而生阳,静而生阴'。此二句本于孔子'《易》有太极,是生两仪',此二句来不是有太极方有动静,太极即含动静,动静乃太极之本体,生阴生阳乃太极之流行也。"⑧ 这一段话很值得注意。因为依据朱熹理气观,理无动静,能动能静者为气,来知德却以太极即含动静,动静乃太极之本体,显然已经超越了太极只是理的规定,而把气也理解为太极之内涵。正是以此主张为前提,来知德说:"阳极于六则阴生,阴极于六则阳生,故五行旋相为本:冬水为春木之本,春木为夏火之本,夏火为中土之本,中土为秋金之本,秋金为冬水之本。五行旋相为竭:春

---

① 周立升:《梁山来知德先生易经集注》卷之十三,《〈易经集注〉导读》,第448页。
② 周立升:《梁山来知德先生易经集注》卷之十三,《〈易经集注〉导读》,第453页。
③ 周立升:《梁山来知德先生易经集注》卷之十三,《〈易经集注〉导读》,第430—431页。
④ 黎靖德编:《朱子语类》卷九十四,第2366页。
⑤ 来知德:《重刻来瞿唐先生日录·内篇卷二》,第32页。
⑥ 来知德:《重刻来瞿唐先生日录·内篇卷一》,第5页。
⑦ 来知德:《重刻来瞿唐先生日录·内篇卷四》,第84页。
⑧ 来知德:《重刻来瞿唐先生日录·内篇卷四》,第85页。

木竭冬水之气，夏火竭春木之气，中土竭夏火之气，秋金竭中土之气，冬水竭秋金之气。为母者，以气为本而生其子；为子者，因生而又竭母之气。一死一生，代谢遂成四时，此太极自然之气也。"① 如斯，在讨论完阴阳相生、五行旋相为本为竭这一气之流行过程之后，直接概括曰"太极自然之气"。这一概括，可谓是明确了太极为理亦函气的主张。

事实上，依据来氏太极图，太极不但函气，而且函数。只是，这个数并非独立之数，而是据"形气"而有之数，或者明确来说，数是阴阳之气和形物所具有的数量特征。来知德用"既有形气，即有象数"② 这一简练表述来申明这一观念。至于"象数"的具体内容，来知德非常简单地枚举和分析了天地之数、河图之位与河图之数、四象之数、乾坤之数、万物之数，并总结说"此太极自然之数也"③。据此，我们可以说，来氏太极之学的确还蕴含着数这一层面。但需要指出，来知德并非易学史中某些"数学派"的人物，试图构建一个庞大复杂的体系化的数模型，来解释和统摄宇宙、社会和人生。他虽然强调了太极函数，强调了数的重要地位，但对于数模型本身的研究和解释，只是点到为止，并没有用力专攻。他似乎在努力超越重数的观念，关于这一特点，在下文探讨修养方法时，我们会有更深的体会。

至此可以做一简要总结。来知德的太极之学，固然如朱熹一样，以太极为理，但他并不严格遵循理气虽不离但有别的观念，而进一步拓展了太极视域，提出"太极自然之气""太极自然之数"的概念，从而把气与数也纳入了太极之学。如此，来氏太极之学就呈现为一个由理气数三个概念构成的理论结构。当然，在易学家那里，理论结构常常可以用图形来表示。

（二）太极之学的形象表示：来氏太极图

来知德作《来氏太极图》（图8-1），用以形象地表示自己的太极之学。

此图在《周易集注》卷首，名为《梁山来知德圆图》，在《来瞿唐先生日录》一书中，此图也在第一卷开卷处，名为《太极图》，且少了"主宰者理、流行者气、对待者数"这些字。但二图本质为一图，为方便论述，我们称为《来氏太极图》。

---

① 来知德：《重刻来瞿唐先生日录·内篇卷四》，第85页。
② 来知德：《重刻来瞿唐先生日录·内篇卷四》，第85页。
③ 来知德：《重刻来瞿唐先生日录·内篇卷四》，第86页。

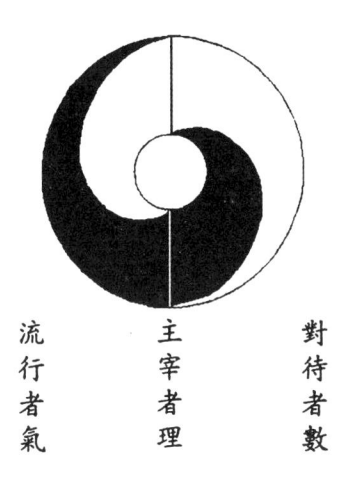

第八章　明代易学家对先天学论域的拓展　457

图 8-1　来氏太极图

《来氏太极图》与易学史中另外两个著名的太极图，即《周氏太极图》和《阴阳鱼太极图》，明显不一样，但也有联系。有学者认为，《来氏太极图》"乃胡一桂《文王十二月卦气图》和韩邦奇'维天之命''圣人之心'二图的进一步演化图。与韩邦奇二图比较，只不过是把中间圆圈变小而已"[1]。这种解释明显只是出于对两者几何形式上存在某种相似性而做出的论断，而忽略了《来氏太极图》的义理内涵，以及来知德的自叙。关于此图，来知德自叙道："此图与周子之图少异者，非求异于周子也。周子之图散开画，使人易晓，此图总画。解周子之图者，以中间一圈为太极之本体者，非也。图说周子已说尽了，故不必赘。"[2] 事实上，《来氏太极图》的核心内涵是理气观，而来氏自叙明显以《周氏太极图》而非其他易图为参照系来论说自己的太极图，同时，《周氏太极图》在朱熹的解释下，核心内涵同样是理气观。如果考虑到这两点，可以判定《来氏太极图》的源头主要是在朱熹解释之下的《周氏太极图》，而非胡一桂和韩邦奇相关易图。了解了这一点，才能抓住《来氏太极图》的义理内蕴。

我们前此已提出来氏学术的核心是太极之学，事实上，这不只是全面考察来氏学术及其整体逻辑结构而得出的结论，而且来知德本人就有直接的表述。太极图为圆形，又称"圆图"，于是他作《弄圆歌》，简要地表达

---

[1] 郭彧：《易图讲座》，华夏出版社 2007 年版，第 182—185 页。
[2] 来知德：《重刻来瞿唐先生日录·内篇卷一》，第 5 页。

了太极图的特征、重要意义，以及太极在宇宙社会和人生场域中的衍化历程。《弄圆歌》曰："我有一丸，黑白相和；虽是两分，还是一个。大之莫载，小之莫破。无始无终，无右无左。八卦九畴，纵横交错。今古参前，乾坤在坐。尧舜周孔，约为一堂。我弄其中，琴瑟铿锵。孔曰太极，惟阴惟阳。是定吉凶，大业斯张。形即五行，神即五常。惟其能圆，是以能方。孟曰弄此，有事勿忘。名为浩然，至大至刚。充塞天地，长揖羲皇。"[①]

在这段文字中，"我有一丸，黑白相和；虽是两分，还是一个"说明了太极图的几何形象；"大之莫载，小之莫破。无始无终，无右无左"说明太极图的神妙特征，大之无外、小之无内、始终左右皆不能形容；"八卦九畴，纵横交错。今古参前，乾坤在坐。尧舜周孔，约为一堂"呈现的则是太极图无所不包的特点，八卦九畴、古往今来、乾坤阴阳皆在其中，同时又符合"尧舜周孔"古圣之学的精神；"孔曰太极，惟阴惟阳。是定吉凶，大业斯张"申说了自己的太极之学与孔子《易传》的一致性；"形即五行，神即五常"阐说的是据太极图之理气观而有之人生的形神观，理气之气对应着人之形气，理气之理对应着天命之性理、神理，即五常；"惟其能圆，是以能方"强调的是太极本体与具体事物的关系，唯太极无形而神妙，所以能为万事万物之本体，圆为太极，方为事物，因圆而能成万方，若方则不能成万方；"孟曰弄此，有事勿忘。名为浩然，至大至刚。充塞天地，长揖羲皇"则显示着太极之学还具有修养论的意义，据之以体证涵养，直可与孟子心心相印。即此可见，太极图作为宇宙本体图式的深刻性及其内涵的丰富性、太极图在来氏学术中的核心地位、来知德对于太极图的重视和推崇。来知德又作《玩图》诗感慨："个中原有先天易，壁上新添太极图，日与抱羲相揖让，人间那得此凡夫！"[②] 即此诗又可见来知德日常对太极图的研悟，以及体证太极境界后的自认。总之，我们强调，认识到来氏学术的根柢是太极之学，并对其进行专门研究，对于通透把握来氏学术，具有积极的意义。

二 来知德易象学转化吸收先天学部分易图

和邵雍先天学关系较为密切者是来氏易象学。来氏易象学对卦象的产生、变化、关联以及在注经中的应用等进行了内容非常丰富的阐述。在易象学体系中，来知德继承了邵雍先天学的相关重要易图，但是却对其重新

---

① 来知德：《重刻来瞿唐先生日录·内篇卷一》，第4页。
② 来知德：《重刻来瞿唐先生日录·内篇卷二》，第39页。

做了诠释，所以我们说是"转化吸收"。

来知德的易象学体系，包括七个部分：第一部分，具有总摄地位的《来氏太极图》；第二部分，体现"错"之原则的伏羲易图和体现"综"之原则的文王易图，这部分特指《伏羲六十四卦圆图》《伏羲八卦方位图》与《文王八卦方位图》；第三部分，孔子所论八卦与六十四卦之产生诸易图，这部分特指《两仪图》（图8-2）、《四象图》（图8-3）、《八卦图》（图8-4）以及《八卦变六十四卦图》；第四部分，以伏羲八卦为基础所展开的诸卦之属卦、爻变卦的错综关联诸图，这部分特指《八卦所属相错图》《八卦六爻变自相错图》与《八卦次序自相综图》；第五部分，以文王八卦为基础所展开诸卦之属卦的相综关联诸图，这部分特指《八卦所属相综文王序卦正综图》《八卦四正四隅相综文王序卦杂综图》；第六部分，以六十四卦为基础，在"象""错""综""中爻""同体""情性""爻变"七个角度下对每卦进行推衍，从而使多卦能够关联起来的诸图，这部分特指"易学六十四卦启蒙"系列；第七部分，来知德对易象的深刻理解在注经中的应用，这部分体现在《周易》注释当中对卦爻象和卦爻辞之间关联的阐发。

来氏易象学，是来知德在卦象视域中对卦象变化及其蕴含天道规律的认知和表达。来氏易象学的七个部分，看似眼花缭乱，但存在有机联系。因为本书是以邵雍先天学为主题，所以下面对和先天学关系较大的第一部分、第二部分、第三部分进行介绍，至于第四、第五、第六、第七部分，其本质与先天学已经无关，而完全属于来知德自己的易象学，我们不再讨论。

第一部分，即《来氏太极图》，是太极阴阳变化规律的核心概括，占有统摄地位。其蕴含的道理包括不可分开的两个方面，一为理气象数关系，二为对待流行观念。其中，"主宰者理""对待者数""流行者气"，"主宰者理"表明其理本论立场，"对待者数"与"流行者气"是其宇宙论认知框架。综而言之，天地万物在理的主宰之下皆有对待、有流行，对待用数（象数）表示，流行则属于气之运行，对待与流行可以说明天地万物当下的运行态势。此图至简，但于本体论、宇宙论皆有揭示，因此成为来氏易象学的基础。来知德非常重视此图。他说：

> 此圣人作《易》之原也。理气象数、阴阳老少、往来进退、常变吉凶，皆尚乎其中。孔子系《易》，首章至"易简而天下之理得"，及"一阴一阳之谓道"、"《易》有太极"、"形上、形下"数篇，以至"幽赞于神明"一章卒归于义命，皆不外此图。或曰：伏羲文王有图

矣，而复有此图，何耶？德曰：不然。伏羲有图，文王之图不同于伏羲，岂伏羲之图差耶？盖伏羲之图，易之对待；文王之图，易之流行。而德之图不立文字，以天地间理气象数不过如此，此则兼对待流行主宰之理而图之也，故图于伏羲文王之前。①

这是自认为此图一方面与孔子《大传》之理相合，另一方面实能统摄《伏羲卦图》和《文王卦图》。事实上，来知德有如此自信的关键在于，此图能够表现理本论和气化宇宙论的基础观念，能够表现太极与阴阳两仪的基础意蕴，如此即占据了易学哲学思想体系的本原之处，自然能够左右逢源，自然能够位于诸图之前。而在这一部分，已经表现出他对《伏羲卦图》的理解为"易之对待"，对《文王卦图》的理解为"易之流行"，这已经属于朱熹的解释。亦正因如此解释，来知德才能置《来氏太极图》于前而统摄之。

第二部分，即《伏羲六十四卦圆图》《伏羲八卦方位图》与《文王八卦方位图》，这是传统的《伏羲圆图》和《文王圆图》，本属于先天图和后天图的范畴，但来知德消解先天后天观念，并对这些易图进行重新解释从而把其统摄到自己的易学体系中。来知德的新解释在于强调《伏羲圆图》体现了对待之理，《文王圆图》体现了流行之理。《来氏太极图》是来知德易学的根本，包蕴对待与流行之理，而其在易象视域中的进一步具体化，就是错与综、对待与流行，就是《伏羲圆图》和《文王圆图》。所以第二部分是第一部分的必然推论。具体而言，来知德在两个《伏羲圆图》后注道："此伏羲之《易》也。《易》之数也，对待不移者也。故伏羲圆图皆相错，以其对待也。所以《上经》首乾坤。乾坤之两列者，对待也。"② 具体到《伏羲八卦圆图》而言，乾坤"此三阳对三阴也，故曰'天地定位'"，坎离"此一阳对一阴于下，少阳对少阴于上也，故曰'水火不相射'"，艮兑"此太阳对太阴于下，一阳对一阴于上也，故曰'山泽通气'"，震巽"此一阳对一阴于下，太阳对太阴于上也，故曰'雷风相薄'"。③ 这是用对待来解释《伏羲圆图》。来知德在《文王圆图》后注道："此文王之《易》也。易之气也，流行不已者也。自震而离而兑而坎，

---

① 周立升：《梁山来知德先生易经集注·易注杂说诸图》，《〈易经集注〉导读》，第61页。标点参考张万彬点校《周易集注》，有改动。（来知德撰，张万彬点校：《周易集注》卷首上，《周易集注》，九州出版社2004年版，第3页。）
② 周立升：《梁山来知德先生易经集注·易注杂说诸图》，《〈易经集注〉导读》，第62页。
③ 来知德撰：《周易集注》卷首上《来图补遗》，《周易集注》，第46页。

春夏秋冬，一气而已。故文王序卦一上一下相综者，以其流行而不已也。"① 这是用流行来解释《文王圆图》。而总的来说，"盖有对待，其气运必流行而不已；有流行，其象数必对待而不移。……此处安得有先后？故不分先天、后天"②。如此，邵雍先天学视野中《伏羲圆图》与《文王圆图》的本义在来知德这里被忽略，他只是站在《来氏太极图》的视野下，对《伏羲圆图》与《文王圆图》的新意义进行标注，并把它们统摄到自己的易象学体系中。

第三部分，是孔子所理解的八卦和六十四卦产生之过程。关于八卦产生之过程，来知德采用邵雍"加一倍法"，强调其本质只是"加"，"右八卦，不过加太极、两仪、四象、八卦是也"③。从八卦到六十四卦，来知德采用汉易八宫卦和爻变理论，强调其本质"不过变"④，无论是加还是变，都表现了阴阳变化流行之理，同时解释了八卦与六十四卦的产生过程。

图8-2　太极生两仪图　　　　　图8-3　四象图

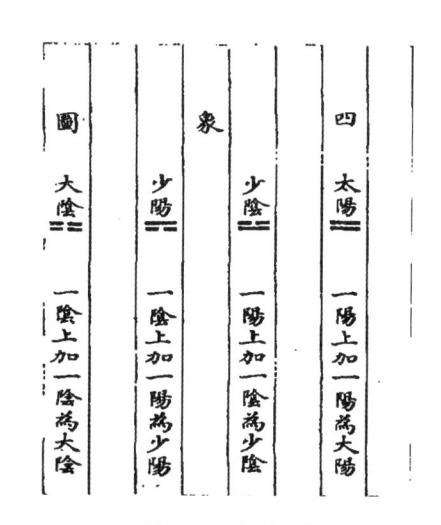

从八卦到六十四卦的过程，因为与传统先天学观念无关，本书不论。而就八卦产生过程而言，显然与邵雍先天学有关，但是来知德又说："若依宋儒说，一分二，二分四，四分八，八分十六，十六分三十二，三十二

---

① 周立升：《梁山来知德先生易经集注·易注杂说诸图》，《〈易经集注〉导读》，第63页。
② 周立升：《梁山来知德先生易经集注·易注杂说诸图》，《〈易经集注〉导读》，第63页。
③ 周立升：《梁山来知德先生易经集注·易注杂说诸图》，《〈易经集注〉导读》，第68页。标点有改动。
④ 周立升：《梁山来知德先生易经集注·易注杂说诸图》，《〈易经集注〉导读》，第68页。

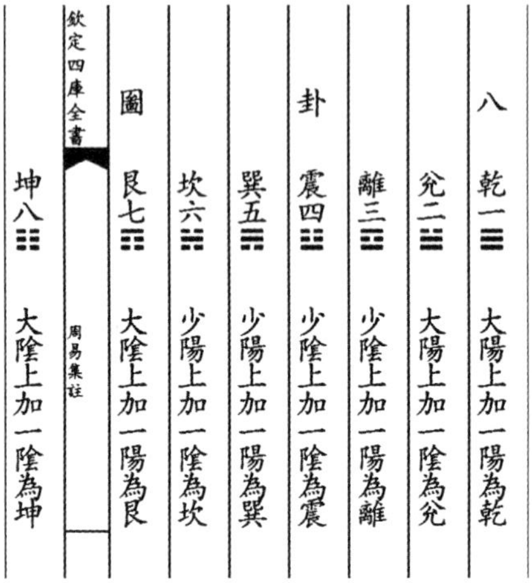

462　宋元明清易学史视野下的先天学研究

八	兑二 ☱	乾一 ☰
卦	离三 ☲	震四 ☳
图	坎六 ☵	巽五 ☴
钦定四库全书　周易集注	坤八 ☷	艮七 ☶

（按原图：八卦图，自右至左依次为：乾一 大阳上加一阳为乾；兑二 大阳上加一阴为兑；离三 少阴上加一阳为离；震四 少阴上加一阴为震；巽五 少阳上加一阳为巽；坎六 少阳上加一阴为坎；艮七 大阴上加一阳为艮；坤八 大阴上加一阴为坤）

图 8-4　八卦图

分六十四，是一直死数，何以为易？且通不成卦。"① 这是何意？在此需要指出的是，来知德的确吸纳了邵雍的"加一倍法"。从他的《太极生两仪图》《四象图》和《八卦图》来看，他明确主张太极生阴阳两仪，两仪之上各加一阴一阳而成太阳、少阴、少阳、太阴等四象，四象之上再各加一阴一阳而成乾、兑、离、震、巽、坎、艮、坤等八卦。所以，"二分四，四分八，自然而然，不假安排，则所谓'象'者，'卦'者，皆'仪'也"②。显然这一推演用的就是邵雍之法。但是，来知德站在阴阳变化之理的角度，认为八卦和四象的本质就是阴阳两仪，所以此法的精义在于阴阳之"加"而非阴阳之"分"，"加"体现了阴阳变化之妙，而"分"于理而言简直说不通，所以来知德才有"一分二，二分四，四分八，八分十六，十六分三十二，三十二分六十四，是一直死数，何以为易？且通不成卦"和"若邵子八分十六，十六分三十二，三十二分六十四，不成其说矣"③ 的说法。显然，来知德对于邵雍"加一倍法"是有批判的继承，是继承了其形式而赋予了新的意义，并非完全照搬。还需要提及的是，无论来知德如何解释八卦和六十四卦的产生，这一解释行为本身，就已经属于传统先天学的问题意识了。这也是来知德受到先天学强烈影响的表现。

---

① 周立升：《梁山来知德先生易经集注·易注杂说诸图》，《〈易经集注〉导读》，第 68 页。
② 来知德：《周易集注卷首上·来图补遗》，《周易集注》，第 45 页。标点有改动。
③ 周立升：《梁山来知德先生易经集注》卷之十三，《〈易经集注〉导读》，第 448 页。

综上所述，可见先天学之于来氏易象学的积极意义：第一，对邵雍先天学问题意识的吸收，体现在对八卦和六十四卦产生过程的阐述中，也体现在其易象学体系建构中；第二，对邵雍"加一倍法"的批判继承，体现在对八卦产生过程的解释中；第三，对朱熹先天学解释中所发明的"对待、流行"观念的吸收，体现在《来氏太极图》的建构和解释中，体现在其"错综"说中。由此可见，没有先天学意识和相关重要观念，来知德的易象学体系能否出现实未可知。

三　邵雍人生哲学精神对来知德有巨大影响

邵雍先天学对来知德的影响，不仅在于易学思想，还在于人生哲学。邵雍有自况诗："松桂操行，莺花文才。江山气度，风月情怀。借尔面貌，假尔形骸。弄丸余暇，闲往闲来。（小注：丸谓太极）"[1] 其尾句中"丸"即太极，"弄丸"即人生哲学中的体证太极。来知德模仿"弄丸"而有《弄圆歌》。《弄圆歌》为阐发《来氏太极图》而作，此圆就是太极，歌中有言："我弄其中，琴瑟铿锵。孔曰太极，惟阴惟阳。是定吉凶，大业斯张。形即五行，神即五常。惟其能圆，是以能方。孟曰弄此，有事勿忘。名为浩然，至大至刚。充塞天地，长揖羲皇。"[2] 这就又从太极阐发出人生修养思想。很明显，来知德"弄圆"与邵雍"弄丸"相类。事实上，来知德又自言"一日有四乐"，其中之一就是"玩太极"[3]，这就与邵雍"弄丸"更加一致了。来知德又自言："康节云，'心不过一寸，两手何拘拘；身不过数尺，两足何区区。何人不饮酒，何人不读书？奈何天地间，自在独尧夫'。某一生读书不忙，唯用此法。是以尝自在不觉劳苦，每日长欢喜，手舞足蹈而自得，以其心与理契也。"[4] 这种对精神自在身心安乐的追求，显然和邵雍安乐精神一脉相承。另外，来知德看淡名利，一生从不出仕，更是与邵雍相同。邵雍名其居为"安乐窝"，来知德书草堂名"快活庵"，邵雍有《安乐吟》，来知德有《快活庵吟》，邵雍有《喜乐吟》称"五乐五喜"："一乐生中国，二乐为男子，三乐为士人，四乐见太平，五乐闻道义。一喜多善人，二喜多好事，三喜多美物，四喜多佳景，五喜多

---

[1] 邵雍：《伊川击壤集》卷之十二《自作真赞》，《邵雍全集》第四册，第242页。
[2] 来知德：《重刻来瞿唐先生日录·内篇卷一》，第4页。
[3] 明古之贤等编：《太史来瞿唐先生年谱》，《明代名人年谱续编》第8册，国家图书馆出版社2012年版，第287页。
[4] 来知德：《重刻来瞿唐先生日录卷五·省觉录》，第125页。

大体。"① 来知德有《九喜榻记》称有"九喜":"一喜生中华,二喜丁太平,三喜为儒闻道,四喜父母兄弟寿考,五喜婚嫁早毕,六喜无妄,七喜寿已逾六十花甲之外,八喜赋性简淡宽缓,九喜无恶疾。"② 来知德又作《古诗》十六首,于"古诗"篇名之下,小注"亦名康节体"③。很明显,邵雍风范及其人生哲学对于来知德有巨大的影响,是以时人有说来知德"襟怀洒落如光风霁月,不拘拘绳趋尺步之间,其人品绝似康节"④ 者。

四 来知德批评先天学的"先天""后天"观念

来知德反对先天学,主要表现在两个方面:第一,对先天后天观念的反对;第二,对先天图后天图朱熹解释的反对。就前者而言,来知德于《乾·文言》"先天而天弗违,后天而奉天时"句注释中言:"'先天不违',如礼,虽先王所未有,以义起之。凡制耒耜、作书契之类,虽天之所未为,而吾意之所为默与道契,天亦不能违乎我,是天合大人也。'奉天时'者,奉天理也,后天奉天时,谓如'天叙有典'而我惇之,'天秩有理'而我庸之之类,虽天之所已为,我知理之如是奉而行之,而我亦不能违乎天,是大人合天也。盖以理为主,天即我,我即天,故无后先彼此之可言矣。"⑤ 这里的根本意思是,虽然某个事物是天所未为、先王未有,但只要后世"大人"之意与天道天理相一致,则后世"大人"所创制的事物必然也是与天道天理相一致的;立足于"大人"来看天道天理,这就是"天合大人";如果天有所为、先王法天有其制,则后世"大人"必然效法之,以合于天道天理,立足于天来看"大人",这就是"大人合天"。无论是"天合大人"还是"大人合天",其本质在于,天理才是天的根本,天或先王虽没有创制某具体事物,后人虽创之,但不能说"先天",因为此具体事物还是天理的体现,后人还是在法天,同理,所谓后天,也只是法天理而已。如此,来知德就通过凸显天理的根本地位,消解了所谓的先天、后天概念。来知德的这种解读,是成立的,是理本论视野下对先天后天观念的必然推论。邵雍先天学之根本视野不是理本论,他以先天指万物之本体,后天指万物之形迹,所谓先天学的根本在于呈现先天本体,

---

① 邵雍:《伊川击壤集》卷之十《喜乐吟》,《邵雍全集》第四册,第 191 页。
② 来知德:《重刻来瞿唐先生日录卷六·九喜榻记》,第 160 页。
③ 来知德:《重刻来瞿唐先生日录》外篇卷四,第 266 页。
④ 明古之贤等编:《太史来瞿唐先生年谱》,《明代名人年谱续编》第 8 册,第 292 页。
⑤ 周立升:《梁山来知德先生易经集注》卷之一,《〈易经集注〉导读》,第 136 页。标点参考张万彬点校本,有改动。(来知德撰:《周易集注》卷一,第 178—179 页。)

第八章 明代易学家对先天学论域的拓展 465

这从逻辑上来说也是成立的。但是本体一旦被解读为天理,所谓先天本体即为天理,如此,自然而然就不存在所谓"先天"概念,如果存在的话,那么何者先于理本体?这是说不通的。因此,邵雍先天学中先天、后天观念能够成立,并没有错,原因在于他的先天本体是相对于后天之形迹而言。而来知德反对先天、后天观念也成立,原因在于他是理本论,本体即是天理,无先于天理而存在者,自然不应该存在所谓的先天、后天观念。

就后者而言,来知德反对朱熹对先天图后天图的解读。在先天图后天图并列的时候,朱熹的一种重要解读是先天主对待,后天主流行。但来知德加以明确反对:"先儒不知对待流行,而倡为先天后天之说,所以《本义》于此二节皆云'未详'。殊不知二图分不得先后。譬如天之与地,对待也,二气交感生成万物者,流行也。天地有先后哉?男之于女,对待也,二气交感生成男女者,流行也。男女有先后哉?所以伏羲文王之图不可废一,孔子所以发二圣不载之秘者此也。"① 又言:"盖有对待,其气运必流行而不已;有流行,其象数必对待而不移。故男女相对待,其气必相摩荡,若不相摩荡,则男女乃死物矣。此处安得有先后?故不分先天后天。"② 这是认为,考察天地万物之实际状况,有对待必有流行,有流行必有对待,对待言其象数,流行言其气运,二者并不可分先天、后天,与之相适应,《伏羲卦图》和《文王卦图》也不应分别被称为先天图、后天图。事实上,来知德的这种主张,也是成立的。因为本然的状况就是对待在流行之中,流行在对待之中,两者不可分离,没有绝对的对待,也没有绝对的流行。来知德把这一实然状况点明,用来指出分判对待、流行的错误,的确是一个贡献。不过,需要指出的是,邵雍本身并没有以对待和流行解读先天图后天图,这其实是朱熹的解读,来知德把朱熹的解读当作了邵雍的本意。

经过以上两个方面的反对,可以说,来知德既反对了先天后天的观念,又反对了先天图后天图的分判,在一定程度上,先天学仿佛要被来知德消解了。但事实上,来知德非常推崇邵雍和朱熹,他只是不赞成两位先贤的某些观念,而在其易象学体系中,也都有传统先天图和后天图的重要地位。可以说,来知德在自己的易象学体系中,通过重新诠释而转化吸收了传统先天学的相关重要易图。

---

① 周立升:《梁山来知德先生易经集注》卷之十五,《〈易经集注〉导读》,第492页。标点有改动。
② 周立升:《梁山来知德先生易经集注·易注杂说诸图》,《〈易经集注〉导读》,第63页。

第三节　章潢天人一贯视野下的先天学诠释

章潢（1527—1608年），字本清，江西南昌人，明代著名儒者。自幼好学，建此洗堂于东湖之滨聚徒讲学，尚主白鹿洞书院讲席，立《为学次第》示学者，参与江西诸多讲会之会讲活动。利玛窦在南昌滞留期间考察过白鹿洞书院，记载道："院长是老翁章本清，在儒者中很有地位，我想他有一千多位弟子，他们不时聚会，他给他们致训词，指示给他们人生之道。"[1] 可见章潢在南昌一带儒者中的影响之大和地位之高。章潢与利玛窦结交并成为挚友，并请利氏登白鹿洞书院讲堂，宣讲西学，为中西文化交流也作出了较大贡献。晚年"从吏部侍郎杨时乔请，遥授顺天训导，如陈献章、来知德故事，有司月给米三石赡其家"[2]。可见章潢虽未出仕，但学问已经名闻京师。其与吴与弼、邓元锡、刘元卿并号江右四君子，同入《明史·儒林传》，黄宗羲所著《明儒学案》之"江右王门"下有"征君章本清先生潢"对章潢生平和学术加以介绍。

章潢不但是心学大儒，也是易学家。章潢易著有《周易象义》十卷，其中含《读易杂记》四卷，收入《四库全书存目》中，另《图书编》一百二十七卷，其中第一至第九卷是章潢易图学和易象学的系统表述，亦应属于章氏易著。章氏易学内容丰富、思想深刻。他的易学思想体系涉及造化与易的关系，象数与义理的关系，君子学易之大纲，详细阐发太极图、河图洛书与先天图后天图的易图学，并对前人的象数易学多有评判。在此易学视域背景之下，章潢理所当然地构建了自己的富于体系性并多有新见的先天学。章潢的先天学可约略分为以下几个部分：第一，太极观；第二，先天学；第三，后天学；第四，贯通太极、先天、后天的易学视野；第五，先天学视野下的心性之学。以下分述之。

一　太极为生化之源的太极观

章潢的先天学有一个基础，这个基础并不是先天图本身，而是太极图。章潢说："伏羲心法，妙在太极一图，以此洗心退藏于密，以此斋戒

---

[1] 汾屠立主编：《利玛窦书信集》，台北光启出版社、辅仁大学出版社1986年版，第206页。
[2] 张廷玉等撰：《列传第一百七十一·儒林二》，《明史》卷二百八十三，中华书局1974年版，第7293页。

神明其德，谓非有非无，无方无体，先天后天由此而出也。"① 这就肯定了太极图的基础性地位。但就其本质而言，太极图所蕴含的深层意蕴和先天图是一致的。

（一）《古太极图》

图 8-5　古太极图

关于《古太极图》（图 8-5）有两个问题需要提及，第一为何名"古"？第二，《古太极图》有两仪四象八卦之象。关于第一个问题，章潢说："言古以别夫今也。周子太极图，圈象本空，下图阴阳互根，五行相生，又指其中空圈为太极，虽与此图互相发明，未若此图原画自古先圣帝更浑涵耳。可见图有古今，太极何古今之有？予岂徒信古之图哉？信夫太极而已矣。"（《古太极河图洛书总说》，《图书编》卷一）所以，太极虽无古今，但是图有古今，两图内涵有差异，《古太极图》涵义更胜。

对于第二个问题，章潢说："总图即太极也，黑白即阴阳两仪，天地卑高贵贱动静刚柔之定位也。黑白多寡即阴阳之消长，太阴太阳少阴少

---

① 章潢：《三图总论》，《图书编》卷二，文渊阁《四库全书》本。

阳，群分类聚，成象成形，寒暑往来，乾男坤女，悉于此乎见也。以卦象观之，乾坤定位上下，坎离并列东西，震巽艮兑随阴阳之升降而布于四隅，八卦不其毕具矣乎。"（《古太极图说一》，《图书编》卷一）同时，章潢还强调了太极、两仪、四象、八卦共在的特征，"太极不过阴阳之浑沦者耳，原非先有太极而后两仪生，既有两仪而后四象八卦生也。又岂两仪生而太极遁，四象生而两仪亡，八卦生而四象隐，两仪、四象、八卦各为一物而别有太极宰其中统其外哉？"（《古太极图说一》，《图书编》卷一）有了这种认识，就与把太极视为宇宙发生的原始混沌状态有了区别。这说明了章潢的思想属于本体论认识而非宇宙论认识。

（二）太极五义

在易图系列中，《古太极图》被置于诸图之首，在先天学以及更宏大的哲学体系中，太极则为章潢思想的基础概念。章潢依据《古太极图》以及其他相关论述，阐发了太极五个方面的内涵：太极为天地生生之缊奥、太极只是阴阳（以乾为统）、太极贯通有无、太极函三为一和太极为象数之源。以下详论之。

1. 太极为天地生生之缊奥

与佛教以空为本、道家以无为本不同，儒家以生生为本："天地万物总是这个生机，一息不生则造化息矣，人生其间日用作止语默、周流变化，莫非此生机也。"[1] 而此生生或生机，正是以太极为基础而言，天地万物之生生，即此太极之生生，"凡两仪四象八卦吉凶大业俱由太极而生，故曰生生之谓易。苟不明太极，乌睹天地大生广生之缊奥哉？"[2] 章潢强调太极为生生之缊奥，也就肯定了太极为生化之源。但需要特别强调的是，章潢认为太极即在两仪以至万物之中，所以此生生之机即通过阴阳变化和万物流行而体现，他针对《古太极图》说："然太极、两仪、四象、八卦、吉凶大业，虽毕见于图中，而其所以生生者莫之见焉。其实阴阳由微至著，循环无端，即其生生之机也。"（《古太极图说一》，《图书编》卷一）所以阴阳变化之外别无太极，别无生生之机。

2. 太极只是阴阳（以乾为统）

太极为天地生生之缊奥，但太极并非远离万物而存在，即阴阳与万物

---

[1] 《续修四库全书》编纂委员会编：《读易杂记》卷四，《续修四库全书》第9册，上海古籍出版社2002年版，第565页。
[2] 《续修四库全书》编纂委员会编：《周易象义》卷六《易图象义引》，《续修四库全书》第9册，第471页。

即为太极，所以章潢明确说，"太极只是阴阳"①，"盈天地间，莫非太极，莫非易也，易即太极也"②。但是，虽然太极即是阴阳之浑沦全体，但阴阳之中有统有辅，所以有所区别，而其统即乾阳，其辅即坤阴，所以太极的本质，又由乾来体现。章潢说："易之为易，太极而已矣。太极，乾坤而已矣。乾坤，乾而已矣。何也？以卦象言之，☰即☷之虚其中者也。以形气言之，地即气之凝聚于天之中者也。岂特于乾曰资始，坤即曰资生，于乾曰乃统天，坤即曰乃顺承天而利牝马之贞，惟牝能顺承乎牡，方能资生之不穷哉！"③ 这是把太极归结为乾坤，乾坤归结为乾之一阳，而根本原因则在于就乾坤二者而言，坤亦为乾之特殊表现形式，"坤又只是乾体变化"④，"分阴分阳而阴即阳之翕也"（《古太极图说二》，《图书编》卷一），所以从本质而言，论乾坤即是论乾，从流行而言，乾统天、坤顺承天而有生生不穷。所以，"虽曰乾即阳、坤即阴，其实坤即顺承乎乾者也"⑤，"乾资物始，坤资物生，物固无二矣，故大哉乾元乃统天，至哉坤元乃顺承天，用九见群龙无首，用六利永贞，不其一而二、二而一乎！"⑥ 可见，乾坤阴阳之间关系的圆融说法，就是"一而二，二而一"，"二"论其异其交互之作用，"一"论其统论其同。

　　章潢强调以乾为统，一方面和乾德相关，另一方面也是传统社会价值观的体现。就乾德而言，"阳主变通，与时推移，周流六虚，变动不居，如神龙变化不可测也"，"天运元阳之气，混万象而无迹，圣蕴元德之精，应万变而无方，乃乾之道也"⑦。就传统社会价值观而言，阳统阴，夫为妻纲，"自一家言之，夫实有以统乎妇，自一极言之，阳实有以统乎阴，谓妇即夫、阴即阳，固不可谓夫自夫、妇自妇、阳自阳、阴自阴，岂知太极

---

① 《续修四库全书》编纂委员会编：《周易象义》卷六《古太极图》，《续修四库全书》第9册，第474页。
② 《续修四库全书》编纂委员会编：《周易象义》卷六《古太极图》，《续修四库全书》第9册，第474页。
③ 《续修四库全书》编纂委员会编：《周易象义》卷六《古太极图》，《续修四库全书》第9册，第475页。
④ 《续修四库全书》编纂委员会编：《周易象义》卷一《乾》，《续修四库全书》第9册，第281页。
⑤ 《续修四库全书》编纂委员会编：《周易象义》卷六《古太极图》，《续修四库全书》第9册，第474页。
⑥ 《续修四库全书》编纂委员会编：《周易象义》卷六《古太极图》，《续修四库全书》第9册，第475页。
⑦ 《续修四库全书》编纂委员会编：《周易象义》卷一《乾》，《续修四库全书》第9册，第279页。

者哉!"①

需要指出的一点是，在以乾为统，特别突出乾阳之后，似乎乾阳有超越太极之势，那么，乾阳与太极有何关系呢？章潢自己也注意到了这个问题，他自己假设问道："子谓六十四卦总只八卦，八卦总只乾坤，坤即乾之变体，乾六画只初一画尽之矣。然太极生两仪、四象、八卦而乾坤不在太极中乎？"当然，肯定不会出现太极与乾阳矛盾的情况，章潢解释道："非也。……若乾则统乎天也，统天外宁有太极无极哉！彼统天之乾，原无形体，如人之神虽寓于形骸，实统乎形骸，即太极先天所谓无声无臭之天载，无思无为之易是也。"(《学易总括》，《图书编》卷九) 这是说，乾能统天，乾与太极无极本不能相外，事实上，乾之本质也即太极先天之本质。乾即太极、先天，太极、先天即乾。太极为阴阳之浑沦，是论其全体，乾统天、太极即乾，是论其本质。这也是一种"一而二、二而一"的关系。

3. 太极贯通有无

太极为"一"，就其神妙一面而言，其与具体的万物有一定的差异，表现出无象无形的特征；就其即由万物之生生来体现一面而言，太极又即是万物，表现出"有"的特征。所以太极贯通有无，而不能以有或无的一端来局限太极。依据《古太极图》，章潢说："是图也，将以为沦于无邪？两仪四象八卦与夫万象森罗者已具在矣。抑以为滞于有邪？凡仪、象、卦画，与夫群分类聚森然不可纪者，曾何形迹之可拘乎！"(《古太极图叙》，《图书编》卷一) 所以《古太极图》恰能表现太极涵括有无的特征，无见其神妙无迹，有见其即在万物之中。"是故天一也，无声无臭何其隐也，成象成形何其显也，然四时行百物生莫非其於穆之精，神无方易无体不离乎象形之外。"(《古太极图叙》，《图书编》卷一) 有无并涵，隐显并存，万物之生生即是太极之神妙，"默识此图而太极生生之妙完具胸中，则天地之化机，圣神之治教，不事他求而三才一贯、万物一体备是矣。可见：执中，执此也，慎独，慎此也，千古之心传，传此也"(《古太极图叙》，《图书编》卷一)。显然，太极也贯通于人生之中，成为人的本质。

章潢主张太极贯通有无，还有其道器观意义。因为道本无形无迹，器即有形有迹，而道即太极之异名，所以道器关系，也即太极与万物的关系，有了太极贯通有无的思想，道器自然也相贯、相即。章潢说："一物

---

① 《续修四库全书》编纂委员会编：《周易象义》卷六《古太极图》，《续修四库全书》第9册，第475页。

各具一极,道外无器,器外无道"(《太极三才问》,《图书编》卷七),"天地间形上形下道器攸分,非道自道、器自器也,器即道之显诸有,道即器之泯于无,虽欲二之不可得也"(《古太极图叙》,《图书编》卷一)。这种道器相即而不可二分的观念,显然反对对形上形下的过多强调。在儒学史中,它与程颢形上即在形下之中的观念保持一致,而与程颐、朱熹所以然之道在万物之上的观念有别。

4. 太极函三为一

太极既然为阴阳之浑沦,为万物没有分化之"一",所以太极即为全体,而此全体,必然也包括天地人三才,而所谓天地人三才,只是在不同的角度下对太极的一种解读。所以,章潢说:"依据此全体,圣人为斯道计,所以竭心思以觉斯人也,无所不用其至。……极本非三也,不得已而谓之三极,欲人之全体太极,参天而两地也。其实○一而已矣。自其气之运行而高明以覆帱也,谓之天;自其质之凝峙而博厚以持载也,谓之地;自其气质之冲和灵秀而与天地并也,谓之人。自金木水火土而运之为五行,自乾坎艮震巽离坤兑而画之为八卦,自成象成形万有不齐而森而列之为万物,莫非此○也。"(《太极图》,《图书编》卷七)所以,天地万物虽然为万,但即此而为太极之"一",而太极之"一"自然包含万物,自然包含天地人三才。这就是"函三为一"的根本原因。"真识此者,不必追原太极未判之先、一元浑沌无声无臭,而只今形色具备,神气浑融。凡宇宙间物物顺其自然,我无所与,则所谓函三为一者,即此在矣。然则三才即太极也,太极即此○也。"(《太极图》,《图书编》卷七)

太极函三为一,还有一个意义,即天地人之"三"本身也即为太极。如此,天即太极,地即太极,人即太极,如此,太极之学就切实进入了人生之中而非外在与我无关之存在。章潢特别强调了这一点:

> 天道、地道、人道,列为三才,《易》之教也。正欲人竭才以顺性命之理,则人尽人道,人极立而成位乎天地之中矣。……反求诸身,或仰观天文,孰不谓天,此太极也。或俯察地理,孰不谓地,此太极也。……孰知太极备于天地,载诸图书,实各在当人之身,即所谓神明物情,即所谓性命之理,即所谓大本达道而生生不测民咸用之者也。果真自信人者天地之心,思自尽其才以求为天地立心,穷理者穷此,尽性者尽此,至命者至此,则以此经天,以此纬地,以此裁成辅相,庶乎人之才无愧于天地之才,人之道吻合乎天地之道,而定之以中正仁义立人极者在斯人矣。(《太极三才问》,《图书编》卷七)

可见，一旦觉知人即太极，则人通过彰显人生之太极，即此而能穷理、尽性、至命，即此而能经天纬地、体证天地之道，归结为一点，太极与人本来相即，这一点具有重要意义，"以太极言，不为尧存不为桀亡，凡人之才不才，固于太极无加损；以三才言，能尽其才，则极自我立，不尽其才，则不可以为人，而人能弘道，将谁诿哉？"（《太极三才问》，《图书编》卷七）

5. 太极为象数之源

太极为一，就其未分化之角度而言，即为浑沦之全体，本不可言象言数，但是太极必然分化，所以太极即为象数之源。章潢说："太极浑沦，安有所谓数也？然太极即一也，有一即有二，一神两化不可测也，是有太极即有阴阳，有阴阳即有五行，阴阳五行化生万物，其究可胜穷哉？"这是从太极之"一"的衍化的角度来看，由太极而有万物之象之数，另一方面，由"天地之变化无端，万物之生成不息，可见万物之生也，成也，不出乎五行之变化，而五行非他，即阴阳之大小也。要之，只是一阴一阳，百千万亿皆从此出，则数之终始虽不可测，而即此可以穷其源矣。信乎！万物一五行也，五行一阴阳也，阴阳一太极也。果能于太极穷神知化，于数学之精妙何有哉？"（《原数总叙》，《图书编》卷七）所以，在易学的视野下，认识到太极为象数之源，才能真正理解"数学"的本质，把握"数学"的精妙。

（三）《古太极图》的尊崇地位

依据章潢的看法，太极本为象数之源，本来无象、无形、无迹，但是何以又有有象有形的《古太极图》呢？他说："道必至善，而万善皆从此出，则其出为不穷。物本天然，而万物皆由此生，则其生为不测。包罗主宰者，天载也，泯然声臭之俱无。……盖凡有一毫人力安排布置，皆不可以语至道语至物也。况谓之太极，则盘天地、亘古今、瞬息微尘悉统括于兹矣，……是故天地之造化其消息盈虚本无方体无穷尽，不可得而图也，不可得而图者从而图之，将以形容造化生生之机耳。"（《古太极图说一》，《图书编》卷一）所以，《古太极图》是不得已而为之，圣人为之只是为了形容天地造化的生生之机，只是为了后学者有体证天道的津梁。

有了这样一个根本的内涵和目的，《古太极图》自然就在易图系列中占据了非常重要的地位，无论是在《图书编》还是在《周易象义》中，它都被置于诸图之首。而这，显然与一部分易学家推崇河图的观念不同。对此，章潢解释道：

《易》有太极，凡两仪、四象、八卦皆于此乎备具，故河图其数十而左旋相生，洛书其数九而右旋相克，《先天图》卦象对待不易，《后天图》卦象流行不停，要皆太极中两仪、四象、八卦变化之不可测者是也。虽《古太极图》浑浑沦沦，渊渊浩浩，本无象也，其象至于不可纪，本无数也，其数至于不可穷，岂特图、书、先后天图、《周易》卦爻皆从此出？彼上而天文，下而舆地，中而人情、物理、国家礼乐制度，千变万化孰非太极之运用哉？此《古太极图》所以为图、书之冠。惟于此图透彻其底里，则诸图皆在范围中矣。(《编首古太极图说》，《图书编》卷一)

这里的根本观点就是，河图、洛书、《先天图》、《后天图》、《周易》卦爻，皆是太极生生而有之两仪、四象和八卦的变化体现，视野如果更宽阔一点，则天地人三才之千变万化，也都属于太极的生化表现。如此，太极图必然占据非常重要的地位而被置于诸图之首。事实上，太极本为一，而其化生的事物则为万，本体与事物的关系既然呈现为一而万、万而一的关系，此一以及表现此一的易图占据重要地位，必然是自然而然的事情。

二　章潢的先天学

(一) 先天诸图的产生

先天诸图一般指先天四图，或先天五图。先天四图，指《先天八卦次序图》《先天八卦方位图》《先天六十四卦次序图》《先天六十四卦圆图》，先天五图则在以上四图的基础上加《先天六十四卦方圆图》。在易学史中，一般说先天图，即指先天四图。围绕先天诸图，首先有三个问题：先天诸图源自何人？先天诸图依何而画？先天与先天诸图的关系如何？

1. 先天诸图源自何人？

根据易学史通行的说法，先天学由邵雍而有，但有人认为邵雍学有渊源，他的先天图应该能被追溯至陈抟，但章潢强调先天诸图和《易传》相关语句的一致性，说明先天诸图应该来源于伏羲。他说：

先天四图，相传皆出自邵尧夫，邵得之李挺之，挺之得之穆伯长，穆伯长得之陈图南者，所谓先天之学也。殊不知吾夫子作《系辞大传》言"《易》有太极，是生两仪，两仪生四象，四象生八卦"，及言"八卦成列，因而重之"，即便是《八卦次序图》与《六十四卦次序图》也;《说卦传》言"天地定位,山泽通气,雷风相薄,水火不相射,八卦相错,数往者顺,知来者逆",即便是《八卦方位图》与《六十四卦方位图》也。伏羲四图当吾夫子时尚存,迨秦汉间或为方士所秘藏,至陈希夷先生始得之耳。(《先天六十四卦内方外圆图》,《图书编》卷二)

又云雷以动之,风以散之,雨以润之,日以暄之,艮以止之,兑以说之,乾以君之,坤以藏之,以此而证乎《六十四卦方图》亦无异也。(《先天诸卦图》,《图书编》卷二)

这是主张,即使先天诸图由陈抟邵雍一脉而显,但本有其悠久的历史,证据就是它们和《易传》相关论述若合符节。事实上,这种主张本身只是尊古观念的体现,邵雍先天学本身就有《易传》的基础,乃对《易传》相关论述进行创造性诠释,所以并不能用先天诸图和《易传》相关论述的一致性,来判定先天诸图产生于伏羲,这本质上是一种倒果为因的做法。章潢自己可能也意识到这种主张有武断的嫌疑,所以在其他地方又说:"夫图与《易》既不相悖,虽谓诸图画自伏羲亦可也。或者,是图传至秦汉时,为诸家所秘,迨尧夫始得之陈希夷,亦未可知。"(《先天诸卦图》,《图书编》卷二) 这里的语气,已经软化。

2. 先天诸图依何而画?

就易学的理论逻辑而言,先天学是易学的基础部分,所以先天诸图的产生,与大《易》的产生完全相关,两者是在一个论域中被加以阐述的。而易学家一般都认为,《易经》乃源于对天道的模写。章潢与此观念保持一致。他说:"夫《易》何为而作也?昔伏羲氏仰观俯察,见天地之间万事万物无不出于阴阳之变,而其理则本于太极者也,故由太极而两仪,由两仪而四象,由四象而八卦,由八卦而六十四卦,则时有消息,位有当否,而吉凶生焉,于是制为卜筮,以开物成务。"(《六十四卦横图论》,《图书编》卷二) 这是非常简洁的说法。说明了伏羲通过观察万物之道而画出八卦和六十四卦,同时强调画八卦的过程即是太极生两仪、四象和八卦的过程。如此而言,大《易》的初步产生,也即先天诸图的产生过程,二者本来为一,也都以天道运行为基础根据。

在此前提下,章潢强调了三点。第一,伏羲并非只则河图而画卦。章潢说:"盖伏羲非独则河图以画卦,盈天地间莫非阴阳之妙,伏羲仰观俯察,见阴阳有奇偶之数,故画一奇以象阳,一偶以象阴,见一阳一阴有各生一阴一阳之象,故自下而上再倍而三以成八卦,三画已具,八卦已成,则又三倍其画以成六画，而于八卦之上各加八卦以成六十四卦，此即画卦之所由起也。"（《先天八卦方位图》，《图书编》卷二）显然，这里采用《系辞传》和邵雍先天学相结合的说法。《系辞传》中说："古者庖羲氏之王天下也，仰则观象于天，俯则观法于地，观鸟兽之文与地之宜，近取诸身，远取诸物，于是始作八卦。"邵雍先天学则主张阴阳爻的依次画出。章潢两者并用。但并没有强调河图在画卦过程中的特殊意义，只是把它当作伏羲仰观俯察的对象之一。

第二，从逻辑上来说，太极、两仪、四象、八卦一时并有，并非四个可分离的存在。"盖自有太极即有两仪，有两仪即有四象，有四象即有八卦，……是乾、坤、坎、离、震、巽、艮、兑，即四象之阴阳上下多寡而画之为八；太阴、太阳、少阴、少阳，即两仪之阴阳老少而分之为四；一阴一阳，即太极之阖辟变化而分之为两。"章潢的意思是，八卦即四象之阴阳上下多寡，并非四象生出八个新事物；四象即两仪之阴阳老少，并非两仪生出四个新事物；两仪即太极之阖辟变化，并非太极生出两个新事物。所以章潢又说："非既有此太极，然后旋生两仪，而太极两仪判然各一其所，太极之外别生两仪，两仪之外尚别有一太极在也。亦非既有两仪，然后旋生四象，既有四象，然后旋生八卦，而四象之外有两仪，八卦之外有四象也。"章潢如此主张，有其本体论深意，这就是强调本体之道即在万物之中，而非万物之外的存在。他说："是易之道也，一而二、二而四、四而八、八而十六、十六而三十二、三十二而六十四，由此以至于无穷，虽析之万也，不见其为分，统之一也，不见其为合，总而名之生生之谓易也。"（《原卦画图》，《图书编》卷八）可见，就一而言为太极，就万而言为万物，一而万，万而一，这就是易道大全之本然面目。

第三，学习大《易》和先天图，要透过形式体悟其天道本体，不能仅仅停留在象数形式上。《周易》象数非常复杂，象数易学十分庞大，但象数易学有其天道基础，学习象数如果只看到象数而参不透天道，则是舍本逐末。因此章潢指出这一弊端："圣人未图未画之前，原有此太极两仪四象八卦，圣人不过因天地自然之法象而图之画之以示人耳。奈何后人因圣人之图书卦画，遂执名泥象，如何而为太极，太极如何而生两仪，有此两仪如何而为四象，有此四象如何而为八卦。虽曰穷理而理反为之晦，虽曰原卦而卦反为之淆。所谓周流六虚变动不居者反滞于象数，而人心之活物反支离于纸上之陈言矣。"（《原卦画图》，《图书编》卷八）

3. 先天与先天诸图的关系如何？

先天本指太极本体，无形无象，不可言不可说，先天"则于天且先矣，又何方体之可指也"（《先天诸卦图》，《图书编》卷二），但是先天学又有先天诸图，那么无形无象之先天本体与有形有象之图形之间的这种矛盾如何解释呢？章潢认为，虽然先天本体无形无象，但是先天诸图还是要画的，因为圣人教化世人用心良苦，"先天不可图也，不可图而不图，伏羲惧无以示天下，故以其不可图者寓于图以示之"（《先天六十四卦圆图》，《图书编》卷二），"在前圣，不过假图以示之意耳"（《先天诸卦图》，《图书编》卷二），显然，先天诸图是圣人的工具，圣人待先天诸图而欲示本体之蕴和圣人之意，"意使天下即图而求其所以然之故，则是不可图者庶乎缘图而并传"（《先天六十四卦圆图》，《图书编》卷二）。至于本体之蕴，章潢认为要即卦图中阴阳之消长而深思之，"图之所画阴阳而已矣，……一动一静，一顺一逆，昭然阴阳之象，是可得而图者也。至乎坤则静之极，逆之至气机敛于无，而造化几乎息矣。一阳之气又来复而为震，是孰使之然哉？是不可得图而假图示之意者也"，显然先天本体即阴阳何以如此生生不息者。正是基于此，章潢明确说："生生之谓易，先天者，生生之本也。"（《先天六十四卦圆图》，《图书编》卷二）

在这一前提下，章潢主张学习先天诸图，要超越卦图的形式而探寻卦图之意，"后人观图玩象，得意忘言，斯可以会其生生之蕴也。乃云乾南、坤北、离东、坎西、兑东南、震东北、巽西南、艮西北，确然以方位而排定之，是岂先天之旨哉？"如果"执名泥象"，则会"反以昧乎圣人之精"（《先天诸卦图》，《图书编》卷二），与道远矣。最重要的是，"因圣人之言以探其无言之秘，因天地之象以求其无象之真，盍会观先天后天图而融通之，造化不在吾掌握中乎！"（《先天后天总论二》，《图书编》卷二）

（二）先天学传统五图相关解读

1. 由《先天八卦横图》见阴阳尊卑

传统儒学一贯崇阳，章潢也不例外，而在《先天八卦横图》中，章潢分析了其中的阳尊阴卑之义。他说：

> 天尊地卑，阴阳固有自然尊卑之象，然于《易》上欲见其尊卑处，何者最为亲切？曰：自太极生仪、象、卦最可见，太极动而生一阳，然后静而生一阴，则阳已居先矣。至于阳仪之上生一阳一阴，先阳固宜也，阴仪之上当以阴为主矣，其生一阳一阴，亦以阳居先焉。又至于四而八，八而十六，十六而三十二，三十二而六十四，其生一阳一阴，莫不先阳而后阴。于是首乾终坤，乾不期尊而自尊，坤不期卑而自卑。于此见尊阳卑阴，非圣人之私意卦画自然之象，而亦造化

自然之位也。(《先天八卦横图》,《图书编》卷二)

这是根据《先天八卦横图》之成图过程中阴阳之位置而得出的结论。太极生两仪、四象、八卦,以至六十四卦,皆是阳居右、阴居左,乾为始、坤为终,这一生卦过程因为简单的规则和有序的结果,被认为是"自然"而非"人之私意"的、符合天道的过程,所以,此过程中所体现的先阳后阴,正是天道本来尊阳卑阴原则的必然表现。

2.《先天八卦方位图》

《先天八卦方位图》的相关解读。

第一,主张《先天八卦方位图》与《说卦传》相关。"是图也,果因《说卦》而为之乎,抑亦《说卦》因是图而说之乎?今不可知矣。若云两不相关,何图、《说》吻合之至于斯乎?夫天地定位,乾南坤北也;山泽通气,艮西北兑东南也;雷风相薄,震东北巽西南也;水火不相射,离东坎西也。此伏羲八卦之位,先天之《易》也。"(《先天八卦方位图说》,《图书编》卷二)。

第二,采用朱熹的说法,认为《方位图》由《横图》而来。"右伏羲八卦方位圆图,不过以前八卦横图,揭阳仪中乾兑离震居东南,揭阴仪中巽坎艮坤居西北。"(《先天八卦方位图》,《图书编》卷二)

第三,认为《方位图》隐含尊乾之义。"先天八卦对待以立体,如此其位则乾一坤八,兑二艮七,离三坎六,震四巽五,各各相对而合成九数。其画则乾三坤六,兑四艮五,离四坎五,震四巽五,亦各各相对而合成九数,九,老阳之数,乾之象而无所不包也,造化隐然尊乾之意可见。"(《先天八卦方位图》,《图书编》卷二)

第四,《横图》表现生卦过程,《方位图》表现卦气运行过程。"方八卦之在横图也,则首乾、次兑、次离、次震、次巽、次坎、次艮、终坤,是为生出之序,及八卦之在圆图也,则首震一阳,次离、兑二阳,次乾三阳,接巽一阴,次坎、艮二阴,终坤三阴,是为运行之序。生者卦画之成,而行者卦气之运也。"(《先天八卦方位图》,《图书编》卷二)

第五,四正卦为阴阳之中正,故居正位,兑震巽艮四卦为阴阳之偏,故居四隅。"乾坤阴阳之纯,非天地而何?坎离阴阳之中,非日月而何?惟四卦阴阳中正,所以居四正之位者此也。山耸而阳见于上,泽润而阴见于上,雷则一阳动于重阴之下,风则一阴鼓于二阳之下,四卦皆阴阳之偏,所以居四隅之位者此也。"(《先天八卦方位图说》,《图书编》卷二)

3. 《伏羲六十四卦横图》乃《先天八卦横图》逐层而生

《先天八卦横图》和《先天八卦方位图》只是以八个三画卦为对象的图形，不涉及六画卦，而《六十四卦横图》和《六十四卦方位图》，则以六画卦为对象，从三画卦如何变为六画卦，一般的说法为重卦，而重卦之圣贤，一般来说则是文王。但章潢认为重卦非文王之事，而乃伏羲之事。他说："伏羲画卦有次序，卦画自下而上，初画一奇一偶则阳一阴一而为两仪；两仪之上各生一奇一偶，则太阳一、少阴二、少阳三、太阴四，而为四象；四象之上各生一奇一偶，则乾一、兑二、离三、震四、巽五、坎六、艮七、坤八而为八卦；八而十六则两仪之上各加八卦，又八卦之上各加两仪也；十六而三十二，则四象之上各加八卦，又八卦之上各加四象也；三十二而六十四，则八卦之上各加八卦，下三画则八乾、八兑、八离、八震、八巽、八坎、八艮、八坤，上三画则乾一、兑二、离三、震四、巽五、坎六、艮七、坤八，各居八卦之上，皆自然不容已者，岂待文王而后重也？"（《六十四卦横图叙》，《图书编》卷二）显然，在章潢眼中，从一画、二画，以至三画、四画、五画、六画，本身就是一个一贯的过程，伏羲本能一气呵成，为何不把本为一体的工作完成而留待一半给后世呢？所以章潢特别强调："伏羲重卦，亦不是连将三画安顿在上，只是因八卦既成，又自八卦上逐卦各生一阳一阴，则八分为十六卦；十六卦上又各生一阳一阴，则十六分为三十二卦；三十二卦上又各生一阳一阴，则三十二分为六十四卦，而六画卦成矣。"（《伏羲六十四卦次序横图》，《图书编》卷二）如果把六画卦理解为三画卦叠加而成，则不符合自然之势。

4. 《伏羲六十四卦圆图》相关解读

第一，与《先天八卦圆图》来源于《先天八卦横图》的主张一样，章潢于此也继承朱熹了的观念，认为《先天六十四卦圆图》来源于《先天六十四卦横图》。他说："《伏羲六十四卦圆图》，亦就前《六十四卦横图》中，揭阳仪中前三十二卦自乾至复居图左方（自注：东边），乾在南之半，复在北之半，揭阴仪中后三十二卦自姤至坤居图右方（自注：西边），姤在南之半接乾，坤在北之半接复。……图既成后，坤、复之间为冬至子中，同人、临间为春分卯中，乾、姤间为夏至午中，师、遁间为秋分酉中，自合四时运行之序。……六十四卦虽其奇偶升降不齐，其实只是天地阴阳之升降焉耳，故曰一阴一阳之谓道。"（《先天六十四卦圆图》，《图书编》卷二）可见，从横图变化至圆图，更能表现阴阳变化之道，表现四时运行的过程。

第二，从内象、外象两个角度解读圆图，以展示其中阴阳交感之义。

所谓内象，即是圆图中内部三画所构成的八卦，对于此，章潢说："观《先天六十四卦圆图》之象，天地定位，乾南坤北，天尊乎上，地卑乎下，山泽通气，山镇西北，泽注东南，雷风相薄，雷出东北，风盛西南，水火不相射，离降而东（自注：大明日生于东），坎升而西（自注：小明月生于西），此以内象言，主乎静而镇位者也。"（《先天六十四卦圆图》，《图书编》卷二）这是论内象之八卦主静而象征镇位。其实，所谓镇位，正是指作为外象的基础。对于外象，章潢说："八卦相错，错者，交而互之，一左一右之谓，乾互巽而巽互乾，坎互兑而兑互坎，离互艮而艮互离，坤互震而震互坤，（自注：乾、兑、离、震，阳仪之卦，本在左方，今互居右方阴仪之上，坤、艮、坎、巽，阴仪之卦，本在右方，今互居左方阳仪之上，由是刚柔相摩，八卦相荡，而变化无穷焉。……）此以外象言，主乎动而趣时者也。"（《先天六十四卦圆图》，《图书编》卷二）这是指乾、兑、离、震四卦本在内象左方，但就外象而言，则交错而居右方内象四卦之上；巽、坎、艮、坤四卦本在内象右方，但就外象而言，则交错而居左方内象四卦之上。这种四阳卦和四阴卦的互相交错而居，本身就体现了"刚柔相摩，八卦相荡"的阴阳交感规律。

第三，有方有位与神易无方体。对于《先天六十四卦圆图》而言，六十四卦各有其方，各有其位，而不可乱，但是，神无方而易无体，两者之间的紧张如何解决？章潢说："虽然，神、易本无方体，如之何而可以方位限之也。盖八卦、六十四卦，皆自爻位之已成者言之，而用九用六，乃神易之道也，九六之用，周流六虚，生生不测，且无定爻定卦之可言，又何有于卦爻之方位耶？学《易》者知卦之方位所由定，而又知二用无爻位焉，或方或圆，动静不失其时，可与语《易》矣。"（《先天六十四卦方位图说》，《图书编》卷二）这是认为，有方有位之八卦六十四卦，是在已经成象情况下的表现，但是其中的阴阳变化之道，即用九用六之道，则是生生不息、神妙莫测的，两方面相辅相成，正所谓即方即圆、即动即静，而这恰是易道的神妙之处。

第四，《先天六十四卦圆图》的阴阳交感义和太极义。圆图的阴阳交感义不但体现在内象外象中，而且体现在每一画之中。"由内而外，一分为二，为第一画，左第一画三十二阳，右第一画三十二阴"；至第二画之时，"左十六阳交于右，右一十六阴交于左"；至第三画时，"左八阳交于右，右八阴交于左"；至第四画时，"左四阳交于右，右四阴交于左"；至第五画时，"左二阳交于右，右二阴交于左"；至第六画时，"左一阳交于右，右一阴交于左"。显然，六画之中阴阳层层相交，愈交愈细，正是

《系辞传》"一阴一阳之谓道"的鲜明写照。同时，在章潢的视野中，太极即为阴阳之浑沦，由圆图所表现的"一阴一阳之谓道"而言，正可言"全图统观一太极也"，这又是圆图的太极义（《先天六十四卦方位图说》，《图书编》卷二）。

第五，《先天六十四卦圆图》有"对待之迹、流行之序、化生之机、先天之用"四义。所谓对待之迹，是指圆图中左半三十二卦与右半三十二卦的阴阳相对，"复至乾为卦三十二，奇爻一百一十二象，阳动居左，姤至坤为卦三十二，偶爻一百一十二象，阴静居右，对待之迹也"，强调对待之迹，是为了说明万事万物中的相对性存在，如"四时之布，万物之偶，尊卑贵贱之列，兴衰治乱之分辨，此矣"。所谓流行之序，是指圆图中阴阳消长所体现的生生不息，"坤复相禅，乾姤相遇，终则有始，流行之序也"，坤复相禅为阴极盛而阳生，乾姤相遇为阳极盛而阴生，都是阴阳生生的表现。强调流行之序，还有说明万事万物发展不停的目的，"日月之代明，四时之错行，元会运世皇帝王伯之继绪，辨此矣"。很显然，关于对待和流行这一对概念，章潢在很大程度上是继承了朱熹的观念。所谓生化之机，是指生生不息的过程中，并非只动不静，而必然有"反"有"静"的阶段以养"动"，此由静而动之际，就是天地造化的生化之机。"凡物，华液不凝则果实不坚，果实不坚则精气不胎，而形化息。造化，霜降不涸则强阳不敛，强阳不敛则灵根不固，而化机竭。故反者物之命也，静者动之原也，所以乾必反坤而后震可复也，生化之机也。"生化之机非常重要，正是有了生化之机，才有发展的延续性。但是，生化之机还不是造化的根本，它虽然非常重要，但只是本体的大用呈现，而本体则是对待之迹何以如此者、流行之序何以如此者、生化之机何以如此者，事实上，这就是太极，这就是先天之用。"虽然，一屈一伸而感通，孰通之？必有渊然退藏者在也。犹之橐籥然，一翕一辟而风生，孰生之？必有虚而不屈者在也。则先天之用也。"（《先天方圆图义》，《图书编》卷二）正是有了太极即先天本体的大用，天地万物才得以大化流行、生生不息。

5.《六十四卦方图》相关解读

第一，采用朱熹的说法，认为《六十四卦方图》来源于《先天六十四卦横图》。"然而此图不过以前大横图分为八节，自下叠上而成，第一层即横图自乾至泰八卦，第二层即横图自履至临八卦，以至第八层即横图自否至坤八卦。"（《六十四卦方图》，《图书编》卷二）更进一步，此图则源自邵雍对《说卦传》的解读："究其义，则自邵子据《说卦》雷动风散，雨润日烜，艮止兑说，乾君坤藏，以发明之，谓震巽在一图之中，由震一阳，次离次兑之二阳，以至乾之纯阳，由巽一阴，次坎次艮之二阴，以至坤之纯阴，皆由中以达乎外也。"(《六十四卦方图》，《图书编》卷二)

第二，此图与邵雍"皆由中起"之义互相发明。"谓震、巽在一图之中，由震一阳，次离次兑之二阳，以至乾之纯阳，由巽一阴，次坎次艮之二阴，以至坤之纯阴，皆由中以达乎外也。此图'皆由中起'一语，真足以尽其义矣。"(《六十四卦方图》，《图书编》卷二) 图之中即为震巽二卦，震一阳生，巽一阴生，由处中之一阳生一阴生而有八卦，而有六十四卦，所以有邵雍所谓"皆有中起"之义。

第三，于此图可见乾君坤藏之义。所谓乾君坤藏，就是在六十四卦之中，乾坤所处的特殊主导地位。章潢说："圆图乾本在南，今居西北，自乾直上至否而居其西者，皆乾之外八卦，自乾横过至泰而居其北者，皆乾之内八卦也。圆图坤本在北，今居东南，自坤直下至泰而居其东者，皆坤之外八卦，自坤横过至否而居其南者，皆坤之内八卦也。是乾坤一定其位，而兑、离、震、巽、坎、艮咸在其内，六十四卦悉由乾坤以为包罗矣。所谓乾君坤藏之义，不于兹而识之乎。"(《六十四卦方图》，《图书编》卷二) 可见，在方图中四边二十八卦，北边八个六画卦，下卦皆为乾；西边八个六画卦，上卦皆为乾；南边八卦六画卦，下卦皆为坤；东边八个六画卦，上卦皆为坤；而其余之卦则全在这二十八卦包含之中，而这正是乾君坤藏的形式表现。基于此，章潢又说："可见乾君者，六十四卦所由君也。坤藏者，六十四卦所由藏也。惟其君而藏也，故雷动、风散、雨润、日烜、艮止、兑说，六子纵横于其间，皆君、藏之用也。"(《六十四卦方图》，《图书编》卷二) 所以，六十二卦以及六子卦的动用纵横，本质上就是乾坤之用，这就是乾君坤藏的核心意义。

第四，坤之藏密义。以上的乾君坤藏之义，是强调乾坤二卦的主导地位。事实上，章潢还对坤卦进行了单独阐发，突出了坤卦本身所具有的藏密之义。这源于对方图中乾坤对角线上其他六卦的独特解读。针对震巽、坎离、艮兑这六卦及其变化，章潢认为这六卦代表三种事物，"曰风雷，天地之神也；水火，天地之精气也；山泽，天地之形也"。这三种事物各有其特征，并决定了象征它们的六卦所处的位置："神者变，变者动，动者躁，躁则欲其藏以密也，故震、巽、恒、益居最中"，这是指震巽主动，动则欲其静，则处于图形之中，震、巽所构成的恒、益二卦也处于这个位置；"精气在动静之间，神所依也，故坎、离、既、未次之"，这是指坎离象征精气，处于动静之间，所以二卦及其构成的既济、未济二卦在震、巽、恒、益四卦之外；"形则恒，恒故不变，精气所舍也，故山、泽、咸、损又次之",艮、兑二卦象征山、泽,已为物形,所以二卦及其所构成的咸、损二卦又处于坎、离、既济、未济之外。但总的来说,以上十二卦,又在乾坤二卦之内。同时,就动静而言,万事万物之动,莫不藏于坤之密,正因为坤之藏密,才有动静,才有事物的产生,所以"方图者,其坤藏之义乎!凡物之躁动者,未有不藏于坤者也。故人之思机藏于腹,形气固藏于外。风雷潜动乎中,静无而动有,用器之道存焉耳"(《先天方圆图义》,《图书编》卷二)。

(三)先天学中的一个重要问题:如何解读顺逆

在《周易·说卦传》中有此一句:"天地定位,山泽通气,雷风相薄,水火不相射,八卦相错,数往者顺,知来者逆,是故易逆数也。"在先天学产生之前,对于其中顺逆的问题,多指顺数过往之事,逆知未来之事,并且与易图无关。比如韩康伯说:"作《易》以逆睹来事,以前民用。"[1]又如孔颖达说:"故《易》之为用,人欲数知既往之事者,《易》则顺后而知之;人欲数知将来之事者,《易》则逆前而数之,是故圣人用此易道,以逆数知来事也。"[2] 两种说法保持一致。而考之《说卦传》,这基本上就是本义。但从先天学产生开始,关于顺逆的问题逐渐出现了另一种理解。邵雍自己也提及顺逆问题,他说:"八卦相错者,相交错而成六十四卦也。数往者顺,若顺天而行,是左旋也,皆已生之卦也,故云数往也;知来者逆,若逆天而行,是右行也,皆未生之卦也,故云知来也。夫《易》之数由逆而成矣。此一节直解图意,若逆知四时之谓也。"[3] 这里在天道左旋的基础上,对《先天八卦圆图》进行解释:以左旋而读图,则皆为"已生之卦",以当下观"已生",则为"数往";以右行而读图,则皆为"未生之卦",以当下观"未生",则为"知来"。但是,一旦结合先天圆图,马上就会发现问题,因为左旋读图,恰好不是"已生之卦"序列,而是震一阳生、离兑二阳、乾三阳、巽一阴生、坎艮二阴、坤纯阴所表现的"未生之卦"序列,当为"知来"而非"数往"。与之相应,右行读图,恰好是"已生之卦"序列,而非"未生之卦"序列,当为"数往"而非"知来"。针对这种问题,邵雍没有作进一步说明。后来朱熹对之有了另一种解读:"以横图观之,有乾一而后有兑二,有兑二而后有离三,有离三而后有震四,有震四而后有巽五、坎六、艮七、坤八亦依次而生焉。此《易》之所

---

[1] 王弼:《王弼集校释》下册,第577页。
[2] 《十三经注疏》整理委员会整理:《十三经注疏·周易正义》,北京大学出版社1999年版,第327页。标点有改动。
[3] 邵雍:《观物外篇上》,《皇极经世书》卷十三,第515—516页。

以成也。而圆图之左方，自震之初为冬至，离、兑之中为春分，以至于乾之末而交夏至焉，皆进而得其已生之卦，犹自今日而追数昨日也，故曰'数往者顺'。其右方，自巽之初为夏至，坎、艮之中为秋分，以至于坤之末而交冬至焉，皆进而得其未生之卦，犹自今日而逆计来日也，故曰'知来者逆'。然本《易》之所以成，则其先后始终如横图及圆图右方之序而已，故曰'易逆数也'。"①这种解读，把圆图左半部分，解读为"数往者顺"，因为由震四而离三兑二，以至于乾一，为追寻"已生之卦"；把圆图右半部分解读为"知来者逆"，因为由巽五而坎六艮七，以至于坤八，为追寻"未生之卦"。这种解读因为朱熹的地位，在后世影响较大。但这种解读有两个明显缺陷：第一，先天图半边顺半边逆，从形式上来说没有保持全图一致；第二，这里的"已生""未生"皆指卦而言，却又按照冬至、春分、夏至、秋分、冬至去数，而按照这个时间过程去数，本身就是"知来者逆"，这个圆图中一半顺一半逆，明显矛盾。对于这两个问题，朱熹都没有作进一步讨论。

章潢明确不赞同朱熹的解读，他说："先儒谓此为伏羲卦位，先天之学，且未敢辨。然注云，起震而历离兑以至于乾，数已生之卦也，自巽而历坎艮以至于坤，推未生之卦也，是以震离兑乾为数往，以巽坎艮坤为知来。其意谓阳顺而阴逆也。但据一图而以半为数往之顺，半为知来之逆，谓之为易道也，其果然欤？"（《易知来数往图》，《图书编》卷五）这是认为朱熹以图之一半为顺一半为逆的主张不符合易道。那么，什么是符合易道的解读呢？章潢提出了自己的解读。他说：

> 由初画之震历兑、离而至于纯阳之乾，由初画之巽历艮、兑而至于纯阴之坤，逆以知来也。何也？知一阴必至于纯阴，知一阳必至于纯阳，皆未来者也。由坤之纯阴而反之坎、艮，原起于一阴之巽；由乾之纯阳而反离、兑，原起于一阳之震；顺以数往也。何也？因终以反归于始，由极盛以反归于初生，皆已往者也。是全图一也。由左观之，阴阳皆逆也，由右观之，阴阳皆顺也。以图之半边阳为顺，半边阳为逆，恐未然。②

---

① 朱熹：《易学启蒙》卷之二，《朱子全书》第1册，第238页。
② 《续修四库全书》编纂委员会编：《读易杂记》卷一，《续修四库全书》第9册，第519页。

章潢的这种解读，以阴阳由微至著的顺序为基础，认为未生者为来，已生者为往，由震历离、兑而至乾，由巽历坎、艮而至坤，为未生方向，为知来，反之，则为已生方向，为数往。如此，就对"知来""数往"加以了合乎时间发展过程的说明，同时保证了全图顺逆的一致。这种解读，明显比朱熹半边顺、半边逆的解读更加有说服力。而与邵雍的解读相比，章潢的解读似乎有一个问题，这就是邵雍论顺逆，是指以天道左旋为基础的"顺天而行"还是"逆天而行"，而章潢的解读，顺逆并非这种意义，而是时间发展序列中"顺以知往""逆以知来"的意义。章潢专门介绍了自己的这种顺逆之意："试以顺逆二字之义言之，如时当半夜，自今亥时数至昨日之午，自昨日巳时数至昨夜之子，皆数往也，顺也，所谓苟求其故，千岁之日至可坐而致是也。自今子初推至明日巳末，自明日午初推至明夜亥末，皆知来也，逆也，所谓成败利钝非臣之明所能逆睹是也。"（《易知来数往图》，《图书编》卷五）这种顺逆解读，以时间发展过程为基础。按照这种角度，则"左旋则总为知来，右旋则总为数往"（《易知来数往图》，《图书编》卷五），所以左旋为"逆"，右旋为"顺"，似乎与天道相背。但是，邵雍之顺逆虽然以天道为基础，可是在具体解读中出现了与图形本身相矛盾的情况。而章潢避而不谈以天道左旋为基础的所谓顺逆，只是以图形本身为基础，纳入时间发展维度，倒是完全能自圆其说。同时其顺逆之意，与《说卦传》中"数往者顺，知来者逆"完全一致。可以说，在这一点上，的确要比邵雍之解和朱熹之解高明。

还需要特别指出，以上是章潢针对《说卦传》原文以及邵雍、朱熹相关解读的一种主张。他关于顺逆，还有另外一种主张。他说：

> 以圆图顺逆言之，自复至乾，阳变阴也，皆从下而上，复一阳、临二阳、泰三阳、大壮四阳、夬五阳、乾六阳；自姤至坤，阴变阳也，皆从下而上，姤一阴、遁二阴、否三阴、观四阴、剥五阴、坤六阴，总之，顺而左旋也。……然左右顺逆，其气之与数又不齐焉。自子一阳生而为复，左旋至乾，气顺也。自乾一至震四，逆天右行，数逆也。自午一阴生而为姤，左旋至坤，气顺也。自坤八至巽五，逆天右行，数逆也。……且卦数虽始乾一终巽五，逆天而行，然卦气则始冬至复终大雪坤，实顺天而行。盖卦数之元自乾始，卦气之元自复始也。……盖由气左行数右行，以气顺而观，则其数已往，以数逆而观，则其气方来也。（《先天方圆图顺逆总论》，《图书编》卷五）

这是说，观先天圆图，有两种角度，一种论气之消息，另一种论数之运行：论气之消息，则从复卦一阳生，临卦二阳生，以至乾六阳，从姤卦一阴生，遁卦二阴生，以至坤六阴，这是阴阳二气之生长循环，是天道左旋的体现；论数之运行，则乾一、兑二、离三、震四、坤八、艮七、坎六、巽五，由乾一而始，巽五而终，表现出右旋而逆的特征。如果顺气之势而观数，则由震四始，而历离三、兑二、乾一、巽五、坎六、艮七至于坤八，表现出顺数"已往之数"的特点，如果顺数之运行以观气，则坤三阴始，而历艮坎二阴、巽一阴，乾三阴、兑离二阳、震一阳，可以看到阴阳之气"方来"的特点。显然，这里的顺逆之意与前面以时间发展为基本内涵的顺逆有所差异，这里的顺逆主要考察了以天道左旋为基础的，阴阳之气的消长状况，以及卦数的变化状况。前面被忽略的天道左旋，在这里被重新纳入了视野，形成了另外一种顺逆之意。

三 章潢的后天学

（一）后天诸图大义

1．《后天八卦方位图》两义

第一，《后天八卦方位图》的流行之义。后天八卦图与先天八卦图的不同在于方位的不同，后天八卦何以有此方位，章潢进行了诠释。他说：

> 震位东，天三生木，阳之稚也，于时为春；巽东南，春夏之交，地八之位，木生火也；离位南，地二生火，阳之盛也，于时为夏；坤西南，夏秋之交，天七之位，土生金也；兑位西北，地四生金，阴之稚也，于时为秋；乾西北，秋冬之交，天九之位，金生水也；坎位北，天一生水，阴之盛也，于时为冬；艮东北，冬春之交，地六之位，土孕木也。四象生八卦，八卦四时也，两仪生四象，四时二气也，土为冲气，故位于阴阳之交也。四时相推，八卦流行，循环无穷，生生不已，后天八卦流行以致用又如此，天地之间有对待之体，必有流行之用。（《后天八卦方位图》，《图书编》卷二）

显然，这里的思路，是结合河图的天地五行之数，以及春夏秋冬四时之运行，对后天八卦的方位进行了阐发。而其中的关键，在于四时本身就体现了天道流行，后天八卦通过五行与河图相符，与四时变化相合，正说明了自身的流行之用。这是和先天八卦图的一大不同之处。

第二，后天八卦"居旺之地"。先天八卦和后天八卦的方位毕竟不同，为何有这种不同，章潢有一种解释是："在先天则居生之地，在后天则居旺之地。"如，对于离卦而言，"离为日，大明生于东，故在先天居东，日正照于午，日中时也，故在后天居南"，对于坎卦而言，"坎为月，月生于西，故在先天居西，月正照于子，夜分时也，故在后天居北"。至于其他六卦，"皆以生旺为序"，"正南午位，离火旺焉；正北子位，坎水旺焉；震木旺于卯，故震居东；兑金旺于酉，故兑居西；土旺中央，故坤位金火之间，艮位水木之间；兑阴金，乾阳金，故乾次兑居西北；震阳木，巽阴木，故巽次震居东南"。事实上，后天八卦之所以居于旺地，是八卦的五行属性与五行的方位相匹配的必然结果。实质上，这和后天八卦流行之义的内在逻辑是一样的。所以章潢在说明《后天八卦方位图》这一特征之时，又提及"皆以五行生旺为序，此所谓易之用也"（《后天八卦方位图》，《图书编》卷二）。要之，章潢是站在五行之用的基础上看待后天八卦的流行之用和"居旺之地"的。

2.《后天八卦方图》的"互易反对"观象之法

在后天图系列中，章潢还采用了《后天八卦方图》，并对其有所介绍。对于此图（图8-6），章潢认为其中重要特征是八卦之间的"互易反对"，其重要性则在于"互易反对"本身所体现的"对待"形式，如此，则从形式上证明了先天后天的一致性。

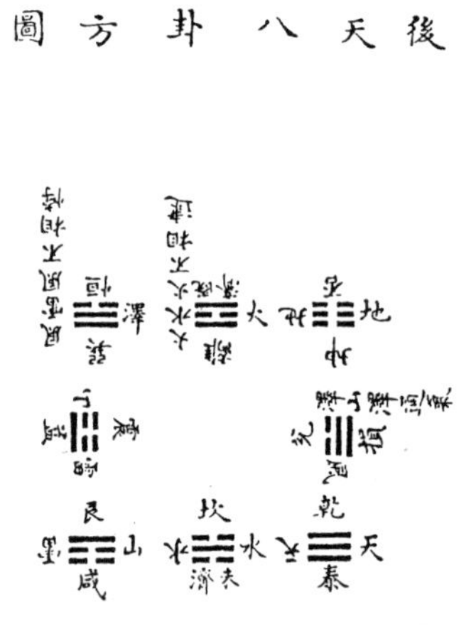

图8-6 后天八卦方图

所谓"互易反对"是指："震初爻阳对兑上爻阴，中爻阴对中爻阳，上爻阴对初爻阳，左右横观，无不对也。艮上爻阳对巽初爻阴，中爻阴对中爻阳，初爻阴对上爻阳，上下纵观，无不对也。乾坤坎离，爻爻皆然。"显然，在这种视角下，震兑相对，艮巽相对，坎离相对，乾坤相对，这就展现了后天八卦在其流行之用的特征之中，本身就有对待的特点。所以章潢说："合八卦互易以观，中有水火、雷风、山泽反对之体，以成先天之功。"（《后天八卦方图》，《图书编》卷二）

进一步的问题是，这一卦图有无根据。章潢的答案是肯定的。他结合了《说卦传》的表述和邵雍的说法进行了说明。他说："邵子谓震兑横，六卦纵，《易》之用也。即《易》所谓神妙万物，水火不相逮，雷风不相悖，山泽通气是已。夫震兑横，六卦纵，非方图而何？"的确，《后天八卦方图》确实表现出了震兑横，艮巽、坎离、乾坤横的特点。而这四对卦之间"互易反对"的关系，给人以自然而然的感觉，所以章潢说："互观反对，爻爻皆然，真有不容一毫人力者，吾所谓方图出于造化自然者，此也。"同时，如果再对这四对卦进行"正观""反观"两种解读，更可见其《说卦传》之根据："自两卦反易互观之，乾坤正观为地天泰，反观为天地否，则是乾坤交而神妙乎万物者也。坎离正观为火水未济，反观为水火既济，此之谓水火不相逮也。艮巽正观为泽山咸，反观为雷风恒，此之谓雷风不相悖也。震兑左观为雷风益，右观为山泽损，此之谓山泽通气也。"(《后天八卦方图》，《图书编》卷二)

(二) 先天图与后天图关系诸义

1. 先天体也，后天用也

章潢在体用不二观念的视角下，主张先天为体，后天为用，先天后天本不可分。他说："一阴一阳之谓道，阴阳不测之谓神。盖自有一阴一阳以来即阴阳不测，道也，神也，一也，是故有先天之体，即有后天之用，而体用非二也。"这是从阴阳之体与阴阳神妙之用本来合一的角度来说明先天之体和后天之用本来体用不二。而进一步具体到卦图中的内容，"有指体而言者，天地定位一章是也，有指用而言者，帝出乎震二章是也"，其中前者为先天图相关内容，后者为后天图相关内容，似乎体用各不相涉，但实际并非如此，"况既云天地定位矣，又云八卦相错，既云帝出乎震挠万物者莫疾乎风矣，又云神妙万物变化既成万物矣"，所以，言先天之体，必然涉及"八卦相错"之用，言后天之用，也必然涉及"既成万物"之体，所以先天后天体用本来不可截然分离，本来合一。[1]

强调先天为体，后天为用，体用不分，还有一个易学史意义，这就是既然先天图和后天图本来属于一个体用不分的卦图体系，那么就不能把先天图归属伏羲，把后天图归属文王。"然则知八卦相错神妙万物且不可以体用分天之先后，况可以先天专属之伏羲、后天专属之文王而于《易》无所据哉？"[2] "然先天体也，后天用也，有先天以立其体，即有后天以达其

---

[1] 《续修四库全书》编纂委员会编：《周易象义》卷六《外先天八卦内后天八卦图》，《续修四库全书》第 9 册，第 476 页。
[2] 《续修四库全书》编纂委员会编：《周易象义》卷六《外先天八卦内后天八卦图》，《续修四库全书》第 9 册，第 476 页。

用。若谓后天图画自文王,考诸《易》皆无据,不敢信以为然。"① 显然,这种看法,与朱熹的观念迥然有别。

先天为体,后天为用,体用不分,如果把这一逻辑推至极点,则先天即后天,后天即先天。事实上,章潢正是如此理解的。"然先天之反易为后天之方位,后天之流行本先天之圆图,后天之体即先天之用,后天之用即先天之体,所谓体即用、用即体,圆即方、方即圆,先天即后天、后天即先天也。"(《后天以方涵圆图》,《图书编》卷二)提出此观念,正有利于认同"后天皆先天之妙用"(《后天以方涵圆图》,《图书编》卷二),为在当下的生活中体证天道提供坚实的理论基础。

2. 先天后天不能以对待流行分

以先天为体,后天为用,是体用视角下的一种说法,关于先天和后天的关系,还有对待和流行的视角,即以先天为对待之体、后天为流行之用,显然,这种对待和流行的区分,相当于对先天为体、后天为用说法的进一步落实。在朱熹的解释中,先天即为对待之体,后天即为流行之用,本不可混淆。但是章潢并不同意这种观点。他说:"天地定位,山泽通气,雷风相薄,水火不相射,先天图若对待不可易矣,而八卦相错未尝不流行也,《系辞》首章尊卑贵贱,动静刚柔,群分类聚,俱以对待言也,鼓之以雷霆,润之以风雨,日月运行一寒一暑,亦未尝不流行矣。"可见,《系辞传》中凡言先天八卦对待之处,皆有论其流行之论述,而并非单论对待不论流行。更进一步,先天圆图中,"顺则右转,由纯阳反之一阳,由纯阴反之一阴,故数往也;逆则左转,由一阳以至纯阳,由一阴以至纯阴,故知来也。其流行不已而先天即后天也",这是强调,先天图中本来就有阴阳之消息运行,又何来纯粹之对待?又说:"后天帝出震齐巽、见离役坤、说兑战乾、劳坎成艮,而神妙万物矣,然乾坤交而有水火、风雷、山泽,反易而有震巽艮兑,其对待自在也。"可见,《说卦传》中凡言后天流行之用处,又有"水火相逮,雷风不相悖,山泽通气"等对待之语。更进一步,对于后天图而言,"乾统三男于东北而物由以生,坤统三女于西南而物由以成,此其对待不易,后天岂外于先天哉!""上、下经六十四卦,莫非后天之用,而反对三十六,果一于流行乎哉!"(《先天后天总论二》,《图书编》卷二)所以,后天之用中也有先天之对待。如此,从对待和流行的角度考察先天后天图,二者也是不可截然区分的关系。

---

① 《续修四库全书》编纂委员会编:《周易象义》卷六《易卦反对象义叙》,《续修四库全书》第9册,第477页。

3. 反对后天图源于先天图"进六子，退乾坤"

在易学史中，一直有学者尝试解释后天图何以得来，并把它追溯到先天图上。这一理论努力的前提是以先天图为先，后天图为后，所以，以先天图为基础而解释后天图。邵雍自己也正是如此做的。他说："易者，一阴一阳之谓也。震兑始交也，故当朝夕之位。离坎交之极也，故当子午之位。巽艮虽不交而阴阳犹杂也，故当用中之偏位。乾坤纯阴阳也，故当不用之位。坤统三女于西南，乾统三男于东北。道生天，天生地。及其功成身退，故子继父禅，是以乾退一位也。"① 又说："至哉！文王之作《易》也，其得天地之用乎！故乾坤交而为泰，坎离交而为既济也。乾生于子，坤生于午，坎终于寅，离终于申，以应天之时也。置乾于西北，退坤于西南，长子用事而长女代母，坎离得位，兑震为偶，以应地之方也。"② 这是认为，从先天图到后天图，乾坤纯阳纯阴，故不用而由正南、正北退到西北、西南的"不用之位"，震代替乾、坎代替坤，这是因为"长子用事而长女代母"，"巽艮虽不交而阴阳犹杂也，故当用中之偏位"。至于为什么西北、西南是"不用之位"，东北、东南为"用中之偏位"，邵雍并没有再作解释，但是即使没有解释，我们也可以看到邵雍解释从先天图到后天图的卦位变化，是着眼于"用"的。并且，乾坤之所以"不用"，是因为纯阳纯阴的缘故，而其他六卦正是阴阳相杂、相交，所以皆有"用"。更进一步，邵雍认为文王作《易》正体现了"天地之用"。

但是，章潢明确反对此观点。他说："理一也，体用本一原，先后本一致也。有体必有用，有先天必有后天也。揆诸理亦可无疑。彼谓先天图画于伏羲，后天图改于文王，进六子、退乾坤，《易》因文王而后为有流行之用，皆臆说也。"（《后天卦图》，《图书编》卷二）这是从先天后天本来体用不二，本来同属于伏羲，本来并非因先天而有后天的理论前提下，反对因先天图"进六子、退乾坤"而有后天图的主张。先天、后天本来为一，"《易》曰先天而天不违，后天而奉天时，一也，后、先时耳"（《先天后天总论二》，《图书编》卷二），又如何因先天而有后天？更进一步，先天图既然反映了天道规律，天道规律本身又怎么能被人为进退呢？"若谓圣人于天地之造化为能进退之，则非也"，所以，归结到一点，"盖六子

---

① 邵雍：《观物外篇上》，《皇极经世书》卷十三，第516页。依文渊阁《四库全书》本略有改动。
② 邵雍：《观物外篇上》，《皇极经世书》卷十三，第516页。

必非圣人所能进，乾坤必非圣人所能退也"（《后天卦图》，《图书编》卷二）。那么，后天图又是如何产生的呢？前面我们已经论述，章潢认为，它的产生来源于与先天图不同的构图思路。它的本质是在河图、五行和四时的视野下，对八卦方位的规定。

四 章潢贯通太极、先天、后天的易学视野

（一）贯通太极、先天、后天的视野

在天道的视野下，章潢认为太极图、先天图和后天图本来就是贯通为一的。就太极和先天而言，表现它们贯通的一个典型易图是《先天画卦图》（图8-7）。

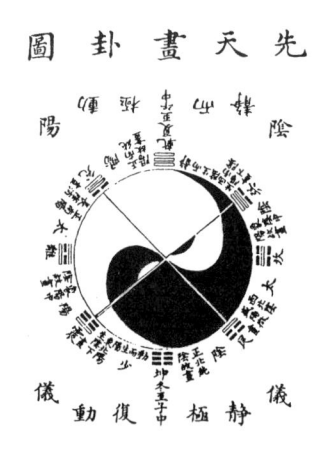

图8-7 先天画卦图

章潢说："图有太极、两仪、四象、八卦，合而为一，分而为二，阳仪在左，阴仪在右，二分为四，右上太阳，下少阴，下太阴，四分于八，乾南、坤北、离东、坎西，震、巽、兑、艮居于四隅，皆自然而然，不假一毫人力者也。"显然，他认为《太极图》和《先天八卦图》在这里结合得非常自然，并非人为造作。他还认为此图与周敦颐的观念也相符合："周子所谓太极动而生阳，动极而静，静而生阴，静极复动，阳长阴消，阴长阳消，阴阳互藏其精，循环无端，皆自然而然。"如此一来，此图可谓非常重要。章潢甚至认为此图在画八卦的过程中占据了特殊的地位："伏羲则之以画卦，动极纯阳，静极纯阴，故画乾坤于上下；阳生阴生，故画震画巽；阳长阴长，故画兑画艮；阳中阴，阴中阳，故列坎离于左右。皆造化自然之妙，不假一毫人力者也。"（《先天画卦图》，《图书编》卷二）

如果说《先天画卦图》强调了《太极图》对于先天图成图的重要意义，那么，《太极先后天总图》（图8-8）则强调了太极对于先天图、后天图的重要意义。

章潢说:"《易》曰太极生两仪,两仪生四象,四象生八卦,是太极者造化之根柢也。未有天地,由此生天生地,故曰先天;既有天地,由此生人生物,故曰后天。"显然,由太极,而有先天、后天。这是强调太极与先天、后天的紧密关系。事实上,先天、后天本来也体用不二。"先天,圆图也,圆者象天者也。后天,方图也,方者象地者也。先天以圆为体,以方为用,圆中涵方,天包乎地也。后天以方为体,以圆为用,方中涵圆,地承乎天也。是非先天之外又一后天也。天不离乎地,先天之体即后天之用也,(自注:如先天正对,天地定位以立其体,然阳中阴生,阴中阳生,即后天流行之用也。)非后天之外又有一先天也。地不离乎天,后天之体即先天之用也,(自注:如后天反对,震兑横以立其体,然震反为艮,兑反为巽,即先天反易之用也。)体不离乎用,用不离乎体,体即用,用即体也。"如此,综合太极、先天、后天三者之间的关系,则"是非太极之外又有先天后天也。天地之体用即太极之体用,后天之生生即先天之生生,先天之生生即太极之生生,后天也,先天也,浑然一太极也"(《太极先后天总图》,《图书编》卷二)。如此,太极视域,就是先天后天视域,它们贯通了起来。这就是"太极、先天、后天,图则三,意则一也"(《三图总论》,《图书编》卷二)。

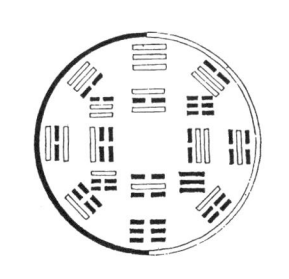

图 8-8 太极先后天总图

事实上,这种贯通在章潢的易学哲学中有其必然性。因为章潢论《易》、论先天学,一贯强调在天道的视野中加以体证,而太极本就是道,先天本就是本体,二者本来为一,先天后天本来体用不二,所以后天与太极自然浑然贯通。所以,"后天也,先天也,浑然一太极也"可谓是自然的结论。

(二)反对则河图洛书以画卦

章潢虽然主张河图洛书、先天后天,但是反对圣人则图、书而画八卦的观念,也反对河图和先天图之间的牵强比附。就前者而言,他认为《周易》中虽然有"河出图,洛出书,圣人则之"的表述,但是其实是指:"盖则龙马之旋文,画之为图,则灵龟之坼文,画之为书。非则河图洛书以画卦也。"(《河图洛书总论》,《图书编》卷一)即此句表述实乃指画河图、洛书而言，而根本不是指画卦而言。即便退一步而言，河图洛书在画卦过程中有作用，但图、书至多只是伏羲仰观俯察的对象之一，而并非唯一。就后者而言，章潢特别批评了易学史中极富影响的朱熹和蔡元定的观点。朱、蔡在《易学启蒙》中有这样两段话："河图之虚五与十者，太极也。奇数二十偶数二十者，两仪也。以一、二、三、四为六、七、八、九者，四象也。析四方之合以为乾、坤、离、坎，补四隅之空以为兑、震、巽、艮，八卦也。"①"洛书而虚其中五，则亦太极也。奇偶各居二十，则亦两仪也。一、二、三、四而含九、八、七、六，纵横十五而互为七八、九六，则亦四象也。四方之正以为乾、坤、离、坎，四隅之偏以为兑、震、巽、艮，则亦八卦也。"② 在易学史中，这是把河图、洛书和八卦关联起来的一种主张。这一观点招致一部分易学家的批判，章潢就是其中一位。

章潢主要从两个角度对朱、蔡的观点加以了批评。

第一个角度，批评朱、蔡之主张的内在矛盾。他说："图则存乾坤坎离于四方，补震巽艮兑于四隅，书则以四方之正为乾坤离坎，四隅之偏为兑震巽艮，是为八卦，钩连牵搭必欲强而同之，岂知太极理数本不相离，若必虚五与十为太极，则太极果别为一物哉？"这是强调，太极本为数之浑沦全体，并非离数之外的独立存在，而根据朱、蔡的解释，太极和理数分离矣。又说："至若卦之列于东北者，图书同矣。然图以六为坤一为艮，而书则一为坤六为艮，图以八为离三为震，而书则三为离八为震，何也？其列于西南者图以九为坎，书则七为坎，图以四为巽书则二为巽，图以七为乾书则九为乾，图以二为兑书则四为兑，又何也？"这是指出，八卦对应之数在河图洛书中各个不同，没有一定道理，所以"是皆牵合附会之说也"（《河图洛书总论》，《图书编》卷一）。

第二个角度，揭示朱、蔡主张不符合天道自然的地方。章潢说："乃欲析一以补西北之隅为艮，而六之在北者为坤，析二以补东南之隅为兑，而七之在南者为乾，析三以补东北之隅为震，而八之在东者为离，析四以补西南之隅为巽，而九之在西者为坎，此固不免割裂之病。"（《河图八卦》，《图书编》卷一）所谓"割裂"，即指破坏了河图的整体性，"果如其言，其分析亦甚矣"（《河图》，《图书编》卷一）。另外，河图之精义本来在其圆，因其圆而有生生之义，"河图生数居内，成数居外，以一为始，

---

① 朱熹著，朱人杰等编：《易学启蒙》卷之一，《朱子全书》第1册，第215页。
② 朱熹著，朱人杰等编：《易学启蒙》卷之一，《朱子全书》第1册，第215页。

阳生阴成，阴生阳成，内外相生，故五行各居其方，一六同宗居北，二七为朋居南，三八同道居东，四九为友居西，五十相守居中，然合而观之，一六水生三八木，三八木生二七火，二七火生五十土，五十土生四九金，四九金生一六水，生生不穷，左旋一周天也"（《河图》，《图书编》卷一），"于此而观其相生之序，则水生木，木生火，火生土，土生金，金又生水，其生生之义亦无穷也"（《河图》，《图书编》卷一），"而方则失其象，并失其义矣"（《河图》，《图书编》卷一），而拆补的方法，正是"分开生成之数以补四隅，则其象方而非图之义矣"（《古河图》，《图书编》卷一）。就洛书和八卦之间的关系，章潢说："惟其必欲一一强合，故或曰洛书虚其中亦太极也，奇偶各居二十亦两仪也，一二三四合九八七六纵横十五而互为七八九六亦四象也，以四方之正为乾坤离坎，四隅之偏为兑震巽艮，则亦八卦也。……殊不知盈天地间莫非阴阳之象数，莫非易也，何必一一牵扯而后谓之同哉？"（《洛书》，《图书编》卷一）这指出了朱、蔡诠释背后的牵强特征。总而言之，对于图、书和八卦之间的关系，要有这样一种态度："要亦于天地之造化浑融透彻，随其纵横错综，莫非造化自然之运也，岂必一一模仿为之哉？"（《河图》，《图书编》卷一）

但是，我们还要特别指出，章潢虽然反对朱、蔡那种比附观点，但毕竟认为河图与《先天八卦图》之间还是有相通之处的，这就是它们之间共有的五行之理。针对把河图与八卦并列的《河图八卦》一图，章潢自设问答说："前谓则图画卦之非，复取此图何也？造化不出五行外也，惟五行之象数一定不乱，则图书卦爻生克变化，触处皆通，岂特此图为然哉？"（《河图八卦》，《图书编》卷一）这共通的五行之理，就河图而言，"一六水、二七火、三八木、四九金、五十为土矣"，就八卦而言，"水不属之坎，火不属之离，木不属之震巽，金不属之兑乾，土不属之艮坤乎！"（《河图八卦》，《图书编》卷一）这是天地之数与八卦的五行属性共通，据此五行之理，河图显然与《后天八卦方位图》也有共通之处。

五　章潢先天学视野中的心性之学

易学本身是天人之学，在天道论域之外，必然也关涉人生修养，作为易学重要思潮的先天学，自然也有其人生哲学部分，正如本书所论，在先天学奠基人邵雍那里，人生哲学即是其先天学的三大组成部分之一。就章潢而言，因其阳明心学的背景，所以在其先天学论域中，必然有关涉心性之学的丰富内容。事实上，在章潢的视野中，心和易本身就是贯通的。他说："圣人之学，心学也。圣人之《易》，心画也。心无动静，无隐显，是心本无象，圣人特画卦以象心。凡天地间成象成形，百千万类，无一非心，无一非易，无一非学矣。然则六十四卦三百八十四爻，孰非心乎？孰非圣人之心学乎？"（《学易大旨》，《图书编》卷九）如此，在心、易贯通的视野中，以易论心、以先天论心，阐发易道和先天学中的心性修养之学，就成为一个非常重要的理论部分。

具体来说，章潢先天学视域中的心性之学，包括三个部分：体乾、藏密和存中。所谓体乾，是指在心性修养中贯彻体证乾体即天道本体刚健不息的生发大用；所谓藏密，是指在心性修养中效法阴阳消息之处转换之几，通过藏密体悟心体心源未发之处；所谓存中，是指在心性修养中体证无形无象之先天本体。以下详述之。

（一）体乾

乾卦在章潢先天学中具有特殊的地位。作为其易学最核心的概念，太极只是阴阳，而其中也以乾为统。章潢说："六十四卦皆乾坤之变也，坤即乾之变也，乾六爻即初画之变也。"① 又说："六十四卦总只是乾坤变化，坤又只是乾体变化，故曰吾道一以贯之。"② 此处所谓"一以贯之"的"一"，就是作为太极生生之机的"乾体"，正因为有了乾体的刚健不息，天地万物才有了大化流行日新月异。在此前提下，章潢非常重视体乾在认识天道过程中的作用，他说："乾卦中统天、御天、先天、后天，惟善体乾者能自得之。"③ "噫！乾元统天，君子欲求先天后天之学乎，亦惟默识乎乾而后，天在我矣。"④

体乾有四义。第一，辨别天理人欲；第二，体乾之致知；第三，体乾之资始；第四，体乾之变化无滞。

就第一义而言，章潢强调了阴阳消长之几所象征的天理人欲之别。对于《先天六十四卦圆图》而言，由复之一阳，左行而至纯阳之乾，然后由姤之一阴，左行而至纯阴之坤，然后复卦又生，"坤而复，乾而姤，纵横错综，循环无端，孰非天地之化育哉？此先天之图象也"。但是，"天地阴阳之几，即人心理欲之分也。一阳积而成乾，其人心一念之天理，一阴积

---

① 《续修四库全书》编纂委员会编：《读易杂记》卷二，《续修四库全书》第 9 册，第 536 页。
② 《续修四库全书》编纂委员会编：《周易象义》卷一《乾》，《续修四库全书》第 9 册，第 281 页。
③ 《续修四库全书》编纂委员会编：《读易杂记》卷二，《续修四库全书》第 9 册，第 536 页。
④ 《续修四库全书》编纂委员会编：《周易象义》卷一《乾》，《续修四库全书》第 9 册，第 278—279 页。

而成坤，其人心一念之人欲欤！"所以阴阳之几虽微，但是积累之下而有天地之别，人心初念虽小，发用之下却有圣贤禽兽之分，因此"其始甚微，其究甚远，圣门慎独研几，盖本诸此，于此识其几而谨其微，则有几先之哲，无后事之悔，故曰介于石不终日，贞吉，乃先天之学也"（《六十四卦横图论》，《图书编》卷二）。显然，先天图中阴阳之几非常重要，由一阳而发而能至统天之乾，纯是天理流行，不由一阳则堕于人欲，终成无所不用其极之小人。

就第二义而言，章潢认为乾体即阳明心学之良知，所以体乾就是要致知。对于天地万物而言，乾知大始、乾以易知，体现了乾体的主导性、生发性的本体作用，落实在人生之中，此乾体即人心的本体良知。所以，体乾，就是要致知。"然学莫先于致知，而乾知大始、乾以易知，凡此进、修之间，孰非知以为之主哉？"[①]"乾之三爻乃乾卦全体，天地纯阳故光明，在人谓之明德，谓之良知，而知即乾也，故曰乾知大始而知至知终，孔子示人以致知，体乾之学莫此为切。"[②] 结合第一义来看，如果辨别天理人欲还属于辨别与确立修养方向，那么，在天理方向确定的前提下，如何践履就成为直接问题，显然，致知成为这一步骤的切实修养方法。一切具体要求和境界，皆依此而展开，正是在这个意义上，章潢才说"体乾之学莫此为切"[③]。

就第三义而言，强调了效法乾体生发万事万物的本体大用。在宋明儒学的视野中，万事万物的生生不息乃是天道本体的大用，其实这只是一种笼统的说法，具体而言，就是乾阳的刚健大用。"总谓大矣哉，其乾之元乎，凡万物之化醇者，皆资之以始，而天固统于此也，由是云雨施行、品物流其形者，极其亨而通焉，此乾之元亨也。"[④] "惟坤之虚有以受夫乾之阳而坎中之阳即乾也，乾交坤中而为坎，所以堪为天地之中。在天为众星之枢，在地为众水之源，其在人也，坤阴受乾阳为主于内[⑤]。万化皆从此

---

① 《续修四库全书》编纂委员会编：《周易象义》卷一《乾》，《续修四库全书》第9册，第277页。
② 《续修四库全书》编纂委员会编：《周易象义》卷一《乾》，《续修四库全书》第9册，第277页。
③ 《续修四库全书》编纂委员会编：《周易象义》卷一《乾》，《续修四库全书》第9册，第277页。
④ 《续修四库全书》编纂委员会编：《周易象义》卷一《乾》，《续修四库全书》第9册，第273—274页。
⑤ 原文"为主于主"，义不通，应为笔误，当为"为主于内"，故改之。

出,此其所以生生而不息乎!"① 显然,正是有了乾阳之发用,才有万物的生生不息。而此生生大用,就人而言,就是人之仁心本质,"孔门教主求仁,仁者人也。吾人生生不息一点元阳是也,故曰复见天地之心"②,天地之心就是这一点仁心,就是乾体的生生之用,学者就是要把这一点仁心透显出来,成就自己的圣贤人格。

就第四义而言,强调了乾体之发用具有无形无迹的特征,君子体乾亦当如是。乾体本是天道本体的本质,本就超越普通事物,本无形迹,所以"随时变化,不可测识"③。关于乾体无形无迹,章潢在对"用九,见群龙无首,吉"一句进行解释时,进行了详尽的阐发。他说:

> 夫九即乾也,乾阳即天德也,群龙即六爻之九也,用九者存乎其人。善用九者,知阳主变通,与时推移,周流六虚,变动不居,如神龙变化不可测也,故不徒曰龙,而曰群龙,不曰群龙无首,而曰见群龙无首,是龙本有象,有象未尝无首也,故用九见群龙无首,吉之道也。天德本无象,无象则无首也,……为首则不能用九矣。……有首则阳刚尽露于形象之粗,特滞于物而不化者耳。天德顾如是乎?天运元阳之气,混万象而无迹,圣蕴元德之精,应万变而无方,乃乾之道也。纯乎天者,不涉于形迹,故为首则不可耳。④

这是认为,所谓九,即乾阳,所谓用九,即体乾之德,乾体变化莫测,"元阳之气,混万象而无迹",所以用九就需"与时推移,周流六虚,变动不居","应万变而无方",利用"群龙无首"为象,正是为了凸显乾体神妙莫测而成就万物的特征。学者法之,则随时变易,时行时止,而无方所之可拘。所以章潢说:"真信得孔子从心所欲不逾矩即乾元用九自然之天则,而天德不可为首之义当自得之矣。"⑤

---

① 《续修四库全书》编纂委员会编:《读易杂记》卷一,《续修四库全书》第9册,第519页。
② 《续修四库全书》编纂委员会编:《读易杂记》卷一,《续修四库全书》第9册,第519页。
③ 《续修四库全书》编纂委员会编:《周易象义》卷一《乾》,《续修四库全书》第9册,第280页。
④ 《续修四库全书》编纂委员会编:《周易象义》卷一《乾》,《续修四库全书》第9册,第279页。
⑤ 《续修四库全书》编纂委员会编:《周易象义》卷一《乾》,《续修四库全书》第9册,第280页。

以上是体乾四义，因为乾体即是天道之本质、太极之主导，乾体呈现在儒者生命中，儒者即会表现出极其高明的境界，"果能体乾之资始变化，则首出庶物、万国咸宁，而统天御天者在君子矣"①，如此，可见体乾的重要意义。

还需要指出，体乾也就是体证天地之心。在章潢看来，所谓天地之心也就是生物之心。"天地之心，何心也？亲上亲下，类聚群分，化机满盈，孰非天地生生之心乎？""一岁之间，大生广生，品物流形，满腔子生意，盎然莫不由冬至一阳以鼓其化生之机，天地生物之心不即此而见之乎！"而天地生物之心，正是乾体的大用呈现。"盖天地以生物为心，物必阳气而生也。玩其卦画，一阳复于五阴之下，而得意忘象亦可以默识矣。大哉乾元，万物资始，至哉坤元，万物资生，元为万善之长，即仁也，见其所谓元则心可见也，……程子谓动见天地之心。震，动也，震阳动于坤下，故见其心于阳之动也。"（《复见天地之心图》，《图书编》卷五）学者体证天地之心，正是要效法生生之道而为仁！

（二）藏密

在《说卦传》中有"雷以动之，风以散之，雨以润之，日以烜之，艮以止之，兑以说之，乾以君之，坤以藏之"的表述，在《系辞上》中有"圣人以此洗心，退藏于密，吉凶与民同患。神以知来，知以藏往，其孰能与于此哉"的表述，其中《说卦传》强调了在天道运行过程中坤藏的作用，《系辞上》强调了圣人退藏的行为准则。这两个观念，后来发展为"藏密"一词，并成为宋明儒学人生修养论中的重要概念之一。围绕这一概念，产生两个问题，即藏于何处？为何需要藏？章潢结合先天图，对之也有着重阐发。

章潢认为，就天地阴阳之气而言，须藏于"一阳将萌之几"处，之所以需要藏，是因为与静相对之动不可能一直动下去，有静才有动，推广而言，一个事物不可能一直蓬勃而发，有藏才有发，有藏才有养，有藏才有一个阶段的暂时结束和新阶段的新发展。他说："玩先天图，纯阴为坤而一阳之复即所以复乎乾也。乾知大始而一阳虽微实所以资万物之始，但子胎母腹，母实子之所由生，阳胎坤阴，坤实阳之所由复，是坤复之间其天地万物之根基乎！"②"阳不胎于阴，则强，强则竭。动不根于静，则妄，

---

① 《续修四库全书》编纂委员会编：《周易象义》卷一《乾》，《续修四库全书》第9册，第274页。
② 《续修四库全书》编纂委员会编：《读易杂记》卷一，《续修四库全书》第9册，第519页。

妄则凶。故无者，有之原，反者，道之柄。乾反乎坤则至阴之际实至阳之精凝焉，造化之根柢，天地之大始，而易于是乎不穷矣。故圣人示之，欲人于此观象有默契焉，而先天有可睹也。"（《先天六十四卦圆图》，《图书编》卷二）可见，乾阳虽然刚健正大，但是起始却是坤复之间，此乃阴阳消息之处，一阳将萌未萌之际，万物之微皆由此而生，所以为"天地万物之根基"，把握天地生化之玄机，就要于此处深入体会，"欲极深研几以握乎消息盈虚之运，惟于坤复之间而潜神焉，其几矣"①。而所谓藏密之藏，就天道而言，即藏于此处。

就人心而言，藏密须藏于心体心源未发之处，之所以需要退藏，是因为不藏则不化不生。就这一方面而言，章潢完全采用了万廷言的说法。万廷言自设问答，立足于先天图"坤复之际"而论洗心藏密：

《易》有坤复之际，何欤？曰：一阳为复，六阴为坤，阴穷而阳未生为坤复之际，此先天圆图也。然则图奚象哉？曰：象心，《易》称洗心退藏于密是也。曰：心奚藏密，而复奚由坤耶？曰：予读书亦尝疑所谓归根复命云者，以为易生生耳矣，奚事于归复？然以天地日月征之。坤复者，在岁为冬春之际，在月为晦朔之际，在日为亥子之际。夫彼岂不欲常春而闭以冬，不欲常盈而冥以晦，不欲常中而沈以亥哉！不得不然矣。何者？盖天地万物皆自心生，心，其根也。未有不反其根得其生理者也。心体，退藏不动者也。则天地万物亦未有不冬、不晦、不亥而能反其根者也。坤，反之极也，复，生之始也。非坤能生复，然必坤乃复，根在故也。故渊寂者，天地所托体也。清和者，群生所造始也。灵根深而后至精化，游气息而后淑气生。不深则不化，不息则不生。乾坤不几于毁乎！此心所以必藏而生理必由于归复也，是谓先天也。（《坤复》，《图书编》卷九）

这是认为就天道而言，坤复之际是天地之根，必得其根而后天地万物能生生不息，否则，乾坤几毁、万物之生理断绝矣，正是通过复归天地之根，万物之至精化、淑气生、生理复，才会有万物的进一步发展。对于人心也是如此。万廷言说：

---

① 《续修四库全书》编纂委员会编：《读易杂记》卷一，《续修四库全书》第9册，第519页。

是以君子则图反躬，默观坤复之际而深研藏密之几焉，庶有以善所发矣。曰：人之荡于发而迷所未发亦久矣，又安所知坤复之际而反之耶？曰：论易之中，莫精于子思。论求中之旨，莫要于孟子。观其言曰牛山之木尝美矣，以其郊于大国也，旦旦伐之，可以为美乎？其日夜所息，雨露之润，非无萌蘖之生焉。存乎人者，岂无仁义之心，亦犹斧斤于木，旦旦伐之，可以为美乎？其日夜所息，平旦之气，好恶与人相近者几希。旦昼所为有牿亡之，牿之反复，则夜气不足以存。天地无一刻不生山木，奚为而萌于夜？良心万古不容泯几希，奚为待夜气而后存？心源、坤复之际，其端可睹矣。盖莫善于息，莫不善于为，为则牿而息则存，夜气者，息之候也，所谓未有不晦不亥而能深反其根者也，先天之学也。（《坤复》，《图书编》卷九）

可见，正是通过藏密，人心才能得息，才能动而化、动而生，不然，或者狂荡不返，或者难以为继。

章潢完全认同万廷言这一观念，所以把万廷言对于"坤复"的看法全文照录。而用他自己的话来说，即"三百八十四爻起于乾初九潜龙勿用，《太玄》有曰藏心于渊美厥灵根。有味哉！斯言乎！潜天而天，潜地而地，而况灵根之本潜乎！故一部《易》总只是教人洗心退藏耳"[①]。这和万廷言是完全一致的。

（三）存中

先天学的修养之学，除了体乾和藏密，还有存中。存中即"存未发之中"。章潢认为先天学不但表现为易图，而且直接关系人之生命，"其在人也，为未发之中，世之人荡于耳目思虑之发而不知反也久矣，必也敛耳目之华而省于志，洗神知之原而藏于密，研未形之几而极其深，庶其虑凝气静渊，然存未发之中，浩浩纯纯，天下之大本立矣，此之谓几先之吉，夫强阳非用也，妄动非常也，天地日月四时且不能违，而况于人乎！是以君子战战兢兢，戒慎恐惧，必先之乎大本，易焉，呜呼！图所示之意深矣"（《先天六十四卦圆图》，《图书编》卷二）。显然，所存之"中"，就是天下之大本。

章潢说："先天者，生生之本也。"（《先天六十四卦圆图》，《图书编》卷二）又说："先天不可说也，有说非先天也。"（《先天六十四卦圆图》，

---

① 《续修四库全书》编纂委员会编：《读易杂记》卷四，《续修四库全书》第9册，第591页。

《图书编》卷二）这都是强调先天为天地生生之本体,并且玄妙而不可言说。而圣人画先天图,正是通过有象有形的图示,来表达背后先天本体之意。他说:"中,无形也,假有形之画以阐其秘。未画之前原有易,不可窥也,即所谓先天也,有画之后即谓之后天矣,曾谓后天之外别有先天者在乎?试观中当未发,寂然渊然,及发皆中节,随其应感之生生不穷者,各循其天则焉。"(《坎中》,《图书编》卷九)这是从寂然和应感两个方面论述存中的要求。

事实上,存中在邵雍思想体系中已经有了较为丰富的内容。邵雍说,"先天图,环中也"①,"天地之本其起于中乎?是以乾坤屡变而不离乎中"②,"先天学,心法也,故图皆自中起,万化万事生乎心也"③,邵雍所论之"中",就是先天本体,就是万物生生之本。先天在邵雍哲学中不但具有本体论意义,而且具有人生论意义,天人合一的关键就是体证难以名状的先天之意,邵雍于多首诗中有所表述:

恍惚阴阳初变化,氤氲天地乍回旋。中间些子好光景,安得工夫入语言。④
阴阳初感处,天地未分时。言语既难到,丹青何处施。⑤
物理窥开后,人情照破时。且无形可见,只有意能知。⑥
平生喜饮酒,饮酒喜轻醇。不喜大段醉,只便微带醺。
融怡如再少,和煦似初春。亦恐难名状,两仪仍未分。⑦

显然,二人用语稍有不同,但就本质而言,章潢之存中,与邵雍"难名状"之"先天之意"是一致的,都是指谓先天本体而言。

最后,还需要指出,根据前面的叙述,可以发现存中和藏密有一定的关联。藏密是于心体心源处涵养休息,存中也是对无形之先天本体进行体证。它们在一定程度上都是相对于已发而言。不过二者也有一些区别,这就是,藏密主要倾向于潜藏涵养,存中则主要倾向于透显先天本体。严格

---

① 邵雍:《观物外篇上》,《皇极经世书》卷十三,第518页。
② 邵雍:《观物外篇上》,《皇极经世书》卷十三,第518页。
③ 邵雍:《观物外篇下》,《皇极经世书》卷十四,第523页。
④ 邵雍:《伊川击壤集》卷之十二《恍惚吟》,《邵雍全集》第四册,第231页。
⑤ 邵雍:《伊川击壤集》卷之十一《笺年老逢春诗》,《邵雍全集》第四册,第207页。
⑥ 邵雍:《伊川击壤集》卷之十一《笺年老逢春诗》,《邵雍全集》第四册,第206页。
⑦ 邵雍:《伊川击壤集》卷之十九《喜饮吟》,《邵雍全集》第四册,第390页。

来说，它们都是就本体而言，但藏密属于具体的方法，存中则属于对本体的直接呈现。所以在一定意义上，存中含摄了藏密。

六 章潢在先天学发展史中的地位

先天学由邵雍奠基，由朱熹诠释并大力推广，成为易学哲学中一个重要论域。先天学固然有其清晰的理论逻辑，丰富的思想内容，但在易学哲学史中，因为它从宋代才凭空出现，而无法直接溯源于《易经》《易传》，所以虽然有相当一批易学家推崇先天学，但是也有不少易学家对之有严厉的批判。章潢属于赞同的一派。章潢赞同先天学，有其必然性。而这源于其广阔的易道视野。他认为，无论是太极图，还是河图洛书，还是八卦、六十四卦，都要超越文本形式放到天道生生的广阔视域中，对其价值和意义进行定位。如此一来，即使无法确证太极图、河图、洛书以及先天图是否伏羲所画，但是从逻辑上来说，它们都属于对天道运行规律的直接模画者，都应该产生于《易经》卦爻辞之前，都应该有其重要价值而值得研究体悟。所以在此认识基础上，对于太极图，章潢说："伏羲心法，妙在太极一图，以此洗心退藏于密，以此斋戒神明其德，谓非有非无，无方无体，先天后天由此而出也。"(《三图总论》，《图书编》卷二) 对于河图洛书，章潢说："图书，天地之至文也，求道而不求诸天地之至文，其何以知天地之化育哉？"(《河图洛书总叙》，《图书编》卷一) 对于先天图，章潢说："先天者，生生之本也"(《先天六十四卦圆图》，《图书编》卷二)，"后人观图玩象，得意忘言，斯可以会其生生之蕴也"(《先天诸卦图》，《图书编》卷二)。这些表述，表现了章潢广阔的视野，有了这样的视野，无论是太极图，还是河图洛书，还是先天图后天图，都有其存在的价值。

事实上，章潢是非常推崇邵雍的。他把邵雍先天学放在易学史中其他别出心裁的易学思潮之外而加以高度评价。他说：

> 太极、河洛、易卦诸图，图天地之造化也。天地之造化，一本万殊，参差不齐，诸图或描写其似，或象其一端，要皆顺乎造化之自然而人力不与也。儒者之学，得非求全天地之造化哉！先圣画为图象，无非教人顺天地自然以尽性，尽人物之性而参赞化育云耳。……天命之谓性，而尽性者可以人为意见参之哉？盖以人为意见而力学者，非圣人尽性之学也。以人为意见而形之图画者，非圣人太极、河洛、易卦之图也。……自汉而下，如京房、扬雄、关朗、司马君实，各有图焉，以其思则精矣，以其象数则密矣，以为是即天地自然之造化则未

然。……惟周、邵虽与四圣之《易》异，而揆之太极卦爻俱不相暌。朱子乃原其卦之所由画与卦之变耳。……虽俯仰观察，果能明其法象而窥其化育之运，虽创为之图，可也。依仿先圣，别有所发明，可也。以之经纶制度而顺民情、因物性，谓其燮理造化，亦可也。若徒以一人之意见揣摩测度，似精而实疏，似顺而实舛，而谓其为自然之化育也，志性学者其辨诸。(《先儒诸图总论》，《图书编》卷八)

可见，在象征天地之造化而无私意增损的要求下，周敦颐《太极图》和邵雍先天学，虽然与圣人之《易》有别，但是反映了天道的自然规律，表现出与京房、扬雄、关朗、司马光等人易学迥然有异的优越性特点，从而获得了后人的尊重。至于以上四人的易学，章潢认为是"似精而实疏，似顺而实舛"，其中关键则在于参以"人为意见""揣摩测度"，违背了天地自然之造化。

至于朱熹，章潢不但采用了他的易学评判观念，而且也把朱熹放在了易学史中一个很高的地位上。他说：

邵子象数，程子义理，朱子兼之而主筮占。邵子观象推数而知法象自然之妙，故曰画前元有易。程子玩辞求意以为理无形也，易假象以显义尔，故曰至微者理也，至著者象也，体用一原，显微无间。朱子深究二家之说，上溯四圣之心，谓《易》为卜筮，而作卦本象数而画，理因卦爻而著，故曰理定既实，事来尚虚，用应始有，体该本无。呜呼！易道是谓大备。(《先天后天总说》，《图书编》卷二)

把邵雍易学和程颐易学推崇到接续四圣之易的高度，是朱熹的观念，章潢接受了这一点，同时又认为朱熹接续了四圣之易和二家之说的传统，易道至此显明、大备。综上可见，章潢不但推崇先天学，而且推崇大力推广先天学的朱熹。

那么，在先天学发展史中，章潢占据一个什么样的地位呢？我们认为，章潢应该是先天学发展史中的一个重要人物，对于先天学的传承和发展作出了很大的贡献。这可以从四个方面来看。第一，从其先天学的深刻性来看，章潢无论是论述太极图，还是先天诸图，从来都是透过有形的图形而试图把握无形的本体，如此一来，章潢先天学就避开了就易图枝节问题而纠缠不休最终忽略本体的陷阱，同时也保证了先天学本质上是反映天道本体的原初之义。第二，从其先天学的体系性来看，有其对天道本体的深刻认知,有其依据天道本体而贯通太极、先天、后天的易学视野,有其针对太极图、先天诸图、后天诸图的详细分疏,可以说,章潢先天学的理论本身具有一个非常明晰的逻辑发展结构。第三,其先天学没有仅仅停留在易图学和义理分析上,而是真正走入了生命之中,进入了心性修养实践之中,这一点是符合邵雍先天学的原创性精神的,但是后来无论是先天学的批判者还是继承者,皆多有忽视。第四,其先天学多有创见,如关于顺逆的见解,又如关于先天为体后天为用,但是体用不分的观念,还有不可由先天图"进六子,退乾坤"而成后天图的观念,都体现了章潢的深思灼见。依据这四个方面,章潢在先天学发展史中占据重要地位是当之无愧的。

当然,还需要说明的是,章潢先天学之所以能够深刻而多有创见,来源于他的批判性精神。章潢虽然推崇先天学,虽然继承了邵雍和朱熹的很多思想和观念,但他是在有自己思想体系的前提下,对邵雍和朱熹相关观念甄别式地继承和发扬。事实上,邵雍和朱熹的不少观念,章潢是持批评态度的。如章潢反对把先天图、后天图分属伏羲文王,"但康节以先、后天图分属羲文,予则不敢直信为然"(《先天八卦方位图说》,《图书编》卷二),又如他之所以反对"进六子,退乾坤"之说,是因为其并非顺天道之自然,而有人为之意在其中,"自二图言之,有指体而言者,天地定位一章是也,有指用而言者,帝出乎震一章是也,但既云天地定位矣,又曰八卦相错,既云帝出乎震挠万物者莫疾乎风矣,又云水火相逮雷风不相悖山泽通气然后能变化既成万物也,然则八卦相错、神妙万物,且不可以先天后天分也,明矣。何必曰进六子退乾坤为文王所更定焉?"(《先天后天总论一》,《图书编》卷二)更值得注意的是,他明确反对邵雍思想体系中除了先天诸图和后天诸图之外的其他"数学"思想。他说:

> 尝即《皇极经世》考之,如《观物篇》所谓律吕声音等图,不过本《伏羲六十四卦先天图》以演其数,然尚象而不尚辞,于文、周、孔子之《易》一无所杂,谓之邵子之《易》可也,必欲据以明四圣之《易》,奚可哉?……虽方圆皆本乎先天之图,未尝增损,然其发用则即在天日月星辰以为元会运世之大四象,即在地水火土石以为岁月日时之小四象,分方图为四片,各主十六卦,凡古今治乱兴衰皆凭一定之卦以推步之,其数总归于一万七千二十四,而日月星辰之变,水火土石之化,律吕声音之实,数皆会于兹矣。然皆由布筹推算以得之,不知于《易》之知来为何如也?……世之学《易》者,不究其本原,

务欲以《皇极经世》同于羲、文、周、孔之《易》，可乎？噫！邵子之《皇极经世》，予愿学未能，但谓其即四圣之旨，予则未知也。故即先儒之说著之，以取正于高明云。（《皇极经世总论》，《图书编》卷八）

可见，与前面推崇邵雍先天学的态度迥然不同，这里把《皇极经世》明确排除到四圣之《易》的传承体系之外。同时，章潢对于朱熹，也持这种甄别继承的观点。如，他一方面赞赏朱熹对于先天图成图过程自然性特征的简明描述，"善乎朱子有云，圣人当初亦不恁地思量，只是一个阳一个阴，只管恁地去，自一而二、二而四、四而八、八而十六、十六而三十二、三十二而六十四，既成个物事，自然如此齐整，皆是天地本然之妙原如此，但略假圣人手画出来。斯言也，何其简而明也"；同时又批评朱熹隔离看待两仪、思想和八卦，"但又云，方其为两仪，则未有四象，方其为四象，则未有八卦。不知此果自天地之造化言也，抑自圣人手画出来时言也"（《原卦画图》，《图书编》卷八）。而我们强调，章潢的甄别态度，实乃其自己的思想体系的必然表现，正是由于有自己的易学观念、易学逻辑以及易学体系，他才有所继承有所批判，而这恰是章潢在易学和先天学发展史中能够占据一席之地的根本原因。

第四节　钱一本《易像钞》的易图编排和太极观

钱一本，武进（今江苏省常州市）人。万历十一年（1583）进士，任庐陵县知县，后为福建道御史，已而转任广西巡按。其人敢于直言，因上《论相》《建储》二疏，触怒神宗，削职为民。自此回归故里，专心治学，精于《易》，学者称为"启新先生"。与东林党领袖顾宪成、高攀龙等时相过从，为著名的"东林八君子"之一。著有《像象管见》《像钞》《像续钞》《范衍》《四圣一心录》《遁世编》等。据香港学者张克伟考证，其《易像钞》，即《易象钞上下经》。[①]

需要指出，四库馆臣把《易像钞》误解为胡居仁所著，但同时也表达了不能肯定的态度："考万历乙酉御史李颐请以居仁从祀孔子庙，庭疏称

[①] 张克伟：《钱一本易象义理窥测——评〈周易像象管见〉》，《周易研究》1996年第3期。《易象钞》即《易像钞》，《象续钞》即《像续钞》。

居仁所著有《易传》《春秋传》，今颇散佚失次。朱彝尊《经义考》载有居仁《易通解》，注曰未见而不载此书。岂此书一名《易通解》欤？然李颐时已称散佚失次，何以此本独完？疑后人哀其《绪言》，重为编次，非居仁所手著也。"①我们通读此书之后，基本认定并非胡居仁作品，或者说基本上不是胡居仁作品，因为书中所引学者之论，很多都是胡居仁时代以后的人物，如顾宪成、章潢等。郭彧先生认定四库馆臣所谓的胡居仁《易像钞》即钱一本的《像钞》。他说："清代四库馆臣纂修《四库全书》时，误将钱一本《像抄》一书作胡居仁书著录，而成《易像钞》十八卷。其前五卷所列三十二图及所引诸家之说即为《像抄》前二卷内容（文字几乎一字不差，三十二图中，只是《马图》无'龙马'之形、《龟书》无'神龟'之形）。今读《四库全书》本《易像钞》及引用其图者，当对此误有所了解。是书引'胡叔心'语录一条，则无胡居仁于己作书中自注名字之理。又语录后所注蔡虚斋（清）、章本清（潢）、杨止庵（时乔）、顾叔时（宪成）与《易筌》作者（焦竑）等人，皆在胡居仁之后，无胡居仁著书引身后人语之理。"②其实，钱一本《易象钞上下经》尚在，四库馆臣的确犯了粗疏的错误。

一 《易像钞》的易图编排

在《易像钞》前三卷中，有《马图》（笔者注：即河图）、《龟书》（笔者注：即洛书）、《易有太极图一》、《易有太极图二》、《体用一源卦图》、《河洛卦位合图》、《一阴一阳谓道之图》、《通知昼夜之图》、《全体天心之图》、《竖图》、《十二月卦之图》、《一中分造化方图》、《一中分造化圆图》等易图。这些易图可以分成两个部分，第一部分是《马图》《龟书》《易有太极图一》《易有太极图二》《体用一源卦图》《河洛卦位合图》，第二部分为自《一阴一阳谓道之图》以后数图。第一部分体现了《易像钞》作者对于河图、洛书、太极图、先天图、后天图等易图内涵和其间关系的理解。第二部分要么和先天学无关，要么多是摘取他人之说随图敷衍，意义不大。所以我们对于第一部分进行探讨，第二部分略过。

钱一本的易图编排涉及易图学的三个领域，即图书之学、太极图学以及先天学。面对这三种形式和内容并不一致的易图学，钱一本把它们整合起来。他的处理方法是，依据朱子对于图书之学的重视，置河图洛书于易

---

① 永瑢等撰：《易像钞·提要》，文渊阁《四库全书》本。
② 郭彧：《易图讲座》，第180页。

图系列的第一部分，然后以太极图为中间部分，而太极图直接内蕴先天图，如此则先天图后天图接续太极图而出现，最后则用《河洛卦位合图》汇总河图洛书和先天图后天图中的一些要素，表现了综合的思路。

但在整合的过程中，需要处理一个重要的问题，即三类图学是如何贯通起来的。如果说，太极图学和先天学，还比较容易整合，根据"《易》有太极，是生两仪，两仪生四象，四象生八卦"的原则，太极图本身就可以内蕴《先天八卦圆图》。但是，放置图书于太极图和先天图之前，如何解释两者之间的转化呢？

钱一本如此解释："河图上下左右皆九层，中具十五，外包十五，纵横皆为十五。中央四方分为五位，皆以生数统成数而同处其方。彻上下三奇即为乾，三偶即为坤，二在五与七之间即为离，一在六与十之间即为坎，自五而一而六两奇一偶反复之即为巽、兑，自十而二而七、两偶一奇反复之即为震、艮，贯左右皆然。即图即卦。伏羲原不曾费手为画。"[①] 这是选择河图中轴六个数字：7、2、5、10、1、6之中的三个数字，并利用三个数字的奇偶性质来推导出某卦。但问题在于，何以伏羲只注意到了河图中轴的六个数字，而不顾及其他数字，钱一本并没有说明。事实上，这种解释充满了牵强。完全是一种倒果为因的做法。钱一本应该自己也感觉到了这一点，所以又说："'河出图，洛出书，圣人则之。'图、书固是卦画之原。然《易传》明言'仰以观于天文，俯以察于地理，观鸟兽之文与地之宜，近取诸身，远取诸物，于是始作八卦，以通神明之德，以类万物之情'。则俯仰远近无之非则，无之非画，程子谓见兔亦可起卦。正如此。"（《易像钞》卷一）通过这种说法，钱一本就弱化了河图洛书作为八卦的来源。如此，牵强的解释似也不必太过注重。

对于太极图学和先天图后天图的整合，钱一本还是比较成功的。因为太极衍化必然能成先天八卦图，而利用体用观念则可以整合先天图后天图。而在这些易图之后，钱一本又列《河洛卦位合图》（图8-9），其中包蕴了先天八卦、后天八卦，以及河图洛书的元素，似乎想用一个易图表示图书学和先天学的融合。

就这个图的基本结构而言，由右列、中五、左列三个基本部分构成。就右列而言，用先天八卦及其卦数，从南至北依次为：乾一、兑二、离三、震四、巽五、坎六、艮七、坤八，钱一本对此解释为："此图之卦位，相传谓之先天，由乾至坤，自南而北，数往者顺，为消。"所谓消，即阳

---

① 胡居仁：《易像钞》卷一，文渊阁《四库全书》本。前文已论，实为钱一本著。

图 8-9 河洛卦位合图

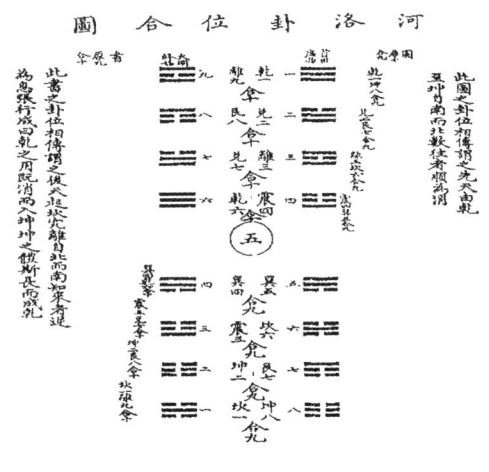

消。就左列而言，它的成图依据如下规则，以右列卦数为基础，下半部分合九数，象征洛书之九，上半部分合十数，象征河图之十。如此，与右列乾一、兑二、离三、震四、巽五、坎六、艮七、坤八等八卦互相对应就为离九、艮八、兑七、乾六、巽四、震三、坤二、坎一，这是把洛书除中五之外的八个数字和后天八卦对应起来的结果。同时这种对应剩余了中五，所以此图中又添加了中间的圆圈对应中五。对于左列，钱一本解释为："此书之卦位，相传谓之后天，起于坎，究于离，自北而南，知来者逆，为息。张行成曰：乾之用既消而入坤，坤之体斯长而成乾。"（《易像钞》卷二）可见，右列是从乾至坤、从南至北来解读，象征阳消，左列是从坎至离、从北至南来解读，象征阴长。而整个图糅合了河图、洛书、先天八卦图和后天八卦图的因素。不过，这种糅合，很像数字和卦位游戏，已经远离了河图、洛书、先天八卦和后天八卦的简单明了与意蕴丰富的特征。

根据以上介绍，不难看出，钱一本易图学中有较多的牵强色彩。但是我们强调，需要我们注意的并不是钱一本易图学的牵强，而是它整合图书学、太极图学和先天学的理论努力，这是先天学发展的必然趋势，而钱一本在明代易学发展中，代表了这一趋势，而这是难能可贵的，这是钱一本的贡献。

二 钱一本《易像钞》的太极观

钱一本在《易像钞》的《易有太极图一》《易有太极图二》下面，对于太极或者引用他人说法，或者自己直接论述，表达了自己的看法。钱一本《易像钞》的太极观，有两点值得注意。第一，强调太极即在万物之中，太极与万物不杂不同，本为一。第二，太极不是虚悬的道理，身心之中即有太极的道理，也当体现太极的道理。

就第一点而言，钱一本首先认为太极贯通在万物之中，万物皆有太极，"天道此立，地道此立，人道此立。不特人，物物亦有此一图。故曰'一物各具一太极，万物统体一太极'"（《易像钞》卷一）。更进一步，强调了在传统宇宙观发展的各个阶段，其实都有其一致性，都贯通着太极，也都互相融贯，不能截然分开。他以周敦颐《太极图》为例说："太极只消一图，可以圆亦可以方，合内外、彻上下、贯左右而无不通，周子图而为五，然无极此图，分二此图，分五此图，成男女此图，化生万物此图，得意者总可以一图而了也。"这是强调了万物和宇宙的各个化生阶段无不在太极之中，太极无不贯通。与此相反的那种割裂看待的观点是不对的，"因其以无极审易，遂谓无极与易有两般，因其以五行审八卦，遂谓五行与八卦有两般，已无以得周子之意"（《易像钞》卷一）。钱一本为了论证自己观念的正确性，还引朱熹的话来证明。他说：

> 间尝互证朱子之言。其曰："太极非有以离乎阴阳也，即阴阳而指其本体不杂乎阴阳而为言耳。"（小注：然则阴静阳动上加一圈，只是明其不杂之意，不然，是离阴阳而言太极也。）又曰："今人说是阴阳上别有一个无形无影底是太极，非也。"（小注：然则阴阳上别有一圈，全要得意于圈外。）又曰："理不外乎气，若说截然在阴阳五行之先，及在阴阳五行之中，便是理与气判为二物。"（小注：知此则分作五圈，不特判为二，且似判为五也。）又曰："非太极之后别生二五，而二五之上先有太极。"（小注：会五圈为一圈，便可无先后之疑。）又问："自太极以至万物化生，只是一个圈子，何尝有异？"曰："人物本同，气禀有异，故不同。"（小注：如此却因气禀之异，圈而为五也。）（《易像钞》卷一）

这里的引用和钱一本的小注，都是为了强调，太极虽然与万物有异，是形上之理，但却即在万物之中，在气之中。二者并不能截然分开。简而言之，用钱一本引用陈淳的一段话来说就是："分而为五非有欠，合而为一非有余，得意于五而会归于一。"(《易像钞》卷一) 需要指出，钱一本强调太极在万物之中，是为了避免那种离万物即出世以求太极的人生追求倾向，对于此，他明确地说了出来："或又不达《易》有太极，是生两仪，两仪生四象，四象生八卦，八卦定吉凶之大义，而故盘旋于真、精、妙合、二气交感、化生无穷之物类中第以最灵自厚幸，则又何时可望立脚太极之上而能生两、生四、生八，以成大业于天下乎！"(《易像钞》卷一) 这里所谓的"盘旋于真、精、妙和"的观念，就是离万物而求太极的思想。若就实举例，佛老是也。

就第二点而言，钱一本反对把太极说得过于高妙，他通过引用先贤的论述，表达了要切于身心体会太极的观念。如他引用薛瑄的话："薛文清先生曰：心所具之理为太极，心之动静为阴阳。太极理虽至妙，而其实不外乎身心、动静、五常、百行之间。后人论太极即作高远不可究诘之理求之，去道远矣。"又如引用张心虞的论说："张心虞曰：学者谓太极多说得高远，令人难寻。如薛敬轩之言极是切近，其言曰只于身心、口鼻耳目、手足动静、应事接物、至近至小处看太极，尤分明。不必专论于千古之上，六合之外也。然近者小者既尽，则远者大者可默识而一以贯之矣。"(《易像钞》卷一) 这都强调了要从身心行为上体贴太极。事实上，这种思路，就是要把太极作为天理准则贯彻到生命之中，要"随时变易以从道"，要"无所不用其极"。钱一本记录道："或问：《易》有太极，何处见得？龙冈贺氏曰：吾心浑然一太极也。吾心本来无一物也，而万物皆备。反观之谓知来，顺应之谓数往。无时而不反观，随时而为顺应。盖无所不用其极也。"这是就心论太极，心的反观自身和顺应事物，都贯彻了太极之理，可以说是即身心即太极。钱一本又记录道："又曰随时制变者易也，而廓然大公之体无不具，廓然大公者太极也。知《易》者，浑身都是易，都是极。""今人言太极多似悬空捞摸，不根易说。王子植曰：易，变易也，此体常运谓之生。孔子言天地之大德曰生，生生之谓易，一阴一阳之谓道，若指其呈露遍满者而言。自一息一念，一举动一语默，一刻一时，一日一月，一年一纪，以至元会运世之始终，皆生生也，皆变易也，故举易之一字而道无余蕴矣，学者要先知易，然后可与言太极。"这是就易论太极，变易为气，太极为理，易有太极，即"随时变易以从道"。所以"知《易》者，浑身都是易，都是极"。而身又以心为主宰，所以钱一本又说："三才统体一太极，太极统体为一心。"(《易像钞》卷一) 又表现出了对于邵雍"心为太极"观念的继承。

总的来说，钱一本认为太极即在万物之中，太极与万物不杂不同，本为一，基本上是继承了朱熹的观念，而其以为太极不是虚悬的道理则是吸收了明代多位儒者的思想，至于以心为太极，则完全是继承了邵雍的观念。显然，我们可以看到，钱一本综合了前人的观念。但我们强调，这种综合在很大程度上发展了邵雍的太极观。因为，邵雍太极观就宇宙本体论而言，并没有直接的"理之大全"的意义，就心本体而言，主要是指"至妙"之境，而非合于身心的天理准则。但是钱一本的太极观可以说是用天理充实了邵雍的太极观。

第九章 明末清初著名学者对先天学的批评

朱熹对邵雍及其先天学的定位和诠释，一方面奠定了邵雍成为北宋五子之一的儒学史地位，另一方面则光大发扬了邵雍先天学。但是朱熹对邵雍及其易学的推崇在明末清初之际遭到了严重的挑战。大儒王夫之站在天道神妙的高度上批评邵雍以数论天，不知崇德；黄宗羲、黄宗炎、毛奇龄、胡渭、李塨等大儒和学者则从考据学的角度，恪守《周易》本义，而反对邵雍先天学的方法和具体内容。邵雍先天学在当时的思想文化环境中，遭遇到了严重挫折。我们在本章对此进行详细论述。

第一节 王夫之对邵雍的批评

王夫之主要的易学著作有《周易外传》《周易内传》等，王夫之哲学是在张载气论基础上的进一步发展，王夫之的易学则属于义理易学，他认为《周易》的主要目的是崇德广业，并不是单纯占筮，王夫之也反对不能体现儒家义理的象数易学，他认定邵雍先天学为"数学"[①]，并对之加以严厉的批评。

第一，批评邵雍的先天后天之说。

> 《易》言"先天而天弗违，后天而奉天时"，以圣人之德业而言，非谓天之有先后也。天纯一而无间，不因物之已生、未生而有殊，何先后之有哉！先天、后天之说始于玄家，以天地生物之气为先天，以水火土谷之滋所生之气为后天，故有"后天气接先天气"之说。此区区养生之琐论尔，其说亦时窃《易》之卦象附会之。而邵子于《易》亦

[①] 王夫之:《〈张子正蒙〉注·序论》,《船山全书》第十二册，第12页。

循之，而有先后天之辨，虽与魏、徐、吕、张诸黄冠之言气者不同，而以天地之自然为先天，事物之流行为后天，则抑暗用其说矣。夫伏羲画卦，即为筮用，吉凶大业，皆由此出，文王亦循而用之尔。岂伏羲无所与于人谋，而文王略天道而不之体乎！邵子之学，详于言自然之运数，而略人事之调燮，其末流之弊，遂为术士射覆之资。要其源，则"先天"二字启之也。①

"先天而天弗违"，人道之功大矣哉！邵子乃反谓之后天。②

这是说天道只是一个天道，本没有先于天道者、后于天道者，《文言传》中的"先天""后天"是论圣人之德的形容词，并不是论天道本身有先后，所以邵雍采用先天后天的说法从根本上就不正确。再考察邵雍先天后天的具体内容，则先天为天地自然，后天为人道流行，这又导致一个矛盾，即作为先天代表的伏羲难道不"与于人谋"，作为后天代表的文王难道不以天道为根本吗？王夫之认为天道本来为一，人道之本体也即天道，天道即在人道之中，所以人道不可谓为后天，因此邵雍以人道为后天是错误的。严格来说，王夫之自身的理论辨析和认知是完全正确的。存在只有一个存在，天道只有一个天道，如此之客观存在状况，岂容有先天后天之分？问题是，王夫之此处的批判是否符合邵雍先天学的实际情况。事实上，根据我们在本书第二章的论述，邵雍哲学中的先天也即太极本体，也即天道，并不是指先于天道者，也不是指天地之自然才是先天，人道就不是先天，而是强调不能自觉呈现本体的现象之"迹"属于后天、其学为后天之学，能够自觉呈现本体属于先天、其学为先天之学。如此一来，就本质层面而言，王夫之似乎没有打准目标的靶心。但，我们亦不能说王夫之对先天后天的批判没有意义，因为首先其理论主张是正确的，其次，邵雍之学的确有纠缠于"先天"一词之嫌疑，而不如二程之"天理"踏实圆融，不致人误解，经得起考验。

第二，批评邵雍易学过于机械，以数论天，而不知天道之神妙，不知圣人之崇德。

至宋之中叶，忽于杳不知岁年之后，无所授受，而有所谓先天之学者。……其经营砌列为方圆图者，明与孔子"不可为典要"之语相

---

① 王夫之：《思问录·外篇》，《船山全书》第十二册，第436页。标点有改动。
② 王夫之：《思问录·内篇》，《船山全书》第十二册，第420页。

第九章　明末清初著名学者对先天学的批评　513

背。而推其意之所主，将以何为？如方圆图方位次序之钜钉铺排者，可以崇德耶？可以广业耶？可以为师保父母，使人惧耶？可以通志成务，不疾而速，不行而至耶？不过曰：天地万物生杀兴废，有一定之象数，莫能逾于大方至圆之体。充其说，则君可以不仁，臣可以不忠，父可以不尽教，子可以不尽养，端坐以俟祸福之至。呜呼！跖也，夷也，尧也，桀也，皆不能损益于大方至圆之中者也。即使其然，而又何事晓晓前知以炫明觉乎？故立一有方有体之象以言《易》，邪说之所由兴，暴行之所由肆，人极之所由毁也。魏伯阳以之言丹术，李通玄以之言《华严》，又下而《素女》之妖淫亦争托焉。故学《易》者不辟先天之妄，吾所不知也。①

"神"者，道之妙万物者也。《易》之所可见者象也，可数者数也；而立于吉凶之先，无心于分而为两之际，人谋之所不至，其动静无端莫之为而为者，神也。使阴阳有一成之则升降消长，以渐而为序，以均而为适，则人可以私意测之，而无所谓神矣。②

邵雍象数哲学用象数来描述天地运行的规律，而在王夫之看来，这种用象数描述天道的易学，正是不知天道神妙、易道不可为典要的表现。同时，因为以数论天，视天道有一定之数，人之吉凶祸福都归于宿命，则自然消解了道德的意义，消解了儒家仁学价值观的意义。这在王夫之看来，简直是大逆不道，所以王夫之说："故学《易》者不辟先天之妄，吾所不知也。"不过，王夫之的这一批评有些以偏概全，事实上，邵雍的象数哲学只是邵雍易学哲学的一部分，邵雍也没有认为本体意义上的天道是可以测度的，邵雍说"天之象类，则可得而推。如其神用，则不可得而测也"③，王夫之批评邵雍以数论天，可以说并没有把握邵雍易学哲学的全体内容。至于认为邵雍易学宣扬吉凶之宿命，而消解了道德的意义，也属于此类。但，我们在此需要指出，亦不能说王夫之对"以数论天"的批判没有意义，因为首先他主张天道神妙、崇德广业的观念是正确的，其次，正如本书在"总论"部分指出，邵雍先天学的确有"'数学'之机械与天道神妙存在一定紧张"的问题。邵雍固然认为天道神妙，但在其象数学部分，他依据四象之方法而观照天地、分析万物、编排宇宙发展史，的的确

---

① 王夫之：《周易内传发例》二，《船山全书》第一册，第651页。标点有改动。
② 王夫之：《系辞上传》，《周易内传》卷五上，《船山全书》第一册，第531页。标点有改动。
③ 邵雍：《观物外篇下》，《皇极经世书》卷十四，第524页。

确给人呈现出了一个机械化的世界图景。这是一个矛盾，且这个矛盾的确有可能带来宿命论的消极后果。但邵雍并没有积极解决这个矛盾。而思想敏锐言辞犀利的王夫之发现了这个矛盾，所以有了严厉的批评。这个角度的批评会使后学尤其是儒者深知人道的价值和意义。

第三，批评邵雍宇宙论与人类史。

> 三才之道，气也，质也，性也，其本则健顺也。纯乎阳而至健立，纯乎阴而至顺立，《周易》并建乾、坤于首，无有先后，天地一成之象也。无有地而无天、有天而无地之时，……邵子谓天开于子而无地，地辟于丑而无人，则无本而生，有待而灭，正与老、释之妄同，非《周易》之道也。①

> 谓天开于子，子之前无天，地辟于丑，丑之前无地，人生于寅，寅之前无人。吾无此邃古之传闻，不能征其然否也。谓酉而无人，戌而无地，亥而无天，吾无无穷之耳目，不能征其虚实也，吾无以征之，不知为此说者之何以征之如是其确也！②

这是王夫之对邵雍"天开于子，地辟于丑，人生于寅"说法的批评。事实上，邵雍《皇极经世书》中并没有这种明确的说法，邵雍只是说"开物始月寅之中"③，"闭物，经月戌之终"④，而到了南宋，朱熹认为邵雍有"天开于子，地辟于丑，人生于寅"的说法⑤。但是，即使邵雍没有这种明确的说法，"开物"和"闭物"的观念在一定程度上也可以推论出这种说法，表示一元十二会之中，从第三会即寅会之中开始，人类社会出现，并在第十一会即戌会结束。这种天始于何时，地始于何时，人类社会始于何时的观念，王夫之站在气论的角度，自然会认为其非常荒唐，因为阴阳之气永远生生不息，根本不存在有天无地或有地无天之时，至于人生于何时，更是超出耳目见闻之外，只可付之阙如，而不可妄加猜测。

第四，批评"加一倍法"。

---

① 王夫之：《〈大易篇〉注》，《〈张子正蒙〉注》卷七，《船山全书》第十二册，第276—277页。
② 王夫之：《思问录·外篇》，《船山全书》第十二册，第467页。
③ 邵雍：《观物篇十三》，《皇极经世书》卷三上，第69页。
④ 邵雍：《观物篇二十四》，《皇极经世书》卷四下，第145页。
⑤ 黎靖德编：《朱子语类》卷第四十五，第1155—1156页。

纯阳为天，纯阴为地，而天有阴，地有刚，又各自为阴阳，二而四，四而合二，道本如是，非判然一分而遂不相有也。在天有阴阳，在阳有老少，在数有九七；在地有柔刚，在阴有老少，在数有六八；于是而四象成。故《易》一爻之中，有阴有阳，有老有少，而四象备焉。震、坎、艮之一阳，老阴所变；巽、离、兑之一阴，老阳所变：故曰"四象生八卦"。邵子乃画奇偶各一之象为两仪，增为二画之卦为四象，又增三画之卦为四画之卦凡十六，又增为五画之卦凡三十有二，苟合其加一倍之法，立无名无象无义之卦，则使因倍而加，极之万亿而不可象，非所谓致远恐泥者欤！①

王夫之认为，《易》之一爻就包含四象，所谓的四象即老阳、少阳、老阴、少阴，对应于数字分别为九、七、六、八，所谓的八卦，皆从此四象而有，而非邵雍"加一倍法"从一推至二、四、八，而生出八卦。王夫之的这种批评，是站在《周易》蓍卦过程的角度进行的。两位大儒对"四象"的理解并不一样，而不一样的理解源于其易学逻辑不一样。

以上是王夫之对邵雍易学哲学的批评，需要注意的是，王夫之的批评对象本质上其实只有两点：先天后天观念和象数哲学。在此前提下，王夫之立足于天道及其神妙的基础上来呈现邵雍先天学的错谬之处。但王夫之对邵雍象数哲学及其方法的具体内容批评得并不多，这一点和后面即将论述的黄宗羲、黄宗炎、毛奇龄、胡渭和李塨形成一种对比，后面的五位学者主要是批评邵雍象数哲学及其方法的具体内容不符合《周易》之本义。另外，王夫之还认为邵雍先天学有道教的意蕴："先天者，黄冠祖气之说也。故其图乾顺坤逆而相遇于姤、复，一不越于龙虎交媾之术，而邵子之藏见矣。程子忽之而不学，韪矣哉。"② 而这种看法在黄宗炎和胡渭那里得到了强化，并受到了更严厉的批评。

第二节　黄宗羲对邵雍的批评

黄宗羲对邵雍先天学的批评，集中在三个方面：第一，认为《先天

---

① 王夫之：《〈大易篇〉注》，《〈张子正蒙〉注》卷七，《船山全书》第十二册，第279—280页。
② 王夫之：《周易内传发例》一三，《船山全书》第一册，第669页。

图》非《周易》所有;第二,认为邵雍先天八卦方位没有道理;第三,认为邵雍天根月窟说为老氏之学。我们分别加以论述。

第一,认为《先天图》非《周易》所有。黄宗羲说:

> 邵子《先天横图》次序以"《易》有太极,是生两仪,两仪生四象,四象生八卦"为据,黄东发言:"生两、生四、生八,《易》有之矣,生十六、生三十二,《易》有之否耶?"某则据《易》之生两、生四、生八,而后知横图之非也。《易》有太极,是生两仪,所谓一阴一阳者是也。其一阳也,已括一百九十二爻之奇,其一阴也,已括一百九十二爻之偶,以三百八十四画为两仪,非以两画为两仪也。……两仪生四象,所谓老阳老阴少阳少阴是也,乾为老阳,坤为老阴,震坎艮为少阳,巽离兑为少阴,三奇☰者,老阳之象,三偶☷者老阴之象,一奇二偶☳☵☶者,少阳之象,一偶二奇☴☲☱者,少阴之象,是三画八卦即四象也,故曰"八卦成列,象在其中矣",八卦以象告,此质之经文而无疑者也。又曰:"《易》有四象,所以示也",又曰:"象者,言乎象者也"。今观《传》必发明二卦之德,则象之为三画八卦明矣。是故,四象之中以一卦为一象者,乾坤是也;以三卦为一象者,震坎艮与巽离兑是也。……至于八卦次序,乾、坤、震、巽、坎、离、艮、兑,其在《说卦》者,亦可据矣,而《易》为乾一兑二离三震四巽五坎六艮七坤八,以缘饰图之左阴右阳,学者信经文乎?信传注乎?"四象生八卦"者,《周礼·太卜》:"经卦皆八,别皆六十四",占人"以八卦占筮之八故",则六十四卦统言之皆谓之八卦也。盖内卦为贞,外卦为悔,举贞可以该悔,举乾之贞而坤乾、震乾、巽乾、坎乾、离乾、艮乾、兑乾该之矣。以下七卦皆然,证之于《易》曰:"八卦定吉凶。"若三画之八卦,吉凶何从定乎?曰:"包牺氏始作八卦",其下文自益至夬所取之十卦,已在其中,则八卦之该六十四亦明矣。由是言之,太极、两仪、四象、八卦,因全体而见,盖细推,八卦即六十四卦之中,皆有两仪四象之理,而两仪四象初不画于卦之外也。其言"生"者,即生生谓易之生,非次第而生之谓。康节加一倍之法从此章而得,实非此章之旨,又何待生十六,生三十二,而后出经文之外也?①

---

① 黄宗羲:《先天图一》,《易学象数论》卷一,文渊阁《四库全书》本。

这是认为邵雍所谓的两仪、四象、八卦不同于《周易》。邵雍之两仪为一、--，而《周易》之两仪为阴阳，阴包括六十四卦三百八十四爻中所有的阴爻，阳包括三百八十四爻中所有的阳爻，并非只是一画；邵雍之四象为⚌、⚍、⚎、⚏，而《周易》之四象为乾为老阳，坤为老阴，震坎艮为少阳，巽离兑为少阴，并非只是二画；邵雍之八卦为乾、兑、离、震、巽、坎、艮、坤八个三画卦，《周易》的八卦并不是三画卦，而是统六十四卦而说。总而言之，邵雍的两仪、四象、八卦是次第而生，不符合《周易》本义。黄宗羲又说：

> 邵子先天方位以"天地定位，山泽通气，雷风相薄，水火不相射，八卦相错"为据，而作乾南、坤北、离东、坎西、震东北、兑东南、巽西南、艮西北之图，于是为之说曰："数往者顺，若顺天而行，是左旋也，皆已生之卦也"，乾一、兑二、离三、震四，生之序也。……"知来者逆，若逆天而行，是右行也，皆未生之卦也"，巽五、坎六、艮七、坤八，生之序也。……又仿此而演之，以为六十四卦方位。夫卦之方位，已见"帝出乎震"一章，康节舍其明明可据者，而于未尝言方位者，重出之以为"先天"，是谓非所据而据焉。……某则即以邵子所据者，破邵子之说。"帝出乎震"之下文，"动万物者，莫疾乎雷，挠万物者，莫疾乎风，燥万物者，莫熯乎火，说万物者，莫说乎泽，润万物者，莫润乎水，终万物始万物者，莫盛乎艮"，其次序非即上文离南坎北之位乎！但除乾坤于外耳，而继之以"故水火相逮，雷风不相悖，山泽通气，然后能变化，既成万物也"，然则前之"天地定位"四句，正为离南坎北之方位而言也，何所容先天之说杂其中耶？（《先天图二》，《易学象数论》卷一）

这是认为，《说卦传》中明明已经指明八卦方位，即"帝出乎震，齐乎巽，相见乎离，致役乎坤，说言乎兑，战乎乾，劳乎坎，成言乎艮"（《周易·说卦传》）一节中所指的震东、巽东南、离南、坤西南、兑西、乾西北、坎北、艮东北，而邵雍《先天八卦图》不符合《说卦传》。

第二，认为邵雍《先天图》没有道理。

> 康节曰："乾坤交而为泰，（小注：言文王改《先天图》之意。先天乾南坤北，交而为泰，故乾北坤南。）坎离交而为既济。（小注：先

天离东坎西，交而为既济，故离南坎北。）乾生于子，（小注：先天乾居午，而其生在子，故下而至北。）坤生于午，（小注：坤居子而其生在午，故上而至南。）坎终于寅，（小注：坎当申交于离，故终寅。）离终于申。（小注：离当寅交于坎，故终申。）所谓交者，不取对待言之也。即以对待而论，则乾南坤北者，亦必乾北坤南而后泰之形可成也，今坤在西南，乾在西北；离东坎西者，亦必离西坎东，而后既济之形可成也，今离在上，坎在下，于义何居？藉曰再变而后为今位。是乾南坤北之后，离南坎北之前，中间又有一方位矣。乾位戌，坤位未，坎位子，离位午，于子午寅申皆无当也。康节又曰："震兑，始交者也，（小注：阳本在上，阴本在下，阳下而交于阴，阴上而交于阳，震一阳在下，兑一阴在上，故为始交。）故当朝夕之位。坎离，交之极者也，（小注：坎阳在中，离阴在中，故为交之极。）故当子午之位。（小注：四正皆为用位。）巽艮，不交而阴阳犹杂也，（小注：巽一阴在下，艮一阳在上，适得上下本然，故为不交。）故当用中之偏。乾坤，纯阳纯阴也，故当不用之位。（小注：东方阳主用，西方阴为不用。）"夫气化周流不息，无时不用。若以时过为不用，则春秋不用者子午，冬夏不用者卯酉，安在四正之皆为用位也？必以西南、西北为不用之位，则夏秋之交，秋冬之交，气化岂其或息乎？（《八卦方位》，《易学象数论》卷一）

这是说，第一，邵雍认为文王改《先天图》而有后天之《周易》，其中《先天图》为对待，而《周易》体现了交感，那么在对待和交感之间，还应该另有一个与《先天图》恰好反对的卦位图，否则仅有《先天图》无法表示交感，对待永远只是对待；第二，邵雍再解释从《先天图》到《文王八卦方位图》时，采用了"用"的思想，认为乾坤纯阳纯阴，为不用之卦，故处于西北、西南不用之地，但事实上，气化周流不息，无时不用，无位不用。总之，《先天图》是没有道理的。

第三，认为邵雍天根月窟说为老氏之学。

> 康节因《先天图》而创为天根月窟，即《参同契》乾坤门户牝牡之论也。故以八卦言者，指坤震二卦之间为天根，以其为一阳所生之处也，指乾巽二卦之间为月窟，以其为一阴所生之处也。……按诸说推之，其以阳生为天根，阴生为月窟，无不同也。盖康节之意，所谓天根者，性也，所谓月窟者，命也，性命双修，老氏之学。其理为

《易》所无，故其数与《易》无与也。(《天根月窟》，《易学象数论》卷一)

事实上，这是用道教易学来解读邵雍《先天图》。邵雍师承李挺之，由李挺之更可上溯至陈抟，所以《先天图》可能有其道教渊源，但作为一种易图，它仅仅是一种"象"，意蕴自然可以随意阐发，道教自然也可以利用，但邵雍并没有如此说，邵雍先天学并非道教思想。所以黄宗羲此条批评有些牵强附会。

另外，黄宗羲在《易学象数论》卷五中，分五个部分，就"皇极"之学中所涉及的历法、"起运"、"卦气序"、"蓍法"、"致用"进行了分析和批判。但事实上，邵雍的《皇极经世书》中并没有黄宗羲所论述的这些相关内容，《皇极经世书》中有关于"卦气"的内容，但并不是黄宗羲所批判的内容。黄宗羲所批判的内容，其实是邵雍之后，南宋和元明期间研习先天易和《皇极经世书》的象数易学家所发展的思想，但这些思想并不是邵雍的本意。最明显的例子是《皇极经世书》中根本没有自己的"蓍法"，邵雍也没有在书中论述如何测算以"致用"。所以，把邵雍的先天学和后来研习者的先天学分别对待是比较恰当和谨慎的做法，因此在这里我们就不再论述黄宗羲关于"皇极"之学的分析和批评。

第三节　黄宗炎对邵雍的批评

黄宗炎易学著作主要有《周易象辞》和《图学辩惑》，其中《图学辩惑》专门讨论北宋以来易学史中的河图、洛书、太极图、先天图等易图问题。黄宗炎对邵雍先天学的批判特别详细，本节归纳为以下十一条。

第一，认为不存在先天后天。

乾取象于天，九五得天之中，天时人事罔不适宜。大人德位相称，变化在手，率性安由而天下大治。天覆地载，始物生物，大人之包容长养，其德与之相合。日月照临，行乎昼夜，大人之光耀烛察，其明与之相合。大人之运行消息，次第秩然，其序合乎四时。大人之诎信、动变、庆殃随几，其吉凶合乎鬼神。天意未形，大人先之而启其端，天弗能违其思虑也；天之朕兆已露，大人后之而相其成，天示以时，大人奉行之也。是天与大人一气贯通，无形体之隔矣。天且弗违,而况于天地间之人与鬼神乎!

天无先后,大人肇始乃先乎天也,大人成终乃后乎天也。非实有先天之时,可分指为父母未生已前,后天之时,可判为血肉既备已后也。自陈图南传说于图位,创为"先天后天"之语,邵尧夫奉而行之,遂将先天后天证为实事。耳食之夫信为可据,无物不强加先天后天,以为神妙。试平心读此,其理自明。①

这是说天本无先后,《乾·文言》中所谓的先天,只是指天意虽还没有呈露出来,但是大人契合天道,故能如天而行,所以天不违,所谓的后天,是天机已显,大人能够法天而行。总而言之,先天后天只是形容词,天道只有一个,并不是真有所谓的天之先、天之后。而陈抟和邵雍把先天后天证实为天之先、后,本来就是错误的。黄宗炎此处批评的理论基础和王夫之是一样的。

第二,把乾坤置于《方图》和《横图》之中而等同于其他六十二卦,是不重视乾坤的表现。

天者,乾之象也;乾者,天之理也。……乾坤为诸卦之父母,大纲大领俱挈于此,六爻俱有龙德,俱是圣人,俱是天子,何曾画定君臣男女?后儒臆说,自造条例,遇已说之不可通,反疑圣人,乃迂回迁就以强申之,岂知易者变易也,神无方而易无体,恶得有条例以绳之乎?三复于《文言》,可思过半矣。乾坤乃物之所以始,所以生,故列之《易》首,以为阴阳发用之原,六十四卦皆从此变易而出,尧夫《方图》《横图》置诸六十四卦之内,冠履无分,君父无位,大乱之道也,焉得而不辩!(《周易象辞》卷一)

乾为天,坤为地,乾坤为诸卦之父母,邵雍作易图,把乾坤等同于其他六十二卦,是"乱道"的行为。

第三,天地气化必然有盈缩之偏,不是平均的,而《先天图》只是一奇一偶的叠加,总体上表现出整齐而平均的特点,所以是错误的。

两间气化自有盈缩,或阴盛阳衰,或阳多阴少,恶得均分齐,一无轻重、大小、往来、消长之异同乎?若然,则天无气盈朔虚,无昼

---

① 黄宗炎:《周易象辞》卷一,文渊阁《四库全书》本。

夜寒燠，人无仁暴，地无险夷矣；若然，则人皆一男一女，鸟皆一雌一雄，兽皆一牝一牡矣；若然，则续凫、断鹤、黔鹄、浴乌、五行运气无偏重之性矣。夫物之不齐，物之情也，造物之参差，理义之所由以立也，听一奇一偶之自为盘旋，于教化乎何有？于裁成辅相乎何有？于《易》不可为典要乎何有？是一定也，非易也。①

第四，易道变化无穷，未必牵连一体，而根据先天学，天有雨、风、露、雷，地有走、飞、草、木，天地和万物牵连一体，没有万物的独立性。另外，根据《先天八卦横图》，八卦牵连一体，父母男女并归一身，可谓荒唐。

即以生而言，如天之生雷风云雨，地之生草木，人物之生男女牝牡，天轻清属气，雷风云雨气多而质少，然亦雷自成雷，风自成风，云雨自成云雨，不必再扰于天始成雷风云雨之象也；地重浊属质，草木质多而气少，既已勾萌甲坼，则草具草之形，木具木之形，何必混合于地，始成一草一木之形也？人物处天地之中，气质参半，既分气质而生男女牝牡，则父母自为父母，男女自为男女，牝牡自为牝牡，未见有父母子孙牵连一体者。以两仪之上各加一奇一偶而命为老阳少阴少阳老阴，是父母男女并归一身，不可判别，岂得谓之生乎？至八卦、十六卦、三十二卦、六十四卦，则合七世高曾祖祢曾玄于首腹四肢之内，形象理数一切荒唐而不可问矣。易之变化穷通上下往来屈伸进退，悉可废业而不讲矣，《系辞》《说卦》皆迷途矣，以此学《易》，未见其为善变也。（《先天八卦方位六十四卦方圆横图辩》，《图学辩惑》）

第五，《先天图》属于"天地不交，阴阳断绝"，是"一定之死格"，表现不出变易特征。

阳之龙藏其首，以三奇为孤阳，不可独用，用必兼三偶而为九也。阴之永贞，又以三偶，独用恐有先迷之失，必永终从阳，而阴之六乃利也。圣人深明刚柔不可偏用，阴阳无有相离之意，盖乾坤二卦虽若判隔，而阴阳一体，天地气交，正在无首永贞之内。若邵尧夫之

---

① 黄宗炎：《先天八卦方位六十四卦方圆横图辩》，《图学辩惑》，文渊阁《四库全书》本。

三图，则天地不交，阴阳断绝，乾龙有首而坤不永贞，是一定之死格，何易之有？（《周易象辞》卷二）

八象既出，或联或间，何莫非消息往来之运行？岂必取于对峙乎？故总言八卦相错，谓不止于天地之交，山泽之遇，风雷之合，水火之重也，八卦递加、转辗、变动，则成二篇之《易》矣，明白斩截，毫无藤蔓容我装凑者。（《先天八卦方位六十四卦方圆横图辩》，《图学辩惑》）

这是说本来《周易》之卦变化无穷，而邵雍的易图只表现了对待，而没有相交相错的意蕴，无法表现天道的阴阳交感不息。

第六，《先天八卦方位图》的方位，并非《周易》所有。

邵尧夫引"天地定位"一章，造为《先天八卦方位图》，其说云：天地定位，乾南坤北也；水火不相射，离东坎西也；雷风相薄，震东北巽西南也；山泽通气，艮西北兑东南也。夫圣人所谓定位，即如首章"天尊地卑乾坤定矣"之义，未可赘以南北也；天地之间山泽最著，故次及之，言山峻水深形体隔绝，其气则通，山能灌泽成川，泽能蒸山作云，未可指为西北东南也；雷以宣阳，风以荡阴，两相逼薄，其势尤盛，未可许为东北西南也；水寒火热，水湿火燥，物性违背，非克必争，然相遇必有和合之用，不相射害，未可诬以东西也。（《先天八卦方位六十四卦方圆横图辩》，《图学辩惑》）

黄宗炎认为，《周易》虽然说"天地定位，山泽通气，雷风相薄，水火不相射"，但自有其本来的含义，而并没有指明八卦就有邵雍所理解的方位，邵雍以之为《先天八卦方位图》之据，只是"妄诬"。

第七，《周易》没有四画、五画之象。

夫子明训八卦既立，因而重之，又曰八卦相荡，又曰八卦相错，自有乾坤六子，以一卦为主，各以八卦加之，得三画即成六画，得八卦即有六十四卦，何曾有所谓四画、五画之象，十六、三十二之次第也？四画、五画成何法象？难谓阴阳刚柔，不可拟为三才，十六、三十二何者在先，何者在后？其于天、地、雷、风、水、火、山、泽贞卦不全，其八悔卦无可指名，视之若枯枝败骸，无理无义，以遂其递生一奇一偶之说。（《先天八卦方位六十四卦方圆横图辩》，《图学辩惑》）

《周易》中因八卦重而为六十四卦,而并没有次第相生的四画卦、五画卦。

第八,邵雍的"一分为二"法是层累叠加之法,与圣人观物取象以作《易》相矛盾,同时造成六十四卦或无父、或无母,八卦或无天、或无地的状况。

  一奇一偶层累迭加,是作《易》圣人不因天地高厚而定乾坤,无取雷动风入而成震巽,坎陷离丽未有水火之象,艮止兑说不见山泽之形,俱信手堆砌,然后相度揣摹,赠以名号。自乾至复三十二卦为无母,自坤至姤三十二卦为无父,山泽未尝通,雷风未尝薄,水火未尝济,父与少女中女长男同时而产,母与少男中男长女同时而育。……第一画贯三十二爻可云广矣,奇遗姤至坤之半,偶遗复至乾之半,则挂漏之极也。第二画贯十六爻,第三画贯八爻始有八象,吾不知天何私于泽火雷而独与之同气,何恶于风水山而杳不相蒙也?地何亲于山水风,何疏于雷火泽?亲者胶固而无彼此,疏者隔塞而不相应求也。(《先天八卦方位六十四卦方圆横图辩》,《图学辩惑》)

黄宗炎认为,依据《先天六十四卦图》,从乾至复三十二卦初爻全是阳,所以无母,从坤至姤三十二卦初爻全是阴,所以无父,依据《先天八卦图》,则乾、兑、离、震四卦同气,是乾天仅仅亲于兑、离、震三卦,巽、坎、艮、坤四卦同气,是坤地仅仅亲于巽、坎、艮三卦,这与自然界中天地无私相悖。

第九,圣人论天道"以简驭繁",而邵雍之学"即万举万"。

  古今事理惟简能御繁,一可役万,故卦止八象,爻止六位,变变化化,运用无穷。如必物物皆备始称大观,则七画以至十一画乃魑魅现形,无有人道,及成十二画则头上安头,床上安床,徒觉状貌之拥肿,取义之赘疣。若彼所云日月星辰,水火土石,寒暑昼夜,雷露风雨,性情形体,草木飞走,耳目口鼻,色声气味,元会运世,岁月日辰,皇帝王霸,《易》《诗》《书》《春秋》,似校《说卦》为详密,而其偏僻疏囿特甚。何天无霜雪电雹虹霾也?地无城隍田井海岳都鄙也?时无温和旱潦也?人无脏腑手足发肤也?无盗贼夷狄也?经无礼乐也?物无虫鱼也?形体之与耳目口鼻又何其重出也?即万举万,当于神明化裁引伸触类之谓何?(《先天八卦方位六十四卦方圆横图辩》,

《图学辨惑》）

《周易》虽然只有八卦，卦只有六爻，但是变化运用无穷。而邵雍先天学依据"四象说"遍举自然界和人类社会中的种种事物，一方面表现出固执不通的错误，另一方面又遗漏了无穷的事物。

第十，反对以十六卦概括《周易》。

> 云十六事者，乾、坤、否、泰、艮、兑、咸、损、震、巽、恒、益、坎、离、既济、未济，俱取老长中少，阴阳正对，似乎稍有可观。《易》卦阳爻一百九十二画，阴爻一百九十二画，奇偶停匀，随人牵引，俱可布位整齐，使确守乾父坤母，一再三索而搬演之，何尝不绣错丝编，烂然秩然，而理则校胜也？大《易》全篇何莫非神化变通，而仅取否、泰、咸、恒、损、益、二济为纲领，将谓此外皆附庸之国乎？皆仪文声色之末务乎？亦见其自隘矣。（《先天八卦方位六十四卦方圆横图辩》，《图学辨惑》）

这里的十六卦也就是《先天六十四卦方图》两个对角线上的十六卦。邵雍曾有一首诗描述这十六卦："天地定位，否泰反类。山泽通气，损咸见义。雷风相薄，恒益起意。水火相射，既济未济。四象相交，成十六事。八卦相荡，为六十四。"[①] 黄宗炎认为，《周易》六十四卦都是天道的表现，神化变通的表现，仅论十六卦，是狭隘的表现。

第十一，认为先天学是道教易学。

> 迨乎有宋，邵氏受陈希夷先天图学，遂以此章为伏羲八卦方位，牵强无稽，不胜乖缪，其大指俱从方士丹鼎而来，所重专在水火，于内事为心肾，于外事为沙铅。心也，沙也，俱属离火，肾也，铅也，俱属坎水。心火上升，及下降之肾水以济之，两相交媾，久久而成圣胎，则此身可以长生。沙中神火飞扬而不可制伏，取铅中神水以和其气，沙铅气结而生子孙，则服食变化尽在是矣。凡此皆"取坎填离"之道。盖离画中虚，坎画中实，以虚受实，离返成乾，以实益虚，坎返成坤，今日之离南坎北，乃后天使然，其本然之乾南坤北，则先天自具者也。今震木居东，东为青龙，龙在丹家为汞，汞产沙中，沙火

---

① 邵雍：《伊川击壤集》卷之十七《大易吟》，《邵雍全集》第四册，第350页。

能伏汞木，名曰"火中木"，是震木乃后天，离火乃先天也。今西方为兑，金为白虎，虎在丹家为铅水，神水神火结成金液，名曰"水中金"，是兑金之居西，西乃后天。坎水之居西乃先天也，故谓之离东坎西。兑泽连接正南之乾天，两金相倚，故兑居东南。艮山直根正北之坤地，两土相培，故艮居西北。震雷发于地，自内而达外，故震居东北。巽风起于天，由外而入内，故巽居西南。盖此四隅位置，丹鼎不甚重之，序列尤属景响，不过就南北水火数演安顿据其偏，词亦未见为确然也，诬称羲《易》，实方士之小慧尔。（《周易象辞》卷二十）

这是认为邵雍《先天图》来源于道教。但我们在前面的黄宗羲部分已经强调，邵雍《先天图》虽有道教渊源，但是，邵雍自己并没有用《先天图》表现道教思想，邵雍先天学亦非内丹修炼之学。黄宗炎这一批评可谓无据。

以上的十一个批评，有的是黄宗炎站在天道变化无穷的层面对邵雍先天学的批评，有的是黄宗炎依据《周易》本义对邵雍《先天图》的批评，我们在本章的最后部分会统而论之。在这里需要单独提及《图学辩惑》中的两个地方，即黄宗炎还批判了《先天圆图》中的"已生之卦""未生之卦""顺""逆"的问题，以及《先天六十四卦圆图》的卦气意义。对于前者，黄宗炎批判的对象其实是朱熹的主张，而不是邵雍的观念，所以我们搁置不论。对于后者，事实上，邵雍并没有就《先天六十四卦圆图》而论述汉易中的卦气，按照此图而论汉易卦气，这只是后人的解读，是后人把汉代卦气学说结合到《先天六十四卦圆图》中而加以论述，并且他们发现一旦如此做了，代表卦气的十二卦复、临、泰、大壮、夬、乾、姤、遁、否、观、剥、坤，在《先天六十四卦圆图》中呈现出间隔有疏有密的惊奇状况。这是一个很奇怪并解决不了的问题，代表卦气变化的十二卦本身也代表十二个月，月月之间的间隔本应该相同，在汉易卦气图中十二卦排列井然有序，但在《先天六十四卦圆图》中的间隔却不同。朱熹的学生就曾问过朱熹这个问题，朱熹回答说："伏羲《易》自是伏羲说话，文王《易》自是文王说话，固不可以交互求合。所看先天卦气嬴缩极仔细，某亦尝如此理会来，尚未得其说。阴阳初生，其气固缓，然不应如此之疏，其后又却如此之密。大抵此图布置皆出乎自然，不应无说，当更共思之。"[1] 朱熹一方面表示疑惑，另一方面

---

[1] 黎靖德编：《朱子语类》卷第六十五，第1619页。

又说"伏羲《易》自是伏羲说话,文王《易》自是文王说话,固不可以交互求合",事实上,朱熹认为"伏羲《易》自是伏羲说话,文王《易》自是文王说话,固不可以交互求合"的观点是正确的。《先天六十四卦圆图》本不为卦气而作,而是由"一分为二"法而来,卦气图中的十二卦则是根据一卦六爻之阴阳消长而来,把两个依照不同规则而创造的易图放在一起解读,自然会产生很多龃龉,《先天六十四卦圆图》中的十二卦必然间隔有疏有密,但是黄宗炎对这些龃龉和问题加以批判,可以说是没有理解邵雍本意的结果,因此,黄宗炎的相关批判本书也不再加以引述。

第四节 毛奇龄对邵雍的批评

毛奇龄著有《仲氏易》。在《仲氏易》中他一方面表达了自己对伏羲画卦过程的理解;另一方面以这种理解为前提,对邵雍先天学提出了细致的批评。毛奇龄认为伏羲画卦应该是先画出三阳,是为乾卦,在三阳的基础上变阳为阴,是为坤卦,然后在乾坤二卦的基础上,按照《说卦传》中"一索"而得震、巽,"再索"而得坎、离,"三索"而得艮、兑的顺序,而得六子,因为这一过程体现了乾坤之阳阴互易,所以这是"变易";在八卦的基础上,一卦遍交八卦,则八卦因而重之,而得六十四卦,这一过程就是"交易"。毛奇龄认为,六十四卦的来源,就是"变易"和"交易"的体现,本不复杂。

在此前提下,毛奇龄对邵雍进行了比较集中的批评,总结了《先天图》之误有八。毛奇龄说:

> 一,画繁。(小注:自一画为阳,二画为阴,三一为乾,三二为坤,而其画已毕,未有画至六十四卦者。今图取巧便,但以黑为阴,白为阳耳,此非羲画法也。若羲画原法,则黑皆两画,是六十四卦在阳有一百九十二画,在阴有三百八十四画,太不惮烦矣,此非自然因重之数也。其误一也。)二,四五无名。(小注:四象分四画为太阳、少阴、少阳、太阴,今增至十六画,又增至三十二画,则可名十六象、三十二象乎?抑仍名四象乎?若仍名四象,则八卦又生四象矣。其误二也。)三,三六无住法。(小注:惟只有三画,并无四画五画之加,故三画而止便可名之为八卦,如连翩加画,则何以三画有名,四画五画只空画更无名也?且何以见画之当止于三,当止于六也。其误

三也。)四，不因。(小注：乾坤成列，始画八卦，八卦成列，始作重卦，故曰"因而重之"。因者，因成列之卦也，若一连画去，何所因乎？其误四也。)五，父子母女并生。(小注：乾父、坤母，合生六子，此《系辞》明言次第也，今八卦并生，其误五也。)六，子先母，女先男，少先长。(小注：六子俱先坤，兑离先震，巽先坎兑，又先离，离又先巽，于一索再索之叙，俱失尽矣。羲画次第必不如是。其误六也。)七，卦位不合。(小注：《说卦》卦位千古不蔑，今以递加之画而环图之。乾一右转，巽五左旋，以乾南坤北离东坎西为象，此实本魏氏《参同契》"乾坤运轴，坎离匡郭"之图，而妄名《先天》，致邵子以"雷风相薄，水火不相射"为证，夫《说卦》上文既言六画成卦，则此时卦位已定，第言其参互为推卦之时，故曰"八卦相错"，若伏羲画卦，则焉有卦未成而早相错者？且相薄，相迫也，相对不可言相迫。况坎离正对而曰"不相射"，则明是相反之语，而引以取证，可乎？其误七也。)八，卦数杜撰无据。(小注：卦原无数，但以大衍之数推之，则乾西北卦正当地六相成之数，故曰乾六，坤西南卦正当天九相成之数，故曰坤九，今无故而有乾一兑二离三震四之数，此何据乎？其误八也。)具此八误而以为伏羲画卦次第如是，不可通矣。①

毛奇龄这里的文字比较简单，文义显而易见，不再多论。不过需要强调的是，这里的八个批评，都是在恪守《周易》本义的前提下，或者以自己的"变易""交易"为标准，对邵雍《先天图》的批评，事实上，如果没有这些前提，这八个批评本身是不成立的。此种批评的本质，其实是学术见解的不同。

第五节　胡渭对邵雍的批评

胡渭著有《易图明辨》，对河图、洛书、太极图、先天图和后天图等易图的产生和发展有很细致的辨析，他一方面批评邵雍先天学，另一方面极力批评宣扬先天学的朱熹。因为本节的主题不是研究朱熹象数易学，所以我们仅就关涉邵雍的较为重要者，论述如下。

第一，邵雍先天图为《周易》本义所无。邵雍为自己的先天图寻找经

---

① 毛奇龄：《仲氏易》卷一，文渊阁《四库全书》本。

典根据，所以把《说卦传》"天地定位"数章解释为伏羲八卦和文王八卦，但是胡渭认为《说卦传》并没有邵雍所阐释的意义。

> "天地定位""雷以动之"二章，皆以对待之体言，一首乾坤，明六子所自出，一先六子，而归功于乾坤，未见其为先天之方位也。"帝出乎震"章，以流行之用言，故顺四时以为序，而各著其方位。"神也者"章，兼流行对待言之，动、挠、燥、说、润、盛，流行之用也；水火、雷风、山泽，对待之体也。虽不言乾坤，而六子之功用莫非乾坤之所为，神与变化正指乾坤而言，与"雷以动之"章略同。亦无以见上六句为后天之位，而下三句为先天之位也。①

事实上，胡渭的这种看法，是批评邵雍先天学的诸位大儒的共识。

另外，胡渭还认为《伏羲六十四卦方位图》中的《方图》也是《周易》所无："《方图》自西北至东南，两隅尖射为八纯；自西南至东北，两隅尖射为否泰等卦，是为'十六事'。然后于四正各布十二卦，共四十八，合前十六为六十四，而'八卦相错'遍焉。此亦邵子之巧推排，《易》无此卦位也。"② 这是胡渭紧扣《周易》本义的必然推论。胡渭又说：

> 《说卦传》有经卦之方位，而无别卦之方位，盖文王所演六十四卦，其八卦之贞错综而叙，不以其卦为类，故无方位之可言。京房六日七分法，卦气起于中孚，亦不过取卦名之义，以为当直冬至，非谓中孚方位在子之半也。自魏伯阳以乾、坤、坎、离牝牡震、艮、巽、兑，先天八卦之方位端倪始见。而邵子演之曰："乾坤定上下之位，离坎列左右之门，天地之所阖辟，日月之所出入。"于是有乾南坤北，离东坎西之图。又推之于六十四卦为《大横图》，以定其次序；又规夫《横图》而圆之，以为六十四卦之方位，更有《方图》居其中。于是经卦既非乾坤三索之序，别卦又失文王所演之旧。③

这是认为，根据《说卦传》，有八卦乾、坎、艮、震、巽、离、坤、

---

① 胡渭:《易图明辨》卷六，第142页。
② 胡渭:《易图明辨》卷七，第170页。
③ 胡渭:《易图明辨》卷七，第168页。

兑的方位，而没有六十四卦的方位，而邵雍一方面依据《参同契》演绎了《先天八卦圆图》，说明了八卦的方位；另一方面在此基础上又发展了《先天六十四卦圆图》，说明了六十四卦方位，这都不符合《周易》本义。

第二，反对逐爻渐生。

> 伏羲胸罗造化，全体太极，仰观俯察，近取远取，三才之道，了了于心目之间，便一连扫出三画，有何不可，而必一生二，二生四，四生八，作巧推排计邪？一连扫出者为私意杜撰补接，然则逐爻生出者，岂反非杜撰补接邪？孔子之传无一语推本伏羲者则已，既有推本伏羲者，则何以知两仪、四象为伏羲之所画，而乾坤三索为文王之所演邪？……知彼逐爻生出之为缪，则知一连扫出三画，而交易以成六子者，真伏羲之《易》，而非文王之《易》矣。晓人自解，无庸辞费也。①

> 夫子曰重曰兼，明是倍三为六，非逐爻渐生之谓。②

邵雍"一分为二"法从一到二、到四、到八，必然有一过程，所以表现出"逐爻渐生"的特征，胡渭认为这一方面不符合伏羲一连画出三画卦的过程，另一方面也不符合孔子所论因八卦而重为六十四卦的过程。胡渭这一批评和毛奇龄的观点相同。

第三，说明《先天横图》的次序是错误的。

> 康节既独出臆见，于一奇一偶之上各加一奇一偶之三画，而为乾一、兑二、离三、震四、巽五、坎六、艮七、坤八矣；又欲附会于希夷，乃以"天地定位"一章当希夷八卦方位，就中推出次序。其左半乾、兑、离、震，适符《横图》之一二三四，遂以为"数往者顺"；至右半坤、艮、坎、巽，则与《横图》正相反，乃从中拗转为巽五、坎六、艮七、坤八，以为"知来者逆"。斯不亦矫揉造作，失天地自然之妙乎？且次序与方位元不相谋，未闻乾坤三索之序，由出震齐巽之位而定也，何独于先天合之？故圆图抽坎填离，犹是丹家之遗制，而横图则无谓甚矣。乃复引而伸之为六十四卦次序，遂至有四画、五

---

① 胡渭：《易图明辨》卷八，第185—186页。
② 胡渭：《易图明辨》卷七，第153页。

画之卦。夫此四画、五画者，将名曰某卦乎？抑仍谓之两仪、四象乎？如以为两仪、四象，则八卦之后不应复有两仪、四象也。……奇偶之上各加奇偶，只因错解"《易》有太极"一节，遂以揲蓍生爻之次序，为始作八卦之次序耳。然则大、小横图既戾于圣人之经，又绝非希夷之指，先天之赘疣也，安得冠诸经首，以为伏羲不言之教乎？①

康节先天之学，其病根全在小横图。盖八卦之次序既乖，则其论方位亦误，六十四卦之次序方位，更不待言矣。②

事实上，胡渭既然认为"逐爻渐生"的"一分为二"法是错误的，必然也反对由"一分为二"法所建构的《先天横图》及图中所体现的诸卦次序。因为《先天横图》次序已经错误，所以由《先天横图》进一步发展而得出的《先天圆图》的卦位也是错误的。胡渭这里的批评，可以说是顺着对"一分为二"法的批评而来。

第四，反对邵雍"数生卦"的方法。胡渭说："卦，象也。蓍，数也。《左传》韩简曰：'物生而后有象，象而后有滋，滋而后有数。'盖数即象之分限节度处，生于象，而不可以生象。康节加一倍法欲以数生卦，非也。"③ 这是从哲学的角度论证，数乃象之"分限"，所以象能生数，而非数生象。按照这种说法，那么邵雍建构先天图的"一分为二"法可以说是站不住脚的，不可据之解释《易》之本源。我们在此需要特别说明，胡渭之"象生数"的主张和邵雍之"数生象"的主张，其实涉及两人对宇宙理解的角度不同，而并不存在孰是孰非的问题。若以一般的眼光考察宇宙存在，自然是由太极而天地，由天地而万物，在此一角度下，也自然是无物而物生，物生即有象，有象而后有数；但是，邵雍的观物之法在逻辑前提上即采取了"数学"的方法，太极为一，衍化为阴阳为二，依序推衍下去而有四、八等数，以至于"万"，此正所谓"合之斯为一，衍之斯为万"，即此观物之法构造下的先天学而言，自然是"太极一也，不动；生二，二则神也。神生数，数生象，象生器"④，"太极不动，性也，发则神，神则数，数则象，象则器。器之变复归于神也"⑤ 所呈现的"数生象"观念。所以，胡渭和邵雍两人之主张皆有

---

① 胡渭：《易图明辨》卷七，第179—180页。标点有改动。
② 胡渭：《易图明辨》卷七，第156页。标点有改动。
③ 胡渭：《易图明辨》卷六，第141页。
④ 邵雍：《观物外篇下》，《皇极经世书》卷十四，第522页。
⑤ 邵雍：《观物外篇下》，《皇极经世书》卷十四，第522页。

其理，无所谓对错，自然也不能"厚此薄彼"。

第五，认为邵雍先天学是道教易学。

> 先天八卦方位，丹家用之最亲切而有味。其所谓"《易》者，坎离也"，与儒学不同，故解此章之顺逆，亦自有其义。孔子之意在著卦，丹家之意在水火。人之一身，乾为首，坤为腹；自首以下有心，心属火而为气之总会；自腹以下有肾，肾属水而为精之所藏。火炎上，水润下，自有生而已然，所谓"数往者顺"也。及加以修炼之功，以乾坤为炉鼎，坎离为铅汞，务使火降而下，水升而上，所谓"知来者逆"也。《鼎器歌》云："阴在上，阳下奔。阴谓水，阳谓火。"丹家以坎离为《易》，水下而反上，火上而反下，故曰"《易》逆数也"。《说卦》离南而坎北，丹家抽坎之中实以填离之中虚，故乾南而坤北。《参同契》云："子南午北，互为纲纪。一九之数，终而复始。"亦此义也。人之生也，火在水上，未济之象也；神丹既成，则水在火上，为既济，以魂守魄，使阴阳不相离，可以长生而久视。《仙诀》云："五行顺行，法界火坑。五行颠倒，大地七宝。"是为"顺则成人逆则仙"也。邵子《小横图》用加一倍法，以为伏羲八卦之次序，误矣。而又推之于方位，以自震至乾为顺，自巽至坤为逆，且喻之以左旋右行。夫天之与日月五星也，左则俱左，右则俱右，岂有左右各半之理乎？既失丹家之旨，又非孔子之义，无一而可者也。①

> 石涧，精于《参同契》者也，不徒心解之，且身试之。故知先天图为老氏之《易》，而非圣人之《易》。著书以阐其幽，名之曰《易外别传》，以为丹家所依托，非《易》之本义。自有先天图以来，知其妙而不使之混于《易》中者，唯石涧一人。②

黄宗羲、黄宗炎都认为邵雍先天学是道教易学，而举出的理由都是道教人士可以利用先天图修丹，或者用道教的丹道理论可以解释先天图。但是这种论证方式是站不住脚的，胡渭这里的论证逻辑和黄宗羲、黄宗炎相同。我们不再多论。

---

① 胡渭：《易图明辨》卷六，第 151—152 页。
② 胡渭：《易图明辨》卷七，第 178 页。

第六节　李塨对邵雍的批评

李塨主要从两个方面对邵雍先天学加以批评，第一，站在天道的高度，认为原无所谓先天后天之分；第二，从细节方面批驳邵雍先天学非"孔子之说"。

第一，认为原无先天后天之分。

> 天，一物也，而万物皆天；乾，一卦也，而八卦皆乾。故大人体乾出治，天且弗违，而无往不合有如此者。"合吉凶"，谓福善祸淫也。圣人有作，旋乾转坤，先天而天弗违也，天地之道有开必先，后天而奉天时也。①
>
> 呜呼！神矣哉！神也者，妙运万物而为言者也。"莫疾""莫熯""莫说""莫润""莫盛"，正言六子之神也。故水火相逮以润之燥之，雷风不相悖以动之挠之，山泽通气以悦之成之，然后能变化无穷而尽成万物矣。不言乾坤者，乾坤之神寄于六子也。宋明皆为先后天图所误，于此节"动万物"数语，以为后天，"水火相逮"三语，以为先天，而中以"故"字承之，遂无能解说，纷纷疑讼，不知原无所谓先后天之分也，亦晓然矣。（《说卦传》，《周易传注》卷七）

李塨认为，天并不是脱离万物别有一个天，而万物即是天，所谓的"先天而天弗违"，只是说圣人体证天道，与天合一，所以"无往不合"，并不是说真有一个所谓的"先天"。对于《说卦传》中的一节，"神也者，妙万物而为言者也。动万物者莫疾乎雷，挠万物者莫疾乎风，燥万物者莫熯乎火，说万物者莫说乎泽，润万物者莫润乎水，终万物始万物者莫盛乎艮。故水火相逮，雷风不相悖，山泽通气，然后能变化，既成万物也"，只是讲明"神"妙运万物的功能，而所谓的"神"也就是八卦之神，所以《说卦传》中的此节全体都是形容八卦之神的功能，并没有前段后段之分，用前段而论"后天"，用后段而论"先天"。李塨对先天后天的批评，与前面已经论及的王夫之和黄宗炎的相关批评相类。

第二，批驳邵雍先天学非"孔子之说"。李塨列了十条理由：

---

① 李塨：《上经》，《周易传注》卷一，文渊阁《四库全书》本。

……以上皆先天图。《本义》载于经首曰："此非某说，乃康节说，乃希夷说，非希夷说，乃孔子之说，但儒者失其传而方外之流阴相付受，以为丹灶之术，至希夷康节始反于《易》，而说始明。"呜呼，朱子曾不思陈抟为真方外之流耶。孔子之说曾一一细勘否？而遂诬指耶！

孔子曰"庖牺始作八卦"，是《易》自作卦起，未尝闻始作太极也。且作卦奇偶画也，太极圆圈非画矣，非孔子之说一。

孔子曰"两仪生四象"，崔憬以九、六、七、八，老阳、老阴、少阳、少阴为四象，然即揲图中蓍策之事，在画卦因卦后，非未作八卦而先有四象也。何者？老变而少不变，并从已成之卦而推，故《仲氏易》曰："乾为老阳，非老阳而后乾也；坤为老阴，非老阴而后坤也。"非孔子之说二。

孔子曰"成象之谓乾"，则先画乾，"效法之谓坤"，则次画坤，皆三画卦以象三才，未闻有一画、两画止，而谓之阳仪、阴仪、太阳、少阴、少阳、太阴者，非孔子之说三。

孔子曰"震一索而得男"，则又次画震，"巽一索而得女"，又次画巽，"坎再索而得男"，又次画坎，"离再索而得女"，又次画离，"艮三索而得男"，又次画艮，"兑三索而得女"，又次画兑，而八卦毕，是为作卦之序。从未闻其序为乾一兑二离三震四巽五坎六艮七坤八也。《仲氏易》曰"乾父坤母，合生六子"，今何以父子母女并生，且六子俱先母生，少女先中女，中女先长女生，世有此事乎？于一索再索之义尽失矣！非孔子之说四。

孔子曰"八卦成列，因而重之"，是画八卦后不更作卦，只因一卦而重以八卦，故但曰"作八卦"，不言"作六十四卦"也，如乾重乾为乾，乾重坤为泰，乾重震为大壮，乾重巽为小畜，乾重坎为需，乾重离为大有，乾重艮为大畜，乾重兑为夬，以下七卦皆然，而六十四卦毕。今连翻累画，岂因重哉？非孔子之说五。

八卦、六十四卦，圣经有名，今忽有四画、五画卦，何以圣人不为之名也？且于三才何取焉？非孔子之说六。

爻辞以一画为初，不称一，明无前于此者矣。以六画为上，不称六，明无后于此者矣。故《说卦》曰："兼三才而两之，《易》六画而成卦。"今以为六画后尚有七画、八画、无穷画卦，明背圣言。且果如此，则六十四卦之理未尽也，非孔子之说七。

孔子曰：震东方，巽东南，离南方，致役乎坤，说言乎兑，乾西北，坎正北，艮东北，此八卦方位，即言伏羲之八卦也。今强坐之曰"此文王后天八卦"。而撰乾南坤北、离东坎西、兑东南震东北、巽西南艮西北，为"伏羲先天八卦"，以经文"天地定位，山泽通气，雷风相薄，水火不相射"附会之。然此论八卦相错之象，并无南北方隅一字，而可强以己意诬经乎？《参同契》云："乾坤者，《易》之门户，众卦之父母，坎离匡郭，运毂正轴，牝牡四卦，以为橐籥。"朱子注云："乾坤为炉鼎，位乎上下，坎离升降于其间，如车轴之转毂以运轮一上而一下也，牝牡谓配合之四卦，震艮巽兑也，橐鞴囊籥其管也。"熊与可曰："《先后天图》《参同契》皆具后天坎离居先天乾坤之位，以坎中阳实，离中阴虚，则仍为乾坤，故丹家谓之还元。"是不惟先天方位为异端之学，即《后天图》依傍《说卦》方位，而亦借为修炼用，与圣经若风马牛。朱子注《参同契》，恐人讥议，自诡其名曰"空同道士邹欣"，邹即朱，欣即熹也，著《启蒙》又署名曰"云台真逸"，是朱子明知其为道士之说，明自附于道士，而乃以乱圣经，指为孔子说耶！其非八也。

《说卦》言"万物出震，齐巽，见离，养坤，说兑，战乾，归坎，成终成始于艮"，虽只有"兑正秋"一语，而春夏冬俱见矣，此圣言无可易者。今《先天》卦气何其舛也。……又曰："伏羲《易》自是伏羲说话，文王《易》自是文王说话，不可交互求合。"呜呼！是何言也！羲文有二《易》耶？四时运行，万古不易，焉有伏羲配以此卦，而文王又配以彼卦者。且十二月辟卦为汉儒说，尚非圣言，若"兑正秋"诸语，则孔子之言羲文易象者矣。兑，正秋也，而今为春辰月矣。乾，秋冬之间也，而今为夏午月矣。艮终乎物而始乎物，冬春之间也，今为秋戌月矣。八卦皆颠，四时皆乱，乃诬曰"此孔子之说"，其非九也。

胡朏明曰："先天图以自震至乾为顺数，已生之卦，自巽至坤为逆推，未生之卦。"然则经曰："《易》，逆数也。"岂专用巽坎艮坤，而不用乾兑离震乎？丹家讲顺逆曰"顺则成人，逆则成仙"，即抽坎填离也，与《易》何与？而牵之污秽圣言耶？其非十也。

至《本义》图但以黑白分阴阳，更可怪异，岂伏羲画卦时左执黑笔，右执粉笔耶？抑六十四卦俱无画黑白之中，遂分初、二、三、四、五、上耶？且白画之阳固奇，而黑画之阴亦奇耶？何强作事至是！(《系辞上传》，《周易传注》卷五)

以上是李塨对邵雍先天学的集中批判，他列举十条理由来证明邵雍先天学"非孔子之说"，我们总结简化为：第一，《易传》有"庖牺始作八卦"的说法，而没有说"始作太极"；第二，四象为九、六、七、八，属于蓍策之事，应当在画卦之后，并非先有四象，后有八卦；第三，《周易》只有三画卦，即八卦，而没有一画的所谓"两仪"，二画的所谓"四象"；第四，《周易》之"作卦"，先有乾坤，经过"索"的过程，再有震、巽、坎、离、艮、兑六子，并非先天学中八卦同时而有造成的父母子女同时而生的混乱；第五，《周易》"因"八卦而"重"为六十四卦，并非一层一层地累加至六画而成六十四卦；第六，《周易》有三画之八卦，六画之六十四卦，并没有四画卦、五画卦；第七，《周易》之中有"初爻"，所以无前于此"初爻"者，有"上爻"，所以无后于此"上爻"者，先天学有前于"初爻"的太极，有多于"上爻"的七画卦、八画卦等，因此错误；第八，先天图属于道教易学，是异端，卦位并不属于《周易》原义所有，是陈抟、邵雍自己的发挥；第九，把卦气运用于《先天八卦方位图》，结果混乱不堪。比如乾本来为秋冬之间，先天学却放置于《方位图》的正南，而这正是夏天的午月；第十，《先天八卦方位图》中，依邵雍说法，巽、坎、艮、坤四卦为"逆数"，但《周易》有"《易》，逆数也"一句，所以并非只是此四卦"逆数"。李塨虽然列出了十条理由加以批评，但是可以看出，他和同时代的学者们多有相同之处。

第七节　对著名学者们批评的反思

以上是明末清初的大儒们对邵雍先天学的批评。现在我们对这些批评进行深层反思。

大儒们的批评大致可以分为五种情况：第一，从天道为一的角度批判邵雍先天后天的概念与观念；第二，从天道神妙的角度批判邵雍先天学的机械拘泥；第三，批判邵雍先天学不符合《周易》原意；第四，就先天图细节而说明先天图是荒唐的；第五，批判邵雍先天学是道教易学。其中第三种和第四种的批判最多，并且第四种批判往往是站在第三种批判的基础上对先天图吹毛求疵。

我们在此对这五种批评进行讨论。

对于第一种批判而言，我们在前面讨论王夫之批评的部分已经表明，"王夫之自身的理论辨析和认知是完全正确的"。而其中的关键原因就在于存在只有一个存在，天道只有一个天道。当然，邵雍哲学中也没有因为先天后天概念的存在，而有存在有两个存在、天道有两个天道的意思。所以王夫之的批评"似乎没有打准目标的靶心"。但我们能够理解王夫之的批评。在此需要详论的是，既然存在只有一个存在，天道只有一个天道，所以可分形上形下而不可分天之先、天之后，而邵雍也本无此意，须知邵雍哲学中的先天真意据本书第二章之讨论正是太极本体，那么，邵雍为什么采用了先天后天这一对概念呢？事实上，邵雍没有明说，但是据其《观物内篇》以阴阳刚柔等四象论天论地，很可能是因为他把"天"物化了。① 如此一来，正好以先天指谓超越天地万物的太极本体。但殊不知，在醇儒们的视野中，天不只是"大物"，而且是信仰对象、终极存在，具有至高无上的地位，它是儒者们的价值源泉。在这种视野中，天就是根本的终极存在，何尝能有所谓先天后天呢？即如邵雍之理解，先天本质上指的是太极本体，然而，在大儒们的视野之中，太极本体正是天道，又如何能是先天呢？所以，致思至此，我们前文已说，先天一词的确"不如二程之'天理'踏实圆融，不致人误解，经得起考验"。另外，因为道教热衷强调先天，所以先天一词的确也给邵雍先天学在传播过程中带来了一定的理论麻烦。

对于第二种批判而言，如果仅就象数学而论天道，邵雍象数学肯定是有所偏的，因为但凡有所表述、有所主张，必然就是一偏，尤其是象数学因其象数表述之明确性更是带来了机械性特征，自然无法呈现天道之神妙无穷，但我们又须知，象数学仅仅是邵雍先天学的一个部分，它只是在描述天地万物存在的一个侧面，而本质上，邵雍也是承认并强调天道神妙无穷的，而这属于邵雍的本体论论域，属于邵雍对太极和神的阐发。所以，如果仅仅从象数学角度来规定邵雍对天道的理解，并加以批判，可以说很大程度上是在以偏概全。

但是，我们更应该看到，大儒们为什么要突出天道神妙而批评先天学之"数学"视野下的世界呢？事实上，这既是一个非常重要的存在之学的问题，也是一个非常重要的人生哲学问题。即宇宙存在而言，天地万物必有其规律，若无规律，则天地万物立刻陷入混沌之境而无法存在，而既然有规律，则规律必然可以数学化描述。所以，现代意义上的数学自然反映着宇宙存在的真实，而古代社会文化背景中的"数学"虽有时代局限性，

---

① 事实上邵雍的确说："物之大者，无若天地，然而亦有所尽也。"（《观物篇五十一》，《皇极经世书》卷十一，第487页。）

但其规律化描述天地万物的致思方向,自然也可以理解。但是,数学规律仅仅是宇宙存在的一面,另一面则是永远与之如影随形并存不悖的神妙特征,因为如果宇宙存在不神妙,则任何具体的存在物都会因为其固定的数学特征而无法在宇宙场域中变化运动,既然存在物能变化能运动,则已经证明:任何存在物在数学规律之外同时具有神妙的特征。这是存在的客观特征。用《易传》的话来说,即"一阴一阳之谓道""阴阳不测之谓神",而现代物理学中所谓的"测不准原理"某种意义上也是存在具有如此特征的必然反映。即此而言,大儒们批评"数学"之机械,强调天道之神妙,自然有其存在之学方面的道理。即人生哲学而言,如果站在"数学"之机械化理解的世界观基础上,人生存在还有何价值、有何意义?因为宇宙的方向是固定的,人类社会的道路是不可更改的,人生是各有特定命运的,人生还存在真正的自觉和自由吗?儒者们效法天道天理发展人格成就德业还有空间和价值吗?没有!因为一切皆被"数学"之机械化所消解。而这也正是程颐追问邵雍理与数何为天的根本原因,"伊川谓尧夫:'知易数为知天?知易理为知天?''须还知理为知天。'"① 即此而言,大儒们批评"数学"之机械,强调天道之神妙,自然有其人生哲学方面的道理。我们作为现代后学,当理解至此。

另外,还有一点需要补充说明。邵雍之象数学,不但就思想效果上可能会产生"宿命论"的消极后果,而且在社会传播中还有可能产生能实际操作的算卦方法。流行数百年的著名卦书《梅花易数》,相传是邵雍所著。据现代学者郑万耕考证,《梅花易数》应该是明代时人所撰,所以作者自然并非邵雍。② 郑先生的考证是有力的,结论也当然是正确的。但我们要说的是,《梅花易数》虽非邵雍所著,可是其中的起卦方法,却无邵雍先天学而不能。因为《梅花易数》的算卦逻辑是把事物动态信息化,动态信息数字化,数字八卦化,再依据建构完成的八卦六十四卦来进行吉凶预测。而其中把数字八卦化的关键,正是依靠先天八卦数:乾一、兑二、离三、震四、巽五、坎六、艮七、坤八。若没有先天八卦数,就只有数而没有卦,《梅花易数》就没有算卦的基础。所以,《梅花易数》固然并非邵雍所作,但却是邵雍先天学之象数学传到民间卜筮者之后所产生的一个客观"成果"。如果站在宿命论的确能影响人们的崇德广业之观念的形成和

---

① 谢良佐:《上蔡语录》卷三,文渊阁《四库全书》本。
② 郑万耕:《关于〈梅花易数〉的几个问题》,《国际易学研究》第三辑,华夏出版社1997年版,第41—56页。

践履的立场上，那么，这恐怕的确也是邵雍先天学之象数学所产生的一个不好的社会效果。固然，它和邵雍本人无甚关系，但这个社会效果却是真实的。所以，总的来说，第二种批评可以启发我们从多角度审视邵雍先天学，可以让我们理解儒者们的人道和人生意义之追求。

对于第三种和第四种批判而言，大儒们主要是从考证的角度来反对邵雍先天学。依据此种学术方法，学者们坚持一就是一，二就是二，坚持《周易》就是《周易》，后世易学就是后世易学，后世易学不能和《周易》以及早期的易学思想混同起来，这种严谨的精神有利于澄清易学发展史中的混乱，有利于避免后世易学家为自神其说而附丽于《周易》，同时，这种澄清也有利于凸显易学发展史中的关键时期和主要创新。可是，他们没有客观看待学术史的包容，他们看到后世易学有不同《周易》本义的地方，就感到经典的本义有受到污染而淹没不明的危险，他们便精心考证之、凸显之、批评之。但是，正如高怀民先生评论京房"互体"说时说道："我们研究古人的思想，切不可拘于'合乎古训与否'作为评价标准，应视其是否具有真正思想上的意义。"① 而现代著名易学家朱伯崑先生所论更能拓人眼界、让人深思："他（引者注，指黄宗炎）以《周易》经传为依据，指责先天易学是对《周易》历史面貌的歪曲。然而从易学哲学的角度看，邵氏先天学的历史意义正在于不因袭传统的意见，从而在理论上做出了新的阐发。"② 所以，如果我们跳出经典卫士的思维方式，站在学术史的角度，客观地看待学术创新、思想创新，我们会说，考据学家们有考据之功，却无"明理"之态度，而真正的明理，在于虽然看到新思想之不同于前世，不同于经典，而更应该意识到这是创新，这是发展，而更要突出之、强调之、表彰之！这样一种态度，才更加可取，而一旦有了这种态度，第三种和第四种批判，也就显示出其局限性来了。

对于第五种批判而言，对于邵雍来说可谓冤枉。邵雍师承确有道教渊源，邵雍易学可能也有道教的渊源，但需要注意：邵雍自己并不是道士，邵雍也没有从道教的角度来阐释自己的先天学，否则二程绝不会说出此等之语："吾接人多矣，不杂者三，张子厚、邵尧夫、司马君实"③，"世之信道笃而不惑异端者，洛之尧夫、秦之子厚而已"④。但元代道士俞琰作《易外别传》，也的确把先天学解释为内丹修炼之学，关键是如何看待这类

---

① 高怀民：《两汉易学史》，第115页。
② 朱伯崑：《易学哲学史》第二册，第189页。
③ 程颢、程颐：《河南程氏遗书》卷第二上，《二程集》，第21页。
④ 程颢、程颐：《河南程氏遗书》卷第四，《二程集》，第70页。

解释。我们认为：首先，把先天学纳入道教思想体系加以解释，这是后人之事，和邵雍本人无关；其次，如本书在介绍和讨论俞琰的先天学解释时指出，先天学和内丹修炼之学，的确有能够会通起来的宇宙论和人身观；最后，我们前面讨论王夫之之批评时说"邵雍之学的确有纠缠于'先天'一词之嫌疑，而不如二程之'天理'踏实圆融，不致人误解，经得起考验"，事实上，俞琰把先天学解释为内丹修炼之学，亦不能不说和"先天"一词有关。所以总的来说，邵雍先天学肯定不是道教易学，但是道教易学的确也能够利用先天学来丰富自己的思想资源。

以上是我们对大儒们批评的反思。总而言之，大儒们的批评大多事出有因，有些批评不一定正确，却也有一定道理。而这些批评所蕴含的思想观念和价值理念，可以使我们更深入地理解先天学，更深入地理解易学哲学，更深入地理解学术史，更深入地理解儒学的一些基本价值观念，更深入地理解存在和人生。

第十章 清代易学家胡煦对先天学的诠释和弘扬

胡煦（1655—1736年），河南光山人，清初易学大家。他出身贫寒，苦心读书，一意向学，在易学领域卓有建树，五十八岁登进士，六十岁被召见于乾清宫，康熙皇帝专门向其询问易学，被康熙称为"真是苦心读书人"[①]，并命直南书房，同大学士李光地分纂《周易折中》。胡煦易学涵盖象数易学和义理易学，他的象数易学贯通河图、洛书、先天学、《周易》卦爻，强调"全部《周易》俱是先天"[②]；他的义理易学阐发太极本体及其发用，彰显人性之本善，论述天人合一之宗旨；胡煦象数易学与义理易学在本体论的高度上贯通为一，表现出胡煦易学思想的博大精深。胡煦流传于世的易学著作为《周易函书》，其中包括《周易函书约存》《周易函书约注》《周易函书别集》等，《四库全书》收入《周易函书》。

胡煦易学具有高度的系统性，他在先天学的视野下，在前人多种观念的启发下，对于本体有深入的体悟，这个本体就是太极，就是乾元，就是先天，本体不同于具体的万事万物而不可言说，但本体没有停留在自身，而是生天生地的"大源头"，它即在万事万物之中呈现"发用"之能。这是胡煦太极本体论的基本结构。在这一结构中，蕴含了先天本体统摄后天事物的义理。以此义理为前提，胡煦进一步把河图洛书、先天四图、六十四卦卦爻象以及卦爻辞放在一个大视野之中，并加以贯通，提出河图洛书为先天四图之根，先天四图为六十四卦卦象之根，卦象为卦爻辞之根，四者都反映了天道本体的呈现和变化的观念。这一重要观念，一方面真正贯通了河图洛书、先天四图、六十四卦卦爻象和卦爻辞，另一方面得出了"全部《周易》俱是先天"的观念，而这正是太极本体论，即先天本体统摄后天事物的必然推论。即此而言，胡煦易学哲学是邵雍先天学的一个重

---

① 胡煦：《附编四·召对录·乾清宫召对始末》，《周易函书》第四册，第1440页。
② 胡煦：《周易函书别集》卷一《易学须知一》，《周易函书》第三册，第871页。

要发展。更进一步，在《周易》注释之中，胡煦更是直接立足于先天图在"观象之法"方面提出了一些创新性的发现。在下面，我们就从太极本体论，贯通图书、先天学和《周易》的易图学，立足先天图对"观象之法"的创新和发展三个方面论述胡煦对先天学的诠释和弘扬。

第一节 胡煦太极本体论研究[①]

在系统考察之后，我们认为，胡煦易学哲学博大精深而系统完整，论域宽广而有其统绪。他的象数易学在融合图书之学、先天学与《周易》经传的视野下，着眼于河图、洛书与先天图之间的贯通，先天图与《周易》卦爻之间的贯通，他一方面建构了以多种易图为基本内容的象数之学，另一方面以象数观念较为圆通地注释了《易经》卦爻辞；他的义理易学在继承发展传统元亨利贞观念的基础上突出了乾元本体的思想，在阐述天、性、道一以贯之的前提下彰显了人之性善的必然。而贯穿胡煦象数易学和义理易学的基本观念是太极本体及其发用的思想。洛书乃河图之用，河图之"中"与先天圆图之"中"皆为太极，河图之数与先天图之卦象即是太极本体之发用与呈现，如此，则象数皆为太极本体之发用；元、亨、利、贞四概念描述了本体及其运化万物的四个阶段，其中乾元为本体，亨、利、贞为发用，而乾元也即太极；天、性、道一以贯之，天为性之本源，道乃性之充发，而天实为"太极之运体"，天、性、道一以贯之，实则为太极、天、性、道一以贯之。所以可以得出结论，万物及其运行规律、人性及其充发位育，皆为太极本体之发用。于此可见，太极本体论在胡煦易学哲学中所占据的核心地位。可以说，知太极则知阴阳与性，知阴阳、知性，则知胡煦易学哲学矣。基于此，我们专门阐发胡煦易学哲学中的太极本体论，以见胡煦思想体系之根本。

一 太极之本体义

太极一词最早来源于《易·系辞》"易有太极，是生两仪，两仪生四象，四象生八卦"，传统对太极的解释，主要为三种，即气、无、理。汉

[①] 本节曾发表过，见赵中国《本体与发用：胡煦太极本体论研究——兼论其论域中的理、心、气》，《河南大学学报》（社会科学版）2011年第3期。

儒郑玄把太极理解为气，"极中之道，醇和未分之气也"①。唐代孔颖达继承了此观念，同时更明确地说："太极谓天地未分之前，元气混而为一，即是太初、太一也。"② 而继承王弼贵无论思想的韩康伯则把太极解释为"无"："夫有必始于无，故太极生两仪也。太极者，无称之称，不可得而名，取有之所极，况之太极者也。"③ 时至南宋，大儒朱熹则把太极解释为"理"："太极理也，动静气也。"④ 这些解释不尽相同，甚至差异非常大，但都有把太极视为宇宙本源或本体的意味。在胡煦的视野中，他明确了太极的本源与本体地位，并从三个方面对本体之内涵加以阐释：太极为万物之所由以生，太极不可以有、无论，太极有发用之能。

1. 万物之所由以生

在胡煦的眼中，天地万物生生不息、日新月异、繁而不乱，但它们并不是自然如此的，而是从一个源头发生发展过来的，这个源头就是太极。"若敦化之太极，为生天生地之大源头，岂可言无？若源头果无，则如许大之天地，如许多之万物，何能生成出来？"⑤ 可见，认为天地万物有一个源头，是胡煦思想中的一个逻辑前提，而这个源头，就是太极。

胡煦之所以认为这个天地万物的源头是太极，在于他对《易·系辞》"是故易有太极，是生两仪，两仪生四象，四象生八卦，八卦定吉凶，吉凶生大业"的理解。他说：

> 须知易有太极，是孔子于两仪四象既生之后，逆溯两仪四象之所由以生，原有一种不可言说道理，而因称为太极。太者，尊上之辞。极者，无以复加之谓。是言两仪肇生，先有尊上而无以复加者存，故以为易之有也。⑥

> 太极二字是孔子言理最精最密之妙旨。太者，尊上之称。极者，至极无加之谓。言两仪肇生之始，本有此至尊至贵，极至无加之道理，原在两仪之先。此时理数未起，是万物之大原，立于无思无为之先，周通于有作有为之后，不容思议，难可名言，故特以太极二

---

① 郑玄：《新本郑氏周易》卷下，文渊阁《四库全书》本。
② 王弼、韩康伯注，孔颖达疏：《周易正义》，第289页。
③ 王弼、韩康伯注，孔颖达疏：《周易正义》，第289页。
④ 黎靖德编：《朱子语类》卷第九十四，第2376页。
⑤ 胡煦：《周易函书别集》卷第十二，《周易函书》第三册，第1060页。
⑥ 胡煦：《周易函书别集》卷一，《周易函书》第三册，第872页。标点有改动。

字赞之。①

这里主要阐明了三个观念,第一,太极所指谓者,是孔子"逆溯两仪四象之所由以生"得来的道理,简而言之,天地万物必有"所由以生",也即一个源头;第二,"太"为"尊上之辞","极"为"无以复加之谓",太极一词恰好可以用来指谓"万物之大原"这个源头;第三,太极并不只是天地万物的源头,并不只是"立于无思无为之先",而且在天地万物产生之后,继续发挥着生化天地万物的作用,即"周通于有作有为之后",如此一来,太极就不仅仅是宇宙论意义上的天地万物之本源,而且是本体论意义上的天地万物之本体,太极在天地万物产生之后依然发挥着生化天地万物的本体作用,关于这一点我们会在"太极之发用义"部分详细论述。

2. 太极不可以有、无论

太极是万物的本源与本体,它发挥着生化天地万物的作用,那么如何来认识太极呢?胡煦认为,认识太极和认识普通事物不同,太极只可意会,只可"默识其意"②,而无法获得较为形象的感知。"须知生天生地之太极,是可想而不可说,可以意会而不可以图传者也。"③ 太极的这一特征,表现在既不可以太极为单纯的有,也不可以太极为单纯的无。

胡煦是从太极作为宇宙本体所必然具有的实存性与超越性出发,而得出太极不可以有、无论的。他说:

> 太极之真,虚灵之妙,原不可以有无言也。如以为有,而两仪未形之先,必不能确指其所由以形之故。如以为无,而两仪四象实由此生,故孔子但以为太极。太也者,尊上之称。极也者,指其无以复加之妙而言也。此孔子会三圣之妙,言两仪未生以前,其理之尊上无加,实有如此。④

这是认为,如果以太极为有,那么太极作为宇宙的源头,在两仪之先,相对于天地万物以及阴阳两仪必有一定的具体性而言,具有超越性特征,不能够对其进行"确指",所以太极不是普通的"有";如果以太极

---

① 胡煦:《周易函书约注》卷十四,《周易函书》第二册,第780页。
② 胡煦:《周易函书别集》卷十三,《周易函书》第三册,第1092页。
③ 胡煦:《周易函书别集》卷一,《周易函书》第三册,第873页。
④ 胡煦:《周易函书别集》卷十三,《周易函书》第三册,第1092页。

为无，那么两仪四象、天地万物不可能无端而生，而必然有一个本原存在，这个实存的本原自然不能说成是"无"。所以总的来说，与太极的超越性相对应，它不能单纯地被说成是有，与太极的实存性相对应，它不能单纯地被说成是无。

太极作为本体不可以有、无论，对太极的描述最好是只用太极本身这一概念。"极也者，极至而无以加也。太也者，尊上之也。因两仪既形，推出所由以生之之故。其中包含蕴藉，有无混合，可想而不可知，乃始以太极二字赞之。……后人不知太极二字止是赞辞，而或有或无，各竞一解矣。然欲直谓为无也，而两仪四象实由此生。欲直谓为有也，乃当两仪未生之时，又实不知其所由以生。故凡学《周易》穷道理，不若止存太极二字，不必别置一解，犹不失孔子系《易》之实理也。"① 如果再联系到胡煦认为四圣关于太极的观念是一贯的，② 那么后人对太极所作的或有或无的种种解释，在一定程度上实乃不懂《周易》的真意，实乃歪曲了孔子《系辞》的思想。所以，对太极的准确描述就是太极这一概念本身。

3. 太极有发用之能

太极为天地万物之本体，此本体不是佛教思想中的空寂本体，而是不断发挥生生作用的本体，"太极者，至精至微，深妙莫测，其蓄难量，其出不穷也"③，太极的"其出不穷"，也就是它生化天地万物的大用不穷。这种生生之用深妙莫测，其最初的最精微的表现，就是太极所生之两仪。"夫太极者，浑浑沦沦，活泼泼地，其出不穷，其生不已者也。而要其为体，则复不可知，不可思议，不可言说，故孔子于乾之一元，但曰万物资始而已。其所生者，则两仪也，所以谓之为几。"④ 两仪包含阴阳动静，而之所以称谓为"几"，则是为了强调太极发用的精微之处，"太极敦化者也，几者太极所生，方亨之作用也，故曰动之微"⑤。太极生化天地万物，也就是从几开始，从两仪开始。

还需要强调的是，太极本体既是天地万物的本源，在天地万物之先，也是存在于天地万物之中的。所以太极发用为两仪，同时也即在两仪之

---

① 胡煦：《周易函书别集》卷十二，《周易函书》第三册，第1059页。
② 胡煦认为："太极之说虽出于孔子，然不自孔子始也。伏羲之先天一图，已圆而虚其中矣。文王之于乾卦，已称其元矣。周公之九六，已称其初矣。是皆欲人从阴阳既形之后，因而上溯之，以默识其意而已矣。"（胡煦：《周易函书别集》卷十三，《周易函书》第三册，第1092—1093页。）
③ 胡煦：《周易函书别集》卷十一，《周易函书》第三册，第1051页。
④ 胡煦：《周易函书别集》卷十二，《周易函书》第三册，第1062页。
⑤ 胡煦：《周易函书别集》卷十二，《周易函书》第三册，第1062页。

中，"太极阴阳非有二也，阴阳即太极之既动，能亨太极之大用者也。太极者，主宰之阴阳。阴阳者，运行之太极也。特因太极无形，主宰于中，不可言说，故第从太极之动处说起"①。这是认为，太极两仪本非有二，太极强调本体的一面，两仪强调发用的一面，体用不离，太极两仪虽然有所区别，但本质上也是一体、一贯的。

太极本体发用为两仪，两仪为阴阳动静，那么阴阳动静是如何运化、如何体现太极本体生化天地万物的呢？同时，太极本体不但是万物的本体，也是人的本体，那么它又是如何作为人的本体发挥作用的呢？这就是太极本体大用义的两个具体方面：流行之太极，即阴阳动静，以及在人之太极，即性。

二 太极之发用义

流行之太极，是太极本体在事物中所呈现的生生作用；在人之太极，是太极本体在人之生命中所呈现的生生作用。流行之太极是就物而言的，在人之太极是就人而言的，它们皆是太极本体发用的内容。流行之太极为阴阳动静，阴阳为万物运化的直接动力，一阴一阳之谓道，此道是于物而言之道；在人之太极为性，性之充发也为道，此道是于人而言之道。就物而言，太极发用之概念序列为太极、阴阳、道、物；就人而言，太极发用之概念序列为太极或天②、性、道、事。这两组概念皆从太极出发，通过阴阳或性，呈现为道，最后归结于事物之中，显示出太极作为本体，既具有超越性，又存在于事物之中的特征。

1. 流行之太极：阴阳动静

太极作为本体发挥其生生之大用，这生生大用的最初端倪，就是两仪，也即阴阳动静。"若方从太极而出，有阳便有阴，有动便有静。阴也者，由阳而形出者也。静也者，由动而形出者也。"③ 一般而言，传统易学认为两仪指阴阳，但因为动静属于阴阳的特征与功能，所以胡煦往往阴阳动静同时而论。他又用体用观对阴阳动静加以统摄，"阴阳者，二仪之体也。动静者，二仪之用也。阴阳实而动静虚，动静因阴阳而有者也"④。因

---

① 胡煦：《周易函书别集》卷十三，《周易函书》第三册，第1084页。
② 就人而言，胡煦往往用天、性、道的概念序列，但天在胡煦视野中，也即"太极之运体"，所以在与太极、阴阳、道、物这一概念序列相比较之时，为了更明确，天、性、道、事也可以转换为太极、性、道、事来表达。
③ 胡煦：《周易函书别集》卷十二，《周易函书》第三册，第1063页。
④ 胡煦：《周易函书别集》卷十二，《周易函书》第三册，第1062页。

此，在胡煦易学哲学中，两仪是统阴阳动静而言的，阴阳着重于强调两仪的本质，动静着重于强调两仪的功用。

阴阳是太极之发用，是太极作为本体在天地万物中的直接呈现，所以阴阳在胡煦太极本体论中的地位是非常重要的。他说：

> 阴阳者，本于太极之动，而旋用于四象八卦者也。能发太极之大用，最灵最妙者，无逾于阴阳，故曰一阴一阳之谓道。①

> 太极体也，即大本之性也。形器用也，即达道之道也。其中斡旋妙用，全属阴阳，形上形下之形指用而言也。②

> 太极浑浑沦沦，全无形质，万物则纯乎气质，乃万物则实由太极而生，中间斡旋妙用，全是阴阳。此处地位分别不清，则全部《周易》所言皆懵懂。③

> 阴阳者出于无形之中，运于有形之内，《中庸》之言鬼神是也。谓鬼神不灵，则又体物而不可离。谓鬼神有形，则又即物以为体。然而盈天地间皆鬼神，实则盈天地间皆阴阳而已。④

> 阴阳者，太极亨动之灵机。凡气之流行不息，体之一定不移，非是莫为之宰。是固方出于太极，全具太极之神，能物物而不物于物者也。⑤

胡煦反反复复强调了阴阳的大用。阴阳本于无形之太极，全具太极之神，运于天地万物有形之内，太极生生妙用的普遍化与具体化，就是阴阳的直接"斡旋"，用一种比喻的说法，阴阳就是太极本体大用的实际执行者。天地万物生生不息、日新月异地不断发展，本源在于太极，而直接动力就是阴阳之能。"两仪者，太极亨动之灵机，变化时物之主宰也。故时有四，两无四，物有万，两无万，因时而见，因时而变，不离物而存，不执物而有，是形形而不可以形拘，始数而不可以数衍者也。"⑥可见，两仪为本体亨动之灵机，同时又为变化时物之主宰，贯通着太极与万物。它不是本体，却体现着本体之大用，它不是具体之物，却存在于万物之中起着

---

① 胡煦：《周易函书别集》卷十三，《周易函书》第三册，第1088页。
② 胡煦：《周易函书别集》卷十三，《周易函书》第三册，第1087页。
③ 胡煦：《周易函书别集》卷十三，《周易函书》第三册，第1087页。
④ 胡煦：《周易函书别集》卷十三，《周易函书》第三册，第1087—1088页。
⑤ 胡煦：《周易函书别集》卷十三，《周易函书》第三册，第1083页。
⑥ 胡煦：《周易函书别集》卷十三，《周易函书》第三册，第1090页。

生化的作用。就太极、阴阳、万物三者关系而言，太极为万物之本体，阴阳为太极本体之发用，阴阳运行于万物之中而体现着太极本体的生生作用，太极、阴阳、万物，三者一贯、互不分离。

需要强调的是，在胡煦的视野中，太极作为本体不可以有、无论，是无形的，而阴阳作为太极本体的发用，作为"斡旋"于万物之中者，不属于有形之物，同样也是无形的，因为如果阴阳有形有体，则必然不能遍入于万物之中发挥生生之大用。胡煦的这种观念，也直接来源于对《易·系辞》"一阴一阳之谓道""形而上者谓之道"的解释。胡煦说：

  《大传》曰形而上者谓之道，又曰一阴一阳之谓道，则是孔子明谓阴阳为形上之道矣。盖太极为大道之本体，其中含蕴非图可画，非言可说，而流行之中隐隐有此二端，往来进退盘旋干济于中，其所生之物有形无形莫不具是，实不可以形迹拘也。①

  阴阳者，太极之动，神化之妙用也。道者，大用之充周各得也。因在方动时，非形气可执，故但言阴阳，此元之亨也。乃利贞之大用，悉出其中，故谓为道。未亨之元即太极，是不可思议不可言说者也。图自两仪加至六画，而万事万物之理悉备，皆此阴阳之叠运所为。故圣人举天下有作有为充周四达之道，悉归诸阴阳。夫《易》冒天下之道，大而经纶参赞，小而夫妇居室，语默动静皆道也，皆此阴阳之充周布濩，故曰一阴一阳之谓道。②

这是认为，太极所生之万物，无论是有形还是无形，没有不含蕴阴阳于其中的，这种存在于万物之中的普遍性，从一个方面证明了阴阳是"不可以形迹拘"的，其根本原因则在于阴阳属于太极神化之妙用，本无具体的形质，所以阴阳是形上的，而道则指谓阴阳大用"充周各得"，"既谓为道，则又散见于万物"③，也就是阴阳之用在事事物物之中的体现。如此一来，可以确定，胡煦认为阴阳是太极所发之妙用，是形上的，道是阴阳大用在万物之中进一步的体现，也是形上的，同时道更偏重于强调用的意义。

胡煦对阴阳与道的理解与朱熹的观念相差甚远。朱熹认为阴阳为形而下者，道为所以一阴一阳者，为形而上者。胡煦自觉地意识到了二者的区

---

① 胡煦：《周易函书别集》卷四，《周易函书》第三册，第915页。
② 胡煦：《周易函书约注》卷十三，《周易函书》第二册，第761页。
③ 胡煦：《周易函书别集》卷四，《周易函书》第三册，第915页。

别，并对朱熹的看法进行了批驳。他说：

> 《本义》曰"卦之阴阳皆形而下者，其理则道也"，是以理为形上之道，而以阴阳为形下之器矣，与孔子异矣。无论太极之体，至灵至虚，其出不穷，原非理之可言。即此阴阳方从太极而出，唯其至灵至虚，运化太极之大用，然后能流行变化，充塞两间，生成万物而不有其能，变化万汇而仍无其质。今谓阴阳为形下之器，夫器则有形可观，而阴阳何形之可观？器则有体可据，而阴阳何体之可据？陆子辨之，至连用四十字，如寒暑上下、昼夜晦明之类，皆无形之阴阳，尚未能察识。其不详察人言中之意，亦已甚矣。①

> 夫《易》冒天下之道，大而经纶参赞，小而夫妇居室，语默动静皆道也，皆此阴阳之充周布濩，故曰一阴一阳之谓道。如将阴阳说作形器，则滞而不灵，而有形无形之地，必非阴阳之所能到矣。是使阴阳竟成形下之器，而形下之谓器，非孔子之误乎？如将道字说作阴阳之所以然，是又将道字看作太极，翻说入大本一边，是不知子思达道之说，止谓道为充周之大用也。今四子书中所有道字，曾不向用边说乎？②

胡煦认为，朱熹以道为阴阳之所以然之理，以阴阳为形下之器的观念是错误的。依孔子之意，阴阳为太极之妙用，至灵至虚，生成万物，变化万汇，本是至灵至虚没有形质的，朱熹以阴阳为形而下者，与孔子之旨不同；道本是阴阳大用的"充周布濩"，是阴阳在事事物物之中的体现，如以道为阴阳之所以然，错误在于，在错解道之主要蕴含就是用的前提下，以本来指用的道取代了作为本体的太极。如此一来，在胡煦眼中，朱熹真可谓是颠倒了本体与大用，混淆了形上与形下。站在胡煦的哲学体系中，这种批判有一定的道理。

但需要说明的是，我们站在客观的角度来看待二人的观点，会发现朱熹关于道与阴阳的观念，与其理本论哲学相适应，他认为阴阳为气，属于形而下，道为主宰气之理，属于形而上，这种观念和朱熹理本论视野下的理气观是完全自洽的，本身并没有错误。而胡煦关于阴阳与道的观念，与其太极本体论也是相适应的，他认为阴阳为太极之妙用，道为阴阳在事事

---

① 胡煦：《周易函书别集》卷四，《周易函书》第三册，第915—916页。
② 胡煦：《周易函书约注》卷十三，《周易函书》第二册，第761页。

物物之中的大用，二者虽然即在万物之中但皆属于形而上，形而下者只是具体的有形有迹的事事物物，这种观念也是自成体系的。所以说，二人的哲学基本架构不同，造成了二人的具体观念不同，胡煦批驳朱熹有余，而对朱熹同情的理解不足。

2. 在人之太极：性

就万物而言，太极之发用为阴阳动静；就人而言，太极之发用则为性。性在传统儒学中是一个非常重要的概念，它指谓人之生命的本质，并因为《中庸》"天命之谓性"的观念而具有贯通天人的重要意义。胡煦认同这些观念，并在太极本体论的视野中，进一步阐明性之本体就是太极，性实乃太极在人之生命中的发用。他说：

> 天是一元敦化之太极，性是流行在人之太极。①
> 太极者，天地之性。性也者，人身之太极也。②

这是认为，就天人关系而言，天是敦化之太极，性是流行之太极，天与性是太极的一体两面；就太极与性的关系而言，太极是着眼于宇宙全体的天地之性，性则是着眼于人的太极。总而言之，天人一贯，太极为性之本体，性为太极之流行发用。

性为太极之发用，作为本质蕴涵于人之生命之中，但相对于具体的人之生活来说，性只是强调了"未发"的状态，相对于"未发"的"已发"则为道，也即性的进一步流行发用则为道。"道也者，参赞之妙，位育之能，裁成辅相，曲成范围，皆其妙用也。其事则礼乐刑政而已。"③ 可见，就人之生命而言，道主要是指参赞位育天道生化，裁成辅相天地之宜的妙用，具体则体现在礼乐刑政的众多事情之中。显然，性为天命所赋，道为性之妙用，道即体现在具体的人事之中。总之，"天者，性之大原。道者，性之大用"④，天、性、道是一以贯之的。

胡煦还认为，天、性、道的一以贯之，决定了人性为善。这是因为"盖人之性命于天，本太和所保合，不二不杂，纯粹以精，所以曰善"⑤。这里的太和也就是体现了天道生生不息之本质的生气，"太和者，乾元之

---

① 胡煦：《周易函书别集》卷十二，《周易函书》第三册，第1061页。
② 胡煦：《周易函书别集》卷十三，《周易函书》第三册，第1086页。
③ 胡煦：《周易函书别集》卷七，《周易函书》第三册，第978页。
④ 胡煦：《周易函书别集》卷七，《周易函书》第三册，第972页。
⑤ 胡煦：《周易函书约注》卷一，《周易函书》第二册，第486页。

生气,性命之根蒂,自乾而赋,无可分别,故浑而言之为太和"①,生气是天道的本质,是万物发生发展的动力,是万物一体共同繁荣的原因,生气本身就体现了天道之至善,人之生命乘此生气而有,充发此生气而参赞位育天地万物,所以体现了生气的人性也必然为善。"善即长善之善,从保合太和来,全无戾气,浑是生机。"②充发了此生机的人生参赞天道,与万物万民为一体,促成万物大生广生、社会繁荣发展,自然是至善无恶的。总之,天之至善、太和生气之至善,决定了人性为善。

胡煦的太极本体论以及天、性、道的思想决定了性善论,他站在性善论的立场上对性恶论、善恶相混论以及宋儒义理之性、气质之性等观念做出了自己的评论:

> 性恶之说,愤激之词也,欲人之励学以践形复性耳。善恶混之说,未察其原本者也。故荀、扬虽并称,而荀之超于扬也远矣。义理之性,气质之性,兼善恶二端而文其词,谓性中有恶矣,仍与荀、扬湍水同见,固不能为先儒讳也。③

这是认为,荀子性恶之说,严格来说并不是主张性恶,而是激励人们学习以"践形复性";扬雄善恶相混之说,原因在于不见人性之本源;宋儒义理之性、气质之性的说法,虽然提出义理之性强调性善,但因为附带着气质之性从理论上造成了人性有恶的结果,本质上与荀子、扬雄同类,必须要被指正。事实上,胡煦强烈反对宋儒所提出的气质之性。他说,"后儒言性,必欲兼言气字。即有言得至当恰好处,亦终不免拖泥带水","圣人教人,必欲使人知为性善者,为识得受生之先,原不杂以偏邪伪妄,则适于圣贤之路,先已坦然,顺而且便。识得此中原自具有圣贤阶基,则不自奋发者,便成自暴自弃。既欲使人知为性善,则惰慢自画者,必将无可自委。……吾诚不解自宋儒以来,必欲兼言气字,误尽天下后世,是何心也?"④在胡煦看来,宋儒不知性全由太极发用而来,全由天所赋予之太和生气而来,本为至善,却提出气质之性,真可谓是促人自暴自弃的罪魁祸首。

综上所述,在胡煦太极本体论的视野下,就万物运化而言,本体及其发用可用太极、阴阳与道这三个基本概念来描述,就天人一贯而言,本体

---

① 胡煦:《周易函书约注》卷一,《周易函书》第二册,第482页。
② 胡煦:《周易函书约注》卷十三,《周易函书》第二册,第761页。
③ 胡煦:《周易函书别集》卷七,《周易函书》第三册,第971页。
④ 胡煦:《周易函书别集》卷七,《周易函书》第三册,第974页。

及其发用可用天、性与道来描述，同时，它们最后都落实在具体的事物之中。这里的太极与天相对应，代表了宇宙与人的本体本原，阴阳与性相对应，说明了万物运化的本质与人之生命的本质，道则指谓呈现在万物与人生之中的、使万物如此而又不同于具体事物的本体大用。太极、阴阳与道一以贯之，天、性与道一以贯之。它们虽然称谓不同，但都是本体或者本体发用的不同层面，知此，则知万物一原、万物一体，则知天人合一，则知性善。

三　太极本体论论域中的理、心、气

胡煦哲学属于典型的太极本体论。在他生活的传统社会中，儒学思潮主要包括三种，即理学、心学与气学。其中理学的基础为理本论，心学的基础为心本论，气学的基础为气本论。在这一思想背景中，胡煦的太极本体论显然与儒学的三个基本派别的核心观念都有所差异，但胡煦坚持自己的认识和立场，坚持太极作为本体所具有的超越性，而不把太极解释为理、心、气三个范畴的任何一种，以从基础理论上向理学、心学或者气学靠拢。

1. 不可释太极为理

在中国传统思想史中，较早把太极解释为理的是南宋大儒朱熹。朱熹在《周易本义》中说道："易者阴阳之变，太极者其理也。"[①] 这是明确把太极解释为理，因为朱熹在儒学史中的崇高地位，他的太极观对后世影响极大，基本成为后世儒学的主流观念。朱熹把太极解释为理，是其理本论的必然要求。理本论认为宇宙万物的存在根据或本体是理，而在太极的相关论域中，太极为万物之本源或本体，两种论域一旦融通，则必然要求把太极解释为理，否则就会出现理论体系内部不能自洽的现象。这在思维缜密的朱熹的思想体系中，是不会出现的，所以朱子必然以太极为理。

但是胡煦明确反对把太极解释为理。胡煦说：

> 太极在万物未生之先，性命未正之始，乾元未亨之际，安有理之可言？故周子以无极解之。孔子之在《易》中，亦有言理者矣，穷理尽性以至于命是也。穷理者，下学之事，尽性至命则上达矣。夫性命之上，有何理之可言？今曰太极者，理也，与孔子异矣。[②]

[①] 朱熹：《周易本义》，《朱子全书》第1册，第133页。
[②] 胡煦：《周易函书别集》卷六，《周易函书》第三册，第956页。

这是认为，太极作为本体，在万物产生之前，在天赋性、命之前，在一切大用呈现之前，那时怎么会有理可言呢？即如《周易》中孔子所论之"穷理"，与"尽性至命"相比尚且属于"下学之事"，而太极更在"性命未正"之前，把太极解释为理不是明显与孔子的观点相左吗？所以胡煦坚持："太极之体，至灵至虚，其出不穷，原非理之可言。"[1]

事实上，胡煦反对朱熹太极观的根本原因在于，太极本体虽然即在万物之中，但因为其超越性，所以非有非无，而理为物之理，属于有，自然而然不可以理释太极。一言以蔽之，"岂知太极之中原不可以言说，原非理之可求"[2]。

2. 不必"另有心字"

在宋明儒学的论域中，关于心有两种主要的分疏，一种是理学对心的理解，在这种语境中，心主要具有主体知觉义，并统摄着性与情；另一种是心学对心的理解，与此语境相适应，心被视为万物与人的本体。相比理学而言，心学赋予了心更为重要的意义。但在胡煦太极本体论的视域中，以上之意义皆不为心所具有。

胡煦以太极为本体，太极具有超越性之特征，因此不可以心释太极，心也自然不具有本体义。但是胡煦更进一步，认为太极本体发用于人而为人之性，性即为人之根本，人之各种作用特征包括情皆为性所发，因此可论性、情，而不得以心统摄性、情。这就不但否认了心的本体义，而且还消解了心的主体知觉义。

胡煦说：

> 先儒以性为体，以情为用，以知觉运动者为心，所以有性犹太极，心犹阴阳之说。然太极阴阳只动静体用之分耳。如上以心字向运动处说，岂不与情字犯重？张子曰心统性情，此心字只如子思之中字，指其所在之位而言。如人指凡物之中便谓为心者然也，非另有个心字在性情之外别烦讲究。盖人所具中和之德，无过一体一用，一静一动而已。善动者，阳之类也。明而可见者，阳之类也。若阴则静而先迷者耳。阴阳既各有定性，人禀阴阳之气得阴而成形，得阳而成性。阳固善动而光明者也。知觉，明之类也。知觉之发，动之类也。

---

[1] 胡煦：《周易函书别集》卷四，《周易函书》第三册，第915页。
[2] 胡煦：《周易函书别集》卷六，《周易函书》第三册，第952页。

然必有至静而立体者存之于先，是心性情随人所别，而一体一用、一动一静，已无余义也。何得另有心字，烦作三样解说?①

这里的先儒，可能是指朱熹。朱熹认为，就当下的人之生命存在而言，性为天理，为天之所命，为体，情为性之所发，为用，而心指谓人之主体知觉功能，三者的关系则采纳了张载的提法：心统性情。但是胡煦的看法与朱熹的观念有所差异。胡煦认为，人所具中和之德，也即天所赋予人者，用"一体一用，一静一动"来解释，已经足够了。所谓的体，至静者，就是性，所谓的用，动者，就是情，"情也者，性之动也"②。这种观念与朱熹的"以性为体，以情为用"似乎相类，但重要的不同在于胡煦认为作为"知觉运动"的心，不必在儒家思想论域中另立心字以作为一个重要概念来加以解说，心之知觉运动义，本就属于性之所发，本就属于天赋之阳的功用，"知觉便是性之虚而灵处"③，所以在哲学论域中，论性论情已足，不必论心。总的来说，胡煦的看法是："性，体也；知觉，用也；性，静也；知觉，动也。是一在存处，一在发处，若浑大本达道而贯之可也，合此二者以言心则不可也。圣贤止言性情，原未添出心字，即孟子曰仁人心也，此亦直解性字耳，非另有心字尚烦注释。"④

可以看到，在胡煦的视野中，不但排除了心本论视域中心之本体意义，而且采取以性涵心的思路，消解了心在太极本体论中所可能占有的任何地位，"何得另有心字，烦作三样解说?"

3. 天人贯通的本质：生气

理在胡煦太极本体论中指物之理，虽然它也属于天道的内容，但是它的本源为太极，体证天道本体的关键点是体证太极，所以穷理仅为"下达之事"；心在胡煦太极本体论中更是没有独立的意义，遑论心具有本体义，甚至心之主体知觉义也被性所统摄。与理与心的尴尬地位不同，气在胡煦太极本体论中获得了较为特殊的关注。但胡煦对气的重视不如气本论那样直接围绕"气"概念而阐释其重要意义，而是采用了一个改造过了的概念："生气"。

"生气"的基本意义是天人生生不息的本质。就天而言，天作为万物之大源，之所以能够大生广生万物与人，之所以能够保证万物与人发展繁

---
① 胡煦：《周易函书别集》卷九，《周易函书》第三册，第1003—1004页。
② 胡煦：《周易函书别集》卷九，《周易函书》第三册，第1003页。
③ 胡煦：《周易函书别集》卷八，《周易函书》第三册，第983页。
④ 胡煦：《周易函书别集》卷十一，《周易函书》第三册，第1045页。

荣，之所以能够保持宇宙全景有条不紊、保合太和，全在于生气生生不息的作用；就人而言，之所以能够性善，之所以能够大公无私、民胞物与，之所以能够位育天地，也全在于人心中有天赋之生气在发生作用。胡煦说：

> 生气者，天之所以为天，人之所由以生，圣人所恃以参赞位育者也。其蕴之于人则为人心。孟子曰仁人心也，指此生气言也。性即仁也，性字心旁加生，谓心之所由以生也。又心中之生气也，得天地之生气而有其心，以吾心之生气而发诸用，参赞位育皆由此起。故孟子以为人心，邵子曰人从心上起经纶，此之义也。生气在天为元，其亨而为利为贞，皆此气之分合聚散，升降阖辟而已。无余亦无欠，无益亦无损，其生长则此气之舒，其收藏则此气之敛也。其在人也，得天地之生气以有其性，未发则含之于中，活泼泼地，是生气之蕴也。所以谓为保合太和，发而为和，则充塞天地而遏之不可，枉之不可，皆此生气之达也。孔子以为仁，又以为人之生也直。子思以为天命之谓性，又以为发而中节，孟子以为浩然之气，又以为性善，皆是物也。①

这是认为，生气是天之本质，是人之本性，是圣人位育天地之所恃；孟子所说的"仁，人心也"，内涵是生气；天道的运行变化，是生气的"分合聚散，升降阖辟"；对人而言，未发之中，是生气之潜蕴状态，已发之和，是生气之达用状态。总之，孔子所论之仁，子思所论之性，孟子所论之浩然之气与性善，本质上都是生气及其发用。由此可见生气在胡煦哲学中的重要地位。

胡煦为何把天人贯通的本质归结为生气，生气为何具有如此重要的地位和意义呢？这其中的关键就在于生气之"生"正体现了儒家视域中的宇宙本质。与佛道二家之崇尚空无不同，儒家认为宇宙的本质为实有，并且此实有并非死寂的实有，而是天人合一、民胞物与、日新月异的实有，实有所具有的这种万物一体义、发展不息义，也就是"生生"，因此一般来说，儒家思想的本体，也就是此"生生"本体。胡煦视野中的生气，正好具有了生生本体的基本特征。他说："生气之发可以推而及人，可以推而及物，可使充塞天地而参赞位育，酿为太和，故以为生气也。生气者，勃勃欲发，日易月新，而不可阻遏者也。使其中稍有滞碍，稍有停息，则其

---

① 胡煦：《周易函书别集》卷十六，《周易函书》第三册，第 1129—1130 页。

气塞而不可谓之生。"① 生气所具有的"推而及人""推而及物""充塞天地"的功用，是万物一体义的表现；生气所具有的"勃勃欲发""日易月新"的功用，是发展不息义。可以说，在一定程度上，在胡煦的眼中，生气也就是生生本体，它具有如此重要的地位，也是自然而然的了。

值得思考的是生气与太极是何关系？生气与气是何关系？我们认为，在胡煦的易学哲学体系中，生气不是太极，也不是气。生气不是太极比较容易理解，因为根据本章第一节我们对太极内涵的介绍，太极为天地万物之本源和本体，不可以有、无论，"太极之中必不能容丝毫言说"②，所以生气不应当即是太极，而应当属于太极本体之发用。至于生气亦不是气，则比较费解，须做一分疏。胡煦在评论宋儒真德秀关于性、气关系的表述时有一段较为重要的话：

> 不知天之赋于人物者，皆是各正之太和，故人心之灵悉是太和。若形体之成，则气之为也。人之心未有不灵者，则未有不具此太和者也。此太和之赋畀，人与物莫不如是，特在人则灵为气主，在物则气多而灵少耳。故其知识皆偏，不能如人心之妙。……当知气自气，质自质，与虚灵之体何涉？③

这段话，已经明白地把人心之灵与形体之差异凸显了出来，并认为人心之灵在于天所赋予之太和，形体之成则在于气之所为，又因为太和即为生气，所以生气造就了人的虚灵之体，气造就了人的形体，虚灵之体既然与形体有很大差异，生气自然与气也有很大的差异。综合考虑，生气虽然因为"气"字和普通之气有了难以撇清的关系，但是胡煦采用生气这一概念，主要是强调它为太极所呈现的生生作用，而非说明它乃气之一种。所以我们说，虽然生气在胡煦哲学体系中地位比较重要，贯通着天人，但就本质而言，胡煦哲学并不是气本论。

四 胡煦太极本体论的哲学史意义

就胡煦易学哲学体系整体而言，其太极本体论据有核心的地位，他的象数易学和义理易学都以太极本体论而展开。就中国传统哲学史而言，胡

---

① 胡煦：《周易函书别集》卷十六，《周易函书》第三册，第1131页。
② 胡煦：《周易函书别集》卷十三，《周易函书》第三册，第1092页。
③ 胡煦：《周易函书别集》卷九，《周易函书》第三册，第1007页。

煦太极本体论也具有重要的意义。这在于，胡煦太极本体论从理论上解决了朱熹理本论一个难以克服的重要问题。

众所周知，南宋大儒朱熹是北宋儒学复兴以来的理学集大成者，经过朱熹的诠释、建构和推广，理学影响越来越大，在朱熹辞世之后，理学逐渐获得统治者的推崇，成为中国传统社会意识形态的重要组成部分。但是，程朱理学虽然有很高的社会和文化地位，它也有自己难以克服的问题，这其中就包括，在理学的视野下，太极为理，理无动静，太极亦无动静，动静属气，那么作为本体的太极，如果仅仅具有动静之理而无动静之能，它还能称为真正意义上的本体吗？事实上，宇宙的生生不息、大化流行，不但应有其存在根据，也即理，也应有其运化之能，也即动静，否则宇宙只是死寂之世界而非生生之世界，而本体作为宇宙之所以能够如此者，就必然不但蕴含存在根据义，而且蕴含有运化之能义，否则，本体义就是不完全的。但是按照程朱理学的观念，作为本体的太极或理无动静，动静是气自身之所有，如此一来，程朱理学视野下的本体就只蕴含存在根据义，而缺失运化之能义。

现代著名哲学史家陈来先生也注意到了朱熹哲学内部太极无动静所带来的问题，他说：

> 《太极图说》本讲太极能动静，意思很清楚。朱熹以理为太极，而形上之理如何有形下之动静就成了朱熹必须加以解释的问题。所以，他只能以天命流行为中介，曲折地把"太极动而生阳"解释为"太极之有动静，是天命之流行也，所谓一阴一阳之谓道"，意谓周敦颐所谓太极动静云云乃指天命之流行，非指太极自身可以动静。朱熹这种增字解经的办法表现出他在处理太极动静问题上的良苦用心。①

陈先生把朱熹所面临的问题及其想解决问题的苦心和办法呈现了出来。但是问题在于，如果依靠托出"天命流行"来解决太极之无动静与形下之有动静的隔阂，那么，太极本体还只是蕴含存在根据义，运化之能义则推给了"天命流行"，所以理本论视野下的本体之理依旧不蕴含运化之能义，而以"天命之流行"来加以外在的保证，甚至会陷入二元论的危险，即理与天命的对峙。如果认为天即理，从而可以避免二元论的局面，那么理就应该蕴含运化之能义，这就又造成了理论上的矛盾。显然，朱熹

---

① 陈来：《朱子哲学研究》，华东师范大学出版社2000年版，第102页。

坚持太极或理无动静，造成了理本论体系存在难以克服的问题。

与之相比较，胡煦太极本体论则不存在这一问题。在胡煦太极本体论的视野中，太极不但具有本体义，而且有其发用义。就本体义来说，太极不可以有、无论，为天地万物之本体本源。就发用义来说，太极之大用就物而言呈现为阴阳，而阴阳既包蕴存在根据之理，又有动静之能，为生化万事万物的直接动力，促成着万事万物生生不息的繁荣发展；太极之大用就人而言呈现为性，而性作为人之存在根据同时又具有知觉运动之能，它一方面表现为至善的特征，另一方面促成着儒者位育天地的道德践履。胡煦的太极本体既具有存在根据义，又具有运化之能义。相对于程朱理学理本论难以克服的问题而言，胡煦太极本体论消解了这一问题，推动了儒学的发展。事实上，胡煦太极本体论在一定程度上也启发着现代哲学家牟宗三以"只存有不活动"来评价程朱理学之理本体，而认为圆满意义之本体应该是"即存有即活动"的观念。

第二节　贯通河图洛书、先天四图、《易经》卦爻和《易传》的易图学[①]

胡煦易学不但有丰富的义理易学思想，而且有丰富的象数易学思想。胡煦的象数易学主要探讨三类对象，即易图、卦象以及爻象。胡煦关于易图的思想较为丰富，他一方面贯通河图洛书与先天四图、《易经》卦爻、《易传》等四圣之《易》，展开自己的大易学视野，并在此视野下充分分析河图洛书、先天图所蕴含的奥妙精义；另一方面又在深刻体悟天道运化、精研河图和《先天八卦圆图》的前提下创作《循环太极图》，以之明天道、配诸图、论《周易》，无不言之成理、论说圆融。可以说，胡煦的易图学的确是内容丰富、思想深刻。

所谓"图"，主要指河图、洛书、先天四图，此六图在天道与《周易》之间起着承载的作用。它们一方面反映着天道，蕴含了天道变化的种种道理；另一方面在圣人的观察下指向《周易》卦画和卦辞。

诸图之所以能反映天道，在于其构成，"图也者，数之聚，象之设，

[①] 本节部分内容曾发表过，见赵中国《开天明道　贯通四圣——论胡煦易学创新精神及其核心贡献》，《信阳师范学院学报》（哲学社会科学版）2014年第1期。

而理之寓也"①。有数之变化，则有天道之流行，有象之设定，则有阴阳之本质与方位，数与象又共同表达着神妙之理。所以，数、象与理在一起所成之图，就"是无辞之《周易》，而有言之伏羲也"②。伏羲不能言，但伏羲之心即在其中，《周易》数万言，但诸图简洁而精妙。"顾文字浩繁而图象简约，文字显易而图象隐深，藏万于一，纳须弥于芥子，穷幽测奥，实费且难。"③

因诸图有此重要意义，所以更加准确而深刻地理解《周易》，不应局限于卦画和卦爻辞来阐释人事之理，而应该在天道的视野下融会贯通河图洛书、先天四图、六十四卦卦象以及卦爻辞四个层面，知河图洛书为先天四图之根，知先天四图为六十四卦卦象之根，知卦象为卦爻辞之根，从而才能知卦爻辞之真正所指，才能理解圣人之真意，才能准确把握大易所蕴含之天道人事。否则，只是无根之论、纷纭杂说。胡煦结合易学史对此种种现象及其后果评论道：

> 自夫以《周易》为占卜之书，学者宗之，各各向卦爻中究心人事，遂使图自图，卦自卦，四圣之《易》不复相通。于是乎先天四图不能比合图书，而则图之义渺然，拆图之说纷然矣。于是乎文王之卦不能比合先天四图，而来往之旨不明，卦变之说纷然矣。于是乎周公之爻不能原本文王之卦与伏羲之图，而初上九六八字命爻之义，往来上下观象论爻之法，亦复茫然无据矣。不知文王无卦，周公奚所本而有爻？则爻之必本于卦审矣。④

这是说，在以《易》为占卜之书的视野下，割断了诸图与卦象卦爻辞的联系，从而造成了四圣之《易》不贯通的结果。具体而言，先天四图与图书无关，从而不知圣人则图作《易》之义，于是包括拆补河图的各种猜测之说出现；文王之卦与先天四图无关，不知卦中爻之"往""来"之义，于是出现了各种卦变之说；周公爻辞与文王卦辞、先天四图无关，于是不知爻之名何以有初、上、九、六、二、三、四、五等八字，不知《象传》中"往""来""上""下"等词实际是一种立足于先天图的观象论爻之法。在胡煦看来，因为割裂了四者的联系，造成了易学史中的很多误解。

---

① 胡煦：《周易函书》卷首上《原图约》，《周易函书》第一册，第13页。
② 胡煦：《周易函书》卷首上《原图约》，《周易函书》第一册，第13页。
③ 胡煦：《周易函书》卷首上《原图约》，《周易函书》第一册，第13页。
④ 胡煦：《周易函书》卷首上《原图约》，《周易函书》第一册，第13页。

所以，胡煦强调正确的观念应该是："夫自图书以及先天，自先天以及卦爻，全是一个道理，则是天之与人非有岐旨，而开天之图书与穷理尽性之《周易》，非有二道矣。故欲明《周易》者，断自图书始。"① 那么，如何从图书到先天，从先天到卦爻呢？这就需要进一步的阐释。

一　胡煦对传统易学诠释的困惑及其所激发的问题意识

经典的生命力在于经典诠释史的展开，在于经学家对经典文本及其意蕴、问题的不断认识、理解和阐发，因视域之不同，历代著名经学家对经典的理解和阐发也不尽相同，此不尽相同不足为经典诠释之病，而恰为经典诠释繁荣的基础。每一经典论域之中，某些大经学家往往开创一定的诠释范式，此范式往往能够促成一种思潮或一个派别的出现。而一定的诠释范式往往和经典本身的基本问题相关，同时更表现为与此范式相关的特定问题的产生与解决。所以后起之诠释范式需要对经典本身所具有的问题以及传统诠释方式中产生的经典问题进行再考察，同时或批判或扬弃或整合，进一步构造新的经典问题，从而最终建立一种新的经典诠释范式，以完成经典诠释的创新。

胡煦易学所具有的重大创新不是无源之水、无本之木，而正是以《周易》和传统易学史及其问题为对象，对其加以研究和批判而达致的。胡煦在《与冉永光书》中表达了他对传统易学的困惑，这些困惑正是对传统易学所带来的经典诠释问题的集中表述：

（1）六经为圣人传道之书，而《周易》则圣道之大本所系。不识从前，但以为卜筮之书何也？执卜筮一见以解《周易》，为当也否耶？

（2）夫洛书与河图，孔子谓为作《易》之具，而先儒以为作《范》之具。

（3）先天四图既则图书，而先儒无一相通之语。

（4）河图既为先天，而先儒硬欲拆为卦。

（5）《易》冒天下之道，而《太玄》《洞极》《潜虚》《洪范》，竟似《易》外别有一道。

（6）元亨利贞本乾之四德，而先儒说作两件，且硬欲说成人事。

（7）用九用六本皆言理，而先儒以为说占。

（8）大明首出二节本言乾德，而先儒以为圣人。

---

① 胡煦：《周易函书》卷首上《原图约》，《周易函书》第一册，第14页。

(9)《周易》之卦系属先天，而先儒俱执为有形有体之物。

(10) 孔子《彖》词来往内外字面，本皆说图，本是一个道理，而先儒释为数种。

(11) 坤之卦词，《文言》中"得主"连读，而先儒以"后得"为句，"主利"为句。

(12) 周公爻词悉本文王之卦，而先儒皆另为一说，不顾卦德。①

我们把这段话分成十二句并配上了数字加以突出。这十二个困惑突出体现了胡煦的易学问题意识和自己的易学诠释思路。第一个困惑，表达了他对朱熹主张《易》本卜筮之书与《周易》在文化史中本为儒家六经之一为传道之书之间相矛盾的困惑，这决定了胡煦要恢复强调《周易》为传道之书的诠释理路。第二个困惑，表达了《易传》明言河图洛书为作《易》之具，但是有易学家却认为它们只是《洪范》中"九畴"的来源，胡煦对于二者之矛盾感到困惑，这决定了胡煦要力图恢复河图洛书本来之作用，力图贯通河图洛书与《周易》的努力。第三个困惑，当时主流易学史已经认为先天四图为六十四卦之来源，《易传》又明言河图洛书为作《易》之具，那么先天四图必然与河图洛书有密切关系，但传统易学史中竟无人详细阐发，这决定了胡煦贯通河图洛书与先天四图的努力。第四个困惑，先儒置河图于先天四图之前，本象征先天之道，先天为太极本体，具有圆融浑沦的特点，只有发用而不可拆分，但有些易学家为贯通河图与八卦，竟然试图拆分河图而与八卦强加比附，这一理解决定了胡煦重新定位河图、重新阐发河图和八卦联系的努力上。第五个困惑，明明易道包蕴天地，但是竟然又有《太玄》《洞极》《潜虚》《洪范》等试图另立体系别阐一道的作品。这些作品如果成立，易道如何包蕴天地之道？难道易不为易，四圣非圣乎？针对这一状况，胡煦在易学视野下，从太极本体到本体之发用于万物，从天道到人事，从天心到人性，构建了一个囊括一切的理论框架，使万物万理不能逃乎此，这是胡煦赋予《周易》诠释的重任。第六、第七、第八、第十、第十一五个困惑，是在不同的易学视野下对《周易》具体字词的不同解释，而其中第十个困惑较为重要，以此为基础而有胡煦的体卦主爻说这一大易学创新。第九个困惑，是强调《周易》之卦与河图、先天图相贯通，也为先天，而先儒竟以六十四卦为有形有体之物，这决定了胡煦对河图洛书、先天四图、《周易》卦爻、《易传》等所体现的自然

---

① 胡煦：《葆璞堂文集》卷三，《周易函书》第四册，第1395页。

天道与四圣之《易》进行全幅贯通。第十二个困惑，是针对有儒者解释爻辞而忽略了其于卦象卦德的联系而别为一说的状况，这决定了胡煦关注卦象卦德卦辞和爻辞之间的联系性，也是胡煦易学强调贯通观念的体现。

这十二个困惑，概括起来，表达了胡煦易学的三大主张：第一，易道包蕴天地，囊括万物，《周易》为传道之书，不当仅以卜筮之书视之；第二，河图洛书为天地自然之易，先天四图、《易经》卦爻、《易传》为四圣之《易》，它们之间互相贯通，必有紧密的联系，考察某一环节当具有整体融贯的视野；第三，河图与先天四图象征先天，《周易》卦爻依之而有，为先天所统摄，所以全部《周易》皆是先天，当活看《周易》卦爻而不可执定为有形有体之物。这三大主张尤以第二个主张为要，胡煦易学论域由之而展开，胡煦易学创新由之而产生。有了这十二个困惑，有了胡煦解决这些困惑的诠释努力，胡煦构建了自己的极富创新精神的易学体系。而胡煦易学的创新精神，质而言之，既包括胡煦的大易学视野所体现的统贯精神，也包括胡煦的《循环太极图》所体现的统摄精神。

二 图书之义

（一）河图之义

1. "合"为河图大旨

图 10-1 是胡煦所绘河图，与一般之河图相比而言，胡煦的河图更圆，同时奇数一、三、七、九，偶数二、四、六、八，皆各自连为一线，从形式上来说应该是吸收了阴阳太极图旋涡的特征。

胡煦认为河图的大旨是"合"，"玩河图者，须向合处留神"①。所谓"合"，即合内、外。所谓内，即在内之生数一、二、三、四；所谓外，即在外之成数六、七、八、九。生数为数之始，象征太极生发之作用，"其中包罗含蓄不可限量，后此无穷作用随所

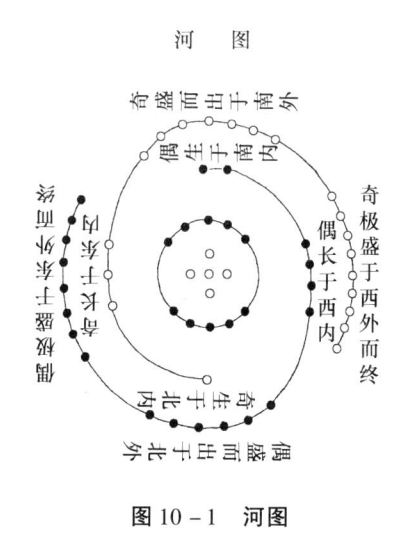

图 10-1 河图

---

① 胡煦：《周易函书约存》卷一，《周易函书》第一册，第 102 页。

成就者，皆由此生"，太极生发之作用纯粹精妙，但万物皆得以成。从逻辑上来说，先有太极本体生发之用，后有万物之成，所以内为生数，外为成数。本体非悬空之本体，必在万事万物之中，而万事万物并非只是简单的现象，而必含蕴精微的生生本体，所以相对于生数而言，"故以成数附于其外"，相对于成数而言，"然必附于生数而两不相离，明事物所成，其始必各涵有生机"。可见，胡煦强调合内外生数成数而考察之，本质在于突出数字排列背后的天道。而天道的根本特征在于生、成合一。"夫成似非先天所有，而河图有之，明能成之理即具生理中"，这是强调后来之成本具于生理之中；"乃生数各随成数而附之者，谓无一事之成不即此生机而具"，这是强调万事万物本蕴生生之机之理而得以成。一言以蔽之，"总以见能成之妙即能生之理所由该，能生之机即能成之用所由著"。① 显然，胡煦于河图之合，正是说本体与万物之合。以此而言，河图实乃天道之图。

2. 河图十义

以上是概论河图，当着眼于"合"。但河图精妙，其义不止于此。于是胡煦又提出了"看数之法"，力图考察河图的奥妙。他说："龙马一图，即数而象存，即象而理存。数则一三五七九，二四六八十止耳。象则有奇偶，有连断，有内外，有分合，有微盛，有始终，有上下，有逆顺，有左右，有形气，莫不各有实理存焉。此太极两仪八卦之所由定也。"② 这里确定了奇偶、连断、内外、分合、微盛、始终、上下、逆顺、左右、形气十个角度。以之着眼精研，当知河图微义，当知卦之何所以成。

关于奇偶，他说："奇者，数之自行者也。偶者，数之并行者也。阴阳之别即分于此。"③ 这是认为奇偶象征着阴阳之别。关于连断，他说："连者，一三七九之相因，二四六八十之相因也。断者，一九为四六所间，二八为三七所间。"④ 这是在说明，阳数一三七九相连，阴数二四六八十相连，⑤ 但是一九之间被四六隔断，二八之间被三七隔断。关于内外，胡煦认为："内者，一三初生之阳，二四初生之阴，皆内也。外者，七九已盛之阳，六八已盛之阴，皆外也。内外别而初上分，重卦立矣。凡初生之阴阳，未有不由中出自内生者，天地之造化，与人心之寂感，莫不如是。全

---

① 胡煦：《周易函书约存》卷一，《周易函书》第一册，第102页。
② 胡煦：《周易函书约存》卷一，《周易函书》第一册，第103页。
③ 胡煦：《周易函书约存》卷一，《周易函书》第一册，第103页。
④ 胡煦：《周易函书约存》卷一，《周易函书》第一册，第103页。
⑤ 根据河图，十数自己相连。

第十章 清代易学家胡煦对先天学的诠释和弘扬 563

部《周易》所发明者，亦止是内外浑融之机耳。"① 这是说，根据图形，初生之阳一三与初生之阴二四皆为内，已盛之阳七九与已盛之阴六八皆为外，有内有外，正是爻有初上、重卦有内卦外卦的前提。同时，内皆来自"中"，中为太极，正是天地造化的本源，人心寂感的本体。《周易》的本旨，也就是发明太极之中以及内外之时位而已。关于分合，胡煦阐释道："分者，一不与六同数，不与二同位是也。又奇与奇连，偶与偶连，绝无混杂，皆分象也。合者，一与六同位，二与七同位是也。知分之义，而内外上下，不必从同，卦爻所由有应与。知合之义，而父母六子不嫌并域而居，所由有先天未断之图也。然生数始于一，至五而复归于中，成数始于六，至十而复归于中，所谓天向一中生造化。河图之谓先天，以始之终之，皆相涵而浑合者也。不以初生之奇偶由中而起，而以垂尽之奇偶建中而居，是循环不息之理，贞下起元之义也。"② 这是认为，河图局部有分象，如一、六不同数，一、二不同位，奇数偶数各自相连而不混杂，河图局部也有合象，如一、六同位，二、七同位等。因为有分象，所以有内外上下，进一步导致卦爻之间有不同爻的相应，因为有合象，所以有先天图整体相连之图。不过总的来说，河图具有整体形式上的浑合之象，这是因为生数终于五，成数终于十，五、十皆居河图之中，这表现为"相涵而浑合"的特征，蕴含着"循环不息之理，贞下起元之义"。关于微盛，胡煦说道："微者，一三二四之方始。盛者，七九八六之就终也。故初上相覆，遂分杂卦之性情。"③ 这是说生数一三二四为微，成数七九八六为盛，一微一盛也象征着爻之由初而上。关于始终，胡煦论述道："阳始一而终九，故谓阳无尾。阴始二而终十，故谓阴无首。乾始坤终，即是此义。然始而终，终而始，其在图中，生成之数既终，而复归于中。定乎始生之位，是彻始彻终，相连无间之义也。又始一终九，则五为天之中数。始二终十，则六为地之中数。因五六为天地之中数，故五音六律，五子六甲，以及五日为一候，六候为一月，莫非五六之充也。夫五之居中固为中数，六之居北何亦谓为中数也？盖天地之体，北内而南外，北辰正位而不动，中故也。一生于六中，复之一阳生于坤中，其在《易》曰'七日来复，复见天地之心'，心即中也。"④ 这是说，河图之始终有二义，其一，阳数之始终，始一终九，阴数之始终，始二终十；其二，生数成数之始终，生数至成数

---

① 胡煦：《周易函书约存》卷一，《周易函书》第一册，第103—104页。
② 胡煦：《周易函书约存》卷一，《周易函书》第一册，第104页。
③ 胡煦：《周易函书约存》卷一，《周易函书》第一册，第104页。
④ 胡煦：《周易函书约存》卷一，《周易函书》第一册，第104页。

为始，至于终又复归于河图之"中"。对于前者而言，天数之中为五，地数之中为六，五和六在其他理论中都有广泛的体现；对于后者而言，由河图之中至生数，再至成数，又复归于河图之中，正体现了河图相连无间的特征。关于上下，胡煦解释道："上则奇之外盛，而二偶生于其中。下则偶之外盛，而一奇生于其中。先天图天地定位，而阴阳之初生，均由中出，即其象也。"① 这是说上下有所不同，于上而言，奇数七在外，偶数二在内，于下而言，偶数六在外，奇数一在内。关于顺逆，胡煦阐释道："阳以上而下为顺，以下而上为逆。阴以下而上为顺，以上而下为逆。其位使之然也，故曰天地定位，不可误解说卦传。"② 这是针对流行的从时间轴上论顺逆，而主张阳气从上而下施为顺，从下而至上为逆，阴气从下而上交为顺，从上而至下为逆。关于左右，胡煦又说："何谓左右？阳从阳位升，阴从阴位降，造化之理并行而不悖者也。太极初生，而阴阳两象悉已全具，即其象也。左阳位也，故阳生于此。右阴位也，故阴降于此。其在先天图，初画之阳皆左升，若阴而居左，则就消而终矣。初画之阴皆右降，若阳而居右，则就消而终矣。"③ 这是在说阳居左渐盛，居右渐消，阴居右渐盛，居左渐消。关于形气，胡煦分析道："一二三四五，气之生也。六七八九十，形之成也。生者在内而握机，成者在外而具体。方图之震巽内而艮兑外，雷风气也，山泽形也，雷风为阴阳之始，故以气用。山泽为阴阳之终，故以形成。然形气受能于天地，故天地又包形气之外，此义全具先天之方图。夫万物莫不生于气而成于形，追形之既成，莫不气中而形外。"④ 这是认为河图蕴含有形气之理，其中生数为气之生，成数为形之成，气之生在内，形之成在外。这一道理在包含有方图的先天图中也有突出的体现。说明了万物皆生于气成于形，形成以后，气中而形外。

以上是胡煦解读河图的十个角度。在这十个角度中，有的是形式上的差异，如奇偶、连断、内外、分合、上下；有的象征着阴阳之气流通的特征，如微盛、始终、顺逆、左右；有的象征着宇宙论的意义，如形气。胡煦从河图中拈出十个角度，可谓是细致入微、条分缕析。不过，这十个角度还只是一般而论，事实上，在河图为先天图之则的视野下，胡煦还特别突出了河图的两个特征。他说：

---

① 胡煦：《周易函书约存》卷一，《周易函书》第一册，第105页。
② 胡煦：《周易函书约存》卷一，《周易函书》第一册，第105页。
③ 胡煦：《周易函书约存》卷一，《周易函书》第一册，第105页。
④ 胡煦：《周易函书约存》卷一，《周易函书》第一册，第105页。

其一，须知成数各各附于生数。故伏羲之画图也，两仪附于太极，而遂居其外。盖两仪由太极而成，太极则所以生两仪者也，故孔子曰太极生两仪。四象附于两仪，而遂居其外。盖四象由两仪而成，两仪则所以生四象者也，故孔子曰两仪生四象。八卦附于四象，而遂居其外。盖八卦由四象而成，四象则所以生八卦者也，故孔子曰四象生八卦。……盖六十四卦，莫非八卦之所重，故孔子遂无八生十六之说。试看伏羲所画，生者在内，成者在外，是即内为生数，外为成数，而体用殊时，内外异等之象也。两仪不离太极，四象不离两仪，八卦不离四象，是即成数必附于生数，生数即含成数之象也。……

其一，须知奇偶各各相连。盖一奇生于北内，三奇长于东内，七奇盛而出于南外，九奇尽于西外。二偶生于南内，四偶长于西内，六偶盛而出于北外，八偶尽于东外。凡生而未盛者皆在内，已盛而就终者皆在外，是亦生数在内，成数在外之义也。其中有奇偶相连之妙，有内外微盛之象，有上下定位之秘，有根阴根阳之旨，有循环不息之机。故伏羲所画，悉则其图而为之。①

这是说，河图具有成数附于生数、奇偶相连而未盛在内已盛在外的突出特点。这两个突出特点在伏羲则河图而画先天图的过程中具有根本的指导意义。成数附于生数，决定了先天图中两仪附于太极、四象附于两仪、八卦附于四象的特点；奇偶相连而未盛在内已盛在外，决定了先天图也表现出有内有外、上下定位、阴阳相因的特点。对这两个特点的阐发，主要是强调河图和先天图之间的联系。

3. 则图作《易》与河图无拆法

在《易传》中有"河出图，洛出书，圣人则之"的表述，在一些易学家眼中，这可能暗示了圣人以河图洛书为基础而创作《周易》的事实，胡煦即属于此类易学家。胡煦认为这可以从河图与《周易》之间的一致性找到根据："生成之总数俱归于中，而五中一点，则太极之象。奇偶两殊，则两仪之象。生成合于四方，则四象之象。分四方而仍各具有生成，则八卦重卦之象。生成既合，而四方与中各为奇数，无偶数者，以阴从阳，《周易》之所以贵阳也。"② 这是认为，河图之中心，为太极之象，有奇数、偶数两种数字，为两仪之象，图含四方，为四象之象，四方各有生

---

① 胡煦：《周易函书》卷首上《原图约》，《周易函书》第一册，第16—17页。
② 胡煦：《周易函书约存》卷一，《周易函书》第一册，第103页。

数、成数，为八卦之象，因为这种河图与《周易》的一致性中，所以可以认为圣人是则河图而作《周易》的。

另外，河图与先天图在同具循环不息义这一点上也是一致的：

河图之象，一奇生于北内，三奇长于东内，然后七奇出于南外，九奇尽于西外。二偶生于南内，四偶长于西内，然后六偶出于北外，八偶尽于东外。是河图中原其此循环之义也。

先天八卦图则河图而画之，除坎离当交接之际，为乾坤中交之象，其震之一阳生于坤内，即一奇之生于北内也。兑之二阳盛于东内，即三奇之长于东内也。乾之三阳极盛而外出，即七奇之极盛而外出也。其巽之二阳消于外，艮之一阳尽于外，即九奇之尽于外也。其巽之一阴生于乾内，即二偶之生于南内也。艮之二阴盛于西内，即四偶之长于西内也。坤之三阴极盛而外出，即六偶之极盛而外出也。其震之二阴消于外，兑之一阴尽于外，即八偶之尽于外也。其上下微盛之定分，内外始终之方位，无一不与河图相肖，所由谓为则图所画者也，是伏羲所画先天亦本河图，而具此循环之义也。①

显然，河图与先天八卦图都表现了宇宙中循环不息的道理，而先天八卦图实乃则河图而画。事实上，胡煦还发现了更重要的证据。这就是建构先天四图的"加一倍法"，在河图中也有明显的体现。他说：

由中之五，而十数包于其外，以五加十，此加一倍者也。由一二三四之生数，而外加六七八九之成数，以十而加二十，此又加一倍者也。由在中之十五，而外加生数之十，成数之二十，以十五而加三十，此又加一倍者也。五十者，静镇于中而不动，河图之太极也。生也者，几之将动者也。成也者，数之已极者也。由中而生而成，每一加而外出，此圣人画卦用加一倍法，悉由河图出也。由中而生而成，凡有三等，圣人画卦特立三爻，悉由河图出也，非直此也。今观数之所衍，由一而二而三，莫非加一倍而得焉者也。然每加一数而遂各异其数，各异其性，所以圣人画卦，每加一爻而遂各异其象，各异其理也。不知河图本具画卦之理，徒以拆补言之，自误而误人，非知河图

---

① 胡煦：《周易函书》卷首上《原图约》，《周易函书》第一册，第33—34页。

者也。①

这是认为，河图中有三个地方表现出加一倍法：第一，即中心之五，外有十包于其外；第二，生数一二三四共十，外有成数六七八九共二十包于其外；第三，中心有五有十共十五，外有生数十成数二十共三十包于其外。如此一来，胡煦就从自己的角度，阐发了"河出图，洛出书，圣人则之"的观念。

胡煦虽然认为河图是《周易》的来源，但是他反对对此一观念的任意发挥。在胡煦的视野中，河图为合，合者流动不息、浑融圆转，不可从分处看。依此观念，胡煦反对对河图进行拆补的理解和阐释。这主要是针对了朱熹和蔡元定的观念。朱、蔡二人认为："析四方之合以为乾、坤、离、坎，补四隅之空以为兑、震、巽、艮者，八卦也。"② 这种观念，是试图以河图为基础，而论证先天八卦的产生，它可以看作是对《易传》"河出图，洛出书，圣人则之"的进一步发挥。事实上，这种依据河图论述八卦产生的思路，胡煦也是赞成的，"《系辞》曰'河出图，洛出书，圣人则之'，则之者，则此二图蕴含之妙，用以画卦作《易》也"③。但是，胡煦认为伏羲则河图而作《易》不应该对河图进行拆分，不应当先分河图四方之数而成乾坤坎离，再补四隅之空而成艮兑震巽，这违背了河图为合的根本宗旨。

胡煦从六个方面对"拆补之法"进行了批判。第一，"当河图初出时，尚未有奇偶之画，安所得八卦而比象其数以拆之？"④ 第二，"河图既属先天，正在浑沦无朕，合而未分之际，非如后天洛书生成之数，既已相离，遂有定位可指。若河图可拆，便成后天，安得仍称为先天乎？"⑤ 第三，"夫河图之数生内而成外者，盖为天下之物，皆所生之理在内，而既成之形始在外也。今将生数拆而移之，猥云达生理者乎？内无生理，彼外焉之所成，资何具乎？"⑥ 第四，"即其指一为艮，必一实具艮卦之理乃可，不然亦必有艮之理验于人事乃可。指六为坤，必六实具坤卦之义乃可，不然亦必有坤之理验于人事乃可。乃皆不其然，安在一为艮而六为坤乎？夫一在羲图固乾数也，六在羲图固坎数也，既已比合羲图而拆之，乃又与羲图

---

① 胡煦：《周易函书约存》卷一，《周易函书》第一册，第108页。
② 朱熹：《易学启蒙》卷之一，《朱子全书》第1册，第215页。
③ 胡煦：《周易函书约存》卷二，《周易函书》第一册，第113页。
④ 胡煦：《周易函书约存》卷二，《周易函书》第一册，第113页。
⑤ 胡煦：《周易函书约存》卷二，《周易函书》第一册，第113页。
⑥ 胡煦：《周易函书约存》卷二，《周易函书》第一册，第113页。

之数卦卦相违，可乎不可？且一固数首也，太极之象，万理之聚也，今用以配艮，安在艮卦遂足以总诸数，象太极，该万理乎？"① 第五，"至若先天八卦，原系伏羲熟玩河洛二图，知其义理蕴蓄无穷，因奇偶而画出两仪，因四方而画出四象，因四方所合而画出八卦，因生内而成外，而别为先天后天，其左右上下之位，始终微盛之几，无妙不与河洛二图相准。顾乃徒向数中纠缠，不几采糟粕而弃精华乎？乌知天地定位，山泽通气，雷风相薄，水火不相射，其理其象自具河图，原非一数可尽，谓拆之者是乎非乎？"② 第六，"玩河图者，须向合处留心，观于成数各附所生之数而不移，是即人心未发之中，后来无穷作用所能成者，早于静涵之地蕴此生机，浑然全具之矣。其生数各附所成之数，是即万物各得所资，而胥保各正之太和也。能成之妙即能生之理所由行，能生之几即能成之用所由著，故合而不分也。又其四成在外，四生在内，与中五相附，仍是全体未发，喜怒哀乐浑然悉备之象。所以邵子指为先天，若先天而可拆也，将未发之中而亦可拆为喜怒哀乐乎？甚矣，其陋也！"③ "河图既为先天，先天所配，既属未发之中，则看图之法但当玩其浑沦周匝，万理静涵，合而未分，全无倚着，与未发相似，然后可耳。岂宜动着丝毫，如拆补之说耶？"④

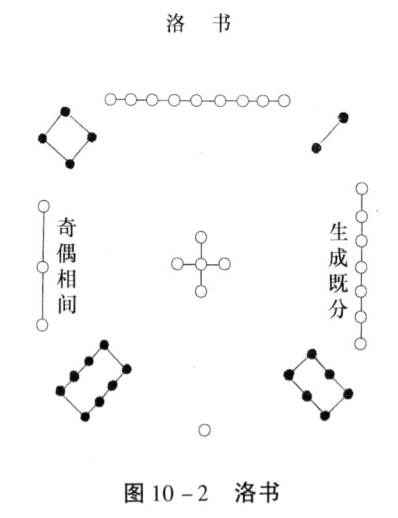

图 10-2 洛书

（二）《洛书》之义与河洛关系

在易学史中河图洛书并称为图书之学，不过在胡煦的视野中，其阐发重点在于河图，与花费大量篇幅反复阐发河图相比，他对于洛书的阐发较少，主要包括洛书的三义。

洛书的第一义，他认为相对于河图之要义在合，洛书之大义则在分。"洛书中阳数居正，而阴数居隅，以万物生于阳而成于阴也。其生成相间而各居，则内外

---

① 胡煦：《周易函书约存》卷二，《周易函书》第一册，第 113—114 页。
② 胡煦：《周易函书约存》卷二，《周易函书》第一册，第 114 页。
③ 胡煦：《周易函书约存》卷二，《周易函书》第一册，第 114 页。
④ 胡煦：《周易函书》卷首上《原图约》，《周易函书》第一册，第 16 页。

第十章　清代易学家胡煦对先天学的诠释和弘扬　569

之体别矣。其奇偶亦相间而各居，则阴阳之体又别矣。凡皆于分处示之象也。"这是认为，第一，生成之数互相间隔而并列，表现着本来在河图中的内外相附被分开，为"分"之第一义。所分者，分内外。第二，四正为奇数，四隅为偶数，奇偶相间，表现着阴阳有别，所分者，分阴阳。这是"分"之第二义。① 洛书之分，是相对于河图之合而言。胡煦说："河图之象，不独生成合也，而奇偶悉合。洛书之象不独生成分也，而奇偶亦分。藉令当日，或止出一洛书，或止出一河图，伏羲即徇齐天纵，恐必无以窥天地之奥，明分合之几，察体用之微，而用以为画卦之资也。"这是因为"无洛书之分则无以显河图之合，无河图之合则无以显洛书之分。伏羲于此二图看出一合一分之妙，则一体一用、一先天一后天判如矣"。所以，体用观念、先天后天思想，基础依据都在于河图洛书。"圣人之道，体用一如，显微无间，皆此二图各具之妙，相形而互见者也。故四圣继天开道，率本此而莫之外也。"② 照此而言，洛书的地位是非常高的。

洛书的第二义，在于洛书体现了用。"洛书者，天地之用数也。"洛书为一、二、三、四、五、六、七、八、九这九个数字的排列，纵、横、斜等任何一个方向的三个数字相加皆为十五，它是如何体现用的呢？这源于胡煦对《系辞传》的一个解释。"其在《系辞》曰'参伍以变，错综其数'，皆言用也。参伍者，十五也。十五者，九六之合也。九老阳，六老阴也。阴阳既合而大用以行，故以九六为天地之用。特九六之合参差不齐，故《系辞》既以为变，而又以为错综。"这是认为，"参伍以变，错综其数"乃言用，而参伍为十五，十五为九六，九六在胡煦易学视野中本就是乾坤之用，如此一来，十五与九六一起都象征了用。以之而观洛书，其用显而易见。"今观洛书纵之横之，何非参伍？何非九六之合？如东三奇内矣，而四八之阴合之于外，非一错综，非一九六乎？然阳内而阴外矣，南九奇内矣，而二四之阴合之于外，非一错综，非一九六乎？然阳内而阴外矣，以至西北上下错综斜交，莫不皆然。"③ 经过从数字意义角度的如此诠释，洛书的确体现了用的特征。

洛书的第三义，表现了循环不息生生不已之妙。这一义首先是由洛书为用的本质特征所决定的，"洛书既为用数，天地之用原无间断，故循环

---

① 胡煦：《周易函书》卷首上《原图约》，《周易函书》第一册，第 17 页。
② 胡煦：《周易函书》卷首上《原图约》，《周易函书》第一册，第 15—16 页。标点有改动。
③ 胡煦：《周易函书约存》卷三，《周易函书》第一册，第 144 页。

不息之义存焉"①。就图而言，此义也有明显的表现。这主要是从奇数排列所体现的阳气生息和偶数排列所体现的阴气生息来看。奇数之排列，一、三、七、九，由生而息，而盛，自左而旋，象征天道左旋；偶数之排列，二、四、六、八，由生而息，而盛，自右而旋，象征地道右旋。阴阳奇偶互相依附，"盛阳又复含阴，盛阴又复含阳者，此阴阳循环不息，生生不已之故也"②。这里存在的一个问题是，奇数的排列，至七九而顺序变，至六八而顺序变，在易学史上被称为七九易位和六八易位。这是什么原因呢？是不是违反了天地之道？胡煦不这样认为。他说："至于七九易位，此正与河图合德，与循环太极图合旨，不可不察。盖七之为数，在河图中本为极盛之阳数。其在河图，阳数既盛，则趋右而下降。降，阴性也。右，阴位也。阴道尚逆，故盛阳至此将复就衰，亦随阴下趋而从逆。此七九之数既盛而就衰，则不能自主，所由从阴趋下而逆，因各易其位，非复从前之顺矣。"③ 这是说，从河图来看，七位于阳极盛之地为极盛之阳数，至此而阳欲衰，阳衰则为降，为阴，其衰向右，右又为阴，但阴道有逆的特征，所以阳数至此顺阴道而变衰为盛，所以本应为七九排列之衰，因从阴道而逆为九七排列之盛。对于六八易位，他说："至六八易位，此正与河图合德，与循环太极同义，不可不察。盖六之为数，在河图中本为极盛之阴数，其在河图，阴数既盛，则趋左而上升。升，阳性也。左，阳位也。阳道尚顺，故盛阴至此将复就衰，亦随阳上趋而从顺。此六八之数既盛而就衰，则不能自主，所由从阳趋上而顺，因各易其位，非复从前之逆矣。"④ 这是说，从河图来看，六处极阴之地为极盛之阴数，本欲就衰，但趋左而上升，左为阳，升为阳，阳道尚顺，所以阴数至此顺阳道而变衰为盛，所以本应为六八排列之衰，因从阳道而顺为八六排列之盛。所以，总的来说，洛书之七九易位和六八易位，并没有违背天道规律。

三 胡煦的先天图学和后天图学

(一)《先天图》之义

1. 先天图非伪作

胡煦非常重视先天图，在其大易学视野中，先天图占据着以天道与河图洛书为基础，又指向《周易》六十四卦及其卦爻辞的桥梁地位。胡煦

---

① 胡煦：《周易函书约存》卷三，《周易函书》第一册，第143页。
② 胡煦：《附编四：召对录》，《周易函书》第四册，第1445页。
③ 胡煦：《周易函书约存》卷三，《周易函书》第一册，第143页。
④ 胡煦：《周易函书约存》卷三，《周易函书》第一册，第143页。

说："先天四图，伏羲开天之道也。"① 又说："河图洛书，天以图示也。先天八卦，圣人以图教也。"② 这无不体现着胡煦对先天图的推崇。在这一天道至易图再至《周易》的深层理解之下，胡煦坚信先天图即为伏羲所创，而非后世易学家所作。

针对后世有易学家不断质疑先天图仅为邵雍先天之学而非伏羲所作，他分析了原因："止缘后人乐读文字义理之书而不能窥图象隐深之秘，因致卦之与图不能相通。始以诞妄而分之，旋复置之，旋复失之，汉魏诸儒尽有未见者矣。何待宋明以下，人方疑为伪作哉？然皆不善读经，未能穷理之故耳。"③ 所以关键原因在于部分易学家不求甚解，割裂了卦象与易图的联系，最后抛弃了易图。

胡煦还通过两步设问论证先天图非伪作。第一步，设问文王系卦名卦辞的卦象是否文王自作。"今试问文王作《易》之卦为文王自画者乎？抑亦有所本乎？如属文王自画，则文王时当亦有龟龙之出矣。如不待龟龙之出，便能率意作为卦画，则圣人则之一语不为赘乎？然而《系传》固曰'庖牺氏之王天下也，于是始作八卦'，则是卦画之设自伏羲始也。"④ 这步设问，通过强调圣人"则图作易"和《系传》所言两个观点说明文王系卦名、卦辞有所本，并且此本非文王自作。第二步，设问伏羲画卦是凌乱随意还是特有深意。"如谓庖牺所画止是零零星星六十四个卦体，则是初画之时已先无一定之法，已先无甚深之意，而孔子《系传》彰往察来亦何所指哉？其于《象传》何忽有往来上下之说哉？其于《说卦》何忽有往顺来逆之语哉？"⑤ 这里强调，如果伏羲所画卦象是随意而无规律的，那么，孔子《易传》中"彰往察来"是何意？"往来上下"是何意？"往顺来逆"是何意？这三个问题，胡煦深思精研，整合考虑先天图和《周易》之后，认为其别具深意，所以伏羲所画必然是有规律有道理且奥妙的先天图，而非散乱排列的六十四卦。根据这两步设问，胡煦得出结论："夫以疑传疑，而不能考正得失，则亦徒矜博雅而究无心得者耳。不知伏羲所画之图，即伏羲传心之道，即至文王既开其图逐卦表扬，无非表扬伏羲之图与伏羲之心而已。"⑥ 所以，毫无疑问，先天图就是伏羲所作，并非后世伪作。

---

① 胡煦：《周易函书约存》卷一，《周易函书》第一册，第127页。
② 胡煦：《周易函书》卷首上《原图约》，《周易函书》第一册，第13页。
③ 胡煦：《周易函书》卷首上《原图约》，《周易函书》第一册，第18页。
④ 胡煦：《周易函书》卷首上《原图约》，《周易函书》第一册，第18页。
⑤ 胡煦：《周易函书》卷首上《原图约》，《周易函书》第一册，第18页。标点有改动。
⑥ 胡煦：《周易函书》卷首上《原图约》，《周易函书》第一册，第18页。标点有改动。

我们今天站在客观研究的视野之中,可以得出结论,认为胡煦有倒果为因的错误。他首先从现成文本中揣摩出河图洛书、先天图、六十四卦及其卦爻辞之间的一致性,并以此一致性为客观的天道和圣人之心,在此先见之下,考察易学的种种观念,与之不一致则置诸不究,排除在易学真理之外。这种逻辑,已经先在地认为先天图早于六十四卦以及卦爻辞了。但胡煦对此并无自觉。他坚信自己的心得与观念。不过退一步讲,如果超越诠释学中的逻辑错误,仅就易学思想而言,胡煦打通河图洛书、先天图、六十四卦卦象卦爻辞,以及《易传》,一方面不落窠臼,多有创见,另一方面自成一说,体现出理论的体系性,又是值得我们特别重视和大力褒扬的。

2. 论先天图来源

邵雍先天学有四个基本的易图,即《先天八卦圆图》《先天六十四卦圆图》《先天八卦方图》《先天六十四卦方图》,胡煦统称为先天四图。在这四图中,胡煦认为"以小圆为主"①,大圆图为小圆图所生,两个方图则分别为两个圆图所拆而成。方图之作是"用以明加一倍之法,显终始之序,别多寡之数,著乾坤包六子之义也"②。至于小圆图,胡煦则认为来自伏羲"开天明道"的行为:"伏羲之图本为伏羲之《易》,用以开天明道,启圣传心,初不待开而为卦,当即有无穷之秘妙存焉。故太极两仪四象八卦,皆自从一元未亨之前,推至化醇化生以后,所以两仪止于两画,四象止于四画。"③可见,伏羲的开天明道,也就是要把太极生两仪、四象、八卦的过程,或者说乾元及其亨利贞的过程表达出来,究其实质,也就是用图示来表达本体及其发用的过程。需要指出,胡煦认为,四圣之易虽然贯通,但是其间也有一个发展过程,伏羲之图的重点就是从太极到两仪、四象、八卦的过程,而这里的两仪、四象和八卦的形式,还不同于文王之易中两仪、四象和八卦的形式,这里的两仪、四象和八卦,还没有以阳爻阴爻连断为标志,而是以白黑为标志:

> 既未开而为卦,则非如今之《周易》所有卦象以连断为文矣。想其时,当止以二色别之而已,若非别以二色,安得有东阳西阴之辨哉?必如后来之卦,以连断为文,则两仪当为三画,安得仍命为两仪哉?故知两仪相连,别以二色者,伏羲初画之本图,所以定太极两仪

---

① 胡煦:《周易函书》卷首上《原图约》,《周易函书》第一册,第17页。
② 胡煦:《周易函书》卷首上《原图约》,《周易函书》第一册,第17页。
③ 胡煦:《周易函书》卷首上《原图约》,《周易函书》第一册,第17—18页。

第十章　清代易学家胡煦对先天学的诠释和弘扬

四象八卦之体。逮于文王开而为卦，欲以一色分别阴阳，则非一连一断，而阴阳两象无由剖判矣。此羲图文卦二《易》分别关头，不可不辨者也。①

胡煦主张伏羲之图以白黑二色表示阴阳而非后来的阴阳二爻，其中关键在于他认为伏羲之时还没有三画卦或六画卦，自然就没有连断形式的阴阳二爻，阴阳二爻的产生，以及三画卦与六画卦，都是文王在伏羲之图的基础上发展而来的，即文王开伏羲之图而成以阴阳二爻为组成的三画卦和六画卦。按照这种认识，胡煦认定的伏羲本图还不完全与先天圆图相同，如下：

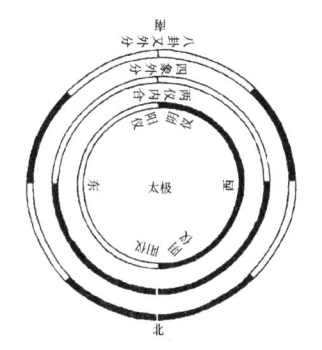

图 10-3　伏羲初画先天小圆图　　图 10-4　伏羲初画先天大圆图

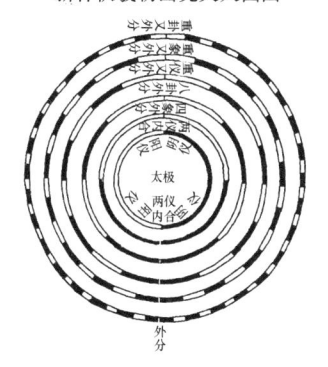

流行的先天图则来自文王的发展，如图 10-5、图 10-6。

总的来说，在传统易学的视野中，先天四图已经是对于《易》之来源的一种理论上的说明，而胡煦对伏羲本图的建构与阐发，则进一步强调伏羲开天明道，而文王开而为卦的差别，为先天四图又找到了一个更加浑融奥妙的基础。

3. 先天图观察三道及其要义

先天图有四图，即先天八卦圆图、先天八卦次序图、先天六十四卦圆图、

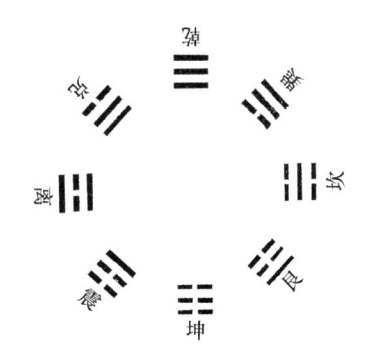

图 10-5　文王开为八卦图

---

① 胡煦：《周易函书》卷首上《原图约》，《周易函书》第一册，第 18 页。

文王开为六十四卦图

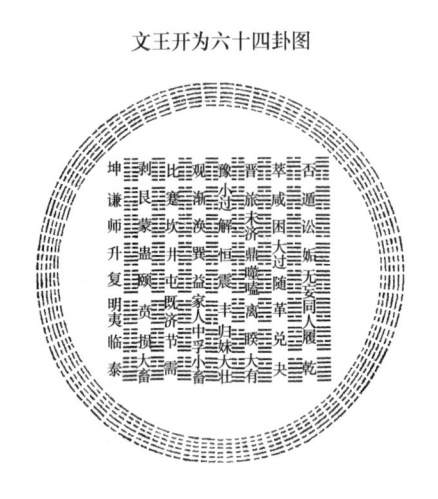

图 10-6　文王开为六十四卦图

先天六十四卦次序图，简单来说，根据形式又被分别称为小圆图、小横图、大圆图、大横图。而大圆图和大横图是在小圆图和小横图基础上的延伸，所以先天四图以小圆图和小横图较为重要。在胡煦的视野中，小横图又是小圆图分拆成两部分组合而成，所以小圆图则为先天四图的核心。胡煦阐发先天图要义，也以小圆图为基础。

我们可以看到，胡煦所阐发的小圆图，还不即是常人所知的先天八卦圆图，而是对之做了改动。而常人所知的先天八卦圆图，胡煦称为《文王开为八卦图》。胡煦之所以称之为《文王开为八卦图》，是因为他认为此图已经有了乾、兑、离、震、巽、坎、艮、坤之卦名，这已经属于文王作《易》之事，而伏羲之事，只是体悟天道，模拟天道画出奥妙的阴阳交融之图，全是先天呈露，本没有开而为卦，也没有卦体一定之后的卦名、卦辞、爻辞等后天之事。这是我们需要知道的。

而胡煦自己改动之后的小圆图，他认为就是真正的伏羲所作小圆图，只是后来遗失了，现在依靠胡煦补充，而定此图名为《新补伏羲初画先天小圆图》。他认为观察、理解、把握此图的精义有三条准则。

第一，要站在伏羲的先天视野下体悟先天图，避免后天种种之卦爻道理的干扰。胡煦说："伏羲既则图书，画出先天四图，便当领会图中之旨，不宜设想搀入卦爻道理。便当领会先天之妙，不宜设想搀越后天丝毫。"[1]那么如何领会呢？胡煦论述道：

> 盖乾元之方亨，天之资始者于此，人物之资始者亦于此，是万物之大原，天人合一而不分者也。其在人心，寂然不动，亦各有太极存焉，与天同，与乾元同也。故此四图遂为开天传道之书，而定为伏羲

---

[1]　胡煦：《周易函书》卷首上《原图约》，《周易函书》第一册，第21页。

之《易》。① 其时嗜欲未甚，文字未开，故但寄其义于先天圆图之中，寓其机于内外分合之际，而无穷道理尽归包括中矣。后世圣人开而为卦，极力阐扬，而图中之秘犹然未尽宣泄，故欲明伏羲之《易》，须向未开未拆时体究先天之妙，庶有以识其精蕴也。②

这是说，先天之妙全在本体初呈，即乾元方亨，已亨则已流行，至于利贞则已成而为后天，先天为天人之资始处，为万物之大原、本体，所以其精妙在于有发用之势而无事物之成，就图象来说，则为"未开未拆"之时，若已开已拆，有了定体，则完全属于后天，则不得先天之妙义。

第二，要"向浑沦圆转活泼流通处看"，这是因为"此图既为先天，全在无倚无着之际，但其中有阴阳相依之理，有根阴根阳之妙，有阳极生阴阴极生阳之旨，有阳微则阴盛、阳盛则阴消之机"③。这是说，先天本体虽然没有呈现为定体，相对于具体之万物有超然性，但是本体不是虚无的，而是包蕴阴阳相依、互根、互生、消息之理，所以要从先天圆图的阴阳交流中看出阴阳变化的种种道理。

第三，要"向内外分合处看"，这是因为先天圆图本就有"合"义。"其在内之东西两画，必不可作六十四断看，以两仪之义具此爻也。张子曰'两不立，则一无可见'，是太极之妙，原藉此两画而显。故画虽有两，其妙在合。"④ 可见，其内圈之"合"，即阴阳合一之义，有东之阳与西之阴，此为两，阴阳相连为一，此为太极之一之用，用张载的话说就是"两不立，则一无可见"，若分看，则为六十四段，则不能描述太极阴阳关系之妙。先天圆图也有"分"义，"乾元资始，万物俱由阴阳既合而生，由此加至六爻，始分六十四象。夫六十四，则其象分矣"⑤，本体与阴阳必然不能仅仅停留在本体和阴阳二气的层面上，需要呈现为万物，从图象上来说就是增至六爻，分为六十四卦，这是与"合"义相对的"分"义。合者，能显本体妙用与阴阳流行；分者能显万物之生成；有合有分，本体与事物一贯之义得以彰显。而就先天图与河图洛书的一致性而言，此合此分，正见河图洛书之理，"内合者，河图之妙；外分者，洛书之几。孔子

---

① 此处胡煦有小误，他论述的对象为新补小圆图，但此句是就传统说法的先天四图而言，不过并不影响理解。
② 胡煦：《周易函书》卷首上《原图约》，《周易函书》第一册，第21页。
③ 胡煦：《周易函书》卷首上《原图约》，《周易函书》第一册，第21页。
④ 胡煦：《周易函书》卷首上《原图约》，《周易函书》第一册，第21页。
⑤ 胡煦：《周易函书》卷首上《原图约》，《周易函书》第一册，第21页。

所由谓圣人则之，而必兼言图书者，此也"①。

以上是观察先天图的三条准则。以此三条准则，才能知先天图之奥妙处。在这三条之中，胡煦最终"合""分"之义。因为这整合了河图和洛书之妙理。"河图静而洛书动，河图合而洛书分，河图先天而洛书后天，河图其蕴含，洛书其布散也。河图配未发之中，洛书配已发之和，伏羲则以画卦，故先天八卦圆图亦内静而外动，内合而外分，内则图外则书也。因此一图兼则河洛而先天后天之旨备具无遗，……因知先天八卦一图，是动与静同实，内与外同归，分与合同原，而执中一贯之道遂由此出。盖天地之气周流不息，有舒有敛，有聚有散，有隐有彰，皆未始出天地之外，一动一静，一阖一辟尽之矣。此所由引外于内，贯显于微，究不得岐为二道，职是故耳。"②据此而论，先天图统河图洛书于一身而上承天道，可谓非常重要。事实上，胡煦自己极看重的《循环太极图》，就是在先天小圆图的基础上加工改画的。

在观察三道的基础上，先天图本身蕴含两个重要的意义。第一为流行义，这是与从朱熹开始的易学观念相对而言。朱熹认为，先天图本身为八卦互相对待，相较于先天图之对待，文王后天八卦图为流行。胡煦不这样主张，他认为先天图本身就蕴含有流行义。这要从两方面看。首先，乾坤二卦本身所体现的流行义。"顾六子之体生于乾坤之交，今自乾坤而外，凡相对之二象莫非三阴三阳。三阴坤，三阳乾也。特有交初、交中、交末之异，故遂岐为六象。因此六象俱出乾坤之交，故于节首特标天地定位一语，言其位之定者，所以正其体。别其象之六者，所以喻其交，明其用也。天下之理不有两，则无一。不有对待，安识流行？如水合水，犹然是水。如火合火，犹然是火。非两故也。两则必有合散，两则必有往来其间流通之妙，全要从对待中精察出来，即如定位之说，亦是两两相形处乃始见得耳。今直以为定位云者，正要人从六子相交之处，分别出所由相交之两象，以见先天八卦图止有乾坤之交，更无所谓六象也。"这是说，乾坤天地之对待固然存在，但是流行正是建立在对待的基础之上的，有对待之两，则有流行之"合散"，乾坤从来不是单纯的对待，否则也不会有六子之卦了。其次，乾坤之外的六卦产生，就是流行的体现。"其下曰山泽通气，非流行而气能通乎？雷风相薄，非流行而能相薄乎？水火不相射，但使水火各居，如秦之与越，亦安得有相射不相射之可言？是通字相字之

---

① 胡煦：《周易函书》卷首上《原图约》，《周易函书》第一册，第21页。
② 胡煦：《周易函书约存》卷二，《周易函书》第一册，第112页。

妙，皆从流行见得，而所以流行其中者，不越乾坤二象，故于节首直云天地定位，诚以六子所有之阴阳，虽出天地，既然在流行中，则遂不复名为天地，而直谓为阴阳云耳。"所以就兑、离、震、巽、坎、艮六卦本身相对而言，是流行的体现，没有阴阳之气的相交、相通之流行，就没有"通气""相薄"与"不相射"。那么，为什么存在先天图为"对待"的观念呢？这是因为"后儒对待之说，不过将此八者认作有形有体之卦，而未尝箍拢八卦，观其循环不已之机，则非伏羲画图之心矣"①。一言以蔽之，不是从根本的天道之大化流行上看待先天图，而是就卦体而言先天图，把先天图看死了。

第二，先天图的往来义。《说卦传》有"天地定位，山泽通气，雷风相薄，水火不相射。八卦相错，数往者顺，知来者逆，是故《易》逆数也"一句，其中涉及所谓往来顺逆，往往就时间轴而言，过去曰顺，未来曰逆，胡煦认为这种解释不对。他说："由位上之天而下视之，天根之生自下而来上，故为逆来。天阳之施自上而往下，故为顺往。由位下之地而上视之，月窟之生自上而来下，故为逆来。地阴之生自下而往上，故为顺往。皆图中之时位合当如此。从前不知其为说图，但向时候之迁转留心，谓往为已往，如今日追寻昨日，明白而易见，故以为顺。来为将来，如今日逆计将来，幽隐而难知，故以为逆。不惟非来往之义，并非逆顺之义，岂知往来逆顺俱本天地定位说，皆是发挥图中之蕴，至下逆数之说，原因圣人作《易》本旨，全是要人从四象两仪未起之前，追寻到太极里面，而初之难知，来之难察，实非知解测识所能，故谓为逆数也。夫往来逆顺，固论图中之位，非论时也。"② 这是认为，所谓往来逆顺，不是就时间而言，而是就先天图而言，所谓往，与顺相联系，指阳之至上而下或阴之自下而上，所谓逆，与来相联系，指阳之自下而上或阴之至上而下。这是就阴阳二气之运行而言。如果超越阴阳二气，就追寻太极本体而言，所谓的逆，或逆数，就是从当下之现象，即先天图中的两仪四象，追溯到太极，因为天道是从太极而阴阳而万物，所以从万物与阴阳到太极，则为"逆"。总之，胡煦站在天道阴阳运化的视野中，比较恰当地揭示了往来逆顺，这是一个创新，也比从时间上来解释更加圆融。

（二）论方图意义

《先天六十四卦图》，原有两部分组成，即围绕成环状的《先天六十四

---

① 胡煦：《周易函书约存》卷三，《周易函书》第一册，第145—146页。
② 胡煦：《周易函书约存》卷三，《周易函书》第一册，第146页。

卦圆图》和《先天六十四卦方图》,如图10-6。不过在《周易本义》中,朱熹把方图从圆图中摘出,单置为《先天六十四卦方图》。胡煦认为,《方图》本就是《先天六十四卦图》的一个有机组成部分,它和《圆图》在一起,具有重要的意义。

胡煦对其意义从三个方面加以阐发。第一,胡煦认为,方图代表了天地相交。他说:

> 入方图于圆图之中者,所以明大小圆图乾坤虽定位于上下,其中全是流行之气,原自具有相交之妙,所以谓为先天。伏羲惧人将上乾下坤,认作一定不移,而不知浑沦圆转、上下交通之故,因作方图,颠倒乾坤,纳之于中,以明天之体位上,而其气未尝不可以下交,地之体位下,而其气未尝不可以上交。故以相交之义寓于方图,而以下乾上坤示之象。①

这是认为,在圆图中,乾上坤下象征着天地定位,但是天地两间本是一气流行、上下交通,所以乾坤两卦并不是一定不移的,天地并不是没有交通的,因此伏羲就作颠倒了乾坤的方图置于圆图之中,以象征天地之交。

第二,方图置于圆图中,象征万物无能出乎天之外。胡煦说:"夫天地之化育,流行圆转阖辟聚散于中,究未能出乎其外。此相交之方图,所由纳于圆图之中,而无能出乎其外者。"② 又说:"天地间万事万物悉由天地而生,而地实包于天中,今方纳圆中,即其象也。"③ 都是强调天地至大,万物皆处于天地之间,而天又包地,所以万物皆在天之中,方图本身代表天地相交而生万物,所以应在圆图之中。

第三,方图本身也有先天义,所以应该纳入先天圆图中。这有两种解读,首先,"夫天地既已相交,则万物之体将可成矣,故方之,以明有形之朕兆于此而始。然犹在方交之时,非万物资生之候。故入于圆图之中,而亦命为先天,此伏羲立图本意也"④。这是说方图本身代表天地相交之时,但万物并没有生成,所以"虽已具有形象,不可竟作有形象看,故必

---

① 胡煦:《周易函书》卷首上《原图约》,《周易函书》第一册,第28页。
② 胡煦:《周易函书》卷首上《原图约》,《周易函书》第一册,第29页。
③ 胡煦:《周易函书约存》卷一,《周易函书》第一册,第117页。
④ 胡煦:《周易函书》卷首上《原图约》,《周易函书》第一册,第29页。

第十章　清代易学家胡煦对先天学的诠释和弘扬　579

纳诸圆图,明其为先天耳"①。其次,方图本身也象征着先天,"震巽居中,全以气用,象人心之虚也。坎离半气半形者次之,象血气之周流也。艮兑在外全以形用,以象手足背腹。此与圆图太极居中,两仪附之,四象八卦以次而外出,莫非中虚外实,中气外形之理,故皆命为先天,而纳诸圆图中"②,所以方图本身就有先天义,本应纳入圆图。

（三）立足《先天八卦圆图》创造《缝卦图》

《缝卦图》是胡煦立足《先天八卦圆图》而创作的易图,分为两个图,即《缝卦顺布图》和《缝卦逆布图》,如图 10-7、图 10-8 所示：

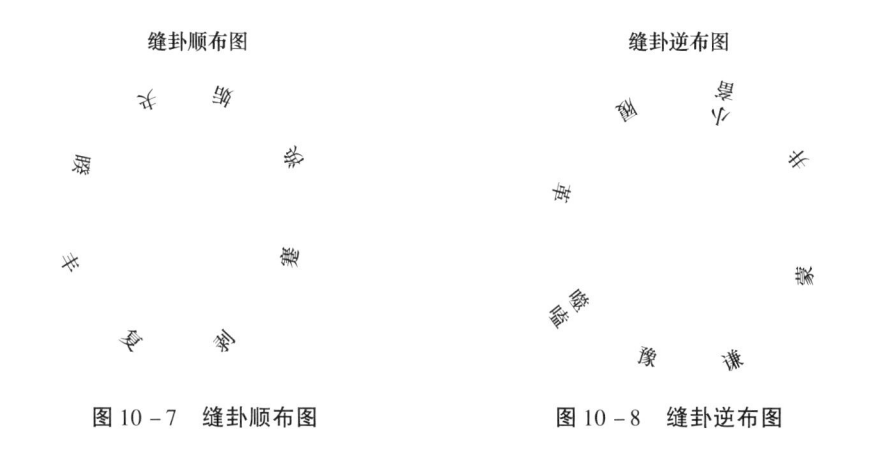

缝卦顺布图　　　　　　　　　　　缝卦逆布图

图 10-7　缝卦顺布图　　　　　图 10-8　缝卦逆布图

《缝卦图》的创作来源于胡煦对《先天八卦圆图》的详细考察以及邵雍诗句的启发。胡煦说：

> 看先天图既有如上诸法,知其浑沦无著,本属先天,原不可以对待论之。又知其圆转流通,本具循环不息之妙。今观邵子《天根月窟》一诗,亦莫非联络无间之旨也。其诗曰"乾遇巽时观月窟,地逢雷处见天根",说者全以复姤二卦当之,不知此非概论六画之卦也。是于先天八卦图中看出流行不息之妙,知其前进必有所遇,原非截然谓此地为坤,而遂不复与一阳之震相为流通也。此皆八卦圆图气机周流之妙,虽指阴阳始生之两卦为言,其实八卦圆转流通皆是如此。因于两卦缝中,前已欲离于坤,后已将交于震,其中疑前疑后之际,乃

---

① 胡煦：《周易函书约存》卷一,《周易函书》第一册,第 117 页。
② 胡煦：《周易函书约存》卷一,《周易函书》第一册,第 116—117 页。

合先后二卦而会为一卦，所以有遇巽逢雷之说。因推广邵子之意，作为缝卦图。①

这是首先肯定《先天八卦圆图》之浑沦无著、圆转流通、循环不息，其次对邵雍"乾遇巽时观月窟，地逢雷处见天根"的著名诗句进行了重新阐释，他否定诗意仅仅指天根为复卦、月窟为姤卦的观念，而主张在《先天八卦圆图》流行不息的视野中，此诗句是指卦与卦之间的流转不断，典型则如乾卦前进必然遇巽，坤卦前进必然遇震，所以此诗句的重要含义是《先天图》中卦与卦之间的流转不断以及蕴含的气机之流行不息。因为卦与卦之间的周流往复，所以就《先天八卦圆图》而言，在相接的两卦之间，可以合此两个三画卦以成一个六画卦，以体现《先天图》的圆转流通。如就乾卦巽卦而言，它们本是周流圆通之卦图中的相邻两卦，通过相"遇"可以合成姤或小畜卦，同理，坤卦震卦是通过相"逢"可以合成复或豫卦。

《缝卦图》之所以有两个，即《顺布图》和《逆布图》，顾名思义是对《先天八卦图圆》分别进行顺向、逆向的重新组合而成。

《缝卦图》的创作，一方面是胡煦以《先天八卦圆图》为基础的进一步推论，结合《先天八卦圆图》用来形象表达阴阳二气圆转不息的观念；另一方面在《易经》注释中，它还有其运用价值，这是因为它能够较为合理地解释《易经》中的"遇"之一字。这在"胡煦《周易》注释中观象之法的创新和发展"中将有详细的论述。

（四）从《先天八卦图》到《后天八卦图》

在胡煦的视野中，先有河图、洛书，后有伏羲之易，即《先天图》之易，再有文王之易，即《周易》之六十四卦与卦辞，以及《后天八卦图》，如果伏羲之《先天图》是则河图、洛书而成，那么《后天八卦图》是如何产生的呢？这是《后天八卦图》产生以来就存在的一个问题，最早画出此图的邵雍说："乾坤纵而六子横，《易》之本也。震兑横而六卦纵，《易》之用也。"② 其中的"乾坤纵而六子横"是指《先天图》，其中的"震兑横而六卦纵"是指《后天图》。邵雍认为，《先天图》是"《易》之本也"，《后天图》是"《易》之用也"，但是这里的"本"和"用"又有何种含义，又有何种转换关系呢？邵雍就两个易图解释道：

---

① 胡煦：《周易函书》卷首上《原图约》，《周易函书》第一册，第36页。
② 邵雍：《观物外篇上》，《皇极经世书》卷十三，第515页。

第十章　清代易学家胡煦对先天学的诠释和弘扬　581

《易》者，一阴一阳之谓也。震兑始交也，故当朝夕之位。离坎交之极也，故当子午之位。巽艮虽不交而阴阳犹杂也，故当用中之偏位。乾坤纯阴阳也，故当不用之位。坤统三女于西南，乾统三男于东北。道生天，天生地。及其功成身退，故子继父禅，是以乾退一位也。①

至哉！文王之作《易》也，其得天地之用乎？故乾坤交而为泰，坎离交而为既济也。乾生于子，坤生于午，坎终于寅，离终于申，以应天之时也。置乾于西北，退坤于西南，长子用事而长女代母，坎离得位，兑震为偶，以应地之方也。王者之法，其尽于是矣。②

邵雍的看法，从《先天图》到《后天图》，乾坤纯阳纯阴，故不用而由正南、正北退到西北、西南的"不用之位"，震代替乾、坎代替坤，这是因为"长子用事而长女代母"，"巽艮虽不交而阴阳犹杂也，故当用中之偏位"。至于为什么西北、西南是"不用之位"，东北、东南为"用中之偏位"，邵雍并没有再作解释。但是即使没有解释，我们也可以看到邵雍解释从《先天图》到《后天图》的卦位变化，是着眼于"用"的。并且，乾坤之所以"不用"，是因为纯阳纯阴的缘故，而其他六卦正是阴阳相杂、相交，所以皆有"用"。更进一步，邵雍认为文王作《易》之所以体现了"天地之用"，是因为"乾坤交而为泰，坎离交而为既济"。显然，"用"与"不用"的差别，就在于是否相交感。这是邵雍在《先天图》和《后天图》并列在一起时，对二者之差异以及《后天图》何以成立的解释。

胡煦在此基础上，对从《先天八卦图》到《后天八卦图》的转化，从理论上做了提升，从方法上做了改进。胡煦说：

洛书为河图之交象，乾坤一交，而无穷之化源具焉。由先天生后天，由无形生有形，皆此一图之妙。藉非此图之分，何自而显河图之合？非此图之布散有定而为后天，何自显河图之凝聚浑成而为先天？知后天洛书即出于先天河图，则知天地自然之易，体用一如，相须而不悖矣。

---

① 邵雍：《观物外篇上》，《皇极经世书》卷十三，第516页。中州古籍本、文渊阁《四库全书》本为"坤纯三女于西南，乾纯三男于东北"，义不通，依《道藏》本改"纯"为"统"。

② 邵雍：《观物外篇上》，《皇极经世书》卷十三，第516页。标点有改动。

洛书者，河图既分之象。如图中一六合，书中一六分是也。分则各居其位，各司其职，与浑沦圆转者不同。此天地之大体大用，不烦卦画，自然之《周易》也。①

在这里，胡煦把《先天八卦图》以及河图，与《后天八卦图》以及洛书，类比而论，《先天八卦图》也即河图，《后天八卦图》也即洛书。他认为，《后天八卦图》是《先天八卦图》的交象，它的实质是乾坤之交、阴阳之交，它蕴含的意义是"先天生后天""无形生有形"，《先天八卦图》和《后天八卦图》在一起就象征着天地之道的体用一如。那么，《先天八卦图》如何相交而成《后天八卦图》呢？

就逻辑上而言，共分为三步：中爻、逆交与四隅交。所谓中爻，是指《先天八卦图》中的乾坤相交，乾卦之中爻与坤卦之中爻相交相换，形成离、坎，离代替乾而位于南位，坎代替坤而位于北位。所谓逆交，是指《先天八卦图》中的坎离相交，离卦之上爻与坎卦之初爻相交相换，形成震、兑，震代替离而居东方，兑代替坎而居西方。所谓四隅交，是指《先天八卦图》中的震兑相交、艮巽相交，其中震之上爻与兑之下爻相交相换，震之下爻与兑之上爻相交相换，而形成巽、艮，艮代替震而位于东北，巽代替兑而位于东南；其中巽之上爻与艮之下爻相交相换，巽之下爻与艮之上爻相交相换，形成乾、坤，乾代替艮位于西北，坤代替巽位于西南。经过《先天八卦图》中八卦之间的相交，《后天八卦图》形成了。

在相交的过程中，存在一系列的问题，胡煦都一一进行了解释。比如，乾坤相交，为什么是中爻相交？胡煦认为："交于初末则偏，交于中则含胎包孕，为化育所自起，所由坤卦有含章括囊，美在其中之说。乾坤二用后，坎卦所由独言用也。"②比如，坎离相交，为什么是离之上爻交坎之下爻，而非离之下爻交坎之上爻？胡煦认为："离性炎上，上者不下，不可以交，今抑其在上者而使下。坎性润下，下者不上，不可以交，今举其在下者而使上，则离变为震，坎变为兑矣。故震有半离，兑有半坎之形，所由谓为坎水而塞其下流也。若使顺其炎上之性而以离下交于坎上，顺其润下之性而以坎上交于离下，则为艮巽。艮巽之卦不能有为，故先后天皆居四隅，不得如后天之震兑，司日月往来之门户也。"③还有，在中爻

---

① 胡煦：《周易函书约存》卷二，《周易函书》第一册，第131页。
② 胡煦：《周易函书约存》卷二，《周易函书》第一册，第132页。
③ 胡煦：《周易函书约存》卷二，《周易函书》第一册，第132页。

和逆交之中,都是《先天八卦图》中的相对之卦相交,而在四隅交中,为什么是震兑相交、艮巽相交,而不是相对之震巽相交、兑艮相交?胡煦说:"然震不与巽交,艮不与兑交者,《周易》具阴阳相循之妙,故两始必不能骤交,两终必不能骤交也。若兑之与震,则阴终与阳始得相交。巽之与艮,阴始与阳终得相交矣。"① 这是说震为阳始、巽为阴始,兑为阴终、艮为阳终,就阴阳流行而言,本来就是阴终阳始、阳终阴始顺理而来,本不应有两始、两终骤然相交。所以必然是震兑交、艮巽交,而非震巽交、艮兑交。

从《先天八卦图》到《后天八卦图》的转化,不但是图形的变化,而且起主导作用的卦象也发生了变化,同时还表现出一种强调"用"的视野的变化。胡煦说:

> 乾坤一交,即退处西南西北无为之地,所以明天开地辟以后,皆男女构精之作用。其天地絪缊之始,已不可得而悬拟之,所以命为先天。而乾之用九,遂以为无首。迨于坎离用事,六象胥由以成矣。其在《易》曰"天地絪缊,万物化醇",便是天地相交之始,便是河图之妙。男女构精,万物化生。男女即阴阳,坎离即阴阳之交,构精正阴阳相交之事,便是洛书之妙。此后有形有象,何一非水火交错而成?故全归功于坎离,而谓为构精生万物也。后天所配洛书,全是化醇以后之事,其在《周易》乾坤二用后,直至坎象始言时用,岂为无因?当知代天地而宣化者,日月即天地之阴阳。代乾坤而宣化者,坎离即乾坤之男女。②

这是认为,先天图重先天之浑沦、生生不息,其本体不可得而言,所以命为先天。而后天与先天的一个重要差别,就是有形有体,就是阴阳相交男女构精,而这个过程和结果,正通过坎离两卦来表现。所以与先天图乾坤为主导,象征天地相交之始与生生不息。相比较而言,后天图则坎离主导,象征阴阳相交男女构精,有形有体之物的大化流行。

但有一个问题需要指出,这就是先天图有四图,其中有大圆图、小圆图,但是后天图为什么只有一个小圆图,即通常所谓的《文王八卦图》呢?如果先天图和后天图之间存在对应关系,那么后天图也应该有相应的

---

① 胡煦:《周易函书约存》卷二,《周易函书》第一册,第131页。
② 胡煦:《周易函书约存》卷二,《周易函书》第一册,第135—136页。

大圆图才对，而事实上没有，这是什么原因呢？对此，胡煦提出了自己的看法。他认为原因有两个，第一，先天大圆图已经包含了后天之义，不用更立后天大圆图以表达后天义。"河图先天，洛书后天，伏羲则而画之。既有先天之图，亦应有后天之图，而今无之者，盖在内有两仪之合，便是则图之合；在外有八象与六十四象之分，便是则书之分。今观洛书，初未离河图之数，而已一奇一偶相间，散布于四方四隅。小圆、大圆亦皆一阴一阳相间，而分布于外，故有先天，便已兼得后天也。"① 先天图本来既有合义，如在内之两仪之合，也有分义，如在外之八卦之象与六十四卦之象，所以不用特立后天图以表示法洛书而有之分义。至于为什么有小圆图，则是："文王开图而为卦象，若不设立后天，则无以显先天图中内外浑融分合互藏之妙。"② 可见，文王设立后天小图，目的还是要呈现先天图本身之妙旨，"后天为先天之既交，而后天又全用先天之卦，则文王之设立后天，仍然一先天而已"③。第二，文王发明先天之卦爻，不用更立后天。"文王有后天小圆，而独鲜后天大圆者，以文王未尝画卦，其用以作《周易》者，皆本先天大圆开而为卦，以表彰圆图中所寓精蕴。……卦爻既出先天，则非如后天之卦，可以形参而体拘矣，故不用更立后天大圆图也。"④ 文王开先天图而为卦爻，是为了发明先天圆图之精蕴，卦爻本身具有先天之特征与涵义，与后天之卦之"可以形参而体拘"颇有不同，所以不必立后天大圆图以表示后天义。总之，在胡煦的视野中，伏羲之易与文王之易一以贯之，"全部《周易》卦爻皆是先天"⑤，所以不必更立后天图以表达后天义，即使先有后天小圆图，它的目的也是呈现先天图之妙旨，因此学《易》者注重先天之真意即可，而不必着眼于后天大圆图之有无。

四 先天图与《周易》的一致性

在胡煦的大易学视野中，先天图前承河图洛书，后启《周易》之卦象、卦爻辞与《易传》。其间之承启处是它们的一致性，一致性在具体的论域中又会呈现出较为具体的共同点。胡煦针对先天图与《周易》的联系，把它们之间的一致性展开，总结出大约十条。

第一，"今观此图，乾南坤北，天地之所以定位也，而乾坤之首《易》

---

① 胡煦：《周易函书》卷首上《原图约》，《周易函书》第一册，第21页。
② 胡煦：《周易函书约存》卷一，《周易函书》第一册，第127页。
③ 胡煦：《周易函书约存》卷一，《周易函书》第一册，第127页。
④ 胡煦：《周易函书》卷首上《原图约》，《周易函书》第一册，第22页。
⑤ 胡煦：《周易函书》卷首上《原图约》，《周易函书》第一册，第22页。

者拟之"①。这是说先天图中乾南坤北象征天地定位，而《易》以乾坤为首亦象征天地定位。

第二，"离东坎西，天地往来之交也，而水火之始终于《易》者拟之"②。这是说先天图中离东坎西象征天地之交、日月往来，而《易》以既济、未济结束，也表现了水火交融、天地往来。

第三，"三男附坤而成形，三女附乾而成象，天气所由下交，地气所由上跻也，而泰、否、复、姤之交、不交者拟之"③，这是说先天图中三阳卦震、坎、艮由乾用九于坤体而成形，三阴卦巽、离、兑由坤用六于乾体而成象，此用九与用六，由天道而言即天气下交，地气上跻，而《易》之泰、否、复、姤等卦也象征了天地之气交与不交的状况。

第四，"附坤者首一阳之震，上行而为二阳之离、兑，又上行而为三阳之乾，而阳始极。附乾者首一阴之巽，下行而为二阴之坎、艮，又下行而为三阴之坤，而阴始极。而复、临、泰、姤、遁、否之由微而盛，由盛而衰者拟之"④。这是说先天图从震之初一阳，到阳气上行而为二阳之离、兑，再到三阳之乾，表现了阳气的生长，从巽之上二阳，到阳气下行而为二阴之坎、艮，再到阳气伏匿为三阴之坤，表现了阳气的衰减。而《易》之复、临、泰三卦象征阳气生长，姤、遁、否三卦象征阳气衰减，与先天图相同。

第五，"其阴阳之生也，皆由于内，迨夫盛而极也，始往于外而就消。而先三爻之来于下，而称内卦，后三爻之往于上，而称外卦者拟之"⑤。这是说考察先天图中阴阳之生，都是首先由内而生而盛，但衰减都是由外而消，至于《周易》，首先有下三爻，被称为内卦，然后有外三爻，被称为外卦，也是先有内后有外，这也是与先天图一致的地方。

第六，"东、南为阳，而离之中虚者居焉，则阳中有阴也。西、北为阴，而坎之中实者居焉，则阴中有阳也"⑥。这是说，东、南为阳位，先天图中离居东，离中虚，这是阴卦居阳位，为阳中有阴，西、北为阴位，先天图中坎居西，坎中实，这是阳卦居阴位，为阴中有阳，《周易》六十四卦皆体现着阴阳相交、阴阳不离，这也是先天图和《周易》的一致性。

---

① 胡煦：《周易函书自序》，《周易函书》第一册，第5页。标点有改动。
② 胡煦：《周易函书自序》，《周易函书》第一册，第5页。标点有改动。
③ 胡煦：《周易函书自序》，《周易函书》第一册，第5页。标点有改动。
④ 胡煦：《周易函书自序》，《周易函书》第一册，第5页。标点有改动。
⑤ 胡煦：《周易函书自序》，《周易函书》第一册，第5页。
⑥ 胡煦：《周易函书自序》，《周易函书》第一册，第5页。标点有改动。

第七,"艮、震之阳夹坤而居,则大明终始、得朋丧朋之义也。巽、兑之阴夹乾而居,则先甲后甲、终则有始之义也"①。这是说,就先天图而言,坤卦旁边一为艮,一为震,震为一阳初生,艮为一阳将消,阳之消息始终伴随着阴;就《周易》而言,《乾·彖》有"大明终始",大明为阳,阳德贯穿元、亨、利、贞即万物之始终,《坤》卦辞有"得朋""丧朋",朋指阴阳相资,所以先天图与《周易》一致。就先天图而言,乾卦旁边一为巽,一为兑,巽为一阴初生,兑为一阴将消,阴之消息始终伴随着阳;就《周易》而言,《蛊·彖》有"先甲三日,后甲三日,终则有始,天行也",胡煦用月体纳甲法进行阐释,此处的"先甲""后甲"与"终则有始"是为了"明阴阳之往复"②,"便知阴阳迭运,无往而不还、终而不始之理"③,所以先天图与《周易》也一致。

第八,"推之而为卦象,则由初至上,由上返初,莫非此圆转不息之机,而往来之说定矣"④。这是说,就先天图而言,从卦象上来看,阴阳之气上下环转不息,有往有来,就《周易》而言,《象传》中有大量往来、上下之辞,也指阴阳之往来,二者一致。

第九,"衍之而为岁令,则阴极而阳,阳极而阴,莫非此上下流通之故,而升降之机寓矣"⑤。这是说,就先天图而言,结合岁令,可见阴阳之流通不息,而《周易》之《象传》也强调阴阳之升降,这是二者的一致之处。

第十,"循之而为月窟,而出震之三候见于昏,出巽之三候见于晨,莫非此阴阳更迭之运,而坎离之用行矣。返之而为天根,而先庚之先奚自来,后庚之后何所往?莫非此由中之妙、无极之理,而大化之肆应不穷者出矣"⑥。这是说,先天图中有天根、月窟,天根为坤卦和复卦之间,象征阳之将生,月窟为坤卦和姤卦之间,象征阴之将生,天根月窟在一起说明了阴阳运行不息,而就《周易》而言,在月体纳甲说的视野下,月体见于昏、见于晨说明阴之流行,先庚、后庚说明阳之流行,显然,先天图与《周易》也是一致的。

根据以上十条,可见先天图与《周易》所蕴含的道理的种种一致之

---

① 胡煦:《周易函书自序》,《周易函书》第一册,第5页。标点有改动。
② 胡煦:《周易函书约注》,《周易函书》第二册,第565页。
③ 胡煦:《周易函书约注》,《周易函书》第二册,第566页。
④ 胡煦:《周易函书自序》,《周易函书》第一册,第6页。
⑤ 胡煦:《周易函书自序》,《周易函书》第一册,第6页。
⑥ 胡煦:《周易函书自序》,《周易函书》第一册,第6页。

处。从先天图在先,虽然图形简略但包含如此众多道理的角度来说,这也可谓是"先天一图之妙也"①。

五　贯通河图洛书、先天四图、《易经》卦爻和《易传》的大易学视野

依据传统易学的观念,《周易》之成书来源于四圣,即伏羲画卦,文王系卦名卦辞,周公系爻辞,孔子作"十翼",又因为"《易》与天地准","《易》冒天下之道","《易》之为书也,广大悉备,有天道焉,有人道焉,有地道焉"(《易·系辞传》),所以总的来说,在《周易》产生的逻辑序列中,它出自四圣之手而具五重结构,此五重结构即在伏羲卦画、文王卦名卦辞、周公爻辞、孔子《易传》之前又增一自然天道。《易传》中又有"河出图,洛出书,圣人则之"的说法,所以河图洛书在圣人作《易》的过程中也占据了重要的地位。朱熹在《周易本义》中即把河图洛书置于伏羲四图之前,称之为"天地自然之《易》",其乃圣人作《易》所参考效法者。以朱熹儒学地位之高,其易学观点基本成为主流认识。因此就广义的易学文本而言,其包括河图洛书、先天图、文王卦辞、周公爻辞和孔子《易传》。

但是,朱熹虽然完善了易学文本体系,强调了文本五部分的共存,但是他倾向于强调五部分的差异而忽略了五部分的联系。朱熹说:"有天地自然之《易》,有伏羲之《易》,有文王、周公之《易》,有孔子之《易》。自伏羲以上皆无文字,只有图书,最宜深玩,可见作《易》本原精微之意。文王以下方有文字,即今之《周易》。然读者亦宜各就本文消息,不可便以孔子之说为文王之说也。"② 又说:"文王之心,已自不如伏羲宽阔,急要说出来;孔子之心,不如文王之心宽大,又急要说出道理来。所以本意浸失,都不顾原初圣人画卦之意,只认各人自说一副当道理。"③ 这是从四圣视域的不同处着眼,并突出强调。在易学史中这一观念遭到了一部分易学家的反对,著名者如王夫之强烈批判朱熹而主张"四圣同揆"。王夫之虽然强调其间的联系性,但论证不充分。他说:"伏羲氏始画卦,而天人之理尽在其中矣。……文王起于数千年之后,以'不显亦临,无射亦保'之心得,即卦象而体之,乃系之《象辞》,以发明卦象得失吉凶之所由。周公又即文王之《象》,达其变于爻,以研时位之几而精其义。孔子

---

① 胡煦:《周易函书自序》,《周易函书》第一册,第6页。
② 朱熹著,朱人杰等编:《周易本义·易图》,《朱子全书》第1册,第28页。
③ 朱熹著,朱人杰等编:《朱子语类》卷六十六,《朱子全书》第16册,第2191页。

又即文、周《彖》、《爻》之辞，赞其所以然之理，而为《文言》与《彖》、《象》之《传》，又以其义例之贯通与其变动者，为《系传》、《说卦》、《杂卦》，使占者、学者得其指归以通其殊致。"① 又说："盖孔子所赞之说，即以明《彖传》、《象传》之纲领，而《彖》、《象》二《传》即文、周之《彖》、《爻》，文、周之《彖》、《爻》即伏羲之画象，四圣同揆，后圣以达先圣之意，而未尝有损益也。"② 显然，这只是在注重四圣之《易》的联系性的前提下对它们之间联系性的简略表述，从逻辑上来说有循环论证之嫌，并没有真正展现它们之间的联系之处。而针对朱熹的这种观念，胡煦也强调了河图洛书、先天四图、《易经》、《易传》的贯通，但其论述之透彻，则远远超过王夫之。

在胡煦的视野中，河图洛书、先天四图、《易经》和《易传》本为一贯。"图书为天地自然之《易》"③，"伏羲先天四图，非伏羲之创为也，全仿象于河图洛书"④，"《周易》一书即伏羲大圆图中所有六十四象，文王开而为卦，各予以名，各系以辞，遂名《周易》。其三百八十四爻，又即文王之六十四卦而周公拆之，加以爻辞者也"⑤，所以总的来说，"伏羲四图全仿图书，文王卦爻全宗伏羲，则爻必宗卦，卦必宗先天，先天必宗图书，一以贯之，方为真《易》"⑥。

胡煦如此主张的理由在于，第一，先天图与河图洛书有直接的联系。其略如下：（1）"河出图，生成之数，合处而不分，数之体也。洛出书，分奇于四正，分偶于四隅，数之用也。则奇偶而别阴阳，则四方而分四象，则四方皆有生合及四正四隅而为八卦。"⑦ 这是论述伏羲如何"则"河图洛书而作先天圆图。（2）"河图静而洛书动，河图合而洛书分，河图先天而洛书后天，河图其蕴含，洛书其布散也。河图配未发之中，洛书配已发之和，伏羲则以画卦，故先天八卦圆图亦内静而外动，内合而外分，内则图外则书也。因此一图兼则河洛而先天后天之旨备具无遗，……因知先天八卦一图，是动与静同实，内与外同归，分与合同原，而执中一贯之道遂由此出。"⑧ 这是论述先天圆图综合了河图洛书的精义。

---

① 王夫之：《周易内传发例一》，《船山全书》第一册，第 649 页。
② 王夫之：《周易内传发例一》，《船山全书》第一册，第 649 页。
③ 胡煦：《周易函书别集》卷一《易学须知一》，《周易函书》第三册，第 897 页。
④ 胡煦：《周易函书别集》卷一《易学须知一》，《周易函书》第三册，第 871 页。
⑤ 胡煦：《周易函书别集》卷一《易学须知一》，《周易函书》第三册，第 871 页。
⑥ 胡煦：《周易函书别集》卷一《易学须知一》，《周易函书》第三册，第 871 页。
⑦ 胡煦：《周易函书约注》卷十四，《周易函书》第二册，第 782 页。
⑧ 胡煦：《周易函书约存》卷二，《周易函书》第一册，第 112 页。

第二，《易经》卦爻与先天图有直接的联系。其略如下：（1）伏羲画先天圆图，但当时还没有八卦与六十四卦，文王以伏羲图为基础"开图为卦"①；（2）周公所名之初爻之所以为"初"，正是反映了伏羲先天圆图中乾元初亨之实②；（3）文王卦辞中"西南东北，先甲后甲"等词，皆以先天圆图为基础③；（4）周公爻辞同样以先天图为基础，如"遇""邻""婚"三字立足于先天圆图，又如"巽之九五变而为蛊，乃先庚后庚，何其与先甲后甲之旨同也？无初有终，何其与终则有始之旨合也？"④这也反映了先天图的态势。所以，"周公因文王之卦拆为三百八十四爻而各系以辞，亦必参合于图书，推本于先天，别初上之宜，严内外之辨，而拟议爻中之时位，以仿象之"⑤。

第三，孔子《易传》与前三者有相承关系。胡煦说"须知察来之来，指太极之涵蕴而言"⑥，这是说《系辞传》中所谓"察来"指河图与先天圆图中太极之发用。另外，《象传》中多有"往来内外上下终始"之词，它们正是指先天圆图中乾坤二体阴阳相交而言。还有"今观《系》《说》两传，或明河图，或明洛书，或明先天八卦，或明后天八卦，岂其于《易》渺无干涉，而孔子亦误缀其说乎？又观乾坤二象与蛊恒之终则有始，复见天地之心，壮见天地之情，何其与先后天图不谋而合乎？……此岂不明于三圣合一之旨，遽取先后天图与辞变象占统以赞之乎？"⑦所以，孔子《易传》与河图洛书、先天四图以及《易经》卦爻联系紧密。

胡煦通过仔细考察研究河图洛书、先天四图、《易经》和《易传》之间的众多联系之处，最终确认四圣之《易》本来就是贯通的。而胡煦在贯通四圣之《易》的基础上，构建了具有统贯精神的大易学视野。虽然此大易学视野为很多易学家所意识到，但究竟却不能落实在具体的《周易》诠释中。如朱熹《周易本义》已经注意到需要呈现《周易》卦画之前的逻辑过程，是以卷首有九图，但是九图之间、九图与六十四卦之间究竟有何紧密联系，朱熹并没有丰富的令人信服的阐发。考察宋代以至清朝前期的易学史，可以说，这个历史任务到了胡煦才得以较为完善的完成。另外，胡

---

① 胡煦：《周易函书别集》卷一《易学须知一》，《周易函书》第三册，第904页。
② 胡煦：《周易函书别集》卷一《易学须知一》，《周易函书》第三册，第904页。
③ 胡煦：《周易函书别集》卷一《易学须知一》，《周易函书》第三册，第904页。
④ 胡煦：《周易函书别集》卷一《易学须知一》，《周易函书》第三册，第904页。
⑤ 胡煦：《周易函书别集》卷一《易学须知一》，《周易函书》第三册，第904页。
⑥ 胡煦：《周易函书别集》卷一《易学须知一》，《周易函书》第三册，第877页。
⑦ 胡煦：《周易函书别集》卷一《易学须知一》，《周易函书》第三册，第904页。

煦在此大易学视野下，还提出了不少易学创见，如全部《周易》皆是先天的观念，如体卦主爻说，如对先甲后甲、先庚后庚的新解释，如对"遇""邻""婚"三字的新见①。所以，理解胡煦易学的具体观念，首先要抓住它们的产生基础，即具有统贯精神的大易学视野。

胡煦的具有统贯精神的大易学视野，和其宇宙本体论思想以及易之图象当反映天道的易道观直接相关。胡煦的宇宙本体论思想，质而言之，由本体、本体之发用、天地万物三个环节组成，本体在不同语境下被称为太极，或乾元，或天心，本体相对于具体的万事万物具有超越性，但本体不离万事万物而即在其中，本体之本质在于生成万事万物。所以本体不仅仅具有超越义，而同时具有发用义，此发用之初，就是乾元初亨，就是由太极本体发用而有阴阳。更进一步，由亨而利贞，即阴阳互根互依而相交，最终而成万事万物。在此过程中，太极、乾元或天心等本体概念，为无形体而浑沦之先天，而万事万物等有形有体之物，则为定体之后天。而圣人所创作的易学及其图象，皆当精妙地反映此过程。圣人在此过程中所起之作用，即"继天开道"②，即"体天立极，继天宣化"③，即"推到天地未辟以前，探无极之幽深，标太极之精蕴，用以开天而明道"④。所以，质言之，如果圣人即为圣人，则必能、必皆当反映天道以教化百姓，所以圣人所面对之河图与洛书，一合一分，一生一成，一先天一后天，简略而精当地反映了从天道本体到有形之事物的过程；圣人所创作的先天图，有"虚中"之太极，有内之阴阳之生，有外之八卦之成，有阴阳二气之循环不息，"活泼泼"⑤地表现着天道流行不息的规律；《易经》之卦爻，就直接的形式而言似乎为定体之事物，但事实上其为文王以先天六十四卦圆图为基础"开而为卦"，本属先天，本质上也反映着天道；至于《易传》，孔子则以自然天道和河图洛书、先天四图以及《易经》卦爻为对象统而思之。所以总的来说，河图洛书、先天四图、《易经》卦爻以及孔子《易传》这些易学基础文本统一于天道，贯通于天道，它们本为一个逻辑过程在不同境况中的不同表达，所以其本质是同一的。这是天道必然呈现，圣人必能阐发天道的必然推论。易学家只有认识到此种地步，才知天道，才

---

① 关于体卦主爻说，以及对先甲后甲、先庚后庚、邻、遇等字的创新解释，可参见赵中国《胡煦〈周易〉注释中"观象之法"的创新与发展》，《中州学刊》2010 年第 6 期。
② 胡煦：《周易函书约存》卷首上，《周易函书》第一册，第 15 页。
③ 胡煦：《周易函书约注》卷一《周易上经一》，《周易函书》第二册，第 465 页。
④ 胡煦：《周易函书约存》卷首下《原爻约》，《周易函书》第一册，第 77 页。
⑤ 胡煦：《周易函书约存》卷首中《原卦约》，《周易函书》第一册，第 63 页。

知易道，才知河图洛书，才知先天四图，才知《易经》卦爻，才知孔子《易传》，才知四圣必然一心，才知四圣之《易》必然贯通。而后学者只有认识到此种地步，才知胡煦何以具有完整一贯的大易学视野，何以坚持四圣同心。

六 体贴天道、图书、先天图而创制《循环太极图》

河图洛书和先天四图是胡煦所精研的基本易图，但此六图皆为传统易学史所有，胡煦立足于河图和《先天八卦圆图》进一步"创造"了《循环太极图》，用以表达河图和《先天八卦圆图》的精义，用以表达本体的发用，用以表达阴阳之循环不息。《循环太极图》在胡煦易学中具有重要的地位，是胡煦试图用最简略的形式来表达天道运行规律的一个易图，是胡煦据此而试图统摄诸图的一个易图。胡煦自己对此图非常得意，两次在康熙面前提及。可以说，不知《循环太极图》，就不知胡煦易学。

（一）《循环太极图》的创作及其意义

1.《循环太极图》的创作

《循环太极图》图形如图10-9：

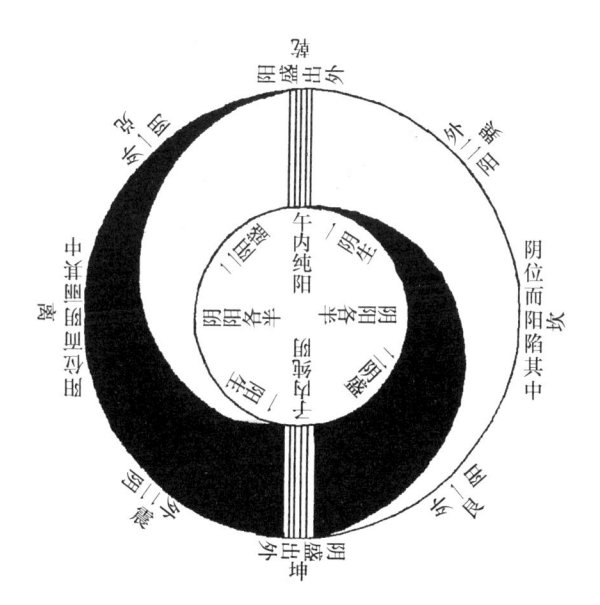

图10-9 循环太极图

胡煦对此图极为重视，在其中进士之后，康熙两次召见他问询易学的时候，胡煦每次都提到自己的《循环太极图》。一次是"澹宁居三接"之时，胡煦记载道：

> 皇上问曰："你知《周易》么？"
> 臣对曰："圣人之道尽在《周易》，臣学之四十年，每以易理深奥，不能殚究精微，但于伏羲先天八卦圆图，似微有一隙之明，因体立图之意，改为循环太极图。"①

在这次问对中，胡煦表示《周易》义理广博深奥，自己有心得处为《伏羲先天八卦圆图》，并以之为基础构造出《循环太极图》。此次只是提及此图，并没有过多阐发。另一次是"乾清宫召对"之时，胡煦记载道：

> 又问曰："你所看何书？"
> 臣对曰："臣未得师友，凡所见先儒之言，有与《周易》相发明者，皆抄而集之，成《周易函书》五十卷，其首十卷有循环太极图，是臣体贴河图并伏羲先天八卦图所成，正所以发明此二图者也。臣见八卦图，一阳初生于内，二阳盛于内，三阳极盛而始出于外，然后二阳消于外，一阳尽于外。其阴之生于内也亦然。又见河图，一奇始于北之内，三奇在东之内，七奇始出于外，然后九奇尽于外。其偶之生于南内也亦然。是先天八卦实所以比象河图，而发此流行不息之理也。臣因仿之作为循环太极图，以发明此二图之妙。"
> 又问曰："你所看者究竟是何书？"
> 臣对曰："如唐人李鼎祚《周易集解》所集有荀爽《九家易》，侯果、何晏、王弼、郑康成之言皆在其内。又如明人来知德，其言象者亦尽有可采。"②

这一次，胡煦说得较为详细，一方面说明《循环太极图》以河图和《伏羲先天八卦图》为基础；一方面介绍其特征，说明其能表现"流行不息之理"的作用。但这段介绍中的第一回合问答是答非所问，所以康熙接下来重复问题，胡煦马上醒悟而就此问题说出自己的答案。从这段记载可知胡煦是如实记载，否则不会把答非所问这种类于出丑的话也记上。而根

---

① 胡煦：《附编四·召对录·澹宁三接始末》，《周易函书》第四册，第1429页。
② 胡煦：《附编四·召对录·乾清宫召对始末》，《周易函书》第四册，第1438页。

据这两段记载，可以看出，胡煦对《循环太极图》是非常得意的，两次皆在皇上面前提及，后一次还有所阐发。

但是，易学研究者一旦看到《循环太极图》，马上就会想到明朝易学家来知德的《来知德圆图》（参见本书图8-1）。的确，除去文字以外，二图形式基本一样。但令人惊讶的是胡煦并没有称此图来自来知德。而是表示："此图成于庚寅三月夜寐时，注想阴阳回旋相须互根之妙，以两手四指交互之，而得此图之意，爰亟起而图之。"① 这就给人造成胡煦是否有抄袭之嫌的印象。事实上，胡煦易学的一大贡献为体卦说，体卦说本身就是在批评传统卦变说和来知德卦综说的基础上而提出的一种观念。所以，胡煦肯定精研过来知德易学，不可能没有见过他的圆图。但是为何在《周易函书》中胡煦丝毫不提此图的来源呢？并且在精通易学的康熙面前也没有加以说明，如果胡煦是简单地抄袭《来知德圆图》，这不是欺君之罪吗？所以，《循环太极图》和《来知德圆图》的关系不能简单化处理。

首先，我们认为，二图从形式上来说确有继承关系。《循环太极图》成图于庚寅年胡煦55岁之时，而此时《周易函书》已经成书，批判卦变说和卦综说的体卦说早已定型，来知德易学早已成为胡煦易学的思想资源之一，胡煦不可能没有看到《来知德圆图》，所以可以断定《循环太极图》是参考并继承了《来知德圆图》的图形形式的。

其次，需要强调的是二图的内涵不同，而这也正能说明为何胡煦强调《循环太极图》为自著而略去来知德之名。来知德构造其圆图，是根据先天图与后天图各居一偏、理气象数各执一端的状况而试图融合之。来知德于圆图后说明道："此圣人作《易》之原也。理气象数、阴阳老少、往来进退、常变吉凶，皆尚乎其中。……盖伏羲之图，易之对待；文王之图，易之流行。而德之图不立文字，以天地间理气象数不过如此，此则兼对待流行主宰之理而图之也，故图于伏羲文王之前。"② 这是认为，伏羲先天图象征对待之数，文王后天图象征流行之气，而圆图超越并综合之，兼对待之数、流行之气、主宰之理于一图。同时，但凡相对之性皆能统于此图，理气象数之外又如阴阳老少、往来进退、常变吉凶等。所以圆图的核心是超越一偏的综合义。而胡煦的《循环太极图》意蕴根本不在此。在胡煦眼中，《循环太极图》的特点主要有两个，即阴阳相交与浑沦回旋。万事万物皆为阴阳相交而成，阴阳相交是天地之道，是天地之理，《循环太极图》

---

① 胡煦：《周易函书约存》卷首上，《周易函书》第一册，第33页。
② 来知德：《周易集注》卷首上，第3页。

中阴阳二象互相环抱，正是阴阳相交之象。"河图之妙，太极两仪四象八卦之蕴，尽归其中。其尤妙者，则奇偶回环内外交互之几也。圣人察奇偶而辨阴阳，又推本阴阳，知其出于太极，其妙无过阴阳一交，而万事万物之理已备。……此图止具阴阳两象，而回旋纠缪，莫非交象。"[1]《循环太极图》之象，不但表现了阴阳相交之象，而且表现出浑沦回旋的特征，而此浑沦回旋，一方面表现万物皆由太极而来，另一方面则说明阴阳生生不息无有终极的特征。万物皆由太极而来，由图之中空所象征，此中空就是太极，就是天心，阴阳皆以太极而起，太极为本体，阴阳为本体的发用，万物则进一步由阴阳而成。阴阳生生不息则由黑白两色所象征之阴阳之生、盛、极盛、衰回旋为圆而再生所表现，因为回旋不断，所以循环不息。可见，《循环太极图》强调两大特点三个意义，两大特点为阴阳相交与浑沦回旋，三个意义为阴阳相交互根义、阴阳生生不息义，以及太极本体发用义。与《来知德圆图》相比，显而易见，二人基于二图所试图阐发的涵义明显不同。

根据以上分析，我们说，胡煦之《循环太极图》就形式上是继承了《来知德圆图》的，但胡煦在自己的易学视野下，有自己的易学创见，有自己对《循环太极图》的深刻阐发，这和来知德易学是迥然不同的。

2.《循环太极图》的意义

事实上，胡煦从十个方面对《循环太极图》所蕴含的意义进行了解读。他说：

> 此图阳之初生，必在子中，及返而就消，即在子初。阴之初生，必在午中，及返而就消，即在午初。既分位不移以定其上下之体，又阴阳之生皆必在内，及盛而就消乃始外出，以合诸横图方图震巽居中、兑艮居外，与《易象》自内为来、从外为往之义。又乾虽位上，而始终必交至于坤。坤虽位下，而始终必交至于乾，以定其下交上跻之理。又阴虽极盛，必不离阳，阳虽极盛，必不离阴。以阴终阴始，即在纯阳极盛之时。阳终阳始，即在纯阴极盛之时。以定其两相依附，根阴根阳之理。又阴阳皆旋始而旋终，莫非流行不息之用。又纯乾纯坤分位所得，止于六爻，以合乎周天三百六十，为六十卦所得前三后三之数。又阳进则阴退，阴进则阳退，以别其更迭著代之体。又阳多则阴少，阴多则阳少，以辨其分位各得之宜。又阳有进退，阴无

---

[1] 胡煦：《周易函书约存》卷三，《周易函书》第一册，第137页。

进退，以别其行止动静之节。又虚其中间以为天心，使人知卦爻所起，以象其肆应不穷之妙。总要知河图与伏羲八卦均是先天，全是圆转活泼之机，断不可逐逐卦爻，不向相连处一究心也。①

这是胡煦对《循环太极图》图像本身的解读，大致可以概括为十条：一，阳生于子中，消于子初，阴生于午中，消于午初；二，阴阳生于内，盛而就消乃始外出；三，乾位上，坤位下，而定上下之体，同时乾坤之始终必然相交；四，阴阳互不分离，互相依附，相根相因；五，阴阳旋转而始终，蕴含流行不息之用；六，乾坤根据分位，可画六爻，六十卦为三百六十，合乎周天三百六十；七，阴阳互为进退，表现了更迭代换之理；八，阴阳互为多少，表现了分位各得之宜；九，阴阳虽互为进退，实质则为阳之进退，而阴附阳而进退，阴阳有别，表现了行止动静之节；十，循环太极图中央为虚，象征天心、太极，此为阴阳所生、卦爻所起，具有感应无穷之妙。这十条解读，集中在对图形本身所蕴含的阴阳变化之理以及太极天心的论述，可以说，是《循环太极图》的核心内涵。

（二）《循环太极图》统摄性特征及其拟配诸图

1.《循环太极图》的统摄性特征

胡煦的大易学视野，由自然天道、河图洛书、先天四图、《易经》卦爻和孔子《易传》构成，逻辑序列中第一位是客观的天道，第二位为天地自然呈现此天道者，即河图洛书，而先天四图、《易经》之卦、《易经》之爻、孔子《易传》等四者则为"开天明道"者。而《循环太极图》则为胡煦体贴天道、立足河图洛书和先天四图而创造的形式简略但意蕴丰富的易图。它不是孤立的，它本身就与先天图以及河图有本质上的关联，"太极一图即先天圆图之变化，而先天圆图又即河图之变化"②，"第以阴阳二气环而抱之，则为太极图，以八卦之象分而布之，则为先天图耳。其实，太极图止是先天图规而圆之、联而属之而成者，先天图止是太极图三分内外、截为八段而成者。而循环太极与先天八卦，又止是河图中奇偶之数联属而成者。是三图之设，非有殊旨也"③。所以《循环太极图》的根本特征，在于它用简略的形式表达了天道的奥秘而具有统摄性特征。

首先，《循环太极图》的统摄性表现为综合了河图和《先天八卦圆图》

---

① 胡煦：《周易函书》卷首上《原图约》，《周易函书》第一册，第34页。
② 胡煦：《周易函书自序》，《周易函书》第一册，第5页。
③ 胡煦：《周易函书自序》，《周易函书》第一册，第6页。

的特征。胡煦说:"第以阴阳二气环而抱之,则为太极图,以八卦之象分而布之,则为先天图耳。其实,太极图止是先天图规而圆之、联而属之而成者,先天图止是太极图三分内外、截为八段而成者。而循环太极与先天八卦,又止是河图中奇偶之数联属而成者。是三图之设,非有殊旨也。"①"其象与六卦图相似,而要皆先天河图与先天八卦二图,其中自具之妙也。"② 所以《循环太极图》与河图以及《先天八卦圆图》本质为一,河图与《先天八卦圆图》所具有的精妙它皆有之,河图和《先天八卦圆图》有合有分,而此图更加浑沦圆融。但还不止于此,《循环太极图》的突出优势在于它更能明晰地表现天道,胡煦说:"此与河图及先天八卦相似,然非联为此图,则其中循环不息之机,与名为先天之义,皆不可得而见。"③ 所以,《循环太极图》以"虚中"象征太极本体,以阴阳环抱象征二气循环不息之义,显然比河图与《先天八卦圆图》更具形象性,这是后二图所难以比肩的。

其次,《循环太极图》的统摄性表现为能够拟配其他易图,表现其他易图的精义。胡煦在《周易函书》中以此图拟配七种易图而创作了新的易图。所拟配的对象为河图、《先天八卦圆图》、《先天六十四卦图》、卦象、岁令、月窟、天根,胡煦对拟配之后的易图说明道:

> 以此一图分注七图,莫不各具此图之妙。有比象河图之图,则内外三分之者也。以奇偶之在内外者,与阴阳之在内外者,其微盛始终皆相准也。
> 有比象先天八卦之图,亦内外三分之,以阴阳之内外消息,微盛始终,纠缪回环,相依互根之妙,全与此图准也。
> 有比象先天六十四卦之图,则内外六分之,亦如先天八卦,然而两仪四象以及六十四卦,无非内合而外分,而此之循环图,亦止是内合而外分,与之相准也。
> 有卦象之图,亦内外三分之,谓圣人立卦之法,以三爻为一卦,六爻为重卦,由此图出也。其阴阳之始而终也,固有三候三位。其阴阳之生而盛也,有在内之三候三位。其阴阳之盛而消也,有在外之三候三位。与此图准也。

---

① 胡煦:《周易函书自序》,《周易函书》第一册,第6页。
② 胡煦:《周易函书约存》卷首上,《周易函书》第一册,第32页。
③ 胡煦:《周易函书约存》卷首上,《周易函书》第一册,第33页。

有岁令之图，即十二辟卦，则内外六分之者也。由复而泰，为在内之三候，故复曰见心。由壮而乾，为在外之三候，故壮曰见情。此为在东升阳之六候。又有姤遁否观剥坤，为在西降阴之六候。皆与此图准也。

　　有月窟之图，亦内外三分之，除坎离为日月，由震而兑而乾，此升阳之三候也。由巽而艮而坤，此降阴之三候也。与此图准也。……

　　有天根之图，亦内外六分之，如大圆图者也。其所发明，则皆虚中之妙，太极之蕴含，而圣学之大原在此图矣。①

在现存的《周易函书》中，立足《循环太极图》而创作的这些新易图有的已经散佚，只存《循环太极配河图》《循环太极配洛书》《新拟循环太极图配先天八卦之图》，但是这并不影响我们对《循环太极图》统摄性的了解。关键之处在于，根据胡煦自己的阐释，这新作的七种易图，它们一方面能够表现出七种易图，即河图、《先天八卦圆图》、《先天六十四卦圆图》、卦象图、岁令图、月窟图、天根图，所蕴含的基本因素和意蕴；另一方面则都以《循环太极图》为基础，体现着《循环太极图》在易图体系中所占据的为诸图标准的地位，表现着《循环太极图》的统摄性特征。这是胡煦特别看重《循环太极图》的重要原因。有此图而天道易显，有此图而诸图有统。

2. 循环太极拟河图

图形如图10-10。

胡煦作《循环太极图配河图》，主要目的是凸显河图所蕴含的两个重要道理，第一，河图中的阴阳循环之义；第二，河图中的体用思想。关于第一个方面，胡煦说："河图之象，一奇生于北内，三奇长于东内，然后七奇出于南外，九奇尽于西外。二偶生于南内，四偶长于西内，然后六偶出于北外，八偶尽于东外。是河图中原具此循环之义也。"②但是普通易学家在体察河图时，虽然能够把代表各个数字的黑白点连起来，但是很少把奇数一、三、七、九，偶数二、四、六、八连起来考察，这就不能突出河图的阴阳消息循环义。而在《循环太极图配河图》中，一、三、七、九自然处于阳之白色中，二、四、六、八自然处于阴之黑色中，各自消息循环，突出了河图中的阴阳循环义。关于第二个方面，普通易学家阐释河

---

① 胡煦：《周易函书卷首上》原图约，《周易函书》第一册，第34—35页。
② 胡煦：《周易函书卷首上》原图约，《周易函书》第一册，第33页。

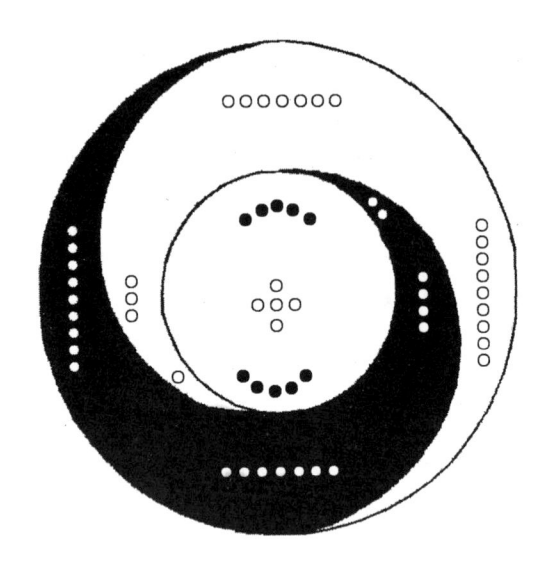

图 10-10　循环太极图配河图

图，往往集中在生与成的观念上，生数一、二、三、四在内，成数六、七、八、九在外，一生一成，又和方向、五行联系在一起。但胡煦认为不能如此简单化地理解，胡煦在自己的大易学视野下，认为河图不但在《周易》前，而且在先天四图前，直接反映着天道，蕴含有先天义。此先天义通过两点体现：一，位于图之中心的五与十，象征先天本体太极；二，生数一、二、三、四，象征本体之发用，但此时发用只是呈露本体之能之几，还没有事物形成，事物形成则由成数来象征。在此先天的视野下，河图的核心就是本体及本体之呈露，这属于"体"的一面，成数由于象征事物形成，这属于"用"的一面，体用互依而不离。而《循环太极图配河图》也正能体现此体用观念。"生，体也；成，用也。其生数皆付于成数，则即体含用之象也。其成数皆相依生数，则即用含体之象也。初微者，体之立也。极盛而就衰者，用之行也。""故体中有用，用中有体，不可不察。"①《循环太极图配河图》中阴阳相抱，生成相依，即体即用，正能体现河图的体用意蕴。

3. 循环太极配洛书

如图 10-11。

---

① 胡煦：《周易函书约存》卷三，《周易函书》第一册，第 142 页。

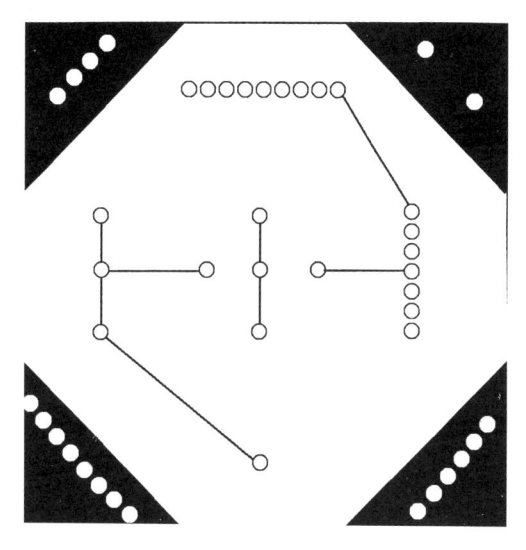

第十章　清代易学家胡煦对先天学的诠释和弘扬　599

图 10-11　循环太极图配洛书

在胡煦的大易学视野中，洛书与河图并列处在先天四图以及《周易》之前，河图为合义，洛书为分义，不过虽然二图并列，但胡煦重河图，而略洛书，认为洛书本身为后天义，只是在河图的统摄下，通过体用不离的辩证逻辑，才具有先天义。胡煦作《循环太极图配洛书》，一方面表现洛书本有的分义，另一方面则有新的阐发。

第一，阳合阴分，阳气在内，阴形在外。胡煦描述此图道："其阳奇之数浑沦于中，以次相连。阴偶之数分布四隅，为阳所间，各不相通。阳连而阴辟，其分义然也。"[1] 为什么是阳连而阴分，这究竟有何意义？他解释道："盖健阳之性自乾元一亨而始，回环往复，如循连环，终无断绝，而阴之为性止以形受，阳德一施则开张而纳之，及其生生化化，千千万万，各不同形，故其体分，不相联贯，未能如阳体之浑合无间。"[2] 显然，这是纳入天地生物中天主性地主形、天施气地赋形的观念对洛书阴阳进行解释的结果。天为阳，命性施气本自连贯，本为一体，而地为阴，受性赋形而成千万事物。一合一分，所以阳合于内，阴分于外。胡煦根据此义，对一些易学现象也进行了解释："此循环图中阴阳各居，原不相混之义也。文王拆大圆作《易》，其阳画必连，阴画必断，即由洛书中阳合阴分之义

---

[1]　胡煦：《周易函书约存》卷三，《周易函书》第一册，第 142 页。
[2]　胡煦：《周易函书约存》卷三，《周易函书》第一册，第 142 页。

而起。伏羲则河洛以画先天，其横图方图率以气用者居内，以形用者居外，皆洛书之妙也。风雷以气用，山泽以形用，水火半气半形之用，万物之有体者莫不形外而气内，皆此之故。"① 这种看法，可以说有一定道理。

第二，阴阳互根，阳内阴外，阳不散逸，阴不蠢顽，相依而成生化之功。就《循环太极图配洛书》而言，阴阳共存于一图中，阳内阴外，象征阴阳互根，此互根有重要的意义："阴不得阳则蠢而不灵，无以成生化之功，阳不得阴则其性发越，飘然散逸，无以定万物之命，而立万物之体。故其为用，必阳内而阴外，阳不散逸，始有以正万物之性命，而俾之保合也。"② 阴阳若无互根，则不能相辅相成，则无大化流行生生不息之宇宙。此图中的阴阳互根是通过阳内阴外表现出来的。阳内阴外，还是宇宙的一般规律，因为感官所知，相对于天命之性而言皆为形，皆为在外之阴，而属于阳类之性皆在内，所以"天然之用，凡阳皆下交于阴中故也"，而"伏羲本之以画卦，故横图方图皆气内而形外，罔非洛书之义"。③ 就《循环太极图配洛书》而言，正突出地表现了这一点。

第三，循环不息生生不已之妙。这一点在论述洛书之义时已经提到，是洛书的本义。此处从略。

4. 循环太极拟八卦

卦图已佚。胡煦在此名下有大段论述，主旨为强调先天图的流行义与往来义，这在前面我们已经论述，不再复述。

需要强调的是，《循环太极图》如果与《先天八卦图》相比较，它在形式上能像震、兑、乾、巽、艮、坤六卦，即在震之方位，内一阳而外二阴，在兑之方位，内二阳而外一阴，在乾之方位，内外三阳，在巽之方位，内二阳外一阴，在艮之方位，内二阴外一阳，在坤之方位，内外三阴；而不能像坎离二卦，即在离之方位，内为阳外为阴，与离卦中初、三为阳，二为阴不一致，在坎之方位，内为阴外为阳，与坎卦中初、三为阴，二为阳不一致。这如何解释呢？胡煦认为：

> 盖缘伏羲所画，止欲发明阴阳升降之理，阴阳升降流行原不可画，不得已而寄诸卦象，则是卦之有画虽有定象，而画图本意则非象可执。盖图之上半截本为乾位，图之下半截本为坤位，乾之气下降而

---

① 胡煦:《周易函书约存》卷三,《周易函书》第一册, 第142—143页。
② 胡煦:《周易函书约存》卷三,《周易函书》第一册, 第144页。
③ 胡煦:《周易函书约存》卷三,《周易函书》第一册, 第144页。

交于坤，坤之气上行而交于乾，莫不经由坎离之位，故谓为天地之际。因以坎离为乾坤相交之两象，至其阴阳之多寡微盛，则各有分位存焉。其一往一来不相混，亦不相碍也。特寡不敌多，微不敌盛，故以为行于其中，非谓坎离泥定阳陷阴丽之形也。圣人设卦止有阴阳太少，尚且非形可执，坎离亦何形乎？总缘不知卦象，皆仿象天地间流行往复之气，均非实有，故不知全部《周易》卦爻悉是先天，必无一卦一爻可以形拘。此图坎离两象止是阳之分而阴来，阴之分而阳来耳。如必分别内外，谓与河图八卦不合，然则阴阳之在天地间者，升者自升，降者自降，未闻其相碍也，未闻其相让也，亦并未闻孰为内而孰为外也。而升者自若，降者仍自若也。①

这是认为，易图当活看，圣人画图只是利用图形来发明阴阳升降之理，不可执定卦象之形式而不得真意，就《先天八卦图》而言，上为乾，下为坤，乾坤之交正中为坎离，坎离二卦为乾坤之相交，表现了阴阳互相行于对方之中，具有"阳之分而阴来，阴之分而阳来"的特点，并没有必然规定为阳气陷于阴气之中、阴气丽于阳气之中的意义。如此一来，《循环太极图》中的坎离方位，虽然就形式上而言，与离卦、坎卦不同，但是其阴阳相交、相依的意义，则与离卦、坎卦相同，所以，《循环太极图》与《先天八卦图》还是一致的。总之，胡煦之《循环太极图》"止以乾坤两象纠缪其形，回环其体，与河图之奇偶纠缪回环相肖，遂与则图所画之先天八卦无弗肖，但不可执象而迷理，庶有得耳"②。

5. 循环太极拟卦象

此图已佚。胡煦画此图主要为了说明《循环太极图》与三画卦以及六画卦相准，"此图内外三分之，则可以配三画之卦。内外六分之，则可以配六画之卦"③，所以，《循环太极图》蕴含了三画卦与六画卦形成的道理。

关于八卦何以为三画，胡煦认为："盖天下万事万物无出时位二者。位者体之一定，时则有迁转不息。位之一定坤也，迁转不息乾也。乾阳坤阴，乾坤交而阴阳会，故纠缪其形以象之。语其定体，其位三等止矣。语其流转，其时三候止矣。时出于健行不息之乾，位定于镇静不移之坤。二

---

① 胡煦：《周易函书约存》卷三，《周易函书》第一册，第141页。
② 胡煦：《周易函书约存》卷三，《周易函书》第一册，第140—142页。
③ 胡煦：《周易函书》卷首上《原图约》，《周易函书》第一册，第34页。

用相交，斯有化生，人物得之，性命由以各正，均无能离此三等三候者也。今于此图，就其来于内者三分之，有初中末，有上中下。又就其往于外者三分之，亦有初中末，有上中下。就其始于内终于外者观之，而极盛者必在其中。又就内外两者合而观之，亦必有非内非外之一境。又就前后两者合而观之，亦必有不前不后之一候。由是推之，凡事物可对举者，莫不有在中之一象存焉。是万事万物必未有逾三等三候者也，故圣人立卦亦遂定为三爻。"①

那么为什么又有六画卦呢？胡煦说道："夫三画之设，三极之道也。天上地下而人处其中，则人者天地之理气，合以成其形性者也。人既戴天履地，而又合天地以成其形性，则欲明生人之道，安得不兼三极而立之象乎？特天有阴阳，地有阴阳，人亦具此阴阳，有阴有阳，斯二之矣，所由不可以不重。夫三极之中，犹尚不可以孤立，又必重至六画，试以三画之两象论，固有阴阳相偶之义。乃自三极之必兼两而论，亦莫非阴阳相偶之义也。"② 这是从三画象征天、地、人三极之道，而天、地、人三极之道各具阴阳，所以重三画而为六画，从象征天、地、人三极必兼阴阳而论着眼以阐述六画卦的必然产生。事实上，胡煦还从体用观念出发说明三画卦必然落实于六画卦，"然三画之卦可以立天下之象，而不可以定天下之占，为有体而无用也。故必重至六画，然后内外分，体用具焉"③，三画卦为内、为体，三画卦之外的三爻为外、为用，必得内外合，体用具，才能象征天地间之万事万物，才能蕴含天地间之众理，否则就是有体无用，有象无占，不能完整地象征天地之时位，不能完整地表现出事物的发展趋势。

三画卦和六画卦为文王开伏羲小圆图和大圆图所得，而胡煦所画的《循环太极图》本来就是法先天图而作，"太极一图即先天圆图之变化"④，"太极图止是先天图规而圆之、联而属之而成者，先天图止是太极图三分内外、截为八段而成者"⑤，所以《循环太极图》也蕴含了三画卦和六画卦，"煦之循环图亦止阴阳两象，截为八段，内外三分之，遂成八卦，此皆阴阳相交之妙。若于左右上下终始内外三分而论，而卦立三爻之义，遂无不全具其中"⑥，"循环太极图亦止阴阳两象，而上下左右分别观之，遂

---

① 胡煦：《周易函书约存》卷三，《周易函书》第一册，第146—147页。
② 胡煦：《周易函书约存》卷三，《周易函书》第一册，第149页。
③ 胡煦：《周易函书约存》卷三，《周易函书》第一册，第149页。
④ 胡煦：《周易函书自序》，《周易函书》第一册，第5页。
⑤ 胡煦：《周易函书自序》，《周易函书》第一册，第6页。
⑥ 胡煦：《周易函书约存》卷三，《周易函书》第一册，第149页。

莫不具有一卦三爻,重卦六爻之义。六者,三之重也。总缘阴阳不能孤立,故重之以象阴阳之既偶。然六而偶矣,疑若非三,而三极之理寓焉。三其极矣,疑若无两,而又各得一阴一阳,故知天下之物必无能逾此阴阳,必无有不生于阴阳既合之后者。卦立三爻,重而为六,职是故也"①。所以,从《循环太极图》与先天图的一致性来看,其蕴含三画卦与六画卦也是必然的结论。

(三) 对于《循环太极图》统摄性特征的反思

需要强调的是,《循环太极图》之所以能够具有较强的统摄性特征,在于中国传统哲学中的宇宙本体论和此图本身形式这两重原因。中国传统哲学中的宇宙本体论,一般而言为太极阴阳观,太极为本原本体,阴阳为由太极而来的阴阳二气,万物则由阴阳二气构成,同时以太极为即在其中的生生本体。这种宇宙本体论构成了中国传统文化的基本视野,往往用来解释一切事物的生成和发展。而《循环太极图》就形式而言恰能与太极本体和阴阳二气互相对应,能够既简明又妥帖地反映这一宇宙本体论,自然在这一文化视野下也就能够用来解释各种事物的生成和发展,能够拟配其他易图,表现出很强的统摄性。而胡煦的贡献则在于精思之下发现了这一点,并加以突出和彰显。

总的来说,就易学诠释而言,其重要贡献则在于以其宇宙本体论思想为基础的大易学视野及其所体现的统贯精神,和其所看重之《循环太极图》及其所体现的统摄精神。胡煦易学的众多创见,都是在统贯的大易学视野得以建立的前提下自然而然解决的,比如学界津津乐道的体卦主爻说,比如对河图洛书的精妙阐发,比如对天根月窟的深刻认识,比如对"八字命爻"的空前详解,等等;胡煦易学论其要则至简,论其细则至详,给人以收放自如的感觉,则是在以《循环太极图》及其统摄精神为核心的前提下自然而然达致的。大易学视野本身的真正贯通是易学史上的一个突破,《循环太极图》及其阐释对天道运化简明扼要的反映则体现了胡煦对道体的深刻体悟。它们及其附带观念既是胡煦在易学领域的重大创新,也是胡煦对于传统易学的重要贡献。我们作为后学者不仅仅要看到胡煦的具体创见,还要更进一步理解了这两个重要部分,则于胡煦易学思过半矣。

---

① 胡煦:《周易函书约存》卷三,《周易函书》第一册,第147页。

第三节 立足先天图对"观象之法"的创新与发展①

此节专门对胡煦在先天学视野下对观象之法方面的创新与发展进行论述。就观象之法而言,他一方面继承了传统的十二辟卦说、互体、半象、爻变、覆象、大象、乘、承、应、比等体例,另一方面也有较大的创新与发展,这主要包括三种:以体卦主爻说释"往来""内外""上下"等字词②;采用先天图释"遇""邻""婚"等三字;采用月体纳甲说释"西南、东北""先甲后甲""先庚后庚""月几望"等词。在这三种观象之法中,前二者是发前人所未发,第三种则是在传统月体纳甲说的基础上,进一步纳入先天图和日月交光的观念,从而发展了以月体纳甲说释《易》的方法。而胡煦之所以能够在观象之法方面获得较大突破,原因则在于其方法背后深刻的易学观。

一 立足先天图释"遇""邻""婚"三字

"遇""邻""婚"三字在《易经》中共出现十七次,属于出现频率较高的字。但在传统的《易经》注释中,它们并没有获得特别的重视,只是随文解义而已。胡煦精研易学数十载,"因见周公爻辞每有邻遇二字,用意推求,既久而得之,始知邻遇二字,皆指始初相比之二卦既已分居,而变动之爻复得相比,故云然也"③。所谓的"始初相比"是《先天八卦圆图》中相邻之卦,"复得相比"是《易经》中某卦之上下卦,或爻变而有之上下卦,或互体而有之上下卦,恰好属于《先天八卦圆图》中相邻之卦,因为"始初相比",或从"始初相比"到"复得相比",所以言邻言遇。这是立足先天图对遇邻二字意义的新发现,进一步,胡煦更是发现"婚"字实乃描述《先天八卦圆图》中相对之卦而有相配之意义的情况。

1. 释"遇"

在《易经》中,凡言"遇"有六卦七爻,如下:

---

① 本节曾发表过,见赵中国《胡煦〈周易〉注释中"观象之法"的创新与发展》,《中州学刊》2010 年第 6 期。
② "体卦主爻说"是胡煦易学的一个重要思想和贡献,但和本书的"先天学"主题没有根本关系,故不述论。
③ 胡煦:《周易函书别集》卷一,《周易函书》第三册,第 879 页。

第十章 清代易学家胡煦对先天学的诠释和弘扬 605

噬嗑：六三，噬腊肉，遇毒，小吝，无咎。

丰：初九，遇其配主，虽旬无咎，往有尚。

睽：九二，遇主于巷，无咎。

上九，睽孤，见豕负涂，载鬼一车，先张之弧，后说之弧，匪寇婚媾，往遇雨则吉。

夬：九三，壮于頄，有凶。君子夬夬，独行遇雨，若濡有愠，无咎。

同人：九五，同人先号咷而后笑，大师克相遇。

小过：六二，过其祖，遇其妣，不及其君，遇其臣，无咎。

胡煦立足于《先天图》和《缝卦图》（参见图 10-7、图 10-8）对七处"遇"字解释道：

> 易爻言遇者六卦，噬嗑、丰、睽、夬、同人、小过是也。噬嗑，离遇震也。六三由震变离，又遇。夬，乾遇兑也。九三由乾变兑，又遇。丰之震离遇也。九四由震变坤，又遇。睽之离兑遇也，九二由兑变震，则震与离遇。九四由离变震，则离与震遇。同人虽非缝卦，九五大师克相遇者，此卦未变，中爻巽，乾与巽遇。既变，中爻兑，离与兑遇。小过虽非缝卦，然六二中爻巽变乾，则巽与乾遇。九四震变坤，则震与坤遇。上六震变离，则震与离遇。……知缝卦言遇，全说图中流行之气，此又看图之一法也。①

显而易见，噬嗑卦为上离下震，丰卦为上震下离，睽卦为上离下兑，夬卦为上兑下乾，四卦所由组成的三画卦在《先天八卦圆图》中皆相邻，所以言遇。至于同人卦和小过卦，虽然本卦的上下卦没有相邻，但是同人卦二、三、四爻互巽，则乾巽相邻，若五爻变，则变卦三、四、五爻互兑，离兑相邻，所以同人卦有遇字；小过卦二、三、四爻互巽，变则为乾，乾巽相邻，四爻变则上卦为坤，震坤相邻，六爻变则上卦震为离，震离相邻，所以小过卦也有遇字。如此一来，立足于先天图，遇字就得到了较为合理的解释。

2. 释"邻"

在《易经》中有五卦有"邻"字，如下：

---

① 胡煦：《周易函书》卷首上《原图约》，《周易函书》第一册，第37页。

小畜：九五，有孚挛如，富以其邻。
泰：六四，翩翩，不富以其邻，不戒以孚。
谦：六五，不富以其邻，利用侵伐，无不利。
震：上六，震索索，视矍矍，征凶。震不于其躬，于其邻，无咎，婚媾有言。
既济：九五，东邻杀牛，不如西邻之禴祭，实受其福。

胡煦解释小畜卦之"邻"："三阳同德称邻，先天图乾巽相比故称邻"①；解释震卦之"邻"："离震相邻"②；解释既济卦之"邻"："《周易》卦爻皆据先天图而言，其邻字遇字详具噬嗑睽姤诸卦。此爻变艮互震，则坤震邻也，震离亦邻也。坎位图西，而震离皆在图东，故有东邻西邻之象"③。关于泰卦、谦卦胡煦没有明言，但是泰之六四"互震变震"④，震与上卦坤自然为"邻"，谦之三、四、五爻互体为震，震与上卦坤也为"邻"。

3. 释"婚"

在《易经》中有四卦五爻有"婚"字，如下：

屯：六二，屯如邅如，乘马班如，匪寇婚媾，女子贞，不字，十年乃字。
六四，乘马班如，求婚媾，往吉，无不利。
贲：六四，贲如皤如，白马翰如，匪寇婚媾。
睽：上九，睽孤，见豕负涂，载鬼一车，先张之弧，后说之弧，匪寇婚媾，往遇雨则吉。
震：上六，震索索，视矍矍，征凶。震不于其躬，于其邻，无咎，婚媾有言。

胡煦在解释贲卦之"婚"时说："凡婚媾皆先天相对，相配者也。四变则先天艮兑相配，后天震兑相配。"⑤ 这是认为先天图中相对之卦可言

---

① 胡煦：《周易函书约注》卷三，《周易函书》第二册，第535页。
② 胡煦：《周易函书约注》卷十，《周易函书》第二册，第701页。
③ 胡煦：《周易函书约注》卷十二，《周易函书》第二册，第747页。
④ 胡煦：《周易函书约注》卷四，《周易函书》第二册，第543页。
⑤ 胡煦：《周易函书约注》卷五，《周易函书》第二册，第582页。

婚，贲卦上卦艮、下卦离，本不相配，但是四爻变，三、四、五爻互兑，则艮兑相对而婚，贲卦三、四、五爻互震，震兑在后天图也是相对，也可称为婚。胡煦在解释震卦之婚时对以上四爻之婚统而释之："凡言婚媾皆先天图相对之卦，相对则有相配之义。故或见于本卦，或见于变卦，多言婚媾。虽多见于震坎相遇，然屯之二四两变，则先天之艮兑，后天之震兑，皆具也。贲互震坎，四变则先天艮兑，后天震兑，皆具也。睽上变震互坎，中爻坎离，先后天皆相对。此爻互坎变离，故言婚媾。"① 显然，本卦中虽未必直接有相对相配之卦，但是通过爻变和互体，也可以发现婚媾的标志。

胡煦立足《先天八卦圆图》对"邻""遇""婚"三字做出了很有新意的阐释，对于其易学体系有较为重要的意义。他认为河图、洛书、先天图、《周易》卦爻四者一贯，"《周易》六十四卦皆拆先天图而有之，皆是说先天图中道理"②，但是此说需要证明和证据，胡煦通过精心诠释"开而当名辨物，正言断辞"来证明文王开先天图而作《周易》六十四卦③，而对"邻""遇""婚"三字与《先天八卦圆图》之间关系的发现，可以说在胡煦看来又增加了一份有力的证据。

二 以月体纳甲说释"西南、东北""先甲后甲" "先庚后庚""月几望"

纳甲说是西汉就已经出现的一种易学观念，"所谓纳甲是将历法中的天干纳入《周易》的八卦之中，与八卦相配，以揭示八卦消息变化之义"④。在东汉时期，"魏伯阳以京房纳甲为基本框架，杂揉当时天文学中有关月体运动的变化知识，创立了月体纳甲之说，以阐发炼丹之火候"⑤。月体纳甲的主要思想为，初三日，月出庚位，月象有初生之光亮，卦象为震，故纳庚于震；初八日，月出于丁位，月象上弦，卦象为兑，故纳丁于兑；十五日，月出于甲位，月象为满月，卦象为乾，故纳甲于乾；十六日，月退于辛位，月象渐亏，卦象为巽，故纳辛于巽；二十三日，月消于丙位，月象下弦，卦象为艮，故纳丙于艮；三十日，月灭于乙位，月象为晦，卦象为坤，故纳乙于坤。可见，月体纳甲的本质是"以月象的晦、

---

① 胡煦：《周易函书约注》卷十，《周易函书》第二册，第701页。
② 胡煦：《周易函书别集》卷五，《周易函书》第三册，第936页。
③ 参见《周易函书》第一册，第23—24页；《周易函书》第二册，第806—807页。
④ 林忠军：《象数易学发展史》第一卷，齐鲁书社1994年版，第214页。
⑤ 林忠军：《象数易学发展史》第一卷，第215页。

朔、弦、望比拟卦象，而以其出没方位作为纳干入卦的依据"①。东汉易学家虞翻在《周易》注释中广泛运用了月体纳甲说，其中包括对卦辞、《象传》、《系辞》的解释。

胡煦在《周易》注释中也采用了月体纳甲说，这是对传统象数易学的继承，但是他利用月体纳甲说释《易》，是在日月交光的视野下，以先天图为基础对卦辞和《象传》中的"西南、东北""先甲后甲""先庚后庚""月几望"进行详细阐释，则是对传统易学的重要发展。②

1. 释"西南、东北"

《易经》中有"西南"或"东北"者有三卦，如下：

> 坤：元，亨，利，牝马之贞。君子有攸往，先迷后得主，利。西南得朋，东北丧朋，安贞吉。
> 蹇：利西南，不利东北，利见大人，贞吉。
> 解：利西南，无所往，其来复吉，有攸往，夙吉。

胡煦依照月体纳甲说、先天图和日月交光之说，首先对坤卦之"西南得朋""东北丧朋"进行解释。他认为月体本身黑质无光，必得日光照射而有光，所以日月交光而形成月象及其变化，而月象通过月体纳甲说又与卦象相配。对于坤卦三爻而言，其纯阴无阳，相对于月象来说，亦全黑无光，因为阴以阳为朋类，黑质得日光而有亮，所以"得朋""丧朋"，就是指阴之能否得阳或者月体能否得日光照射而言。故"东北丧朋"的真实意义为：

> 丧朋者，阳光已尽，黑质孤存时也。顾此黑质先在下弦，上面犹有一阳，其象为艮。艮在先天，虽居西北，艮在后天，实居东北。不云西北丧朋，而云东北丧朋者，盖先天止以象其气之流行，而后天则以著其位之一定。故凡言时者皆考于先天，凡言位者皆考于后天也。犹云二阴之艮象，上面一阳既尽，乃始转为三阴之坤，谓阴本以阳为

---

① 林忠军：《象数易学发展史》第一卷，第215页。
② 需要提及的是，宋代著名易学家朱震在《汉上易传·卦图卷下》中绘有《纳甲图》，此图一方面示有月体纳甲说的基本内容，另一方面则有《先天八卦圆图》的内容。如果说朱震是自觉把先天图与月体纳甲说结合起来的话，那么这一易图可以说是胡煦结合先天图与月体纳甲说的渊源，但是，朱震只有此图，而没有把先天图、月体纳甲说结合起来以注《易》，而胡煦则有意识地做到了这一步。

朋类，其阳既丧，遂成全晦之体，是即以东北字代艮字，而以丧朋说阳之终耳。盖由循环不息而论，则必由二阴，然后及于纯阴，故圜之以先天图，以明其候。以盈虚消息而求，则必至东北艮方，而阳光始尽，故列之以后天图，以定其位。所由谓为东北丧朋，凡欲人因时以考其位，因位以征其象耳。亦可知文王后天图，皆所以发明先天一图之蕴也。①

可见"丧朋"即为阳光已尽、月体全黑之时。不过，坤为已经"丧朋"，在此之前则为犹存一阳之艮，所以"丧朋"指从艮到坤的过程，艮在先天图本为西北，为什么不说"西北丧朋"而说"东北丧朋"呢？这是因为艮在后天图为东北，此处采用后天图之方位而没有用先天图之方法，是因为先天图象气之流行，后天图象位之一定，论时则用先天图，论位则用后天图，所以对于艮之一阳将尽而言，言"东北丧朋"而不言"西北丧朋"。以理推之，"得朋"则指一阳初生、月体渐亮之时，之所以称为"西南"，是因为根据纳甲说"全晦既象纯坤，若使坤体不纯，下面忽露微阳，是为震象。必在三日之昏，此时月之离日几三十度，日入而月见，其体必在西南，西南庚方也，庚方初见震象，故遂以西南字代震字，所以谓为西南得朋"②。这是坤卦之"西南得朋，东北丧朋"的真实蕴涵。其中的关键在于对坤卦而言具有重要意义的震卦和艮卦，"三阴为坤，坤生一阳为震，震为阳始，艮为阳终，兼此两象，始显纯坤之体。故大明终始特言之于乾，明阳之前后际俱交于阴。而丧朋得朋特言之于坤，明阴之前后际俱交于阳也"③，这种"阴之前后际俱交于阳"，也表现出月象的盈虚变化。

按照以上的解卦思路，震代表一阳生于西南，艮代表一阳终于东北，于坤之全阳而言，震之一阳初生象征"西南得朋"，艮之一阳将终象征"东北丧朋"，那么，蹇卦之"利西南，不利东北"和解卦之"利西南"可谓是顺理成章。对于蹇卦而言，因为"坎艮合蹇，坎得乾中而正位于五，是坤之西南得朋也，故利西南。本非坤有，而今在其中，故为得，得故利。东北艮也，月之阳明至此而尽，故以为道穷，即丧朋也。丧则有何利乎？"至于为什么蹇卦没有震卦也言"利西南"，是因为"上坎得阳于

---

① 胡煦：《周易函书约存》卷四，《周易函书》第一册，第156—157页。
② 胡煦：《周易函书约存》卷四，《周易函书》第一册，第157页。
③ 胡煦：《周易函书约存》卷四，《周易函书》第一册，第157页。

中，与西南得朋之震同义，故利西南得朋矣。……卦本无震而亦曰西南，止取坎象得阳之义"①。对于解卦而言，"解卦有震无艮，故止曰利西南"②。总之，胡煦依照阴阳相因互为朋类的观念，再结合月体纳甲说、先天图和日月交光之说，就成功解释了《易经》中的"西南、东北"之辞。

2. 释"先甲后甲""先庚后庚"

在《易经》中有"先甲、后甲""先庚、后庚"各一处：

> 蛊：元亨，利涉大川。先甲三日，后甲三日。
> 巽：九五，贞吉悔亡，无不利，无初有终，先庚三日，后庚三日，吉。

对于蛊卦而言，蛊本为"敝坏"之意，为何还"元亨"呢？胡煦认为："盖当敝坏时，必须从新整顿，然后能得其通也。利涉大川即振作鼓舞，不辞艰险，是元亨之由。"③ 所以只要鼓舞人心、振作人群，面对敝坏之时也能"元亨"，这是从人之方面说治蛊之方。而"先甲二句，又从天道循环说必能元亨之理，欲人鼓舞奋兴以治蛊也。元亨本象也。利涉句借人事以明更始之故，先甲后甲借天道而言好还之理"④。这是认为天道有循环之理，蛊虽当下，但必有出蛊之时，所以蛊能元亨。那么何以"先甲三日，后甲三日"就代表天道循环呢？这和"先甲后甲"在先天图和月体纳甲说中的意义相关。胡煦说：

> 阴阳之义配日月，悬象著明莫大于日月，乃日则常明，而月则有盈亏，阳饶阴乏故也。今月至晦后生明，三日震象出庚，八日兑象见丁，相望则乾象满甲。甲，东方。乾象至此而盛满也。今言甲不言乾，且但言甲之先后，谓阴足干阳，深惧夫始甲终甲者也。三日即三爻，借岁令而言爻理也。一卦六爻，故有先三后三。先三者，先甲三日之前。互兑，阴尽而甲成也。后三者，后甲三日之后，下巽阳尽而阴生也。先兑阴终，后巽阴始，总征于甲方，即先天图左兑右巽是也。孔子所由曰终则有始，天行也。十七阴生，巽象见辛。廿三阴

---

① 胡煦：《周易函书约注》卷八，《周易函书》第二册，第 646 页。标点有改动。
② 胡煦：《周易函书约注》卷八，《周易函书》第二册，第 650 页。
③ 胡煦：《周易函书约注》卷五，《周易函书》第二册，第 565 页。
④ 胡煦：《周易函书约注》卷五，《周易函书》第二册，第 565 页。

盛，艮象见丙。廿七明尽，全晦于乙。皆天行也。①

这是认为，对于能够表现阴阳变化之理的日月交光而言，三日震象，初生之月，出于庚方；八日兑象，月上弦，出于丁方；望日乾象，满月，出于甲方；十七日巽象，出于辛方；二十三日艮象，下弦月，出于丙方；二十七日坤象，明尽，出于乙方。而所谓的先甲、后甲，即先乾、后乾，先甲三日即兑象之时，后甲三日即巽象之时，兑巽之间为乾，又因为兑为阴终，巽为阴始，兑巽之间则是纯阳之乾，所以"先甲三日，后甲三日"也即说明阴终而阳盛、阳盛而阴始的变化趋势。如此一来，就可以理解用"先甲三日，后甲三日"说明天道循环的原因了。

依照这种方法，巽卦之"先庚三日，后庚三日"就比较容易理解了。所谓的先庚、后庚，正是指巽卦之伏卦震卦而言，先庚三日即坤象之时，后庚三日即兑象之时，坤兑之间为震，震为一阳初生之时，强调震卦，也即"贵阳"②。爻辞用"先庚三日，后庚三日"，正是通过"贵阳"来说明巽卦九五爻"贞吉悔亡，无不利"的原因。③ 总之，立足月体纳甲说，同时纳入先天图和日月交光的观念，先甲后甲、先庚后庚，也获得了比较合理的解释。

3. 释"月几望"

《易经》中"月几望"凡三处：

  小畜：上九，既雨既处，尚德载，妇贞厉，月几望，君子征凶。

---

① 胡煦：《周易函书约注》卷五，《周易函书》第二册，第565—566页。
② 胡煦：《周易函书约注》卷十一，《周易函书》第二册，第724页。
③ 事实上，这里存在一个问题，即先庚后庚本来是指巽卦而言，虽然巽之伏为震，但是为何不直接把先庚后庚作为震卦的卦爻辞，而是作为巽卦的爻辞呢？胡煦如此解释道："乃先庚后庚，不言于坤，不言于震，而独说入巽卦，何也？曰为伏震，故言震。《周易》贵阳，杂卦所由曰巽伏也。先庚三，内巽也。后庚三，外震也。三之先，指纯阴之坤。三之后，指二阳之兑。所以明此一阳之由来，与此一阳之进盛也。其必言于巽者，正以易道言始必要其终，言终必究其始，所以有变动不居，往复相循之义。故其象或取诸伏，或取诸覆，或取诸互。由伏取者，对待者也。由覆取者，往复者也。由互取者，上下卦之合也。……又况先庚三日，已说向纯阴之坤，是巽下初萌之微阴所由极。后庚三日，斯渐入二阳之兑，是巽上就消之二阳所自来。故言巽即言震也。"（胡煦：《周易函书约存》卷四，《周易函书》第一册，第158页。）这一方面是认为巽伏震，另一方面是认为易道本来就是变动不居，往复循环，所以有就伏卦而言，有就覆卦而言，有就互体而言，不可执一而论。同时，先庚为坤，正乃巽之一阴所发展而至，后庚为兑，兑之二阳正来自于巽之二阳，所以言巽即言震。

归妹：六五，帝乙归妹，其君之袂，不如其娣之袂良。月几望，吉。

中孚：六四，月几望，马匹亡，无咎。

胡煦解释小畜卦之"月几望"道："互离日变坎月，巽伏震互兑，震东兑西，日月相望。煦按望谓乾也，月必至望，始见三阳纯乾之象。几，近也。谓望前之近望者，为兑阴之终，即乾先三之始也。望后之近望者为巽阴之始，即乾后三之终也。此义自具先天图，……《易》言几望者三，皆不离兑巽，归五下兑互巽①，五又变兑，阴终而又始，故言几望。孚四上巽下兑，其阴一始一终，故言几望。阴之始终必交于乾，故此卦借月以言乾。"② 就小畜卦所蕴含的卦象而言，三、四、五爻互体为离，变为坎，离为日坎为月，上卦为巽，伏卦为震，二、三、四爻互体为兑，震为东兑为西，象征日月相望，之所以称为"月几望"者，则是因为月为阴体，自身无光，必得日光照射而光亮，所以就象征月象的卦象而言，满月之望则是三阳纯乾之象，"几望"就是近于满月，以卦象而言则是先于乾卦之兑卦，后于乾卦之巽卦，在小畜卦中，二、三、四爻互兑，上卦为巽，一位于乾卦之前，一位于乾卦之后，皆是"几望"，故爻辞有"月几望"之词。事实上，归妹卦下卦为兑，上卦伏巽，五爻变则上卦又成兑，有兑有巽，所以也是"月几望"；中孚卦上卦为巽，下卦为兑，自然也是"月几望"。如此，则胡煦依据月体纳甲说、先天图，以及日月交光之说，就解释了《易经》中三处"月几望"。

事实上，胡煦阐释"月几望"，更是希望通过卦象的变化，来揭示其中的阴阳进退之几。他在注释中孚卦之"月几望"时说道："又兑为阴终，巽为阴始，其中正见乾象。巽兑皆与乾近，故曰几望。若论阴阳之理，止是微阴垂尽，变为纯阳之乾，故曰月几望，马匹亡也。……《易》之卦爻，总明阴阳进退之几也。"③ 显然，有了阴阳之进退，才有了月象的变化，才有了卦象的变化。胡煦正是要通过卦象的变化，展现其背后的阴阳进退之几。

---

① 此处应为"下兑覆巽"，因为归妹卦互体没有巽，而且胡煦在解释中孚卦之"月几望"时说："归妹之五，以震伏巽，兑覆巽，故皆言月。"（胡煦：《周易函书约注》卷十二，《周易函书》第二册，第737页。）
② 胡煦：《周易函书约注》卷三，《周易函书》第二册，第535—536页。
③ 胡煦：《周易函书约注》卷十二，《周易函书》第二册，第737—738页。

三 胡煦"观象之法"创新与发展的易学观基础

以上是胡煦在观象之法方面的创新与发展。胡煦对自己的发明很是满意，他在《周易函书·凡例》的第一条就特别指出了自己的研究成果。他说："《易》象失传自王弼始，犹幸李鼎祚《集解》一书，尚存十分之一二，来矣鲜得之，已增十分之二三，煦复于《集解》《来易》两书合证而推广之，其于象义庶未有遗也。如'遇'字、'邻'字、'婚姻'等字之解，及西南东北、先甲后甲、先庚后庚，并月几望之旨，悉皆取先天圆图，非臆为之也。"①"于象义庶未有遗"，是胡煦对自己象学非常自信的评价。而其中又特别提出对"遇""邻""婚""西南东北""先甲后甲""先庚后庚"，以及"月几望"的解释。于此可见胡煦对自己研习易学数十年而有之心得的重视。

事实上，胡煦对观象之法的感悟和创见，并不是偶然的现象，这和他的易学观完全相关。胡煦立足先天图解释"遇""邻""婚"三字，和其认为先天图与《周易》卦爻一贯相关；胡煦超越前人月体纳甲说，纳入先天图和日月交光的观念，以解释"西南东北""先甲后甲""先庚后庚""月几望"，除了先天图在其易学中占据基础性的地位外，更是和他重视透过卦爻象、卦爻辞而在天道阴阳消息变化的视野下考察《周易》相关。

胡煦认为，天地万物有其本体，这本体即太极。太极本身非有非无、不可言传、不可意会、不可图画，但是太极作为本体而有其生化万事万物的大用，大用的普遍呈现，就是阴阳。"须知太极者静镇于中，其出不穷，不可思议，不可言说者也。所生之万物则有形有质，不可互易者也。其斡旋运转之能，全是太极所生阴阳之力，故曰一阴一阳之谓道，又曰形而上者谓之道。"②所以，万事万物皆直接为阴阳所运化，阴阳是化生万事万物的直接因素。胡煦重视太极阴阳的观念，促成了他对先天学的吸收，并使先天图一方面成为其象数易学的重要组成部分，另一方面成为其《周易》注释的基础之一。胡煦认为，太极作为本体虽然非有非无、不可思议，但是必然有其大用，如果用象数来表示，从大本到大用再到万物的过程，也即太极、两仪、四象、八卦以至六十四卦的过程，伏羲画先天图，也就是对此一过程的拟象，也就是通过拟象来"开天明道，启圣传心"③。而文王

---

① 胡煦：《周易函书·凡例》，《周易函书》第一册，第7页。
② 胡煦：《周易函书别集》卷一，《周易函书》第三册，第873页。
③ 胡煦：《周易函书约存》卷首上《原图约》，《周易函书》第一册，第18页。

正是以先天图为基础"开而为卦",才形成了六十四卦及其卦辞。所以胡煦强调了《周易》与先天图的关系:"《周易》一书,即伏羲大圆图中所有六十四象,文王开而为卦,各予以名,各系以辞,遂名《周易》。其三百八十四爻,又即文王之六十四卦,而周公拆之,加以爻辞者也。"① 在此观念之下,胡煦自然得出:"《易》中所有之卦既出先天图,则所系之卦辞即莫非表章图蕴者矣。"②"文王之卦得于先天,则全部《周易》无有一卦一爻不是先天。"③"《周易》六十四卦皆拆先天图而有之,皆是说先天图中道理。"④ 有了如此的观念前提,胡煦对《周易》精研多年,发现先天图与"遇""邻""婚"三字之间具有奥妙的关系,也成为自然而然的事情。

传统的月体纳甲说,固然通过月象变化的过程,已经把天干所表示的方位与卦象相配起来,但是它本身所蕴含的阴阳消息变化,并没有得到充分的阐发。东汉著名易学家虞翻在解释《坤·彖》"东北丧朋,乃终有庆"时提道:"阳丧灭坤,坤终复生,谓月三日震象出庚,故'乃终有庆'。此指说易道阴阳消息之大要也。"⑤ 但是虞翻所理解的易道阴阳消息之大要,还主要是偏重于卦象内部阴阳爻之变化所体现的阴阳消息,而没有超越《周易》卦爻在更广阔的视野下阐发天道阴阳消息,所以虞翻所采用的月体纳甲说相对而言还比较简单。而胡煦建构了本体论高度的太极阴阳思想,能够超越卦象本身在天道阴阳消息的视野下考察《周易》卦象和卦爻辞,这就为超越传统的月体纳甲说,在先天图和日月交光观念的视野下利用月体纳甲说注释《周易》创造了逻辑前提。胡煦说,"《易》之卦爻总明阴阳进退之几也"⑥,这是以卦爻为象,它们的目的是"明阴阳进退之几",而"日月,天地流转自然之阴阳也"⑦,"日月即天地间来往运动,可见之阴阳,代天而宣化者"⑧,因此日月交光这一现象本身,就属于阴阳进退的真实表现。另外,先天图反映了天道阴阳消息之理,同时也可以说模拟了日月交光的过程,所以总的来说,"日月交光,皆天地自然之易,

---

① 胡煦:《周易函书别集》卷一,《周易函书》第三册,第871页。
② 胡煦:《周易函书别集》卷一,《周易函书》第三册,第878页。
③ 胡煦:《周易函书别集》卷一,《周易函书》第三册,第878页。
④ 胡煦:《周易函书别集》卷五,《周易函书》第三册,第936页。
⑤ 李鼎祚著,陈德述整理:《周易集解》,巴蜀书社1991年版,第22页。
⑥ 胡煦:《周易函书约注》卷十二,《周易函书》第二册,第738页。
⑦ 胡煦:《周易函书约注》卷五,《周易函书》第二册,第566页。
⑧ 胡煦:《周易函书约注》卷八,《周易函书》第二册,第646页。

而伏羲之图正所以仿象其精蕴者也"①。如此一来，以先天图为基础，在日月交光的视野下，超越传统观念而运用月体纳甲说注《易》，就自然成为胡煦观象之法的亮点之一。

当然，我们还需要指出，胡煦观象之法创新与发展的前提是先天图以及月体纳甲说。先天图与月体纳甲说都是传统易学中既成的思想，胡煦精研《周易》数十年，发现二者与《周易》中的一些字词相关，并对之进行了别具一格的解释，这些解释固然难免有牵强之处②，但就理论而言可以自圆其说，就易学史而言增加了考察卦爻象与卦爻辞的角度，同时也使我们对《周易》所包蕴的丰富内容有了更深入的认识。

第四节　胡煦易学哲学在先天学发展史中具有重要地位

在上文，我们从三个方面呈现了和先天学相关的胡煦易学哲学的理论建构。就这三个方面而言，已可见胡煦易学哲学在先天学发展史中的重要地位。

第一，就胡煦太极本体论而言，它一方面继承了邵雍先天学本体论的基本精神，同时解决了邵雍先天学和仁学价值观的紧张问题。说胡煦"继承了邵雍先天学本体论的基本精神"，是因为邵雍先天学本体论基本建构理路，是在宇宙衍化的视野下，从动静入手而追问"一动一静之间者"，此一追问方式，必然会得出非动非静而能动能静、非阴非阳而能阴能阳的太极本体。而胡煦亦确有如此的太极意识，所以胡煦说："太极之真，虚灵之妙，原不可以有无言也。如以为有，而两仪未形之先，必不能确指其所由以形之故。如以为无，而两仪四象实由此生，故孔子但以为太极。"③又说："若方从太极而出，有阳便有阴，有动便有静。阴也者，由阳而形出者也。静也者，由动而形出者也。"④"阴阳者，本于太极之动，而旋用于四象八卦者也。能发太极之大用，最灵最妙者，无逾于阴阳，故曰一阴

---

① 胡煦：《周易函书别集》卷一，《周易函书》第三册，第881页。
② 难以避免的疑问就是，如果先天八卦图中相邻之卦所组成的六画卦实质皆为相邻、相遇，那么邻、遇之卦应有复、丰、睽、夬、姤、涣、蹇、剥、豫、噬嗑、革、履、小畜、井、蒙、谦十六卦，可是《周易》中只有噬嗑、丰、睽、夬、同人、小过六卦言遇，小畜、泰、谦、震、既济五卦言邻，为什么其他卦没有取邻、遇之象呢？
③ 胡煦：《周易函书别集》卷十三，《周易函书》第三册，第1092页。
④ 胡煦：《周易函书别集》卷十二，《周易函书》第三册，第1063页

一阳之谓道。"① 这是胡煦继承的一面。说胡煦"解决了邵雍先天学和仁学价值观的紧张问题",是因为如本书"总论"之相关部分所说,邵雍虽然是儒家仁学价值观的支持者和践行者,但是邵雍先天学是一种"物理之学"的视域,就其先天学象数哲学而言,其所讨论和呈现的天地万物之理虽然包括仁学"人理",但是并不直接就是以仁学天理为基础视域的;就先天学本体论而言,其所讨论和呈现的先天本体意蕴虽然通过生化倾向也包蕴着生生仁学之意,但其基础视域还是一个不可言说的先天之境,如此一来,就造成了邵雍先天学和仁学价值观的紧张。而在胡煦太极本体论视域中,不存在这个问题,因为胡煦突出了太极的生生作用,并把它在天人相贯的视野中解释为具有"太和"性质的"生气",从而保证了人之性善,并以之为基础拓展到仁学生活世界中。如胡煦强调太极的生生作用:"若敦化之太极,为生天生地之大源头,岂可言无?若源头果无,则如许大之天地,如许多之万物,何能生成出来?"②"夫太极者,浑浑沦沦,活泼泼地,其出不穷,其生不已者也。"③ 如胡煦又由太极推演出"生气"概念,"天是一元敦化之太极"④。又说:"生气者,天之所以为天,人之所由以生,圣人所恃以参赞位育者也。其蕴之于人则为人心。孟子曰仁人心也,指此生气言也。性即仁也,性字心旁加生,谓心之所由以生也。又心中之生气也,得天地之生气而有其心,以吾心之生气而发诸用,参赞位育皆由此起。故孟子以为人心,邵子曰人从心上起经纶,此之义也。"⑤ 如胡煦强调"生气""太和"是性善之本质:"太和者,乾元之生气,性命之根蒂,自乾而赋,无可分别,故浑而言之为太和。"⑥"盖人之性命于天,本太和所保合,不二不杂,纯粹以精,所以曰善。"⑦"其在人也,得天地之生气以有其性,未发则含之于中,活泼泼地,是生气之蕴也。所以谓为保合太和,发而为和,则充塞天地而遏之不可,枉之不可,皆此生气之达也。孔子以为仁,又以为人之生也直。子思以为天命之谓性,又以为发而中节,孟子以为浩然之气,又以为性善,皆是物也。"⑧ 如胡煦强调,太极衍化必然落实于仁学生活世界:"阴阳者,太极之动,神化之妙用也。道

---

① 胡煦:《周易函书别集》卷十三,《周易函书》第三册,第 1088 页。
② 胡煦:《周易函书别集》卷十二,《周易函书》第三册,第 1060 页。
③ 胡煦:《周易函书别集》卷十二,《周易函书》第三册,第 1062 页。
④ 胡煦:《周易函书别集》卷十二,《周易函书》第三册,第 1061 页。
⑤ 胡煦:《周易函书别集》卷十六,《周易函书》第三册,第 1129—1130 页。
⑥ 胡煦:《周易函书约注》卷一,《周易函书》第二册,第 482 页。
⑦ 胡煦:《周易函书约注》卷一,《周易函书》第二册,第 486 页。
⑧ 胡煦:《周易函书别集》卷十六,《周易函书》第三册,第 1130 页。

者，大用之充周各得也。因在方动时，非形气可执，故但言阴阳，此元之亨也。乃利贞之大用，悉出其中，故谓为道。"① "道也者，参赞之妙，位育之能，裁成辅相，曲成范围，皆其妙用也。其事则礼乐刑政而已。"② 如此一来，经过系列解释，胡煦就保证了太极本体论的仁学价值意蕴，这相比于邵雍先天学而言，的确是一个重要发展。

第二，就胡煦贯通河图洛书、先天四图、《易经》卦爻和《易传》的易图学而言，它的重要意义在于打通了易学中的数个基本论域。众所周知，朱熹在《周易本义》中放置了卷首九图：河图、洛书、伏羲八卦次序、伏羲八卦方位、伏羲六十四卦次序、伏羲六十四卦方位、文王八卦次序、文王八卦方位、卦变图，并紧接其后写道："右《易》之图九，有天地自然之《易》，有伏羲之《易》，有文王、周公之《易》，有孔子之《易》。自伏羲以上皆无文字，只有图书，最宜深玩，可见作《易》本原精微之意。文王以下方有文字，即今之《周易》。然读者亦宜各就本文消息，不可便以孔子之说为文王之说也。"③ 如此，凭借朱熹的地位，这一易图编排及其观念就成了其后易学史的主流认识。但朱熹的问题在于，他支持了易学诸论域的共存但却突出了它们之间的差异。如此，易学诸论域呈现出一种缺乏实质联系的散乱状态。而胡煦通过自己的易学解释，强调河图洛书、先天四图、《易经》和《易传》本为一贯。"图书为天地自然之易"④，"伏羲四图全仿图书，文王卦爻全宗伏羲，则爻必宗卦，卦必宗先天，先天必宗图书，一以贯之，方为真《易》"⑤。最后得出"全部《周易》卦爻皆是先天"⑥ 的结论。这就打通了彼时易学界中所谓的先天易学和后天易学的界限，"后天为先天之既交，而后天又全用先天之卦，则文王之设立后天，仍然一先天而已"⑦。胡煦的解释所作的努力，相对于先天学的朱熹诠释，是一大进步；相对于邵雍先天学而言，则是先天学论域的一大拓展。胡煦凭借其具有统贯精神的大易学视野，在易学发展史中占据了一席之地。

第三，就胡煦立足先天图的"观象之法"而言，他是把邵雍先天学拓

---

① 胡煦：《周易函书约注》卷十三，《周易函书》第二册，第761页。
② 胡煦：《周易函书别集》卷七，《周易函书》第三册，第978页。
③ 朱熹著，朱杰人等主编：《周易本义·易图》，《朱子全书》第1册，第28页。
④ 胡煦：《周易函书别集》卷一《易学须知一》，《周易函书》第三册，第897页。
⑤ 胡煦：《周易函书别集》卷一《易学须知一》，《周易函书》第三册，第871页。
⑥ 胡煦：《周易函书约存》卷首上《原图约》，《周易函书》第一册，第22页。
⑦ 胡煦：《周易函书约存》卷一，《周易函书》第一册，第127页。

展到注《易》领域的一个实践者，并获得了一定的成功。学者皆知，邵雍虽然是易学史中的易学大家，但却没有专门注《易》。邵雍不注《易》，可能是因为认为没有必要注《易》，真正的知《易》者在于体证易道易理，犹如他赋诗一千多首，大多不讲声律，只为了吟咏"观物之乐"一样。但这也带来一个问题，即邵雍说过"《易》有三百八十四爻，真天文也"①。如果六十四卦三百八十四爻是"真天文"，则不但系列先天图是"真天文"，而且整部《周易》亦是"真天文"，那么，系列先天图和整部《周易》不但应该是在易道易理的层面上相通，而且在卦爻辞的层面上亦应该有相通之处，如何来证明呢？邵雍并没有主动做这个工作。而胡煦自觉承担了这个琐细但重要的任务。他一方面依据先天图解释《周易》的"遇""邻""婚"三字；另一方面在传统月体纳甲说的基础上，进一步纳入先天图和日月交光的观念，来解释《周易》的"西南东北""先甲后甲""先庚后庚""月几望"等词。这些解释，既证明了先天学可以进入注《易》领域，又给人以耳目一新的感觉。

总而言之，胡煦是一个富于卓识的易学大家，他庞大的易学哲学体系，可以说是发展了的先天学，这种发展的根本贡献在于克服了邵雍先天学采用"先天后天"概念而带来的理论和实践的裂隙，呈现出一种透彻的"全部《周易》卦爻皆是先天"的"先天学形态"。但是，就先天学发展史而言，胡煦易学哲学在很大程度上也相当于使先天学走向了终结，因为，当"全部《周易》卦爻皆是先天"的时候，易学的一些重要的根本的论域就被先天学消化了，如此，先天学还怎么进一步拓展呢？当然，接下来我们会看到，先天学事实上还在历史中传播和发展，但其中的成就和突破与胡煦所做出的发展的重要意义相比，已经不可同日而语。

---

① 邵雍：《观物外篇上》，《皇极经世书》卷十三，第518页。

第十一章　清代李光地与《周易折中》对先天学的弘扬

李光地（1642—1718年），字晋卿，号榕村，福建安溪人。于康熙九年（1670）中进士，授翰林院编修，历任侍读学士、内阁学士、兵部侍郎、顺天学政、直隶巡抚、吏部尚书、文渊阁大学士。康熙五十七年（1718）卒于任上，谥号"文贞"。李光地一生为官兢兢业业、清正廉洁、多有业绩[①]；在学术上既尊奉程朱理学又视野开阔，于儒学其他诸派思想也多有赞颂和吸纳，李光地承康熙之命编纂《性理精义》《朱子全书》《周易折中》等代表官方理学立场的著作，同时著述《大学古本说》《中庸章段》《中庸余论》《论孟札记》《周易观彖》《周易通论》《易义笺选》《礼记纂编》《朱子礼纂》《孝经注》《经书源流》《三礼仪制》《古乐经传》《离骚经注》《阴符经注》《历象本要》《二程子遗书纂》《朱子语类四纂》《通书注》《注解正蒙》《榕村讲授》《古文精藻》《韩子粹言》《榕村藏稿》《榕村诗集》《榕村语录》《榕村续语录》《榕村集》《榕村别集》《榕村续集》等，可见其作品极为繁富。

李光地于易学功力极深，其所见广，所论精，四库馆臣评论其易学代表作《周易通论》说："是书综论易理，各自为篇，一卷、二卷乃发明上、下经大旨，三卷、四卷则发明《系辞》《说卦》《序卦》《杂卦》之义，冠以《易本》《易教》二篇，次及卦爻象、彖、时、位，反复辨说，详尽无遗。"又评论其易学道："光地于易学最为深邃，得其传者如杨名时等诸人各有著述，皆以光地为宗，而终不及其师之纯粹。虽其言专主义理而略象数，未免沿袭宋儒流派，尚未能求之汉学，以参伍而折衷之。然平正通达不为艰深奥渺之谈，于四圣之精微实能确有所见。其论复、无妄、离、中

[①] 许苏民先生在其专著《李光地》中把李光地的业绩总结为十个方面：蜡丸上疏、推荐施琅、治理水患、革除"圈地"、维护民众利益、整饬科场、澄清吏治、平反冤狱、荐拔人才、振兴学术。（参见许苏民《李光地》，云南教育出版社2009年版，第13—46页。）

孚四卦为圣贤之心学，尤发前人所未发，而'鬼神之情状''继善成性'之说，亦与《中庸》《论语》相为表里。"[1] 这种看法是十分推崇李光地易学的。

李光地易学方面的专著有《周易通论》和《周易观象》，同时承康熙之命主编《周易折中》。李光地虽为《周易折中》"总裁"，但《周易折中》是诸位大臣的集体智慧，未必皆是李光地的观点，同时还要考虑到康熙本身的喜好，所以我们认为，《周易折中》固然属于李光地的易学贡献，但未必能代表李光地的易学观念。相比较而言，李光地自著的《周易通论》和《周易观象》才能完全代表李光地易学思想。所以在本章中，我们把李光地易学和《周易折中》分开进行论述。

第一节　李光地对先天学的诠释

李光地不但有关于先天学的诠释，也有对邵雍其人的评价。在思想史中，关于邵雍的生命风格一直存在争议。在这些争议中，有论其为人豪放，有狎侮他人、玩弄天地之意，有论其为学有只论象数而于理有隔之弊。李光地对于邵子及其先天学，虽有所批判，但更多的是赞同。就赞同而言，李光地说"邵子之易，深于阴阳消长之际，而其功之在于后学者，传先天之图也"，[2] "邵子之学最精、其功最大者，在发明先天卦画次第"[3]。这是对邵雍易学思想贡献的厘清。对于其历史地位，李光地是比较非常推崇的。他说：

> 《易》不是为上智立言，却是为百姓日用，使之即占筮中，顺性命之理，通神明之德。《本义》象数宗邵，道理尊程，不复自立说，惟断为占筮而作。提出此意，觉一部《易经》字字活动。朱子亦自得意，以为"天牖其衷"。周子穷天人之源；邵子明象数自然之理；程子一一体察之于人事，步步踏实；朱子提出占筮，平正、活动、的确。故《易经》一书，前有四圣，后有四贤。[4]

---

[1] 永瑢等撰：《周易通论·提要》，文渊阁《四库全书》本。
[2] 李光地撰，陈祖武点校：《榕村全集》卷九，《榕村全书》第八册，福建人民出版社2013年版，第246页。
[3] 李光地：《榕村全集》卷十九，《榕村全书》第八册，第478页。
[4] 李光地：《榕村语录》卷之九《周易一》，《榕村全书》第五册，第221—222页。

第十一章　清代李光地与《周易折中》对先天学的弘扬　621

这就把邵雍与周敦颐、程颐、朱熹并列起来，以表彰他们在易学上的重大贡献。先有四圣之易，后有四贤之易，邵雍位列四贤之中，地位不可谓不高。

但是，李光地也有批判邵雍的一面。就邵雍之学而言，他对除了先天图、后天图之外的思想采取了批判对待的态度，他说"其《经世》《观物》，自成一家，经非附义，道不纯师，谓之邵氏之《易》可矣"①，表现出冷漠的态度。而对于邵雍的人生态度，李光地更是颇有微言，这主要表现在两个方面：第一，认为邵雍"立言太夸"。他说："邵子学问有弊，其立言太夸。程子虽亦有自负语，然却有着落。如言：'绝学不传，却还他有个绝时。'邵子则曰：'得不谓之至神、至圣者乎！'此语尚虚，或者不是说自己。至谓生于冀方，长于豫方，自号太极，天地尚不足道，这是何说？"②很显然，李光地认为邵子自负太过、夸诞不经。第二，认为邵子象数之学于理有不精处，他谈道：

> 康节之数，不如程子之理精。张晏问曰："理数一也，岂有离理之数，无数之理乎？"曰："固是。但内外精粗，毕竟有别。如一果子，皮果也，肉果也，心亦果也，毕竟皮肉与心不可说是一般。康节将五行参错配搭，大而天地人，细而昆虫、草木，形形色色，无不融贯联合。要之将以何为？不过要见得透，得以安静快活，不犯手耳。程子便不须此，只是讲理，所谓理者，只是吾身喜怒哀乐与天地通。其性仁义礼智，其道君臣父子，内而天德，外而王道，天地位，万物育，何等功用！何等精义！便觉数为皮壳，无所用之。"③

这是认为，邵雍依靠象数虽然于天地万物见得透彻，但只是为了一个形式上的"融贯联合"，以及在此基础上获得一个"安静快活"，实质于儒家入世而言却无所帮助，"无所用之"，如此一来，与程子就事上"讲理"，教人如何修、齐、治、平的学问理路明显有异。这自然容易被评为"不如程子之理精"。显然，对于邵雍及其先天学而言，李光地有复杂的态度。事实上，这种态度也很正常，从二程开始，很多大儒，都是一方面佩

---

① 李光地：《榕村全集》卷十九，《榕村全书》第八册，第478页。
② 李光地：《榕村语录》卷之十九《宋六子二》，《榕村全书》第六册，第105页。
③ 李光地：《榕村语录》卷之十九《宋六子二》，《榕村全书》第六册，第103—104页。

服邵雍的学问,另一方面以邵雍过于豪放的人生态度为瑕疵。但总的来说,这不妨碍他们对于邵雍及其先天学的赞誉、继承和发扬。

李光地对先天学的诠释,包括以下几个方面:第一,河图与先天图后天图的关系;第二,先天八卦图在易学发生发展中的地位;第三,后天八卦图的意义;第四,先天八卦图与后天八卦图之间的一致性;第五,卦图所含蕴的心性修养意义。

一 河图与先天图后天图

就易学的整体倾向而言,李光地属于义理易学家,但是象数从来就是《周易》的一个维度,再加上朱熹对象数易学的推崇,因此李光地也有相关的象数易学思想。李光地的象数易学思想,主要体现在两个方面,即对河图洛书和先天学的论述。

(一)"河图之缊而圣人所因以作《易》之源"

在《周易·系辞上》中有"河出图,洛出书,圣人则之"的说法,一般被认为是圣人则图作《易》的依据,但是圣人如何"则图作《易》",则没有定论。到了宋代,出现了图象式的所谓"河图""洛书",它们都是依靠数字之点构图,和卦爻画相差甚远,那么究竟如何才能够"则图作《易》"呢?易学家们也都有自己的猜测。李光地认为:"圣人之则图作《易》也,非规规于点画之似、方位之配也,其理之一者,有以默启圣人之心而已。"① 也就是说,河图、洛书所蕴含的道理和《易经》是一致的,圣人正是在体悟河图、洛书之理的基础上创造了大《易》。

关于河图所蕴含的基本道理,李光地认为关键在于作为天道蕴含的交易和变易之理。李光地对河图进行解读,"今以图观之,除五、十为体数居中,则一、三、七、九者,奇数之始终也。二、四、六、八者,偶数之始终也",奇为阳,偶为阴,所以"阳始于北,盛于东,极于南,而终于西,此图一、三、七、九之序也。阴始于南,盛于西,极于北,而终于东,此图二、四、六、八之序也",这是阳数和阴数总的排列趋势。进一步而论,"在北在东,则奇内而偶外,奇为主而偶为宾,奇为生数而偶为成数,此则阳主事而阴受命,阳息而阴消之象也。在南在西,则偶内而奇外,偶为主而奇为宾,偶为生数而奇为成数,此则阴用事而阳仰成,阴息而阳消之象也"。如此观之,河图不但有阳数阴数排列的大小趋势,而且有阴阳互为宾主、阴阳互为消息之象。合而观之,阴阳"并立而同运者固

---

① 李光地:《周易通论》卷三《论河图二》,《榕村全书》第一册,第84页。标点有改动。

不容一息而相离",互为宾主、互为消息,则阴阳"又无一息之不相推而相变也"。提高到天道的层面上,这就是"自其合一之妙言之,谓之鬼神","自其推行之迹言之,谓之变化"。而"推行者,变易为用而其体不可执;合一者,交易为体而其用不可知"①。如此,则从河图十数交错而有序的排列中彰显了其中的变易和交易之理。正是这些道理,才是圣人作《易》的本源,所以李光地总结道:"此河图之缊而圣人所因以作《易》之源也。"②

以上是从理的层面上来说,那么具体过程如何呢?李光地认为是:"'天一地二',数之源也,则圣人所取以定两仪者也;'五位相得而各有合',象之成也,则圣人所取以定四象八卦者也。"根据一、二而定两仪,关键在于"一、二之数起,则凡三、五、七、九皆一之变矣,四、六、八、十皆二之变矣",因为以一、二为基础能把自然数分成奇偶两类,奇数对应阳爻,偶数对应阴爻,"故奇偶之画由此而定也"。至于四象八卦,"相得有合之象列,则阴阳之宾主辨而交易之妙具矣,阴阳之消息序而变易之机行矣,故四象八卦之设由此而定也"③。这是根据河图十数的分布规律来解释四象八卦的出现。但语焉不详。事实上,从形式上来说,河图与八卦本来就差异较大,如果从这个角度精细阐发,势必不能自圆其说,所以李光地主要是从理的层面上说明河图为《周易》之源,对于形式一层,则采用了敷衍而过的策略。

(二)河图与先天图、后天图之间的一致性

李光地不但承认河图为《周易》之源,而且认为河图与先天图、后天图也有一致之处。其义有二:第一,就阴阳排列的左右、内外、终始而言,河图与先天图、后天图一致。比照先天图和河图,"先天之左右、阴阳、内外、终始,固与图象无二",比照后天图和河图,"后天之北、东皆阳卦也,南、西皆阴卦也,图象在北、东则阳为主,在南、西则阴为主",所以河图与先天图后天图有一致性。第二,就图象之中而言,它们也有同样的深刻蕴含。"河图兼中数,故备于十,《易》卦除中数,故止于八。中数者何也?以一而统四,则数之主也,又倍五而为十,则数之全也。此无极之真,所以主宰包含二五之精,所以停蓄完备而为分播迭用之本者也。《易》虽不用其数而必曰《易》有太极,《说卦》叙图象既曰'帝',又曰

---

① 李光地:《周易通论》卷三《论河图》,《榕村全书》第一册,第83—84页。标点有改动。
② 李光地:《周易通论》卷三《论河图》,《榕村全书》第一册,第84页。
③ 李光地:《周易通论》卷三《论河图二》,《榕村全书》第一册,第84页。

'神'。太极也，帝也，神也，卦画所无也。然而以为《易》有之焉，则河图中数之精缊，象虽不立，而理行乎其间者也。"① 所以，河图之中五与十数为"无极之真"，为万物之本源、本体，而先天图后天图虽然为空白，但大《易》论太极、帝、神，太极、帝、神无法用卦画表示，但确有其理，它和"无极之真"都是指天道本体。所以从这个角度来说，河图与先天图后天图也有一致性。

二 "先天卦位之为作《易》之本"

在易学史中，依有据可查的资料，先天图为邵雍所建构，不过一般认为，它的经典依据在于《说卦传》"天地定位，山泽通气，雷风相薄，水火不相射"一句，《说卦传》此句已经包含了先天图的诸卦卦位。李光地在精研《说卦传》的基础上，在宇宙论的视野下对先天图八卦卦位进行考察，得出了先天图为作《易》之根本的认识结果。

《易》以阴阳为本，一般而言，在阴阳学说的视域中，由太极一气而阴阳，而万物，构成了一个天地万物发生发展的过程。李光地正是在此观念的基础上给予先天八卦以揭示宇宙生成规律并进而成为作《易》之本的崇高地位。他说：

> 自八卦始成，而圣人名之以象，纯阳纯阴之为天地，不可易已。震、巽阴阳之初，故方生而有气，阳为雷，阴为风也。坎、离阴阳之中，故既聚而成精，阳为水，阴为火也。艮、兑阴阳之终，故已滞而成质，阳为山，阴为泽也。此八物者，两两相偶。以全体言之，天地阴阳也，而合德也。以气言之，雷风阴阳也，而相应也。以精言之，水火阴阳也，而互根也。以质言之，山泽阴阳也，而交感也。分定而情通，此所谓交易者也。及其流行于天地之间，则迭王而相禅。故雷与风之发，各有其时，水与火之盛，各有其候，山与泽之滋，各有其节，天与地之所主，各有其分。此所谓变易者也。是故《易》之为道有不易，有交易，有变易。②

这是认为，作为反映了天道的易道蕴含了三方面的内涵。第一，不易，指阴阳之有别而不可变。它由天地定位之乾坤、阴阳初交而有气之震

---

① 李光地：《周易通论》卷三《论河图二》，《榕村全书》第一册，第85页。
② 李光地：《周易通论》卷四《论图象》，《榕村全书》第一册，第106—107页。

巽、阴阳中交而成精之坎离、阴阳终交而成质之艮兑来表现,不易强调了阴阳及其所构成之物的差异性。第二,交易,指阴阳之交融、流通、感应。它由天地之合德、雷风之相应、水火之互根、山泽之交感来表现。另外,震巽本为阴阳交于初位,坎离本为阴阳交于中位,艮兑本为阴阳交于终位,这都说明阴阳及其所构成之物既相对、相交又相感通的情况,这是交易的表现形式。第三,变易,指在宇宙的发展过程中,天地万物大化流行、八卦各有所主各有其时的情形,即雷风之发、水火之盛、山泽之滋、天地所主各有其时节,时节转换则八卦所主有盛有衰,所以呈现出变易之道。易道之不易、交易与变易是有别且并行不悖的三个方面,"不易者,天高地下,万物散殊者也。交易者,合同而化者也。变易者,流而不息者也。不易者为体,变易者为用,然非有交易者存,则不易者何以相远而相亲,变易者何以相反而能相成哉!"① 所以强调易道,必须认识到不易、交易与变易这三个紧密关联的方面。如此一来,《说卦传》及其所含的先天八卦卦位,就呈现出具有丰富内涵的易道,即天道层面。

《周易·系辞传》首章有如此一段:"天尊地卑,乾坤定矣。卑高以陈,贵贱位矣。动静有常,刚柔断矣。方以类聚,物以群分,吉凶生矣。在天成象,在地成形,变化见矣。是故刚柔相摩,八卦相荡,鼓之以雷霆,润之以风雨,日月运行,一寒一暑。乾道成男,坤道成女。乾知大始,坤作成物。"李光地认为非常重要:"《系辞传》之首章天尊地卑者,乾、坤也。卑高以下,山泽、雷风、水火之伦也。是皆于定分之中,而居交易之性者。故继之曰:'刚柔相摩,八卦相荡。'相摩者,所谓对待之交也;相荡者,所谓错综之而无所不交也。交易之情通,则变易之事起,雷霆、风雨、寒暑者,六子之功也。乾始坤成者,天地之化也,变化以生成万物,而皆有其常职,则亦归于定分而已矣。"② 显然,《系辞传》的这部分内容正是论述了天道即易道之不易、交易、变易的内涵。

依照如上两段诠释,《说卦传》是立足图象而阐发天道,《系辞传》则直接论述天道而契合《易经》,理解了《系辞传》首章的真义,正能知道《说卦传》所蕴含的先天卦位的重要性,所以两者并行不悖,都揭示了天道的内容。李光地总结道:"《系传》以造化言而切《易》书,《说卦》以图象言而包造化。知《系传》首章之为《易》理之宗,则知先天卦位之为

---

① 李光地:《周易通论》卷四《论图象》,《榕村全书》第一册,第107页。
② 李光地:《周易通论》卷四《论图象》,《榕村全书》第一册,第107—108页。

作《易》之本矣。"① 一言以蔽之，要在天道的视野下看待先天图的重要意义。如此，则知先天图包蕴天道，则知先天图为作《易》之本。

三 后天之说"大且至正"

(一) 后天图的涵义

《周易·说卦传》中"帝出乎震，齐乎巽，相见乎离，致役乎坤，说言乎兑，战乎乾，劳乎坎，成言乎艮"一句话是后天图的重要经典依据。但在实际的易学史中，易学家在注解《说卦传》这句话之时，因为比照先天图"乾、兑、离、震、巽、坎、艮、坤"之序，往往把后天图读成"乾、坎、艮、震、巽、离、坤、兑"之序，因而忽视了特定角度下对后天图所包蕴之深义的阐发。李光地解读后天图严格依照《说卦传》"震、巽、离、坤、兑、乾、坎、艮"之序，经过精研之后并结合实际提出了一个事物发展的规律。这个规律就是"阳为主于始终，阴佐阳于中间，天地万物之理，莫不皆然"②。

李光地的这个论断，是针对后天图之序而言的。后天图以震卦为始，则震为阳，接下来则为巽、离、坤、兑四阴卦，四阴卦之后又为乾、坎、艮三阳卦，所以按照此序，是阳为始终，阴在中间，这是从卦序形式上得出的结论。事实上，这一形式说明了两个重要思想：第一，在事物的发展过程中，阳统摄始终；第二，阳虽然统摄始终，但阴不可少，阴在过程中间发挥辅助的作用。概括而言就是："盖论阳之统贯，则自始至终，无非阳也。然中间一节，则有藉于阴，而阴功见焉。"③ 以此规律观照客观事物，可以发现此理的正确性。李光地以实例论证说："故草木之种实阳也，枝条花叶阴也，土中之种，即树上之实。然无种遽成实者，必历乎枝条花叶之繁，而始成也。人之男阳也，女阴也，子为父之体，然无父遽生子者，必资乎嫡媵之众，而始生也。"④ 这是从草木之种的发芽、生长，再结实的过程，以及男人娶妻生子的过程，说明在事物发展过程中，阳为主，但阳必借阴而完成新生命的道理。而此道理，正蕴含于后天图之序之中。

李光地举草木种子生长的例子，很容易让人想到马克思主义哲学中的否定之否定的规律，但这只是表面的相似之处，事实上李光地只是强调了事物发展中"阳为主，阴辅阳"的道理，并没有意识到事物的矛盾规律，

---

① 李光地：《周易通论》卷四《论图象》，《榕村全书》第一册，第108页。
② 李光地：《周易通论》卷四《论图象五》，《榕村全书》第一册，第113页。
③ 李光地：《周易通论》卷四《论图象五》，《榕村全书》第一册，第113页。
④ 李光地：《周易通论》卷四《论图象五》，《榕村全书》第一册，第113页。

第十一章 清代李光地与《周易折中》对先天学的弘扬 627

即矛盾的肯定方面和否定方面等辩证法内容,这也是需要我们在肯定李光地认识较为深刻的前提下应该清楚知道的。

除了蕴含事物发展的规律,李光地认为后天图卦序还蕴涵了人心修养的过程。他说:

> "帝出乎震",即是人心动处,人心无事时,原自寂然,到有事便动出来。至巽,则所以做事之意已定,故曰"齐"。然必此心干干净净方能齐,故下文添出"洁"字。"洁"字甚精。离只是明底意思,故曰"相见",又曰"向明而治"。到得坤,正是做事时节,故曰"致役"。"说言乎兑",则事已心休了。乾卦伏羲原放在南边,此是天的正位;文王却放在西北,妙处正在此,不可放过。大凡人做事已完,则此心必懈了,不然则昏了。故放一乾卦在此,欲人提醒此心,使常常分明。孔子下一"战"字最妙,此时不战,便昏愦了。如人日间做了许多事,到得夜来睡后,便昏昏沉沉,不省觉了。此是不战之故。必提醒此心,使虽在梦寐,常有清明之气始得。此一卦是文王最用意处。"劳乎坎",则休息了。"成言乎艮",言事至此而始成也。①

这是以"帝出乎震"对应人心之动,"齐乎巽"对应做事之意已定,"相见乎离"对应人心明了,"致役乎坤"对应做事,"说言乎兑"对应事已做完,"战乎乾"对应提醒此心,"劳乎坎"对应休息,"成言乎艮"做事成功,可见八卦从震至巽、离、坤、兑、乾、坎、艮的过程,就是人在社会中做事实践的一个完整逻辑过程,而在这一过程中,每一阶段都需要遵循一定的道理,而后天图,正能起到呈现行事阶段性及其所应遵循的道理的作用。

后天八卦图,如果依据五行而观,李光地认为,其中坤艮之土的位置,也非常精妙。李光地认为,在四时五行的视野下,"木温火热,阳胜阴也。金凉水寒,阴胜阳也。土为和气,阴阳之中也。一岁之序,阴长而已过于半,阳长而未及于半,是阴胜阳也,为秋为冬,以配金水。阳长而已过于半,阴长而未及于半,是阳胜阴也,为春为夏,以配木火"。如此一来,在秋冬阴盛阳之期往春夏阳盛阴之期过渡的过程中,必然会有一个阴阳中和的阶段,在春夏阳盛阴之期往秋冬阴盛阳之期过渡过程中,也必然会有一个阴阳中和的阶段,这两个过渡阶段,因为属于阴阳之中,"故

---

① 李光地:《榕村语录》卷之十一《周易三》,《榕村全书》第五册,第293—294页。

以配土"。如此，按之后天图，秋冬为兑、乾、坎三卦，春夏为震、巽、离三卦，秋冬与春夏之际为艮土，春夏与秋冬之际为坤土。如此，后天图之八卦位置可谓非常合理。而对照《吕氏春秋》只以中央为土，京房以春、夏、秋、冬四季各有一土，显然从阴阳四时变化之理上来理解更加合理。所以李光地说："惟冬春、秋夏之交，阴阳消长方半，《易》所谓泰、否之卦也，是阴阳之中，故以配土。吕氏之中央也，则缺其一焉。京氏之四季也，则多其二焉。故言五行之义者，亦莫精于后天也。"①

还需要提及，李光地又设想了另外一种后天八卦图，就是："论后天自然之序，则震、坎、艮、乾宜居北、东者也，巽、离、兑、坤宜居南、西者也。"与现行后天八卦图相比，乾、震互换，坤、兑互换。李光地认为这种后天八卦图，也非常合理，"长少既叙，而乾生坤成，不亦善乎"，所以应该是"自然之序"。但是，为何现行后天八卦图和他理想中的不一样呢？这是因为"乾居东方，始矣，而非大始也，以终为始，如圜之无端，然后谓之大始。坤居西方，成矣，而非作成也，当一岁之中，致养之劳尽焉，然后谓之作成"。即东方虽然为始，但不如阴阳绝续之际为始为妙，所以乾宜居西北；西方虽然为成，但是不如西南方位更能体现"作成"之意，"作成"者，更充分地体现了坤地致养万物之大用。所以，与李光地自己设想的后天图相比，现行后天图"然而震必与乾易，兑必与坤易，则造化之妙也"。②

（二）后天图与《周易》一致之处

后天图虽然名为"后天"，但实际上属于广义上的先天学的一部分，是与先天四图相对而言的一个易图，具有它独特的蕴涵。后天图的经典根据在于《说卦传》。对于后天图的看法，一般而言，笃信先天学者，认为后天图来自先天图，否定先天学者，则一并认为后天图亦不存在。李光地认为，一方面先天学的确符合天道之理而非臆造；另一方面，"《后天》即《易》之本图，非先有《先天》而变为《后天》也"③。如此一来，李光地就赋予后天图相对而言较为独立的地位，同时他又说："文王后天之说，亦出于邵氏，然证之《周易》，则其大且至正者，无不泯合。"④ 这就给予后天图很高的地位了。

---

① 李光地：《榕村全集》卷九，《榕村全书》第八册，第234页。标点有改动。原文"方平"当为"方半"。
② 李光地：《榕村全集》卷九，《榕村全书》第八册，第234页。标点有改动。
③ 李光地：《榕村语录》卷之十一《周易三》，《榕村全书》第五册，第290页。
④ 李光地：《周易通论》卷四《论图象三》，《榕村全书》第一册，第109页。

第十一章 清代李光地与《周易折中》对先天学的弘扬

李光地从四个方面对后天图与《周易》的一致之处进行了阐发。这四个方面是：第一，后天图阴卦与阳卦的卦位符合《周易》；第二，后天图具有阴阳始终之义；第三，后天图卦序可证之于乾坤二卦爻辞；第四，后天图所蕴含的阴阳、尊卑、淑慝之义体现在《周易》六十四卦之中。

就第一个方面而言，后天图阴阳二类卦位与《周易》相符。李光地认为就天道而言，东南为阳，西北为阴，但是，"阳之生物，虽至春而可见，而其气则已肇于冬之初。阴之成物，虽至秋而乃就，而其气亦已凝于夏之始"①。所以就有必要从两个角度看待阴阳之位，"故取其用之可见者，则曰'东南'，曰'西北'，本其体之自生者，则曰'东北'，曰'西南'"②，就可见之用来说，阳在东南，阴在西北，就阴阳所自生而言，阳在东北，阴在西南。坤卦卦辞有"西南得朋，东北丧朋"之辞，蹇卦卦辞有"利西南，不利东北"之辞，解卦卦辞有"利西南"之辞，李光地解释道："合坤、蹇、解三辞观之，盖皆以先后为义。东北阳也，居先者也。西南阴也，居后者也。在坤则先迷后得，在蹇则往蹇来誉，在解则其来复吉，皆处后之义也。"③ 这正是从阴阳所自生而言而说明阴阳之方位，同时结合阴处后以顺乎阳而论卦辞。就后天图而言，"图之序则入用，故始东方，终东北，不改乎人时之旧。卦之序则推本，故乾统三阳于东北，坤统三阴于西南，独契乎天道之精也"④。这是说，就整图之序震、巽、离、坤、兑、乾、坎、艮而言，这属于阴阳之用的层面，所以始于阳生物之始位东方，而终于东北，这是人之时用的体现；就阳卦、阴卦二类卦位而言，四阳卦位于东北，四阴卦位于西南，则属于阴阳所自生的层面，这体现了天道的精微。总的来说，后天图的卦位，既体现了天道，又与坤、蹇、解三卦卦辞相符。

就第二个方面而言，后天图中的阴阳始终之义在乾坤之"用九""用六"中有所体现。后天图的整个卦序为震、巽、离、坤、兑、乾、坎、艮，以可见之用而言，阳首于震，经历巽、离、坤、兑四阴卦而完成于乾、坎、艮，但就阳所自生而言，实首于巽、离、坤、兑四阴卦结束之后的乾卦。但正常只是以"用"而论，即以震为首，这就是"乾之为首不可

---

① 李光地：《周易通论》卷四《论图象三》，《榕村全书》第一册，第109页。
② 李光地：《周易通论》卷四《论图象三》，《榕村全书》第一册，第109页。根据上下文之义对标点有所改动。
③ 李光地：《周易观象》卷之六《蹇》，《榕村全书》第一册，第320页。
④ 李光地：《周易通论》卷四《论图象三》，《榕村全书》第一册，第109页。

见"①的原因，而乾之用九言"见群龙无首"正是此道理的体现，所以后天图与乾之用九所含蕴的意义相符；就与坤卦之盛相对而言，阴终于艮，但就四阴卦卦位而言，阴终于兑，无论从何角度而言，阴不终于坤位，所以"阴之终者非阴也"②，即坤道无终，而《坤·象》言"用六永贞，以大终也"正是讲"贞，终也，而承天终始则是以大终也，即用六之义也。以大终，则坤道无终，亦如乾之无首矣"③，即坤道顺应乾道而无终始，所以后天图与坤之用六所含蕴的意义也相符。

就第三个方面而言，后天图之卦位秩序与乾坤二卦六爻之辞相关。如以乾之六爻及其爻辞而观："乾爻始于潜，于图为北方，幽隐之象，陷而止也，至见焉则出矣。出则必惕，惕者震之恐惧自修也。惕则必疑，疑者巽之进退不果也。由是而飞焉，则相见，圣人作而万物睹者也。于是受之以坤而致役焉，则乾道不亢矣。"④如此，则乾之六爻及其爻辞对应坎、艮、震、巽、离、坤六卦。如以坤之六爻及其爻辞观之："坤爻始于履霜，巽之伏也，洁而齐之，至于地道光焉，则明矣。无成有终者，致役之义也，括囊慎密，所以保其终也。黄裳者，中顺之积，而和悦之充。由是阴成而听于阳焉，岂复有交争而战之事哉？"⑤如此，则坤之六爻及其爻辞对应巽、离、坤、艮、兑、乾六卦。

就第四个方面而言，后天图之序以阳为主而统摄始终，阴为辅而处于中间，这本身就体现了阳尊阴卑、阳清阴浊之义，"阳尊而阴卑，故阳主而阴役，阳清而阴浊，故阳洁而阴污"⑥，这是后天图之一义，而在《周易》之中就体现了此义。如李光地举例道："坤之《象》曰'得主'，守其役之分也，曰'得朋'，引其役之类也，曰'丧朋'，始终于主而绝类上也。守其分，故从王事而终吉，引其类，故贯鱼而无不利，绝其类，故涣群而元吉。凡《易》之言尊卑者，例此矣。坤之爻曰'履霜坚冰，阴始凝也'，凝则滞而不洁矣。又曰'其血玄黄，阴阳之杂'，杂则溷而污之甚也。故于其凝也，则柅豕以牵之，包瓜以隕之，非然则有莧陆之侵，有包无鱼之虑。于其杂也，则扬庭以去之，孚号以戒之，非然则用行师终有大

---

① 李光地：《周易通论》卷四《论图象三》，《榕村全书》第一册，第109—110页。
② 李光地：《周易通论》卷四《论图象三》，《榕村全书》第一册，第110页。
③ 李光地：《周易观象》卷之一《坤》，《榕村全书》第一册，第163页。
④ 李光地：《周易通论》卷四《论图象三》，《榕村全书》第一册，第110页。
⑤ 李光地：《周易通论》卷四《论图象三》，《榕村全书》第一册，第110页。
⑥ 李光地：《周易通论》卷四《论图象三》，《榕村全书》第一册，第110页。

败，无号而终有凶。凡《易》之言淑慝者，例此矣。"① 事实上，卦爻辞之吉凶在没有特殊情况下皆尊阳抑阴，所以李光地说："凡《易》之精意大义，无不自此而出，故信其为文王所建图也。"②

邵雍先天学在传播中，受人重视者首推先天四图，后天图虽然因先天四图而一并传之，但后世学者多是随文敷衍，并无甚大的发明，就连朱熹也说："至于文王八卦，则熹尝以卦画求之，纵横反覆，竟不能得其所以安排之意，是以畏惧，不敢妄为之说。"③ 李光地对后天图进行多个角度的阐发，并力证其一方面符合天道之理、人事之理，另一方面契合《周易》之书，可以说对"后天之说"做出了重要的贡献。

四　先天、后天卦位"其义一也"

（一）先天卦位与后天卦位的不同

先天卦位和后天卦位不同，至于为何不同，它们之间存在何种关系，在先天学发展史中有多种说法。李光地认为，它们之间的不同，关键在于体用之分，"先天著其体之常，后天探其用之根也"，在此基础上，才有进一步的卦位变化。这种变化的第一步，是"先天、后天，其乾、坤南北交易"，但是，后天图并不是乾北坤南，而是乾西北、坤西南，这是因为"后天之乾不直居子而居亥者，进而当绝续之交。坤不直居午而居未者，退而避正阳之位。此不息之命所以流，而承天之义所以著也"。乾居亥，以当阴尽而阳未生之际，起着"绝续"的作用；坤居未，退避午之正阳；正体现了阴阳的生生不息之理。第二步，是"乾、坤既易，故以其位居离、坎"，之所以是离、坎二卦而非其他四卦，原因是"天秉阳，垂日星，地秉阴，窍于山川。乾之用在离，坤之用在坎也"。第三步，是"离、坎既易，故以其位居震、兑"，之所以是震、兑填补离、坎二卦的位置，是因为"火之郁，雷则发之；水之流，泽则潴之。离之用在震，坎之用在兑也"。第四步，是"震、兑既易，故以其位居艮、巽"，之所以是艮、巽二卦填补震、兑二卦的位置，是因为"雷动则山兴云，泽积则气生风。震之用在艮，兑之用在巽也"。更进一步，会到与第一步的衔接上，之所以"艮、巽以其位居乾坤者"，是因为"山者地之所以上交于天而蓄其气，风

---

① 李光地：《周易通论》卷四《论图象三》，《榕村全书》第一册，第110—111页。
② 李光地：《周易通论》卷四《论图象三》，《榕村全书》第一册，第111页。
③ 朱熹：《晦庵先生朱文公文集》卷三十八《答袁机仲》，《朱子全书》第21册，第1676页。

者天之所以下交于地而化其形，故所在有山则气聚，万物遇风而形化"，①这还是由艮而见天，由巽而见坤。总之，在这步步变化中，先前的卦位都被后来的"所用之卦"所填补，这正好体现了"先天著其体之常，后天探其用之根也"的原则。

显然，在先天八卦和后天八卦的卦位变化中，有很多易学家都是立足于体用观念而加以解释的。但是这种步步变化，以前卦所用之卦，填补前卦位置的方法，则是李光地的一个创新。

李光地还在洛书数字排列的基础上，对应先天八卦和后天八卦的次序，以展示先天后天的一个本质差异。他说"先天阴阳也，后天五行也"，这是认为先天八卦的卦位反映了阴阳变化的规律，后天八卦的卦位反映了五行变化的规律。以洛书之数为基础，就先天八卦而言："阴阳先乾、坤，故《书》之上九者乾也，下一者坤也。自乾而次八为震，次七为坎，次六为艮。自坤而次二为巽，次三为离，次四为兑。此先天之卦位也。"这是以九为乾，八为震，七为坎，六为艮，这是阳卦系列，依次为父、长男、中男、少男；以一为坤，二为巽，三为离，四为兑，这是阴卦系列，依次为母、长女、中女、少女。这种排列以洛书为基础，以阴阳变化为机制，恰好出现先天图的形式。而反过来，也说明了先天图的本质是反映阴阳变化之理。以洛书之数为基础，就后天八卦而言："五行先水火，故《书》之上九为离火，下一为坎水。自离火而生艮八之刚土，自艮土而生兑七、乾六之二金。自坎水而生坤二之柔土，自坤土而生震三、巽四之二木。此后天之卦位也。"② 这是以九为离，以八为艮，以七为兑、六为乾，其中体现了火生土、土生金的规律；以一为坎，二为坤，三为震、四为巽，其中体现了水通过柔土生木的规律。这种排列以洛书为基础，以五行相生为机制，恰好出现了后天图的形式。反过来，也说明了后天图的本质是反映五行相生之理的。李光地纳入洛书之数的视角，对先天图和后天图进行解读，呈现出"先天阴阳也，后天五行也"的内蕴，可谓别出心裁。

（二）先天卦位与后天卦位的一致性

先天八卦圆图与后天图卦位明显不同，那么它们的根本意义也有不同吗？李光地认为虽然卦位不同，但是其根本意义却是一致的。

这首先要从乾坤之义来看。乾为天、坤为地，所以乾南坤北为正位，这是先天图卦位的基础。但是，阳气始于北，阴气始于南，所以乾还可以

---

① 李光地：《榕村全集》卷九，《榕村全书》第八册，第232页。
② 李光地：《榕村全集》卷九，《榕村全书》第八册，第229页。标点有改动。

置于北，坤还可以置于南，后天图正是以之为基础的。先天图之乾坤卦位从象征天地而言，后天图之卦位从象征阴阳二气之始而言，两者都是天道的体现，并不矛盾。至于后天图中为何乾并不在正北而是处于西北，坤并不在正南而是处于西南，则是因为"盖天道流行，初无止息，至无之中，万有肇焉。此之谓全体，此之谓大本，不待乎萌动而后有以见其心矣。南者正阳之位也，坤功虽显于此，然避正阳之位而不居。故长养万物，至西南而极盛"①；即正北虽为阳气之始，但万物之本源不在于阳气萌动之时而在于萌动之前的天心之处，此为"全体"，为"大本"，所以乾位西北，而正南虽为阴始之位，但同时为阳气正盛之时，阳大阴小，所以坤避此位而居西南。

至于其他六卦的卦位在形式上有异，这是因为排列的目的不同。就先天图而言："天地之大义既立，故先天以阳画之消息为序，自北以终于南也。以阴画之消息为序，自南以终于北也。"② 即自震至离、至兑、至乾，体现了阳画之息，自巽至坎、至艮、至坤，体现了阴画之息，同时这也以画卦的秩序乾、兑、离、震、巽、坎、艮、坤为基础，是完全符合天道的。对于后天图而言："后天以阳卦统始终为序，自震以终于艮也，以阴卦效职于中为序，自巽以终于兑也。"③ 即阳统始终为主，阴处中间为辅，正体现了事物发展的道理，也是完全符合天道的。所以排列目的虽然不同，但对于天道的体现是一样的。

总的来说，先天八卦圆图虽然和后天图卦位不同，但它们的深层意义是一致的，其基础就是共同的天道。它们形式上有差异，但只是从不同角度反映了天道的内容，人们认识天道，要把二者结合起来，而不是视其为互相对立不可调和的两方。正是在这个意义上，李光地说："先儒以先天为体，后天为用，要皆义理精微之奥。古圣人所以经纬天地而出入鬼神者，非二图互发则不备。"④

3. 先天卦位与后天卦位的人道之蕴

关于先天图与后天图的八卦方位，李光地还有立足于人道视野下的两种解说。一种是论以家庭之道，另一种是论以政治之道。

就前者而言，他说："震之次离、兑，阳娶妻也。巽之次坎、艮，阴生子也。娶妻则成乎父道，故受之乾焉。生子则成乎母道，故受之坤焉。

---

① 李光地：《周易通论》卷四《论图象四》，《榕村全书》第一册，第111—112页。
② 李光地：《周易通论》卷四《论图象四》，《榕村全书》第一册，第112页。
③ 李光地：《周易通论》卷四《论图象四》，《榕村全书》第一册，第112页。
④ 李光地：《周易通论》卷四《论图象四》，《榕村全书》第一册，第112页。

是先天之序也。"这是以长男之震为夫,以离、兑二女为妇,终而成乎父道而有乾;以长女之巽为母,以坎、艮二男为子,终而成乎母道而有坤。这是先天八卦的家庭涵义。对于后天图,他说:"有长男则有长女之配,故震、巽居先。诸娣从之,故受之离。有嫡有娣,母道具矣,故受之坤。余则妾御之流也,故受之兑。由是则有继嗣而成乎父道,故受之乾。坎、艮,子之未长者,长则又为震而当室矣,是后天之序也。"① 这是以震为长男、巽为长女,离则为娣,终而有坤母,然后又有妾御之兑,又有父道之乾,幼子之坎、艮,这俨然也是一个家庭。

就后者而言,李光地说:"天尊地卑,君相之位也。日东月西,卿士师尹之职,纲纪朝政者也。雷风山泽,宣播号令,承导德施,以镇奠方隅,岳牧之任也。是先天之位也。"这是认为,先天图中,乾坤为君相,坎离为卿士师尹,震巽艮兑为岳牧,表现出一个传统的主要官职体系。至于后天图,他说:"君居无为,譬如北辰,居其所而众星拱之。臣则致役,为君养万物焉。震、巽者,承其命令于先,离、兑者,竭其功施于继,坎、艮者,告其成事于终。是后天之位也。"② 这是认为,乾为北辰之君,坤为养万物之臣,震、巽承命,离、兑施功,坎、艮成终,也表现君臣政治事件的完成过程。

以上是李光地在人道视野下对两图的阐发。今天看起来有牵强之处。但总的来说,易道无所不包,所以易图也能有多种象征,从逻辑上来说,李光地也的确可以对先天图和后天图做多种阐发,使之成为儒者学习之资,正是因为这一点,李光地说:"是故图象设而彝伦叙矣。"③

五 "图象皆心学也"

在介绍邵雍先天学本体论的时候,我们谈到邵雍先天学视域中的本体,还有心之意义。但邵雍先天学为"数学"所累,在传播中其心学并没有得到特别的关注。时至明朝,王阳明高足王龙溪在心学视野下对邵雍先天学进行了论述。我们认为,依据先天本体本有心之一义,王龙溪的这种诠释并没有对邵雍先天学进行过度诠释。到了清代,李光地也认为先天学含蕴了心学,他说"图象皆心学也"④,是明显有化用邵雍"先天学,心

---

① 李光地:《榕村全集》卷九,《榕村全书》第八册,第235页。标点有改动。
② 李光地:《榕村全集》卷九,《榕村全书》第八册,第235—236页。标点有改动。
③ 李光地:《榕村全集》卷九,《榕村全书》第八册,第236页。
④ 李光地:《周易通论》卷四《论图象七》,《榕村全书》第一册,第115页。

第十一章 清代李光地与《周易折中》对先天学的弘扬 635

法也。故图皆自中起，万化万事生乎心也"①的痕迹。不过在进一步的论述中，李光地则表现出其所理解的先天学心学与邵雍乃至王龙溪有较大的差异。

李光地认为"图象皆心学"的根本逻辑为，心学为诚明之学。就八卦而言，乾坤是"诚明之学之源也"，震巽是"诚明之根"，"震之动，坎之孚，艮之止，皆诚之事也。巽之入，离之明，兑之说，皆明之事也"，②在对八卦进行仔细体证的基础上，认为它们具有如此的人生修养之意义。更进一步，当它们组成先天八卦图或后天八卦图时，除了八卦的基本人生意义，还具有因新的组合而带来的修养启示。所以总的来说，八卦、先天图与后天图，都有其切实的人道意蕴，正是在这一前提下，李光地才说"图象皆心学也"。

具体而言，八卦之根本在于乾坤，而乾坤则为"诚明之学"的本源。其中乾主要蕴含诚，坤主要蕴含明。就乾而言："天清虚而与太极为体，故实。……心神明不测，至虚者也，以其具乎性之真，故其道则实而配乾。……是故乾之《文言》曰'存诚'，曰'立诚'，实而尽性之谓也。……存忠信之实心，则诚之始；立谨信之实事，则诚之终。"③这是说，天虽清虚，但是蕴含太极实体而为实，人心至虚亦蕴含天性实体而为实，所以人心配天配乾；此天道人心之实，就是诚，所谓存诚、立诚，就是尽天性之实；有实心，为诚之始，行实事为诚之终。显然，由乾卦而见天与人心之诚。就坤而言："地凝实而一顺成乎天，故虚。……形色天性，至实者也，以其涵乎心之妙，故其道则虚而配坤。……是故坤之《文言》曰'敬'，曰'义'，虚而顺理之谓也。……居敬而清明在躬，则明之体；精义而利用安身，则明之用。"④这是说，地虽凝实，但是顺承乎天而为虚，人之身体也凝实，但因为蕴含神妙之人心，所以属虚而配坤配地；所谓敬，所谓义，就是依照天理而处而行；人无事而居敬，则此心清明，这是明体，有事而精义以安身，这是明用。显然，由坤卦而见地与人身之明。但需要指出，乾不但诚，而且有明，坤不但明，而且有诚。就人心之诚而言，李光地说："神明清虚，故主知，然必诚实、易直，而有以通天下之志。故曰'乾以易知'，诚则明也。"⑤这是说，人心有神明之体，但

---

① 邵雍：《观物外篇上》，《皇极经世书》卷十三，第518页。
② 李光地：《周易通论》卷四《论图象七》，《榕村全书》第一册，第115页。
③ 李光地：《周易通论》卷四《论图象七》，《榕村全书》第一册，第115页。
④ 李光地：《周易通论》卷四《论图象七》，《榕村全书》第一册，第115页。
⑤ 李光地：《周易通论》卷四《论图象七》，《榕村全书》第一册，第115页。

必须依靠诚，才能通天下之志，这就是据"诚"而"明"显，而成"明"之通天下之用，这就是"诚则明"。就人身之明而言，李光地说："形色凝实，故主能，然必明通简要，而后有以成天下之务，故曰'坤以简能'，明则诚也。"①这是说，人身有行事之能，但必须依靠明，才能成天下之务，这就是据"明"而"诚"显而能成天下之务，这就是"明则诚"。这说明，诚、明本来不分，乾主诚而有明，坤主明而有诚。"是故虚者非实，则出入无向，不足以体乎万物。实者非虚，则徇物不化，不足以事我天君矣。"②

而就其他六卦而言："震之动，坎之孚，艮之止，皆诚之事也。巽之入，离之明，兑之说，皆明之事也。此心学之至也。"这是就六卦之基本含义的略说，事实上，在先天图和后天图中，它们的修养含义被进一步地详细叙述。李光地阐发先天图说：

> 以先天图观之，震者动也，志之奋也，又惧也，心之惕也。离者丽也，智之藉也，又明也，睿之通也。兑者说也，理之融，心之裕也，自诚而明，故归于乾焉。巽者入也，察之深也，又制也，治之断也。坎者险也，行之艰也，又劳也，习之熟也。艮者止也，积之厚，性之定也，自明而诚，故归于坤焉。③

这是说，就先天图之左方四卦而言，震为志奋、心惕，离为智藉、睿通，兑为理融、心裕，都是指人心之事，都是乾诚所蕴含之明用，所以为"自诚而明"；就先天图之右方四卦而言，巽为察深、治断，坎为行艰、习熟，艮为积厚、性定，都是就事、就德性之实而言，都是坤明所蕴含之诚用，所以为"自明而诚"。如此可见，先天八卦图之中，乾统三卦，坤统三卦，乾主诚而有明用，坤主明而有诚用，乾坤共成诚明之学。

李光地阐发后天图说：

> 文王之学，亦犹是也。虽然，诚者成始成终，而明在其间。是故震始之，乾、坎、艮终之，而中有巽、离、坤、兑焉。盖自心之震动警戒，而入而察之者与之俱，是震、巽两卦之义也。明于理而和顺于

---

① 李光地：《周易通论》卷四《论图象七》，《榕村全书》第一册，第115页。
② 李光地：《周易通论》卷四《论图象七》，《榕村全书》第一册，第115页。
③ 李光地：《周易通论》卷四《论图象七》，《榕村全书》第一册，第115—116页。

事，是离、坤、兑三卦之义也。事之既终，则形气息而天命行，是乾卦之义也。更习之熟而居者安，涵养之深而藏者密，是坎、艮两卦之义也。①

这是说，后天八卦图以震为始，以巽、离、坤、兑为中间四卦，以乾、坎、艮为终之三卦，坎、艮、震皆属乾之诚，所以后天八卦图本身就呈现出诚始诚终而明在其中的意象。详细而言，震、巽两卦主事之起始之时，心之警惕而观察形势；离、坤、兑三卦主行事过程中，道理晓明而于事圆融；乾卦主事之终结之时，纯是天理流行；以上是一个事件的完整过程。在人生的过程中，充满了无穷事件，通过更多的行事践履，习熟、居安、养深、藏密，以让天道生生之德稳定地呈现在人生之中，则属于坎、艮两卦之义。显然，从后天八卦图约略可见儒者修养的步骤。

以上是李光地就八卦、先天八卦图和后天八卦图所阐发的人性修养意义。显而易见的是，李光地的理解与邵雍和王龙溪的观念有一定的差异。邵雍认为先天学乃心学，是认为心为本体，王龙溪认为先天学蕴含有心学义，也是认为心为本体，他们二人都是站在本体论的高度认为先天本体有心之意义从而认为先天学为心学；而李光地并没有站在本体论的高度认为"图象皆心学"，联系到他的学术思想整体，他认为的本体还是朱子意义上的理本体，而其所谓心学，则是理本体基础上的心性修养之学，他正是在此角度下对八卦之意义进行了种种阐释，说明了八卦所蕴含的修养论意义。这是我们准确理解"图象皆心学"的基本要求。

第二节 《周易折中》对邵雍先天学的弘扬

虽然明末清初诸大儒竭力抨击邵雍先天易学，但是清朝官方易学对邵雍先天易学评价甚高，我们在官方易学代表作《周易折中》中可以看到这一点。《周易折中》一书二十二卷，撰者近五十人，称引易家达二百一十八家之多，是康熙皇帝为了便于思想统治，统一当时易学各种思潮而下令文渊阁大学士李光地主持编写的。此书对朱熹易学以及邵雍易学有高度的评价。这种高度评价可以从两个方面来看，第一，直接肯定朱熹易学的地位，继承和发扬朱熹的易学观，直接肯定邵雍易学的地位，

---

① 李光地：《周易通论》卷四《论图象七》，《榕村全书》第一册，第116页。

继承和发扬邵雍先天易学的易学观；第二，直接吸收了邵雍先天易学的某些具体思想。

关于第一点，在《御制周易折中序》《御制周易折中凡例》以及《启蒙上》中有所体现。《御制周易折中序》中说：

> 易学之广大悉备，秦汉而后无复得其精微矣！至有宋以来，周邵程张阐发其奥，唯朱子兼象数天理，违众而定之，五百余年无复同异。宋元明至于我朝，因先儒已开之微旨，或有议论已见，渐至启后人之疑。朕自弱龄留心经义，五十余年未尝少辍，但知诸书大全之驳杂，奈非专经之纯熟。深知大学士李光地素学有本，易理精祥，特命修《周易折中》，上律河洛之本末，下及众儒之考定，与通经之不可易者，折中而取之，越二寒暑，甲夜披览，片字一画，斟酌无怠，康熙五十四年春告成而传之天下后世，能以正学为事者，自有所见欤！①

这里首先确定周敦颐、邵雍、二程和张载在易学发展史中的地位，认为他们承接了秦汉之前的易学本义，接着尊崇朱熹"兼象数天理"的集大成的地位。胡渭在《易图明辨》中严厉批评邵雍易学道："嗟乎！仲尼没而微言绝，七十子丧而大义乖。汉世崇黄老，至谓《老子》两篇过于五经，子云拟《易》，所以堕其玄中也。魏晋诸人皆以《老》《易》混称，历唐宋而未艾，伊川使辟异端，专宗《十翼》，《易》道昌明如日月之中天矣。而希夷之徒以象数自鸣，复从而乱之。盖自孔子赞《易》之后二千年间，其不以老氏之《易》为圣人之《易》者无几，迨宋末元初，《启蒙》之说盛行，以至于今，则反谓文王、周公、孔子之《易》非伏羲之《易》，而老、列、希夷、康节之《易》乃真伏羲之《易》矣。晦盲否塞五百余年，非屏绝先天诸图，而专宗《程氏易》，不可得而明也。"② 胡渭《易图明辨》成书在前，《周易折中》成书在后，上述引文可谓站在胡渭的对立面，而直接承认邵雍易学的地位。

《御制周易折中凡例》更为清晰地表达了对邵雍易学、朱熹易学的支持：

---

① 李光地：《御制周易折中序》，《周易折中》，第 22 页。
② 胡渭：《易图明辨》卷六，第 138 页。

第十一章　清代李光地与《周易折中》对先天学的弘扬

一、……今案易学当以朱子为主，故列《本义》于先，而经传次第，则亦悉依《本义》原本，庶学者由是以复见古经，不至习近而忘本也。

二、诸易所论易书作述传授，以及易理之奥，易义之纲，学者读易之方，说者同异之概，皆后学所宜先知也。《大全》有纲领一篇，止存程朱之说。今案周子、张子、邵子，皆于易理精邃，虽无说经全书，而大义微言，往往独得。又历代诸儒叙述源流，讲论指趣，其说皆不可废，并以世次义类，叙为三篇，不独与程朱之言，互相发明，亦以见程朱之书，有源有委。合古今以为公，非夫师心立异者比也。

……

五、汉晋间说易者，大抵皆淫于象数之末流，而离其宗。故隋唐后惟王弼孤行，为其能破互卦、纳甲、飞伏之陋，而专于理以谈经也。然弼所得者，乃老庄之理，不尽合于圣人之道，故自《程传》出而弼说又废。今案溺于象数，而支离无根者，固可弃矣。然易之为书，实根于象数而作，非它书专言义理者比也。但自焦赣、京房以来，穿凿太甚，故守理之儒者，遂鄙象数为不足言。至康节邵子，其学有传，所发明图卦蓍策，皆易学之本根，岂可例以象数目之哉？故朱子表章推重，与程子并称。《本义》之作，实参程邵两家以成书也。后之学者，言理义、言象数，但折中于朱子可矣。近代解经者，犹多拾术数之绪余，以矜其奇僻，而不知其非数之真也。陈事理之糟粕，而入于迂浅，而不知其失理之妙也。凡若此者，皆删不录，以还洁静精微之旧焉。

……

七、《启蒙》为朱子成书，与《本义》相表里。今《大全》中所载图说数条，乃作《本义》时，略撮大要，以冠篇端。卦变一图，则又因《本义》卦下有以卦变为说者，故作此以明之，与占筮卦变异法，总不若《启蒙》之详备也。《大全》以图说为主，而采《启蒙》以附其下，且又但采其"本图书"、"原卦画"二篇，至"明蓍策""考变占"二篇，则文既不录，图亦不载，但以筮时仪节，及不同法之卦变当之，使学者不见朱子极论象数之全，未免疏略。今以《启蒙》全编，具载书后，庶几古人右书左图之意。朕讲学之外，于历象、九章之奥，游心有年，涣然知其不出易道。故自河洛本原，先后天位置，以至大衍推迎之法，皆稍为摹画分析，敷畅厥旨，附于《启蒙》之后，目曰《〈启蒙〉附论》。
……①

毛奇龄、胡渭和李塨等学者，或通过批判邵雍先天学来批判朱熹《周易本义》和《易学启蒙》，或通过批判朱熹易学来批判邵雍先天学，而在《御制周易折中凡例》中，对朱熹易学，包括被严重批判的《易学启蒙》，以及邵雍易学，都给予很高的定位和充分的支持，认为"易学当以朱子为主"，认为邵雍易学不同于焦、京穿凿的象数易学，认为《易学启蒙》和《周易本义》相表里而不可或缺，这在一定程度上，是对考据学者们批判态度的反批判。

在《启蒙上》中，一方面说明邵雍易学不同于汉代象数学，另一方面说明其不同于道教易学，同时又说明邵雍对于扬雄和陈抟的超越，可以说从多个方面维护了邵雍易学的地位：

> 自孔子既没，易道失传，义理既已差讹，图象尤极茫渺，唯《大传》"帝出乎震"一条，所载八卦方位，显然明白，故学者有述焉。其余如"卦气""月候"之属，皆汉儒傅会，非圣人本法也，至宋康节邵子，乃有所谓"先天图"者，其说有六十四卦生出之序，则今之横图，自一画至六画，一每分二者是已，有八卦方位，则今之小圆图，乾南坤北离东坎西者是已，有六十四卦方位，则今之大圆图，始复姤，终乾坤是已，大圆图中自方图，又所以象天地之相函也。诸图之义，广大高深，信非圣人不能造作，然当邵子之时，伊川程子则未之见，龟山杨氏见而未之信，唯明道程子，稍见其书，而括以加倍之一言，然则当时知邵子者，明道一人而已。南渡之后，如林栗袁枢之徒，攻邵者尤众，虽象山陆氏，亦以为先天图非圣人作《易》本指。独朱子与蔡氏，阐发表章，而邵学始显明于世，五百年来虽复有为异论者，而不能夺也。顾朱子之意，以为孔子之后诸儒不能传授，而使方外得之，故其流为丹灶小术，至康节然后返之于易道。今以《参同契》诸书观之，其六卦月候，盖即"纳甲"之法，其十二辟卦主岁，盖即"卦气"之流，所为始于震复者，与先天偶同尔，似未足为先天传受之据。唯扬雄作《太玄》，其法始于三方，重于九洲，又重于二十七部，又重于八十一家，则与先天极仪象卦加倍之法相似

---

① 李光地：《御制周易折中凡例》，《周易折中》，第32—33页。

第十一章　清代李光地与《周易折中》对先天学的弘扬

也。流行之序，始于中羡从，中于更晬廓，终于减沈成，则与先天始复终乾，始姤终坤之序相似也。首用九九，策用六六，则与先天卦用八八，策用七七之数相似也。意者康节读扬雄之书而心悟作《易》之本与，然非扬雄之时，《易》传未泯，则雄亦无自而依仿之，故康节深服《太玄》，以为见天地之心，盖其学所启发得力处也。然自邵书既出，则《太玄》为僭经，为汩阴阳之叙，与邵书迥乎如苍素之不相侔矣。观明道程子之意，盖以为康节能自得师，故于希夷之传，扬雄之书，皆有取焉，而其纯一不杂，汪洋浩大，则非扬陈之所能及也，故曰尧夫之数，似玄而不同。又曰：穆李皆得之希夷者，而其言与行事，概可见矣，尧夫特因其门户而入者尔，程子之言至当，后之学者，欲考先天之传，不可以不知。①

关于第二点，《周易折中》中有些内容直接吸收了邵雍的某些思想，如数之体、数之用的观念，明显是继承了邵雍关于"体数"和"用数"的思想：

　　案：中间述《大传》处，是夫子之意，天一生水之类，则是诸儒之说，盖诸儒旧说，皆以五行说图书，故朱子于《启蒙》《本义》，因而仍之，它日又曰："河图""洛书"于八卦九章不相著，未知如何也。然则朱子之意，盖疑图书之精蕴，不尽于诸儒之所云者尔。
　　或曰："河图""洛书"之位与数其所以不同何也？曰"河图"以五生数统五成数而同处其方，盖揭其全以示人而道其常，数之体也。"洛书"以五奇数统四偶数而各居其所，盖主于阳以统阴而肇其变，数之用也。②
　　案：……揭其至以示人而道其常者，数至十而始全，缺一则不全矣，故曰数之体。主于阳以统阴而肇其变者，始于一，终于九，所以起因乘归除之法，故曰数之用。③

还有关于"画前之易"、先天之学与后天之学的观念，也是全盘接受了邵雍所开启的易学观念：

---

① 李光地：《启蒙上》，《周易折中》卷十九，第700—701页。标点有改动。
② 李光地：《启蒙上》，《周易折中》卷十九，第686页。
③ 李光地：《启蒙上》，《周易折中》卷十九，第686—687页。根据上下文意对原文标点有所改动。

案：上章虽言作《易》之源本，然实以明在造化者，无非自然之《易》书，故先儒以为画前之易者此也。此章乃备言作《易》学《易》之事，盖承上章言之，而为后诸章之纲也。"设卦观象"，先天之圣人也；"系辞"而"明吉凶"，后天之圣人也；"刚柔相推而生变化"，申言设卦观象之事。所象者或为人事之"失得""忧虞"，或为天道之"进退""昼夜"，极而至于天地人之至理，莫不包涵统具于其中，此辞所由系而占所由生也；"居而安"者，以身验之；"乐而玩"者，以心体之，在平时则为观象玩辞之功，在临事则为观变玩占之用，此所谓奉明命以周旋，述天理而时措者也。"自天祐之，吉无不利"，学易之效，至于如此。①

《本义》：邵子曰：此伏羲八卦之位，乾南坤北，离东坎西，兑居东南，震居东北，巽居西南，艮居西北，于是八卦相交而成六十四卦，所谓先天之学也。②

《本义》：帝者天之主宰。邵子曰：此卦位乃文王所定，所谓后天之学也。③

案：此章明文王卦位也，……夫文之位变乎羲矣，而其体用交错之妙，动静互根之机，则必合而观之，然后造化之理尽。④

案：此章合羲文卦位而总赞之，盖变易之序，后天为著，而交易之理，先天为明，变易者化也，"动万物"、"桡万物"、"燥万物"、"说万物"、"润万物"、"终始万物"者也，交易者神也，所以变变化化，道并行而不相悖，使物并育而不相害者也，化者造物之迹也，统乎地者也，故以其可见之功而谓之成，神者生物之心也，统乎天者也，故以其不测之机而谓之妙。⑤

案：邵子言乾坤交而为"泰"者，释"先天"变为"后天"之指也。先天之位，乾南坤北，故曰"交"。……凡此皆先天后天相为发明之妙，要之无非造化之所以流行而发育者。⑥

案：邵子之言，可蔽图之全义，《周易》坤、蹇、解诸卦象辞，皆出于此也。大抵先天则以东、南为阳方，西、北为阴方，故自阳仪

---

① 李光地：《系辞上传》，《周易折中》卷十三，第543页。
② 李光地：《说卦传》，《周易折中》卷十七，第653页。
③ 李光地：《说卦传》，《周易折中》卷十七，第655—656页。
④ 李光地：《说卦传》，《周易折中》卷十七，第658页。
⑤ 李光地：《说卦传》，《周易折中》卷十七，第660页。
⑥ 李光地：《启蒙上》，《周易折中》卷十九，第702—703页。

第十一章 清代李光地与《周易折中》对先天学的弘扬 643

而生之卦，皆居东、南，自阴仪而生之卦，皆居西、北也。后天则以北、东为阳方，南、西为阴方，故凡属阳之卦，皆居东、北，属阴之卦，皆居西、南也。然先天阳卦虽起于东，而其重之以叙卦气，则所谓"复见天地心"者，仍以北方为始；后天阳卦虽起于北，而其播之以合岁序，则所谓"帝出乎震"者，仍以东方为先。盖两义原不可以偏废，必也参而互之，则造化之妙，易理之精，可得而识矣。①

案：邵子既以"天地定位"一章为先天之《易》，因以"帝出乎震"以下为后天之《易》，先羲后文，其序既可信，而先天图易简浑涵，得画卦自然之妙，后天图精深切至，于《周易》义例合者为多，其理尤可信也。然后天所以改置先天之意，朱子之说颇略，其见于答袁枢书者，可以得先贤慎重之盛心矣。……乾坤以德言之，则健也顺也，可与八卦并叙。以象言之，则天也地也，不可与"六子"分职也。是故以形体言谓之天，"天地定位"是也。以性情言谓之乾，乾君坤藏是也。以主宰言谓之帝，"帝出乎震"是也。以妙用言谓之神，"神妙万物"是也。其实一天也。夫天专言之则道也，其实一太极也。以乾为主，而流行为八卦之功用，此先天后天，所以相为经纬，异而同，二而一者也。②

这些案语不但承认"画前之易"、先天之学和后天之学，而且放在天道造化的高度上，可谓抓住了邵雍易学的精神，即邵雍本不为注经，而只是用先天易图和后天易图来描述或象征天地之道的神妙变化。而其中的"盖变易之序，后天为著，而交易之理，先天为明，变易者化也，'动万物'、'桡万物'、'燥万物'、'说万物'、'润万物'、'终始万物'者也，交易者神也，所以变变化化，道并行而不相悖，使物并育而不相害者也，化者造物之迹也，统乎地者也，故以其可见之功而谓之成，神者生物之心也，统乎天者也，故以其不测之机而谓之妙"一段，更是对邵雍先天后天、心迹、神化等观念的继承和发展。

---

① 李光地：《启蒙上》，《周易折中》卷十九，第 703—704 页。根据上下文意对原文标点有所改动。
② 李光地：《启蒙上》，《周易折中》卷十九，第 705—706 页。根据上下文意对原文标点有所改动。

第十二章　清代江永图书学视域下的先天学诠释

江永（1681—1762年），字慎修，婺源人。清代著名经学家、音韵学家、天文学家和数学家。一生未曾出仕，博通古今，长于考据之学，著述甚多，《四库全书》收其著作十四部。其易学著作则有《河洛精蕴》。《河洛精蕴》一书以河图洛书为基础，包含先天学和《周易》卦画。它分为内、外篇。内篇阐发河图洛书、先天图后天图以及《周易》的原理，外篇阐发原理在各领域的运用。《河洛精蕴》的一大特色是重视河图洛书，并以河图洛书为基础而推衍出先天图和后天图，这种推衍与前人大为不同，但是能够自圆其说，在图书学和先天学的发展史上，算是一个理论创新。江永非常自豪于自己的理论创新，但因为他立足于自己的观念而对前贤尤其是朱熹多有批评，这很可能成为《河洛精蕴》没有被收入《四库全书》的重要原因之一。我们在此章，将详细论述江永的基本逻辑，以及他是如何把先天学整合入图书之学的。

第一节　《河洛精蕴》内蕴的易学逻辑

江永的《河洛精蕴》一书虽然讨论的内容繁多，但整部书却有明确的逻辑。这个逻辑就是图书之学的视野下，有精有蕴。所谓精，是指："凡论图、书、卦、画之原，先天、后天之理，蓍策、变占之法，……是为河洛之精。"① 可见，精是讨论图书之学原理、先天图原理、后天图原理，以及《周易》运用基本原理的部分。相应于精，《河洛精蕴》分"内篇"而论之。所谓蕴，是指："凡论图、书、卦、画所函，推广他事可旁

---

① 江永著，徐瑞整理：《河洛精蕴》，巴蜀书社2008年版，第2页与第3页之间插页，"内篇"旁自注。

通者,……是为河洛之蕴。"① 可见,蕴是立足于图书之学、先天学以及《周易》而进一步的旁通,也就是精所内蕴的发用。相应于蕴,《河洛精蕴》分"外篇"而论之。这是《河洛精蕴》一书的整体逻辑。

《河洛精蕴》的整体逻辑还建立在一个意蕴丰富的天道人文理解的框架中,这个理解框架分为三个层次:天地之道,天地之文章,圣人之文章。天地之道呈现为天地之文章,圣人法天地之文章而有圣人之文章。而天地之文章,即马图、龟书,即河图、洛书。圣人之文章,即易之卦、画,包括先天图、后天图。

详细而言,江永说:

> 天不爱道,地不爱宝,河出马图,洛出龟书,天地之大文章也。天以光气昭烁于三辰,地以精华流衍为五行,其为文章也大矣。复假灵于神物,出天苞,吐地符,示之图焉,倍五为十而显其常。又示之书焉,藏十于九而通其变。常者具无穷之变,变者皆自然之常。参伍而列,错综而居,天地不自若其妙道至宝,所以牖圣人,而启其聪明,发其神智,又将有不尽之文章于是乎起也。卦画者,圣人之文章也。一奇一偶,太极呈焉,仪象生焉;三画既成,八象肖焉,万汇该焉。自天地定位,以至水火不相射者,先天之为体也。自帝出乎《震》以至成言乎《艮》者,后天之为用也。先后不可相无,犹图、书不可废一也。至于八卦相荡,六爻相错,而《易》道成焉。其书遂能与天地准,弥焉,纶焉,冒天下之道焉。②

可见,河图、洛书即天地之文章,就二者关系而言,河图为常,洛书为变,常中有变、变中有常。天地之文章有自然色彩,但可以启发圣人,如此则有以卦画为元素的圣人之文章,它主要包括先天图、后天图以及《易经》六十四卦。而正如河图洛书关系紧密一样,先天图后天图也关系紧密,先天为体,后天为用,体用不离。总的来说,无论是河图洛书还是先天图后天图以及《易经》,都是天地之道的呈现,所以《易经》一书才能"与天地准",才能"冒天下之道"。这就是江永对于河图洛书、先天图后天图和《易经》及其关系的深层理解。

需要强调,就易图学的三大类而言,江永是坚定的图书派,所以他是

① 江永:《河洛精蕴》,第63页。
② 江永:《河洛精蕴》,第1页。

站在图书之学的视野下解释先天图、后天图，"卦之精即图、书之精，卦其右契，而图、书其左券也。卦之蕴皆图、书之蕴，卦其子孙，而图、书其祖宗也"①。我们知道，从朱熹开始，河图、洛书已被放置在先天后天系列易图之前，但是如何从不同形式的河图洛书解释出先天图后天图，虽众说纷纭，但难免牵强附会，因此始终是一个理论难题。所以很多学者强调，河图洛书只是圣人作《易》的参考资源之一而已。如此则可以弱化这个难题。但江永坚持认为河图洛书有重要意义。他针对圣人作八卦说："其始不过奇偶二画而已，虽圣人之聪明神智，仰观俯察，远求近取，随处皆可会心，而以天地自来之文章，心领而神契者尤深。故曰'河出图，洛出书，圣人则之'，非虚言也。"② 所以，即使圣人参考资源较多，但是河图洛书也占有特殊地位，"心领而神契者尤深"。事实上，《河洛精蕴》内篇的重要论题，就是论证如何从河图洛书推衍出先天图后天图。

第二节 "则河图以画卦"与"则洛书以列卦"

江永重视河图洛书，并站在河图洛书的视域中推衍出先天八卦横图和先天八卦圆图，这是江永《河洛精蕴》的重要工作。江永在《河洛精蕴》之序中认为，易学有两大问题值得注意，但是却没有得到深入阐发："窃疑圣人之所以则图、书作《易》者，必有的确不可移易之理。何以先儒言之，犹在乎彼可此若合若离之间，则其所以求圣人之精者，岂无遗义以待后人之探索乎？文王作易，以反对为次序，因有反复往来之义，以明天道有循环，人事有变迁，此义亦甚显也。何以先儒言之，乃舍近求诸远，舍明索诸幽，则其所以发圣人之蕴者，岂无剩义以待后人之补苴乎？"③ 而《河洛精蕴》正解决了这两个问题。而第一个问题，即伏羲画卦、即先天八卦图合理产生的问题，尤其为江永所自豪，他在解决完这个问题之后说："昔也，图不能与书通，卦不能与数合。今则有绳贯丝联，操券符契之妙，是为河洛之精义。先儒欲发明之，而未昭晰者，不可不为之补苴而张皇也。"④ 我们在此节，即呈现江永如何从河图洛书之中推衍出先天八卦横图和先天八卦圆图，并对之进行评价。

---

① 江永：《河洛精蕴》，第1页。
② 江永：《河洛精蕴》，第1页。
③ 江永：《河洛精蕴》，第1—2页。
④ 江永：《河洛精蕴》，第10页。

一 "则河图以画卦""则洛书以列卦"

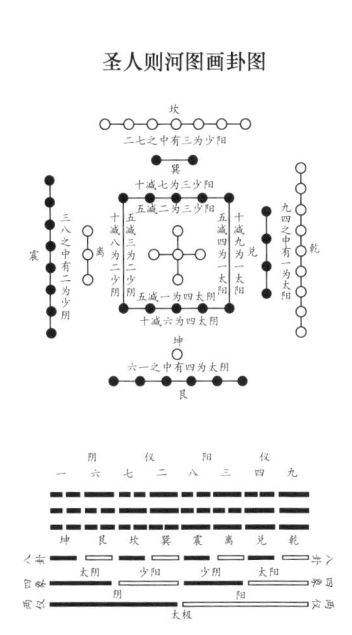

图 12-1 圣人则河图画卦图　　　图 12-2 圣人则洛书列卦图

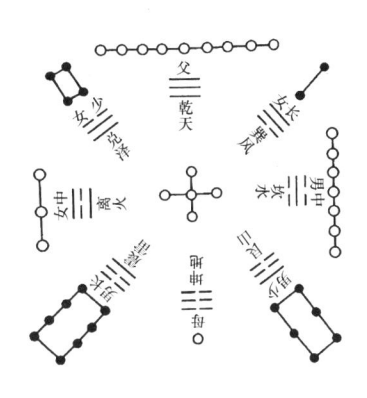

江永"则河图以画卦""则洛书以列卦"有四步程序：第一，从河图中确定阴阳两仪；第二，从阳仪中确定两数为太阳，两数少阴，从阴仪中确定两数为少阳，两数为太阴；第三，以太阳两数分别对应乾、兑两卦，以少阴两数分别对应离、震两卦，以少阳两数分别对应巽、坎两卦，以太阴两数分别对应艮、坤两卦，并以阳仪四卦画在右，阴仪四卦画在左，于是成先天八卦横图；第四，以阳仪四卦置左方成半圆，以阴仪四卦置右方成半圆，成先天八卦圆图，同时与洛书相符合。

详细而言。第一步，是用纵横的视角解读河图。横列为九、四、三、八四个数字，为阳。纵列为七、二、一、六四个数字，为阴。

第二步，首先需要明白有一个前提，即太阳居一，少阴居二，少阳居三，太阴居四。如此，则"太阳居一，藏于西方之九、四。九减十为一，四减五为一，九为太阳，而四亦为太阳。少阴居二，藏于东方之三、八。八减十为二，三减五为二，八为少阴，而三亦为少阴。少阳居三，藏于南方之二、七。七减十为三,二减五为三,七为少阳,而二亦为少阳。太阴居四,藏于北方之一、六。六减十为四,一减五为四,六为太阴,而一亦为太阴"。可见,通过把九、四、三、八四个数字与中五产生关联而明确九、四两个数字为太阳,三、八两个数字为少阴;通过把七、二、一、六四个数字与中十产生关联而明确二、七两个数字为少阳,一、六两个数字为太阴。根据以上这两步,就可以得出先天八卦横图中的两仪和四象部分,"伏羲画卦,变图之圆点以为横画。先画一奇以象阳,则西东九、四、三、八之横数,在其中矣。次画一偶以象阴,则南北二、七、六、一之纵数在其中矣。奇上加奇以象太阳,则九四在其中矣。奇上加偶以象少阴,则三八在其中矣。偶上加奇以象少阳,则二七在其中矣。偶上加偶以象太阴,则六一在其中矣"。

第三步,在横图中的两仪和四象部分基础之上,又画奇、偶,如此则有八个单位产生,分别对应乾、兑、离、震、巽、坎、艮、坤,具体原则江永说得很明白:"又于太阳之上加一奇,纯阳也。九为成数之最多当之,命之曰乾。太阳之上加一偶,以偶为主,阴卦也。四为生数之最多当之,命之曰兑。少阴之上加一奇,以中画之偶为主,阴卦也。三为生数之次多当之,命之曰离。少阴之上加一偶,以下画之阳为主,阳卦也。八为成数之次多当之,命之曰震。是为阳仪之四卦,以其下画皆阳也。少阳之上加一奇,以下画之偶为主,阴卦也。二为生数之次少当之,命之曰巽。少阳之上加一偶,以中画之奇为主,阳卦也。七次成数之次少当之,命之曰坎。太阴之上加一奇,以奇为主,阳卦也。六为成数之最少当之,命之曰艮。太阴之上加一偶,纯阴也。一为生数之最少当之,命之曰坤。是为阴仪之四卦,以其下画皆阴也。"至此,先天八卦横图完成。不过,在这一步可以看出,并非如两仪和四象一样是效法河图而画八卦,而是在四象的基础上继续添加奇偶,然后根据九、四、三、八、七、二、一、六等八个数字特征而分别和八卦对应起来。

以上的三步,是完成了"则河图以画卦"。

第四步,则是"则洛书以列卦"。所谓"则洛书"的本质,其实是效法洛书之圆,把先天八卦横图转化为圆图。"及横图既成,中判为二,规而圆之,以象天地之奠定,气化之运行。"而规则为:"则阳仪居左,为乾兑离震。阴仪居右,为巽坎艮坤。"如此,先天八卦圆图完成。如果就数目而言,从河图中推演而出的八卦卦数和洛书本身的数目,正好相符。所以江永说:"若以数观之,乾父坤母当九一。震长男,巽长女当八二。坎中男，离中女当七三。艮少男，兑少女当六四。数与卦自相配。"①

江永对自己的阐发非常自豪，说："故今分两图，一为则河图以画卦，一为则洛书以列卦。而画卦之序，即附于河图之下，列卦之位，即见于洛书之中。昔也，离之。今也，合之。昔也，图不能与书通，卦不能与数合。今则有绳贯丝联，操券符契之妙，是为河洛之精义。先儒欲发明之，而未昭晰者，不可不为之补苴而张皇也。"② 这是说，在传统的易学史中，河图与洛书是分离的，河图之数、洛书之数与先天八卦也是分离的，都没有得到很好的解释，但在今天，河图洛书真正关联了起来，河图之数、洛书之数与先天八卦也真正关联了起来。我们说，通过对九、四、三、八、七、二、一、六这八个数字进行独特的解读，贯通了河图和洛书，把河图之数、洛书之数与八卦恰当对应起来，同时画出了先天八卦横图和先天八卦圆图，这在易学史中的确是第一个。面对这个成绩，也难怪江永很自豪，认为是"河洛之精义"。

二 "河图又为后天之本"

江永不但从河图洛书中推衍出了先天八卦图，他还认为河图也是后天之本，进一步从河图中推衍出了后天八卦圆图。

江永从河图中推衍出后天八卦图，这个理论跨度有些大。因为传统易学史中都认为是通过改变先天图而得到后天图的。江永如此主张，毕竟有些太过求新。江永自己也认识到了这一点，所以他先从以五行论易的角度开始铺垫。

就传统文化中的宇宙论而言，基本的解释系统主要有三类：阴阳气化论、五行论，以及《周易》卦象体系。不过，在文化发展史中，这三类系统逐渐合流，你中有我、我中有你。如此一来，就自然有用五行和卦象互相解释的观念，虽然少部分易学家持反对意见，但大部分易学家持开放态度。江永属于后者，他说："说《易》者每谓《易》不言五行，以五行言《易》者，非《易》本指。然人不知八象与五行相通之理耳，知其理，则言八象，即是言五行。"③ 这是明确主张，站在义理的高度上来看，八卦之象本来就和五行相通。在此认识的前提下，他进一步呈现了五行、八卦和河图之间的一致性。首先，他展现了在从河图推衍先天八卦时，数字和五

---

① 江永：《河洛精蕴》，第9—10页。标点有改动。
② 江永：《河洛精蕴》，第9—10页。
③ 江永：《河洛精蕴》，第28页。

行属性的变化:"太阳九四,定为乾、兑金不变。太阴一六本为水,变为坤艮土。少阴三八本为木,而三变为离火,八则仍为震木。少阳二七本为火,而二变为巽木,七变为坎水,于是水火各一,木金土各二矣"。其次,他又对河图进行了另一种解读,这种解读甚至产生了后天八卦图:"又归其五行之本数,则一为坎水,而六并之。二为离火,而七并之。六并则九为乾金而居西北也。七并则八为巽木而居东南,仍有东北西南之两隅,则中宫之五十居之,为艮坤之二土。此河图之变体,别有图明之。然非圣人有意安排,自是不得不然之理。"① 如此一来,江永就从五行解易的合理性入手,先论河图推衍先天八卦图时,河图、八卦和五行已经表现出一种一致性,然后进一步以这种一致性为前提,通过改变河图的某些数字,推衍出了后天八卦图。当然,在推衍过程中的一些细节需要处理,对此,江永又进一步作了解释。

他说:

> 河图本先天八卦之本,而水北、火南、木东、金西,已含后天之位,则河图又为后天之本,但五行有变化耳。五行论其常,水、火、木、金本各二;论其变,则水火各一,而木金土各二。何也?水火以精气为用,故专于一。木金土以形质为用,故分之二。惟其然,故图有十而卦有八也。河图以一、二、三、四,为坎、离、震、兑。四方之正位,坎、离专也,故一为坎,而六并之。二为离,而七并之。六七既并,则东方之八,进居东南隅,为巽阴木。西方之九,退居西北隅,为乾阳金。而东北、西南二隅为虚,于是中央之五、十入用。五随三阳,而位于东北,为艮之阳土。十随三阴,而位于西南,为坤之阴土。盖以二土为界,而二金、二木与水、火之对克,皆不得不然矣。②

这是认为,河图之一、二、三、四等四个数字,已经对应坎、离、震、兑等四卦。就坎、离而言,水火以精气为用,所以"专于一",所以对应的数字一六并,二七并。而对于东方之八,则进居东南,为巽阴木,西方之九,退居西北,为乾阳金。中央之五、十,又各居东北和西南。如此,十个数字转化成八卦。其中贯穿的原则是,坎离震兑等四卦先居四

---

① 江永:《河洛精蕴》,第29页。标点有改动。
② 江永:《河洛精蕴》,第30页。标点有改动。

正,一六并,二七并,多出八、九则进入东南和西北,中间五、十则进入东北和西南。总的态势表现出坤艮二土相对,而乾巽相克、震兑相克、坎离相克。江永认为这都是"不得不然"的道理。不过我们今天看来,这种推衍,也是有了现成的河图与后天八卦图之后,再寻找其中的一致性。但是,江永认为,这一过程也能发现这些易图蕴含的微妙道理。

三 对朱熹从河图洛书推衍出八卦之方法的批评

在《易学启蒙》一书中,朱熹也试图贯通河图洛书与八卦,不过,他的贯通方法,是从河图洛书中观察出而非推衍出先天八卦圆图。朱熹在《易学启蒙》中有这样两段话:"河图之虚五与十者,太极也。奇数二十偶数二十者,两仪也。以一、二、三、四为六、七、八、九者,四象也。析四方之合以为乾、坤、离、坎,补四隅之空以为兑、震、巽、艮者,八卦也。"① "洛书而虚其中五,则亦太极也。奇偶各居二十,则亦两仪也。一、二、三、四而含九、八、七、六,纵横十五而互为七八、九六,则亦四象也。四方之正以为乾、坤、离、坎,四隅之偏以为兑、震、巽、艮,则亦八卦也。"② 在易学史中,这是较早地把河图、洛书和八卦关联起来的一种主张。这一观点招致后世一部分易学家的批判,江永是其中一位。

概而言之,江永站在自己的理论立场上,对朱熹的方法有三个批评:第一,认为朱熹的方法是"虚位比拟",在推衍过程中,没有落实于数目和卦象之中的道理可言。但既然圣人言"河出图,洛出书,圣人则之",则必然有一定的道理,"夫图以点,而卦以画;图数有十,而卦止八,二者甚不相侔,何以言则?既曰则之,则必有确然不易之理数,与之妙合无间,然后可谓则图作易"③。但朱熹只是草草地把河图之象与先天八卦对应起来,根本说不上是"确然不易之理数",所以他批评道:

> 《启蒙》之论则河图也,曰:"析四方之合以为乾坤离坎,补四隅之空以为兑震艮巽。"又曰:"乾坤离坎居四实,兑震艮巽居四虚。"后学思之,甚可疑矣。夫谓析四方之合以为乾坤离坎,而居四实也。未知其用内一层之生数,抑用外一层之成数乎?如用生数,则一似可为坤,而二何以为乾?三似可为离,而四何以为坎?如用成数,则六

---

① 朱熹:《易学启蒙》卷之一,《朱子全书》第1册,第215页。
② 朱熹:《易学启蒙》卷之一,《朱子全书》第1册,第215页。
③ 江永:《河洛精蕴》,第8页。

似可为坤，而七何以为乾？八何以为离？九何以为兑？其谓补四隅之空，以为兑震艮巽，而居四虚也。未知其用成数补，抑用生数补乎？如用成数则六似可居西北当艮，而七何以为兑？八似可居东北当震，而九何以为巽？如用生数，则二似可居西南当巽，而一何以为震？三何以为兑？四何以为艮？皆非确然之理数。正是虚位比拟，可彼可此，牵强纽合，可东可西，恐圣人会心于图象以作《易》，不如是其肤浅也。且八方当八卦，而中间五、十竟置诸无用之地，则亦不见造化妙矣。①

这里的种种反驳，都是在深论"理数"原则的前提下，对朱熹方法的批评。江永的方法，要落实到每一数、每一卦，但朱熹的方法，只是粗略而言，如此以言两仪四象尚可，但至于八卦，就没有任何道理可论，只是粗粗地以八位对应八卦，所以江永说这种方法是"虚位比拟"。虚者，没有实际的道理；位者，以河图之方位；比拟者，把河图八位和先天八卦直接对应起来。这种方法的明显缺点在于："今以卦之方位，视图之方位，若方底而圆盖，圆凿而方柄，龃龉不能相入。若曰则之以意，不在形迹，则虚遁之辞也。若但以虚位比拟，可彼可此，牵强纽合，可东可西，则亦不见圣人之神智矣。"②

第二，认为朱熹在从河图推衍出两仪的时候，以奇偶代替阴阳，是浅论了阴阳，并且带来了进一步的混乱。江永认为："夫阴阳之道，变化无方，岂止论奇偶哉？"而如果用朱熹的方法，则五个奇数象征阳仪，五个偶数象征阴仪，则在此基础上，四象八卦就没法进一步产生，"如聚一、三、五、七、九居左，二、四、六、八、十居右，以是为两仪，将何以自然而成四象，分八卦乎？"所以，朱熹的思路是有问题的。我们现在来看，江永的这个质疑可以说是揭示了朱熹方法的一个要害，因为朱熹的确没有从固定的象征两仪的数字上进一步推出四象，而是重新打乱这些数字，用来象征四象。因为朱熹的方法行不通，所以在江永看来，河图洛书中的阴阳之义至少有三种："以图、书观之，阴阳之类有三，一以奇偶分阴阳，天数五，地数五是也；一以生数成数分阴阳，一、二、三、四，其卦为坤、巽、离、兑。六、七、八、九，其卦为艮、坎、震、乾是也；一以纵横分阴阳，九、四、三、八，横列者为阳，其卦为乾、兑、离、震。二、

---

① 江永：《河洛精蕴》，第8页。标点有改动。
② 江永：《河洛精蕴》，第8页。

七、六、一，纵列者为阴，其卦为巽、坎、艮、坤是也。"① 可见，朱熹以奇偶代替阴阳也是其中一义，但在江永看来，此义并没有应用在"圣人作八卦"之中。"圣人则图书画卦，却是以纵横分阴阳为主。其为横图，则横列者在前，纵列者在后。为圆图，则横列者居左，纵列者居右，是谓两仪。"如此一来，才能在此基础上进一步生出四象和八卦，"方其生八卦则一仪分为四，方其生四象，则一仪分为二"。对比之下，朱熹方法的种种缺陷，很多都和以奇偶代替阴阳相关。"盖先儒未分析阴阳之类有不同，又未有言横列为阳，纵列为阴者，是以两仪，无的确之论。而图、书、卦、画，不能相通，遂由此始也。"②

第三，就先天四图而言，若以邵雍原意，是横图在前，圆图在后，因为这和"加一倍法"是完全适应的。同时，这种观念也被易学界接受了下来。被认为是圣人画八卦的顺序。但很明显，在《易学启蒙》中，依据朱熹的方法，则首先出现的是先天八卦圆图。江永注意到了朱熹的这一失误。他说："以河图之方位，即为八卦之方位。不知伏羲画卦，先横而后圆，非即以圆为圆。"③ 而江永的思路与朱熹不同，他坚持了横图在前圆图在后的原则，于是从河图中推衍出了八卦横图。暂且勿论这一推衍过程有多牵强，但我们看到了江永对于先天四图先后顺序的尊重。这相对于前贤来说是一个进步。

以上是江永对于朱熹则图画卦方法的主要批评。究其实而言，两者的不同主要在于，朱熹的方法较虚，可以说是则其意，而江永的方法较实，可以说是论其数理。在较实的江永看来，朱熹的方法自然漏洞百出。但是不是江永的方法就是完美无缺的呢？这又是另外一个问题。

四 对江永方法的评价

事实上，虽然相对于朱熹的方法，江永的方法意蕴更丰富，但我们今天站在较为客观的学术研究的角度看待江永的"则河图以画卦""则洛书以列卦"，可以说其中的过程充满了牵强，并且有倒果为因的逻辑。所谓的倒果为因，就是先有一个先天八卦横图的文本，然后去河图洛书中揣摩其中的一致性因素。事实上，在江永的自述中，我们也发现了他的确有倒果为因的思考。他说：

---

① 江永：《河洛精蕴》，第9页。标点有改动。
② 江永：《河洛精蕴》，第9页。
③ 江永：《河洛精蕴》，第19页。

> 四象隐藏一义,颇为深奥难知,然观八卦之下二画,乾兑共一太阳,离震共一少阴,巽坎共一少阳,艮坤共一太阴。《本义》以白黑图,此象之显著者,由画以推数,岂非九、四共一太阳一,三、八共一少阴二,二、七共一少阳三,六、一共一太阴四,四象岂不藏于四方乎?又推八卦之点所由来,岂非以四象减十而得九、八、七、六,减五而得四、三、二、一乎?惜先儒未尝以数推卦,以卦推数,确然见其有不可易之理耳。①

这段话可以说把江永凑合比较河图和先天八卦横图以发现其中一致性的思路,呈现得明明白白。这是说:从河图中发现"四象"的确很难,但是可以先观察先天八卦横图中的太阳、少阴、少阳、太阴四象,然后从这八卦之四象中逆推,即"由画以推数",观察河图是否具有四象。如此,九、四共蕴太阳一,三、八共蕴少阴二,二、七共蕴少阳三,六、一共蕴太阴四。至于八卦之数,从河图看,本身就对应数字九、四、三、八、二、七、六、一,从以四象为基础而推,则以十去减四象之一、二、三、四,则得九、八、七、六,以五去减则得四、三、二、一,这就是八卦之数。显然,这一过程,就是首先"以卦推数"而见河图蕴含有四象,又"以数推卦"而从河图四象之数中见八卦之数,而事实上,其中的倒果为因,又以因为果,已经完全不顾先后的逻辑顺序。当然,这一评价是我们今天站在客观的学术研究立场上的结论。事实上,在传统学术史中,这样的前后启发倒是必要的,正是在种种比照启发之中丰富了对于各种易图的认识,阐发出很多道理。正因为如此,江永毫不遮掩地披露了自己的这一思路,而不认为不光彩。

事实上,比照河图与先天八卦横图,从中发现其中的一致性,只是江永的一个做法。他还有一个更重要的做法。这就是发现了河图洛书之间的一致性。这个一致性就是,除了中五中十之外,河图横列的四个数字九、四、三、八,和洛书除中五之外左列的四个数字九、四、三、八一致,河图纵列的四个数字二、七、六、一,和洛书右列的四个数字二、七、六、一完全一致。如此一来,河图洛书之间的关系就能从形式上落实下来,不至于只是泛泛而论。比如朱熹所论:"河图以五生数统五成数,而同处其方,盖揭其全以示人,而道其常,数之体也。洛书以五奇数统四偶数,而

---

① 江永:《河洛精蕴》,第19页。标点有改动。

各居其所，盖主于阳以统阴，而肇其变，数之用也。"① 这里强调了河图为常，为体，洛书为变，为用，但是，就数理而言，河图洛书之间究竟如何变化，朱熹没有触及。而重视数理变化的江永显然注意到了这个问题，并且有自己的体认心得。他说：

> 愚谓河图之数，水北火男，木东金西，先天涵后天之位。而其所以成先天八卦者，乃是析图之九、四、三、八，以当乾、兑、离、震之阳仪。分图之二、七、六、一，以当巽、坎、艮、坤之阴仪。序列既定，然后中判，规而圆之，乾、兑、离、震居左，则九、四、三、八亦居左。巽、坎、艮、坤居右，则二、七、六、一亦居右，适与洛书八方相符焉。此图、书、卦、画，所以有相为经纬，相为表里之妙。②

这段话，涉及河图、先天八卦横图、先天八卦圆图、洛书等四者之间的一致性的基础和其中的变化，事实上，暂且去掉先天八卦横图和先天八卦圆图，江永的确发现了河图和洛书之间的一致性的基础和其中的变化。正因为如此，江永才自豪地说"所以有相为经纬，相为表里之妙"，可见，江永落实了河图洛书之间的关系，也落实了河图洛书和先天图之间的关系。这是江永的一大贡献。虽然在我们今天看来，在这一过程中，充满了逻辑推导的缺陷，但是，江永的确发现了很多数理，丰富了我们对于河图洛书以及先天图的认识，这是不可否认的。

第三节 江永对先天图后天图内蕴义理的阐发

江永在根据河图洛书画出先天八卦横图和先天八卦圆图之后，还对先天图后天图进行了解读。这些解读，有些是对前人解读的再强调，有些是自己的解读，我们从中择取较有意义者，分五个部分进行详述。

一 与先天八卦之数不同的"八卦之数"

在江永从河图推衍出先天八卦横图的过程中，赋予了八卦之数新的数

---

① 朱熹：《易学启蒙》卷之一，《朱子全书》第 1 册，第 213 页。
② 江永：《河洛精蕴》，第 8 页。标点有改动。

字内涵。即九乾、四兑、三离、八震、二巽、七坎、六艮、一坤，这个序列的八卦之数，与传统的八卦之数差距较大。从邵雍开始，根据先天八卦图，八卦之数就是乾一、兑二、离三、震四、巽五、坎六、艮七、坤八，但江永的八卦之数完全是另一个序列。对于这个不同，江永解释为："八卦横列，一乾、二兑、三离、四震、五巽、六坎、七艮、八坤。其数之实，则为九乾、四兑、三离、八震、二巽、七坎、六艮、一坤。"① 这是认为，传统的八卦之数，只是八卦之序，而其数，则是九乾、四兑、三离、八震、二巽、七坎、六艮、一坤。

事实上，我们知道，江永这个序列的八卦之数的得出，和其从河图推衍出先天八卦横图的方法完全相关。在推衍过程中，河图横列之九、四、三、八转化为先天八卦横图中阳仪四卦乾、兑、离、震，纵列之二、七、六、一转化为先天八卦横图中阴仪四卦巽、坎、艮、坤，如此，必然得出这个序列的八卦之数。而传统的八卦之数，直接从"加一倍法"的"太极生两仪，两仪生四象，四象生八卦"而来，必然是乾一、兑二、离三、震四、巽五、坎六、艮七、坤八。这可以说是不同的方法决定了不同的数字。

但问题是，江永如何说服其他易学家相信自己的方法和八卦之数呢？其实，江永的方法，并非完全是他的创新，事实上，他的方法在《六经奥论》一书中就已经有了呈现。在《六经奥论》卷一中，有《宓羲画八卦图》，是先天八卦圆图和洛书数的结合，作者在图后写道："以阳道主变，其数以进为极。阴道主化，其数以退为极。阳以进为极，故乾为父而得九，震长男而得八，坎中男而得七，艮少男而得六，凡成数皆阳主之。阴以退为极，故坤为母而得一，巽长女而得二，离中女而得三，兑少女而得四，凡生数皆阴主之。"②《六经奥论》作者又在洛书后写有一句："阳主进，阴主退，故乾数九，震数八，坎数七，艮数六，坤数一，巽数二，离数三，兑数四，而八卦之位存乎其中。"（《六经奥论》卷一）可见，《六经奥论》作者已经注意到了洛书和先天八卦圆图的一致性，并试图把它们结合起来，创造出来的新图，就是《宓羲画八卦图》。而得出此图的前提，自然是乾数九，震数八，坎数七，艮数六，坤数一，巽数二，离数三，兑数四。这与乾一、兑二、离三、震四、巽五、坎六、艮七、坤八不同。但需要提及的是，对于《六经奥论》的作者需要注意三点：第一，他是就洛

---

① 江永：《河洛精蕴》，第9—10页。
② 无名氏：《六经奥论》卷一，文渊阁《四库全书》本。

书和先天八卦圆图而论其一致性，还没有论及河图，更没有论及河图和洛书之间的关联；第二，他虽然认为有乾数九，震数八，坎数七，艮数六，坤数一，巽数二，离数三，兑数四，但是同时承认乾一、兑二、离三、震四、巽五、坎六、艮七、坤八，对于二者之间的矛盾，并不解释，而是两者并存；第三，他并没有试图站在河图洛书的基础上来解释先天八卦图，事实上，他先论先天学后天学，然后才论河图洛书，并且对于先天学后天学的论述，要远远详细于河图洛书。这三点说明，《六经奥论》的作者发现了洛书与先天八卦圆图之间的关联，但是，还没有试图创建系统的图书学并推衍出先天图。而这是江永的工作和贡献。不过，从《六经奥论》这里，江永获得了理论上的支持。用来说明不同于传统八卦之数的新八卦之数，是有道理的而非妄论。

江永明确赞成《六经奥论》的相关论述，他说："今有《六经奥论》一书，未知何人所著，或云是夹漈郑樵渔仲之书。有一条云：'伏羲画八卦，以阳道主变，其数以进为极。阴道主化，其数以退为极。阳以进为极，故乾为父而得九，震长男而得八，坎中男而得七，艮少男而得六，凡成数皆阳主之。阴以退为极，故坤为母而得一，巽长女而得二，离中女而得三，兑少女而得四，凡生数皆阴主之。'此说甚精，何以先儒皆未尝见耶？"① 其实，先儒们相信的都是朱子的说法。而江永则站在《六经奥论》的观点上呈现朱子主张的缺点：

> 朱子论四象生八卦，固尝云在《洛书》则乾坤离坎分居四正，兑震巽艮分居四隅。是谓乾九、坤一、离三、坎七、兑四、震八、巽二、艮六矣。然但以八卦配八方，言之甚略，四隅卦又不以二、八、四、六相对为次，似卦与数初无一定配合之理。故云在《河图》则乾坤离坎，分居四实，兑震巽艮，分居四虚。图与书何故参差龃龉如此？以今观之，书之九四即图之九四，书之三八即图之三八，书则以纵列之耳。由《奥论》之说，阴阳生成，变化进退，有一定之理。父母三男三女，有一定之数，而卦画之奇偶，有一定之配合。②

这是说，考察朱子就河图洛书而论四象生八卦，就洛书而言，则仿佛有新八卦之数，但是这只是以八卦配八方的结果，并且朱子的表述非常简

---

① 江永：《河洛精蕴》，第20页。标点有改动。
② 江永：《河洛精蕴》，第20页。标点有改动。

略，并没有说明八卦和八数之间的固定配合。所以就河图而论，也是拿八卦和八方相配。但如此一来，就会造成在洛书中八卦所对应的数目和在河图中八卦所对应的数目之间"参差龃龉"。事实上，朱熹本来就没有考虑到其中的数目因素。而根据《六经奥论》之说，阴阳变化有其道理，乾坤六子卦和数目的关联以及排序有其道理，显然，在数理的视野下，朱熹的这种比拟对应的确呈现出了粗疏和混乱的缺陷。既然有如此缺陷，所以在江永看来，还是《六经奥论》的观点和自己的进一步发挥有道理，新八卦之数完全正确，以之为内涵的则图书而作八卦也是不易之论。"由今之说，两仪四象八卦，先则河图，以成横图，乃从中判，规而圆之，自与洛书不约而符。此作《易》之第一义，惜先儒未经发明耳。"①

二 "后天八卦未必始于文王"

易学史的一般看法，《周易》为四圣作品，伏羲画卦，文王系卦辞，周公系爻辞，孔子作《易传》。而先天学产生以后，因有先天图后天图之分，先天图既然为伏羲所作，则后天图相应归于文王所作。这一认定，在朱熹明确之后，后世易学家大多数都直接接受下来，而江永表达了不同的看法。江永认为，后天八卦作为一种八卦方位，应该是天道规律的体现，和文王无关，"八方之位，自有天地以来即定矣，岂待文王而始知所当之卦耶？"② 所以后天八卦应该和先天八卦一样，是圣人伏羲法"天地之文章"河图洛书而画。

江永如此论证这一点：

> 以事理验之，南面而听天下，向明而治，上古之为君者，即当如此矣。是知南为离，明也。离在南，则坎不在北乎？尧命羲和，春日东作，震在东也。夏日南讹，离在南也。秋日西成，兑在西也。冬日朔易，坎在北也。更以二事验之，夏《易》曰《连山》，以艮为首，岂非有取于终万物始万物之义乎？商《易》曰《归藏》，以坤为首，岂非谓坤与艮对，取其对方之卦以示变革乎？然则后天之卦，其由来已久矣。③

---

① 江永：《河洛精蕴》，第20页。
② 江永：《河洛精蕴》，第25页。
③ 江永：《河洛精蕴》，第25页。标点有改动。

这些证明是说，第一，上古君王南面向明而治，所以南为离，北为坎；第二，"春曰东作"，所以震在东，"夏曰南讹"，所以离在南，"秋曰西成"，所以兑在西，"冬曰朔易"，所以坎在北。但是我们可以发现，江永的逻辑是有问题的。这两个证据，只是说明了四季与四方对应，即春东、夏南、秋西、冬北，本来没有震、兑、坎、离的因素，江永把这四卦纳入，是已经把四卦与四方等同起来，而四卦具有四方的意蕴，倒是八卦被作成之后在文化世界中的种种演绎的结果，的确应该属于画卦以后的事情，而江永直接把这部分事情提前到画卦过程中，明显是把结论当作前提的错误论证方法。至于"岂非谓坤与艮对，取其对方之卦以示变革乎"一句，更是一种主观的大胆猜测而已，并不能说明连山之艮与归藏之坤有何关系，更不能说明它们是来自对后天八卦的效法。所以江永认为"后天八卦未必始于文王"的观念，并不能站住脚。我们录此以备一说。

三 后天图中"阳居终始"

在《周易·说卦传》中有这样一句话："帝出乎震，齐乎巽，相见乎离，致役乎兑，战乎乾，劳乎坎，成言乎艮。"《说卦传》对"成言乎艮"的解释是："艮，东北之卦也，万物之所成终而所成始也。"后面又有一段："动万物者，莫疾乎雷。桡万物者，莫疾乎风。燥万物者，莫熯乎火。说万物者，莫说乎泽。润万物者，莫润乎水。终万物始万物者，莫盛乎艮。"这是结合八卦和方位来讲天道的运行状况。后天图的依据即在于此。而这些表述又表达了以艮卦为基点终始万物的观念。这一点引起了后世易学家的注意和解读。这方面的解读就是，如果以八卦的阴阳属性而论，可以看到，后天图所体现的天道的运行是从阳卦开始，也以阳卦为终。江永正是这样的看法。

他说："后天阳卦虽起于北，而其播之以合岁序，则所谓'帝出乎震'者，仍以东方为先。……岁始于东，终于北，而西、南在其间。后天图意，主乎阳以统阴，故自震而坎而艮者，以阳终始岁功也。自巽而离而兑者，以阴佐阳于中也。震阳生，故值春生之令，以始为始也。……故阳居终始，而阴在中间，乃天地万物之至理。"① 这是说，通论后天图之阴阳运行，是阳起于北方坎卦，但依岁时而论，则从东方震卦开始，经过巽、离、坤、兑四阴卦，又至乾、坎、艮三阳卦为终，表现了"阳居终始，而阴在中间"的道理。这种解读完全符合传统社会"尊阳""贵阳"的观

---

① 江永：《河洛精蕴》，第27页。标点有改动。

念。所以被称为是"天地万物之至理"。

四 后天图中乾坤亦有大用

在先天学视野中,认为后天图的产生,在于对先天图的改变。而改变的规则,主要是长子长女代父母用事,而父母卦退居不用之位。这一观念,在先天学的创始者邵雍那里,已经得到阐发。邵雍说:

> 至哉!文王之作《易》也,其得天地之用乎?故乾坤交而为泰,坎离交而为既济也。乾生于子,坤生于午,坎终于寅,离终于申,以应天之时也。置乾于西北,退坤于西南,长子用事而长女代母,坎离得位,兑震为偶,以应地之方也。王者之法,其尽于是矣。①
>
> 《易》者,一阴一阳之谓也。震兑始交也,故当朝夕之位。离坎交之极也,故当子午之位。巽艮虽不交而阴阳犹杂也,故当用中之偏位。乾坤纯阴阳也,故当不用之位。坤统三女于西南,乾统三男于东北。道生天,天生地。及其功成身退,故子继父禅,是以乾退一位也。②

显然,这两段话是特就《先天图》到《后天图》的变化而论。而其中贯穿的思想,这是乾坤纯阳纯阴,故不用而由正南、正北退到西北、西南的"不用之位",震代替乾、坎代替坤,这是因为"长子用事而长女代母"。同时我们可以看到,论说是在父母子女的比喻视野之中展开的。而在朱熹这里,他完全接受了邵雍的这一观念,说:"乾西北、坤西南者,父母既老而退居不用之地也。"③

但后世有部分易学家对此提出质疑。《周易折中》即是一例。而江永认为后天图之中,乾坤亦在发用。他委婉地批评了邵雍和朱熹的观点:"先儒所以有乾坤不用之说者,谓居四正之位为用事,四隅之位为不用。西北西南阴方尤为不用。如父母即老,退居不用之地也。此先儒立言,诚不能无病。"江永主要从两个角度说明邵、朱观点的错误。第一,方位之不同,犹如四时有变化,而就时间而言,变化具有连续性,不可说盛时有用而衰时无用,所以不可说正位有用而偏位无用,用江永的话来说就是:

---

① 邵雍:《观物外篇上》,《皇极经世书》卷十三,第516页。标点有改动。
② 邵雍:《观物外篇上》,《皇极经世书》卷十三,第516页。
③ 朱熹:《易学启蒙》卷之二,《朱子全书》第1册,第243页。

"夫方位之有正有隅，犹四时之有孟、仲、季也，岂必四仲之月始为用事耶？坤之居西南也，当夏秋之间。乾之居西北也，当秋冬之间。岂此时无所事事耶？阴阳五行，更旺更衰，当时者进，成功者退，则有之非不用之谓也。"如果坚持强调衰则不用，则连续性被打破，这是不符合天道人理的。"不用则如人之手足，有不仁之病矣。即以一家言之，父母既老，男女任事者有之。然家事统于尊，仍以父母为主，非父母即老，即为休废之人也。且乾坤无老时，亦不可以人之老为喻。"所以，在后天图中，虽然乾坤处于西北西南，但是同样有用。第二，江永认为，在后天图中，乾坤不但有用，而且有大用。有易学家认为，在《说卦传》中有一段话只有震、巽、离、兑、坎、艮六卦，而没有乾、坤二卦，这是乾坤不用的一个证据。《说卦传》的这段话是："神也者，妙万物而为言者也。动万物者，莫疾乎雷。桡万物者，莫疾乎风。燥万物者，莫熯乎火。说万物者，莫说乎泽。润万物者，莫润乎水。终万物始万物者，莫盛乎艮。故水火相逮，雷风不相悖，山泽通气，然后能变化，既成万物也。"但江永认为，这种解读不正确。他说："下章言神也者，妙万物而为言者也。所谓神者，正指乾坤妙万物者，言其主宰之功，神妙不测。六子之用，皆其用也，岂不用之谓哉？"[①] 所以，这段话虽然没有直接提及乾坤，但是论神之大用，正是指乾坤而言。事实上，在传统文化的视野中，天地本来就是阴阳之道的标志，本来就有生成之大用，江永这个解读并没有过度诠释，用来反驳乾坤无用的观念也可以说恰当。

第四节 对明末清初批评先天学之主张的反批评

明末清初的几位著名学者，站在多种角度上，对于先天学进行了激烈的批评。关于这部分内容，本书第九章有详论。而江永则支持先天学。并对批评者的观点提出了反批评。这主要包括两点：即坚信"加一倍法"而反对黄宗羲四象论，主张画卦是渐次而生而反对数字四象说。

一 坚信"加一倍法"而反对黄宗羲四象说

这一主张，主要是针对黄宗羲而论。我们在本书第九章已经论述过，黄宗羲认为《周易》原意根本不存在"加一倍法"，所谓生两仪、生四

[①] 江永：《河洛精蕴》，第27页。标点有改动。

象、生八卦的过程，两仪即指阴阳，六十四卦全体阴爻皆为阴，全体阳爻皆为阳；所谓四象，乾为老阳，震坎艮为少阳，坤为老阴，巽离兑为少阴，此之谓四象；所谓八卦，为统言，其实即指六十四卦而言。如此，黄宗羲认为邵雍先天学根本不符合《周易》原意。江永对此表达了不同的看法。

江永说："近儒有不信加一倍法之说，谓太阳太阴各一，少阳少阴各三。乾为太阳，坤为太阴，震坎艮为少阳，巽离兑为少阴。太阳少阳为阳仪，太阴少阴为阴仪。此说大误，造化之理，不可执一说而论，太极、两仪、四象、八卦，一每生二是一理，乾坤生三男三女，又是一理。主其一每生二者，以画卦，而乾坤生六子之理，自在其中。"这是说，先天学中的"一每生二"即加一倍法是一理，乾坤父母卦生六子卦也是一理，它们本来并不矛盾，并且先天图中也蕴含有乾坤生六子之理。而黄宗羲是只相信乾坤生六子之理，并以之而反对先天学之理。在江永看来，这种观点是蔽于一端，起到了混淆视听而不见正理的效果："近儒此说，将使无识者谓其明白而近理，好奇者喜其翻案而生新，则先天八卦方位将有疑而议之者，不可以不辩。"①

二 主张画卦是渐次而生而反对数字四象说

明末清初批判先天学的学者们，反对先天学，还有一个观点，认为伏羲画卦本来是一连画出三画而成八卦，然后三画卦"因而重之"而成六十四卦。而他们对于先天学的一个批评论据，就是本来四象为九、六、七、八，属于蓍策之事，应当在画卦之后。并非先有四象，后有八卦。李塨就是持如此观点的代表。他说："孔子曰'两仪生四象'，崔憬以九、六、七、八，老阳、老阴、少阳、少阴为四象，然即揲图中蓍策之事，在画卦因卦后，非未作八卦而先有四象也。何者？老变而少不变，并从已成之卦而推，故《仲氏易》曰'乾为老阳，非老阳而后乾也；坤为老阴，非老阴而后坤也'。"(《系辞上传》，《周易传注》卷五)

针对这样的主张，江永批评道：

> 近儒说横图云，伏圣画一奇以象阳，又画一偶以象阴，奇偶既立，于是三之而为乾为坤，错之而为六子，不信第二层两画分老少之说。夫乾为三奇，坤为三偶，画卦亦必以渐而加，岂骤然为乾为坤，

---

① 江永：《河洛精蕴》，第21页。

不由两画来耶？两画之分四象甚分明，阳上加一阳，是阳中之阳，故为老阳。阳上加一阴，是阳中之阴，故为少阴。阴上加一阳，是阴中之阳，故为少阳。阴上加一阴，是阴中之阴，故为老阴。象之分明如此。而近儒乃云，两画尚未成卦，何由知其为少为老，似为可怪，由其意中先有所蔽也。彼谓二老之数九六，二少之数七八。若止两画，无所谓六、七、八、九。不知六、七、八、九者揲蓍所得之数，非四象之所由名。其一、二、三、四，则九、八、七、六之根也。①

这是说，画卦明明是三画依次而画，难道是骤然而成？至于老阳、少阴、少阳、老阴，即确指两画之情形，四象即指此而言。至于批评者所认为的三画卦还没有完成，怎么就有了老阳、少阴、少阳、老阴之四象呢？是因为他们判断的逻辑有一个谬误的前提，即把六、七、八、九等四个数字当成了四象，而此四个数字正好是揲蓍过程中的产物。如此一来，在批评者眼中，只要有了四象的说法，那么必然就已经有了三画卦这个前提，所以应该是先有三画卦，后有六、七、八、九等四象，而不是先有四象而后有三画卦。但问题是，江永认为，以六、七、八、九这四个数字为四象的观念就是错误的，它们只是揲蓍过程中产生的数字，并不是真正的四象，真正的四象就是四种二画卦。江永还引用了朱熹的论述作论据："朱子云：'《易》中七、八、九、六之数，向来只从揲蓍处说起，虽亦吻合，然终觉曲折太多，疑非所以得数之原。因看四象次第，偶得其说，极为捷径，盖因一、二、三、四，便见九、八、七、六。老阳位一，便含九。少阴位二，便含八。少阳位三，便含七。老阴位四，便含六。惟此一义，先儒未曾发。'此说朱子屡言之，何故忽弃不用，独执九、八、七、六，为四象之定名定数耶？"②自然，如果直接把批评者的四象观念也否定掉了，其所推论出的批评意见自然也能被否定。

第五节 对江永先天学诠释的评价

江永的《河洛精蕴》是一本很有意思的书，说它有意思是因为，它成书于江永79岁之时，是江永毕生研究经学的重要结晶之一。按理说，应

---

① 江永：《河洛精蕴》，第21—22页。标点有改动。
② 江永：《河洛精蕴》，第22页。

该是非常成熟而且高质量的一本书,但是,虽然《四库全书》收录了他十四部书,却没有收录这部书。这不能不说颇为耐人寻味。而在很大程度上,这说明了《河洛精蕴》学术意义的复杂。

而对于先天学而言,《河洛精蕴》同样具有较为复杂的意义。

从正面来看,就先天学发展史而言,江永和李光地、胡煦等著名易学家一起,站在维护先天学的立场上,抵制住了明末清初很多著名学者对于先天学的批判。但是,我们在仔细体会江永的先天学诠释的时候,会发现他的诠释基本已经偏离了传统先天学的论域,他虽然说"后学思之,先天之学之精微全在八卦横图与圆图。可以上推图、书之所以合,可以下推后天之所以变,则义蕴之包含者无穷"[1],但其所阐发的重要义蕴,并不是对于先天图后天图重要性的发挥,而是着重于"可以上推图、书之所以合,可以下推后天之所以变"。如此一来,江永虽然还承认先天学,但是他已经把眼光转向了图书之学,以及易学原理的实际运用上了。

事实上,通观江永的先天学诠释,可以说是几乎站在图书之学的立场上吞噬掉了先天学。

在易学史中,所谓"易前之易",既包括图书学,也包括先天学,后来还发展出太极图学,按照通行的说法,这三者都存在于《周易》之前,那么它们之间究竟是何种关系则确是需要解决的问题。一般而言,大部分易学家讨论的都是图书学和先天学的关系,而少有讨论太极图学者,因为在易学史中,影响较大者有周氏太极图、阴阳鱼太极图和来氏太极图,而周氏太极图往往是作为一种义理易学的载体,并没有真正进入狭义的象数易学论域之中,而阴阳鱼太极图虽然影响较大,但是它往往被用来和图书学、先天学相互印证,并没有试图以之为基础和前提而讨论图书学、先天学。而来氏太极图为来知德所发明,也就是迟至明代晚期才正式进入易前之易的论域中,而来知德的最大心得就是太极图学,他的易学体系正以太极图学统摄图书学、先天学。和来知德有相类观念的还有胡煦,但是胡煦并不是以太极图统摄图书学、先天学,而只是认为三者互发,没有先后。但,图书学和先天学之间的关系,则是一个热门话题,自从朱熹在《易学启蒙》中认为天地自然之易有河图、洛书、先天、后天,并试图依据河图洛书解释先天图后天图的成图,后世有许多易学家对之皆有所论述。在《河洛精蕴》之中,江永没有提及上述三种太极图学中的任何一种,显然他并不承认太极图学,而认为易前之易只有图书学和先天学,并且明确用

---

[1] 江永:《河洛精蕴》,第42页。

图书学整合了先天学。江永的这种整合很有特点，因为这种整合是彻底的，他完全消解了先天学的形上学基础，而只是保留了其易图的存在形式，并只强调这些易图的宇宙论意义。这种思路，大大有悖于邵雍的原意，即使和朱熹的观念相比较也是不同的。在邵雍那里，先天图有其构图的过程，这就是根据《易传》"易有太极，是生两仪，两仪生四象，四象生八卦"一句而做的进一步发挥，但这种发挥并不只是构成了先天八卦横图和先天八卦圆图，而更在于构图过程展现了先天学的形上学，这就是太极本体及其衍化思想，太极为一、为本体，太极的衍化为阴阳，为四象，为八卦，以及万物，这是一个"由一至万""由万至一"的双向过程，展示了邵雍先天学的本体论思考。而在朱熹那里，虽然朱熹的本体论思考和邵雍不同，且朱熹用河图洛书解释先天图和后天图，但是，先天图和后天图还保持着一定的独立性，朱熹在《伏羲八卦次序图》《伏羲六十四卦次序图》的下面，各标明了"太极"的标志，在《伏羲八卦方位图》的中心，也标明了"太极"标志，这一方面说明朱熹对于先天学之中太极意义重要性的肯定，另一方面也说明对于邵雍太极观念的尊重。但是，在《河洛精蕴》之中，已经只存"太极"字样，而不存在邵雍视野下的太极之义了！这也说明了，江永对于先天学的选择：用其图，舍其形上学。而正因为舍其形上学，才能够作为某种易图而彻底地被整合入图、书之学中。但是，如此一来，江永《河洛精蕴·内篇》事实上已经成为且发展了的图书之学。而江永的这一成果，也标志着易学史中，图书之学整合先天学的彻底完成，虽然这种整合非常牵强，并且违背了先天学的本义。

第十三章　作为尾声的清末民初易学家杭辛斋的先天学诠释

杭辛斋（1869—1924年），浙江海宁人，清末民初著名易学家。杭辛斋曾从陈书玉、李莼客两先生游学于京师，充文渊阁校对，得以博览群书。肄业同文馆，于天、算、理、化皆有所习。清亡之后，曾当选为众议院议员，后因奔走革命而入狱，1916年出狱。后组织名为"研几学社"的《周易》学术研究会，担任《周易》主讲。其易著有《易楔》《学易笔谈初集》《学易笔谈二集》《易数偶得》《读易杂识》《愚一录易说订》《沈氏改正揲蓍法》，被合称为《杭氏易学七种》。九州出版社以民国八年版本为底本，点校之后于2005年印行简化字版。杭氏易学表现为易学札记的形式，对传统易学史的众多问题进行简练的记录和讨论，其中自然涉及邵雍及其先天学。杭辛斋对于邵雍及其先天学的看法主要有两点：第一，宋代易学家中以邵雍最具卓识，地位当在其他易学家之上。"故宋之易学，能有所发挥，独树一帜与汉学相对峙者，自当首推邵氏"[1]；第二，邵雍虽然地位甚高，但是其先天学却渊源有自，可上溯到伏羲，而《易经》中也有体现先天、后天思想的实际例子，所以先天学并非邵雍独创，其中，"先天卦位不始于邵子"[2]。我们于下文中从"杭辛斋的邵雍先天学诠释""杭辛斋的邵雍先天学评价""杭辛斋的先天学诠释已经属于先天学发展史的尾声"三个方面，来呈现杭氏易学中邵雍先天学的解释及其特点。

---

[1] 杭辛斋：《学易笔谈初集》卷一，《杭氏易学七种》，九州出版社2005年版，第203页。
[2] 杭辛斋：《学易笔谈初集》卷二，《杭氏易学七种》，第245页。

第一节　杭辛斋的邵雍先天学诠释

一　"先天八卦，不始于邵子"

杭辛斋虽然强调了宋代易学之中"自当首推邵氏"，给予邵雍在易学发展史中重要的地位，并认为其学有所得，并具有相应创见，但是，他并不认为先天学完全为邵雍独创，而是认为先天学的一些主要因素包括先天八卦之卦位，自伏羲画卦和《易经》产生之时就已经存在。所以，"先天八卦，不始于邵子"[①]。杭辛斋先生如此主张，基于以下几个理由。

第一，《易经》卦序已经表现出了先天学因素。"《上经》首乾坤终坎离，非四正之卦乎？《下经》首上兑下艮之咸，上震下巽之恒，非四隅之卦乎？"[②]"《周易》上经首乾坤，下经首咸恒，非天地定位，山泽通气，雷风相薄乎？上经终坎离，下经终既未济，非水火不相射而相逮乎？是《周易》全经，固以先天卦位为体也。"[③]

第二，从卦之名、义上来看，必然存在先天八卦方位、后天八卦方位。关于这一点，杭先生分析了几个卦的卦名和卦义。如："重卦水地曰比。比，亲也。天火曰同人。同人，亦亲也。火雷曰噬嗑。噬嗑，合也。水泽曰节。节者符节，亦相合之意也。夫水地何以比？天火何以同？而皆曰亲？非坎坤乾离，先后天同居一位乎？火雷曰合，水泽曰节，非离震坎兑，先后天同居一位乎？后天东南巽，即先天兑位，故风泽曰中孚。孚者，交相孚也。后天东北艮，即先天震位，故山雷曰颐。先天西南巽，即后天坤位，故风地曰观。颐观皆有上下相合之象。此以卦之名义，可证先后天卦位之不妄者也。"[④]

第三，《周易》取象，有用先后天卦位者。如杭辛斋先生举例："蛊卦称'干父之蛊干母之蛊'，本卦无父母之象，……观于先后天之八卦，先天之山风，即后天乾坤之位。此父母两象所由来，……同人之'同人于宗'，睽之'厥宗噬肤'，皆离与乾先后天之同位也。此爻象足为先后天卦

[①]　杭辛斋：《学易笔谈二集》卷二，《杭氏易学七种》，第389页。
[②]　杭辛斋：《学易笔谈初集》卷二，《杭氏易学七种》，第245页。
[③]　杭辛斋：《学易笔谈二集》卷二，《杭氏易学七种》，第393页。标点有改动。
[④]　杭辛斋：《学易笔谈二集》卷二，《杭氏易学七种》，第393页。标点有改动。

位之证也。"① "又如《象传》天火同人九五,曰'同人之先,以中直也','先'字从何而来?无从索解。考诸先后天,则后天离位,即先天乾位,更明析矣。"② 因为在这种角度下解读《周易》之卦、爻、彖、象之辞可有所得,所以杭先生说:"故先天后天二图,实阐发全《易》之秘籥。"③ 他甚至还说:"今按之六十四卦之《彖》、《爻》,其取象之所由,无不原本于先天后天两图。苟明其例,则逐卦逐爻象义相合。如按图而索骥。"④ 当然我们站在客观的角度来看,这一断语有夸张之嫌,但是,在先天卦位和后天卦位的解读角度下,确也有可自圆其说之处。

第四,《易传》中更蕴含有明显的先天卦位。"至《说卦》'天地定位,山泽通气'之一章,两两对举者,更无论矣。"⑤ "至《说卦》'乾为大赤','坤于地也为黑',及他卦之取象,属于先天卦位者尤多。潜心求之,其义自见。"⑥ 所以"乃汉学家必一概抹煞,谓经传无乾南坤北离东坎西之文"是站不住脚的。⑦

第五,前人注《易》、用《易》,已经表现出了先天八卦的方位。如"荀慈明之升降,虞仲翔之纳甲,细按之殆无不与先天之方位相合"都属于取象于先天八卦。⑧ 事实上,虞翻纳甲说可溯源于《周易参同契》之纳甲说,而《周易参同契》纳甲说即与先天八卦方位中的阴阳消长之理相合。关于此,杭辛斋先生论述道:"《参同契》曰:'三日出为爽,震庚受西方。'言三日之夕,月见庚方,纳震一阳之气也。巽始消阳而阴生者,谓坤与乾交,而巽一阴生于下。《参同契》曰:'十六转就统,巽辛见平明。'言十六日月旦月退辛方,纳巽一阴之气也。自震一阳进而纳兑之二阳,至乾之阳而满。兑纳丁,乾纳甲。此望前之候,明生魄死之月象也。自巽一阴退,而纳艮之二阴,至坤三阴而灭。艮纳丙,坤纳乙,此望后三候魄生明死之月象也。此所谓纳甲。虽出于《参同契》,虞氏翻说《易》,皆本于此,与先天八卦方位之阴阳消长悉合。"⑨ 此段是展示魏伯阳之纳甲说与先天八卦方位中的阴阳消长之理之本质是一致的。所以,杭辛斋认

---

① 杭辛斋:《学易笔谈二集》卷二,《杭氏易学七种》,第393—394页。
② 杭辛斋:《学易笔谈初集》卷三,《杭氏易学七种》,第287页。
③ 杭辛斋:《学易笔谈初集》卷三,《杭氏易学七种》,第287页。
④ 杭辛斋:《学易笔谈初集》卷三,《杭氏易学七种》,第286页。
⑤ 杭辛斋:《学易笔谈初集》卷二,《杭氏易学七种》,第245页。
⑥ 杭辛斋:《学易笔谈二集》卷二,《杭氏易学七种》,第394页。
⑦ 杭辛斋:《学易笔谈初集》卷二,《杭氏易学七种》,第245页。
⑧ 杭辛斋:《学易笔谈初集》卷二,《杭氏易学七种》,第245页。
⑨ 杭辛斋:《易楔》卷二,《杭氏易学七种》,第29—30页。

第十三章　作为尾声的清末民初易学家杭辛斋的先天学诠释　669

为："可见自汉以前,必有此说。"① "此说"是指纳甲说,而"魏伯阳得假之以明丹学"②。但本质上,纳甲和先天卦位是一致的。"盖先天卦位立其体,故天地定位,日东月西。阴阳消长,各循其序。纳甲言其用,故卦各从其所纳之方,虽异而实同也。"③ 一致的基础则是阴阳消长之理及其学说,而这类学说源远流长:"益可见汉人以前,必有相传之学说。或即许叔重所谓《秘书》之类,不但非陈、邵所创造,亦非魏伯阳所能创造也。"④ 如此一来,通过研究前人的注《易》、用《易》,不但指明先天卦位和纳甲说相合,而且更指出在此之上,还有某种"相传之学说",有了如此的认知,宜乎杭辛斋强调"先天八卦,不始于邵子"。

二　邵子绘出先天诸图

杭辛斋先生虽然认为先天学非邵雍之独创,但同时也肯定了邵雍在先天学发展过程中做出的卓越工作。事实上,先天学数图,正是由邵雍建构的。杭辛斋总结邵雍的工作道:"只以唐宋以前,易家之传授,均未有图,至邵康节始悟一二三四五六七八之旨,以乾兑离震巽坎艮坤之次,绘为先天八卦之图。更依'帝出乎震'一章指陈之方位,绘为后天八卦之图。而先天后天之名,遂传于世。康节更以先天八卦,依次重之为六十四卦。分为七级:第一级为太极,二为两仪,三为四象,四为八卦,五为十六事,六为三十二,七为六十四。所谓一生二,二生四,四生十六,十六生三十二,三十二生六十四,加一倍法之先天大横图以成。又即横图对剖,规而圆之,为先天大圆图。又即八重卦依次叠之,成为方图。"⑤ 如此,先天学中的基础五图得以建构,而在杭辛斋看来,它们都由邵雍完成。

在这五图中,先天八卦圆图、后天八卦圆图、先天六十四卦横图、先天六十四卦圆图虽然重要,但是六十四卦方图更加奇妙。杭辛斋先生说:"《系传》曰:'雷以动之,风以散之。雨以润之,日以烜之。艮以止之,兑以说之。乾以君之,坤以藏之。'邵子本此节,绘六十四卦方图,其中心四卦为震巽恒益,外一层为坎离,再外一层为艮兑,再外一层为乾坤,次序悉合。与其小横图(原文注:即《本义》所谓《伏羲八卦次序》者)

---

① 杭辛斋:《易楔》卷二,《杭氏易学七种》,第30页。
② 杭辛斋:《易楔》卷二,《杭氏易学七种》,第30页。
③ 杭辛斋:《易楔》卷二,《杭氏易学七种》,第31页。
④ 杭辛斋:《易楔》卷二,《杭氏易学七种》,第32页。标点有改动。
⑤ 杭辛斋:《学易笔谈二集》卷二,《杭氏易学七种》,第389页。

670　宋元明清易学史视野下的先天学研究

八卦之次序亦合（原文注：震巽居中，外为坎离，又外为艮兑，首尾为乾坤）。"① 关于这一点，邵子本身有诗作《大易吟》描述之："天地定位，泰否反类。山泽通气，咸损见义。风雷相薄，恒益起意。水火相逮，既济未济。四象相交，成十六事。八卦相荡，为六十四。"关于邵子此诗的可能意义，我们在本书第三章《邵雍先天学象数哲学研究》的相关部分已经有所讨论，兹不赘述。而杭辛斋先生对这内蕴丰富的八卦排列很是推崇，说："此邵子有得于先天之学，而撷其精蕴处也。"② 显然，杭辛斋先生真诚地认为邵雍于先天学有不可否认的贡献和真实心得。

三　先天之数乃邵子之自得

在邵雍先天学中，依据先天八卦横图从右至左的八卦之序，对应于一、二、三、四、五、六、七、八这八个数字，产生了易学史中的"先天八卦之数"，即乾一、兑二、离三、震四、巽五、坎六、艮七、坤八。后世易学家凡承认先天学者，基本上都把先天八卦之数理解为《周易》所蕴含的卦数。不过，杭辛斋并不这样认为。他认为这八个卦数，只能是"邵子先天八卦数"，作为一家之言是可以的，"与扬子《太玄》，皆足与《易》相发明，而实非《周易》卦象之数也"③。而《周易》本有的卦数，即图书之数。杭辛斋说："'天一，地二。天三，地四。天五，地六。天七，地八。天九，地十。'又曰'天数二十有五，地数三十。天地之数，五十有五。'河图洛书之数，即此五十有五之数所分布而进退者也。圣人则图画卦，是故卦之数即图书之数，亦即天地之数也。'大衍之数五十，其用四十有九'者，所以衍《易》，即以衍此五十有五之数者也。"④ 这是坚持从《周易》文本出发，认定天地之数即卦数。但在这一视野下，就涉及如何理解和定位传统的先天八卦之数的问题。

杭辛斋认为，对于先天八卦之数，要分清楚它们的两种组成因素，"特邵子别有妙悟，以一二三四五六七八为主，如算学之数根。乾兑离震巽坎艮坤，只为其数之符号耳，故用乾兑离震巽坎艮坤可也，用日月星辰水火土石亦无不可也"⑤。这是认为，乾兑离震巽坎艮坤只是代表八个数字的符号而已，其实用其他概念代表也是可以的。所以，就先天八卦之数而

---

①　杭辛斋：《易楔》卷二，《杭氏易学七种》，第32页。
②　杭辛斋：《易楔》卷二，《杭氏易学七种》，第32页。
③　杭辛斋：《易楔》卷二，《杭氏易学七种》，第32页。
④　杭辛斋：《易楔》卷四，《杭氏易学七种》，第89页。
⑤　杭辛斋：《易楔》卷四，《杭氏易学七种》，第90页。

言，数字为主，八卦为辅。显然，这种看法，已经把邵雍先天八卦之数与《周易》的关系疏离化。当然，因为先天八卦之数毕竟还是有八卦因素在里面，同时在数字推衍中也考虑到八卦之理，所以先天八卦之数的数理，还能与《周易》相符合，所以杭辛斋解释道："因邵子未尝以此注《易》，但借卦爻以演其数，而所得之数理，变化分合，仍能与《易》相符。所谓殊途同归，法异而实不异也。"但是，"若以言《易》，则自当以乾兑离震巽坎艮坤为主。先后体用，各有其数"。① 可见，杭辛斋毕竟不会把先天八卦之数和《周易》本有的卦数混淆起来。当然，对于邵雍的卓见，杭辛斋并不吝于赞誉之词："惟乾一兑二离三震四巽五坎六艮七坤八之数，乃邵子贯澈易理，独有会心，自成一家之学。"②

既然杭辛斋反对"邵子先天八卦数"为《周易》本有的卦数，那么《周易》本有的卦数是什么呢？杭辛斋建构了一系列的数图，与先天八卦相关者，则有《先天八卦本数图》。

如图13-1：

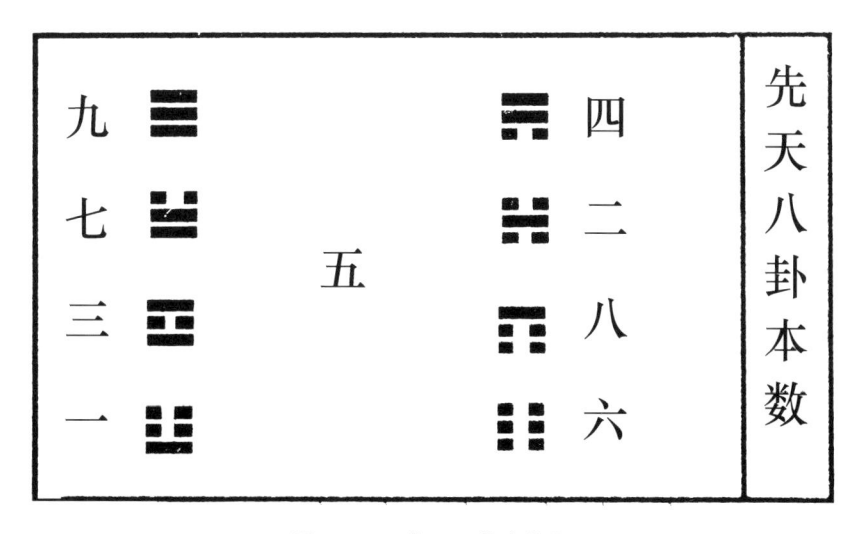

图13-1 先天八卦本数图

此图的卦数实质是乾九、兑七、离三、震一、巽四、坎二、艮八、坤六，这个结论比较让人奇怪。何以得到这样的数图？杭辛斋认为："圣人

---

① 杭辛斋：《易楔》卷四，《杭氏易学七种》，第90页。
② 杭辛斋：《易楔》卷二，《杭氏易学七种》，第32页。

则图画卦,卦数即图书之数。"所以是依据河图而画此图。何以有这样的卦数排列呢?这又源于杭先生如此的构图过程。第一步,"图书之一六,皆从下起,阳从一始,阴以六终,皆归藏于北方,未有从上起者",所以这决定了一与六在图之最下方。第二步,"取则河图,阴逆阳顺","阳数顺由一始,为一三七九。阴数逆由四起,为四二八六"。① 如此,八个数字得以排定。第三步,依据先天八卦圆图稍作改动,排布先天八卦。如此三步,即成此图式,两两对应,所以就有了乾九、兑七、离三、震一、巽四、坎二、艮八、坤六这个序列的卦数。关于此图有一个特别的信息,即"阴阳相对,皆得五数","如雷风一四合五也,水火二三合五也,山泽七八合十五,天地九六合十五,皆五也。仍以五为中枢"。② 但事实上,这并不玄妙,因为这正来自河图对应之数相合要么为五、要么为十五的特征。而此图的构造过程,明显是合河图和先天八卦图而为之。

所以,杭辛斋的"先天八卦本数"与其说是圣人则图画卦的结果,倒不如说是在河图和先天八卦图的基础上,加以改造加工而成。其实,杭辛斋自己并不避讳这一点,他在此图之前说"兹另图先天八卦之合洛书河图数如下"③,这就透露了作图的过程是用先天八卦来"合"河图的过程。但问题在于,既然已经有了先天八卦,圣人则图画卦又如何解释呢?更进一步,既然没有了则图画卦的过程,更没有了依据此原初过程而产生的卦数,杭先生又如何能称自己的卦数图为《先天八卦本数图》呢?所以总的来说,杭辛斋认为邵雍先天八卦之数非《周易》卦象之数的观点固然有理,但很显然,自己建构出来的先天八卦本数也非《周易》本有的卦象之数。

四 "后天八卦,为人用之卦"

如同传统易学史的主流观念一样,杭辛斋主张后天八卦存在的根据,也在于《说卦传》数段。他说:"《说卦传》'帝出乎震'一章,与'神也者'一章,皆言后天八卦之方位及作用。"④ "《说卦》自'天地定位'至'神也者'四章,详言先后天八卦方位功用,备极明显。"⑤ 而后天八卦的本质,即是"为人用之卦","古圣帝王制作之大原,治平之经纬,皆出于

---

① 杭辛斋:《易楔》卷四,《杭氏易学七种》,第91页。
② 杭辛斋:《易楔》卷四,《杭氏易学七种》,第91页。
③ 杭辛斋:《易楔》卷四,《杭氏易学七种》,第91页。
④ 杭辛斋:《易楔》卷二,《杭氏易学七种》,第35页。
⑤ 杭辛斋:《易楔》卷二,《杭氏易学七种》,第35页。

后天八卦之用。下而历象、推步、运气、乐律、占卜、风鉴、星命诸术，亦皆后天卦也。《周易》序卦，则以先天为体，后天为用，二者兼行"①。这些看法，也与传统易学史的观念基本相同。

更进一步的是，杭辛斋认为《易经》本文中，也有后天八卦的存在根据。他说："《上经》始乾坤终坎离，明明先天卦位也。《下经》始咸恒终既未济，明明后天之卦位也。"② 这是认为咸卦、恒卦、既济卦、未济卦与后天八卦卦位相关。但是，如果说既济卦、未济卦是后天八卦图中相对之坎离二卦的相重而成，但咸卦、恒卦并不是相对之震兑二卦相重而成，而需要稍作变化，但是杭辛斋并没有对此作进一步说明。除此之外，杭辛斋还认为六十四卦的一些卦名，也是先后天八卦存在的证据。他说："如天火曰同人，同人亲也。水地曰比，比亲也。同人比何以亲？非以先后天，乾离坤坎之位相合乎？火雷曰噬嗑，噬嗑合也。水泽曰节，节亦符合之意。非离震坎兑，亦先后之位相合乎？此其最显者也。蛊卦干父之蛊，干母之蛊，本卦未尝有父母之象。虞氏以卦变言之，谓蛊由否来，父母谓否之乾坤。然损亦否变，未尝言父母，否本卦亦未言父母，何独著其象于蛊？惟以先后天证之，则先天山风之位，后天以乾坤居之，可不烦言而自解矣。"③ 在这一段中，杭辛斋举了几个例子。同人卦和比卦之所以皆为"亲"之义，是因为同人卦之内卦离和外卦乾正分别为后天八卦图和先天八卦图的同一方位，比卦之内卦坤和外卦坎分别为先天八卦图和后天八卦图的同一方位，所以有了这种相亲相合之义，这是以先天八卦图和后天八卦图的存在为同人卦和比卦具有亲之义的前提。噬嗑卦和节卦也是同理。至于山风蛊卦，本卦卦象并没有乾坤父母之象，但卦辞中为何有父、母之辞，这需要解释。杭辛斋认为，原因就是在先天八卦图中的山风之位，正好对应着后天八卦图的乾坤之位，如此，蛊卦卦辞有父母之辞，也就迎刃而解了。自然，这也证明了后天八卦图的存在。

五 先天后天"体中有用，用中有体"

关于先天图后天图的关系，在易学史中，最通常的认识是，伏羲画先天图，文王画后天图，先天图为体，后天图为用，先天图表现了对待之义，后天图表现了流行之义。这种认识存在一个问题，即割裂了先天图和

---

① 杭辛斋：《易楔》卷二，《杭氏易学七种》，第34—35页。
② 杭辛斋：《易楔》卷二，《杭氏易学七种》，第35页。
③ 杭辛斋：《易楔》卷二，《杭氏易学七种》，第35页。

后天图的联系,并且先天图只蕴含有对待之义而无流行之义,后天图只蕴含有流行之义而无对待之义,无论如何,是说不通的。关于,杭辛斋明确提出了自己的观点,即"体中有用,用中有体"①,先天后天"体用一源"②。

杭先生说:"向之言先后天者自先天为体,后天为用。固也。然体中有用,用中有体。执一端以为体用,仍滞而不通也。"③ 这是强调了体用本来相即。又说:"曰'先天对待者也,后天流行者也'。此但卦位之形式则如是耳。若言其象,先天之天地雷风水火山泽,曰'相薄',曰'通气',曰'不相射',曰'相错'。岂但流行,实极有往来飞舞之势。而后天之五行分位,反有固定之状也。故八卦之妙,不但阴阳交错,体用相互,而一动一静,亦无不各有交错相互为用之妙。"④ 这是强调了先天图后天图本来就既蕴含了体之义也蕴含了用之义。如此,分论先天后天的主张的确是有局限的,"故泥于象者不能言象,胶于数者不能得数。执着先后天以论先后天,貌虽是而神则非。必不能尽先后天也"⑤。有了这种认识,杭先生甚至表达了不为先贤讳的看法:"然则康节先天之说,固无可议乎!曰:是又不然。康节以先天为伏羲八卦,后天为文王八卦,而朱子仍之。此说则窃有疑义。夫无先后天则已,既曰先后天,则一体一用,同源共贯,如形之与影,如灵魂之与躯壳,当然不能相离。伏羲画卦,当然先后天与六十四卦同时并有。"⑥ 所以,正确的主张是:"盖两图实体用相生,不能离拆。伏羲既作先天八卦,决不能无后天卦以通其用,故先天后天,与重卦六十四,皆一时并有。"⑦

因为杭辛斋先生主张先天后天体用一源,所以先天图后天图应当是一时并有的,而非易学史中一般所谓伏羲画先天图,文王画后天图。关于这一点,杭先生明确说:"盖伏羲画卦,体用一源,当然先后天并有,不能至文王而始有此八卦之用也。"⑧ 因为这种认识,杭先生认为:"故后儒有改伏羲八卦为天地定位图,改文王八卦为帝出乎震图者,自较旧名为

---

① 杭辛斋:《学易笔谈二集》卷二,《杭氏易学七种》,第394页。
② 杭辛斋:《易楔》卷二,《杭氏易学七种》,第27页。
③ 杭辛斋:《学易笔谈二集》卷二,《杭氏易学七种》,第394页。
④ 杭辛斋:《学易笔谈二集》卷二,《杭氏易学七种》,第394页。
⑤ 杭辛斋:《学易笔谈二集》卷二,《杭氏易学七种》,第394页。
⑥ 杭辛斋:《学易笔谈二集》卷二,《杭氏易学七种》,第390页。
⑦ 杭辛斋:《学易笔谈初集》卷三,《杭氏易学七种》,第287页。
⑧ 杭辛斋:《易楔》卷二,《杭氏易学七种》,第27页。

佳。"① 之所以为佳，正乃这种命名并不会造成先天图后天图体用相隔的矛盾。但更进一步，这种命名也有缺陷，就是没有明确表现出先天后天之义，所以杭先生又主张："第名称虽当，然按诸象数，证诸经传，确有先天后天之别。而'天地定位'与'帝出乎震'，只能表其方位之由来。而成象变化之义，与错综参互之妙，未能赅焉。故乾一兑二一图，只能正其名曰'先天卦'。震东兑西图，只能正其名曰'后天卦'。不必系之曰'伏羲''文王'，名斯当矣。"② 所以，总而言之，还是直接称作先天图、后天图，更能体现其深层易理。

第二节　杭辛斋的邵雍先天学评价

一　宋代易学"首推邵氏"

我们在本章起始，已经展示杭辛斋对邵雍的推崇。他认为宋代易学中"自当首推邵氏"。而杭辛斋之所以如此主张，在于他的易学史判定。他认为"宋人讲《易》，自司马温公以至程子，大抵皆不出王弼范围"，这是强调了王弼义理易学的诠释模式。而"周子《通书》，发明太极图，为理学之宗，与易学尚无其关涉也"，这是认为，太极图以及太极图学并非狭义的易学。而只有邵雍依据《周易》立说，并与汉代象数易学思路迥异："自邵康节创为先天之说，取《说卦》'天地定位'一章，安排八卦，谓之先天卦。以'帝出乎震'之方位为后天卦。又以乾一兑二离三震四巽五坎六艮七坤八，为先天八卦之数。更反刘牧九图十书之说，以五十五数者为河图，四十五数者为洛书，为八卦之所自出。于是太极两仪，四象八卦，而十六，而三十二，而六十四。立说与汉人完全不同，不啻在易学中另辟一新世界。"待至南宋，"至朱子撰《周易本义》，取河图、洛书与先天、大、小、方、圆各图，弁诸卷首。又另著《易学启蒙》以阐明之，而后邵子之先天学与《易经》相联缀。历宋元明清，皆立诸学官，定为不刊之程式。后之学者，几疑此诸图为《易经》所固有矣。虽汉学家抨击非难，不遗余力，而以其理数出自天然，推算又确有征验，终非讨生活于故纸堆中者，空言所能排斥也。故宋之易学，能有所发挥，独树一帜与汉学

---

① 杭辛斋：《易楔》卷二，《杭氏易学七种》，第27页。
② 杭辛斋：《学易笔谈二集》卷二，《杭氏易学七种》，第391页。

相对峙者，自当首推邵氏"①。所以，杭辛斋对于邵雍易学的推崇，并非妄言，而是在理解邵雍先天学和易学发展史的前提下，做出的中肯判断。

二 为先天学辩护

邵雍先天学虽然经过朱熹的推崇，成为易学的有机组成部分，不过，在后世易学史中，虽然大部分易学家接受了邵雍先天学，但批评者亦不断，时至明末清初，更是有很多著名学者大力批驳先天学。关于这一点，我们在本书相关章节已经有了论述。而何以忽然出现大规模的针对邵雍的批驳，杭辛斋先生认为主要是汉宋之争导致的，"自朱子《本义》，以邵子先后天八卦方位各图，弁诸经首，遂开后儒攻击之门。明清以来言汉学者，以排诋宋学为先，乃波及于邵子"②，似乎，邵雍先天学是在学术发展大背景下的牺牲品。但无论如何，邵雍先天学的确受到了批驳。而针对这些批驳，重视先天学的杭辛斋先生又进行了辩护。杭先生的辩护主要表现为三点。

第一，主张先天学本有其象数之理，这是任何人批驳不倒的。杭先生说："无如《易》之有象，经既明著之。《易》之有数，孔子既明言之。《易》既有其象数，则由象推数，以数合象，自有确定之范围、详密之数理，而数往知来，又均各有其征验，决非以一人之私意可改易，崇宏之空论能驳斥也。"所以，"先天之图可驳，而先天之象数终无以易也"。③ 质而言之，先天学蕴含着客观之理，这客观之理无论如何是批不倒的。批判者应该也看到了先天学有其本身的道理，所以又主张先天学可谓"易外别传"，但是不能附于《易经》之首、变乱《周易》本义。针对这种主张，杭先生又说："夫既知其妙矣，自应广为传布，令人人皆知其妙。则列之经首，又何不可？"④ 所以，实在不用胶柱鼓瑟，而完全可以客观看待先天学的地位和意义，置之于《易经》卷首。

第二，针对孔子《易传》中并没有论及先天学的各种内涵，所以先天学乃后世之学而非《周易》本有的主张，杭先生则从圣人无法尽说经义的角度，加以辩护。他说："此外之毛举细故者，则以乾一兑二之数，乾南坤北之位，及复姤生卦等说，以为皆圣人《说卦》所无。谓六子既生自乾坤，何能更生于复姤？此所谓吹毛求疵，欲加之罪何患无辞者也。孔子明

---

① 杭辛斋：《学易笔谈初集》卷一，《杭氏易学七种》，第203页。
② 杭辛斋：《易楔》卷二，《杭氏易学七种》，第27页。
③ 杭辛斋：《学易笔谈二集》卷二，《杭氏易学七种》，第390页。
④ 杭辛斋：《学易笔谈二集》卷二，《杭氏易学七种》，第390页。

第十三章　作为尾声的清末民初易学家杭辛斋的先天学诠释　677

言'书不尽言，言不尽意'，故圣人立象以尽意。若《易》之象数，必纤悉皆载于《易》。虽百倍其《彖》《象》之辞，亦不能尽。必一一详举于《十翼》，虽千倍《系传》《说卦》诸传，亦未能罄也。"① 所以，就本质而言，经意无限而不可尽言，若必阐明经意，则书亦将变成无限，所以圣人用"立象以尽意"的方法来解决这个困难。而从言的角度来看，先天学的某些内涵固然从经典中找不到出处，但是并不说明它不符合经意。所以，批判者的这种批判方法，也站不住脚。

第三，针对批判者依据后天八卦方位中离南坎北以批判先天卦位中乾南坤北的主张，杭先生主张"八卦阴阳，都要活看"，"万不可沾滞泥执。以纸上之卦爻，为天地之法象也"②，同时强调，先天八卦方位中的乾南坤北是就"天地之体"而言的，而坤南乾北是指"一年之南北"，离南坎北是指"一日之南北"，如此，则能解决批判者的问难。

详细而论，他说："后天方位，离南坎北。汉学家遂据此以攻击乾南坤北之先天图，谓孔子《说卦传》，明言乾西北之卦，坤虽不言方，居离兑之间，自在西南。故曰'乾寒坤暑'。若乾南坤北，则乾暑坤寒，岂非与孔子之说大悖乎！先天驳议，当以此说为最有根据。"③ 可见，杭先生还是非常重视这个批驳的。对于此，杭先生首先强调了天地之体以及天地之用的区别。他说："夫《系传》曰'天地定位'，曰'天地设位'，皆以天地言，而乾坤在其中。易者，一易而无不易，上下易，阴阳易，此所以成天地之用。而乾坤之位，岂有一定而不易之理？""乾南坤北者，天地之体，阴阳升降，冬寒夏暑，布五行而成四时。"这两句话是说，乾南坤北，是就天地而言，是就天地之体而言，但是天地必然有其大用，在天地之用中，乾坤之位会发生变化，事实上，接下来，杭先生就展示了另外两种卦位。杭先生说："天度一岁而一周，此天地之南北以一年而言者也。而日行一日而一周，子南午北，以分昼夜。卯酉东西，以正昏旦。此昼夜之南北，以一日而言者也。"如此一来，以一年而言，有天地之南北，以一日而言，有昼夜之南北，而相应到卦位中，也"有一年之南北，有一日之南北"。在这个细分的视野下，"一日之南北，子北在夜，午南为昼，午南而子北，离午而坎子，此人人所知者也"，显然，后天八卦方位与之相符；"而论一年之南北，则冬至日南至，而夏至日北至，体用相错，则子午不

---

① 杭辛斋：《学易笔谈二集》卷二，《杭氏易学七种》，第390页。
② 杭辛斋：《易楔》卷二，《杭氏易学七种》，第36页。
③ 杭辛斋：《易楔》卷二，《杭氏易学七种》，第36页。

啻易位，坤居南而乾在北矣"，显然，这正是《易经》中的乾北坤南的方位。如此一来，先天学批判者的问难，就可以被很好地解决。而杭先生又感慨道："是以八卦阴阳，都要活看。先天后天之图，只存其大体之梗概，万不可沾滞泥执，以纸上之卦爻，为天地之法象也。"① 所以，参学易理，毕竟要从"天地之法象"的高度穷究，而不可黏滞在卦爻的书面形式上。

总而言之，杭辛斋先生是先天学的忠实支持者。

第三节　杭辛斋的先天学诠释已属先天学发展史的尾声

杭辛斋先生生活于晚清时代，其时代既延续着中国传统社会的发展脉络，但也受到了近代文明的强烈冲击，在此时代背景下的杭氏易学，既延续着传统易学主体内容，但同时也表现出一些新时代新环境之下的新思考新主张。他的新思考和新主张是前贤思不及、言不出者，如他在《学易笔谈初集》"新名词足与经义相发明"条下写道："如《易》言'坤，其静也翕，其动也辟'，而翕与辟之义，以旧文字释之，则翕为聚也合也，辟为开也。一开一合，字义虽尽，而于《易》言辟翕之妙用，仍未著也。若假新名词以解之，则辟者即物理学之所谓离心力也，翕者即物理学所谓向心力也。凡物之运动能循其常轨而不息者，皆赖此离心向心二力之作用。地球之绕日，即此作用之公例也。以释辟翕，则深切著明，而阅者亦可不待烦言而解矣。不仅名词已也，新思想与新学说，足与吾《易》相发明者甚多。"② 此种积极主动利用新的思想资源服务于《周易》解释，在追求《周易》原意的文化环境中是难以想象的。又如他放眼《周易》之未来，写下"今后世界之《易》"一条，在其中畅论道："随，元亨利贞而天下随时，随时之义大矣哉！今之时何时乎？五洲交通，天空往来，百矿并兴，地宝尽发。所谓万物皆相见，其重明继照之时欤！……果能神而化之，变通尽利，则将由物质之文明，而进于精神之文明。是明出地上，火地为晋，受兹介福之时矣。《易》道于此，必有大明之日。吾辈丁兹世运绝续之交，守先待后，责无旁贷，亟宜革故鼎新，除门户之积习，破迂拘之谬见。以世界之眼光观其象，以科学之条理玩其辞，集思广益，彰往察

---

① 杭辛斋：《易楔》卷二，《杭氏易学七种》，第36页。
② 杭辛斋：《学易笔谈初集》卷一，《杭氏易学七种》，第213页。

来，庶五千年神秘之钥可得而开。兴神物以前民用，必非尼父欺人之语也。"① 这种乐观的易道发展精神，以及《周易》在未来世界必能产生重要的价值和意义的自信，都是非常鼓舞人心的。

但是，新的时代固然给予了杭氏易学一些新的特点，但同样因为时代的局限，这些新的特点并没有开出绚烂的花朵，如思想初步成熟于民国时期的冯友兰那样大笔如椽写出两卷本《中国哲学史》和《贞元六书》，但同时也没有如典型的生活于纯粹传统社会中的传统学者那样写出经典诠释的皇皇巨著。这是杭氏易学的总特征。

这一总特征也影响到了杭先生的先天学解释。根据前两节的分疏，我们说，杭辛斋当然有自己研习先天学的系列真实心得，但这些真实心得难以超越古人，有的观念主张甚至都能在易学发展史中找到渊源。比如杭先生"先天卦位不始于邵子"②的观念，事实上朱熹已经说过，"康节数学源流于陈希夷"③，"《先天图》直是精微，不起于康节。希夷以前元有，只是秘而不传。次第是方士辈所相传授底"④；比如杭先生言"邵氏之说理非不精也，特皆其悟而自得之理，别有境界"⑤，事实上在朱熹话语中也能找到原形：《朱子语类》记录道："问：'康节学到"不惑"处否？'曰：'康节又别是一般。圣人知天命以理，他只是以术。然到得术之精处，亦非术之所能尽。然其初只是术耳。'"⑥ 此之"别有境界"，正如彼之"别是一般"；比如前所述杭先生依据先、后天八卦方位而解释卦之名义，事实上清初著名易学家胡煦已经在使用此种方法，本书在相关章节已经论及胡煦立足先天图解释《易经》之"遇""邻""婚"三个字；再比如杭先生言"向之言先后天者自先天为体，后天为用。固也。然体中有用，用中有体。执一端以为体用，仍滞而不通也"⑦，事实上，这一思想，在来知德易学、章潢易学和胡煦易学中皆能找到原型，来知德注《伏羲八卦方位图》时说"此伏羲之《易》也。《易》之数也，对待不移者也"⑧，注《文王八卦方位图》时说"此文王之《易》也。易之气也，流行不已者

---

① 杭辛斋：《学易笔谈初集》卷一，《杭氏易学七种》，第 212 页。
② 杭辛斋：《学易笔谈初集》卷二，《杭氏易学七种》，第 245 页。
③ 黎靖德编：《朱子语类》卷第一百，第 2554 页。
④ 黎靖德编：《朱子语类》卷第六十五，第 1617 页。
⑤ 杭辛斋：《易楔》卷二，《杭氏易学七种》，第 37 页。
⑥ 黎靖德编：《朱子语类》卷第一百，第 2542—2543 页。
⑦ 杭辛斋：《学易笔谈二集》卷二，《杭氏易学七种》，第 394 页。
⑧ 周立升：《〈易经集注〉导读》，第 62 页。

也"①，但来知德接着总论："盖有对待，其气运必流行不已；有流行，其象数必对待而不移。故男女相对待，其气必相摩荡，若不相摩荡，则男女乃死物矣。此处安得有先后？故不分先天后天。"② 来知德此处数句，已经表达了对待流行不可割裂，先天后天不可分裂的意思。章潢说："然先天之反易为后天之方位，后天之流行本先天之圆图，后天之体即先天之用，后天之用即先天之体，所谓体即用、用即体，圆即方、方即圆，先天即后天，后天即先天也。"(《后天以方涵圆图》，《图书编》卷二) 胡煦在相关易图的解释中更是直接说出"故体中有用，用中有体，不可不察"③。所以，我们说，杭辛斋先生的先天学诠释，已经属于先天学发展史的尾声。而从此之后，我们展望，先天学若再以附属于经典诠释的形态呈现和发展，则因为学术研究方式的变化，所以或是难以想象的，但是，先天学的哲学精神不会消失，它将濡养现代哲学学者们的心灵，在风起云涌不断变化的社会文化环境中，开放出争奇斗艳的各种思想花朵。

---

① 周立升：《〈易经集注〉导读》，第63页。
② 周立升：《〈易经集注〉导读》，第63页。
③ 胡煦：《周易函书约存》卷三，《周易函书》第一册，第142页。

参考文献

保巴：《易源奥义》，文渊阁《四库全书》本。
蔡方鹿：《程颢程颐与中国文化》，贵州人民出版社1996年版。
蔡方鹿：《论邵雍经学的义理化倾向及其历史地位》，《中州学刊》2007年第2期。
蔡方鹿：《朱熹经学与中国经学》，人民出版社2004年版。
晁迥：《法藏碎金录》，文渊阁《四库全书》本。
晁说之：《嵩山文集》，《四部丛刊》本。
陈嘉映：《哲学 科学 常识》，东方出版社2007年版。
陈来：《宋明理学》，华东师范大学出版社2004年版。
陈来：《朱子哲学研究》，华东师范大学出版社2000年版。
陈少峰：《宋明理学与道家哲学》，上海文化出版社2001年版。
陈宪猷：《邵雍的天人关系说——兼评王夫之对邵雍的批判》，《华南师范大学学报》（社会科学版）2004年第1期。
陈玉森：《"先天图"中的理数问题》，《哲学研究》1987年第3期。
陈远宁：《中国古代易学发展第三个圆圈的终结——船山易学思想研究》，湖南大学出版社2002年版。
陈运宁：《中国佛教与宋明理学》，湖南人民出版社2002年版。
陈正英：《试论邵雍的象数推演逻辑》，《中州学刊》1984年第2期。
陈植锷：《北宋文化史述论》，中国社会科学出版社1992年版。
程刚：《"观物之乐"与"天地境界"——邵雍三"乐"与冯友兰四"境界"之比较》，《中国文化研究》2008年夏之卷。
程刚：《"以易释史"——邵雍咏史诗的一大特征》，《周易研究》2007年第1期。
程刚：《邵雍的知行观及其与二程的差异——兼论蒙培元先生关于理学知行问题的论述》，《河南科技大学学报》2007年第1期。

程颢、程颐：《二程集》，中华书局1981年版。
道宣：《广弘明集》，上海古籍出版社1991年版。
邓球柏：《帛书周易校释》，湖南人民出版社2002年版。
丁绵孙：《中国古代天文历法知识》，天津古籍出版社1989年版。
丁为祥：《虚气相即——张载哲学体系及其定位》，人民出版社2000年版。
董仲舒原著，苏舆义证：《春秋繁露义证》，中华书局1992年版。
杜保瑞：《北宋儒学》，台湾商务印书馆2005年版。
范仲淹：《范仲淹全集》，四川大学出版社2002年版。
方东美：《新儒家哲学十八讲》，（台北）黎明文化事业股份有限公司1985年版。
方以智：《周易时论合编》，《续修四库全书》本。
冯时：《中国天文考古学》，社会科学文献出版社2001年版。
冯友兰：《贞元六书》，华东师范大学出版社1996年版。
冯友兰：《中国哲学史》（上下），华东师范大学出版社2000年版。
冯友兰：《中国哲学史新编》（上中下），人民出版社1999年版。
冯蒸：《北宋邵雍方言次浊上声归清类现象试释》，《首都师范大学学报》（社科版）1987年第1期。
高亨：《周易大传今注》，齐鲁书社1998年版。
高亨：《周易古经今注》，中华书局1984年版。
高怀民：《两汉易学史》，广西师范大学出版社2007年版。
高怀民：《邵子先天易哲学》，作者自印1997年版。
高怀民：《宋元明易学史》，广西师范大学出版社2007年版。
高怀民：《先秦易学史》，广西师范大学出版社2007年版。
葛兆光：《古代中国的历史、思想与宗教》，北京师范大学出版社2006年版。
顾炎武著，华忱之点校：《顾亭林诗文集》，中华书局1983年版。
关长龙：《两宋道学命运的历史考察》，学林出版社2001年版。
郭懿云：《邵子易数讲义》，（台湾）顶渊文化事业有限公司2000年版。
郭彧：《〈京氏易传〉导读》，齐鲁书社2002年版。
郭彧：《京氏易源流》，华夏出版社2007年版。
郭彧：《邵雍先天图卦序来自李挺之卦变说》，《周易研究》1996年第3期。
郭志成：《先天八卦卦序与京房易八宫内卦序排列关系证》，《社会科学战线》1993年第5期。

韩敬：《邵雍先天易"天地自然之数"一解——对冯友兰先生〈邵雍的"先天学"〉的两点补充》，《周易研究》2001年第3期。
韩强：《儒家心性论》，经济科学出版社1998年版。
韩愈：《朱文公校昌黎先生集》，《四部丛刊》本。
侯敏：《易象论》，北京大学出版社2006年版。
侯外庐、邱汉生、张岂之：《宋明理学史》，人民出版社1984年版。
侯外庐主编：《中国思想通史》第四卷上册，人民出版社1995年版。
胡居仁：《易象钞》，文渊阁《四库全书》本。
胡渭撰，郑万耕点校：《易图明辨》，中华书局2008年版。
胡煦著，程林点校：《周易函书》，中华书局2008年版。
胡义成：《邵雍和"一分为二"》，《人文杂志》1979年第2期。
胡瑗：《周易口义》，文渊阁《四库全书》本。
黄庆萱：《周易纵横谈》，广西师范大学出版社2006年版。
黄寿祺、张善文：《周易研究论文集》（第一辑），北京师范大学出版社1987年版。
黄寿祺、张善文：《周易研究论文集》（第二辑），北京师范大学出版社1989年版。
黄寿祺、张善文：《周易研究论文集》（第三辑），北京师范大学出版社1990年版。
黄寿祺、张善文：《周易研究论文集》（第四辑），北京师范大学出版社1990年版。
黄宗羲：《易学象数论》，文渊阁《四库全书本》。
黄宗羲原著，全祖望补修：《宋元学案》，中华书局2007年版。
黄宗炎：《图学辨惑》，文渊阁《四库全书》本。
黄宗炎：《周易象辞》，文渊阁《四库全书》本。
简明：《邵雍蔡沈理数哲学刍议》，《华中师范大学学报》（哲学社会科学版）1994年第5期。
姜锡东：《北宋五子的理学体系问题》，《文史哲》2007年第5期。
金生杨：《邵雍学术渊源略论》，《中华文化论坛》2007年第1期。
金生杨：《宋代巴蜀对邵雍学术传播的贡献》，《周易研究》2007年第1期。
来知德：《周易集注》，文渊阁《四库全书》本。
李翱：《李文公集》，《四部丛刊》本。
李塨：《周易传注》，文渊阁《四库全书》本。

李觏：《李觏集》，中华书局1981年版。
李光地：《周易通论》，文渊阁《四库全书》本。
李光地编纂，刘大钧整理：《周易折中》，巴蜀书社2006年版。
李煌明：《宋明理学中的"孔颜之乐"问题》，云南人民出版社2006年版。
李简：《学易记》，《四库全书荟要》本。
李镜池：《周易探源》，中华书局2007年版。
李镜池：《周易通义》，中华书局2007年版。
李廉：《周易的思维与逻辑》，安徽人民出版社1994年版。
李秋丽：《朱熹对邵雍先天象数学的继承和发展》，《周易研究》2003年第1期。
李申、郭彧编纂：《周易图说总汇》（上、中、下），华东师范大学出版社2004年版。
李申：《邵雍的〈皇极经世书〉》，《周易研究》1989年第2期。
李申：《易图考》，北京大学出版社2001年版。
李申：《中国古代哲学和自然科学》，上海人民出版社2002年版。
李申：《周易与易图》，沈阳出版社1997年版。
李守钰：《试析毕达哥拉斯学派与邵雍学说的不同命运》，《北京社会科学》1988年第2期。
李书增：《略论宋易象数学派的演变》，《河南师范大学学报》（哲学社会科学版）1990年第4期。
李似珍、王新：《邵雍先天之学对时代的契应》，《周易研究》2008年第1期。
李学勤：《周易经传溯源》，长春出版社1992年版。
梁韦弦：《船山先生对邵雍、朱熹易学的批评》，《船山学刊》2004年第3期。
廖名春：《周易研究史》，湖南出版社1999年版。
林素芬：《北宋儒学道论研究——以范仲淹、欧阳修、邵雍、王安石为探讨对象》，台湾大学，博士学位论文，2005年。
林夏水：《数学哲学》，商务印书馆2003年版。
林尹等：《易经研究论集》，（台北）黎明文化事业股份有限公司1984年版。
林忠军：《〈易纬〉导读》，齐鲁书社2004年版。
林忠军：《象数易学发展史》（第一卷），齐鲁书社1994年版。
林忠军：《象数易学发展史》（第二卷），齐鲁书社1998年版。

刘保贞：《〈易图明辨〉导读》，齐鲁书社 2002 年版。
刘长林：《中国象科学观》（上、下），社会科学文献出版社 2007 年版。
刘成国：《荆公新学研究》，上海古籍出版社 2006 年版。
刘大钧主编：《象数易学研究》（第一辑），齐鲁书社 1996 年版。
刘大钧主编：《象数易学研究》（第二辑），齐鲁书社 1997 年版。
刘大钧主编：《象数易学研究》（第三辑），巴蜀书社 2003 年版。
刘复生：《邵雍思想与老庄哲学》，《中国道教》1987 年第 4 期。
刘国民：《董仲舒的经学诠释及天的哲学》，中国社会科学出版社 2007 年版。
刘洪涛：《古代历法计算法》，南开大学出版社 2003 年版。
刘立夫：《邵雍"元会运世说"之实质》，《衡阳师专学报》（社会科学版）1995 年第 1 期。
刘牧：《易数钩隐图》，文渊阁《四库全书》本。
刘天利：《论邵雍诗歌的"乐"主题》，《中国韵文学刊》2004 年第 3 期。
刘玉健：《两汉象数易学研究》（上下），广西教育出版社 1996 年版。
刘仲宇：《〈周易〉和宋理学》，《求是学刊》1982 年第 2 期。
刘宗贤：《陆王心学研究》，山东人民出版社 1997 年版。
卢国龙：《宋儒微言——多元政治哲学的批判与重建》，华夏出版社 2001 年版。
鲁庆中：《"神农易"与〈伏羲易〉的比较》，《周易研究》2003 年第 2 期。
吕思勉：《理学纲要》，东方出版社 1996 年版。
罗光：《中国哲学思想史·宋代篇上》，《罗光全书》第十册，台湾学生书局 1996 年版。
马汉亭：《"万物有情皆可状"——宋·邵雍〈伊川击壤集〉二论》，《南都学坛》（社会科学版）1992 年第 4 期。
马汉亭：《"语录讲义之押韵者"辨——宋·邵雍〈伊川击壤集〉初论》，《南都学坛》（社会科学版）1989 年第 4 期。
马全智：《〈周易〉思维初探》，《河南大学学报》（社会科学版）1993 年第 3 期。
毛奇龄：《仲氏易》，文渊阁《四库全书》本。
冒怀辛：《马王堆汉墓帛书《易经》与邵雍先天易学》，《哲学研究》1982 年第 10 期。
梅俊道：《邵雍的诗歌理论及其诗歌创作》，《九江师专学报》（哲学社会科学版）1992 年第 2、3 期合刊。
蒙培元：《理学的演变》，福建人民出版社 1984 年版。
蒙培元：《理学范畴系统》，人民出版社 1989 年版。
牟宗三：《才性与玄理》，广西师范大学出版社 2006 年版。
牟宗三：《从陆象山到刘蕺山》，上海古籍出版社 2001 年版。
牟宗三：《心体与性体》（上、中、下），上海古籍出版社 1999 年版。
牟宗三：《周易的自然哲学与道德函义》，台北联经出版事业公司 2003 年版。
牟宗三：《周易哲学讲演录》，华东师范大学出版社 2004 年版。
宁新昌：《本体与境界——论新儒学的精神》，陕西人民出版社 1999 年版。
欧阳修：《欧阳修全集》，中华书局 2001 年版。
潘富恩、徐余庆：《程颢程颐理学思想研究》，复旦大学出版社 1988 年版。
潘雨廷：《论邵雍与〈皇极经世〉的思想结构》，《周易研究》1994 年第 4 期。
彭涵梅：《邵雍元会运世说的时间观》，台湾大学，博士学位论文，2004 年。
彭晓：《周易参同契分章通真义》，《道藏》本。
皮锡瑞著，周予同注释：《经学历史》，中华书局 2004 年版。
漆侠：《宋学的发展与演变》，河北人民出版社 2004 年版。
祁润兴：《中国学术通史》（宋元明卷），人民出版社 2004 年版。
契嵩：《镡津文集》，《四部丛刊》本。
钱穆：《中国近三百年学术史》，商务印书馆 1997 年版。
乔宗方：《试析〈皇极经世〉历史年表与先天六十四卦圆图》，《周易研究》2007 年第 1 期。
任金丽、韩强：《周敦颐、邵雍哲学思想研究》，《哲学动态》1984 年第 10 期。
任俊华：《易学与儒学》，中国书店 2001 年版。
尚秉和：《周易古筮考》，光明日报出版社 2006 年版。
尚秉和：《周易尚氏学》，中华书局 1980 年版。
邵伯温：《邵氏闻见录》，中华书局 1983 年版。
邵伯温：《易学辨惑》，文渊阁《四库全书》本。
邵博：《邵氏闻见后录》，中华书局 2006 年版。
邵雍：《皇极经世书》，《道藏》本。
邵雍：《皇极经世书》，《性理大全书》卷七至卷十三，文渊阁《四库全书》本。

邵雍著,卫绍生校注:《皇极经世书》,中州古籍出版社2007年版。

邵雍:《皇极经世书》,文渊阁《四库全书》本。

邵雍:《伊川击壤集》,《道藏》本。

邵雍:《伊川击壤集》,文渊阁《四库全书》本。

邵雍著,郭彧、于天宝点校:《邵雍全集》(全五册),上海古籍出版社2016年版。

沈松勤:《北宋文人与党争》,人民出版社1998年版。

石介:《徂徕石先生文集》,中华书局1984年版。

司马光:《道德真经论》,《道藏》本。

司马光:《潜虚》,文渊阁《四库全书》本。

司马光:《温公易说》,文渊阁《四库全书》本。

苏轼著,曾枣庄、舒大刚主编:《东坡书传》,《三苏全书》第二、三册,语文出版社2001年版。

苏轼著,曾枣庄、舒大刚主编:《苏氏易传》,《三苏全书》第一册,语文出版社2001年版。

唐君毅:《中国哲学原论·原教篇》,中国社会科学出版社2006年版。

唐琳:《朱震的易学视域》,中国书店2007年版。

唐明邦:《邵雍评传》,南京大学出版社1998年版。

脱脱等撰:《宋史》,中华书局1997年版。

汪学群:《清初易学》,商务印书馆2004年版。

汪学群:《王夫之易学——以清初学术为视角》,社会科学文献出版社2002年版。

王安石著,容肇祖辑:《王安石老子注辑本》,中华书局1979年版。

王弼注、孔颖达疏:《周易正义》,北京大学出版社1999年版。

王弼著,楼宇烈校释:《王弼集校释》,中华书局1980年版。

王博:《易传通论》,中国书店2003年版。

王德毅、蔡仁厚、封思毅、陈郁夫、董俊彦、陈弘治:《范仲淹·孙复·胡瑗·邵雍·周敦颐·司马光·张载》,台湾商务印书馆1999年版。

王夫之:《思问录》,《船山全书》第12册,岳麓书社1996年版。

王夫之:《张子正蒙注》,《船山全书》第12册,岳麓书社1996年版。

王夫之:《周易内传》,《船山全书》第1册,岳麓书社1996年版。

王夫之:《周易内传发例》,《船山全书》第1册,岳麓书社1996年版。

王畿:《王畿集》,凤凰出版社2007年版。

王畿著，吴震编校整理：《王畿集》，凤凰出版社 2007 年版。
王利民：《〈伊川击壤集〉与先天象数学》，《周易研究》2003 年第 3 期。
王申子：《大易缉说》，《四库全书荟要》本。
王士博：《评邵雍的〈击壤集〉》，《吉林大学社会科学学报》1985 年第 4 期。
王铁：《宋代易学》，上海古籍出版社 2005 年版。
王新春：《邵雍天人之学视野下的孔子》，《文史哲》2005 年第 2 期。
王永宽：《河图洛书探秘》，河南人民出版社 2006 年版。
王植：《皇极经世书解》，文渊阁《四库全书》本。
卫绍生：《论〈皇极经世书〉对夏、商、周三代之建的年代推定》，《河南教育学院学报》（哲学社会科学版）2007 年第 5 期。
魏伯阳：《周易参同契》，《道藏》本。
魏崇周：《20 世纪以来邵雍文学思想研究综述》，《河南教育学院学报》（哲学社会科学版）2008 年第 5 期。
魏崇周：《邵雍文学思想研究》，首都师范大学，博士学位论文，2007 年。
吴康：《邵子易学》，台湾商务印书馆 1969 年版。
吴克峰：《易学逻辑研究》，人民出版社 2006 年版。
吴乃恭：《邵雍象数学新探》，《吉林大学社会科学学报》1991 年第 3 期。
弦声：《风情不簿是尧夫——浅析邵雍的理学诗》，《殷都学刊》1987 年第 2 期。
萧汉明、郭东升：《〈周易参同契〉研究》，上海文化出版社 2001 年版。
萧汉明：《易学与中国传统医学》，中国书店 2003 年版。
谢扶雅：《邵雍先天学新释》，《岭南学报》第 02 卷第 3 期，1932 年 6 月。
徐刚：《邵雍自然哲学思想对朱熹的影响》，《孔子研究》1997 年第 3 期。
徐洪兴：《思想的转型——理学发生过程研究》，上海人民出版社 1996 年版。
徐纪芳：《邵雍研究》，台湾文化大学，博士学位论文，1994 年。
徐志锐、尹焕森：《邵雍在数学上的伟大贡献》，《社会科学战线》1987 年第 2 期。
许道勋、徐洪兴：《中国经学史》，上海人民出版社 2006 年版。
严正：《儒学本体论研究》，天津人民出版社 1997 年版。
严正：《五经哲学研究及其文化学的阐释》，齐鲁书社 2001 年版。
扬雄著，郑万耕校释：《〈太玄〉校释》，北京师范大学出版社 1989 年版。
扬雄撰，司马光集注：《太玄集注》，中华书局 2005 年版。

杨简：《杨氏易传》，上海古籍出版社 1990 年影印四库本。
杨庆中：《周易经传研究》，商务印书馆 2005 年版。
杨柱才：《道学宗主——周敦颐哲学思想研究》，人民出版社 2004 年。
叶帮义：《20 世纪 80 年代以来大陆的宋代理学诗派研究》，《南京师范大学文学院学报》2007 年第 3 期。
余敦康：《汉宋易学解读》，华夏出版社 2006 年版。
余敦康：《内圣外王的贯通——北宋易学的现代阐释》，学林出版社 1997 年版。
余英时：《宋明理学政治与文化》，吉林出版集团有限责任公司 2008 年版。
俞琰：《易外别传》，《道藏》本。
曾春海主编：《哲学与文化·易经哲学专题》第 365 期，台北哲学与文化月刊杂志社 2004 年版。
詹石窗、冯静武：《邵雍的"皇极经世"学及其历史影响》，《文史哲》2008 年第 5 期。
张邦炜：《宋代政治文化史论》，人民出版社 2005 年版。
张怀承：《中国学术通史》（隋唐卷），人民出版社 2004 年版。
张理：《易象图说》，文渊阁《四库全书》本。
张立文：《宋明理学研究》，中国人民大学出版社 1985 年版。
张立文：《中国哲学范畴发展史·人道篇》，中国人民大学出版社 1995 年版。
张立文：《中国哲学范畴发展史·天道篇》，中国人民大学出版社 1988 年版。
张其成：《象数易学研究》，中国书店 2003 年版。
张其成：《易图探秘》，中国书店 1999 年版。
张岂之、董英哲：《宋明理学与自然科学》，《人文杂志》1989 年第 4 期。
张文智：《〈周易集解〉导读》，齐鲁书社 2005 年版。
张弦生：《北宋理学家邵雍及其著作》，《河南图书馆学刊》2006 第 6 期。
张祥浩、魏福明：《王安石评传》，南京大学出版社 2006 年版。
张行成：《皇极经世观物外篇衍义》，文渊阁《四库全书》本。
张行成：《皇极经世索隐》，文渊阁《四库全书》本。
张载：《张载集》，中华书局 1978 年版。
章潢：《读易杂记》，《续修四库全书》本。
章潢：《图书编》，《续修四库全书》本。
章伟文：《邵雍的历史哲学思想探析》，《中国哲学史》2007 年第 3 期。

章伟文:《宋元道教易学初探》,巴蜀书社 2005 年版。

赵玲玲:《邵康节观物内篇的研究:天人合一理念的探索》,嘉新水泥公司文化基金会 1973 年版。

赵源一:《邵雍易数哲学探微》,《周易研究》2000 年第 1 期。

赵载光:《中国古代自然哲学与科学思想》,湖南人民出版社 1999 年版。

赵振华、商春芳:《洛阳邵雍遗迹研究》,《湖南科技学院学报》2007 年第 10 期。

赵中国:《来知德易学三题》,《周易研究》2016 年第 5 期。

智圆:《闲居编》,《卍新纂续藏经》第 56 卷。

周敦颐:《周濂溪集》,中华书局 1936 年版。

周方海:《邵雍先天学辨析》,《学术交流》2006 年第 8 期。

周云之:《中国式数理逻辑象数推知法研究》,《哲学动态》1984 年第 6 期。

朱伯崑:《易学哲学史》(1—4 卷),华夏出版社 1995 年版。

朱伯崑:《易学哲学史》(1—4 卷),昆仑出版社 2005 年版。

朱伯崑主编:《国际易学研究》(第一辑),华夏出版社 1995 年版。

朱伯崑主编:《国际易学研究》(第二辑),华夏出版社 1996 年版。

朱伯崑主编:《国际易学研究》(第三辑),华夏出版社 1997 年版。

朱伯崑主编:《国际易学研究》(第四辑),华夏出版社 1998 年版。

朱伯崑主编:《国际易学研究》(第五辑),华夏出版社 1999 年版。

朱伯崑主编:《国际易学研究》(第六辑),华夏出版社 2000 年版。

朱伯崑主编:《国际易学研究》(第七辑),华夏出版社 2003 年版。

朱伯崑主编:《国际易学研究》(第八辑),华夏出版社 2005 年版。

朱汉民:《宋明理学通论———一种文化学的诠释》,湖南教育出版社 2000 年版。

朱熹:《晦庵先生朱文公文集》,《朱子全书》第 20—25 册,上海古籍出版社、安徽教育出版社 2002 年版。

朱熹:《易学启蒙》,《朱子全书》第 1 册,上海古籍出版社、安徽教育出版社 2002 年版。

朱熹:《周易本义》,《朱子全书》第 1 册,上海古籍出版社、安徽教育出版社 2002 年版。

朱熹:《朱子语类》,中华书局 1986 年版。

朱震:《汉上易传》,文渊阁《四库全书》本。

宗密:《原人论》,《大正藏》第 45 册。

［法］列维·布留尔：《原始思维》，丁由译，商务印书馆1997年版。

［法］皮埃尔·吉罗：《符号学概论》，怀宇译，四川人民出版社1988年版。

［韩］金演宰：《宋明理学和心学的易学与道德形上学》，中国文史出版社2005年版。

［美］包弼德：《斯文：唐宋思想的转型》，刘宁译，江苏人民出版社2000年版。

［美］本杰明·史华兹：《古代中国的思想世界》，程钢译，江苏人民出版社2003年版。

［美］成中英：《易学本体论》，北京大学出版社2006年版。

［美］刘子健：《中国转向内在——两宋之际的文化内向》，赵冬梅译，江苏人民出版社2001年版。

［美］田浩编：《宋代思想史论》，杨立华、吴红艳等译，社会科学文献出版社2003年版。

［日］高濑武次郎：《中国哲学史》，文盛堂书店1911年版。

［日］沟口雄三、［日］小岛毅主编：《中国的思维世界》，孙歌等译，江苏人民出版社2006年版。

［意］乌蒙勃托·艾柯：《符号学理论》，卢德平译，中国人民大学出版社1990年版。

［英］葛瑞汉：《中国的两位哲学家——二程兄弟的新儒学》，程德祥等译，大象出版社2000年版。

［英］李约瑟：《中国古代科学思想史》，陈立夫主译，江西人民出版社2006年版。

Anne D. Birdwhistell, *Transition to Neo-Confucianism: Shao Yung on Knowledge and Symbols of Reality*, Stanford University Press, Stanford, California, 1989.

Don J. Wyatt, *The Recluse of Loyang: Shao Yung and the Moral Evolution of Early Sung Thought*, University of Hawai's Press, Honolulu, 1996.

后　　记

　　本书就要出版了。只是没有想到因为自己的原因一直拖到了现在。

　　本书是在博士学位论文基础上的进一步发展和完善。在南开大学跟随严正老师学习多年，2009年毕业之时，虽然只是博士学位论文但33万字的体量已经可以自信出版，但因为当时很穷，根本就没有着手准备出版的想法。后来，博士后期间在山东大学跟着林忠军老师做"清初义理易学研究"，博士学位论文也就放下了。但用零星的时间，会把一些进一步深入研究的计划和想法都记下来。2011年来到北京中医药大学工作，大致也是这种情况。不过，深入的研究和撰写的字数在断断续续地向前推进。2014年我申报了国家社科基金后期资助项目。原计划在2015年完成项目。但自由随性的心性在此时起了作用，我开始试图超越具体的哲学家思想体系研究而正式思考宇宙存在与人生意义的问题。这种思考一旦开始是刹不住车的。在2014年到2015年我撰写了所谓的《甲午论道（初稿）》。在其后，因为教学事务，还因为种种宽泛的思考、阅读、撰写，本书始终没有得到专门的集中的处理。一直到了2019年，因为通知要求，于是抓紧时间集中撰写终于完成。现在看来，本书虽然是自己多年研究的心得，字数也不算少，但尚不能说完全满意。因为可以问：在完备程度上是不是可以不遗漏相关重要人物而更全面？在问题讨论上是不是可以透彻通达更深入？不过，人生从来多遗憾，也没必要等到完全满意再出版。况且，以真理追寻为内核的哲学反思之路永远在途中，一生无法停歇，如此，在新的一年反观往昔的研究工作，何曾能够完全满意？所以，即以如此面貌出版吧。或有一些思想观念和书写的遗憾，且留待以后的工作加以弥补。

　　感谢母亲养育之恩，只是太遗憾母亲已经看不到此书的出版，母亲若能见到，会多么高兴；感谢父亲多年的支持，父亲对我坚持走自己的道路的支持是少见的，感谢父亲。感谢严正老师，我的硕博研究生都是跟随严老师学习，严老师导我入学术之路，学生受益良多。感谢林忠军老师，林老师的宽厚人格和乐于助人使学生印象深刻，永生难忘。